CODE

DES

COMMENSAUX,

OU

RECUEIL GENERAL

Des Edits, Déclarations, Ordonnances, Lettres
Patentes, Arrêts, & Réglemens : Portant
Etablissement & Confirmation des Priviléges,
Franchises, Libertés, Immunités, Exemptions,
Rangs, Préféances, & Droits Honorifiques des
Officiers - Domestiques & Commensaux de la
Maison du Roy, des Maisons Royales, & de leurs
Veuves.

*Ouvrage également utile aux Officiers à qui les
mêmes Priviléges sont attribuez : Et nécessaire à
ceux qui poursuivent ou qui jugent les Procès sur
cette Matiere.*

A PARIS,

Chez PRAULT, Pere, Quai de Gesvres,
au Paradis.

M. DCC. XX.

Avec Approbation & Privilége du Roi.

AVERTISSEMENT.

LES contestations qui arrivent journellement au sujet des COMMENSAUX de la Maison du Roy, & le desir de mettre ceux qui en doivent jouir, en état de les conserver, ont été les motifs de la composition de ce Recueil.

Tout ce qu'il contient, à la vérité, étoit déja confusément connu : mais l'ordre régulier dans lequel on a rassemblé les matieres en un seul Volume, en fait un ouvrage parfait, qui doit être également utile & commode pour tous ceux qui se trouveront obligés d'y avoir recours.

C'est un composé général de tous les Edits, Déclarations du Roy, Arrêts & Réglemens qui ont paru jusqu'à présent, concernant ces Priviléges ;

mais dont on a eu ſoin de retrancher
toutes les piéces que le temps & l'uſage ont rendu inutiles; n'ayant admis
dans le choix qu'on en a fait, que celles qui rendent plus certains les Droits
de tous les Commenſaux en général &
en particulier.

Ce choix a été augmenté de pluſieurs
autres Réglemens qui n'avoient point
encore été imprimés, & que des perſonnes de diſtinction dans la Maiſon du
Roy ont bien voulu communiquer.

C'eſt ce qui fait croire que ce Recueil répond parfaitement au Titre de
Code des Commenſaux qu'on lui a donné; puiſqu'il contient tout ce qui établit, confirme & maintient les Privileges, Franchiſes, Libertés, Immunités, Exemptions, Honneurs, Rangs,
& Préſéances dont tous les Officiers
Domeſtiques, & Commenſaux de la
Maiſon du Roy, & des Maiſons Royales, & leurs Veuves doivent jouir, chacun ſelon leur qualité, dans les Aſſemblées publiques & particulieres, & des
Droits honorifiques qui leur ſont dûs
dans les Egliſes, & autres Prérogatives.

Sçavoir,

De la Noblesse.

De la qualité d'Ecuyer.

Du Droit de Committimus, & Gardes-Gardiennes.

Du pouvoir de faire valoir par leurs mains une de leurs Fermes sans payer Taille.

Des Rangs, Préséances, & Prééminences dans les Cérémonies & Assemblées publiques & particulieres.

Des Droits Honorifiques dans les Eglises pour l'Eau-benîte, les Processions, les Prédications, l'Offrande, le Pain-beni, & les Bancs.

De la Dispense d'être Marguilliers des Paroisses.

De celle de faire enregistrer leurs provisions ailleurs qu'à la Cour des Aydes.

Des Prérogatives qu'ont leurs Charges de ne pouvoir être mises en partage dans les Successions des familles.

Et de n'être sujettes, non plus que leurs gages, pensions, récompenses, & livrées, à aucuns hypoteques ni saisies.

Du droit que les Marchands &
Artisans Privilégiés suivant la Cour,
ont d'exercer leur profession comme
Maîtres dans toutes les Villes où ils
demeurent.

De l'*Exemption* des Taxes des
Franc-Fiefs, Franc-Aleu, Ban &
arriere-Ban, & de la recherche des
faux Nobles.

Des Taille, Subsides, Impositions
& Collectes.

Des Tutelle, Curatelle, & nomination à icelles.

Du Guet & Garde.

De la Subsistance & Logement des
Gens de Guerre.

De la contribution aux Fortifications, Corvées & mortes-payes des
Villes.

De tous Péages pour leurs provisions de bouche.

Des Droits de Gros, Anciens Cinq
sols, & autres sur le Vin.

Des Taxes de l'Hérédité, & des
Arts & Métiers.

Et de toutes Charges de Ville.

Quoique ce Livre femble ne devoir
être utile qu'aux Officiers Commenfaux des Maifons Royales; néanmoins
les Officiers des Cours Souveraines,
ceux des Chancelleries, les Secretaires du Roy, les Tréforiers de France,
les Receveurs Généraux des Finances, les Receveurs Généraux des
Domaines & Bois, les Officiers de
l'Artillerie, ceux de l'Ordre Militaire
de Saint Louis, & des Maréchauffées,
les Maîtres des Poftes, la Nation
Suiffe, & autres, étans réputés du
nombre des Commenfaux de la Maifon du Roy, & jouiffans des mêmes
attributions, il y a lieu de fe perfuader
que leur étant également utile, ainfi
qu'à tous les Juges qui connoiffent
defdits Priviléges & de l'étendue qu'ils
doivent avoir, il fera bien reçû de tous
ceux qu'il intéreffe.

Mais ce qui doit le plus les engager
à en faire l'acquifition; c'eft que, dans
la perfection où il eft, il leur coûtera
infiniment moins que ne couteroient
les différentes piéces dont il eft com-

poſé, ſi on pouvoit les trouver toutes
en particulier, & qù'il leur ſervira de
titre & d'inſtruction pour être toujours
en état de défendre & conſerver leurs
Droits.

Meſſieurs les Officiers de Sa Majeſté & des Princes & Princeſſes du
Sang Royal, & autres, qui obtien-
dront dans la ſuite quelque Arrêt en
leur faveur, ſont priés d'en donner
avis au Libraire pour les ajouter à ce
Code ; ils ſe rendront par là utiles à
leurs Confreres qu'ils ont intérêt d'o-
bliger, en leur faiſant part de ce qui
doit être commun entre eux pour ſe
maintenir dans leurs Priviléges &
Prérogatives.

TABLE

TABLE
CHRONOLOGIQUE
DES REGLEMENS

Contenus au Code des Commenſaux.

b

Chartes & Titres des Privileges des Officiers Domeftiques, & Commenfaux de la Maifon du Roi,

17 Novembre 1549.

6 May 1553.

Janvier 1560.

13 Février 1562.

Février 1566.

Novembre 1575.

Aoât 1576.

May 1579.

b iiij

C

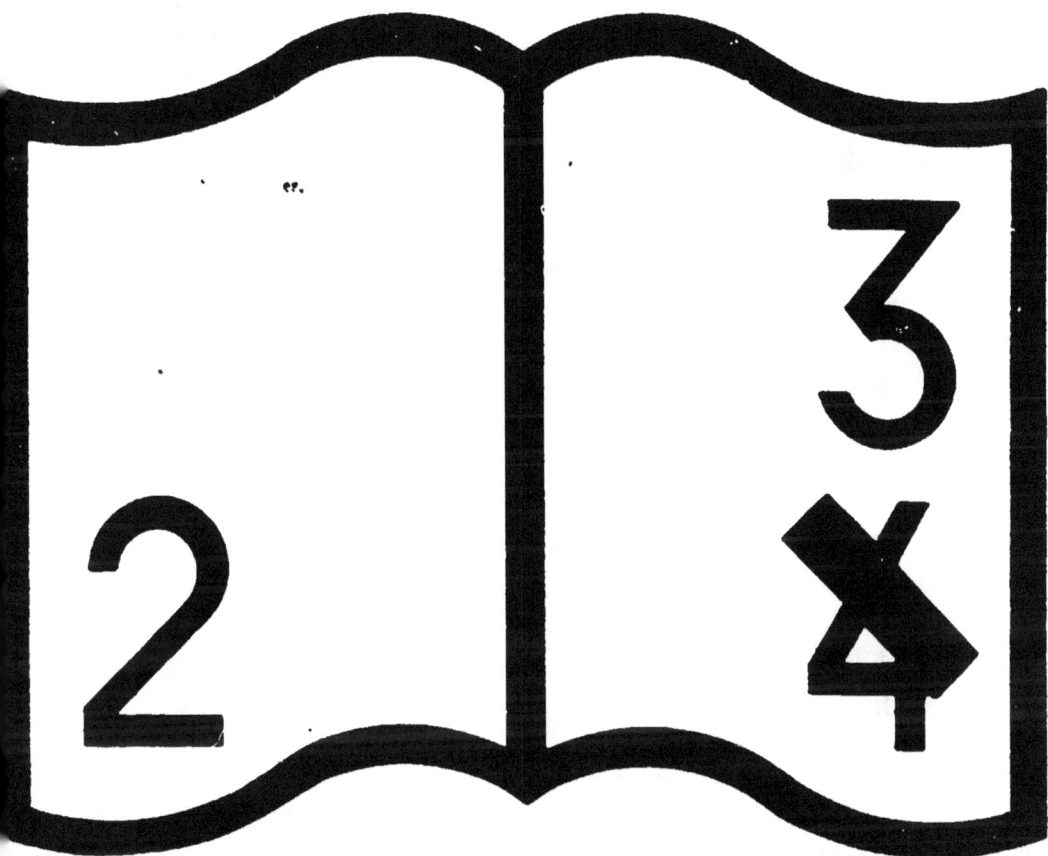

Pagination incorrecte — date incorrecte

NF Z 43-120-12

ADDITION.

CODE

CODE

DES

COMMENSAUX,

CONTENANT

LES PRIVILEGES, FRANCHISES,
Libertez , Immunitez , Exemptions ,
Rangs , Préséances , Droits Honorifiques , & autres Prérogatives des Officiers Domestiques & Commensaux de
la Maison du Roy , & des Maisons
Royales,

DANS les anciennes Ordonnances du
Parlement , folio 2 , se trouve un Mandement du Roy Philippes le Long, du
10 Janvier 1317 , pour faire rendre à
trois de ses Officiers y mentionnez, ce
qui avoit été prins d'eux pour peage,
suivant l'exemption de tous peages & coutumes,
qu'ont les Officiers domestiques des Rois , & ès Arrests du Parlement , de la S. Martin 1318, tous les
Officiers domestiques du Roy sont declarez exempts
de tous peages des vivres qu'ils font venir pour leur
provision.

A

Du 11 Mars 1367.

En l'Arrest de Me Sauvestres de Cervelle, Aumónier du Roy, du 11 Mars 1367, fut jugé l'exemption des peages pour les Officiers Domestiques.

Du mois d'Avril 1536.

Edit du Roy François Premier, qui ordonne que tous biens, terres, possessions & heritages ruraux, en quelque main & lieux de la Province de Languedoc qu'ils soient scituez, seront contribuables aux Tailles, à l'exception des Notaires & Secretaires, & les Officiers-Commensaux de la Maison du Roy & de ses enfans, &c.

Declaration portant Confirmation des anciennes Chartres & Titres des Privileges des Officiers-Domestiques & Commensaux de la Maison du Roy.

Du 2 Fevrier 1548.

HEnry par la grace de Dieu, Roy de France, à tous ceux qui ces presentes Lettres verront: Salut. Nos chers & bien amez Officiers-Domestiques & Commensaux, Nous ont très-instamment fait dire, remonstrer & apparoir que par Lettres de Chartres de nos Prédecesseurs Roys, même de feuz de bonne memoire Charles VII. Loys XI. & autres auparavant leur advenement à la Couronne, confirmées par feu notre-très-honoré Seigneur & Pere, que Dieu absolve, ils & leurs prédecesseurs Officiers, ensemble leurs veufves après leurs deceds & trespas, ont été declarez francs, exempts & privilegiez des emprunts generaux & particuliers qui se font ès Villes, tant pour Nous que pour les affaires d'icelles, semblablement au payement des deniers qui se levent pour fournitures de vivres & munitions, ports & voitures d'iceux, durant la guerre, réparations & fortifications de Villes, & conséquemment de tous nouveaux subsides, ports, peages, passages, apetissement & autres impositions & octrois desdites Villes, generalement quelconques mis & à met-

tre sus, pour quelque cause & occasion que ce soit :
& combien que desdits privileges & exemptions
nosdits Officiers Domestiques & Commensaux, ensemble leurs veufves durant leur viduité, deussent
& ayent dû jouir & user en tout sans aucune contravention, suivant les bons vouloirs & intentions
de nosdits predecesseurs Rois ; ce néantmoins plusieurs d'iceux nos Officiers Nous ont fait & font
encore ordinairement diverses plaintes & remon-
strances de ce que contre & au préjudice de leursdits privileges, franchises & libertez, & sans avoir
autre respect à iceux ni à leur qualité, l'on essaye
journellement à les réduire à la même raison des
autres habitans de nos Villes, & en ce faisant les
rendre contribuables à tous nouveaux subsides,
ports, peages, passages, apetissement, huictiesme,
dixiesme, reparations, fortifications & clostures de
Villes, & autres impositions & octrois desdites
Villes, dont se sont ensuivis plusieurs procez entre
les habitans desdites Villes, & aucuns Particuliers
de nosdits Officiers, esquels ils ont été contraints
frayer & consommer de grands & quasi à eux insupportables frais & mises, le tout plus par une certaine envie & jalousie que leur portent les Chefs & Administrateurs desdites Villes, que pour quelque autre raison & apparence qu'il y ait, prenant seulement couleur que és commissions qui ont été & sont
par nous décernées pour les effets dessusdits, sont
compris exempts & non exempts, privilegiez &
non privilegiez, sans faire expresse mention de
l'exemption & exception d'iceux nosdits Officiers
Domestiques Commensaux, & leusdites veufves :
Et aussi qu'ils n'ont de nous Lettres de confirmation
& validation de leursdits privileges, à leur grand
regret & interest, perte & dommage : lesquels à
ceste fin nous ont d'une commune voix très-humblement supplié & requis, afin que doresnavant ils
ne soient plus en ceste sorte traictez ne molestes,

A ij

contre & au préjudice de la faveur qu'ils doivent recevoir pour l'honneur & reverence de nous & de
noftre fervice où ils font dediez & employez : Que
noftre bon plaifir foit fur ce leur pouvoir & declarer quel eft là deffus notre vouloir & intention, &
à cefte fin leur impartir nofdites Lettres de confirmation à ce cas expreffes.

Sçavoir faifons, que nous ce confideré ; & que la
raifon veut que ceux qui approchent de nos perfonnes & maifons, ayent quelque advantage entre les
autres, & qu'il y ait difference du traictement des
uns aux autres, felon & ainfi qu'il a efté tousjours
obfervé & gardé par nofdits predeceffeurs Roys, &
que nous voulons nofdits Officiers Domeftiques &
Commenfaux, enfemble leurs veufves durant leur
viduité favorifer, accroiftre & advantager en faveur
des bons, grands, continuels & agreables fervices
qu'ils nous ont faict, font ordinairement & efperons
en avoir chacun jour, & à ce qu'ils foient tousjours
plus curieux & attentifs à nous bien fidellement &
loyaument fervir & aimer. Pour ces caufes & autres
bonnes & juftes confiderations à ce nous mouvans,
avons dict & declaré, difons & declarons, voulons
& nous plaift que nofdits Officiers Domeftiques &
Commenfaux, enfemble leurfdites veufves, durant
leurdite viduité feulement, jouiffent & ufent plainement & paifiblement defdits privileges, franchifes & exemptions, dont leurs predeceffeurs ont
tousjours joüi & ufé, & qui à eux & à leurs fucceffeurs en leurs eftats & offices, ont efté octroyez &
concedez, tout ainfi & par la forme & maniere que
fi lefdits privileges, franchifes & exemptions, & les
poincts & qualitez d'iceux eftoient fi amplement
& par le menu fpecifiez & declarez ; efquels nous
avons nofdits Officiers Domeftiques & Commenfaux, enfemble leurfdites veufves, après leur deceds & durant leur viduité, continué & confirmé,
continuons & confirmons par ces Prefentes, & qu'en

ce faisant ils soient & demeurent francs & quittes,
& exempts de toute maniere de contributions, soit
ausdits emprunts generaux & particuliers faicts &
à faire, tant par nous que lesdites Villes, semblablement pour la fourniture de vivres & munitions
pour la guerre, frais de conduite, de toutes tailles,
aydes, impositions de douze deniers pour livre, des
quatriesme, huitiesme, dixiesme & appetissement
de vin, de guets, garde de portes & murailles, de
ports, ponts, passages, travers & détroits, fournitures & contributions, estapes, de logis & garni-
sons de gensd'armes, tant de pied que de cheval,
aussi de la solde de cinquante mil hommes de pied,
de charois, chevaux d'artillerie, contributions de
nos ban & arriereban, souchet, traicte foraine,
peages & passages de toutes choses de leur creu &
de tous autres subsides, contributions & subven-
tions generalement quelconques, faicts ou à faire
en quelque sorte & maniere que ce soit : jaçoit
qu'ils ne fussent cy autrement & par le menu specifiez & declarez, & sans qu'il soit besoin en prendre
ne lever cy après de nous, autres ne plus amples declarations ; encores que par les commissions qui ont
esté & pourroient être cy-après par nous decernées
aux fins & causes que dessus, les exempts & non
exempts, privilegez & non privilegez y soient compris, & que par inadvertance l'on y ait obmis ou
obmettent, faire expresse mention de l'exemption,
exception & reservation d'iceux Officiers domestiques & commensaux de notre maison, ensemble
leursdites veufves durant leur viduité : lesquels Officiers de nous & de nostredite maison avec leursdites
veufves, ceste fois pour toutes, & sans ce que par
cy après l'on puisse alleguer aucune obmission avoir
esté faite d'iceux esdites commissions expediées & à
expedier, nous avons en tant que besoin seroit exceptez, reservez & exemptez, exceptons, reservons & exemptons, de nostre certaine science,

A iij

grace speciale, pleine puissance & auctorité royale,
tant pour le present, passé que advenir, du contenu
en icelles commissions & provisions, quelque ex-
pressé contrainte qu'elles portent pour le faict desdits emprunts, fournitures desdits vivres, contributions de fraiz, payemens des gens de pied & à cheval, & autres subsides & imposts generalement
quelconques. Et sur ce avons aux Commissaires
deputez & à deputer en ceste partie, Maires, Echevins, Consuls & Administrateurs desdites Villes,
manans & habitans d'icelles Villes, & à tous autres
qu'il appartiendra, imposé & imposons silence par
cesdites Presentes, leur défendant très-expressement
chacun en son égard, doresnavant, que pour raison des presens privileges, exemptions & reservation,
en tout ou partie, ils ne cottisent, comprennent & employent nosdits Officiers domestiques & commensaux, ensemble leursdites veufves, durant leurdite viduité ; ains les souffrent & laissent en jouir &
user plainement, paisiblement & inviolablement sans
les enfraindre, & ce sur peine de des-obeïssance, &
de grosses amandes à nous à appliquer. Et en outre
avons nosdits Officiers domestiques & commensaux,
ensemble leursdites veufves après leur trespas, &
durant leur viduité, pris & mis, prenons & mettons par ces Presentes en nostre protection & sauvegarde speciale. Et pour Conservateurs de leursdits
privileges, avons commis & deputé, commettons
& deputons nos amez & feaux Conseillers les gens
tenans les Requestes de nostre Palais à Paris, pardevant lesquels nous voulons & ordonnons, que
tous debats, contentions ou procés qui viendront
& naistront sur iceux privileges, soient illec decidez, vuidez & determinez : & pour raison d'iceux
privileges, ne seront nosdits Officiers tenus respondre ailleurs, & ausquels nosdits Conseillers tenans
lesdites Requestes de nostre Palais à Paris, nous
avons commis & attribué, commettons & attri-

buons la connoiſſance des cauſes de noſdits Officiers
domeſtiques & commenſaux, enſemble de leurſdites veuſves, durant leurdite viduité, tant perſon-
nelles, poſſeſſoires, mixtes, que hypothecquaires,
ſoit en demandant ou en defendant, & de celles où
ils ſeront parties, ou voudront en eux prendre l'adveu, charge, garantie & defenſes, ſans que aucuns
autres Juges en puiſſent en premiere inſtance entreprendre aucune Cour, Juriſdiction ne cognoiſſance,
laquelle nous leur avons dès à preſent comme pour
lors interdite & défendue, interdiſons & défendons.
Voulons, ordonnons & nous plaiſt, que par noſtre
amé & feal Chancelier, Garde des Sceaux de noſtre
Chancellerie, & Maiſtre ordinaire des Requeſtes
de noſtre Hoſtel, leur ſoient à ceſte fin octroyées
& delivrées Lettres de Committimus, ſauvegarde
& autres requiſes & neceſſaires pour le faict de leurs
droicts & cauſes.

Si donnons en mandement par ceſdites Preſentes
à noſtredit amé & feal Chancelier, les gens de nos
Cours de Parlement, &c. Donné à S. Germain en
Laye, le deuxieſme de Fevrier 1548. & de noſtre regne
le deuxieſme, ainſi ſigné, H E N R Y, *Regiſtrata*
Pariſiis in Parlamento quindecima die Maii, anno Do-
mini milleſimo quingenteſimo quadrageſimo nono : ainſi
ſigné, du Tillet. *Regiſtrata ſimiliter in camera Compu-*
torum, viceſima ſexta Junii anno Domini milleſimo
quingenteſimo quadrageſimo nono, ainſi ſigné, le
Maiſtre. Leues & enregiſtrées en la Cour des Aydes à Paris, le vingt-quatrieſme Janvier, l'an mil
cinq cens quarante-neuf. Ainſi ſigné, L E S U E U R.

Declaration du Roy, portant que les Officiers de ſa
Maiſon, & de la Royne, enſemble leurs veuſves,
jouiront des Privileges y contenus.
Du 17 Novembre 1549.

H ENRY par la grace de Dieu Roy de France,
à nos amez & feaux les Generaux Conſeillers

sur le faict de la Justice de nos Aydes à Paris, Salut
& dilection. Nos chers & bien aymez Officiers domestiques & commensaux, ensemble ceux de nostre
tres-chere & tres-aymée Compagne la Royne, nous
ont remonstré & faict entendre les difficultez & restrinctions que vous avez faites sur les privileges,
franchises & exemptions, par nous à eux & à leurs
vefves octroyez & concedez & amplement declarez
en nosdites Lettres de Chartres, en datte des deuxiesme Fevrier 1548. & le dixiesme de May ensuivant dernier passé ; dont les copies deuëment collationnées aux originaux par deux de nos amez &
feaux Notaires & Secretaires, sont cy attachez souz
le contrescel de nostre Chancellerie, en ce que
vous auriez dit qu'ils ne soient francs & exempts
de l'imposition foraine, comme le contiennent nosdites Lettres : & avant que passer outre à l'enterinement & verification de nosdites Lettres pour le
regard des vefves de nosdits Officiers & ceux de
nostredite Compagne, qu'ils apporteroient ou feroient apporter au Greffe de vostre Cour, les anciens privileges qui avoient esté par cy devant mis
és mains de quelques particuliers Officiers, dont
par le trop long laps de temps, la memoire estoit
perdue, & iceux privileges adirez, & ne leur estoit
possible les recouvrer. Et aussi à la charge qu'ils feroient tenus par chacun an apporter & mettre au
Greffe de vostre Cour la copie des Rooles & estats
de nostredite Maison & de nostredite Compagne,
deuëment signée & collationnée aux originaux : A
cette cause nous ont tous d'une commune voix tres
humblement supplié & requis, afin que souz om-
bre de telles difficultés & autres que l'on leur pourroit faire & alleguer, ils n'ayent d'oresnavant, ne
leursdites vefves après leur decez, aucuns destour-
biers & empeschemens en leursdits privileges &
franchises, que nostre bon plaisir fût leur impartir
nos Lettres de declaration, grace & liberalité.

Sçavoir faisons, que nous inclinans aufdites fup-
plications & requeftes, voulant relever lefdits fupplians de toute ambiguïté, difficultez, reftriction,
perte & dommage, & les traicter favorablement,
& iceux advantager en faveur de très-bons, grands
& continuels fervices qu'ils nous ont faits, & à noftredite Compagne, font encore de prefent & con-
tinuent chacun jour, & que l'intention de nos predeceffeurs Roys & de nous a efté & eft tousjours les
relever, affranchir & exempter de tous fubfides generallement quelconques fans aucune refervation,
reftriction ou difficultez : Avons de noftre certaine
fcience, propre mouvement, grace fpeciale, pleine
puiffance & auctorité Royale, voulu, ordonné, ftatué & declaré, voulons, ordonnons, ftatuons &
declarons par ces Prefentes, que nofdits Officiers
domeftiques & commenfaux, enfemble ceux de noftredite tres-chere & tres-aymée Compagne la Royne, & les vefves, tant de leurfdits predeceffeurs Officiers, que de celles qui fuivront cy après, vivant comme vefves defdits Officiers domeftiques & durant
leur viduité, jouïffent & ufent plainement & paifiblement defdits privileges, franchifes & exemptions par nous octroyez : & en ce faifant feront
quittes, affranchis & exemptez, & par ces Prefentes les quittons, affranchiffons & exemptons de
tous fubfides, impofition foraine, contributions &
fubventions generalles & particulieres quelconques
faictes & à faire, tant pour nous que pour les affaires de noftre Royaume : jaçoit qu'il n'en foit ici faicte plus amplement fpecification & declaration, &
defdits droicts, fubfides, contributions, & generallement de tous autres que l'on pourroit dire avoir
efté obmis à coucher, employer & particularifer en
leurfdits privileges, franchifes & exemptions, enfemble lefdites à prefent vefves furvivantes leurfdits maris Officiers de noftredite Maifon, & de noftredite Compagne : Nous avons excepté & refervé ;

exceptons & reſervons par ceſdites Preſentes. Si
vous mandons, &c. Donné à Paris le 17e jour de
Novembre, l'an de grace 1549. Par le Roy.
　　Ainſi ſigné, DE L'AUBESPINE.

Declaration du Roy, qui declare les Officiers, &
　Archers de la Prevoſté de l'Hoſtel, Officiers
　domeſtiques & Commenſaux du Roy.
Du 6 May 1553.

HENRY par la grace de Dieu, Roy de France:
A nos amez & feaux, les gens de noſtre Cour
des Aydes & Finances à Paris; Salut & dilection.
Pour ce que par voſtre Arreſt, dont l'extraict eſt cy
attaché ſous le contreſcel de noſtre Chancellerie,
Vous avez ordonné, que Jean du Val Archer de la
garde de noſtre corps, ſouz la charge du Prevoſt de
noſtre Hoſtel, feroit apparoir d'expreſſe declaration
de nous, que ledit Prevoſt de noſtre Hoſtel, & ſes
Archers, ſont nos Officiers domeſtiques & commenſaux de noſtredite Maiſon : & comme tels
exempts de la ſolde de cinquante mille hommes de
pied. Nous vous avons declaré & declarons, que ledit Prevoſt de noſtre Hoſtel, & ſeſdits Archers,
ſont nos Officiers domeſtiques & commenſaux de
noſtredite Maiſon, & comme tels leurs predeceſſeurs auſdits Eſtats, & eux ont tousjours eſté, &
ſont, & voulons & entendons qu'ils ſoyent exempts
de ladite ſolde de cinquante mille hommes de pied,
& de toutes impoſitions quelsconques, & autres
miſes ou à mettre ſus en noſtre Royaume, pour
quelque occaſion que ce ſoit. Et vous mandons, &
tres expreſſement enjoignons par ces Preſentes que
ledit du Val, & autres Archers eſtans ſous la charge
du Prevoſt de noſtredit Hoſtel, vous faites, ſouf-
frez & laiſſez jouir, & uſer deſdites exemptions,
affranchiſſemens & contenu en ces Preſentes, ſans
pour raiſon de ce, leur faire mettre, ne donner, ne
ſouffrir eſtre faict, mis ou donné aucun empêche-

ment, ne les plus tenir en procez en quelque forte
& maniere que ce foit. Car tel eft noftre plaifir,
nonobftant que par les Lettres de Commiffion
octroyées fur le faict de ladite folde, & autres fubfides, foit mandé, comprendre exempts & non
exempts, privilegez & non privilegez, efquelles
nous n'avons entendu, ne n'entendons comprendre
lefdits Archers du Prevoft de noftre Hoftel : Ains
en tant que befoin feroit, les en avons exceptez &
refervez par ces Prefentes. Donné à Saint Germain
en Laye le fixiefme jour de May l'an de grace mil
cinq cens cinquante-trois. Ainfi figné, Par le Roy,
l'Evefque de Rieulx, Maiftre des Requeftes de l'Hoftel, prefent. Hurault.

D l'Ordonnance d'Orleans du mois de Janvier.
1560, article 125.

Nos Officiers ou ceux de noftre tres-honorée
Dame & mere, de nos tres-chers freres & fœurs,
de noftre tres-chere Sœur la Reine Marie, de nos
tres-cheres tantes les Ducheffes de Ferrare & Savoye, ne feront tenus pour exempts, s'ils ne font
couchez en l'eftat des domeftiques & ordinaires,
fervans actuellement, & payez de gages appartenans à leurs offices, fans fraude, & que le Treforier
certifiera fous fon feing.

Declaration du Roy, contenant la confirmation des
Privileges & exemptions des Officiers domeftiques de Sa Majefté, de la Royne fa Mere, &
fes freres, fœur & tante.

Du 13 Fevrier 1562.

CHARLES, &c. Sçavoir faifons, que nous
ce confideré, & que la raifon veut que ceux
qui approchent nos Perfonne & Maifon, ayent
quelques advantages entre les autres, & qu'il y ait
difference au traitement des uns aux autres, felon
& ainfi qu'il a tousjours efté obfervé & gardé
par nofdits predeceffeurs Roys : Et que voulons

noſdits Officiers domeſtiques & commenſaux , enſemble leurs veſves durant leurs viduitez, favoriſer accroiſtre & augmenter, en faveur des bons, grands , continuels & aggreables ſervices qu'ils nous ont faits & ſont ordinairement , & eſperons en avoir chacun jour, & à ce qu'ils ſoient tousjours curieux & ententifs à nous bien, fidélement & loyaument ſervir & aymer.

Pour ces cauſes & autres bonnes & juſtes conſiderations à ce nous mouvans, Avons dit & declaré, diſons & declarons , voulons & nous plaiſt , que noſdits Officiers domeſtiques & commenſaux , enſemble leurſdites veſves durant leurſdites viduitez ſeulement, jouïſſent & uſent plainement & paiſiblement deſdits Privileges, franchiſes, & exemptions, dont leurs predeceſſeurs ont tousjours jouy & uſé, & qu'à eux & leurs ſucceſſeurs en leurs Eſtats & Offices ont eſté octroyez & concedez : tout ainſi & par la forme & manière que ſi leſdits Privileges, franchiſes & exemptions , & les points & qualitez d'iceux eſtoient cy amplement & par le menu ſpecifiez & declarez : eſquels nous avons à nos Officiers domeſtiques & commenſaux , enſemble leurſdites veſves après leurs decedz & durant leur viduité , continué & confirmé, continuons & confirmons par ces Preſentes : & qu'en ce faiſant ils ſoient & demeurent francs, quittes & exempts de toutes manieres de contributions , ſoient auſdits emprunts generaux & particuliers , faits & à faire, tant par nous que leſdites Villes : ſemblablement pour la fourniture des vivres & munitions pour la guerre, frais des conduites, de toutes tailles, aydes, impoſitions de douze deniers pour livre, des quatrieſmes, huictieſmes, dixieſmes & appetiſſemens de vin, de guets, gardes de portes & murailles, de ponts , ports, paſſages & deſtroits, fournitures & contributions d'eſtapes , de logis & garniſons de genſd'armes, tant à pied que de cheval : auſſi de la ſolde de cinquante mille hommes de pied, de charrois & chevaux d'artillerie, contribution de nos ban & arriereban, souchet, traite foraine, peages & paſſages de toutes choſes de leur creu, & de tous autres ſubſides, contributions & ſubventions generallement quelconques, faits ou à faire, en quelque ſorte & maniere que ce ſoit : jaçoit qu'ils ne fuſſent cy autrement & par le menu ſpecifiez & declarez, & ſans qu'il ſoit beſoin en prendre, ne lever cy après de nous, autre ne plus ample declaration : encores que par les commiſſions qui ont eſté & pourroient eſtre cy après par nous decernées aux fins & cauſes que deſſus, les exempts & non exempts, privilegiez & non privilegiez y ſoient compris : & que par inadvertance on y ait obmis ou fait obmettre, faire expreſſe mention de l'exemption, exception & reſervation d'iceux Officiers domeſtiques & commenſaux de noſtredite Maiſon, enſemble leurſdites veſves, durant leur viduité.

Leſquels Officiers de nous & de noſtredite Maiſon, avec leurſdites veſves, ceſte fois pour toutes, & ſans que par cy après on puiſſe alleguer aucune obmiſſion avoir eſté faicte d'iceux eſdites commiſſions expediez & à expedier, Nous avons entant que beſoin ſeroit, exceptez, reſervez & exemptez, exceptons, reſervons & exemptons, de noſtre certaine ſcience, grace ſpeciale, pleine puiſſance & authorité Royale, tant pour le preſent, paſſé, qu'advenir : du contenu en icelles commiſſions & proviſions, quelques expreſſes contraintes qu'elles portent pour le faict deſdits emprunts, fourniture de vivres, contributions des fraiz, payement deſdits gens de pied & à cheval, ou autres ſubſides & impoſts generalement quelconques. Et ſur ce avons aux Commiſſaires deputez & à deputer en ceſte partie, Maires, Conſuils, Eſchevins, & Adminiſtrateurs deſdites Villes, manans & habitans d'icelles, & tous autres qu'il appartiendra, impoſé &

impofons filence par cefdites Prefentes : leur defendant tres-expreffement chacun en fon regard que
d'orefnavant pour raifon des prefens Privileges,
exemptions & refervations en tout ou en partie, ils
ne cottifent, comprennent, n'employent, nofdits
Officiers domeftiques & commenfaux, enfemble
leurfdites vefves, durant leurdite viduité : ains les
fouffrent & laiffent jouir & ufer plainement & paifiblement, inviolablement & fans les enfraindre,
& ce fur peine de defobeiffance, & de groffe amende
à nous à appliquer.

Et en outre avons nofdits Officiers domeftiques &
commenfaux, enfemble leurfdites vefves, aprèsleur
trefpas durant leurdite viduité, pris & mis, prenons
& mettons par ces Prefentes en noftre protection &
fauvegarde fpeciale : & pour confervateurs de leurfdits Privileges, Avons commis & deputé, commettons & deputons nos amez & feaux Confeillers les
gens tenans les Requeftes de noftre Palais à Paris,
pardevant lefquels nous voulons & ordonnons que
tous debats, contentions ou procez qui viendront
& naiftront fur iceux Privileges, feront illec decidez, vuidez & determinez : & pour raifon d'iceux
Privileges ne feront nofdits Officiers tenus refpon-
dre ailleurs. Et aufquels nofdits Confeillers tenans
lefdites Requeftes de noftre Palais à Paris, Nous
avons commis & attribué, commettons & attribuons la cognoiffance des caufes de nofdits Officiers
domeftiques & commenfaux, enfemble de leurfdites vefves, durant leurdite viduité, tant perfon-
nelles, poffeffoires, mixtes, que hypothecaires, foit
en demandant ou en défendant, & de ceux où ils
feront partie, ou voudront en eux prendre l'adveu,
charge, garantie & défenfe ; fans ce qu'aucuns autres Juges en puiffent en premiere inftance entreprendre aucune Cour, Jurifdiction ne cognoiffance,
laquelle nous leur avons dés à prefent comme pour
lors interdite & défendue, interdifons & défen-

.dons Voulons, ordonnons & nous plaist, que par noftre amé & feal Chancelier , & Maiftres ordinaires des Requeftes de noftre Hoftel , leur foient à cette fin octroyées & delivrées Lettres de Committimus, fauvegarde, & autres requifes & neceffaires pour le faict de leur droict & caufes

Si donnons en mandement, &c. Donné à Blois; le 13 Fevrier 1562. Signé, DE LAUBESPINE.

Droit de Committimus & Gardegardienne , de l'Ordonnance de Moulins , article 56.
Du mois de Fevrier 1566.

POUR foulager nos Sujets de la vexation des abus qui fe commettent és pretendus Privileges de Gardegardiennes & Committimus, tant au Siege des Requeftes de noftre Palais, qu'ailleurs, Avons ordonné que d'orefnavant jouiront defdits Privileges, pour évoquer & diftraire les caufes des Sieges ordinaires , les perfonnes qui enfuivent & non autres ; c'eft à fçavoir les principaux Officiers de noftre Couronne, nos Confeillers en noftre Confeil Privé , les Maiftres des Requeftes ordinaires de noftre Hoftel , nos Notaires & Secretaires & les Officiers domeftiques couchez en l'Etat & aux gages de Nous, la Royne noftre Mere, nos Freres & Sœurs, Oncles & Tantes, Enfans de France, excepté ceux qui feroient fait de marchandifes , en jouiront auffi les Gens & Officiers de nos Cours Souveraines ; & quant aux Avocats & Procureurs d'icelles , en jouiront feulement douze des plus anciens du nombre des Avocats, & autant defdits Procureurs en noftre Cour de Parlement à Paris ; & és autres Parlemens , fix de chacun ordre. Pareillement & jouiront les Chapitres & Communautez des Eglifes de noftre Royaume, qui de ce ont Privilege pour les affaires communes defdites Eglifes feulement, & n'auront lefdits Committimus lieu pour diftraire nos Sujets hors le

ressort de leur Parlement, sinon pour nos domestiques & ceux qui en jouissent par Privilege special ;
en quoi n'entendons toucher aux Privileges des
Princes ou Pairs de France, ni aucunement deroger
à iceux.

**Lettres Patentes qui declarent les Officiers de la
Prevosté de l'Hostel, Commensaux de la Maison
du Roy.**

Novembre 1575.

HENRY par la grace de Dieu, Roy de France
& de Pologne : A tous presens & advenir ;
Salut. Nos chers & bien amez les grands Prevost de
nostre Hostel, ses Lieutenans, nostre Procureur,
Greffier, & Archers en ladite Grande Prevosté de
nostre Hostel, nous ont fait remonstrer, que les
defuncts Roys nos Predecesseurs, les ont tousjours
de tout temps & ancienneté, compris au nombre de
nos Officiers domestiques & commensaux, & leurs
veufves, durant leur viduité, ainsi qu'il appert par
plusieurs Lettres de Declarations, qui en ont à ceste
fin esté expediées, mesme pour aucuns particuliers
Archers, en consequence dû Privilege general, accordé au Corps & Communauté de ladite Prevosté ;
& parce que lesdits exposans ne peuvent recouvrer
la premiere & principale declaration, qui en auroit
esté faite en forme de Chartre ; & craignant qu'à faute d'en faire apparoir, l'on voulust prestendre lesdits
exposans, n'estre des compris au nombre de nosdits
Officiers domestiques, ils nous ont très-humblement supplié & requis, vouloir sur ce leur pour-
veoir : Sçavoir faisons, que nous pour ces causes,
& autres à ce nous mouvans, & par l'advis de nostre Conseil, auquel les pieces cy souz le contre-
scel de nostre Chancellerie, sont attachées, ont esté
vûës : Avons declaré & declarons, que nous avons
tousjours entendu, comme de faict nous entendons,
voulons & nous plaist que lesdits exposans soient
compri

compris au nombre de nosdits Officiers domestiques & commensaux, & en ceste qualité, jouissent
effectuellement, & generalement de tous & chacuns les usdits privileges, exemptions, franchises,
libertez, affranchissemens de contributions & sub-
ventions generalement quelconques, faits & à faire, en quelque sorte & maniere que ce soit, & de
tous autres droicts & immunitez accordez & concedez par nosdits predecesseurs Roys, à nos Officiers
domestiques & commensaux, lesquels Privileges nous
tenons ici pour tous specifiez; & iceux confirmez
& confirmons ausdicts exposans, en tant que besoin
est ou seroit: Leur a, vons iceux de nouveau octroyez,
donnez & concedez donnons, octroyons & concedons par ces Presentes, sans qu'il leur soit besoin
en prendre ne lever cy après en general, ne particulier, de nous ou de nos successeurs, aucune declaration ou provision, encore que par les Commissions
qui ont esté ou pourroient estre cy-après expediées,
pour aucunes desdites impositions, ou autres choses, soit mandé y faire contribuer exempts & non
exempts, privilegiez & non privilegiez, & que par
inadvertance l'on y ait obmis faire expresse mention
de l'exemption, exception & reservation desdits
Grand Prevost, ses Lieutenans, nostredict Procureur, Creffier, & Archers de ladite grande Prevosté,
Officiers domestiques & commensaux de nostredite
Maison: ensemble leurs vesves, durant leur viduité,
lesquels grand Prevost, Lieutenans, notre Procureur, Greffiers & Archers de ladite Grande Prevosté
ceste fois pour toute, & sans que par cy après l'on
puisse alleguer aucune obmission avoir esté faite
d'iceux, esdites commissions expediées ou à expedier: Nous avons dès-à-present, en tant que besoin
seroit, exceptez & reservez, exceptons & reservons, de nostre pleine puissance & auctorité Royale,
par ces Presentes; par lesquelles donnons en mandement à nos omez & feaux les gens de nostre Cour

B

dé Parlement, gens de nos Comptes, Coûrs des Aydes, Generaux de nos Finances, és generalitez de cestuy nostre Royaume, Esleuz, sur le faict de nos Aydes & Tailles, & à tous nos autres Justiciers & Officiers qu'il appartiendra : Que cesdites Presentes il fasse lire, publier & enregistrer où besoin sera, & du contenu jouir & user pleinement & paisiblement lesdits exposans, sans leur faire mettre, donner, ne souffrir leur estre faict, mis ou donné aucun trouble, destourbier ne empeschement au contraire, lequel si faict, mis ou donné leur estoit, ou avoit esté, en quelque sorte & maniere que ce soit, en general ou en particulier, ils ayent incontinent & sans delay, à les remettre & restituer au premier estat, & deub : Car tel est nostre plaisir, nonobstant oppositions ou appellations quelsconques, & sans prejudice d'icelles, pour lesquelles ne voulons estre aucunement differé, la cognoissance desquelles nous avons retenue & reservée, retenons &, reservons à nous & à nostre Privé Conseil, & l'avons défendu & défendons à tous autres nos Juges, nonobstant tous Edicts, Ordonnances, Restrinctions, Mandement, Defenses & Lettres à ce contraires : Et pour ce que de cesdites Presentes, l'on pourra avoir affaire en plusieurs & divers lieux, Nous voulons qu'au vidimus d'icelles, foy soit ajoustée comme au present original, deuement collationné par l'un de nos amez & feaux Notaires & Secretaires, ausquelles, à fin que ce soit chose ferme & stable à tousjours, nous avons faict mettre nostre scel, sauf en autres choses nostre droict, & l'autruy en toutes. Donné à Paris au mois de Novembre, l'an de grace mil cinq cens soixantequinze, & de nostre regne le deuxiesme, signées sur le reply. Par le Roy en son Conseil, BRULART, *Visa, contentor*, THIELLEMENT.

Registrées en la Cour des Aydes à Paris, l'an 1578.
le 19 Fevrier. Signé, *DE BEAUVAIS,*

Lettres en formes de Chartres de Henry III, du mois d'Aouſt 1576, par leſquelles, en confirmant d'autres precedentes Lettres, les cent vingt chevaux-cheurs de l'Ecurie du Roy, ſont reputez comme les Officiers domeſtiques & commenſaux, & declarez exempts de toutes Tailles, ſubſides, emprunts, impoſitions, tributs de ponts, ports, peages & paſſages, & après leurs deceds leurs veſves pendant leur viduité, &c.

Gardegardienne & Committimus, de l'Ordonnance de Blois, du mois de May 1579, art. 177.

Voulons auſſi que l'Ordonnance faite à Moulins par le feu Roy noſtre tres honoré Seigneur & Frere, pour les Privileges des Gardesgardiennes, & Committimus, ſoit exactement gardée, ſans que autre que ceux qui ſont nommez en ladite Ordonnance, puiſſent jouir deſdits Privileges, & ce ſeulement pour droit, que leſdits privilegiez auront de leur chef, ou à cauſe de leurs femmes, & non en vertu de ceſſion ou tranſport.

De la même Ordonnance, art. 342.

Les Officiers de noſtre Maiſon, & ceux de noſtre tres-honorée Dame & Mere, & de noſtre tres chere & tres-amée Compagne la Reyne, de nos tres-chers amez freres & ſœur le Duc d'Anjou, Roy & Reyne de Navarre, de nos tres-cheres & tres-amées belle-ſœurs les Reynes d'Ecoſſe, & d'Iſabelle douairiere de France, ne ſeront exempts de la contribution de nos Tailles, s'ils ne ſont couchez és Eſtats des domeſtiques & ordinaires aux gages pour le moins de 10 écus, & ſervans actuellement, dont les Treſoriers bailleront certification ſignée d'eux, ſans fraude, à peine de s'en prendre à eux.

De l'Ordonnance d'Henry III. a esté extrait ce qui suit.

Du 28 Janvier 1588.

HENRY, &c. Declarons que nostre intention est que tous nos Officiers ordinaires & commensaux, & des Reynes nostre Dame & Mere, nostre Compagne, de nostre defunct frere, sœurs & tantes & niepces, de nostre Gendarmerie & Artillerie, & leurs vefves, pendant & durant leurs viduitez, jouissent pleinement, entierement & perpetuellement de tous les Privileges, & l'avons iceux, soient exempts & francs de toutes contributions de tailles, crues, emprunts, impositions, guets & gardes des portes & chasteaux, vivres & munitions, chevaux d'artillerie, & autres subsides & impositions quelconques, qui ont esté ou pourroient estre cy-aprés levez en deniers ou especes, soit par vertu de nos Lettres Patentes, Mandemens de nos Lieutenans Generaux, Maires, Eschevins, & Consuls des Villes, & tous autres en quelque lieu, Ville & Bourgade, & pour quelque cause & sous quelque pretexte que ce soit, sans qu'ils soient tenus en payer aucune chose, nonobstant toutes commissions pour le fait & levée desdits deniers, crues & autres choses susdites ; & que par icelles fust mandé y faire contribuer exempts & non exempts, privilegiez & non privilegiez, mesme les Officiers commensaux, & actuellement servans & par quartier, & sans prejudice de leurs privileges, voire qu'ils fussent particulierement nommez & specifiez, &c.

Edict du Roy, par lequel les Officiers domestiques sont confirmez en leurs Privileges.

Du mois de Fevrier 1591.

HENRY, &c. Voulons & nous plaist, ceste fois pour toutes, que d'oresnavant sans contredit nosdits Officiers domestiques & commensaux

qui font employez fans fraude en l'Eftat de noftre
Maifon , & nous fervent actuellement, ordinairement & par quartier, felon la Charge de laquelle
ils font honorez , jouiffent des anciens Privileges ,
& de toutes immunitez , de fortification , bois &
chandelle, & autres qui fe levent dans lefdites Villes,
aufquelles nofdits Officiers domeftiques & commenfaux, font leur demeure ; mefme des Gardes des portes pour le temps qu'ils feront en quartier & en
fervice actuel feulement, durant lequel leurs femmes ou famille ne pourront eftre contrainctes d'envoyer aufdites gardes : Mais eftans de retour en
leurs maifons y feront tenus affifter & faire la garde
des portes comme les autres habitans en leurs ordres
pour toutes charges quelconques, fans qu'ils puiffent eftre contraints en aucunes autres taxes ou impofitions telles qu'elles foient. Voulons auffi que les
Officiers fervans actuellement la Royne douairiere
noftre tres-honorée belle-fœur , jouiffent de ce
mefme Privilege, enfemble les privileges qui font
dans l'eftat de noftre artillerie , & fervans actuellement à icelle comme deffus eft dict. Et pour le regard des autres qui ont fervi par cy-devant les Roys
nos predeceffeurs , les Roynes nos tres-honorées
Dames , belle-mere & belle-fœur , & feu noftre
tres-cher frere le Duc d'Anjou , & autres qui eftoient
en leur eftat lors de leurs deceds : Nous voulons
qu'en la memoire de l'honneur qu'ils ont receu de
leurfdits Maiftre & Maiftreffe, & de la fidelité qu'ils
leur ont rendue jufques à leur mort, qu'ils jouiffent
femblablement leur vie durant , & leurs vefves durant leur viduité , des Privileges & immunitez qui
leur ont de tout temps efté accordez par nofdits
predeceffeurs Roys , & par nous confirmez, excepté
pour la garde des portes, le bois, la chandelle & les
fortifications des Villes de leur demeurance, attendu que c'eft pour leur propre confervation. Voulons
que pour le furplus ils foient confervez & main-

tenus en leurs Privileges, fans que deformais ils foient
troublez, & foit donné occafion aux uns & aux autres de retourner plaintifs pardevers nous, pour avoir
contrevenu à nos vouloir & intention, cy-deffus affez
particulierement declarez, fur peine de punition
exemplaire, de ceux qui temerairement y auroient
defobey en quelque forte & maniere que ce foit.
Si donnons en mandement, &c. Donné au Camp
devant Chartres, au mois de Fevrier, l'an de grace
1591. Signé HENRY.

**Edict du Roy, en faveur des Valets-de-chambre, des
Huiffiers-de-chambre, Porte-manteaux & Valets
de la Garde-robe de fa Majefté.**

Du mois d'Octobre 1594.

HENRY par la grace de Dieu, Roy de France
& de Navarre : A tous prefens & advenir ;
Salut. Les Roys nos predeceffeurs, confiderans
combien il étoit raifonnable que ceux qui approchoient le plus prés de leurs perfonnes, fuffent or-
nez & decorez de vertus, & élevez en titre & degrez d'honneur, convenables à leurs merites, afin
de leur donner occafion de les fervir avec plus de dignité, auroient de toute ancienneté decoré leurs
Valets-de-chambre, de Garde-robe, Porte-manteaux & Huiffiers de chambre, du titre & qualité
d'Efcuyer, duquel ils leurs auroient permis d'ufer
en tous lieux, actes & affemblée, tant en Juftice
qu'ailleurs, & que nous avons trouvé plus que le-
gitimes, veu l'honneur que telles perfonnes ont
d'eftre ordinairement prés des Roys leurs Maiftres,
defquels ils reçoivent commandement de chofes qui
ne doivent eftre commifes qu'à perfonnes qualifiées;
pour ce eft-il que nous ayant mis cette affaire en
deliberation en noftre Confeil, où eftoient plufieurs
Princes de noftre fang, autres Princes Seigneurs, &
autres grands & notables perfonnages d'icelui. A
ces caufes, avons par ceftuy noftre Edict perpetuel

& irrevocable, dit, ſtatué, declaré & ordonné, diſons, ſtatuons, declarons & ordonnons, voulons & nous plaiſt, que noſdits Valets-de-chambre, de Garde-robe, Porte-manteaux & Huiſſiers de la chambre puiſſent & leur ſoit loiſible, tant pour le paſſé, que pour le preſent & advenir, les qualifier & uſer du titre d'Eſcuyer, lequel entant que beſoin eſt ou ſeroit, nous avons faiƈt & créé pour en jouir par eux chácun avec tous les droits, honneurs, auƈtoritez, privileges, exemptions, prerogatives & prééminences, eux & leurs erfans, en tous lieux & honorables aſſemblées, tant en Jugement que par tout ailleurs, ſans que d'oreſnavant ils y puiſſent eſtre inquietez ny moleſtez en quelque façon que ce ſoit, ny que perſonne leur puiſſe aucunement diſputer cette qualité en laquelle nous voulons qu'ils ſoient maintenus, nonobſtant la perte qui peut avoir eſté faite des Arreſts, Chartes & Sentences qui en pourroient avoir eſté autrefois obtenus, ce que nous ne voulons leur nuire ny prejudicier en aucune maniere. Si donnons en mandement, &c. Donné à Paris au mois d'Oƈtobre, l'an de grace mil cinq cens quatre-vingt-quatorze, & de noſtre Regne le ſixieſme. Signé HENRY. Et ſur le reply : Par le Roy, RUZE'.

Autres Lettres Patentes, qui declárent les Officiers de la Prevoſté de l'Hoſtel, domeſtiques & commenſaux de la Maiſon du Roy.

Du mois de Septembre 1595.

HENRY par la grace de Dieu, Roy de France & de Navarre : A tous preſens & advenir : Salüt. Nos chers & bien amez les grand Prevoſt de noſtre Hoſtel, ſes Lieutenans, noſtre Procureur, Greffiers, Commis, Archers & Payeurs de ladite Prevoſté de noſtre Hoſtel, nous ont fait dire & remonſtrer, que les defunƈts Roys nos predeceſſeurs les ont touſjours de tout temps & ancien

neté , comprins au nombre de nos Officiers domē-
ſtiques & commenſaux , & leurs vefves durant leur
viduité , en conſideration du ſervice qu'ils font ordinairement prés noſtre perſonne , & comme tels
ont eſté declarés francs , privilegiez & exempts de
toutes Tailles , emprunts generaux & particuliers,
qui ſe font és Villes , tant par nous que pour les
affaires d'icelles : Semblablement au payement des
deniers qui ſe levent pour la fourniture des vivres
& munitions , ports & voitures d'iceux , durant la
guerre , reparations & fortifications de Villes , &
conſequemment de tous nouveaux ſubſides , ports ,
peages , paſſages , appetiſſemens & autres impoſitions & octroys deſdites Villes generalement quelsconques , mis & à mettre ſuz , pour quelque cauſe
& occaſion que ce ſoit ; Et combien que deſdits privileges & exemptions , les Officiers de ladite Prevoſté , enſemble leurs veufves durant leur viduité ,
deuſſent & ayent deu jouir & uſer du tout , ſans con-
tradiction aucune , ſuivant l'intention & bon vouloir de nos predeceſſeurs Roys & la noſtre. Neantmoins , &c. Avons declaré & déclarons que nous
avons touſjours entendu , comme de faict nous entendons , voulons & nous plaiſt , que leſdicts expoſans ſoyent comprins au nombre de noſdicts Officiers domeſtiques & commenſaux , & en ceſte qualité jouiſſent effectuellement & generalement de
tous & chacun les ſuſdits privileges , exemptions,
franchiſes , libertez , affranchiſſemens de contributions , & ſubventions generalement quelsconques ,
faict & à faire , en quelque ſorte & maniere que
ce ſoit , & de tous autres droits & immunitez accordez & concedez par noſdicts predeceſſeurs Roys à
nos Officiers domeſtiques & commenſaux , leſquels
privileges nous tenons icy pour tous ſpeciez , &
iceux confirmez & confirmons auſdits expoſans ,
autant que beſoin eſt ou ſeroit , leur avons iceux
de nouveau octroyez , donnez & concedez , donnons

sions, octroyons & concedons par ces Presentes, sans
qu'il soit besoin en prendre, ne lever cy-après en général ne particulier, de nous ou de nos successeurs,
aucune déclaration ou provision, encores que par les
commissions qui ont esté & pourront estre cy-après
expediées, pour aucunes desdites impositions, ou
autres choses, soit mandé y faire contribuer exempts
& non exempts, privilegez & non privilegez, &
que par inadvertance l'on y ayt obmis faire expresse
mention de l'exemption, exception & reservation
desdicts grand Prevost susdit, Lieutenans, nostre
Procureur, Greffiers, Archers & Payeurs de ladite
Prevosté, Officiers Domestiques & Commensaux de
nostre Maison : ensemble leurs veufves durant leur
viduité, lesquels ceste fois pour toutes, & sans que
par cy-après l'on puisse alleguer aucune obmission
avoir esté faite d'iceux, esdites commissions expediées ou à expedier nous avons dès à present, entant que besoin seroit, exceptez & reservez, exceptons & reservons de nostre pleine puissance & auctorité Royale, par ces Presentes : par lesquelles donnons en mandement, &c. Donné à Lyon, au mois
de Septembre l'an de grace mil cinq cens quatre-
vingts-quinze, & de nostre Regne le septiesme.
Signées, HENRY. Et sur le reply, Par le Roy,
RUZE'.

Enregistrées en la Cour des Aydes. A Paris le 23
Octobre 1599. Signé, BERNARD.

Lettres & Declaration du Roy, pour les Privileges
   des Officiers Domestiques & Commensaux de la
   Maison de Monseigneur le Prince de Condé,
   Premier Prince du Sang.
        Du 16 May 1596.

HENRY par la grace de Dieu, Roy de France
   & de Navarre : A tous ceux qui ces Presentes
Lettres verront ; Salut. Sçavoir faisons, que nous
voulans pour la proximité dont nous attouche nostre

très cher & très-aimé Nepveu Henry de Bourbon ;
Prince de Condé, & Premier Prince de nostre Sang,
faire paroistre la singuliere affection que nous luy
portons, & en sa faveur & consideration bien & favorablement traiter les Officiers Domestiques &
Commensaux. Pour ces causes & autres à ce nous
mouvans, avons dict & déclaré, & de nostre grace
speciale, pleine puissance & auctorité Royale, disons & déclarons, voulons & nous plaist, que les
Officiers Domestiques & Commensaux de nostredit
Nepveu, qui sont & seront compris en l'Estat de sa
Maison, ensemble leurs veufves durant leur viduité,
jouissent pour l'advenir de tous & chacuns les privileges, franchises, libertez & immunitez, exemptions & affranchissemens dont jouissent nos Officiers
Domestiques & Commensaux, contenus ès Lettres
Patentes par Nous & nos Predecesseurs, octroyez à
nosdits Officiers Domestiques & Commensaux, sans
aucune distinction ou difficulté, & tout ainsi par la
forme & maniere que s'ils estoient cy compris & specifiez par le menu. Si donnons en mandement, &c.
Donné au Camp devant la Fere, le seiziesme jour
de May l'an de grace mil cinq cens quatre-vingts
seize, & de nostre Regne le septiéme.

Signé, HENRY.

Regiſtrées. A Paris en Parlement le 28 *Juin* 1596.
Signé, *VOYSIN.*

*Regiſtrées ſemblablement en la Chambre des Comptes,
le* 29 *Juillet* 1596. Signé, *DE LA FONTAINE.*

Regiſtrées en la Cour des Aydes. A Paris le 5 *d'Aouſt*
1596. Signé, *BERNARD.*

Exemption de Tutelle pour les Officiers Domestiques
de la Maison du Roy.

Du 22 Mars 1602.

HENRY par la grace de Dieu, Roy de France
& de Nevarre : A nos amez & feaux Conseillers les Gens tenans nostre Cour de Parlement à
Rouen, Salut. Nostre bien-aymé Jean Sezille, Fourier ordinaire de nos Logis, Nous a humblement
faict remonstrer, que sur l'advis & déliberation d'aucuns parens & amis de feu Jean Sezille, par Sentence du Vicomte de Vernon, ou son Lieutenant,
du vingt-sixiesme Fevrier dernier passé, il auroit
esté créé Tuteur aux enfans, souz âge, de feu Claude Sezille, sans avoir esgard à ce qu'il luy auroit
remonstré ne pouvoir accepter ny vacquer à ladite
charge, à cause qu'il est ordinairement retenu en
nostre suite : mesme estant à present en exercice,
pour le service qu'il Nous doit audit Estat : que
partant il en estoit exempt comme l'un de nos
Officiers Domestiques. Ce que néanmoins par autre Sentence le Bailly de Gisors ou son Lieutenant audit Vernon, auroit confirmé, dont l'Exposant auroit appellé, & sur ledit appel esté anticipé
en nostre Cour. Et parce que ce seroit lui faire
naistre un procez, & ce faisant le distraire de nostre service. Et que nos Officiers Domestiques actuellement servans, dont il est l'un, par plusieurs Ordonnances des feus Roys nos predecesseurs & de
Nous, & Arrests sur ce donnez en nostre Conseil
d'Estat, sont exempts de telles charges. Aussi afin
qu'il ne soit plus avant molesté & consommé pour
raison de ce en fraiz, il nous a très-humblement
supplié déclarer sur ce nostre intention, & luy octroyer nos Lettres à ce comprenables. A ces Causes, après qu'il nous est apparu de ce que dessus,
mesme que l'Exposant est à nostre suite & service
en sadite charge, par les pieces cy-attachées sous

le contre-scel de noftre Chancellerie : Avons iceluy Expofant declaré & declarons exempt de ladite
tutelle, comme l'un de nos Officiers Domeftiques,
tant qu'il tiendra & exercera ledit eftat de noftre Fourier. Et d'icelle tutelle defchargé & defchargeons par
ces Prefentes: de l'effect defquelles mettant au neant
ledit appel; Vous mandons , commettons & enjoignons le faire jouir plainement & paifiblement : Car
tel eft noftre plaifir, nonobftant comme deffus, &
quelconques Edicts, Ordonnances , Mandemens ,
Défenfes & Lettres à ce contraires, clameur de
Haro , Chartre Normande, prife à partie & Cou-
ftume du pays. Donné à Saint Germain en Laye,
le vingt-deuxiefme jour de Mars l'an de grace mil
fix cens deux, & de noftre Regne le treiziefme.
Par le Roy en fon Confeil. P A S Q U I E R.

_____

Declaration du Roy , fur le rang & ordre que doi-
vent tenir ès Affemblées les Varlets de fa Chambre
& Garderobe, Porte-manteaux , Huiffiers de
Chambre, Cabinet & Antichambre.
Du 28 Fevrier 1605.

HENRY par la grace de Dieu , Roy de France
& de Navarre : A tous ceux qui ces Prefentes
Lettres verront; Salut. Nos chers & bien amez
Varlets de Chambre & de Garderobe ordinaires
nous fervans par quartier, Porte-manteaux, Huiffiers de Chambre, Cabinet & Antichambre, Nous
ont fait remonftrer qu'ils font journellement troublez par les Officiers des Villes où ils font leur demeure ordinaire, en la jouiffance du rang & ordre
qu'ils doivent tenir, & eft attribué à leurs Eftats
& Offices ès Affemblées qui fe font fur les lieux : A
l'occafion dequoy plufieurs procez & differends
ont efté meuz, qui les ont conftituez en de grands
frais & dépends , nous fupplians, & requerans pour
eviter lefdites inftances, de faire entendre fur ce
noftre volonté. Nous à ces caufes leur voulans fur

ce pourvoir, & les faire reſſentir de l'honneur
qu'ils ont d'approcher près noſtre perſonne, Avons
declaré & ordonné, declarons & ordonnons par ces
Preſentes, ſignés de noſtre main, que noſdits Varlets de Chambre & de Garderobe, Porte-manteaux,
Huiſſiers de Chambre, Cabinet & Antichambre,
auront rang, & marcheront ès Aſſemblées qui ſe
feront doreſnavant eſdites Villes de leur habitation
& autres où ils ſe trouveront, immediatement après
les Conſeillers de nos Bailliages, Senechauſſées &
Sieges Preſidiaux, auparavant que les Officiers de
nos Elections, Greniers à Sel, & tous autres inferieurs en ordre auſdits Conſeillers : & voulons &
nous plaiſt, que les procez qui ſe trouveront intentez à preſent à cette occaſion, ſoient reglez ſuivant
noſtre preſent vouloir & intention. Si donnons, &c.
Donné à Paris le dernier jour de Fevrier, l'an de
grace mil ſix cens cinq, & de noſtre Regne le ſei-
ziéſme. Signé, HENRY.

Enregiſtrées ès regiſtres du Grand Conſeil du Roy,
ſuivant l'Arreſt donné en iceluy, ce jourd'huy 22.
Mars 1605. A Paris.

Extraict des Regiſtres du Grand Conſeil du Roy.

Du 22 Mars 1605.

SUr la Requeſte preſentée au Conſeil par les
Varlets de Chambre & Garderobe ordinaires,
Porte-manteaux, Huiſſiers de Chambre, Cabinet
& Antichambre du Roy, tendante à fin que les
Lettres & Declaration par eux obtenues, ſoient
regiſtrées au Greffe dudit Conſeil, pour joüir par
eux de l'effect & contenu en icelles. Veu par le
Conſeil ladite requeſte, leſdites Lettres du dernier
Fevrier 1605, par leſquelles eſt ordonné que leſ-
dits Varlets de Chambre & Garderobe, Porte-
manteaux, Huiſſiers de Chambre, Cabinet, An-
tichambre, auront rang & marcheront ès Aſſem-

blées qui fe feront dorefnavant ès Villes de leur
habitation & autres où ils fe trouveront, immediatement après les Confeillers des Bailliages, Senefchauffées & Sieges Prefidiaux, auparavant que
les Officiers des Eflections, Greniers à Sel, & tous
autres inferieurs en ordre aufdits Confeillers, conclufions du Procureur General du Roy : Le Confeil ayant aucunement efgard à ladite requefte, a
ordonné & ordonne que lefdites Lettres de Declaration feront regiftrées au Greffe dudit Confeil,
pour fervir & valoir aufdits Varlets de Chambre
& Garderobe, Porte manteaux, Huiffiers de Chambre, Cabinet & Antichambre, ce que de raifon.
Ce prefent Arreft à efté mis au Greffe dudit Confeil, monftré audit Procureur General du Roy, &
prononcé à Paris le vingt-deuxiefme jour de Mars,
l'an mil fix cens cinq Signé, DU TILLET.

**Edict du Roy Henry IV. portant confirmation des
Privileges, franchifes & libertez des Officiers
Domeftiques de la Maifon du Roy.**
Du mois de May 1605.

HENRY par la grace de Dieu, Roy de France
& de Navarre : A tous prefens & à venir ;
Salut. Quelques Lettres Patentes que nous ayons
cy-devant faict expedier, tant en forme d'Edict que
autrement pour la confirmation des anciens Privileges octroyez par les Roys nos predeceffeurs de
bonne memoire à nos Officiers Domeftiques &
Commenfaux, nous recevons neanmoins journellement des plaintes d'une infinité de troubles qui leur
font faicts en la jouiffance d'iceux par les Officiers
de la Juftice, Maires & Efchevins de nos Villes,
aufquelles nofdits Officiers font demeurans, qui
nous ont très-humblement requis & fupplié leur
vouloir pourvoir de remede convenable, & toutes
les Lettres fur ce neceffaires. Pour ce eft-il que
voulant pluftoft augmenter que diminuer les fa-

veurs & privileges accordez de toute ancienneté à
ceux qui ont eu cet honneur d'approcher des personnes de sosdits Predecesseurs, & lever toutes
difficultez qui se presentent pour retarder l'execution de nostre volonté, afin de ne les rendre
point de pire condition qu'ont esté leurs devan-
ciers, qui ne rendoient pas plus d'assiduité en leurs
charges qu'ils font à present. A CES CAUSES &
autres bonnes & grandes considerations à ce Nous
mouvans, de nostre grace speciale, pleine puissance & auctorité Royale, & de l'avis de nostre Conseil, auquel nous avons faict veoir lesdicts Privileges & aucunes de nosdites Confirmations, dont
les vidimus sont cy-attachez souz nostre contre-
scel. Avons à nosdits Officiers Domestiques &
Commensaux, ceux de la Royne nostre très chere
espouse & compagne, de nostre très cher & bien
aimé fils le Dauphin, de nostre très chere & très-
aimée fille, & ceux qui ont par cy-devant servy
les Roys nos predecesseurs, les Roynes nos très-
honnorées Dames belle mere & belles-sœurs, feu
nostre très-cher beau-frere le Duc d'Anjou, & feu
nostre très-chere sœur unique la Duchesse de Bar,
couchez & employez aux Estats qui ont jà esté &
seront cy-après mis en nostre Cour des Aydes, &
aux vefves d'iceux durant leur viduité, continué
confirmé, loué & approuvé, & par ces Presentes,
pour ce signées de nostre propre main, continuons,
confirmons, louons & approuvons de nouveau les
susdits Privileges, franchises, libertez, immunitez,
affranchissemens & exemptions à eux accordez par
nosdits predecesseurs. Voulons & nous plaist que
doresnavant sans avoir autre recours que cesdites
Presentes, ou au vidimus d'icelles deuement col-
lationnez par un de nos Notaires & Secretaires,
que tous nosdits Officiers, & autres susnommez,
employez ausdits Estats, ensemble leurs vefves
durant leur viduité, jouissent & usent plainement

& paisiblement desdits Privileges, & soient francs
& exempts de toutes manieres de contributions,
soient aux emprunts generaux & particuliers, faicts
& à faire, tant par nous que lesdites Villes : semblablement pour la fourniture des vivres & munitions pour la guerre, fraiz de conduite, de toutes
tailles, aydes, impositions de douze deniers pour
livre, du quatriesme, huictiesme, dixiesme & appetissement vin, de guets, gardes des portes & murailles, de ports, ponts, passages & détroits, fournitures & contributions, estapes de logis & garni-
sons de gensdarmes tant de pied que de cheval,
aussi de la solde de cinquante mille hommes de
pied, de charoy & chevaux d'artillerie, contributions de nostre ban & arriereban, souchet, traitte
foraine, peage, passage de toutes choses de leur
creu, de tous autres subsides, contributions & sub-
ventions, generalement quelsconques, faite & à
faire en quelque sorte & maniere & pour quelques
causes & occasions que ce soit : jaçoit qu'ils ne
soient cy-autrement & par le menu specifiez & declarez, dont nous les avons d'abondant, en tant
que besoin est, affranchis, quittez & exemptez,
affranchissons, quittons & exemptons, encores qu'il
soit porté par les commissions, tant envoyées qu'à
envoyer, y comprendre exempts & non exempts,
privilegez & non privilegez, quelques autres mandemens plus exprès, & que par inadvertance l'on
y ait obmis faire expresse mention de l'exemption,
exception & reservation d'iceux Officiers Domestiques & Commensaux de nostre Maison, ensemble
leursdites vefves durant leur viduité, n'ayant entendu, comme nous n'entendons qu'ils y soient
compris, ains qu'ils jouissent plainement & paisiblement desdits Privileges, franchises & libertez.
Enjoignant à nos amez & feaux Conseillers les Thresoriers de France, Generaux de nos Finances, &
à nos très-chers & bien amez les Provosts des Mar-

chands, Eſchevins, Capitaines de noſtre Ville de
Paris, & à tous Baillifs, Seneſchaux, Prevoſts &
Eſleuz, & Controlleurs ſur le faict de nos tailles ;
Maires, Jurats, Capitoux, Conſuls, Eſchevins &
Capitaines des autres Villes de noſtre Royaume,
Fermiers de nos Aydes, quatrieſme, huictieſme,
douzieſme, vingtieſme, appetiſſement & autres
ſubſides quelconques : qu'en la jouïſſance d'iceux,
ils n'ayent à les troubler ny empeſcher en quelque
ſorte & maniere que ce ſoit, à peine de confiſcation, deſpens, dommages & intereſts ; & de s'en
prendre à eux en leur propre & privé nom. Défendons auſſi très-expreſſement à tous Eſchevins,
Maires, Conſuls, & Communautez de Villes,
Marguilliers, Gagers & Collecteurs des Paroiſſes,
ne comprendre ne cottizer ſur leurs roolles aucuns
d'iceux Officiers, s'il leur appert de certificat bon
& valable, à peine de payer leſdites taxes & cot-
tizations en leurs propres & privez noms. Si donnons en mandement à nos amez & feaux Conſeillers les Gens tenans nos Cours des Aydes, Baillifs,
Seneſchaux, Capitaines, Eſleuz & Controlleurs ſur
le faict de nos Aydes & tailles, gardes de ports,
ponts, peages, paſſages, barrages, pontonnages &
autres qu'il appartiendra, que nos preſentes graces,
gratifications, continuations, ampliations, confirmations, approbations, declarations, affranchiſſemens & exemptions, ils entretiennent, gardent &
obſervent, facent entretenir, garder & obſerver,
publier & enregiſtrer par tout où beſoin ſera, &
leſdits Officiers & veuves durant leur viduité, facent jouyr & uſer plainement & paiſiblement &
perpetuellement, les faiſant tenir quittes & dechargez deſdits impoſitions, aydes & ſubſides, ceſſant
& faiſant ceſſer tous troubles & empeſchemens au
contraire : Car tel eſt noſtre plaiſir. Nonobſtant
tous Edicts, Ordonnances, Arreſts, Reglemens,
Mandemens, Défenſes & Lettres à ce contraires ;

aufquelles pour ce regard feulement & fans y préjudicier en autres chofes, Nous avons derogé &
derogeons, & à la derogatoire de la derogatoire y
contenue par cefdites Prefentes, aufquelles afin que
ce foit chofe ferme & ftable à toujours, nous avons
fait mettre noftre fcel. Donné à Fontainebleau au
mois de May, l'an de grace mil fix cens cinq, &
de noftre Regne le feiziefme. Signé, HENRY.
Et fur le reply : Par le Roy, RUZE'. Et fcellée du
grand Scel en lacs de foye rouge & verte, de cire
verte & en queue. HURAULT. Et fur ledit reply :
Vifa Contentor gratis. DESPORTES. Et fur ledit
reply,

Enregiftrées en la Cour des Aydes. A Paris le 27
May 1605. Signé, BERNARD.

Lettres Patentes du Roy, en faveur des Sous-Maiftres,
Chantres, Chapelains, Clercs, &c. tant de
fa Chapelle, que de fon Oratoire.
Du 9 May 1606.

HENRY par la grace de Dieu, Roy de France
& de Navarre : A tous ceux qui ces Prefentes Lettres verront ; Salut. Le feu Roy noftre très-
honoré Seigneur & Frere par fes Lettres Patentes
en forme de chartre, du mois de Septembre 1572,
pour donner moyen aux Sous-Maiftres, Chantres,
Chapelains, Clercs, tant de fa Chapelle de mufique, que de fon Oratoire, Compofiteur, Notteur,
& enfans couchez & employez, tant en l'Eftat de
fa Maifon que de fa Chapelle de mufique, de
fupporter les grandes depences qu'il leur convient
faire à fa fuite aux longs voyages qu'il faifoit,
afin auffi qu'ils euffent quelque lieu affuré pour leur
retraitte fur leur vieil âge, leur auroit affecté les
Dignitez, Chanoinies, Prebendes & Benefices Ecclefiaftiques, eftans en fa collation & plaine difpofition, tant en fa Sainte Chapelle du Palais à Paris,
& celle de Dijon, que aux Eglifes de S. Quentin

en Vermandois, S. Vulfran d'Abbeville, S. Fourcy
de Peronne, S. Fleurant de Roye, S. Eſtienne de
Troyes, S. Melon de Ponthoiſe, Noſtre-Dame de
Clery, S. Sauveur de Blois, S. Pierre de la Cour du
Mans, & les Chapelles du Gué de Maulny audit
Mans, Noſtre-Dame d'Eſtampes, S. Spire, Noſtre-
Dame de Corbeil & Noſtre-Dame de Poiſſy, eſtant
de la fondation de luy & des Roys nos predeceſſeurs : & pareillement les Dignitez, Chanoinies,
Prebendes & autres Benefices vacans, & qui viendront à vacquer en Regalle aux Egliſes Cathedralles de noſtre Royaume, pour, vacation d'iceux
avenant par mort, incapacité ou autrement, en
quelque ſorte que ce ſoit, en eſtre pourvûs ſelon
le roolle & eſtat qui en ſeroit fait, ainſi qu'il eſt
plus au long declaré par leſdites Lettres, verifiées
en noſtre Cour de Parlement le dernier Janvier
1573. Leſquelles privileges & conceſſions, le feu
Roy dernier decedé, noſtre très-honoré Seigneur
& Frere, auroit par ſes Lettres Patentes du mois
d'Octobre 1585, confirmez & approuvez, ce que
nous aurions ſemblablement fait par nos Lettres
Patentes du mois de Mars 1594. Et d'abondant aurions voulu & entendu, que auſdits Privileges
fuſſent compriſes les Egliſes Noſtre-Dame de Vitry en Parthois, noſtre Sainte Chapelle de Paris &
de Bourges, S. Martin & S. Lo d'Angers, Noſtre-
Dame de Moulins, le Puy, Noſtre-Dame en Anjou, & Noſtre-Dame de Melun, & generalement
toutes les Dignitez, Chanoinies, Prebendes, Benefices, Cures & Chapelles eſtant en noſtre pleine
diſpoſition, collation & preſentation, en quelque
maniere que ce ſoit, ſans en rien excepter ny reſer-
ver, pour en jouir par les Impetrans & chaoun d'eux
& leurs ſucceſſeurs, ſelon qu'il eſt porté par ledit
Privilege, & qu'il eſt dit cy-deſſus : à la charge
que par noſtre amé & feal Grand Aumoſnier ſeroit
fait roolle deſdits Souz-Maiſtres, Chantres, Chap-

pelains & autres servans actuellement en nostredite
Chappelle selon l'ordre d'antiquité du service, afin
que chacun fust recompensé & pourveu desdits Benefices à tour de roolle, & que les uns par leurs
poursuites & diligences n'obtinssent les Benefices,
& les autres ne demeurassent dépourvûs. Desquelles Lettres Patentes, privileges & concessions nous
aurions attribué toute cour, Jurisdiction & connoissance à nostre Cour de Parlement & à nostre Grand
Conseil, où elles auroient esté verifiées : à la charge qu'aux Eglises où il n'y aura que douze Prebendes, il n'y aura en mesme temps que deux des
Impetrans pourveus ; aux Eglises où il y aura vingt-
quatre Prebendes, quatre ; & où il y en aura trente-
six & plus, six ; & où il y aura moindre nombre
que de douze, n'y sera pourveu que d'une Dignité
ou Prebende seulement : modification qui semble
avoir esté fondée sur l'Edit fait par le feu Roy Henry
deuxiesme en l'année 1554, par lequel il auroit
voulu que lesdits Impetrans qui seroient pourveus
des Dignitez, Prebendes & Benefices aux Eglises
Cathedralles & Collegialles de cestuy nostre Royaume, seroient tenus pour presens, recevroient toutes
leurs distributions tant manuelles qu'autres ; à sçavoir, où le nombre est de douze, deux ; la mesme
proportion aux autres ; laquelle modification ne
doit estre entendue que pour le gaigné franc : &
afin de ne diminuer par trop le nombre ordonné
par chacune Eglise, pour la celebration du service
divin, & non pour restraindre nostre liberalité, ne
aussi pour dire que nous ne pourrions pourvoir ausdites Eglises que deux, quatre ou six desdits Impetrans, pour ce que par ce moyen ledit indult, privilege & concession seroit rendu & demeureroit
inutil à la plus grande partie desdits Impetrans, &
specialement aux derniers, lesquels ne faisans moins
de dépense à nostre suite que les autres, il est rai-
sonnable qu'ils jouissent à leur tour du mesme pri-

vilege; & neantmoins il pourroit advenir que cy-
après on leur feroit naiftre des procès fur telle interpretation, à quoy defirans pourvoir, & par mefme moyen regler & limiter le nombre & defignation
des Eglifes, fur lefquelles nous entendons deformais
affigner aufdits Impetrans ledit indult, privilege &
conceffion, afinde laiffer à nos autres ferviteurs quelque efperance d'eftre par nous gratifiez des Benefices
eftans en noftre difpofition, comme dit eft, autres
toutes fois que ceux qui feront cy-après exprimez.
Avons en confirmans derechef & approuvans lefdites Lettres, Edits & Privileges, dit, declaré &
ordonné, difons, declarons & ordonnons par ces
Prefentes noftre volonté & intention eftre, que
aufdits Souz-Maiftres, Chantres, Chappelains,
Clercs, tant de noftre Chappelle de mufique, que
de noftre Oratoire, Compofiteur, Noteur, que
Enfans couchez & employez, tant en l'eftat de
noftre Maifon, que de noftre Chappelle de mufique, & pareillement à ceux de la mufique de noftre
Chambre, foient & demeurent dorefnavant refer-
-vées & affectées, & aufquels nous refervons &
affectons par ces Prefentes les Dignitez, Chanoinies, & Prebendes des Eglifes cy-après denommées,
eftant à noftre collation & pleine difpofition : à
fçavoir les Saintes Chappelles de Paris, Bourges,
Dijon & de Vivier en Brie, les Eglifes Collegialles
de S. Quentin en Vermandois, Vitry en Parthois,
S. Furcy de Peronne, S. Florent de Roye, S. Eftienne de Troyes, S. Sauveur de Blois, S. Martin
& S. Lo d'Angers, S. Pierre de la Cour du Mans,
les Chappelles du Gué de Maulny audit Mans,
S. Eftienne de Dreux, Noftre-Dame de Clery,
Noftre-Dame de Poiffy, Noftre-Dame de Mante,
enfemble les Dignitez feulement des Eglifes de
S. Jean les Tours, Noftre-Dame de la Ronde à
Rouen, Noftre-Dame de Moulins, Montbriffon,
S. Nicolas de Sezanne en Brie, & S. Thomas du

Louvre à Paris : reservans & affectans ausdits Enfans
de musique de nostre Chappelle & Chambre, les
Prebendes & Chanoinies desdites six dernieres Eglises : desquelles Dignitez, Prebendes & Chanoinies
des Eglises cy-dessus exprimées, par nous reservées
& affectées, comme dit est, vacation avenant par
mort, incapacité ou autrement. Voulons & entendons les susdits estre pourveus par ordre d'antiquité
du service, & tout suivant le roolle qui en a esté
fait par nostredit Grand Aumosnier, sans qu'autres
qu'eux en puissent estre cy-après pourveus ; decla-
rans dès-à-present toutes collations & provisions
qui en pourroient estre cy-après expediées à quelques personnes que ce soient, contre & au prejudice de cette nostre presente Declaration, nulles
& de nul effect. Et pour le regard de toutes les
Cures & Chappelles de cettuy nostre Royaume,
qui sont de nostre presentation & pleine disposition,
lesquelles par lesdits privileges auroient esté affectées aux Exposans, comme aussi toutes les Dignitez, Chanoinies & Prebendes des Saintes Chapelles de Rion en Auvergne, du Bois de Vincennes, & des Eglises d'Abbeville, Ponthoise, Folgoy
en Bretagne, d'Estampes, de Corbeil, de Melun,
de Ville-neufve les Avignon, de Tarascon, de
Nismes, du Puy, Nostre-Dame en Anjou, de
S. Jacques de Blois, de S. Georges de Rouen, de Bar
sur Seine, de Vaucoleurs, de Loches, de Saulieu
en Bourgogne, & de toutes autres les Eglises, dont
la collation & toute autre disposition nous appartient, nous les avons retranché & retranchons ausdits Impetrans, & icelles reservées pour faire pourvoir des Benefices qui viendront doresnavant à y
vaquer, telles personnes qu'il nous plaira autres
qu'eux. Et afin qu'ils ne soient frustrez de l'effect
de cette nostre intention & liberalité : voulons &
entendons, que vacation avenant par mort, incapacité ou autrement des Benefices desdites Eglises

à eux reservées & affectées, comme dit est, les collations & provisions seront signées par nostre amé & feal Conseiller en nostre Conseil d'Estat & Secretaire de nos Commandemens le sieur de Beaulieu, lequel seul avons commis & commettons par ces Presentes, pour faire & expedier toutes les collations & provisions desdits Benefices qui vaqueront ès susdites Eglises affectées, comme dit est : & que pour cet effect il aye le roolle qui sera dressé par nostredit Grand Aumosnier, sur lequel ledit Secretaire de nos Commandemens cottera ceux desdits Impetrans qui seront ainsi pourveus, à mesure que les vacations aviendront, duquel roolle sera baillé un duplicata à nostre amé & feal le sieur de Sillery Garde des Sceaux de France, auquel deffendons de sceller aucunes collations & provisions desdits Benefices par nous reservez & affectez ausdits Impetrans à autres qu'à eux ; & à nostre Cour de Parlement & Grand Conseil d'y avoir aucun égard, faisans aussi défences très-expresses aux Chapitres desdites Eglises reservées, d'en recevoir aucun autre qui seroit pourveu par mort de Beneficiers d'icelles, au prejudice desdits Impetrans, sur peine de respondre des fruits desdits Benefices en leurs propres & privez noms : à la charge que desdits Impetrans qui seront ainsi pourveus, il n'y aura de privilegiez & tenus pour presens, que deux aux Eglises où il n'y aura que douze Prebendes ; quatre où il y en aura vingt-quatre ; & six où il y en aura trente-six, & au-dessus : & où il y aura moindre nombre que de douze, il n'y aura que l'un d'iceux privilegié & tenu pour present, afin que Dieu soit mieux servy & honoré, & où il se trouveroit qu'eussions pourveu de plus grand nombre que de deux, quatre & six ; ceux qui se trouveront les derniers pourveus après ledit nombre de deux, quatre & six, remply, ne pourront pretendre d'estre tenus pour presens, encore qu'ils fussent près nostre

Perſonne. Et pour ce qu'en l'Egliſe Collegialle de S. Quentin il y a des Prebendes juſqu'au nombre de ſoixante quatre, & qu'en une ſi belle & grande Compagnie, il eſt raiſonnable que le Doyen, qui eſt le Chef & le premier d'icelle, Paroiſſe par-deſſus tous les autres, ſelon le rang & le grade qu'il tient, non-ſeulement en l'Egliſe, mais auſſi dans la Ville où il eſt obligé, tant pour l'honneur de ſa dignité, que pour le bien de nos affaires & ſervice, de faire quelques fois de grandes & exceſſives dépenſes qu'il ne peut ſupporter, pour n'eſtre ledit Doyenné de plus grande valeur que de huit à neuf cens livres. Nous, pour augmenter le revenu d'iceluy, avons voulu & ordonné, que les deux premieres Prebendes qui viendront à vaquer par mort en ladite Egliſe, avec deux autres, que le Doyen d'icelle recompenſera de gré à gré le plutoſt que faire ſe pourra, pour faire en tout le nombre de quatre; ſoient unies & incorporées & dès-à-preſent comme pour lors, incontinent après la recompenſe de deux, & les decès de deux autres, nous les uniſſons & incorporons audit Doyené, pour eſtre toutes tenues & poſſedées ſouz une ſeule proviſion, ſans que par cy-après elles en puiſſent eſtre diſtraites ny ſeparées: ny qu'avenant la mort des deux que ledit Doyen aura recompenſez, leſdites Prebendes puiſſent eſtre dites vacantes ny impetrables en quelque ſorte & maniere que ce ſoit. Si donnons en mandement à nos amez & feaux Conſeillers les Gens tenans noſtre Cour de Parlement à Paris, & Grand Conſeil, que ces Preſentes, ils ayent à faire lire, publier & enregiſtrer, & du contenu en icelles jouir & uſer leſdits Impetrans pleinement & paiſiblement, ceſſans & faiſans ceſſer tous troubles & empeſchemens à ce contraires; nonobſtant tous Edits, Ordonnances, Reglemens, Mandemens, Défenſes, Lettres & autres choſes à ce contraires; auxquels, & à la dérogatoire

gatoire d'iceux, nous avons dérogé & dérogeons
par cesdites Presentes : En témoin quoy nous avons
à icelles fait mettre nostre scel. Donné à Paris le
neuf Mars l'an de grace mil six cens six , & de nostre
Regne le dix-septiesme. Signé , H E N R Y. Et plus
bas : Par le Roy, R u z e'. Enregistrées ès Registres
du Grand Conseil du Roy, suivant l'Arrest donné
en iceluy, cejourd'huy onziesme Juillet 1606 , à
Paris. Signé , T H I E L E M E N T.

Declaration du Roy, en faveur des Valets de Chambre , des Huissiers de Chambre , des Porte-
manteaux , & des Valets de Garderobe de Sa
Majesté.

Du 2 Mars 1610.

H E N R Y par la grace de Dieu, Roy de France
& de Navarre : A nos amez & feaux Conseillers les Gens tenans nostre Cour de Parlement ,
Chambre des Comptes & Cour des Aydes à Paris ,
Prevost dudit lieu , Baillifs, Seneschaux, Prevosts-
Juges , leurs Lieutenans, & autres nos Justiciers
& Officiers qu'il appartiendra ; Salut. Nous aurions
cy devant & dès l'année 1594, par nos Lettres Patentes en forme d'Edict , cy-attachées, voulu ordonner pour les considerations à plein mentionnées en
icelles, qu'il fust permis & loisible à nos Valets de
Chambre , & de Garderobe, Porte-manteaux &
Huissiers de Chambre, se qualifier & user du titre
d'Ecuyer, selon & ainsi qu'il est plus au long mentionné en nosdites Lettres, lesquelles ne vous ayant
esté presentées dans l'an de leur impetration ; &
qu'ainsi pour le long-temps qui s'est depuis écoulé,
vous pourriez douter si nous sommes demeurez ferme à cette volonté, s'il ne vous en apparoissoit derechef. A c e s C A U S E S , desirans de faire jouir nosdits Officiers de la qualité susdite dudit titre d'E-
cuyer, duquel pour aucunes bonnes considerations
nous les avons voulu honorer, nous vous mandons

D

& ordonnons très-expreſſement, & enjoignons par ces Preſentes, qu'incontinent & ſans delay vous ayez à proceder à la verification & enterrinement de nos ſuſdites Lettres ſelon leurs formes & teneur, ſans y uſer de longueur, reſtriction ou difficulté, nonobſtant qu'elles ſoient ſur-années & le long-temps qu'il s'eſt écoulé depuis l'obtention d'icelles, ce que nous ne voulous leur nuire ni préjudicier en aucune ſorte & maniere que ce ſoit : Car tel eſt noſtre plaiſir. Donné à Paris le deux Mars l'an de grace mil ſix cens dix, & de noſtre Regne le vingt-un. Signé, HENRY. Et plus bas : Par le Roy, RUZE'.

Edit du Roy, portant confirmation des Privileges & Exemption accordées aux Prevoſt de l'Hoſtel, ſes Lieutenans, Procureur, Greffier, Commis, Archers & Payeurs de ladite Prevoſté, comme aux Officiers Domeſtiques & Commenſaux de Sa Majeſté; meſme de pouvoir tenir trente arpens de terre outre leur patrimoine, & exemption de Tutelle & Curatelle, enſemble leurs veſves durant leur viduité.

Du mois d'Aouſt 1610.

LOUIS par la grace de Dieu, Roy de France & de Navarre: A tous preſens & à venir; Salut. Nos chers & bien amez le Prevoſt de noſtre Hoſtel, ſes Lieutenans, noſtre Procureur, Greffier, Commis, Archers & Payeurs de ladite Provoſté de noſtre Hoſtel, Nous ont fait dire & remonſtrer, que par les deſſuncts, Roys nos predeceſſeurs, meſme le feu Roy noſtre très-honoré Seigneur & Pere, que Dieu abſolve, leur ont eſté accordez, octroyez, & ſucceſſivement continuez & confirmez pluſieurs beaux Privileges, franchiſes, libertez, exemptions & immunitez à plein contenus & ſpecifiez ès Lettres Patentes verifiées où beſoin a eſté, dont copie collationnée eſt cy-attachée ſous noſtre contre-ſcel, de l'effect deſquelles Lettres les Predeceſſeurs deſdits

Expofans & eux ont toujours jouy & ufé pleinement
& paifiblement, fans aucun trouble ny empefche-
ment jufques à prefent, qu'aucuns Officiers, tant
des Juftices ordinaires, que des Elections, Maires,
Efchevins, Habitans, Afféeurs des Tailles ès lieux
& Paroiffes où ils font refidens, les veulent taxer &
impofer ès Tailles, & autres levées de deniers extraordinaires. Et faifant apparoir par chacun an de
leur certificats, comme ils font employez ès Eftats
mis en noftre Cour des Aydes, les Greffiers & autres Officiers des Elections de leur refidence ordinaire, ont exigé d'aucuns d'eux jufqu'à feize ou dix-
huit livres pour le feul regiftrement dudit certificat.
Et d'ailleurs encores que par leurfdits privileges ils
foient exempts de toutes charges, & par confequent
des Tutelles & Curatelles, attendu le fervice qui
font tenus nous rendre ordinairement près noftre
perfonne. Neanmoins d'autant qu'il n'eft particulierement fpecifié par leurfdits privileges, aucuns
les y ayant voulu affujettir, il leur a convenu faire
de grands frais pour s'en faire defcharger : A quoy
étant neceffaire de pourvoir, & à ce que cy après
lefdits Expofans puiffent librement jouir de leurfdits
privileges & exemptions, ils nous ont trés-humble-
ment fupplié leur octroyer nos Lettres de confirmation d'iceux fur ce neceffaires. A ces Causes,
defirant à l'imitation de nofdits predeceffeurs Roys
gratifier lefdits Expofans ; & en confideration du
fervice que nous rendent les uns ordinairement, &
les autres par quartier, les maintenir & conferver en
leurfdits privileges : Avons aufdits Expofans continué, & confirmé, & de noftre grace fpeciale, pleine
puiffance & authorité Royale, continuons & confirmons par ces Prefentes fignées de noftre main, tous
& chacuns lefdits privileges, exemptions & immunitez, portez & plus au long fpecifiez efdites Lettres
Patentes de nofdits predeceffeurs Roys, mefme de
pouvoir tenir trente arpens de terre fan leur patris

moine, ainſi qu'il leur a eſté cy-devant accordé par
les Commiſſaires deputez pour le reglement de nos
Tailles, par leur jugement du 22 May 1599, dont
copie eſt auſſi cy-attaché ſous noſtre contre-ſcel :
& d'abondant avons leſdits Expoſans declarez &
declarons exempts de toutes Tutelles & Curatelles ;
& voulons & nous plaiſt, que doreſnavant ceux
d'entr'eux qui ſont & ſeront cy après employez en
l'Eſtat qui eſt par chacun an mis au Greffe de noſtredite Cour des Aydes à Paris, nous ſervans ordinairement, ou par quartier, jouiſſent deſdits Privileges, pouvoir de tenir trente arpens de terre ſans
leur patrimoine, & exemptions de Tutelles & Curatelles, & leurs veſves pendant leur viduité, ſans
qu'ils ſoient tenus de payer aucune choſe aux Eſleus,
Greffiers & autres Officiers des Elections où ils ſont
demeurans, pour voir & enregiſtrer en leur Siege
chacun an le certificat, comme ils ſont employez
dans ledit Eſtat mis au Greffe de noſtredite Cour.
Et avons auſſi accordé & accordons auſdits Expoſans, que nous ayant ſervi actuellement le temps &
eſpace de vingt ans deſdites charges, ſe deſmettans
d'icelles, & ſe retirans en leurs maiſons, ils puiſſent
jouyr leur vie durant, & leurs veſves durant leur
viduité, deſdits privileges & exemptions, en prenant Lettres Patentes de nous, ainſi qu'il eſt accouſtumé. Si donnons en mandement, &c. Donné
à Paris au mois d'Aouſt l'an de grace mil ſix cens
dix, & de notre Regne le premier. Signé, LOUIS. Et
ſur le reply : Par le Roy, la Reyne Regente ſa Mere
preſente. DE LOMENIL.

Regiſtrées en la Cour des Aydes. A Paris le 28 Avril
1614. Signé, BERNARD.

Edit du Roy, en faveur des Valets de Chambre, des
Huiſſiers de Chambre, des Porte-manteaux, &
des Valets de la Garderobe de Sa Majeſté.

Du mois de May 1611.

LOUIS par la grace de Dieu, Roy de France
& de Navarre: A tous preſens & à venir; Salut.
Le feu Roy dernier decedé, noſtre très-honoré Seigneur & Pere, que Dieu abſolve, auroit par ſes
Lettres Patentes en forme d'Edit du mois d'Octobre,
1594, voulu & ordonné pour les cauſes y contenues, qu'il fuſt permis & loiſible à ſes Valets de
Chambre, Huiſſiers de Chambre & Porte-manteaux,
& Valets de la Garderobe, ſe qualifier & uſer du
titre d'Ecuyer, enſemble jouir des honneurs, au-
thoritez, privileges, exemptions, & autres droits,
en dependans & à eux attribuez par nos Predeceſſeurs, afin de les inviter par telles faveurs à les ſervir plus dignement & fidellement; mais pour ce
qu'elles ne vous auroient eſté preſentées dans l'an
de l'impetration d'icelles, à raiſon de quoy vous
auriez pû faire difficulté de les verifier, il vous auroit fait expedier autres Lettres Patentes du deux
Mars 1610, pour relever leſdits Officiers de ce def-
faut, deſquelles neantmoins ils n'ont en effet attendu le deceds de noſtre feu Seigneur & Pere; ce qui
les a obligé de nous ſuplier & requerir d'uſer envers eux de meſme grace, leur departir nos Lettres
de confirmation ſur ce neceſſaires. A ces Causes,
deſirans que l'intention de noſtre deffunt Seigneur
& Pere, ſoit effectuée en cette occurrence, d'autant
plus juſtement qu'elle regarde le bien de noſtre
ſervice, & le ſoin que nous voulons avoir de l'avan-
cement de nos Officiers pour les meſmes conſiderations qui ont meu nos Predeceſſeurs à les decorer
de titres relevez, nous avons par ces Preſentes, de
l'avis de la Reyne Regente, noſtre très-honorée
Dame & Mere, confirmé, ratifié & approuvé, con-

firmons, ratifions & approuvons lesdites Lettres Patentes du mois d'Octobre 1594, sous nostre contre-
scel, cy-attachées, voulons & ordonnons qu'elles
soient suivies & entretenues, & que les Officiers y
nommez & leurs enfans jouïssent du contenu en icelles, sans aucune modification ny restriction. Si donnons en mandement, &c. Donné à Fontainebleau au
mois de May l'an de grace mil six cens onze, & de
nostre Regne le premier. Signé, L O U I S. Et sur le
reply : Par le Roy, la Reyne Regente sa Mere presente. Signé, R U Z E'. Visa *Contentor.*

Edit du Roy, portant confirmation des Privileges des Officiers Domestiques & Commensaux.

Du mois de Decembre 1611.

L OUIS, &c. Avons nosdits Officiers Domestique & Commensaux, ceux de la Royne Regente nostre très-honorée Dame & Mere, de nostre
très-cher & aimé Frere, de nos très-cheres Sœurs,
de nostre très-chere tante la Royne Marguerite,
de nostre très-cher cousin le Prince de Condé, de
nostre très-chere tante la Duchesse d'Angoulesme :
Et ceux qui ont cy-devant servy les Roys nos predecesseurs, & les Roynes leurs espouses, feu nostre
très-cher oncle le Duc d'Anjou, & feue nostre très-
chere tante la Duchesse de Bar, couchez & employez
aux Estats qui en ont ja esté & seront cy-après mis
en nostre Cour des Aydes ; ensemble aux vefves
d'iceux durant leur viduité ; continué & confirmé,
continuons & confirmons de nouveau par ces Presentes signées de nostre main les susdits Privileges,
franchises, libertez, immunitez, affranchissemens
& exemptions à eux accordées par nosdits Predecesseurs. Pour tous nosdits Officiers & autres susnommez, employez ausdits Estats, ensemble leurs
vefves durant leur viduité, en jouyr & user pleinement & paisiblement, tout ainsi qu'ils en ont bien
& duement jouy & usé, jouyssent & usent encore

à preſent. Voulant qu'ils ſoient doreſnavant tenus
quittes & exempts de toutes manieres de contributions, ſoit aux emprunts generaux & particuliers,
faicts & à faire, tant par nous que par leſdites Villes,
ſemblablement pour la fourniture des vivres & munitions pour la guerre, fortifications, reparations,
frais de conduite, de toutes tailles, aydes, impoſitions de douze deniers pour livre, des quatrieſmes,
huictieſmes, dixieſmes & appetiſſemens du vin;
octroys, guets, gardes de portes & murailles, des
ports, ponts, paſſages, travers & deſtroicts, fournitures & contributions d'eſtapes, de logis & gar-
niſon de genſdarmes, tant de pied que de cheval;
auſſi de la ſolde de cinquante mille hommes de
pied, des charroys & chevaux d'artillerie, pion-
niers, contributions de nos ban & arrierebans, ſouchet, traicte foraine, peage & paſſage de toutes
choſes de leur creu, & de tous autres ſubſides, &
de toutes levées & charges, contributions & ſubventions generalement quelconques faictes ou à
faire en quelque ſorte & pour quelque occaſion que
ce ſoit : jaçoit qu'ils ne ſoient cy par le menu ſpecifiez & declarez. De toutes leſquelles, nous les
avons, en tant que beſoin eſt, d'abondant affranchi-
chis, quittez & exemptez, affranchiſſons, quittons & exemptons. Jaçoit que par les commiſſions
tant envoyées qu'à envoyer, il ſoit porté d'y comprendre exempts & non exempts, privilegiez & non
privilegiez, quelconques autres mandemens plus
exprès, eſquels par inadvertance ou autrement n'eſt
faict mention de l'exemption, exception & reſervation d'iceux Officiers Domeſtiques & Commenſaux de noſtre Maiſon, & autres ſuſnommez; enſemble de leurſdites vefves durant leur viduité.
N'ayans entendu, comme nous n'entendons qu'ils y
ſoient compris; ains voulons qu'ils jouiſſent pleinement & paiſiblement deſdits Privileges, franchiſes,
& libertez. Et pour cet effect, enjoignons à nos

amez & feaux Conseillers les Thresoriers de France,
Generaux de nos Finances, à nos très-chers & bien
amez les Prevost des Marchands, & Eschevins, Capitaines de nostre bonne Ville de Paris, & à tous
nos Baillifs, Seneschaux, Prevosts, Esleuz & Controlleurs sur le faict de nos tailles, Maires, Jurats,
Capitouls, Eschevins & Capitaines des autres Villes
de nostre Royaume, Fermiers de nos Aydes, quatriesme, huictiesme, douziesme, vingtiesme, appetissement, & autres subsides quelconques. Qu'en
la jouyssance d'iceux, ils n'ayent à les troubler ou
empescher en quelque sorte & maniere que ce soit,
à peine de tous dépens, dommages & interests, &
de s'en prendre à eux en leur propre & privé nom.
Leur défendant très-expressement, ensemble à toutes Communautez de Villes, Marguilliers, Gagers,
Asseurs & Collecteurs des Paroisses, ne cottizer
ny comprendre sur leurs Roolles aucuns desdits
Officiers, s'il leur appert de certificat bon & valable, à peine de payer en leurs propres & privez
noms lesdites taxes & contributions, & d'encourir
envers eux lesdits despens, dommages & interests.
Et sur les plaintes qui nous ont esté faictes par plusieurs de nosdits Officiers : Qu'encores que lesdits
Privileges confirmez par nostredit feu Seigneur &
Pere, ayent esté verifiez purement & simplement
par nostre Cour des Aydes, & que par consequent
ils deussent estre paisibles en la pleine & entiere
jouyssance d'iceux : Neantmoins au préjudice d'i-
ceux, l'on essaye journellement de les reduire comme les autres Habitans de nos Villes, & en ce faisant les rendre contribuables : de quoy s'ensuivent
journellement plusieurs procez entre les Habitans
desdites Villes, & aucuns particuliers de nosdits
Officiers, qui sont contraints de consommer beaucoup de temps, & faire de grands fraiz presques à
eux insupportables : le tout procedant d'une certaine envie & jalousie que leur portent les Chefs

&

& Adminiſtrateurs deſdites Villes : Ce qui eſt dire-
ſtement contre noſtre auctorité : Et ne voulant ſouffrir leur eſtre fait , & deſirant couper le cours à
tels deſordres , empeſcher que doreſnavant ils ne
ſoient plus traictez ny moleſtez en cette ſorte ,
contre & au préjudice du reſpect & faveur qu'ils
doivent recevoir pour noſtre reverence & de noſtre
ſervice , auquel ils ont l'honneur d'eſtre dediez
& employez. Eſtant de noſtre dignité Royale , que
ceux qui approchent nos Perſonnes & Maiſon , &
autres ſuſnommez , ayent quelque marque & advantages ſur les autres , & qu'il y ait difference de
traictement , ſelon qu'il a eſté faict & obſervé de
toute ancienneté. De l'advis ſuſdit de la Royne
Regente noſtre très-honorée Dame & Mere , avons
dict & declaré , diſons & declarons par ces meſmes
Preſentes , que nos vouloir & intention eſt , que
tous debats , contentions ou procez qui ſont meuz
ſur leſdits Privileges , en quelque Siege de Juſtice
que ce ſoit , ſoient promptement vuidez , decidez
& terminez au profit de noſdits Officiers , ſuivant &
mément aux ſuſdits Privileges, ſans que doreſnavant il ſoit loiſible auſdits habitans des Villes & autres ſuſnommez , d'en intenter aucun au préjudice
d'iceux , quelque couleur ou pretexte du bien & ſou-
lagement de leurs Villes ou Communautez qu'ils
puiſſent mettre en avant , pour excuſe de telles procedures , & ce ſur peine de deſobeiſſance , & de groſſes amendes à nous appliquables. Si donnons en mandement , &c. Donné à Paris au mois de Decembre ,
l'an de grace mil ſix cens onze , & de noſtre regne le
deuxieſme. Signé, L O U I S.

Regiſtré en la Cour des Aydes. A Paris , le quatrieſ-
me jour de Janvier mil ſix cens douze.

Signé, D U P U Y.

Declaration du Roy, pour les rangs, ordre & preseances que doivent tenir és assemblées generales & particulieres les Mareschaux des Logis, Fouriers du Corps, & Fouriers ordinaires de sa Majesté,

Du 27 Juillet 1613.

LOUIS par la grace de Dieu, Roy de France & de Navarre : A nos amez & feaux Conseillers, les gens tenans nostre grand Conseil : Salut. Nos chers & bien amez les Mareschaux de nos Logis, Fouriers de nos Corps, & Fouriers ordinaires, Nous ont fait remonstrer que à cause de leurs Charges, & pour l'honneur qu'ils ont de servir prés nostre Personne, Cour & suite, ils doivent jouyr des rangs, preseances & préeminences és assemblées qui se font és Villes & lieux de leurs demeures, immediatement après les Conseillers de nos Bailliages, Seneschaussées, & Sieges Presidiaux, conformement aux Lettres de Declaration du dernier jour de Fevrier mil six cens cinq, faictes par le feu Roy dernier decedé, nostre tres-honoré Seigneur & Pere, que Dieu absolve, en faveur des Officiers de nostre Chambre & Garderobe par vous verifiez ; Neanmoins par un grand mespris, aucuns des exposans y sont incessamment troublez par quelques Juges & Officiers non Royaux, dont s'est meuz plusieurs procez qui sont de tres-grande consequence;& pour constituer les exposans en fraiz & despenses insupportables : Pour à quoy remedier, ils nous ont tres-humblement supplié & requis sur ce leur octroyer pareilles nos Lettres de Declaration necessaires. Nous, A CES CAUSES, desirans à ce pourvoir & conserver les exposans aux honneurs & préeminences attribuez à leurs Charges, en consideration des bons, fideles & agreables services qu'ils nous y rendent, Avons par ces Presentes signées de nostre main, dict, declaré, difons & declarons, voulons & nous plaiſt, que noſdits Mareſchaux des Logis, Fouriers du Corps, & Fouriers ordinaires, ayent rang & marchent és Aſſemblées generales & particulieres qui ſe font & feront doreſnavant és Villes de leurs demeures, & autres où ils ſe trouveront, immediatement après les Conſeillers de nos Bailliages, Seneſchauſſées & Sieges Preſidiaux, auparavant les Officiers de nos Elections, Grenier à Sel, Juges non Royaux, & tous autres inferieurs en ordre auſdits Conſeillers, meſme que tous les procez qui ſe trouveront à preſent intentez à cette occaſion, ſoient par vous reglez, ſuivant nos preſens vouloir & intention, & ainſi qu'il eſt porté par la ſuſdite Declaration, & voſtre Arreſt de verification cy-attaché ſous noſtre contreſcel. Si vous mandons, &c. Donné à Paris le vingt-ſeptieſme jour de Juillet mil ſix cens treize, & de noſtre regne le quatrieſme. Signé, LOUIS.

Enregiſtrées és regiſtres du grand Conſeil du Roy. A Paris le deuxieſme jour d'Aouſt mil ſix cens treize. Signé, *THIELLEMENT.*

Arreſt du Conſeil Privé du Roy, par lequel ſes Officiers domeſtiques ſont declarez exempts du ſubſide des anciens cinq ſols pour muid de Vin.

Du 16 Decembre 1613.

ENTRE Nicolas Jacquinot, Premier Valet de Garderobe ordinaire du Roy, Demandeur, & requerant l'enterrinement d'une Requeſte par luy preſentée au Roy, le quinzieſme Juillet mil ſix cens treize, tendante à ce qu'attendu ſon Privilege, il ſoit declaré exempt du ſubſide des anciens cinq ſols pour muid de vin provenant de ſon creu, qu'il a faict & fera entrer en la Ville de Paris : ce faiſant, que François Megiſſier ſoit condamné luy rendre une Promeſſe du 17 Juin 1613, pour la ſomme de quatorze livres dix-huict ſols neuf deniers, pour

E ij

soixante muids de vin, qu'il avoit faict entrer en ladite Ville, avec défense audit Megissier & tous autres Fermiers, de plus troubler ledit Jacquinot en la jouyssance de ses Privileges; d'une part; & ledit François Megissier, Commis au Controlle du vin entrant à Paris par le Port de la Tournelle, Défendeur, & requerant lesdites Parties estre renvoyées en la Cour des Aydes, d'autre. Veu par le Roy en son Conseil, ladite Requeste du 15 Juillet 1613. Arrest donné sur icelle dudit jour, par lequel est ordonné que ledit Megissier sera assigné audit Conseil. Extraict tiré de la Cour des Aydes & de l'Election de Melun, par lesquels appert ledit Jacquinot estre domestique de la Maison du Roy, & couché sur l'Estat. Certificat dudit Jacquinot du dix-septiéme Juin 1613, que les soixante muids de vin qu'il a faict venir à Paris dans le batteau de Pierre Cheuve, luy appartiennent de son creu : ladite Promesse dudit jour 17 Juin, de ladite somme de quatorze livres dix-huict sols neuf deniers. Arrest du Conseil du 27 Septembre 1607, entre ledit Jacquinot, Demandeur en Requeste du 14 Novembre 1606, afin d'estre declaré exempt des droits de huictiesme de vin, & autres à lui demandez, d'une part; & Pierre Marigny, Fermier dudit huictiesme, Défendeur, par lequel est ordonné que ledit Jacquinot jouyra des Privileges accordez aux Officiers domestiques de la Maison du Roy, & envoyé absouz de la Sentence des Eleuz de Paris, portant condamnation contre luy, de trois cens livres pour ledit droict. Appoinctement en droict pris entre lesdites Parties, du onziesme Septembre 1613, & tout ce que par icelle a esté mis & produit pardevers le Commissaire à ce deputé : Oui son rapport. Le Roy en son Conseil, a retenu & retient à soy & à sondit Conseil, la cognoissance du different d'entre lesdites Parties; & y faisant droict, a declaré & declare ledit Jacquinot exempt du subside des anciens cinq sols pour muid de vin provenant de son creu, qu'il fera entrer en ladite Ville de Paris, & a condamné ledit Megissier luy rendre & restituer la Promesse de quatorze livres dix-huit sols neuf deniers, qu'il auroit tiré de luy pour ledit droict, pour les soixante muids de vin de son creu, qu'il avoit faict entrer en cette-dite Ville, & l'a condamné aux despens de la presente Instance, moderez à quatre-vingt livres. Faict au Conseil Privé du Roy, tenu à Paris le seiziesme Decembre mil six cens treize.

Signé, LE TANNEUR.

Edict du Roy, sur le Reglement & retranchement des exempts des Tailles.
Du mois de Juin 1614.

LOUIS, &c.

Art. 14. Les Concierges, Portiers & Jardiniers travaillans en nos Maisons, ne jouiront aussi d'aucune exemption, excepté les Concierges, Portiers & Jardiniers estans à nos gages, & servans actuellement comme domestiques en nosdites Maisons de Fontainebleau, S. Germain en Laye, Villiers Cotterets, Blois, Chambor, Amboise & le Plessis lez Tours, & toutesfois au cas seulement qu'ils soient couchez & employez dans les Estats de nos domestiques, portez en nos Cours des Aydes, & non autrement.

15. Ceux qui doivent service continuel en quelque lieu, à cause de quelque Estat & Office, ou de quelque Charge qui les obligent à resider, ne pourront jouyr d'exemption des Tailles qu'au lieu auquel ils doivent residence, comme un Esleu en la Ville en laquelle est le Siege de son Election.

16. Ceux qui sont de Compagnies de Chevaux-Legers, ne jouyront d'aucunes exemptions, excepté ceux qui sont des Chevaux-Legers de nostre Compagnie.

17. Ceu qui auront esté des Compagnies de

E iij

Genſdarmes entretenues , dont les Capitaines ſont morts, & les Compagnies caſſées, ne jouyront d'aucune exemption, ſinon ceux qui ayans ſervy vingt-ans aux Compagnies entretenues , ou qui ayant en commandement pareil temps en l'Infanterie , auront obtenu de Nous Lettres de veteran, & icelles ſait verifier en nos Cours des Aydes.

18. Ceux qui ſont de Compagnies de Genſdarmes , non entretenues ne payées , ne jouyront d'aucune exemption.

19. Les veſves des Genſdarmes des Compagnies entretenues , ne jouyront pour ceſte ſeule qualité d'aucune exemption, ſi ce n'eſt que leurs maris auparavant leur decez ayent obtenu Lettres de veteran , & icelles faiĉt verifier en nos Cours des Aydes.

20. Ne pourra eſtre employé dans l'Eſtat des Archers de noſtre Corps au nombre des retranchez , aucun Archer qui ne nous ait ſervy en ladite qualité par l'eſpace de vingt ans; & au cas qu'il en fuſt employé aucun qui ne fuſt de ceſte qualité , ne jouyra d'aucune exemption : Sera libre toutesfois à celuy qui aura ſervy vingt ans en ceſte qualité , de ſe pourvoir pardevers nous pour obtenir Lettres de Veteran , leſquelles verifiées en nos Cours des Aydes , jouyront de l'exemption , ſans qu'il leur ſoit neceſſaire eſtre employez ſur l'Eſtat , au nombre des retranchez.

21. Les Officiers employez dans les Eſtats de l'Amirauté & de l'Artillerie , ſeront reduiĉts à certain nombre, après avoir ſur ce prins l'advis des Chefs deſdites Charges : Et pour le regard de ceux qui ſeront de nouveau employez dans leſdits Eſtats , & pourveuz, ſoit par mort ou autrement, s'ils n'ont cy-devant faiĉt ſervice à nos Predeceſſeurs , ou à nous en nos Armées, ils ne jouyront que juſquès à vingt livres d'exemption de toutes tailles , ſinon après qu'ils auront rendu ſervice aĉtuel aux Char-

ges pour leſquelles ils ſeront couchez dans leſdits
Eſtats.

22. Tous ſoldats , mortes-payes de Fortereſſes
& Chaſteaux ne pourront jouyr d'aucune exemption
qu'en la Paroiſſe en laquelle ledit Chaſteau ſera
ſcitué , & juſques à la ſomme de ſoixante ſols ſeulement de toutes tailles.

23. Les Archers des Tailles ſervans à nos chaſſes ,
ne ſeront exempts des Tailles que juſqu'à la ſomme de dix livres , encore qu'ils ſoient couchez dans
les Eſtats de noſtre Venerie.

24. Dans les Eſtats qui ſeront envoyez en noſtre
Cour des Aydes , les Officiers ſeront nommez par
nom & ſurnom , avec ſpécification du lieu de leur
demeure , & en quelle Eſlection.

25. Aucuns des Officiers domeſtiques de noſtre
Maiſon , & de tous autres domeſtiques couchez &
employez dans les Eſtats envoyez en nos Cours
des Aydes , pour jouyr des Privileges , ne ſeront
exempts de la contribution de nos Tailles , s'ils ne
ſont employez auſdits Eſtats , aux gages pour le
moins de ſoixante livres , & s'ils ne ſervent actuellement , conformément à l'article 342. de l'Ordonnance de Blois , fors & excepté les Officiers des
ſept Offices , ſervans actuellement en noſtre Maiſon & en celle de la Royne Regente noſtre tres-
honorée Dame & Mere.

26. Les Officiers qui auront à ſervir leur quartier , feront publier aux Proſnes de leurs Paroiſſes ,
& ſignifier au Procureur Scindic de quartier , qu'ils
doivent ſervir , un mois ou quinze jours auparavant leur partement : & après le ſervice fait , feront
publier & ſignifier , comme deſſus , le Certificat de
leur ſervice , un mois après iceluy ; & à faute de
faire faire leſdites publications & certification par
leſdicts Officiers , ils ne jouyront d'aucune exemption , demeurant en outre loiſible aux habitans de
la Paroiſſe , d'informer du contraire du contenu

aufdits Certificats, tant par tefmoins, que par
efcript, fans eftre tenus de faire aucune infcription
en faux.

27. Ne pourra eftre donné aucune difpenfe de
feruice, finon pour caufe de maladie, certifiée par
le Juge & Procureur du lieu, & par acte figné du
Greffier, lequel acte auec ladite difpenfe, fera fignifié au Procureur Scindic & Afféeurs de la Paroiffe,
qui le pourront debattre, en cas de fraude & de
fuppofition.

28. La verification du payement des gages faict
à un Officier qui fert, fera dorefnauant faite par
les extraicts des comptes rendus en noftre Chambre des Comptes, s'il en a efté compté ; & fi le
compte n'a encores efté rendu par les Certificats
des Payeurs, Receueurs & Treforiers, qui leur en
auront faict le payement, lefquels feront tenus de
certifier au vray, s'ils ont actuellement payé ou
non ; & fi lefdits Officiers ont actuellement feruy ou
non ; & ce à peine de faux, & de tous les defpens,
dommages & interefts des Parties. Et pour le regard des Officiers qui font payez par Argentiers
ou Payeurs qui ne rendent compte en nos Chambres
des Comptes, le payement en fera verifié par la certification defdits Argentiers ou Payeurs, lefquels
auffi feront tenus de certifier au vray, s'ils ont actuellement payé ou non ; & fi lefdits Officiers ont
actuellement feruy ou non ; & ce à peine de faux, &
de tous les defpens, dommages & interefts des
Parties.

29. Les Officiers couchez en nos Eftats, & en
celuy de la Royne Regente noftre tres-honorée
Dame & Mere, & en tous les autres Eftats envoyez en noftre Cour des Aydes, & qui y font receuz fuiuant nos Lettres cy-deuant verifiées, ne
pourront s'employer à aucune vacation repugnante
à la qualité en laquelle ils feront feruice, comme
un Juge, Aduocat, Procureur ou Sergent, en

qualité de Gensdarme, Gentilhomme de la Vénerie, Officier de cuisine, Canonier, ou autre semblable, & aussi comme un Marchand en qualité de Gentilhomme servant, Escuyer, Gentilhomme de la
Vénerie, ou autre semblable.

30. Aucun de ceux qui se feront coucher de
nouveau sur les Estats au lieu d'un autre, ou autrement, ne pourra jouyr de l'exemption des Tailles, qu'il n'ait auparavant & dans le premier jour
d'Octobre faict publier aux Prosnes, tant de la Paroisse de celuy au lieu duquel il est, que de celle
en laquelle il veut jouyr de l'exemption des Tailles,
l'Arrest ou l'extraict du rolle auquel il est compris,
& iceluy faict signifier aux Consuls ou Procureurs
Scindics de chacune desdites Paroisses.

31. Les Estats seront doresnavant envoyez en
nostre Cour des Aydes, avec une Lettre Paten-
te, signée en commandement, enregistrée au Controlle general de nos Finances, & scellée de nostre
grand Scel. Si donnons en mandement, &c. Donné
à Paris au mois de Juin, l'an de grace mil six cens
quatorze, & de nostre Regne le cinquiesme. Signé,
L O U I S. Et plus bas, Par le Roy, la Royne Regente sa Mere presente. D E L O M E N I E. Et
scellées en lacs de soye rouge & verte du grand scel
de cire verte.

Leu, publié & regiftré. A Paris en la Cour des
Aydes, le trente-uniesme & dernier jour de Decembre
1614. Signé, BERNARD.

Declaration du Roy, en faveur des Valets-de-Chambre, des Huissiers-de-chambre, des Porte-manteaux & des Valets de la Garderobe de Sa Majesté.
Du 10 Mars 1615.

L O U I S par la grace de Dieu, Roy de France
& de Navarre : A nos amez & feaux-Consei-
lers les gens tenans nos Cours de Parlement, Chambre de nos Comptes, Cour des Aydes à Paris, Pre-

voft dudit lieu, Baillifs, Senefchaux, Prevofts, Juges, leurs Lieutenans, & autres nos Officiers & Jufticiers qu'il appartiendra : | Salut. Le feu Roy dernier decedé, noftre tres-honoré Seigneur & Pere, que Dieu abfolve, auroit par fes Lettres Patentes en forme d'Edict du mois d'Octobre 1594, & autres fes Lettres Patentes du 2 Mars 1610, & les noftres du mois de May 1611, portant confirmation dudit Edit & Lettres cy-attachées fous le contrefcel de noftre Chancellerie, voulu & ordonné pour les confiderations à plein, cy-mentionnées, qu'il fuft permis à nos Valets de chambre, Huiffiers de chambre, Porte-manteaux, Valets de Garderobe, fe qualifier & ufer du titre d'Efcuyer, felon & ainfi qu'il eft plus au long mentionné en nofdites Lettres, lefquelles ne vous ayant efté prefentées dans l'an de l'impetration d'icelles, & le long-temps qui s'eft depuis écoulé, vous pourriez douter de noftre volonté, s'il ne vous en apparoiffoit de rechef. A CES CAUSES, defirant de faire jouyr nofdits Officiers de ladite qualité & titre d'Efcuyer, nous vous mandons & ordonnons, & très-expreffement enjoignons par ces prefentes, qu'incontinent & fans delay vous ayez à proceder à la verification, & enterrinement de nos fufdites Lettres felon leur forme & teneur, fans y ufer de longueur, reftriction ou difficulté, nonobftant qu'elles foient furannées, & le long-temps qu'il s'eft écoulé depuis l'obtention d'icelles, ce que nous ne voulons leur nuire ny préjudicier en aucune forte & maniere que ce foit, & dont nous les avons relevé & relevons par cefdites prefentes : Car tel eft noftre plaifir. Donné à Paris le dix Mars, l'an de grace mil fix cens quinze, & de noftre Regne le cinquiefme. Signé, LOUIS. Et plus bas, Par le Roy, DE LOMENIE. Et fcellé.

Declaration du Roy, fur les Privileges de fes Officiers domeftiques & commenfaux, touchant l'exemption des fortifications, & toutes autres levées de deniers.

Du 21 Mars 1616.

LOUIS par la grace de Dieu, Roy de France & de Navarre: A nos chers & bien amez les Prefident, Lieutenant & Efleuz fur le faict de nos Aydes & Tailles en l'Eflection de noftre Ville de Senlis: Salut. Nos bien amez François le Poulaillier, Controlleur ordinaire de noftre Maifon, Charles & François Gauchet nos Porte-manteaux, nous ont tres-humblement faict remonftrer que depuis 30 ans ils ont continuellement & fidelement rendu à nos predeceffeurs Roys & à nous le fervice qu'ils eftoient tenus efdites qualitez, comme ils font encores de prefent qu'ils font en charge, & en cefte confideration ont toujours jouy de l'exemption de nos Tailles, emprunts, fortifications & autres impofitions & contributions quelsconques; enfemble de tous les privileges, franchifes & immunitez accordées par nos predeceffeurs Roys & nous, à nos Officiers domeftiques & commenfaux; au prejudice de quoy quelques Particuliers de ladite Ville de Senlis auroient de nagueres par envie ou animofité, fait comprendre les expofans au roolle des fortifications d'icelle, mefmes contraindre au payement de leurs cottes, contre noftre intention amplement declarée par nos Lettres Patentes des mois de Decembre 1611 & Juillet 1612, verifiées où befoin a efté, que nous voulons eftre fuivies, entretenues & exécutées de poinct en poinct felon leur forme & teneur, & conformément à icelles, nofdits Officiers maintenus en la poffeffion & jouiffance defdits privileges & exemptions. A ces Causes, de l'advis de noftre Confeil, vous mandons & tres-expreffement enjoignons, que les expofans compa-

rant pardevant vous, ou Procureur pour eux, s'il
vous appert qu'ils soient Officiers domestiques &
commensaux de nous & de nostre Maison, actuellement servans par quartier, & comme tels couchez
& employez és Estats de nosdits Officiers. Vous, en
ce cas, ayez à les faire jouyr pleinement & paisiblement, comme par ces Presentes nous les avons
maintenus & conservez en la possession & jouyssance
de tous lesdits Privileges, franchises, immunitez &
exemptions dont ils ont jouy, & nos autres Officiers
domestiques, accoustumé jouyr & user, mesmes de
la levée qui se faict pour les fortifications & reparations de lad. Ville de Senlis, & generalement de toutes autres impositions & levées extraordinaires, dont
nous les avons deschargez & deschargeons par cesdites Presentes. Voulons à ceste fin qu'ils soient biffez
& rayez desdits roolles, les biens sur eux saisis &
les sommes de deniers qui pourroient avoir esté pour
ce payées, à eux rendus par les Collecteurs & autres qui les auront euz & receuz, & à ce faire con-
trainets par nostre Huissier ou Sergent premier requis, par toutes voyes deues & raisonnables, nonobstant oppositions ou appellations quelsconques.
Faisant tres-expresses inhibitions & deffenses aux Asséeurs & Collecteurs de plus les imposer ny poursuivre au payement desdites cottes; & à tous Huissiers & Sergens de faire aucune contrainte ny exécution pour ce regard, à peine de cent livres d'amende, despens, dommages & interests desdits exposans.
De ce faire vous donnons pouvoir & mandement
special, & à nostredit Huissier ou Sergent premier
sur ce requis, sans pour ce demander aucun congé ne
pareatis: Car tel est nostre plaisir. Donné à Tours le
vingt-uniesme jour de Mars 1616. & de nostre Regne
le sixiesme. Signé, L O U I S. Et plus bas: Par le
Roy, D e L o m e n i e.

Lettres Patentes du Roy , fur le rang que doivent
avoir les Archers & Gardes de fon Corps , és
Affemblées generales & particulieres.

Du 10 *Decembre* 1617.

LOUIS par la grace de Dieu , Roy de France
& de Navarre : A nos amez & feaux Confeillers les gens tenans noftre Grand Confeil : Salut:
Nos chers & bien amez les Archers des Gardes de
noftre Corps, Nous ont faict dire & remonftrer que
à caufe de leurs Charges, & pour l'honneur qu'ils
ont de nous fervir prés noftre perfonne , ils doivent
jouyr des rangs , prefeances & preéminences és Affemblées qui fe font és Villes & lieux de leur demeure, immediatement après les Confeillers de nos
Bailliages, Senefchauffées & Sieges Prefidiaux, conformément aux Lettres de Declaration du dernier
Fevrier 1605, données par le feu Roy dernier decedé , noftre tres-honoré Seigneur & Pere , que Dieu
abfolve, en faveur des Officiers de noftre Chambre
& Garderobe,& d'autres par nous octroyées en confequence des fufdits aux Marefchaux de nos Logis ,
Fouriers de noftre Corps & Fouriers ordinaires , le
deuxiefme Aouft 1613, par vous verifiées felon
nos vouloir & intention : ce neantmoins aucuns
des expofans y font troublez par quelques Juges &
Officiers non Royaux, s'eft meu plufieurs procez ,
& eux par ce moyen conftituez en grands fraiz &
defpens : pour à quoy remedier , ils nous ont
tres humblement fupplié & requis leur octroyer
pareilles nos Lettres de Declarations neceffaires.
Nous : A CES CAUSES, defirans à ce pour-
veoir, & conferver les expofans aux honneurs &
preéminences attribuées à leurs Charges, en confideration des bons, fideles & agreables fervices
qu'ils nous y rendent. Avons dict & declaré ,
difons , declarons & nous plaift par ces Prefentes
fignées de noftre main , que tous les Archers des

Gardes de noſtre Corps, ayent rang, & marchent és Aſſemblées generales & particulieres qui ſe font & feront doreſnavant és Villes & lieux de leurs demeures, & autres où ils ſe trouveront, immediatement après les Conſeillers de noſdits Bailliages, Seneſchauſſées & Sieges Preſidiaux, auparavant les Officiers des Elections, Greniers à Sel, Juges non Royaux, & tous autres inferieurs en ordre auſdits Conſeillers; meſmes que tous les procez qui ſe trouveront intentez à preſent à ceſte occaſion, ſoient par vous reglez ſuivant la teneur de ces Preſentes, & ainſi qu'il eſt porté par nos ſuſdites Declarations & vos Arreſts de verification. Si vous mandons & ordonnons que ceſdites Preſentes vous ayez à verifier & faire regiſtrer, & du contenu en icelles, faire jouyr & uſer les expoſans pleinement & paiſiblement, ſans permettre qu'il y ſoit contrevenu en aucune maniere que ce ſoit : Car tel eſt noſtre plaiſir. Donné à Rouen le vingtieſme jour de Decembre, l'an de grace mil ſix cens dix-ſept, & de noſtre Regne le huictieſme. Signé, LOUIS. Et plus bas, Par le Roy, DE LOMENIE.

Enregiſtrées és Regiſtres du Grand Conſeil du Roy, ſuivant & aux charges portées par iceluy. A Paris le douzieſme jour de Fevrier mil ſix cens dix-huit. Signé, MARTINEAU.

Arreſt du Grand Conſeil, pour les Officiers domeſtiques de la Maiſon du Roy, contre les Maiſtres & Gardes des Marchands Merciers, Groſſiers, Jouailliers de Paris.

Du 19 Mars 1619.

ENTRE Jean Pajot, Marchand Mercier Jouaillier de Monſieur, Frere du Roy, Appellant des Sentences données par le Prevoſt de Paris ou ſon Lieutenant, des 6, 11 & 20 Octobre dernier, & autres, données en conſequence d'icelles, comme données par Juge incompetant, & au préjudice

du Privilege dudit Pajot, d'une part ; & les Maiſtres & Gardes de la Marchandiſe de Mercerie,
Groſſerie, Jouaillerie, de Paris, Inthimez, d'autre : Et entre ledit Pajot, Demandeur en Requeſte
verbale par lui faicte en l'Audience du Conſeil, à
ce qu'il ſoit dit que la ſomme de cent quarante
livres, qui eſt demeurée entre les mains deſdits
Maiſtres & Gardes, appartenante audit Pajot, luy
ſera rendue à la caution par luy baillée, pour la
marchandiſe à luy delivrée, ſuivant l'Arreſt du
Conſeil du dernier Janvier, d'une part ; & les Maiſtres & Gardes de ladite Marchandiſe, Défendeurs
d'autre. Après que de Saincte Marthe pour ledit Pajot, & Joly pour leſdits Maiſtres & Gardes, ont
eſté ouys : Le Conſeil faiſant droict ſur ledit appel,
a mis & met les appellations & ce dont a eſté appellé au neant ; & en émendant & corrigeant leſdits
Jugemens, a faict & faict main-levée audit Pajot,
de la marchandiſe ſur lui ſaiſie ; enſemble de ladite
ſomme de cent quarante livres par luy conſignée és
mains deſdits Maiſtres & Gardes ; a ordonné & ordonne que la reſtitution d'icelle ſera faicte, & y
ſeront contraincts par toute voye deue & raiſonnable, meſme par empriſonnement de leurs perſonnes ; & demeureront les cautions baillées par ledit
Pajot, déchargées. Et ordonne ledit Conſeil, qu'à
l'advenir les Marchands privilegiez, incontinent
après qu'ils auront faict amener leurs marchandiſes
en ceſte Ville, ſeront tenus la faire porter en la
maiſon commune deſdits Marchands, pour eſtre
procedé à la viſitation d'icelle par leſdits Maiſtres
& Gardes en preſence de l'un des Huiſſiers de la
Prevoſté de l'Hoſtel, & ce ſans aucun fraiz. Et
a ledit Conſeil faict deffenſe audit Pajot & autres
Marchands privilegiez de colporter leſdites marchandiſes, ſans deſpens. Faict audit Conſeil à Paris, le
dix-neufvieſme Mars mil ſix cens dix-neuf.

Signé, MARTINEAU,

Declaration du Roy, en faveur des Valets de chambre, des Huissiers de chambre, des Porte-manteaux, & des Valets de la Garderobe de Sa Majesté.

Du 10 Mars 1622.

LOUIS par la grace de Dieu, Roy de France & de Navarre : A nos amez & feaux Conseillers les gens tenans nos Cours de Parlement, Chambre de nos Comptes, & Cour des Aydes à Paris, Prevost dudit lieu, Baillifs, Seneschaux, Prevosts, leurs Lieutenans & autres nos Justiciers & Officiers qu'il appartiendra : Salut. Le feu Roy dernier decedé, nostre trés honoré Seigneur & Pere, que Dieu absolve, auroit par ses Lettres Patentes en forme d'Edict du mois d'Octobre 1594, & autres les Lettres Patentes du 2 Mars 1610, & les nostres du mois de May 1611, portant confirmation dudit Edict, & Lettres cy-attachées sous le contrescel de nostre Chancellerie, voulu & ordonné pour les considerations à plein y mentionnées, voulu & ordonné qu'il fust permis & loisible à nos Valets de chambre, Huissiers de chambre, Porte-manteaux, & Valets de Garderobe, se qualifier & user du titre d'Escuyer, selon & ainsi qu'il est plus au long mentionné dans lesdites Lettres, lesquelles ne vous ayant esté presentées dans l'an de l'impetration d'icelles, & le long-temps qu'il s'est depuis écoulé, vous pourriez douter de nostre volonté, s'il ne vous en apparoissoit de rechef. A CES CAUSES, desirans de faire jouyr nosdits Officiers de ladite qualité & titre d'Escuyer, nous vous mandons & ordonnons & tres expressement enjoignons par les Presentes, qu'incontinent & sans delay, vous ayez à proceder à la verification & enterrinement de nos susdites Lettres selon leur forme & teneur, sans y user de longueur, restriction ou difficulté, nonobstant qu'elles soient sur-années, & de long-temps
qu'il

qu'il s'eſt écoulé depuis l'obtention d'icelles , & que nous ne voulons leur nuire ny prejudicier en aucune maniere que ce ſoit , & dont nous les avons relevé & relevons par ceſdites Pſeſentes : Car tel eſt noſtre plaiſir. Donné à Paris le dixieſme jour de Mars , l'an de grace mil ſix cens vingt-deux , & de noſtre Regne le douzieſme. Signé , LOUIS. Et plus bas , De Lomenie. Et ſcellé.

Arreſt du Conſeil Privé du Roy, par lequel les Treſoriers ſeront contraints de payer les Gages & Appointemens des Archers des Gardes du Corps de Sa Majeſté , nonobſtant toutes ſaiſies faites entre leurs mains ſur leſdits Gages & Appointements.

Du 17 Mars 1723.

SUR la Requeſte preſentée au Roy en ſon Conſeil par Jacques Alleaume , Archer des Gardes du Corps de Sa Majeſté , ſous la charge du Sieur Marquis de Moſny , tendante à ce que pour les cauſes & conſiderations y contenues , il pleuſt à Sa Majeſté , en conſequence des Arreſts & Reglemens du Conſeil , par leſquels il eſt jugé que les Gages , Armes,Chevaux & Equipages des Archers du Corps de ſadite Majeſté , ne pourront eſtre ſaiſis pour quelque cauſe & oceaſion que ce ſoit , faire pleine & entiere main-levée au Suppliant de ſes gages & appointemens , ſaiſis à la requeſte de Damoiſelle Catherine de Cordereau , veſve de Maiſtre Jean Gueffier, Advocat du Roy au Chaſtelet de Paris , és mains du Treſorier de la Compagnie dudit Sieur de Moſny , le dixieſme Fevrier ; ce faiſant , caſſer ladite ſaiſie , & faire deffenſes à ladite veſve Gueffier d'uſer à l'advenir de telles voyes & ſaiſies ſur leſdits Appointements, Armes & Chevaux, & équipages dudit Suppliant,ſauf à elle à ſe pourvoir ſur les autres biens d'iceluy Suppliant , ainſi qu'elle adviſera , & à luy ſes deffenſes au contraire : Et

F

ordonner que lesdits gages seront payez audit Suppliant par ledit Treforier, qui à ce faire sera contraint par les voyes accoustumées. Veu ladite Requeste, ledit Exploict de saisie, faict és mains dudit
Treforier, à la requeste de ladite Gueffier, pour la
somme de deux cens livres, dudit jour de Fevrier;
Ouy le rapport, & tout consideré : LE ROY EN
SON CONSEIL, ayant égard à ladite Requeste, a faict main-levée audit Alleaume, des gages
& appointemens sur luy saisis : Ordonne que Maistre Pierre Ollin, Treforier, luy payera lesdits gages, nonobstant lesdites saisies, sauf à ladite Gueffier à se pourvoir par saisie sur les autres biens dudit Alleaume, ainsi qu'elle advisera bon estre. Fait
au Conseil Privé du Roy, tenu à Paris le dix-septiesme Mars mil six cens vingt-trois.

Signé, PHILIPPEAUX.

Arrest du Conseil d'Estat du Roy, portant confirmation des privileges & exemptions des Officiers domestiques & commensaux de la Maison
de Sa Majesté; ensemble tous autres exempts &
privilegiez.

Du 15 Septembre 1633.

SUR la Requeste presentée au Roy en son Conseil, par les Officiers domestiques & commensaux de la Maison de Sa Majesté, contenant qu'encores que de tout temps ils ayent jouy des privileges, exemptions de tous droicts d'Aydes anciens &
nouveaux subsides : mesmes des droicts du huitiesi-
me, vingtiesme & quatriesme, de tout le vin de
leur creu : lesquels privileges & exemptions leur
ont esté accordées & confirmées de temps en temps
par les Roys predecesseurs de Sa Majesté, & par sadite Majesté par ses Lettres Patentes du 4e Janvier
& 30e Aoust 1612. Neantmoins ils sont troublez en
ladite jouissance, souz pretexte que par le cinquiesme article du Bail general des Aydes, por-

tant que pour faire cesser les abus qu'aucuns privilegiez commettent en la vente de leurs vins , ils
jouyront de l'exemption des droicts de Sa Majesté
pour le vin qu'ils vendront en détail & sans assiette
en leurs maisons pendant les mois d'Avril, May,
Juin, Octobre, Novembre Decembre, de chacune
année seulement ; & pour tout le vin & autres
boissons qu'ils vendront en détail hors ledit temps
de six mois, en quelque sorte & maniere que ce
soit, en payeront les droicts comme les autres vendans vin. Et bien que les Supplians ne doivent estre
reputez de la qualité des privilegiez denommez audit article, ayans l'honneur de servir Sa Majesté
par Quartier comme ses Officiers commensaux, &
la pluspart d'iceux obligez de quitter leurs maisons
pour rendre leur service durant les six mois qu'ils
devroient vendre leur vin en détail, pour jouyr de
ladite exemption; au moyen de quoy, si ledit article avoit lieu contre eux , leurs privileges leur seroient infructueux & inutils. Ils requeroient qu'il
pleust à Sa Majesté, en consideration de leurs services, ordonner que sans avoir égard audit cinquiesme article du Bail des Aydes, & aux Arrests dudit Conseil des quatriesme Mars 1632, &
vingtiesme Juin dernier , donné en consequence ,
& conformément à l'Arrest de la Cour des Aydes
de Paris , du cinquiesme Fevrier 1632 , intervenu
sur l'enregistrement dudit Bail, les Supplians seront maintenus en leurs privileges & exemptions.
Ce faisant, leur permettre de vendre & debiter en de-
tail le vin de leur creu en leurs maisons & autres
lieux que bon leur semblera, durant toute l'année,
sans payer aucune chose du droict d'Ayde, ny souffrir aucune queste ou visite en leurs maisons, sinon
en cas de fraude alleguée & verifiée. Veu ladite Requeste , ledit Bail general des Aydes, & Arrests de
ladite Cour des Aydes intervenus sur l'enregistrement d'iceluy , du 5 Fevrier 1632, ensemble ceux

dudit Conseil du 4 Mars 1632 , & 20 Juin dernier:
LE ROY EN SON CONSEIL , a ordonné & ordonne que les Supplians jouyront de tous & chacuns
leurs privileges & exemptions ainsi que par le passé.
Ce faisant, leur a permis & permet de vendre & debiter , tant en gros qu'en détail , le vin de leur creu
en leurs maisons durant toutes les années, & en tel
temps que bon leur semblera , sans estre tenus de
payer aucun droict d'Aydes, nonobstant le cinquiesme article dudit Bail des Aydes, (auquel Sa Majesté
n'a entendu comprendre les Supplians) & les Arrests
dudit Conseil des 4 Mars 1632 , & 20 Juin dernier :
& sur la demande des Supplians pour estre deschargez des questes & visites en leurs maisons , ordonne
Sa Majesté que les Arrests & Reglement cy devant
donnez contradictoirement avec eux sur ce faia , seront executez selon leur forme & teneur , & qu'il
en sera usé à l'advenir comme il a esté par le passé.
Fait Sa Majesté tres-expresses inhibitions & deffenses au Fermier general des Aydes , souz Fermiers
& tous autres de les troubler & empescher en ladite jouyssance, à peine de trois mille livres d'a-
mende , despens, dommages & interests , & ausdits
Officiers d'en abuser , & pour les autres privilegiez,
ordonne Sadite Majesté que ledit cinquiesme article
du Bail des Aydes sera executé. Fait au Conseil d'E-
stat du Roy tenu au Camp devant Nancy le quin-
ziesme jour de Septembre mil six cens trente-trois.
Signé, LE RAGOIS.

Extrait du Reglement general des Tailles.
Du mois de Janvier 1634.

'ART. VIII. **T**Ous Officiers , de quelque qualité
& condition qu'ils soient residans
és Villes: Bourgs & Paroisses contribuables à nos
Tailles, y seront mis & imposez selon leurs moyens
& facultez , excepté nos Conseillers, Notaires & Secretaires ; les quatre Chauffecires , Sceleurs heredi-

taires & Referendaires de France, & autres Officiers
de nos Chancelleries; les cinq Huiſſiers ordinaires
de nos Conſeils d'Eſtat & Privé, nos Officiers ordinaires & Commenſaux de noſtre Maiſon; de celle de
la Reine noſtre tres chere & tres aymée épouſe, &
de noſtre tres-cher couſin le Prince de Condé; & les
Archers de la Porte actuellement ſervans par quartier, qui ſeront employez és Eſtats que nous ferons
expedier & adreſſer à noſtre Cour des Aydes de Paris, leſquels jouyront de l'exemption, ſans que le
nombre qui ſera employé eſdits Eſtats, puiſſe eſtre
à l'advenir augmenté, pour quelque cauſe & occaſion que ce ſoit, ny que l'on ait doreſnavant aucun
égard à tous nos Eſtats precedens envoyez en noſtre
dite Cour des Aydes, que nous avons dès à preſent
revoquez. Neantmoins les Officiers employez en
iceux, continueront à jouyr du Privilege de Committimus. N'entendons que les Maiſtres d'Hoſtel;
Ecuyers & Gentilshommes ſervans de noſtre Maiſon, qui ne ſont Nobles d'extraction, puiſſent jouyr
de ladite exemption.

IX. Les Officiers de l'Ecurie, Vennerie, Fauconnerie, Louveterie, Artillerie, Admirauté & Marine
de Levant & Ponant, auſſi employez és Eſtats que
nous en ferons expedier & envoyer en noſtredite
Cour des Aydes, dont le nombre ſera par nous reglé
& limité, jouyront pareillement de l'exemption,
excepté les Archers des Toilles & Chaſſes, leſquels
ne ſeront exempts que juſqu'à la ſomme de dix livres de toutes Tailles, ſuivant les precedens Reglemens, encores qu'ils ſoient couchez ès Eſtats de
Vennerie; & pour ceux qui ne ſeront employez eſdits Eſtats, ils ſeront compris à nos Tailles.

X. Leſdits Officiers ne jouyront de l'exemption des
Tailles s'ils ne ſont employez eſdits Eſtats, aux gages
de ſoixante livres du moins par an, & à la charge de
ne faire aucun trafic de Marchandiſe, ny tenir Fermes d'autruy, excepté ceux des ſept Offices de no-

stre Maison qui jouyront de ladite exemption , encore qu'ils ayent moindres gages que lesdites soixante livres. Et pourront ceux d'entr'eux qui n'ont dignité annexée à leurs Offices faire trafic de Marchandise , pourveu qu'ils ne tiennent Ferme d'autruy , conformément aux Ordonnances & Arrests de nos Cours des Aydes.

XI. Des Officiers des quatre Compagnies des Gardes de nostre Corps , Françoises & Ecossoises, dont nous avons reglé & limité le nombre à quatre cens cinquante ; sçavoir, cent quatorze pour chacune des trois Françoises, & cent huit pour l'Ecossoise, jouiront de l'exemption , pourveu qu'ils ne fassent trafic de marchandise, & ne tiennent Fermes d'autruy, en servant actuellement , & non autrement. Et jouiront pareillement les cent Suisses de nostre Garde. Et pour cet effet il sera dressé & envoyé en nostre Cour des Aydes un Estat desdits Officiers. Et quant à ceux qui ne seront couchez & employez sur iceluy , ils seront imposez comme les autres contribuables.

XII. Les pourveus des Charges des deux cens Gentilshommes de nostre Maison qui ne seront Nobles d'extraction , seront cottisez aux Tailles, nonobstant la modification portée par l'Arrest de nostre Cour des Aydes de Paris, intervenu sur l'enregistrement de nos Lettres de Declaration du mois de...... 1628. laquelle nous avons levée & ostée. Voulant que nostredite Declaration sorte son plein & entier effet.

XIII. Ne jouiront d'aucune exemption les Officiers des feus Duc d'Alençon, Reyne Marguerite, Duchesse de Bar, Duchesse d'Angoulesme, les Reynes d'Espagne, d'Angleterre & Duchesse de Savoye; ny les Salpestriers, Verriers, Maistres des Mines & Forges, Ouvriers en soye, Officiers des Monnoyes ouvertes & non ouvertes ; les Morte-payes des Forteresses, Places & Chasteaux. Ne en semblable les

defcendans de Eude le Maire, dit Chaffot de faint
Mas, dont l'exemption a eſté revoquée par l'Edit
du mois de Janvier 1598.

XVI. Ceux de Compagnies des Gensd'armes &
Chevaux-legers ne jouiront d'aucune exemption,
excepté nos deux Compagnies des Gensd'armes &
Chevaux-legers, compoſées de deux cens hommes
chacune.

XVII. Ne fera dorefnavant expedié aucunes Lettres de Veteran, qu'à ceux qui doivent jouir de
l'exemption, & qui font de la qualité requiſe, leſquels ont ſervi 25 ans, en juſtifiant leurs ſervices
par les extraicts des comptes rendus en noſtre
Chambre des Comptes, payement qui leur aura eſté
fait de leurs gages, ſoldes & appointemens pendant
ledit temps de vingt-cinq ans. Et pour le paſſé, ceux
qui ont obtenu Lettres de Veteran, ſeront tenus les
reprefenter pardevant les Commiſſaires qui ſeront
par Nous pour cet effect deputez, & juſtifier par
ſemblables extraicts de leur ſervice pendant leſdits
vingt-cinq ans : autrement, & à faute de ce faire,
ſeront impoſez aux Tailles, ſans avoir égard auſdites Lettres & Arreſt d'enregiſtrement.

XIX. Les Lieutenans, Exempts & Archers de la
Prevoſté de noſtre Hoſtel, les Prevoſts des Marefchaux, ou leurs Lieutenans de Robe - courte d'ancien eſtabliſſement, jouiront de l'exemption, enſemble les Chevaliers du Guet, leurs Lieutenans,
Exempts & Archers, conformément à l'Edict de
leur creation du mois de May mil ſix cens trente-
trois. Et pour les Lieutenans de Robe-courte deſdits
Prevoſts eſtablis de vingt-cinq ans en ça en des petites Villes & Bailliages, defquelles Charges ils
ſe font fait pourvoir pluſtoſt pour acquerir l'exem-
tion des Tailles, que pour ſervir au public, ne
jouyront à l'advenir d'aucune exemption ; ni meſme
les Exempts deſdits Prevoſts, leurs Archers, les
Archers de la Conneſtablie, Aſſeſſeurs, nos Procu-

reurs, Commiſſaires, Controlleurs à faire les Monſ
ſtres, Payeurs & Greffiers, nonobſtant toutes Declarations & Arreſts à ce contraires.

XX. Les Chevaucheurs d'Eſcurie , meſme ceux
du nombre des ſix-vingts Maiſtres des Poſtes, Concierges de nos Maiſons, Portiers , Jardiniers, Maiſtres des Eaux & Foreſts , Capitaines des Chaſſes,
Verdiers, Gruyers , leurs Lieutenans , Gardes de
nos Foreſts , Chaſſes, Varennes & plaiſirs, & tous
autres Officiers deſdites Chaſſes & des Maiſons Royales , ne jouiront à l'advenir d'aucune exemption, excepté les Concierges, Gardes meubles, Portiers &
Jardiniers de nos Maiſons de Saint Germain en Laye,
Fontainebleau, Monceaux , Chantilly , Verſailles,
Chaſteau-Thierry & Blois, eſtans à nos gages & ſer-
vans actuellement ; excepté auſſi les Capitaines,
Lieutenans & Gardes de nos Chaſſes , Varennes,
plaiſirs, foreſts & buiſſons de Fontainebleau, Saint
Germain en Laye , Meaux , Monceaux, Chantilly ,
Chaſteau-Thierry , Villerscoſtrets, Amboiſe, Blois,
Bois de Boulogne, Varenne du Louvre, Bondy &
Livry , Senart , Montfort-Lamaury , Lonjumeau ,
Sequiny, Chinon, Hallate, Carnelle, Compiegne,
dont nous avons reglé le nombre, y compris leſdits
Capitaines & Lieutenans ; ſçavoir, pour Fontaine-
bleau , à trente , pour Saint Germain en Laye, à
trente-quatre ; pour Meaux , à douze ; pour Monceaux, à cinq ; pour Villerscoſtrets, à quinze, pour
Amboiſe, à dix ; pour Blois, à dix ; pour le Bois de
Boulogne, à quinze ; pour la Varenne du Louvre,
à ſeize ; pour Bondy & Livry, à huict ; pour Senart,
à cinq ; pour Monfort Lamaury, à quatorze ; pour
Lonjumeau , à huict ; pour Sequiny, à huict ; pour
Chinon, à dix ; pour Hallate, à ſeize ; pour Carnelle,
à huit ; & pour Compiegne , à quinze, ſuivant les
eſtats qui en ſeront par nous arreſtez & envoyez en
noſtre Cour des Aydes à Paris : ſans que l'on ait ci-
après égard aux eſtats precedens envoyez en noſtredite

dite Cour, que nous avons revoquez. Et feront les Gardes defdites Varennes & Chaffes, qui doivent jouir de l'exemption entiere, employez par chapitres feparez efdits eftats, d'avec ceux des Forefts, lefquels jouiront de ladite exemption jufques à cent fols feulement, qui leur feront déduits fur toutes Tailles, conformément au Reglement de l'année 1600. Et quant à nos Procureurs & Greffiers defdites Chaffes, ils feront taxez à nos Tailles, & comme les autres contribuables.

XXI. Les vefves des Prefidens, Confeillers, nos Advocats & Procureurs Generaux des Cours Souveraines, de nos Confeillers & Secretaires ; & quatre Chauffecires, Scelleurs hereditaires, Referendaires de France, de nos Officiers commenfaux, de la Reine noftre Epoufe, & de noftre très cher Coufin le Prince de Condé, & ceux de la Maifon du défunct Roy noftre très honoré Seigneur & Pere, qui font decedez & decederont ci-après, exerçans leurs Charges, fans en avoir retiré récompenfe, jouiront de l'exemption pendant leur viduité. Et pour le regard des vefves des autres Officiers qui doivent jouir de l'exemption par le prefent Reglement, n'en jouiront à l'advenir, excepté celles dont leurs maris font à préfent decedez, lefquelles continueront à en jouir comme elles ont fait depuis leur deceds, tant qu'elles fe contiendront en viduité.

XXII. Le nombre des privilegiez demeurans ès Villes, Bourgs & Paroiffes taillables, fera réduit au nombre de huit privilegiez de toutes qualitez, pour celles taxées à neuf cens livres du principal de la Taille & au-deffous ; & à quatre pour les autres Paroiffes taxées au deffous. Et quant aux Officiers nouvellement venus, & habitués efdites Paroiffes, ne jouiront d'aucune exemption, jufques à ce qu'ils foient réduits au nombre fufdit, & fans qu'il puiffe y avoir efdites Paroiffes plus de deux Perfonnes privilegiées, poffedant mefme titre d'Office : N'en-

G

tendans toutesfois comprendre au présent article les Villes où les Compagnies Souveraines, Bureaux de nos Finances, & Election en chef sont établies.

XXVII. Les Officiers des Sieges Presidiaux, Sieges Royaux, Elections & Greniers à Sel, ne pourront être pourveus de Charges & Offices de nostre Maison, & des Maisons des Reines & Princesses, les déclarant dès-à-present incompatibles avec leurs Offices.

XXVIII. Les Officiers employez ès Estats qui seront envoyez en nostre Cour des Aydes à Paris, seront tenus en retirer extrait, & le faire signifier aux habitans de la Paroisse de leur demeure, & Substitut de nostre Procureur General pour une fois auparavant le premier jour d'Octobre précedent l'assiette ; & déclarer le quartier qu'ils doivent servir : autrement, ne jouiront d'aucune exemption l'année suivante. Seront aussi tenus de lever pareil extraict, & de faire signifier autant de fois que les nouveaux Estats auront esté envoyez & receus par ladite Cour, dans deux mois après l'Arrest de reception desdits Estats : Et à faute de ce faire, ils seront imposez aux Tailles.

XXIX. D'autant qu'aucuns desdits Officiers resignent leurs Offices à autres personnes, les resignataires lesquels se font employer esdits Estats, au lieu de leurs resignans. Ce que les habitans des Paroisses ignorans, ne délaissent de les faire jouir de l'exemption des Tailles, ainsi qu'ils faisoient auparavant qu'ils eussent disposé desdits Offices, & par ce moyen deux personnes jouissent des Privileges par un même Office. Nous voulons que chacun desdits Officiers soit tenu pour la premiere fois, retirer extraict de l'Estat qui sera envoyé en nostredite Cour des Aydes à Paris, ausquels ils auront esté employez au lieu de leurs resignans, & le faire signifier tant ausdits habitans de leurs Paroisses, qu'à ceux de celles où demeureront leurs resignans,

& au Subſtitut de noſtre Procureur General ; enſemble le quartier qu'ils doivent ſervir avant le premier jour d'Octobre. Et pour plus grande certitude du ſervice deſdits Officiers, ils ſeront tenus dès leur arrivée à la Cour & lieux où ils doivent ſervir, prendre atteſtation paſſée pardevant deux Notaires du lieu, qu'ils ſigneront de leurs mains avec leſdits Notaires, comme ils ſeront venus exprès pour ſervir leur quartier, & un ſemblable au milieu, & l'autre à la fin de leur quartier. Tous leſquels actes ils feront ſignifier par chacun, tant aux habitans de la Paroiſſe de leur demeure, qu'aux Subſtituts de noſtre Procureur General en l'Election, ſur peine d'eſtre impoſez aux Tailles.

XXX. La verification du payement des gages des Officiers ſera faite ſur les extraicts des comptes rendus en nos Chambres des Comptes, par les Treſoriers & Payeurs deſdits Officiers, s'il en a eſté compté, & ſi le compte n'a eſté encore rendu par les certificats deſdits Payeurs, Receveurs & Treſoriers qui leur en auront fait le payement ; leſquels ſeront tenus de certifier au vrai, s'ils ont actuellement payé ou non ; & ce, à peine de faux, & de tous dépens, dommages & intereſts des Parties. Et pour le regard des Officiers qui ſont payez par Argentiers ou Payeurs ; qui ne rendent compte à la Chambre, le payement en ſera verifié par la certification deſdits Argentiers & Payeurs, leſquels ſeront tenus de faire ſemblable certification ſur les peines que deſſus. Demeurant neanmoins la faculté aux habitans des Paroiſſes, de verifier le contraire deſdits extraicts & certificats, tant par écrit que témoins, ſans eſtre tenus de former inſcription en faux.

XXXI Ne pourra eſtre accordé auſdits Officiers aucune diſpenſe de ſervice, ſinon pour cauſe de maladie deuement certifiée par le Juge & Procureur du lieu de leur demeure, par acte ſigné d'eux, & de leur Greffier, lequel ſera ſignifié aux manans

& habitans des Paroisses de leur residence à l'issue
de la grande Messe, à un jour de Dimanche ou
Feste, & à leur Procureur Scindic, & encore au Substitut de nostre Procureur General en l'Election,
pour le debattre en cas de fraude, soit par écrit ou
par témoins, sans estre obligez de s'inscrire en faux
contre ledit acte, comme dessus.

XXXII. Les Ecclesiastiques jouiront des privileges & exemptions à eux accordez par nos Lettres patentes & contracts faits avec eux, jusqu'à
la fin de la presente année, selon & ainsi qu'ils en
ont bien & deuement joui par le passé; dans laquelle se retirans pardevers Nous, & rapportans lesdites Lettres & contracts, leur sera pourveu pour l'advenir, ainsi que de raison.

XXXIII. Les Nobles, Ecclesiastiques, Chevaliers de Malthe, Officiers privilegiez, & habitans de
nostre Ville de Paris, pourront faire valoir par leurs
mains une de leur terre & maisons, & celles qui y
sont adjacentes & contigues en dependans. Et pour
les autres terres & mestairies qu'ils feront valoir par
Receveurs ou serviteurs, lesdits Receveurs ou serviteurs seront taxez, tout ainsi que pourroient estre
taxez leurs Fermiers desdites terres & mestairies. Et
pour le regard des habitans demeurans aux Villes
franches, autres que nostredite Ville de Paris, s'ils
font valoir leurs terres ou mestairies par Receveurs
ou serviteurs, ils seront taxez aux Tailles, comme
pourroient estre taxez leurs Fermiers ou Laboureurs.
N'entendons toutesfois comprendre au present article les maisons consistans en clos & vignes pour lesquels il en sera usé, comme il a esté ci devant fait,
mesmes les habitans de nostre Ville de Lyon, qui
jouiront des privileges qui leur ont esté accordez
par les Lettres patentes du feu Roy Charles IX. en
l'année 1561, registrées en nostre Cour des Aydes à
Paris, le 8 Octobre 1563.

XXXIV. Les Fermiers des Ecclesiastiques, Gen-

tilshommes & autres demeurans ès Villes franches,
feront taxez à nosdites Tailles, à raison du profit qu'ils pourroient faire en leurs Fermes, en chacune Paroisse où les biens & heritages dont ils seront
Fermiers, seront assis, à raison de ce que pourroit
porter un Fermier particulier qui demeureroit esdites Paroisses, à cause de la jouissance desdites Fermes, nonobstant qu'ils demeurent esdites Villes
franches.

XLIII. Et afin que lesdits Esleus soient instruicts
de ce que chacune Paroisse doit porter, ils seront
leurs chevauchées en temps deu & accoustumé,
incontinent après la recolte, ainsi qu'il leur a esté
prescrit par les Reglemens ci-devant faits; & s'in-
formeront soigneusement de la fertilité ou sterili-
té de l'année. De ceux qui seront decedez ou dé-
logez des Paroisses, depuis la cotte precedente,
dont ils feront un estat. Comme aussi des exempts
& privilegiez, des causes de leur exemption, ou
privilege, en quelle qualité ils jouissent, si aucuns
s'attribuent le titre de Noblesse, ou d'exemption
induement. Si nosdits Officiers commensaux, ceux
de la Reine nostre très chere Epouse, & de nostredit Cousin le Prince de Condé, servent leur quartier ou non: quel quartier ils servent: Comme aussi
s'il y a aucun desdits habitans qui s'exemptent de
tout, ou partie desdites Tailles, par authorité qui
prennent sur les autres, faveur ou autrement. Et
ne pourront lesdits Esleus faire leurs chevauchées
deux années consecutives en mesme Paroisse, ains
seront tenus de changer de département par chacun
an, sans pouvoir choisir les Paroisses qu'ils auront
une fois eue en département, qu'ils n'ayent esté en
toutes les Paroisses de leur Eslection.

Donné à Paris au mois de Janvier, l'an de grace
mil six cens trente-quatre, & de nostre Regne le
vingt-quatriéme. Signé, LOUIS. Et plus bas:
Par le Roy, DE LOMENIE. Et scellé du grand

sceau de cire.verte sur lacqs de soye rouge & verte.

Lûes, publiées & regiſtrées. A Paris en la Cour des Aydes le 8 jour d'Avril 1634. Signé, BOUCHER.

Arreſt du Conſeil d'Eſtat du Roy, par lequel eſt or-donné que les quatre Compagnies Françoiſes & Eſcoſſoiſes de ſon Corps, jouiront de toutes exemptions & privileges, &c.

Du 25 Aouſt 1634.

SUR ce qui a eſté repreſenté au Roy eſtant en ſon Conſeil, par les Deputez des quatre Com-pagnies des Gardes du Corps de Sa Majeſté, Fran-çoiſes & Eſcoſſoiſes, que les Officiers ſur le fait des Tailles, & autres particulieres, s'efforcent de les empeſcher de prendre la qualité d'Eſcuyer, ſelon leurs inſtitutions, ſous pretexte de ce que par le deu-xieſme article de l'Ediƈt de Sa Majeſté, du mois de Janvier dernier, il eſt fait défenſes à tous Subjets de Sa Majeſté, d'uſurper le tiltre de Nobleſſe, & prendre la qualité d'Eſcuyer, s'ils ne ſont de Maiſon & ex-traƈtion Noble, à peine de deux mille livres d'a-mende, nonobſtant qu'ils ne peuvent y eſtre com-pris, & que ce ſeroit contre l'intention de Sa Majeſté, qui leur attribue cette qualité par privilege ſpecial: requerant qu'il pleuſt à ſadite Majeſté les main-tenir & conſerver en ladite qualité d'Eſcuyer, & autres privileges; faiſant défenſes à toutes perſon-nes de les y troubler. LE ROY ESTANT EN SON CONSEIL, a ordonné & ordonne que leſdites quatre Compagnies des Gardes de ſon Corps jouiront de toutes leurs exemptions & privileges: ce faiſant, a maintenu & maintient chacun deſdits Gardes en la qualité d'Eſcuyer, tant & ſi longue-ment qu'ils ſeront poſſeſſeurs & jouiſſans de leurs Charges, comme n'ayant Sa Majeſté entendu les comprendre audit deuxieſme article de ſon Ediƈt du mois de Janvier dernier. Fait ſadite Majeſté dé-fenſes à toutes perſonnes de les y troubler, ne

empescher, à peine de mille livres d'amende, &
de tous dépens, dommages & interests. Donné à
Chantilly le vingt-cinquième Aoust, l'an de grace
mil six cens trente-quatre, & de nostre Regne le
vingt-cinquiesme. Signé, LOUIS.

Ordonnance du Roy, pour la convocation du ban
& arriere-ban.

Du 30 Juillet 1635.

Art. XV. SA Majesté veut & entend que les Officiers domestiques & commensaux de
sa Maison, soient exempts du ban & arriere-ban ;
ceux de la Maison de la Reine, de celle de Monsieur le Duc d'Orleans son frere ; de celle de Monsieur le Prince de Condé. Comme aussi seront
exempts, Capitaines & hommes d'armes des Compagnies de ses Ordonnances, les Chevaux-Legers,
& autres Officiers qui auront charge, tant de gens
de cheval que de pied, servans actuellement, tous
lesquels seront exempts du service & contribution
audit ban & arriere-ban, en faisant apparoir à ceux
qui en feront les monstres & reveues : à sçavoir,
pour les Officiers & commensaux des Maisons susdites, la certification des Tresoriers d'icelles, comme ils y sont couchez & employez, & servent
actuellement, & payez de leurs gages. Et quant
ausdits Capitaines, hommes d'armes des Compagnies d'Ordonnance, & des Chevaux-Legers, &
Officiers de gens de pied, seront tenus de rapporter
dans le temps qui leur sera prefix en la premiere convocation, certification des Commissaires & Controlleurs ordinaires des Guerres, qui auront fait la
derniere monstre, comme ils ont esté employez ès
roolles d'icelle, faits pour ladite Compagnie, affer-
mant, qu'ils n'ont depuis esté cassez, & sont encores obligez au service ; défendant très expressement
sadite Majesté ausdits Officiers, sur peine de confiscation de corps & de biens, de bailler certification,

finon aux cas fufdits. Fait à Chantilly, le 30 Juillet
1635, Signé, L O U I S.

Declaration du Roy, en faveur des Officiers commenfaux, qui ont acquis le droit de Vetéran, ou
qui font vieux ou caducs.

Du 10 Decembre 1635.

L OU I S par la grace de Dieu, Roy de France
& de Navarre : A tous ceux qui ces prefentes
Lettres verront ; Salut. Les Roys nos predeceffeurs,
& Nous avons tousjours eu un foin particulier de
maintenir & conferver nos Officiers domeftiques &
commehfaux, en la jouiffance des privileges, franchifes & immunitez à eux de tout temps concedez
& octroyez, mefmes de la contribution à nos Tailles, & autres fubfides generalement quelconques,
dans les Commiffions defquelles nos Tailles ils ont
efté non feulement expreffément exceptez, mais
auffi dans tous les Edits & Reglemens faits pour le
regallement de nofdites Tailles : Et d'autant que la
plufpart d'iceux ayans fervi vingt ou vingt-cinq
ans, & refigné leurs Charges, fe promettoient obtenir nos Lettres de Vétéran à l'inftar des gens de
guerre, aufquels après ledit fervice de vingt-cinq
ans, les Loix & Ordonnances du Royaume attribuent ledit privilege de Vétéran, ainfi que nous en
aurions octroyé nos Lettres particulieres à plufieurs.
Et par le dernier Reglement par nous fait fur le privilege de nofdits Officiers, Nous nous ferions refervé de pourvoir de nos Lettres, à ceux qui auroient pour le moins fervi ledit temps de vingt-
cinq ans, & qui par vieilleffe, maladie, ou autres
incommoditez, ne pourroient plus nous continuer
leurs fervices, & feroient contraints de remettre
leurs Charges & fervices à leurs enfans, & non à autres, non par forme de Vétéran, qui eft chofe affectée aufdits gens de guerre, mais de pure grace &
privilege, pour les faire jouir le refte de leurs jours

deſdites exemptions de toutes Tailles, Subſides, Impoſitions, Franchiſes & Immunitez ſuſdites : En
quoi neantmoins ils auroient eſté traverſez de telle
ſorte, qu'ils ſont contraints de recourir à nous pour
leur pourvoir de nouveau de nos Lettres de Déclarations ſur ce neceſſaires, dont ils nous ont tres
humblement ſupplié & requis. A ces cauſes ; ſçavoir faiſons, que Nous ayans égard aux ſervices
qui nous ſont rendus par noſdits Officiers domeſtiques & commenſaux, ſpecialement de ceux que
l'âge, maladies, bleſſures & autres incommoditez privent de nous continuer leurſdits ſervices, &
ſont contrainâts de le quitter. Et afin qu'il leur demeure quelques marques d'honneur de leurſdits ſervices, & témoignage de nous, du contentement &
ſatisfaction que nous en avons, joinât qu'il s'en
trouvera peu de cette qualité ; Nous avons dit &
declaré, diſons & declarons par ces Preſentes, ſignées de noſtre main, voulons & nous plaiſt, que
ceux denoſdits Officiers, vieux & caducs, qui par
maladies & autres incommoditez ne nous pouvant
plus continuer leurſdits ſervices, ſeront contrainâts
de quitter & remettre leurs Charges à leurs fils,
gendres ou nepveux, & qui verifieront bien & duement y avoir ſervi actuellement, & ſans diſcon-
tinuation l'eſpace de vingt-cinq ans pour le moins,
jouiront le reſte de leurs jours, & leurs veufves
pendant leur viduité, de tous leſdits Privileges,
Franchiſes, Immunitez & Exemptions de toutes
Tailles, Subſides & autres Impoſitions generalement
quelconques, mis & à mettre ſur nos Sujets, pour
quelque cauſe & occaſion que ce ſoit, ſans qu'il
leur ſoit beſoin d'autres Lettres ni Expeditions que
ces Preſentes, verifiées & regiſtrées en nos Cours
des Aydes, la copie deſquelles deuement collationnée par l'un de nos amez & feaux Conſeillers, Notaires & Secretaires, nous voulons leur ſervir & valoir par tout où il appartiendra, ainſi que le preſent

original, après toutesfois la verification par eux
faite en nosdites Cours des Aydes de leurdit service actuel, & sans discontinuation pendant ledit
temps de vingt-cinq ans. Si donnons en mandement
à nos amez & feaux Conseillers les gens tenans nosdites Cours des Aydes, que lesdites Presentes ils
fassent lire, publier & registrer, & du contenu en
icelles jouir & user pleinement & paisiblement nosdits Officiers de la qualité susdite, & non autres,
cessans & faisans cesser tous les troubles & empêchemens au contraire : Car tel est nostre plaisir, en tes-
moin de quoi nous avons fait mettre nostre scel à
cesdites Presentes. Données à S. Germain en Laye
le dixiesme jour de Decembre, l'an de grace mil six
cens trente-cinq, & de nostre regne le vingt-sixiesme. Signé, LOUIS. Et sur le reply : Par le Roy,
DE LOMENIE. Et scellées sur simple queue du grand
scel de cire jaune. Et encore est escrit :

*Regiſtrées en la Cour des Aydes. A Paris le septies-
me jour d'Août 1636. Signé, BOUCHER.*

Declaration du Roy, portant exemption de Logement & nourriture des gens de guerre, aux Officiers domestiques & commensaux de sa Maison,
&c.

Du 17 Mars 1636.

LOUIS par la grace de Dieu, Roy de France
& de Navarre : A tous ceux qui ces presentes
Lettres verront ; Salut. Encores que nostre intention a tousjours esté de soulager autant qu'il se pourroit, nos Officiers domestiques & commensaux, &
ceux de la Reyne nostre tres-chere & tres amée
Espouse & Compagne, en consideration du travail
qu'ils souffrent en nostre Cour & suite, dans nos
voyages, & de la despense qu'ils sont obligez d'y
faire, & que pour cela nous leur avons accordé plusieurs privileges & exemptions, même celle du logement & nourriture de nos gens de guerre, dont

ñous leur avons fait expedier des Sauvegardes particulieres ; neantmoins comme au prejudice d'icelles ils ne laiſſent pas d'eſtre journellement travail-
lez du logement deſdits gens de guerre, & ſpecialement, lorſqu'ils ſont abſens de leurs maiſons, employez à noſtre ſervice, ils nous ont tres humblement ſupplié & requis de leur vouloir ſur ce pourvoir, en declarant plus particulierement & expreſſement ce qui eſt en cela de noſtre volonté & intention, & de leur en faire expedier nos Lettres à cé
neceſſaires, humblement requerant icelles, POUR
CES CAUSES, & autres bonnes conſiderations
à ce nous mouvans, deſirans ſubvenir auſdits expoſans en cet endroit, & les traicter le plus favorablement qu'il nous ſera poſſible, afin de les encou-
rager à nous bien & fidelement ſervir, & pour leur
donner plus de moyen de ſupporter la deſpenſé
qu'ils ſont obligez de faire à cette occaſion. Nous
avons dit & declaré, diſons & declarons, voulons
& nous plaiſt, qu'à l'advenir tous & chacuns nos
Officiers domeſtiques & commenſaux, & ceux de
la Reyne noſtre tres chere & tres amée Eſpouſe &
compagne, employez dans nos Eſtats, & ſervans
actuellement par quartier, ſemeſtre ou ordinairement, ſoient & demeurent exempts & deſchargez,
comme nous les exemptons & deſchargeons par ces
Preſentes ſignées de noſtre main ; enſemble leurs
Maiſons, Fermes, Metairies, avec leurs Fermiers
& ſerviteurs, du Logement & Nourriture de noſdits
gens de guerre, tant de cheval que de pied, de
quelques langues & nations qu'ils ſoient ; avec défenſes tres expreſſes que nous faiſons auſdits gens
de guerre, de prendre ni enlever eſdites maiſons,
fermes & metairies aucuns bleds, vins, foins, pailles, avoines, beſtiaux, vollailles, ni autres choſes quelconques, à peine d'eſtre punis & chaſtiez,
ſuivant la rigueur de nos Ordonnances. Deffendons
auſſi à tous Mareſchaux des Logis, Fourriers &

autres; commis & à commettre, & à faire les logis
desdits gens de guerre, & à tous Marguilliers &
Collecteurs des Paroisses, de donner aucus billets, bulletins, pour loger esdites maisons, fermes
& metairies, ni icelles indiquer pour cet effect sur
les peines que dessus. Ayans pris & mis, comme
nous prenons & mettons par cesdites Presentes nosdits Officiers & ceux de ladite Dame Reyne en nostre protection & sauvegarde speciale, avec leursdites maisons, fermes & serviteurs. Et afin qu'aucuns n'en pretendent cause d'ignorance, Nous voulons que ces Presentes soient leues & publiées à son
de trompe & cry public, & qu'aux copies imprimées
& deuement collationnées d'icelles, foy soit ajoustée comme au present original ; & qu'en vertu desdites copies ils fassent mettre ès lieux plus commodes
desdites maisons & metairies, nos Pannonçaux & Ba-
stons Royaux, sans qu'il leur seroit besoin d'obtenir
sur ce des Sauvegardes particulieres, dont nous les
avons dechargez & dechargeons ; & où aucuns seroient si temeraires de contrevenir à ce qui est en cela
de nostre volonté & intention. Nous voulons que le
premier des Prevosts de nos tres chers & feaux Cou-
sins les Connestable & Mareschaux de France, il en
soit fait si prompte & exemplaire punition, qu'elle
serve d'exemple à tous autres. Si donnons en mandement, &c. Donné à Sainct Germain en Laye,
le dix-septiesme jour de Mars, l'an de grace mil
six cens trente-six, & de nostre regne le vingt-sixiesme. Signé, LOUIS. Et plus bas, Par le Roy
DE LOMENIE.

Declaration du Roy, portant confirmation des Privileges attribuez aux Officiers domestiques &
commensaux de sa Maison, &c.

Du 5 Aoust 1636.

LOUIS, &c. Nous avons en confirmant tous
& chacuns les privileges par Nous & nos pre-

Beceſſeurs Roys à eux ci-devant accordez par nos
Edicts, Declarations & Arreſts donnez en leur faveur, ſoit en general ou en particulier, mêmes nos
Lettres de confirmation du mois de Decembre 1611.
& en nous expliquant ſur iceux, dit & declaré, diſons & declarons par ces Preſentes ſignées de noſtre
main, que noſtre vouloir & intention a touſjours
eſté, comme il eſt encore à preſent, que tous noſdits Officiers domeſtiques & commenſaux, ceux de
ladite Dame Reyne & leurs veuſves, pendant leur
viduité, ſoient & demeurent exempts & déchargez, comme nous les exemptons & déchargeons
de nouveau par ceſdites Preſentes, du payement
des ſuſdits droicts de petite pinte, ou autrement,
courte pinte, huictiéme & quatriéme, ſouchet &
traicte fo.aine, peage & paſſage de leurs vins, ancien ſubſide de cinq ſols pour muid de l'entrée
d'iceux, & autres choſes provenans de leur creu,
ſoit qu'ils ſoient vendus & debitez en gros ou en
détail en leurs maiſons, ou qu'ils les faſſent tranſ-
porter ailleurs où bon leur ſemblera au dedans de
noſtre Royaume, & terres de noſtre obéïſſance, ſans
qu'à l'advenir ils puiſſent eſtre recherchez, inquietez, ni pourſuivis en quelque ſorte & maniere que
ce ſoit : ce que nous défendons très-expreſſement
auſdits Fermiers, Sous-Fermiers, leurs Aſſociez,
Receveurs ou Commis, Maiſtres des Ports, & Juges des traictes & impoſitions foraines, reapreciā-
tions d'icelles, & nouvelles impoſitions & à tous
autres, ſur peine d'amende, & de tous dépens,
dommages & intereſts. Voulons & entendons que
les Officiers de ladite Dame Reyne, noſtre tres
chere & tres amée Eſpouſe & compagne, jouïſſent
ſemblablement de tous & chacuns les privileges,
franchiſes & libertez, par nous ci-devant accordez
à noſdits Officiers par les ſuſdits Edicts, Declarations, confirmations & Arreſts, encores qu'ils n'y
ſoient particulierement compris & nommez, dont
Nous les avons relevez & diſpenſez, relevons &

dispensons par cesdites Presentes. Si donnons en mandement, &c. Donné à Paris le cinquiéme jour d'Aoust, l'an de grace mil six cens trente-six, & de nostre regne le vingt-septiéme, Signé, L O U I S. Et sur le reply : Par le Roy, D e L o m e n i e.

Declaration du Roy, portant exemption de la subsistance des Gens de Guerre, en faveur des Officiers du Roy & de la Reyne, des Archers du Corps, Gens-d'armes & Chevaux-legers de la Garde de Sa Majesté.

Du 15 Octobre 1638.

L OUIS, &c. Voulons & nous plaist, que nos Officiers commensaux & domestiques, & ceux de la Reyne, servans par quartier, semestre ou ordinairement près de nous, & d'elle, ou en nos Maisons, couchez dans nos Estats, & payez des gages appartenant à leurs Offices, comme aussi les Chefs, Officiers, grands & petits, & Archers des quatre Compagnies des Gardes de nostre Corps, les Chefs, Officiers, grands & petits Gens-d'armes, & Cavalliers de la Compagnie de deux cens hommes d'armes de nos Ordonnances, & de celle de deux cens Chevaux-legers de nostre Garde, servans pareillement près de nostre personne, & payez de leurs estats, appointemens, place & solde, soient exemps & deschargez, comme nous les exemptons & deschargeons de contribuer aux taxes & levées qui ont esté ou seront faites, tant en argent, qu'en danrées, dans les Villes, & sur le plat-Pays, pour la subsistance de nos gens de Guerre, en vertu desdits Reglement, Arrest & Commissions données aux Commissaires que nous avons deputez & envoyez és Generalitez pour ladite subsistance ; ausquels nous défendons, comme aussi à leurs Subdeleguez de comprendre, ni laisser comprendre en leurs departemens, & és Rolles des taxes de ladite subsistance, soit en argent ou en danrées, aucuns de nos

dits Officiers, & ceux de la Reyne : ni aucuns de
noſdites Compagnies d'Archers, de Gens-d'armes,
& Chevaux-legers de noſtre Garde, à peine de nullité ; & à tous Maires & Eſchevins, & autres Officiers de nos Villes, & des Elections, de faire aucune taxe ſur eux, ni ſur leurs biens, pour raiſon
de ladite impoſition, à peine d'en répondre en leur
propre & privé nom, & de tous deſpens, dommages & intereſts, à la charge qu'ils feront apparoir
ſçavoir noſdits Officiers & ceux de la Reyne, de
leur ſervice actuel, enſemble de leur emploi en nos
Eſtats, & du payement de leurs gages ; & ceux deſdites Compagnies d'Archers, Hommes-d'armes, &
Chevaux-legers, du payement de leurs appoincte-
mens, place & ſolde, par Certificats en bonne forme, des Treſoriers qui les payent ordinairement,
auſquels nous enjoignons de les expedier ſans aucune fraude, à peine d'en répondre, comme auſſi
de n'y faire aucune difficulté : Voulons & entendons
toutesfois, attendu la neceſſité abſolue, de pourvoir entierement à la ſubſiſtance de nos Gens de
Guerre, ſuivant le projet que nous en avons faict,
que la preſente deſcharge ne puiſſe apporter aucune diminution aux taxes qui ont eſté ou ſeront faites par leſdits Commiſſaires ſur les lieux, de la reſidence deſdits Officiers, Archers, Gens-d'armes,
& Chevaux-legers, & que leurs cotte parts ſoient
rejettées ſur le general des Habitans d'iceux, ſoit
contribuables à nos Tailles ou exempts, en ſorte
qu'il n'y ait aucune non-valeur : Enjoignons auſdits Commiſſaires de tenir la main à l'execution de
tout ce qui eſt en cela de noſtre volonté. Si donnons en mandement, &c. Donné à Saint Germain
en Laye le quinzieſme jour d'Octobre, l'an de grace
1638. Et de noſtre regne le 29. Signé, LOUIS. Et
ſur le repli, Par le Roy, SUBLET. Et ſcellé du
grand Sceau de cire jaune,

Et encore eſt écrit :

Regiſtrées en la Cour des Aydes. A Paris le 23 jour
de Novembre 1638. Signé, BOUCHER.

Extrait de la Déclaration du Roy, portant Reglement ſur le fait des Tailles.
Du 16 Avril 1643.

Art. XXI. SEront pareillement les Habitans &
domiciliez des Villes franches &
abonnées, qui laboureront & feront valoir par
leurs mains, des terres & heritages, ſcituez és Paroiſſes taillables, & enleveront les grains & fruits
eſdites Villes franches & abonnées où ils ſeront demeurans, taxez & cottiſez aux tailles des Paroiſſes
où leſdits heritages ſont aſſis, tout ainſi que le pourroient eſtre les Fermiers qui tiendroient & feroient
valoir leſdites terres & heritages, & à proportion
du profit qu'ils y pourroient faire; n'entendons en
ce comprendre les maiſons conſiſtans en jardins,
clos & vignes, pour leſquelles il en ſera uſé comme auparavant: Et exceptons ceux deſdits habitans
des Villes franches, qui ſont Nobles ou privilegiez, dont les exemptions ne ſoient revoquées par
noſtredite Declaration du mois de Novembre 1640.
leſquels ne tenans & faiſans valoir qu'une Ferme ou
Meſtairie par leurs mains, ne ſeront taxez ni cottiſez: Comme auſſi n'entendons deroger à noſtre Déclaration du mois de May 1634. donnée en faveur
des habitans de noſtre Ville de Lyon.

XXII. Voulons & entendons que ſi leſdites terres
ou fermes ſont exploitées par des ſerviteurs, char-
tiers ou domeſtiques des Proprietaires ou Fermiers,
& que leſdits ſerviteurs demeurent eſdites Paroiſſes
taillables, ils ſoient au lieu des Maiſtres, cottiſez
& taxez aux Tailles deſdites Paroiſſes, ainſi que
pourroit eſtre un Fermier deſdites terres ou fermes,
& que les fruits d'icelles ſoient pris, ſaiſis & vendus
pour le payement des ſommes auſquelles ils auront
eſté taxez & cottiſez, juſqu'à concurrence d'icelles.

XXIII.

XXIII. Seront pareillement taxez & cottifez aux Tailles les ferviteurs & domeftiques des Ecclefiaftiques, Gentilshommes, Officiers & privilegiez qui exploiteront & feront valoir pour leurs Maiftres en aucunes Paroiffes, des Fermes & Meftairies, tout ainfi que s'ils eftoient Fermiers defdites Fermes ; au cas que lefdits Ecclefiaftiques, Gentils-hommes, Officiers, tiennent & faffent valoir d'ailleurs par leurs mains une autre de leurs terres ou fermes, fuivant l'article trente-trois du Reglement des Tailles du mois de Janvier 1634. Comme auffi feront les ferviteurs domeftiques de ceux qui tiennent des Fermes en differentes Eflections, impofez en celles où les Fermiers leurs Maiftres ne feront demeurans, à raifon du profit qui fe doit faire efdites Fermes, dont les fruits d'icelles feront tenus ; & fi d'une mefme Ferme ou Meftairie dépendent des heritages fcituez en plufieurs Paroiffes, les Fermiers, ferviteurs ou domeftiques qui la feront valoir, ne feront taxez qu'en la Paroiffe où fera affife la maifon & principal logement defdites fermes ou meftairies.

XXIX. Et fur ce que plufieurs nos Officiers commenfaux, & de nos armées, lefquels fuivant noftre Declaration du mois de Novembre 1640. doivent contribuer aufdites impofitions, ayant efté les années 1641. 1642. & la prefente, taxez par les Commiffaires deputez pour l'impofition, ou par les Afféeurs de la Paroiffe, & fur les certificats du fervice actuel qu'ils ont jrendu prés de nous en noftre voyage de Rouffillon, ont obtenu des defcharges, dont le rejet ou reimpofition de leurs taux eft grandement à charge, & caufe de grands frais aux Paroiffes où lefdits rejets font ordonnez : Nous voulons & ordonnons que tous nofdits Commenfaux & Officiers, qui doivent contribuer efdites impofitions, fuivant ledit Edit du mois de Novembre 1640. foient taxez & cottifez pour la fubfiftance

H

du quartier d'Hyver, & Tailles, par lesdits Commissaires ou Assécurs, & comme il est dit ci-dessus, sans qu'ils puissent estre deschargez pour quelque cause & occasion que ce soit, s'ils tiennent fermes, hostelleries, ou fassent commerce ou trafic : & si aucuns desdits Officiers, pour quelque consideration ou autrement, sont par nous deschargez, dans le courant ou à la fin de l'année, ils ne pourront repeter, ni faire aucunes poursuites contre les Collecteurs ou Receveurs qui auront receu ce qu'ils se trouveront avoir payé de leurs cottes, & en sera l'imposition faite l'année suivante sur les Paroisses, à la descharge desquelles ils auront payé, & les deniers à eux payez & rendus à mesure que la levée en sera faite concurremment, avec les deniers des Tailles desdites Paroisses de ladite année suivante. Donné à Saint Germain en Laye, le seiziesme jour d'Avril, l'an de grace mil six cens quarante-trois, & de nostre regne le trente-troisiesme. Signé, LOUIS. Et plus bas, Par le Roy, DE GUENEGAUD.

Enregistrées en la Cour des Aydes. A Paris, le 21 jour de Juillet mil six cens quarante-trois. Signé, BOU-CHER.

Declaration du Roy, portant restablissement des Privileges des Officiers de Sa Majesté, & autres.
Du 26 Novembre 1643.

LOUIS, &c. Nous avons levé & osté, levons & ostons par ces Presentes, signées de nostre main, la suspension des Privileges & Exemptions portées par le susdit Edict de Novembre 1640. Declarons, voulons & nous plaist, que tous nos Officiers, Domestiques & Commensaux, les quatre Compagnies des Gardes de nostre Corps, les Archers de la Prevosté de nostre Hostel, les cent Suisses de nostre Garde, les Officiers de nos Escuries, Vennerie, Fauconnerie & Louveterie, ceux de la Reyne Regente nostre très-honorée Dame &

Mere, de la feue Reyne Marie, noſtre très-honorée
Dame & Ayeulle, de noſtre très-chere frere le Duc
d'Anjou, de noſtre très-chere Oncle le Duc d'Orleans, & de noſtre très-chere Tante la Ducheſſe
d'Orleans ſa femme, à preſent vivante, & de la
defuncte, de noſtre très chere Couſine ſa fille, &
de noſtre très-chere Couſin le Prince de Condé, de
nos Compagnies de Gens-d'armes, & de Chevaux-
legers, compoſées de deux cens hommes chacune,
la Compagnie des Mouſquetaires à Cheval de noſtre Garde, & de celle des Gardes du Corps de noſtredite Dame & Mere, dénommez & compris ès
Eſtats qui ſeront par Nous arreſtez & contre-ſignez
de noſtre Secretaire d'Eſtat, & de nos Commandemens, ayant le Département de noſtre Maiſon,
jouiſſent des Privileges & Exemptions à eux concedez & octroyez de tout temps & ancienneté, à
cauſe de leurs ſervices : enſemble leurs veufves durant leur viduité, tout ainſi qu'ils en jouiſſoient, ou
en euſſent pû jouir avant ladite ſuſpenſion, à commencer du premier jour de l'année prochaine, en
rapportant toutesfois par leſdits Officiers aux Intendans, Treſoriers de France, Officiers des Elections
ou autres qui ſeront commis pour proceder au département de nos Tailles., l'extraict deſdits Eſtats,
ſigné de noſtredit Secretaire d'Eſtat, & de nos Commandemens, ayant le Département de noſtre Maiſon; leſquels Extraicts ils ſeront tenus faire regiſtrer ès Bureaux de nos Elections, d'où dépendent
les Paroiſſes où ils ſont demeurans, aux Proſnes
deſquelles Paroiſſes ils feront publier ledit Extraict,
à faute de quoi ils ſeront impoſez & cottiſez, ainſi
que les autres Habitans non privilegiez. Entendons
neantmoins, que ſi aucuns deſdits Officiers font trafic de marchandiſes, & tiennent hoſtelleries, faſſent
valoir plus d'une Ferme à eux appartenans par leurs
mains, ou tiennent des Fermes d'autrui, ſoit en
leur nom, ou de leurs domeſtiques ou valets, qu'ils

foient taxés à nos Tailles en chacune des Paroiffes
où feront les biens & heritages qu'ils feront valoir,
conformément au Reglement du 16 Avril dernier, à
raifon du profit qui leur en reviendra, & de ce que
pourroit porter un Fermier particulier qui demeureroit efdites Paroiffes, Et d'autant que les plus
puiffans des Paroiffes qui font à prefent impofez
à de grandes fommes, pourroient ci-après acquerir des Offices d'aucuns de nos Commenfaux, &
autres reftablis par la prefente Declaration, qui font
en l'année prefente 1643. impofez à de plus modi-
ques fommes, pour s'exempter à la foule des autres
contribuables : Nous pour obvier à cet abus, Voulons & ordonnons que ceux qui acquereront lefdits
Offices defdits Commenfaux, & autres Officiers privilegiez, ne pourront eftre exempts & defchargés
fur leurs cottes, que de pareille fomme, à laquelle
fon Refignant eftoit taxé ès Rolles de la prefente
année pour la Taille, Taillon & fubfiftance : Et
pour le furplus, à quoi pourroit monter leurs cottes,
ils le payeront jufqu'à ce que Dieu nous ait fait la
grace de donner la paix à noftre Eftat, & à nos Al-
liez ; après laquelle ils jouiront entierement de ladite exemption des Tailles, conformément à leurs
anciens Privileges : Deffendons à nofdits Officiers,
& autres exempts, d'accepter aucunes donnations,
inftitutions teftamentaires, tranfports fimulez, à
peine d'eftre defcheus de leurs Privileges. Si donnons en mandement, &c. Donné à Paris le 26 jour
de Novembre, l'an de grace 1643. Et de noftre
Regne le premier. Signé, LOUIS. Et fur le repli,
Par le Roy, la Reyne Regente fa Mere prefente,
DE GUENEGAUD.

　*Leues & publiées l'Audience tenante. A Paris en la
Cour des Aydes, le trente Decembre* 1643. *Signé,*
BOUCHER.

Edict du Roy, portant attribution à la Compagnie
des Moufquetaires à cheval de la Garde du Roy,
& à celle des Gardes de la Reyne, des mefmes
Privileges, Franchifes & exemptions, dont jouiffent les Officiers Commenfaux de la Maifon du
Roy.

Du mois de Decembre 1643.

LOUIS, &c. Avons à ladite Compagnie des
Moufquetaires à cheval de noftre Garde, &
à celle des Gardes de la Reyne noftredite Dame &
Mere, attribué & attribuons par ces Prefentes, fignées de noftre main, les mefmes privileges, exemptions, franchifes & libertez; dont jouiffent & jouiront nos Officiers commenfaux: comme s'ils eftoient
ici plus au long exprimez; en vertu, tant de noftre
fufdite Declaration, que des Edicts & autres Declarations faits en faveur de nofdits commenfaux,
par les Roys nos predeceffeurs, pour en jouir dorefnavant & à perpetuité, à commencer du premier
jour de Janvier de l'année prochaine, par ceux defdites deux Compagnies, qui feront employez dans
les Eftats qui en feront dorefnavant portez en noftre
Cour des Aydes de Paris, fignez de nous, & contre-
fignez par le Secretaire d'Eftat, & de nos Commandemens, ayant le Département de noftre Maifon:
enfemble leurs vefves durant leur viduité, tout ainfi
comme dit eft, que nos Officiers domeftiques &
commenfaux en jouiffent, en rapportant toutesfois
par chacun defdits nos Moufquetaires & Gardes du
Corps de la Reyne noftredite Dame & Mere, & Officiers defdites Compagnies, aux Intendans, Treforiers de France, & Officiers des Elections, &
autres qui feront commis pour proceder au Département de nos Tailles, & autres Impofitions, l'extraict defdits Eftats, figné de noftredit Secretaire
d'Eftat, & de nos Commandemens, ayant le Département de noftre Maifon; lequel extraict ils feront

tenus faire enregiftrer ès Bureaux de nos Elections
d'où dépendent les Paroiffes où ils font demeurans, aux Profnes defquelles Paroiffes ils feront publier ledit extraict, à faute de quoi faire, ils feront impofez & cottifez comme les autres Habitans
non privilegiez, conformément à noftre fufdite
Declaration, laquelle nous voulons eftre entendue
& expliquée au furplus de fes autres claufes, pour
lefdites deux Compagnies, ainfi que pour les autres
qui y font dénommez. Si donnons en mandement,
&c. Donné à Paris au mois de Decembre, l'an de
grace 1643. & de noftre Regne le premier. Signé,
LOUIS. Et fur le repli : Par le Roy, la Reyne
Regente fa Mere prefente, DE GUENEGAUD.
Et fcellé du grand fcel de cire verte. Et à cofté eft
écrit ce qui en fuit.

Regiftrées en la Cour des Aydes, &c. Donné à Paris
en ladite Cour der Aydes, le 4 jour de Juin 1644. Si-
gné, BOUCHER.

Arreft du Confeil d'Eftat du Roy, pour les Privileges
des Suiffes de la Garde du Roy.
Du 9 Juillet 1644.

SUR ce qui a efté reprefenté au Roy par les
treize Suiffes exempts & privilegiez des Cent-
Suiffes de la Garde du Corps de Sa Majefté, qu'en
confequence des Declarations des Roys nos predeceffeurs, & Arrefts fur ce intervenus, par Arreft du
Confeil du 25 Janvier 1625. auroit ordonné que lefdits treize Suiffes mariez & habituez dans ce Royaume, eftans à fes gages & folde, y compris leur
Clerc du Guet, & non plus, ni mefme les vefves, fi
ce n'eft qu'elles tiennent d'un defdits exempts,
pourront vendre & debiter en détail chacun d'eux
en une cave feulement, telle quantité de vin que
bon leur femblera, fans payer les droits de huitief-

Voyez cy-après les Arrefts des 18 Mars 1704. 14
Avril & 29 Decembre 1705.

me , ains seulement le droit d'entrée, qui se paye
par tous les privilegiez indifferemment, aux termes ,
charges & conditions portées par ledit Arrest, toutesfois qu'au préjudice de leursdits Privileges &
Arrests, Me Christople Brunet, Sous-Fermier du
gros & huitiesme de la Ville & Fauxbours de Paris,
ne cesse de les troubler & empêcher en la jouïssance
de leursdits Privileges , & faire proceder journellement par voyes de saisie & arrest sur les vins à eux
appartenans, qu'ils font voiturer & décharger dans
les caves & lieux qui font designez à chacun d'eux
par ledit Arrest , bien que jusques à present ils
n'ayent abusé de l'exécution d'iceluy , sous pretexte que par le second Article du Bail general
des Aydes, fait à Maistre Nicolas Bullot, il est
dit que tous les Privilegiez , mesme les Suisses,
payeront les droits desdits Aydes : ce qui ne se peut
étendre sur lesdits Privileges accordez ausdits treize
Suisses exempts, lesquels y ont esté maintenus depuis ledit Arrest du Conseil du 25 Janvier 1625.
après que lesdits Bullot & Brunet ont esté ouys audit Conseil , où ils ont representé que lorsque les
exemptions & privileges des Aydes ont esté accordez
ausdits Suisses , ils estoient de si peu de consequence , à cause du peu de valeur desdits Aydes en ce
temps-là , que le préjudice que ladite exemption ap-
portoit aux revenus de Sa Majesté , n'estoit pas considerable ; mais comme de temps en temps lesdits
droits d'Aydes ont augmenté, aussi le nombre des
Suisses qui vendoient du vin, s'est accreu en telle
sorte, que les droits du Roy estoient de beaucoup
diminuez. Pour remedier à ce desordre , par Arrest
dudit Conseil du 20 Juin 1620. le nombre d'iceux
desdits Suisses qui doivent jouir de l'exemption des
Aydes, auroit esté réduit à quatre, à chacun desquels auroit esté permis de vendre jusqu'à cinquante
muids de vin par chacun an seulement ; & pour
indemniser tous lesdits Cent-Suisses, & leur donner

meilleur moyen de s'entretenir à son service, le
Roy leur auroit accordé deux écus par mois à chacun d'eux, d'augmentation de solde, revenant par
chacun an à 7200 liv. & bien qu'ils eussent accepté
ladite augmentation de solde, de laquelle ils jouissent encore à present, ils n'auroient laissé d'obtenir ledit Arrest du 25 Janvier 1615. par lequel Sa
Majesté auroit augmenté le nombre desdits quatre
Suisses exempts jusqu'à treize, ausquels elle auroit
permis de vendre telle quantité de vin que bon
leur semble, en une seule cave, sans payer le droit
de huitiesme, ains seulement le droit d'entrée, au
préjudice duquel Arrest un grand nombre de Suisses
qui mesme ne sont desdits Cent Suisses, s'estant li-
cenciez de vendre du vin en plusieurs & diverses caves & quartiers de cette Ville de Paris : le Roy pour
faire cesser le préjudice qu'il en recevroit, auroit
par son Edit du mois de Novembre 1641. portant
révocation de tous les privileges des Aydes, révoqué celui d'exemption desdits droits d'Aydes, accordé ausdits Suisses, tant par les Roys ses predecesseurs, que par lui ; & en consequence auroit fait
Bail de la Ferme generale des Aydes avec Bullot, à
condition de percevoir tous les droits d'Aydes sur
tous les Suisses indifferemment ; & ledit Bullot auroit sous-affermé audit Brunet les Aydes de la
Ville & Fauxbourgs de Paris, à la mesme condition ; nonobstant lequel Edit & Bail general, depuis
fait en exécution d'icelle, & au mépris de plusieurs
Arrests rendus audit Conseil, plusieurs desdits Suisses, jusqu'au nombre de cinquante-un, ont continué de vendre une excessive quantité de vin jusques
à present, sans vouloir payer aucunes choses des
droits deus audit Brunet, tellement que ladite Ferme qui est à present de 847000 liv. est entierement
ruinée, si le Roy n'y remedie, estant veritable que
lesdits Suisses ont fait entrer en 1643. mille cent
quatre-vingt dix-sept muids de vin, sans en ce comprendre

prendre ceux qu'ils ont fait entrer fous faux noms,
outre plus de quatre mille muids qu'ils ont acheté
fur la vente & étapes ; & depuis le mois de Janvier
1644. jufqu'à prefent, environ fix mille muids, dont
les droits de gros & de huitiéme reglez, montent, à
raifon de 7 liv. 10 fols pour muid, à 151477 liv.
pour une année & demie feulement : Et fi cet abus
eftoit plus long-temps toleré, ils en feroient encore entrer plus de douze mille muids dans le
refte de l'année, pour ce que les provifions fe font
durant les mois d'Octobre, Novembre & Decembre. C'eft pourquoi lefdits Fermiers fupplient très-
humblement Sa Majefté, ordonner que lefdits Arrefts de fon Confeil feroient exécutez ; & fuivant
iceux, tous lefdits Suiffes contraints au payement
des fommes que chacun d'eux doit pour la quantité
du vin qu'ils ont fait entrer, & enjoindre au fieur
Duc de Bouillon, Comte de la Mark, de les faire
obéir, à peine de répondre defdits droits en fon
pur & privé nom; & en cas qu'il plaife au Roy leur
accorder quelque grace, en regler un nombre certain, & en faire diminution audit Brunet, à proportion fur le pied de fon Bail. LE ROY EN SON
CONSEIL, ayant égard aux remontrances defdits
Suiffes, & voulant neantmoins apporter un meilleur
ordre à l'advenir pour l'execution de leurfdits Arrefts & Declarations ; ordonne que lefdits treize
Suiffes exempts, du nombre des Cent de la Garde
du Corps de Sa Majefté, y compris le Clerc du
Guet, & non plus, ni mêmes les veufves, finon
qu'elles tiennent place de l'un defdits treize
exempts, jouiront dorefnavant & à tousjours de
l'exemption portée par l'Arreft dudit Confeil, du
25 Janvier 1625. & qu'en ce faifant, ils pourront
vendre & debiter en détail, jufqu'à la quantité de
cent cinquante muids de vin chacun an, ès caves &
lieux ordonnez par ledit Arreft, fans eftre tenus d'en
payer les droits de gros & huitiefme reglé ; ains
I

seulement les droits d'entrée , qui se payent par
tous les Privilegiés indifferemment ; & ce, à commencer du premier Janv. 1642. de laquelle exemption & décharge revenant à la quantité de 1950
muids de vin, accordez ausdits treize Suisses exempts,
ledit sieur Bullot sera d'autant déchargé envers sa
Majesté , sur le prix du Bail de ladite Ferme generale des Aydes ; & ledit Brunet envers ledit Bullot,
sur le prix de la Sous-Ferme des Aydes de la Ville &
Fauxbourgs de Paris , à proportion & suivant l'estimation qui sera faite par le Commissaire à ce deputé;
de ce à quoi se trouveront monter les droits de gros
& de huitiéme reglé de la susdite quantité de 1950.
muids de vin par chacun an , à commencer aussi du
premier Janvier 1642. jusqu'à la fin du Bail general desdits Aydes : Et au regard de tous les autres
Suisses qui ne sont du nombre des treize exempts ;
sadite Majesté ordonne qu'ils seront contraints au
payement de tous lesdits droits de gros & huitiéme
reglé du vin qu'ils ont fait entrer en cettedite Ville
& Fauxbourgs de Paris , depuis ledit jour premier
Janvier 1642. jusqu'à present , suivant les Estats
des Commis des entrées de ladite Ferme ; ensemble
de celui qu'ils y feront entrer , vendront & debiteront à l'advenir , ainsi que les autres Marchands &
Sujets du Roy. Et quant au vin que lesdits treize
Suisses exempts ont fait entrer depuis le premier Janvier 1642. jusqu'à present , outre & pardessus ledit
nombre de cent cinquante muids chacun an , Sa
Majesté les a condamné d'en payer les droits de
gros & huitiéme reglé audit Brunet , suivant les
Estats des Commis desdites entrées , & de ladite
Ferme , verification & estimation qui en sera faite
par ledit Commissaire ; à quoi faire ils seront contraints par les voyes ordinaires & accoutumées,
pour les deniers & affaires de Sa Majesté. Et pour
le vin qu'ils vendront & debiteront à l'advenir ,
soit en gros & en détail , outre & pardessus lesdits

cent cinquante muids de vin, accordez à chacun d'eux par an, ils en payeront lefdits droits, ainfi que les autres Marchands vendans vin en ladite Ville & Fauxbourgs, & afin qu'il ne puiffe être abufé par lefdits Suiffes du prefent Reglement, Sa Majefté ordonne que tant lefdits treize exempts, que tous les autres Suiffes qui voudront vendre du vin en gros ou en détail, feront tenus de fouffrir les vifites des Commiffaires de ladite Ferme, tout ainfi que les autres Sujets de fadite Majefté, redevables defdits droits. Leur faifons inhibitions & défenfes de leur méfaire ni médire, & de commettre aucune rebellion ni violence, fur les peines portées par les Ordonnances. Enjoint fadite Majefté au fieur Duc de Bouillon de la Mark, de faire obéir lefdits Suiffes, à peine de répondre en fon propre & privé nom, des droits de ladite Ferme ; & au Prevoft de fon Hôtel, & Grand Prevôt de France ; & fes Lieutenans, de tenir la main à l'exécution du prefent Arreft. Fait au Confeil d'Eftat du Roy, tenu à Paris le 9 Juillet 1644. Signé, BOUER.

Autre Arreft fur le même fujet.

Il y a un Arreft du Confeil d'Eftat du Roy, donné à Fontainebleau le 12 Octobre 1644. par lequel a été ordonné que fix Suiffes du nombre des . . . . Suiffes de la garde de Monfeigneur le Duc d'Orleans, jouiront des mêmes privileges que les treize Suiffes de la garde de Sa Majefté ; & en ce faifant, qu'ils pourront vendre & débiter en détail jufqu'à la quantité de cent cinquante muids de vin par chacun an, fans être tenus d'en payer le gros & huitiéme réglé, ni autres droits que les droits d'entrée qui fe payent par tous les privilegiez indifferemment, & ce à commencer du premier Janvier 1642. de laquelle exemption & décharge revenant à la quantité de neuf cens muids de vin, Maître Chriftophe Brunet, Fermier du gros & huitiéme reglé de la Ville & Fauxbourgs de Paris, demeurera quitte

& déchargé envers Me Claude Bullot, Adjudicatai-
re de la Ferme generale des Aydes de France, & ledit Bullot envers le Roy, sur le prix de son Bail, à
commencer dudit jour premier Janvier 1642. jusqu'à
la fin de son Bail : Et au regard de tous les autres
Suisses de la garde dudit Seigneur Duc d'Orleans,
qui ne font du nombre desdits six, le Roy a ordonné
qu'ils seront contraints au payement desdits droits
de gros & de huitiéme reglé de tout le vin qu'ils ont
fait entrer en sadite Ville & Fauxbourgs de Paris,
&c. Fait au Conseil d'Estat du Roy, tenu à Fontainebleau le 14 Octobre 1644. Signé, PAYEN.

Arrest du Conseil Privé, en faveur des Gardes du
Roy, en la Prevôté de son Hôtel, & grande Prevôté de France, pour le rang & préseance en toutes Assemblées publiques & particulieres.

Du 11 Aoust 1644.

ENTRE Pierre Bellu, Receveur du Chapitre de
l'Eglise Nostre-Dame de Paris, de leur Terre
& Seigneurie du Village d'Orly, Appellant, tant
comme de Juge incompetant, qu'autrement, de la
permission d'informer, obtenue du Prevôt de l'Hôtel, & Grand Prevôt de France, ou son Lieutenant, à Jean le Bois, information, decret, & tout
ce qui s'en étoit ensuivi, d'une part ; & Jean le Bois,
sieur du Clos, Archer du Corps du Roy, sous la
Charge dudit sieur Grand Prevôt, Intimé, d'autre ;
Et entre ledit le Bois, aussi Appellant, comme de
Juge incompetant, de l'information contre lui faite
par le Juge dudit Orly, à la requeste dudit Bellu,
decret décerné en conséquence, & tout ce qui s'en
est ensuivi, d'une part ; & ledit Bellu, Intimé,
d'autre : Et entre ledit le Bois, Demandeur & requerant l'enterinement d'une Requeste par lui presentée au Conseil le neuviéme Juillet dernier, tendante afin qu'en procedant sur lesdites appellations,

il foit dit qu'il a été mal, nullement & incompetam-
ment procedé, informé & decreté par ledit Juge
d'Orly ; que tout ce qui a été par lui fait & ordonné, foit caffé, revoqué & annullé ; qu'inhibitions
& défenfes foient faites audit Bellu, de troubler
ledit le Bois, au rang, prefcance & prérogatives à
lui attribuez, à caufe de fa Charge ; & pour l'avoir
fait, & avoir par ledit le Bois réparation du crime à
lui commis, ordonné que par ledit Prevôt de l'Hôtel,
ou fon Lieutenant, le procez fera fait & parfait audit Bellu, & qu'il foit condamné en telle amende
qu'il plaira au Confeil arbitrer, & en tous les dépens, dommages & intérêts, d'une part ; & ledit
Bellu, Défendeur, d'autre. Et entre les Doyen,
Chanoines & Chapitre de l'Eglife Noftre-Dame de
Paris, Seigneurs de la Terre & Seigneurie d'Orly,
Demandeurs & requerans l'enterinement d'une Requefte par eux prefentée au Confeil le treiziéme
dudit mois de Juillet, tendante afin qu'ils foient
reçus Parties intervenantes efdites inftances, &
que faifant droit fur leur intervention, les Parties
foient renvoyées pardevant ledit Juge d'Orly, pour
y proceder entr'elles fur leurs procez & differends,
ainfi que de raifon, d'une part ; & lefdits le Bois
& Bellu, Défendeurs, d'autre. Et entre Meffire
Jean du Bouchet, Chevalier, Marquis de Souches,
Confeiller du Roy en fes Confeils, Prevôt de fon
Hôtel, & Grand Prevôt de France, Demandeur
en autre Requefte par lui prefentée au Confeil,
aux fins qu'il foit reçû Partie intervenante efdites
Inftances ; & faifant droit fur fon intervention, les
conclufions prifes par ledit le Bois, lui foient fai-
tes & adjugées, avec dépens, dommages & in-
terefts, d'une part : & lefdits le Bois & Bellu,
Doyen, Chanoines & Chapitre de ladite Eglife
Noftre-Dame de Paris, Défendeurs, d'autre ; après
que Camus pour ledit Bellu, Bernage pour lefdits
Doyen, Chanoines & Chapitre de ladite Eglife

Noftre-Dame de Paris, & Ceftrieres pour ledit le Bois, prefent en l'Audience, affifté de le Fevre fon Procureur, Petis-pas pour ledit fieur Marquis de Sourches, affifté de Giry fon Procureur, & Salomon pour le Procureur General du Roy, ont été oüis. Le Confeil a mis & met les appellations refpectivement interjettées par lefdits Bellu & le Bois, & ce dont a été appellé, au neant : Et en émendant & évoquant le principal differend des Parties, & fur icelui, a mis & met les Parties hors de Cour & de Procez. Et faifant droit fur la demande dudit le Bois, ordonne ledit Confeil qu'il precedera ledit Bellu en toutes Affemblées publiques, & particulieres, fans dépens. Fait audit Confeil à Paris, le onziéme Aouft mil fix cens quarante-quatre.

Signé, ROGER.

Arreft notable de la Cour de Parlement, donné au profit des Officiers domeftiques & commenfaux de la Maifon du Roy, portant que leurs Charges, ni le prix d'icelles ne font fubjettes à aucun rapport, & qu'elles n'entreront point en partage avec les héritiers de ceux qui en feront pourvûs, quoiqu'en furvivance.

Du 20 May 1651.
Extrait des Regiftres de Parlement.

ENTRE Damoifelle Anne le Breton, femme, autorifée par Juftice, au refus de Barthelemy de Houffe, Efcuyer, fieur de la Mothe-Saint-Denis, fon mari, Appellante d'une Sentence donnée aux Requeftes du Palais le 14 Aouft 1648. & Demanderefle en Lettres par elle obtenues en Chancellerie le 12 Fevrier 1650. & encore Demanderefle au principal évocqué par Arreft du 18 Avril dernier, fuivant la Requefte par elle prefentée aufdites Requeftes du Palais le 22 Juin 1648. d'une part ; & François le Breton, Roy d'Armes de France, Intimé & Deffendeur, d'autre. Vû par la Cour ladite

Sentence dont est appel, donnée entre ledit le Breton, fils & heritier de deffunt Hector le Breton, vivant Escuyer, Maître d'Hôtel ordinaire du Roy, Demandeur en Requeste du 5 May 1648, & Deffendeur, d'une part; & ladite Anne le Breton, heritiete par Benefice d'inventaire dudit deffunt Hector le Breton, Escuyer sieur de la Doyneterie, son pere, Deffenderesse & Demanderesse en Requeste du 22 Juin 1648. d'autre. Et encore entre Estienne Thouet, dit Verdelet, homme de chambre dudit deffunt le Breton, Demandeur en Requeste du 23 Juin 1648. d'une part; & lesdits François & Anne le Breton, Deffendeurs, d'autre; par laquelle entr'autres choses, faisant droit sur la Requeste dudit François le Breton, auroit été ordonné qu'il seroit incessamment procedé à la vente des meubles trouvez après le deceds dudit deffunt le Breton, qui étoient en la maison de la Doyneterie & en la Ville de Tours, en presence des Parties, à ce voir faire dûement appellez au plus offrant & dernier encherisseur, en la forme & maniere accoutumée, prisée & estimation préalablement faite des Livres concernant la Charge & fonction de Roy d'Armes, dont étoit question, par Experts & gens à ce cognoissans, dont les Parties conviendroient pardevant un des Conseillers & Commissaires aux Requestes, autrement en sera par lui pris & nommez d'Office, pour ce fait être baillez & delivrez audit François le Breton, suivant ladite prisée, & la somme à laquelle se trouveroit monter ladite prisée; ensemble les deniers provenans de la vente des meubles, ci-dessus mentionnez, être employez au payement & acquit des dettes de la succession dudit deffunt le Breton, qui se trouveroient bien & legitimement dûes, & sur la delivrance requise par ledit François le Breton des Livres à lui leguez par ledit deffunt le Breton, les Parties auroient été mises hors de Cour & de procès. Et pour faire droit sur les demandes de ladite

Anne le Breton, les Parties auroient été appointées
en droit à écrire & produire, bailler contredits &
ſalvations. Arreſt d'appointé au Conſeil, du 29 Novembre 1649. Cauſes d'appel de ladite le Breton,
en ce que par ladite Sentence entr'autres choſes ſur
la demande à fin de rapport au partage des biens de
la ſucceſſion des pere & mere, du prix de ladite
Charge de Roy d'Armes, les Parties auroient été
appointées à produire & contredire, concluant à ce
qu'en émendant & faiſant droit au principal évocqué, il fût ordonné que les Parties viendroient
également à partage de tous les biens, tant meubles
qu'immeubles des ſucceſſions de leurs pere & mere
communs, ſuivant l'article 302. de la Coutume de
Touraine, auquel partage ledit François le Breton
ſeroit tenu de rapporter l'Office du Roy d'Armes de
France, ou la juſte valeur d'icelui, au dire d'Experts à ce cognoiſſans, nonobſtant choſe propoſée
au contraire par ledit François le Breton, icelui
condamné aux dépens. Réponſes dudit le Breton,
leſdites Lettres dudit 12 Fevrier 1650. obtenues par
ladite Anne le Breton, pour être reſtituée contre
les clauſes contenues au Contrat de mariage d'entre
elle & ledit Houſſe, le 12 Fevrier 1634. leſquelles
ſeroient declarées nulles, ledit François le Breton
condamné rapporter ladite Charge de Roy d'Armes,
ou le prix d'icelle, au dire d'Experts & gens à ce
cognoiſſans, & tenir compte des appointemens &
émolumens depuis le deceds dudit Hector le Breton.
Défenſes, apointement en droit à écrire & produire.
Deux productions dudit François le Breton, & une
de ladite Anne le Breton, faite tant ſur ledit appel,
que Lettres. Contredits reſpectivement fournis, &
ſalvations dudit François le Breton, ſuivant l'Arreſt du 18 Juin dernier. Production nouvelle de ladite Anne le Breton. Requeſte dudit François le
Breton, employée pour contrdits contre icelle. Ladite Requeſte de ladite Anne le Breton, preſentée

aufdites Requeftes du Palais, à ce qu'en procedant au partage de la fucceffion dudit deffunt Hector le Breton, ledit François le Breton fût condamné raporter la Charge de Roy d'Armes de France, ou le prix d'icelle, au dire d'Experts, avec le profit & interefts. Deffenfes. Ledit Arreft d'évocation du 18 Avril dernier, par lequel, fur ledit principal évocqué, les Parties auroient été appointées à produire & ouïr droit, & acte donné aux Parties, de ce que pour toutes écritures & productions fur icelui principal, elles auroient employé ce qu'elles auroient écrit & produit. Conclufions du Procureur General du Roy; tout joint & confideré: DIT A ETE', Que ladite Cour a mis & met l'appellation, & ce dont a été appellé, au neant; émendant, faifant droit au principal évocqué, tant fur les Lettres obtenues par ladite le Breton, que demande à fin de rapport de ladite Charge de Roy d'Armes, au partage à faire entre les Parties, ou le prix d'icelui; a mis & met les Parties hors de Cour & de procès, fans dépens. Prononcé le vingtième jour de May mil fix cens cinquante-un. Signé, GUYET.

Edit du Roy, portant confirmation & rétabliffement des Privileges & exemptions accordez & concedez de toute ancienneté aux Officiers domeftiques & commenfaux des Maifons du Roy, de la Reine; & autres employez dans les Etats qui font au Greffe de la Cour des Aydes.

Du mois de Janvier 1652.

LOUIS par la grace de Dieu, Roy de France & de Navarre: A tous prefens & à venir: Salut. Comme les Rois nos predeceffeurs ont de temps en temps confirmé les privileges qui avoient été accordez à leurs Officiers domeftiques & commenfaux, pour reconnoiffance de leur fidelité, & que nous avons tout fujet de traiter les nôtres auffi favorablement, vû les témoignagnes qu'ils ont

rendu de la leur, tant au feu Roy notre très-honoré
Seigneur & Pere, de glorieuse memoire, que Dieu
abſolve, qu'à nous depuis notre avenement à la
Couronne, & le zele qu'ils ont toujours fait paroître
pour le bien de ſon ſervice & le nôtre, Nous avons
bien volontiers eu égard à la très-humble ſupplica-
tion qu'ils nous ont faite, de leur vouloir octroyer
nos Lettres de confirmation de leuſdits privileges.
A CES CAUSES, & autres bonnes conſiderations,
à ce Nous mouvans, deſirans les gratifier en ce
qui nous eſt poſſible, de l'avis de notre Conſeil, &
de notre grace ſpeciale, pleine puiſſance & autorité
Royale, Nous avons auſdits Officiers domeſtiques
& commenſaux, ceux de la Reine notre très-honorée Dame & Mere, & tous autres couchez &
employez aux Etats qui en ont été & ſeront ci-
après mis en notre Cour des Aydes, enſemble aux
veuves d'iceux durant leur viduité & veterance, continué & confirmé, continuons & confirmons par ces
Preſentes ſignées de notre main, tous & chacuns
les privileges, franchiſes, libertez, immunitez,
exemptions & affranchiſſemens par Nous & nos prédeceſſeurs Rois, à eux accordez ci-devant par nos
Edits, Declarations & Arrêts donnez en leur faveur, ſoit en general ou en particulier pour tous
noſdits Officiers & autres ſuſnommez, employez
auſdits Etats ; enſemble leurs veuves durant leur
viduité & veterance, en jouir & uſer pleinement &
paiſiblement, tout ainſi qu'ils en ont joui ou dû
jouir, uſent & jouiſſent encore à preſent, voulant
qu'ils ſoient dorénavant tenus quittes & exempts de
toutes manieres de contributions, ſoit emprunts generaux ou particuliers, faits ou à faire, tant par
Nous que par les Villes de ce Royaume : ſemblablement pour la fourniture des vivres & munitions
pour la guerre, fortifications, réparations, frais &
conduites, tailles, aydes & impoſitions quelconques, du quatriéme, huitiéme, dixiéme, & autres

droits, & courte-pinte, octrois, guets, gardes des
portes & murailles, entrées des Villes, & des subsides des anciens cinq sols, des portes, ponts & paffages, fournitures d'étapes, de logement de gens
de guerre, tant de pied, que de cheval, contributions
de nos ban & arriere-ban, souchet ; traittes foraines, péages & paffages de toutes chofes de leur crû,
& de tous autres subfides dûs, charges, subven-
tions generalement quelconques, faites ou à faire
en quelque forte ou occafion que ce foit ; jaçoit
qu'il ne foit ici par le menu fpecifié & declaré : de
tous lefquels nous les avons, en tant que befoin eft,
d'abondant affranchis, quittez & exemptez, quittons, affranchiffons & exemptons, encore que par
nos Arrêts, Commiffions & Baux generaux, tant
donnez qu'à donner, il foit porté d'y comprendre
exempts & non exempts, privilegiez & non privilegiez, & quelques autres mandemens plus exprès,
aufquels par inadvertance ou autrement il n'eft fait
mention & refervation defdits Officiers domeftiques
& commenfaux de notre Maifon, & autres fufnom-
mez ; enfemble lefdites veuves durant leur viduité
& veterance, n'ayant entendu, comme nous n'entendons qu'ils y foient compris, voulant au contraire qu'ils jouiffent pleinement defdits privileges,
franchifes & libertez, fans qu'à l'avenir ils puiffent être troublez ni inquietez en quelque forte
ou maniere que ce foit, par nos Fermiers generaux,
particuliers, Sous-Fermiers, leurs Affociés, Receveurs & Commis, Maîtres des Portes, Juges des
Tailles & Impofitions foraines, réapreciations d'i-
celles & nouvelles impofitions, & à tous autres ;
fur peine d'amende, & de tous dépens, dommages
& interêts. Si donnons en mandement à nos amez
& feaux Confeillers, les Gens tenans notre Cour
des Aydes, Préfidens & Tréforiers de France, &
Generaux de nos Finances, Préfidens & Elûs Controlleurs fur le fait de nos Aydes & Tailles, & au-

tres nos Officiers & Justiciers qu'il appartiendra
que ces Presentes ils fassent enregistrer, & du contenu en icelles faire jouir & user nosdits Officiers
domestiques & commensaux, ceux de nottedite
Dame & Mere, & autres couchez & employez aux
Etats d'icelledite Cour des Aydes, leurs veuves
pendant leur viduité & veterance, pleinement &
paisiblement, cessant & faisant cesser tous troubles
& empêchemens à ce contraires, nonobstant tous
Edits & Ordonnances, Reglemens & Arrêts, Baux
faits & à faire, & Lettres à ce contraires, ausquelles
pour ce regard & sans préjudicier en autre chose.
Nous avons derogé & derogeons par cesdites Presentes, & au dérogatoire des derogatoires y contenues : Car tel est notre plaisir ; & afin que ce soit
chose ferme & stable à toujours, Nous y avons
fait mettre notre scel. Donné a Poictiers au mois
de Janvier, l'an de grace mil six cens cinquante-
deux, & de notre Regne le neuviéme. Signé,
LOUIS. Et sur le reply, Par le Roy, DE GUE-
NEGAUD. A costé ; Visa. MOIS. Et scellé sur
lacs de soye rouge & verte, du grand sceau de
cire verte.

Lettre du Roy, envoyée aux Officiers & Habitans
de la Ville de Montdoubleau, portant confirmation
des Privileges & Exemptions accordés aux Officiers
domestiques de la Maison de Sa Majesté.

Du 23 Janvier 1653.
DE PAR LE ROY.

TRES cher & bien amé Julien de Pilles, Chef
de notre Gobelet, se plaint de ce que vous
l'avez compris dans le rolle de ceux qui doivent
contribuer au payement des deniers que vous faites
lever pour la refraction & entretenement des murailles de notre Ville de Montdoubleau, & de ce
que vous l'avez même fait exécuter pour le paye-

ment de la somme à quoi vous l'avez taxé pour cet
effet. Et parce que nous entendons que nos Officiers
Commensaux, servans actuellement, jouïssent des
Privileges qui leur ont été concedez, & qu'ils ne
soient compris dans aucunes des contributions qu'on
leve sur nos autres Sujets, pourvû qu'ils ne fassent
aucun commerce dérogeant à leurs Privileges,
Nous voulons & vous mandons qu'incontinent cette
Lettre reçûë, vous ayez à ôter ledit de Pilles, des
Rolles que vous avez faits pour la susdite imposition, & tous nos autres Officiers de cette qualité,
que vous y pourriez avoir compris, & à leur faire
rendre tout ce qui leur aura été pris ou enlevé
sous ce prétexte, & autres semblables, à peine de
repeter sur vous, & de tous dépens, dommages &
interéts : Car tel est notre plaisir. Donné à Paris
le 23 Janvier 1653. Signé , L O U I S. Et plus
bas, DE GUENEGAUD.

Declaration du Roy , concernant les Charges des
Officiers Domestiques & Commensaux de Sa Majesté.

Du mois de Juillet 1653.

LOUIS par la grace de Dieu, Roy de France
& de Navarre : A tous presens & à venir, Salut. Encores qu'à l'exemple des Rois nos predecesseurs nous nous soyons toujours reservez l'entiere
disposition des Charges & Offices de notre Maison,
que le choix de personnes capables d'en être pourvûs, & le pouvoir de les en déposseder, si leur service
ne nous est agréable, n'apartienne qu'à nous ; & que
ceux qui les possedent, ne puissent s'en démettre
en faveur de leurs enfans ni autres , sans notre
gré, néantmoins plusieurs d'entr'eux ont été &
sont troublez en la possession & jouïssance de leurs
Charges par leurs coheritiers, & autres qui prétendent droit sur icelles, ou sur la valeur à laquelle
le commun les estime, & sur les gages & droits y

attribuez, comme ſi elles étoient de la nature des
autres biens qui doivent entrer en partage dans les
ſucceſſions des familles, qui eſt contre notre intention, outre que ces pourſuites détournent nos Officiers domeſtiques du ſervice qu'ils ſont obligez de
nous rendre, & leur ſont un notable préjudice, &
même ſont contraires à la protection que nous
ſommes obligez de départir à ceux qui ont l'honneur de ſervir notre perſonne, & d'être nos Commenſaux. Sçavoir faiſons, que pour ces Cauſes,
& autres à ce nous mouvans, de l'avis de notre
Conſeil, où étoit la Reine notre très-honorée
Dame & Mere, aucuns Princes, Ducs, Pairs & Officiers de notre Couronne, & autres grands & notables Perſonnages de notre Conſeil, & de notre
certaine ſcience, pleine puiſſance & autorité Royale,
Nous avons dit, ſtatué & ordonné, diſons, ſtatuons
& ordonnons par ces Preſentes ſignées de notre
main, voulons & nous plaît, que tous nos Officiers
domeſtiques & commenſaux, preſens & à venir,
jouiſſent pleinement & paiſiblement de leurs Charges, enſemble des gages & droits y attribuez, ſans
qu'ils y puiſſent être troublez ni inquietez pour
quelque cauſe & occaſion, & ſous quelque prétexte
que ce puiſſe être, par leurs coheritiers, & autres
prétendans droit ſur le titre ou ſur la valeur deſdites
Charges, comme étant en notre ſeule & entiere diſpoſition, & ne pouvant être réputez de la nature des
biens qui doivent entrer en partage dans les ſuccef-
ſions des familles, dont nous les avons déchargez & exemptez, déchargeons & exemptons par
ces Preſentes, voulans toutefois que les Contrats,
conventions & obligations qui pourroient être faites pour le prix & récompenſe des Charges avec
notre agrément & permiſſion par écrit, & en vertu
d'icelles, ſoient exécutez & puiſſent valoir en Juſtice, ſans que ces Preſentes y puiſſent aucunement
préjudicier. Si donnons en mandement à nos amez

& feaux Conſeillers les gens tenans notre Cour de Parlement à Paris, que ces Preſentes nos Lettres de Déclaration, ils faſſent lire, publier & enregiſter, & du contenu en icelles uſer pleinement & paiſiblement noſdits Officiers Domeſtiques & Commenſaux, ſans leur faire ni permettre qu'il leur ſoit fait aucun trouble ni empêchement au contraire : Car tel eſt notre plaiſir. Et afin que ce ſoit choſe ferme à toujours, nous avons fait mettre notre ſcel à ceſdites Preſentes, ſauf en autres choſes notre droit & l'autrui en toutes. Donné à Paris au mois de Juillet, l'an de grace 1653. & de notre regne le onziéme. Signé, L O U I S. Et ſur le repli, Par le Roy, DE GUENEGAUUD. Et ſcellé du grand Scel de cire verte, à lacs de ſoye rouge & verte. Et à côté eſt écrit, Viſa, M O L E'.

Edit du Roy, en faveur des Valets de chambre, Huiſſiers de chambre, Porte-manteaux, & Valets de Garde-robe de Sa Majeſté.

Du mois de Juillet 1653.

L O U I S par la grace de Dieu, Roy de France & de Navarre : A tous preſens & à venir, Salut. Les Rois nos prédeceſſeurs conſiderant combien il étoit raiſonnable que ceux qui approchoient de plus près leurs perſonnes, fuſſent élevées en titre & degrez d'honneur, convenables à leurs fonctions, afin de leur donner occaſion de ſervir avec plus de dignité, auroient de toute ancienneté honoré leurs Valets de chambre & Porte-manteaux, ſervans tous les ans actuellement près de leur perſonne, du titre & qualité d'Ecuyer, pour en jouir par eux & leurs enfans, & en tous lieux, actes & aſſemblées, & dont les titres anciens ayant été perdus par la negligence de ceux qui les avoient en dépôt, l'on auroit eu recours à la juſtice & bonté du Roy Henri le Grand, notre trés-honoré ayeul, lequel auroit accordé ſes Lettres Patentes en forme d'Edit, du mois d'Octobre

1594. dans lesquelles il est fait mention de ladite
perte, & leur auroit comme d'abondant confirmé,
concedé & créé en leur faveur & de leurs enfans, le
titre d'Ecuyer, lequel titre le feu Roy notre très-
honoré Seigneur & Pere, que Dieu absolve, auroit
encore confirmé par autres ses Lettres Patentes du
mois de May 1611. & depuis accordé sur-annation
sur icelles du 10 Mars 1615. & 10 Mars 1622. & qui
leur étant de long-temps & avec tant de justes considerations acquis, vû l'honneur que telles personnes ont d'être ordinairement près de Nous, &
qu'ils reçoivent souvent des commandemens qui
ne doivent être confiez qu'à personnes qualifiées.
A CES CAUSES, ayant mis cette affaire en
délibération en notre Conseil, auquel étoit notre
très-honorée Dame & Mere, & autres grands &
notables personnes de notre Conseil, voulant d'autant plus favorablement traiter nosdits Valets de
chambre & Porte-manteaux, en consideration de
leurs services, & les obliger de nous les continuer
à l'avenir, Nous avons par ces Presentes, signées
de notre main, de notre grace speciale, pleine
puissance & autorité Royale, par cettuy notre present Edit perpetuel & irrévocable, déclaré & déclarons, voulons & nous plaît, que nosdits Valets
de chambre, & Porte-manteaux, servans tous les
ans près notre personne, qui décederont revêtus
desdites Charges, ou les auront exercées pendant
vingt années, sassent souches à Noblesse, & en
jouïssent, ensemble leurs veuves & enfans nez & à
naître en loyal mariage, mâles & femelles, & leurs
descendans, & se puissent qualifier dudit titre d'Ec-
cuyer pendant le temps de leurs services, quoiqu'ils
n'ayent acquis les vingt ans, à la charge qu'ils vi-
vront noblement, & qu'ils ne feront aucun acte
dérogeant à leur fonction, les conservant au surplus en tous les autres privileges, prééminences &
exemptions, & autres droits qui leur appartiennent,

bent , à caufe defdites Charges. Si donnons en mandement , &c. Donné à Paris au mois de Juillet , l'an
de grace 1653. & de notre Regne le onziéme. Signé,
LOUIS. Et fur le repli : Par le Roy , DE GUENE-
GAUD. Et fcellé de cire verte fur lacs de foye rouge
& verte.

Declaration du Roy , concernant les Maiftres
d'Hôtel & les Gentilshommes fervans de Sa
Majefté.

Du 17 Octobre 1656.

L OUIS par la grace de Dieu, Roy de France
& de Navarre : A tous ceux qui ces prefentes
Lettres verront : Salut. Quoiqu'en réuniffant le
nombre de nos Confeillers & Maiftres d'Hôtel ordinaires à douze , & celui de nos Gentilshommes
fervans à trente - fix, pour nous fervir déformais
par quartier : Nous, ayant eu l'intention de faire
jouir ceux que nous pourvoirons de ces Charges ,
de tous les Privileges , Franchifes & Immunitez
convenables au rang qu'ils tiennent auprès de notre perfonne, & dans notre Maifon , enfemble des
autres droits dont ont accoutumé de jouir nos autres Officiers commenfaux ; néantmoins parce que
dans la Declaration en forme d'Edit , que nous
fifmes expedier fur ce fujet au mois d'Avril de
l'année 1654. & qui a été enregiftrée en notre
Cour des Aydes : Nous ayons obmis de leur donner la qualité de Chevaliers & d'Ecuyers , avec la
faculté de porter leurs armoiries & timbres , & de
révoquer à leur égard l'Edit que le feu Roy notre
très-honoré Seigneur & Pere , fit au mois de Janvier 1634. pour les Reglemens des Tailles , attendu que par les 2e & 8e articles de cet Edit, il eft
défendu à tous Sujets de prendre la qualité d'E-
cuyers , & de porter leurs armoiries & timbres , &
que nos Maiftres d'Hôtel & Gentilshommes fervans, foient exclus du Privilege d'exemptions des

K

Tailles, s'ils ne font Nobles d'extraction ; on pourroit fous ce prétexte, & contre notre volonté, inquieter nofdits Maiftres d'Hôtel & Gentilshommes
fervans fur ces deux points contenus en ces deux articles, fi elle n'étoit plus particulierement énoncée ;
comme il eft bien fouvent neceffaire pour la fatisfaction, de préferer le merite des uns à la naiffance
des autres, & que le fervice, le courage & la fidelité, l'experience & les autres bonnes qualitez de
ceux que nous avons retenu & que nous retien-
drons pour nous fervir en ces Charges, doit fuffire
avec le choix dont nous honorons leurs perfonnes :
A cet effet, pour les faire jouir des mêmes avantages, Nous, pour ces caufes, & en interprétant
notre fufdit Edit, de notre certaine fcience, pleine
puiffance & autorité Royale, avons dit & declaré,
difons & declarons, par ces Prefentes fignées de
notre main, voulons & nous plait, qu'à l'avenir
nos Maitres d'Hôtel & Gentilshommes fervans, qui
fe trouveront employez au nombre fufdit dans les
Etats generaux de notre Maifon, & non d'autres,
portent les qualitez de Chevalier & d'Ecuyer, &
leurs Armoiries timbrées, & jouiffent, enfemble
leurs veuves pendant leur viduité, de l'exemption
des Tailles, taillons & fubfiftance, droits d'Aydes
& autres impofitions, de même qu'en jouiffent nos
autres Officiers Commenfaux. Mandons à nos amez
& feaux Confeillers les gens tenans notre Cour des
Aydes à Paris, que ces Prefentes ils ayent à faire
regiftrer, & de tout ce qu'elles contiennent, faire
jouir & ufer pleinement & paifiblement nofdits
Maîtres d'Hôtel & Gentilshommes fervans qui fe
trouveront employez dans les Etats generaux de
notre Maifon, enfemble leurs veuves pendant leur
viduité, nonbftant le contenu aux articles du fufdit Edit du mois de Janvier 1634. auquel & à tous
autres Edits, Arrêts & Reglemens à ce contraires,
Nous avons dérogé & dérogeons pour ce regard,

& aux dérogations des dérogations y contenues :
Car tel eſt notre plaiſir. En témoin de quoi nous
avons fait mettre notre ſcel auſdites Preſentes.
Données à Vincennes le 17 Octobre, l'an de grace
1656. & de notre regne le quatorziéme.

Signé, LOUIS.

---

*Arrêt du Conſeil, donné en faveur des Officiers domeſ-
tiques & commenſaux des Maiſons Royales, pour
être conſervez & maintenus en la qualité d'E-
cuyer.*

Du 16 Avril 1657.

Extrait des Regiſtres du Conſeil d'Etat.

SUR la Requête preſentée au Roy étant à ſon
Conſeil, par Cezar Phebus d'Albret, Maréchal de France, Capitaine-Lieutenant de la Compagnie des Gendarmes de Sa Majeſté, & M. . . .
Duc de Navailles, Capitaine
Lieutenant de la Compagnie des Chevaux-legers de
la Garde de ſadite Majeſté, & les Chefs, Officiers,
Hommes d'armes & Chevaux-legers deſdites Compagnies : contenant qu'encore que l'on n'ai jamais
conteſté aux Officiers, Gendarmes & Ch aux-le-
gers deſdites Compagnies, les titres de la qualité
d'Ecuyer, comme leur étant donnée par Sa Majeſté
en ſes Lettres Patentes, & autres qui leur concernent, dans leſquelles il échet d'en parler ; néanmoins ſur ce que par une Declaration de Sa Majeſté
du 15 Mars 1655. donnée pour la recherche de
ceux qui ont uſurpé le titre d'Ecuyer, ou celui de
Noble, M. Jean du Port chargé du recouvrement
des taxes faites ſur ceux qui ont induement pris
leſdites qualités, auroit pourſuivi Guillaume Guerin, Ecuyer Sieur de la Houllerie, l'un deſdits
Gendarmes, pour le payement de la ſomme de
cinq cens livres, à laquelle il l'auroit fait taxer,
comme le prétendant du nombre de ceux qui n'ont

K ij

pas eu droit de prendre ladite qualité ; & d'autant
que cette prétention & pourfuite, font non-feulement injurieufes à ceux defdites Compagnies, mais
leur cauferoient un préjudice notable , vû qu'ils
ont à bon droit & de toute ancienneté ledit titre
& qualité d'Ecuyer , & qu'ils jouyffent comme tels
de l'exemption de toutes Tailles fans difficulté :
qu'auffi en pareil cas André Campion Ecuyer Sieur
de Binare , l'un des Gardes du Corps de Sa Majefté ,
ayant été femblablement taxé & pourfuivi pour raifon de la même prétendue ufurpation de la qualité
d'Ecuyer, Sa Majefté auroit par Arreft de fon Confeil du 30 May 1656. ledit Traitant oüi , déchargé
tant fes Gardes du Corps, que les Gardes de la Reyne , & Gardes de la Porte du Chafteau du Louvre,
de la taxe ; & fait défenfes audit du Port de faire
aucunes pourfuites , ni d'ufer d'aucunes contraintes pour raifon de ce à l'encontre d'eux, à peine de
mille livres d'amende , & de tous dépens , dommages & interéts. A CES CAUSES, requeroient
lefdits Supplians, qu'il plût à Sa Majefté ordonner que ledit de Guerin , & autres Hommes d'armes & Chevaux - legers defdites Compagnies de
Gendarmes , & de Chevaux-legers de Sa Majefté ,
qui peuvent avoir été ou être ci - après compris
ès rolles defdites taxes , en feront rayez , & qu'ils
en demeureront déchargez, iceux maintenir & garder, & en tant que befoin feroit , les confirmer en
la jouiffance de ladite qualité d'Ecuyer , faire défenfes à toutes perfonnes de la leur contefter , ni
à leurs fucceffeurs efdites Charges. Comme auffi
audit du Port & à fes Procureurs & Commis de faire
aucunes pourfuites à l'encontre dudit Guerin , &
autres Gendarmes & Chevaux - legers defdites
Compagnies ; pour raifon de ce, à tous Huiffiers
Sergens & autres Officiers de Juftice, d'ufer d'aucunes contraintes à l'encontre d'eux , leurs Fermiers , Receveurs & Debiteurs , à peine de trois

mille livres d'amende pour chacune contravention,
& de tous dépens, dommages & interêts. Vû ladite Requête, ladite Declaration de sadite Majesté,
du 15 Mars 1655. l'Arrêt du Conseil du 18 Août
ensuivant, rendu pour l'exécution de ladite Declaration, par lequel entr'autres choses il a été
ordonné, à l'égard des usurpations du titre de
Noblesse & exemptions de tailles, qu'ils seroient
renus payer les sommes ausquelles ils seroient
taxez audit Conseil. Les Procez-verbaux de commandement fait audit Guerin, à la requête de
Maître Jean du Port, chargé par Sa Majesté du
recouvrement des taxes ordonnées par lesdites Declaration & Arrêt, de payer la somme y contenue.
Extrait de l'état des Officiers de la Maison du Roy,
par lequel il appert que ledit Guerin y est employé
comme Gendarme de Sa Majesté. L'Arrêt du Conseil, rendu pour les Archers des Gardes du Corps
de Sa Majesté, ceux de la Reyne & de ladite Porte
du Louvre, du trentiéme jour de May dernier : &
tout consideré. Sa Majesté étant en son Conseil, a
déchargé & décharge ledit Guerin du payement de
ladite taxe de cinq cens livres, sur lui faite en conséquence de ladite Declaration de Sa Majesté, du
15 Mars 1655. Fait défenses Sa Majesté audit du
Port & tous autres, de faire pour raison de ce
aucunes poursuites, ni d'user d'aucunes contraintes
à l'encontre dudit Guerin & autres Gendarmes &
Chevaux-legers, desdites Compagnies de Gendarmes & Chevaux-legers, à peine de mille livres d'a-
mende, & de tous dépens, dommages & interêts.
Veut & entend Sa Majesté, que les Gendarmes ni
les Chevaux-legers desdites Compagnies, ne puissent à l'avénir être compris en aucuns rolles desdites taxes contre les usurpateurs dudit titre d'Ecuyer;
& que si aucun d'eux s'y trouve compris, il en soit
ôté; & que les Officiers, Hommes d'armes, &
Chevaux-legers desdites Compagnies, jouissent à

l'avenir, comme par le passé, de ladite qualité d'E-
cuyer, sans qu'ils y puissent être troublez par qui
que ce soit, ni en aucune maniere. Sa Majesté la
leur ayant, en tant que besoin, confirmée, & la confirmant & voulant que toutes Lettres pour ce necessaires leur soient expediées, en vertu du present
Arrêt. Fait au Conseil d'Etat du Roy, Sa Majesté y
étant, tenu à Paris le seiziéme jour d'Avril 1657.

Signé, LE TELLIER.

Arrêt de la Cour des Aydes, en faveur des Officiers domestiques & commensaux de la Maison
de Monsieur.

Du 22 Fevrier 1659.

LOUIS par la grace de Dieu, Roy de France
& de Navarre : Au premier des Huissiers de
notre Cour des Aydes, & autres notre Huissier ou
Sergent sur ce requis ; Salut. Comme ce jourd'hui
vû par notredite Cour le Procès par écrit, conclu
& reçu pour juger en icelle le 31 Août 1658. entre
Nicolas Deon, Sieur de la Toquette, l'un des
Gardes de la Porte de notre très-cher frere unique
le Duc d'Anjou, appellant d'une Sentence rendue
par les Elûs de l'Election de Tonnerre, le 14 Juin
1658. d'une part, & les manans & les habitans de la
Paroisse de Raviere, Nicolas Petit, Lazare Petit,
& Nicolas Davoisse, Asséeurs & Collecteurs des
Tailles de Raviere en ladite année 1658. Intimez,
d'autre. Si bien ou mal auroit été appellé, les dépens respectivement requis par les Parties, & l'a-
mende pour Nous, joint les griefs hors le Procès,
prétendus moyens de nullité, & production nouvelle desdits appellans, qu'ils pourroient bailler
dans le temps de l'Ordonnance, ausquels griefs &
prétendus moyens de nullité les Intimez pourroient
répondre, & contre la production nouvelle, bailler
contredits aux dépens dud. appellant. Sentence dont

eſt appel, dudit jour 14 Juin 1658. par laquelle auroit été ordonné que ledit Deon rapporteroit certificat de la cotte, à laquelle Jean Deſguillon ſon ré-
ſignant ſe trouveroit cotté au rolle de la Paroiſſe
de Bezû proche Gigeolle : pour ce fait & icelle
cotte contredire par leſdits Habitans, être fait
droit aux Parties, ainſi que de raiſon, dépens ré-
ſervez. Arrêt de concluſion dudit 31 Août 1658.
par lequel, ſur l'appel interjetté par ledit Deon, de
la taxe & impoſition faite de ſa perſonne aux rolles
des Tailles de la Paroiſſe dudit Raviere en ladite
année 1658. les Parties auroient été appointées
au Conſeil à bailler cauſe, & fournir en icelle de réponſes, & à produire dans trois jours, & joint audit Procès, pour être ſur le tout fait droit conjointement ou ſeparément, ainſi que de raiſon. Requête dudit Deon : employée pour cauſe d'appel.
Requête deſdits Habitans & Collecteurs, employée
pour réponſe & pour production dudit Deon. Requête & production nouvelle deſdits Habitans &
Collecteurs. Requête employée pour contredits par
ledit Deon ; & tout vû & conſideré. Notredite
Cour faiſant droit ſur l'appel de ladite Sentence,
a mis & met l'appellation dont a été appellé, au
néant. Emendant & corrigeant, faiſant droit ſur
l'appel de la taxe dudit Deon, a mis & converti
ledit appel en oppoſition ; & y faiſant droit, dit
qu'à bonne & juſte cauſe ledit Deon s'eſt oppoſé.
Ordonne qu'il ſera rayé & biffé du rôle des Tailles
de ladite Paroiſſe de la Raviere pour l'année 1658.
dont eſt queſtion ; & que les deniers par lui payez,
lui ſeront rendus & reſtituez à cet effet réaſſis &
r'impoſez à la premiere aſſiette qui ſera faite en ladite Paroiſſe par les Aſſéeurs & Collecteurs des
Tailles d'icelle, qui ſeront en Charge, en leur mettant l'original de l'Arrêt entre les mains, avant la
confection des rôles : Défenſes aux Habitans, Aſſéeurs & Collecteurs des Tailles de ladite Paroiſſe,

de comprendre ni impoſer ledit Deon à l'avenir dans les rôles de leurs Tailles, tant & ſi longue-ment qu'il ſera pourvû de ladite Charge, fera fer-vice actuel, ne ſera acte dérogeant à ſon privile-ge, & ſatisfera à nos Declarations, Arrêts & Re-glemens de notredite Cour : condamnant leſdits Habitans aux dépens liquidez à quarante-huit li-vres pariſis, compris le preſent & premier Com-mandement qui ſera fait en vertu d'icelui ; & à l'é-gard deſdits Petit & conſors, Collecteurs, les a dé-clarez follement intimez, & condamné ledit Deon envers eux aux dépens liquidez à ſeize livres pari-ſis. Si mandons, &c. Donné à Paris en notredite Cour des Aydes, & prononcé l'an de grace le 22 Fevrier 1659. & de notre regne le ſeiziéme. Signé, par la Cour des Aydes. Et plus bas : BOUCHER.

Declaration du Roy, en faveur des Officiers domeſ-tiques & commenſaux de la Maiſon de la Reine, enſemble leurs veuves pendant leur viduité joui-ront des privileges, franchiſes, libertez, immu-nitez, &c.

Du 29 Decembre 1660.

LOUIS, &c Voulons & nous plaît, que les Officiers domeſtiques & commenſaux de la Reine notredite Epouſe, qui ſont compris en l'Etat de ſa Maiſon, ci-attaché ſous le contreſcel de notre Chancellerie, & qui le ſeront en ceux qui pourront être déſormais portez par chacun an en notre Cour des Aydes, ſemblable pour le nombre d'Officiers au preſent ; jouiſſent, enſemble leurs veuves, pendant leur viduité, à commencer du premier de Janvier de l'année prochaine, de tous & chacuns les privileges, franchiſes, libertez, im-munitez, exemptions de tailles, & autres affran-chiſſemens, dont jouiſſent nos Officiers domeſti-ques & commenſaux ; ceux de la Reine notre très-honorée Dame & Mere, & dont ont accoutumé de jouïr jouir ceux des Reines de France, fans aucune diftinction ni empêchement quelconque : Voulons & entendons qu'en cas qu'aucuns de ceux employez dans le prefent Eftat fe trouvent compris dans les rolles des Tailles de leurs Paroiffes de l'année prochaine, pour n'y avoir pû faire fignifier leurs Privileges avant qu'ils fuffent arreftez, ils en foient rayez, & qu'il ne leur foit donné aucune inquietude, ni fait aucune pourfuite contr'eux à cette occafion, à peine de nullité de procedures, & de tous dépens, dommages & interéts. Mandons à nos amez & feaux Confeillers les gens tenans notre Cour des Aydes à Paris, &c. Donné à Paris le 29 jour de Decembre, l'an de grace 1660. & de notre regne le dix-huitiéme. Par le Roy, DE GUENEGAUD.

Regiftré en la Cour des Aydes. A Paris, en ladite Cour des Aydes le 14 jour de Janvier 1661.

Signé, BOUCHER.

Arreft du Confeil d'Eftat du Roy pour les Préféances en faveur des Officiers de Sa Majefté & autres Maifons Royales.

Du 15 Fevrier 1661.

Extrait des Regiftres du Confeil Privé du Roy.

ENTRE Daniel de Rebergues, Ecuyer Sieur de Merennes, Huiffier ordinaire de la Chambre du Roy, Demandeur aux fins des Lettres par lui obtenues au grand Sceau le 15 May dernier, & en Requefte verbale, inferée en l'appointement de Reglement, du 17 Juillet 1660. & Défendeur d'une part ; & Maiftre Philippes Tavernier, Lieutenant Particulier en l'Election de Clermont en Beauvoifis ; & les Prefidens, Lieutenans, Confeillers du Roy, & Eleus en ladite Election, Défendeurs & Demandeurs en Requefte verbale, inferée audit appointement de Reglement, du 17 Juillet dernier, d'autre part ; & les autres Huiffiers ordinaires de ladite Chambre du Roy, Valets de Chambre, Porte-man-

L

teaux , Valets de Garderobe , Huiſſiers du Cabinet
& Antichambre de Sa Majeſté, receues Paries intervenantes , ſuivant l'Ordonnance eſtant au bas de
leur Requeſte, du 18 Janvier 1661. ſans que les qualitez puiſſent nuire ni préjudicier aux Parties. Veu
au Conſeil du Roy , leſdites Lettres obtenues au
grand Sceau par ledit Demandeur , ledit jour 15
May dernier , par leſquelles il lui a été permis de
faire aſſigner au Conſeil ledit Tavernier & autres
Eleus de ladite Election dudit Clermont , pour eſtre
reglez des Juges d'entre la Cour des Aydes de Paris,
& le Grand Conſeil; & voir ordonner, ſi faire ſe doit,
que ſans avoir égard à l'Arrêt de la Cour des Aydes,
du 20 Avril 1660. que les Parties procederont ſur
leurs procès & differends , circonſtances & dépendances , audit Grand Conſeil, ſuivant les derniers
erremens ; & cependant Sa Majeſté auroit fait défenſes audit Grand Conſeil & Cour des Aydes d'en
connoiſtre , & aux Parties d'y faire aucunes pourſuites ni procedures , juſqu'à ce qu'autrement en ait
eſté ordonné. L'Exploit de ſignification deſdites
Lettres auſdits Défendeurs , avec Aſſignation à eux
donnée audit Conſeil, du 19 May 1660. Appointement de Reglement pris entre les Parties , le 19
Juillet audit an 1660. à communiquer , écrire &
produire. Le Procès-verbal dudit ſieur Gaumin, intervenu ſur la ſignature dudit appointement , du 17
Juillet audit an. Exploit de ſignification dudit appointement , & Procès-verbal des 9 Aouſt 1660 ;
contenant la Requeſte verbale dudit de Rebergues ,
tendante à ce qu'il plaiſe à Sa Majeſté , ſans avoir
égard à l'Arreſt de la Cour des Aydes du 22 Avril
dernier ; enſemble tout ce qui s'en eſt enſuivi, ordonner que les Parties procederont ſur leurs procez
& differends dont eſt queſtion, circonſtances & dépendances , audit Grand Conſeil , ſuivant les derniers erremens, avec défenſes à ladite Cour des Aydes d'en prendre aucune connoiſſance , ni aux Par-

ñes d'y faire pourſuites , à peine de nullité , caſſation deprocedures , de quinze cens livres d'amende ,
& de tous dépens , dommages & intereſts , ſi mieux
Sa Majeſté n'aime en retenir la connoiſſance ; & y
faiſant droit , maintenir le Demandeur au rang &
préſeance en toutes les Aſſemblées generales & particulieres , au-deſſus des Officiers de ladite Election,
avec défenſes auſdits Défendeurs & tous autres de
l'y troubler en quelque ſorte & maniere que ce ſoit ;
& pour l'avoir fait , le condamner ſolidairement en
quinze cens livres d'amende. La Requeſte verbale
deſdits Défendeurs, à ce qu'il plaiſe à Sa Majeſté renvoyer les Parties en la Cour des Aydes de Paris, premiere ſaiſie de la matiere ; en conſéquence des Declarations du Roy , attributiyes de la connoiſſance de
leur privilege & préſeances , pour y proceder entre
elles , ſuivant les derniers erremens ; avec défenſes
audit Grand Conſeil d'en connoiſtre , & aux Parties
de faire pourſuites ailleurs qu'en ladite Cour des
Aydes , à peine de nullité , dépens , dommages & intereſts , ſi mieux n'aime Sa Majeſté en retenir la connoiſſance ; & y faiſant droit , maintenir les Défendeurs en leur rang & préſeance en toutes les Aſſemblées generales & particulieres au-deſſus dudit Demandeur , ſuivant la poſſeſſion immemoriale en laquelle ils ſont ; & les Villes voiſines , de preceder
ledit de Rebergues , & autres Officiers de pareille
qualité , juſticiables devant eux , avec défenſes de
les y troubler ; & pour le trouble & attentat fait en
la perſonne dudit Tavernier , l'un des Défendeurs,
le condamner en quinze cens livres d'amende , & en
tous dépens , dommages & intereſts. Requeſte ſur
laquelle ledit ſieur Gaumin a eſté commis Rapporteur de ladite Inſtance , du 12 Juillet 1660. L'exploit de ſignification d'icelle du 16 dudit mois. Declaration du Roy du dernier Fevrier 1650 donnée
en faveur des Officiers de la Chambre du Roy , ci-
deſſus nommez , verifiée & regiſtrée audit Grand

Conseil. Deux autres Declarations du Roy, données
en faveur des Officiers de sa Maison des 27 jour
de Juillet 1613. & 20 Decembre 1617. confirmati-
ves de la precedente. Arrêt du Grand Conseil, rendu
entre Jean de Rouez, l'un des Gardes du Corps de sa
Majesté, d'une part ; & Cesar le Marchand, Procu-
reur-Fiscal en la Jurisdiction d'Ernée, d'autre, le
17 May 1630. par lequel ledit de Rouez a été maintenu & gardé en ladite préséance au-dessus dudit le
Marchand, conformément ausdites Declarations.
Copie imprimée d'un Arrêt contradictoire rendu
entre lesdits Gardes du Corps du Roy, d'une part ;
& le Syndic & Communauté des Avocats Postulans
au Siege Royal de Beaumont le Vicomte, par lequel il est ordonné que lesdits Gardes du Corps auront rang & séance en toutes Assemblées publiques
& particulieres après les Officiers du Bailliage dudit
Beaumont, du 15 Septembre 1653. Arrêt de la Cour
des Aydes, du 21 Avril 1660. rendu sur la Requeste
desdits Défendeurs, par lequel il leur a esté permis
d'informer du prétendu trouble à eux fait par ledit
de Rebergues. Commission dudit Grand Conseil, obtenue par ledit Demandeur le 23 Avril 1660. par laquelle il lui a esté permis d'y faire assigner lesdits
Défendeurs aux fins d'icelle. L'exploit d'assignation
donnée ausdits Défendeurs audit Grand Conseil, en
vertu de ladite Commission. Autre Arrêt de ladite
Cour des Aydes de Paris, obtenu par lesdits Défendeurs, le 12 May audit an 1660. portant que ledit de
Bebergues seroit assigné en icelle ; & cependant défenses de faire pourfuite ailleurs qu'en ladite Cour,
sur les mêmes peines portées par ledit Arrêt. L'Exploit de signification d'icelui audit Demandeur,
avec assignation à ladite Cour des Aydes. Arrêt du
Conseil d'Estat du Roy du 22 Septembre 1627. donné en faveur des Officiers des Elections du Royaume, avec la Declaration de sa Majesté pour l'exécution d'iceluy. Edit du Roy, portant commutation

des droits de verification & signature des Rolles ci-
devant attribuez aux Officiers desdites Elections,
vérifié en la Cour des Aydes le 3 Avril 1632. avec le
Reglement de leurs fonctions, rang, services & préféances. Autre Edit du Roy, en faveur desdits Eleus,
portant attribution de six deniers pour livre des deniers ordinaires & extraordinaires qui se levent dans
les Ressorts desdites Elections sur les contribuables
aux Tailles, verifié en la Chambre des Comptes &
Cour des Aydes le 28 Juin 1627. Requeste presentée
au Conseil par les autres Huissiers ordinaires de la
Chambre du Roy, Valets de chambre, Porte-manteaux, Valets de la Garderobe, Huissiers du Cabinet & Anti-chambre de Sa Majesté, le 28 Janvier
1661. tendante à ce qu'il pleust à Sa Majesté les recevoir Parties intervenantes en ladite Instance; ce
faisant, adjuger audit de Rebergues les fins & conclusions prises en icelle, avec défenses aux Officiers
de ladite Election de Clermont, & tous autres, de
troubler à l'avenir ledit de Rebergues, & aucuns
desdits Suppians en ladite préféance, à peine de
trois mille livres d'amende, & de tous dépens, dommages & interests contre chacun des contrevenans,
au payement de laquelle somme, en cas de contravention, ils seront contraints en vertu du present
Arrest, & leur donner Acte de ce que pour tous
moyens d'intervention, ils employent le contenu en
ladite Requeste; ensemble ce qui a esté écrit & produit par ledit de Rebergues; au bas de laquelle est
l'Ordonnance du Conseil, par laquelle ils sont receus Parties intervenantes en ladite Instance. Acte
de leur employ, & au surplus en jugeant. L'exploit
de signification du 20 dudit mois de Janvier audit
an 1661. Requeste presentée au Conseil par ledit de
Rebergues le 17 Janvier audit an, sur laquelle ledit
sieur Gaumin a esté commis & continué Rapporteur en ladite Instance, nonobstant le *subrogatur*
du sieur de Rebours, & tous autres, signifié le 17e

dudit mois. Ecritures & Productions des Parties.
Requête préfentée au Conseil par ledit de Rebergues, & employée pour contredits contre la production defdits Eleus de Clermont en Beauvoisis, signifiée le 20 Janvier 1661. Arreft contradictoire du
Conseil du 20 Janvier dernier, par lequel Sa Majesté, du confentement des Parties, auroit retenu à
foy en son Conseil la connoiffance du principal du
differend ; ce faifant, qu'elles ajoufteront à leurs
productions pardevers ledit sieur Commissaire, tout
ce que bon leur sembleroit dans trois jours, pour
toutes préfixions & délais, fans autre forclusion ni
signification de Requefte, dépens refervez. L'Exploit de signification dudit Arreft, du premier Fevrier 1661. Acte d'employ dudit de Rebergues, &
des autres Huissiers ordinaires de la Chambre du
Roy, Valets de chambre, Porte-manteaux, Valets
de Garderobe, Huissier du Cabinet & Antichambre de Sa Majesté, par lesquelles ils declarent que
pour fatisfaire à l'Arreft de retention du 19 Janvier
dernier, ils employent pour toutes écritures & productions ce qu'ils ont ci-devant écrit & produit.
Exploit de signification du 5 Fevrier 1661. Forclusion furabondante, obtenue par ledit de Rebergues
contre lefdits Officiers de l'Election de Clermont,
de fatisfaire audit Arreft du Conseil du 29 Janvier
dernier. L'Exploit de signification du 5 Fevrier audit an 1661. Acte signifié audit de Rebergues, à la
Requefte defdits Défendeurs, le 7 dudit mois de Fe,
vrier, par lequel ils déclarent que pour fatisfaire à
l'Arreft de retention du 29 Janvier 1661. ils employent ce qu'ils ont ci-devant écrit & produit. Requefte préfentée au Conseil par lefdits Défendeurs,
à fin de reception des pieces mentionnées, du 7 Fevrier 1661. Arreft contradictoire dudit Conseil, rendu entre l'Election de la Ville de Moulins, & Maiftre
Jean Giraud, Chaftelain de ladite Ville, par lequel les Officiers de ladite Election de Moulins,

sont maintenus & gardez au droit de preceder en
toutes assemblées publiques, les Officiers de ladite
Chastellenie, sauf audit Chastelain & son Lieutenant à se joindre au Corps du Presidial, & quant
aux assemblées & ceremonies particulieres, Sa Majesté auroit ordonné que ledit Chastelain & son Lieutenant precederoient lesdits Presidens & autres Officiers de ladite Election de Moulins, & que les Presidens & autres Officiers de ladite Election precederoient les autres Officiers de ladite Chastellenie.
L'exploit de signification dudit Arrest audit Demandeur, du 9 Fevrier 1661. & tout ce qui a esté mis,
écrit & produit par lesdites Parties, pardevers le
sieur Gaumin, Conseiller du Roy en ses Conseils, Maistre des Requestes ordinaire de son Hôtel, Commissaire à ce déppuré : Ouy son Rapport;
& tout consideré. LE ROY EN SON CONSEIL,
faisant droit sur l'Instance, a ordonné & ordonne
que ledit de Rebergues & les autres Huissiers ordinaires de ladite Chambre, Valets de chambre, Porte-manteaux, Valets de Garderobes, Huissiers du
Cabinet & Anti chambre de Sa Majesté, auront
rang, & marcheront conformément à la Declaration
de sadite Majesté, du dernier Fevrier 1605. verifiée
au Grand Conseil le 22 Mars audit an, en toutes assemblées generales & particulieres de ladite Ville
de Clermont & autres, immediatement après les
Conseilliers des Bailliages, Senechaussées & Sieges
Presidiaux, & auparavant les Officiers de ladite Election de Clermont, & autres Officiers des Elections
& Greniers à Sel, ausquels Sa Majesté fait tres-expresses défenses de les y troubler en quelque sorte
& maniere que ce soit, à peine de quinze cens livres d'amende, & de tous dépens, dommages & interêts sans dépens de l'Instance. Fait au Conseil
privé du Roy, tenu à Paris le 15e jour de Fevrier
1661. Signé, DE MONS.

Edit du Roy, en faveur des Valets de chambre, &
Porte-manteaux de Sa Majesté.

Du mois de Mars 1661.

LOUIS par la grace de Dieu, Roy de France
& de Navarre : A nos amez & feaux Conseillers les gens tenans nostre Grand Conseil : Salut.
Nos bien amez Valets de chambre & Porte-manteaux servant actuellement tous les ans près nostre
personne, nous ont très-humblement fait remontrer
qu'ils ont ci-devant obtenu nos Lettres Patentes en
forme de Declaration pour la confirmation de leurs
Privileges qui ont esté par vous verifiez & registrez ; or comme ils en ont du depuis obtenu d'autres, ci - attachez sous nostre contre - scel, & que
par inadvertance pour la verification d'icelles, l'a-
dresse ne vous en a pas esté faite, & que vous pourriez faire difficulté de les verifier & registrer ; c'est
pourquoi ils ont eu recours à Nous pour leur estre
sur ce pourveu. A CES CAUSES, Nous vous
mandons, ordonnons, & très expressément enjoignons par ces Presentes, que vous ayez à les verifier, & les faire enregistrer, & de leur contenu,
jouir & user nosdits Valets de chambre & Porte-
manteaux, leurs veuves & enfans nez & à naistre en
loyal mariage, descendans, pleinement & paisiblement, & perpetuellement, cessant & faisant cesser
tous troubles & empeschemens, nonobstant tous
Edits, Ordonnances, Reglemens & Lettres à ce contraires ; ausquels nous & aux dérogatoires des dérogatoires y contenus, avons dérogé par ces Presentes ; Car tel est nostre plaisir. Et afin que ce soit
chose ferme & stable à toujous, nous avons fait
mettre nostre scel à cesdites Presentes, sauf en autres choses nostre droit & l'autrui en toutes. Donné
à Paris au mois de Mars, l'an de grace 1661. & de
nostre regne le dix-huitiéme. Signé, LOUIS. Et
plus bas, Par le Roy en son Conseil. Signé, DE

LYNER. Et scellé en cire jaune, Collationné aux originaux. Signé, FALLENT.

Declaration du Roy, donnée en faveur des Officiers domestiques & commensaux de feu Monsieur le Duc d'Orleans.

Du 3 Mars 1661.

LOUIS, &c. Avons dit & declaré, disons & declarons par ces Presentes signées de nostre main, que nostre vouloir & intention est, que lesdits Officiers domestiques & commensaux de la Maison de nostredit Oncle, lesquels ont receu gages, employez & passez ès comptes des Tresoriers de nostredit Oncle, & sont compris dans l'Estat cy-attaché sous le contrescel de nostre Chancellerie, jouïssent leur vie durant de tels & semblables privileges, franchises & exemptions, dont usent nos Officiers domestiques & commensaux, & qui sont attribuez à leurs Charges par nos Edits & Ordonnances : & tout ainsi qu'ils en jouïssoient du vivant de nostredit Oncle, ensemble les veuves des decedez & de ceux qui decederont cy-après, qui se contiendront en viduité. Si donnons en mandement, &c. Donné au Chasteau de Vincennes, le troisième jour de Mars, l'an de grace mil six cens soixante-un, & de nostre regne le dix-huitiéme. Signé, LOUIS. Et plus bas: Par le Roy, LE TELLIER.

Registrée en la Cour des Aydes. A Paris le 19 Juillet 1661. Signé, DUMOULIN.

Declaration du Roy, pour les Privileges des Commensaux des Maisons Royales.

Du 26 Janvier 1663.

LOUIS par la grace de Dieu, Roy de France & de Navarre : A tous ceux qui ces presentes Lettres verront ; Salut. Les plaintes que nous recevons journellement des Procès que les Collecteurs des Paroisses de nostre Province de Normandie, sont obligez de soutenir contre les Officiers Commensaux des Maisons Royales, qui les traduisent en nostre Conseil & à la Cour des Aydes de Paris, où il s'est rendu des Arrests differens sur un même sujet, & dont la plûpart estans contraires aux Reglemens & à l'usage de ladite Province ; il se trouve qu'enfin les Arrests de la Cour des Aydes de Rouen, conformes à iceux, sont maintenus, après que les Parties se sont consommées en frais ; c'est ce qui nous a obligé de faire examiner en nostre presence les Reglemens des Tailles de 1591, 1600, 1614, & 1634. registrez en nostredite Cour des Aydes de Rouen, & particulierement les réponses faites aux remontrances de ladite Cour sur ledit Reglement de 1600. au feu Roy Henry le Grand notre Ayeul, de glorieuse memoire, & à la réponse que nous avons faite au cahier des Etats de ladite Province de Normandie, le 26 Decembre 1657. qui ont confirmé l'usage de ladite Cour, & après avoir aussi veu les certifications dudit usage, nous avons resolu de faire sçavoir sur ce nos intentions. A CES CAUSES, de l'avis de nostre Conseil, où estoient nostre très-honorée Dame & Mere, nostre très-cher & très-amé Frere unique le Duc d'Orleans, nostre tres-cher & amé Cousin le Prince de Condé. autres Princes, grands & notables Personnages, Nous avons par ces Presentes signées de nostre main, dit & declaré, disons & declarons, voulons & nous plaist, que lesdits Reglemens des Tailles, & l'usage observé en nostredite Cour des Aydes de Normandie, soient exécutez ; & en conséquence, que les Officiers commensaux de nostre Maison, & autres Maisons Royales, qui se feront pourvoir de leurs Charges, après avoir esté imposez aux Tailles, ne seront exempts que de dix livres du corps du principal de la Taille, & des crues à proportion, qui seront déduites sur le plus haut taux des trois années précedentes, la date de leurs Lettres de retenue, sans toutesfois qu'ils puis-

fent eftre augmentez ,à l'avenir pour quelque caufe
& fous quelque prétexte que ce foit. Et quant à ceux
qui fe feront pourvoir de pareilles Charges avant que
d'avoir acquis l'âge de vingt ans , & avoir efté compris aux rolles des Tailles, ou à dix livres du principal de ladite Taille & au-deffous, ils jouiront de
l'exemption entiere, pourveu qu'ils fervent actuellement ; reçoivent gages de foixante livres au moins,
qu'ils foient employez dans nos Etats ; regiftrez en
noftre Cour des Aydes de Paris , & fatisfaffent les
uns & les autres à nofdits Edits de 1614. & 1634 ; &
qu'ils foient de la qualité de ceux qui doivent jouir
de ladite exemption entiere , fuivant nos Reglemens , & feront lefdits Officiers regiftrer leufdites
Lettres en noftredite Cour des Aydes de Rouen ,
avant qu'ils puiffent jouir d'aucune exemption ni
privileges , fuivant nos Ordonnances, & l'ufage de
noftredite Province de Normandie ; révoquons à cet
effet tous Arrefts qui pourront eftre cy-après rendus contraires à ces Prefentes. Si donnons en mandement à nos amez & feaux Confeillers les gens tenans noftre Cour des Aydes à Rouen , que cefdites
Prefentes ils faffent lire , publier & obferver felon
leur forme & teneur , nonobftant tous Edits, Declarations, Arrefts , & autres chofes à ce contraires,
à quoi nous avons dérogé & dérogeons : Car tel eft
notre plaifir. En témoin de quoi nous avons fait
mettre noftre fcel à cefdites Prefentes. Donné à Paris le 26 jour de Janvier, l'an de grace 1663. & de
noftre regne le vingtiéme. Signé, L O U I S.

Regiftrées en la Cour des Aydes de Rouen , le 29 Fe-
vrier 1663. Signé, L E C A U C H O I S.

Declaration du Roy, en faveur des Officiers de la
Maifon de Madame la Ducheffe d'Orleans.
Du 17 Fevrier 1663.

LOUIS par la grace de Dieu , Roy de France
& de Navarre. A nos amez & feaux Confeil-

lers les gens tenans noſtre Cour dès Aydes à Paris ;
Salut. Noſtre très cher & tres amé Frere unique le
Duc d'Orleans, ayant arreſté, ſigné & fait contreſi-
gner par le Secretaire de ſes commandemens un Eſtat
des Officiers qu'il a retenus pour le ſervice de noſtre
très chere & très amée Sœur la Ducheſſe d'Orleans
ſon Epouſe, & de ſa Maiſon, ſemblable à celui qui
vous a eſté ci-devant porté en l'année 1658. pour la
Maiſon de noſtre très chere & très amée Tante la
Ducheſſe d'Orleans, Nous vous l'envoyons ci-attaché ſous le contre-ſcel de noſtre Chancellerie, pour
eſtre par vous enregiſtré. Si vous mandons que les
Officiers dénommez audit Eſtat, & ceux qui ſeront
à l'avenir employez dans les Eſtats de ladite Maiſon,
qui vous ſeront portez par chacun an, vous faſſiez
jouir & uſer dés honneurs, privileges, franchiſes,
exemptions, qui leur appartiennent, & dont jouïſſent ou doivent jouir les commenſaux de la Maiſon
de noſtredit très cher & très amé Frere unique, ceſſant & faiſant ceſſer tous troubles & empéchemens
au contraire : Car tel eſt noſtre plaiſir ; en témoin
de quoi Nous avons fait mettre noſtre ſcel à ceſdites
Preſentes. Donné à Paris le 27 jour de Fevrier, l'an
de grace 1663. & de noſtre regne le vingtime.
Signé, LOUIS. Et plus bas : Par le Roy, DE
GUENEGAUD

*Regiſtrées en la Cour des Aydes. A Paris en ladite
Cour des Aydes le 29 jour de Decembre 1663. Signé,*
DU MOULIN.

Arreſt du Conſeil d'Eſtat du Roi, donné en faveur des Officiers de la Maiſon de Sa Majeſté ; portant défenſes de les contraindre au payement des Taxes faites contre les Uſurpateurs de Nobleſſe, & qui prennent la qualité d'Ecuyer.

Du 28 May 1664.

Extrait des Regiſtres du Conſeil d'Eſtat.

SUR la Requeſte preſentée au Roy en ſon Conſeil, par Gilles Decrieu, contenant qu'il a ſervi dans la Charge de l'un des Fouriers du Corps de Sa Majeſté, depuis l'année 1618. qu'il en fut pourvû, juſqu'en l'année 1654. que ſon grand âge l'obligeant de s'en défaire, & ſous pretexte que dans quelques actes qu'il a paſſez pendant qu'il exerçoit ladite Charge, les Notaires lui ont donné la qualité d'Ecuyer, ſans qu'il l'ait jamais affectée. Maiſtre Thomas Bouſſeau chargé du recouvrement des taxes faites ſur les Uſurpateurs de Nobleſſe, a fait donner Arreſt en la Cour des Aydes à Paris, pour y faire aſſigner le Suppliant, pour rapporter ſes titres de Nobleſſe, & ſe voir condamner en la ſomme de deux mille livres, pour avoir par lui pris ladite qualité. Requeroit le Suppliant, à ce qu'attendu qu'il n'a jamais prétendu uſurper ladite qualité d'Ecuyer, & y renonce, il pût à Sa Majeſté de décharger le Suppliant de l'aſſignation à lui donnée en ladite Cour des Aydes ; & faire défenſes audit Bouſſeau d'en faire aucunes pourſuites, ni de le faire contraindre au payement de ladite ſomme, à peine de mille livres d'amende, dépens, dommages & intereſts. Veu par le Roy en ſon Conſeil, ladite Requeſte ; & ouy le Rapport d'icelle par le Commiſſaire à ce deputé : Et tout conſideré. LE ROY EN SON CONSEIL, ayant égard à ladite Requeſte, a déchargé & décharge ledit Suppliant de l'aſſignation à lui donnée en la Cour des Aydes de Paris, pour raiſon de ladite qualité d'Ecuyer ; & fait dé-

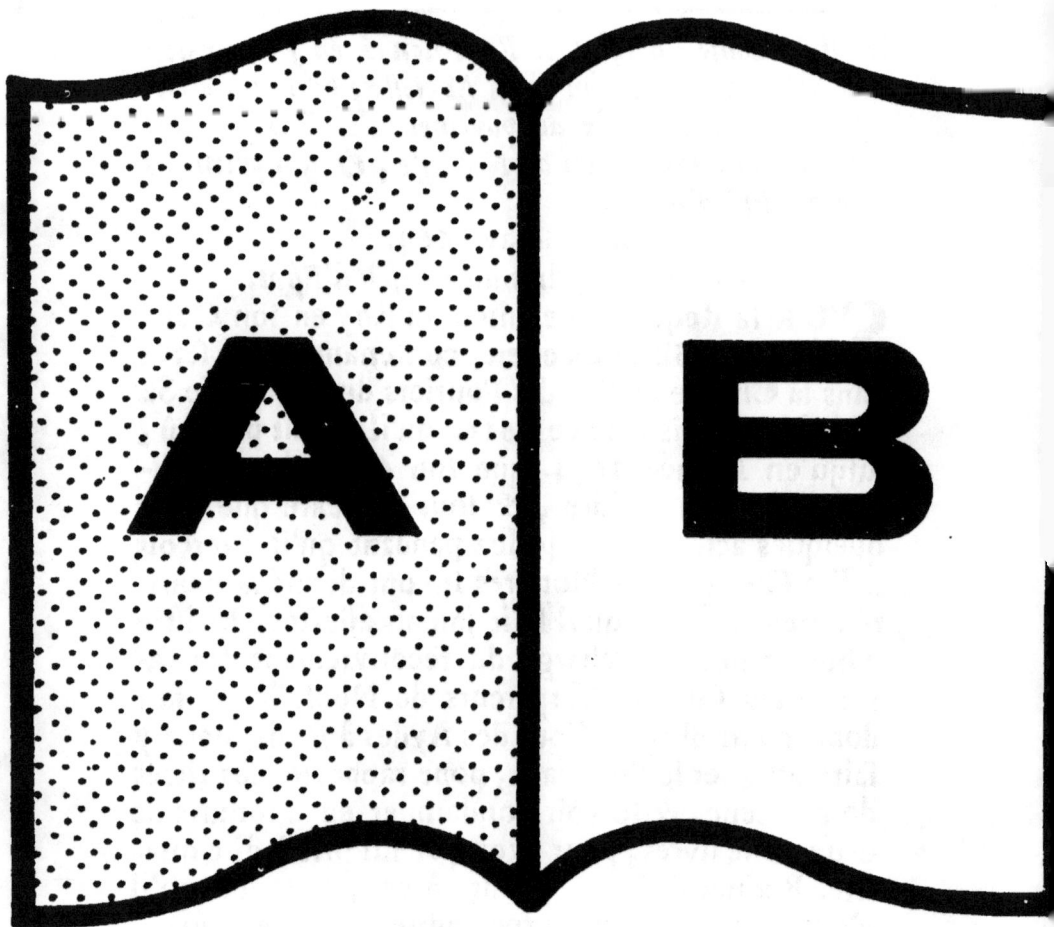

Contraste insuffisant

NF Z 43-120-14

fenfes audit Boulleau d'en faire aucune pourfuite
ni contrainte, à peine de cinq cens livres d'amende,
dommages & interefts; & au Suppliant de prendre
à l'avenir ladite qualité d'Ecuyer, à peine d'eftre
contraint au payement de ladite taxe, & de deux
mille livres d'amende. Fait au Confeil d'Eftat du
Roy, tenu à Paris le 28 May 1664.

Signé, BERRIER.

Autre Arreft du Confeil d'Eftat.
Du 24 Decembre 1664.
Extrait des Regiftres du Confeil d'Eftat.

SUR ce qui a efté reprefenté au Roy en fon
Confeil, par Maiftre Thomas Boulleau, chargé
de la recherche & pourfuite des Ufurpateurs du titre de Nobleffe, en exécution des Declarations de
Sa Majefté, que plufieurs defdits Ufurpateurs, par
des procedures contraires aufdites Declarations &
Arrefts dudit Confeil, donnez en conféquence, ont
obtenu fur de faux expofez, plufieurs Arrefts dudit
Confeil, qui les déchargent du payement des taxes,
& les renvoyent pardevant d'autres Juges que les
Commiffaires des Cours des Aydes, que Sa Majefté
a commis, & que d'autres Particuliers prefentent
journellement des Requeftes audit Confeil, pour en
eftre defchargez, & éluder leurs condamnations,
afin que faifant plufieurs Inftances, ils puiffent continuer leur ufurpation, en laquelle ils s'efforcent de
fe maintenir par toutes fortes d'artifices, contre les
Ordonnances & l'intention de Sa Majefté: à quoi
voulant remedier, afin que lefdites Declarations
foient inceffamment exécutées: Oüy le Rapport du
fieur Martin, Confeiller ordinaire audit Confeil, &
Intendant des Finances. SA MAJESTE' EN SON
CONSEIL, a ordonné & ordonne que lefdites Declarations & Arrefts dudit Confeil, donnez en exécution d'icelles; feront exécutées felon leur forme
& teneur; & en conféquence, que tous ceux qui

ont esté ou seront poursuivis par ledit Bousseau :
comme Usurpateurs dudit titre de Noblesse, ne se
pourront pourvoir qu'en la Cour des Aydes de Paris ; & pour celle de Rouen, que pardevant les Commissaires à ce députez du Corps de ladite Cour, à
peine de nullité de tous les Arrests qui pourroient
ci-après intervenir par surprise ; & en cas que ledit
Bousseau eût esté assigné audit Conseil, au préjudice de l'ordre ci-dessus, Sa Majesté l'en décharge,
se reservant de pourvoir seulement aux Requestes
qui lui seront presentées par les Officiers commensaux des Maisons Royales contre ledit Bousseau,
pour leur estre pourvû par Sa Majesté, ainsi qu'elle
avisera à propos. Fait au Conseil d'Estat du Roy,
tenu à Paris le 24 Decembre mil six cens soixante-
quatre. Signé, BECHAMEIL. Et collationné.

Declaration du Roy, portant Reglement pour les
   Estats de la Maison de Sa Majesté, & Maisons
   Royales.

Du 30 Mai 1664.

LOUIS par la grace de Dieu, Roy de France
& de Navarre : A tous ceux qui ces presentes
Lettres verront ; Salut. Parmi les abus & les desor-
dres qui se sont glissez pendant les guerres & les
troubles de cet Estat, l'augmentation des Officiers
inutils & supernumeraires, employez dans nos Estats
& ceux des Maisons Royales, n'a pas esté le moindre pour la surcharge que cela a causé, tant à nos
Finances, qu'à nos Sujets contribuables aux Tailles,
qui s'en sont trouvez d'autant plus foulez ; mais à
present que nous voulons faire ressentir à nos Peuples les fruits de la Paix que nous leur avons donnée,
nostre principale occupation est de soulager ceux de
la campagne des subsides & impositions dont ils ont
esté surchargez par le passé ; Et pour cet effet nous
estant fait representer en nostre Conseil tous les
Estats de nostre maison & ceux des Maisons Roya-

les de nos Compagnies d'Ordonnances , & des
Gardes de noſtre Corps, Venerie , Fauconnerie,
Chaſſes, & autres Chefs qu'on avoit accouſtumé de
porter chacun an en noſtre Cour des Aydes : Nous
les avons réduits au nombre d'Officiers effectifs &
ſervans, dont ils doivent eſtre compoſez à l'avenir ,
afin que le nombre des contribuables eſtant par ce
moyen augmenté , les pauvres en puiſſent eſtre ſoulagez. A CES CAUSES, de l'avis de noſtredit
Conſeil , & de noſtre pleine puiſſance & autorité
Royale , Nous avons dit , declaré & ordonné , diſons , déclarons & ordonnons par ces Preſentes ſignées de noſtre main, Voulons & nous plaiſt, qu'à
commencer en l'année prochaine 1665. nul Officier
que ceux actuellement ſervans , & qui ſe trouveront compris dans le nombre porté par les ſuſdits
Eſtats ci-attachez ſous le contreſcel de noſtre Chancellerie, enſemble leurs veuves pendant leur viduï-
té ; & les Veterans, ne pourront jouir d'aucuns Privileges, exemptions & immunitez attribuez à nos
Officiers domeſtiques & commenſaux. Défendons à
noſtredite Cour des Aydes de recevoir à l'avenir ,
ni mettre au Greffe d'icelle aucun Eſtat des ſuſdits
Officiers, pour les faire jouir des Privileges à eux
accordez, qui ne ſoit conforme en nombre à chacun
de ceux que nous lui envoyons , à peine de nullité :
Et à cet effet feront tous les Etats deſdites Maiſons
Royales, contenant les noms & ſurnoms des Officiers , juſqu'au nombre porté aux Eſtats attachez
ſous ledit contreſcel, envoyez en noſtredite Cour
des Aydes avant le dernier jour de Juillet prochain ;
ſinon & à faute de ce faire, ledit temps paſſé, Nous
voulons que tous les Officiers deſdites Maiſons,
employez dans les precedens Eſtats, ſoient & demeurent déchûs de tous privileges & impoſez aux
Tailles, ſans que la preſente clauſe puiſſe eſtre cen-
ſée & reputée comminatoire. Si donnons en mandement à nos amez & feaux Conſeillers les gens

tenans noftredite Cour des Aydes à Paris, que ces
Prefentes ils ayent à faire enregiftrer, & le contenu
en icelles; & aux fufdits Eftats de redu` tions, garder
& obferver inviolablement fans qu'il y foit contrevenu, nonobftant tous Reglemens, Arrefts & Ordonnances à ce contraires, aufquels nous avons dérogé & dérogeons par ces Prefentes : Car tel eft notre plaifir ; en témoin de quoi nous avons fait mettre
noftre fcel à ces Prefentes. Donné à Fontainebleau
le trentiéme jour de May, l'an de grace mil fix cens
foixante-quatre, & de notre regne le vingt-deuxiéme. Signé, LOUIS. Et fur le reply : Par le Roy,
DE GUENEGAUD.

Regiftrées en la Cour des Aydes. A Paris en ladite
Cour des Aydes le vingtiéme jour de Juin 1664. Signé,
BOUCHER.

Arreft du Confeil d'Eftat, qui permet aux Maréchaux
& Fourriers ordinaires des Logis de Sa Majefté, de
prendre la qualité d'Ecuyer.

Du 12 Mars 1665.

Extrait des Regiftres du Confeil d'Eftat.

SUR la Requefte prefentée au Roy en fon Confeil, par Charles, Comte de Frouflay, Chevalier des Ordres de Sa Majefté, & Grand Maréchal de
fes logis, les Maréchaux des Logis & Fourriers ordinaires de fadite Majefté, contenant qu'ils ont l'honneur d'être des plus anciens Officiers du Royaume ;
& même de tous les Empires qui l'ont précedé dans
l'Europe, & ont efté créez par les Roys prédeceffeurs de Sa Majefté, non feulement pour loger leurs
Maifons, Cour & Suite dans leurs voyages &
changemens de demeures, mais encore pour conduire & loger les armées dans leurs marches &
campemens, fpecialement pour les Compagnies des
Gendarmes & Chevaux-legers, & autres Toupes
deftinées pour la marche de leurs Majeftés ; & de
fait les Supplians ont toujours eu l'honneur de fer-

vir en qualité de Maréchaux des Logis Generaux
dans les armées, notamment le fieur le Large dans
les Provinces des Grifons & la Valtoline en l'an
1625, 1626 & 1627. fous les fieurs Maréchal d'Eftrées & Duc de Rohan; & encore avec le nommé Ci-
ret, Fourrier au Comté de Nice & Provence, fous ledit fieur Marechal d'Eftrées, Bugey & Sávoye fous.
le fieur Maréchal de l'Hopital, comme ont fait les
fieurs du Sentier, de la Nouë, Gerberon, de Beaulieu, Braffart & de Leftre, & autres Maréchaux &
Fourriers des Logis en d'autres Armées, c'eft pourquoi ils ont été de tout temps reputé du Corps de la
Gendarmerie, mais fpecialement depuis le dernier
Siege de Corbie, où lors de la convocation de
tous les Officiers des Maifons Royales, le défunt
Roy, Pere de Sa Majefté, plaça lui-même d'1 fa.
main, & incorpora lefdits Maréchaux des Log t. 18
les Compagnies des Gendarmes & Chevaux-legers,
& les Fourriers dans celles de fes Moufquetaires;
en confequence de quoi ils ont toujours jufqu'à prefent joui des mêmes privileges & prérogatives que
lefdits Compagnies de Gendarmes & Chevaux-legers, & font en poffeffion immemoriale, de la qualité d'Ecuyer, laquelle leur a toujours été donnée
par Sa Majefté, tant dans les Provifions de leurs
Charges, qu'autres lieux où il a été neceffaire d'en
faire mention. Neanmoins Me Thomas Bouffeau,
chargé de l'exécution des Déclarations des 8 Fevrier.
1661. & 22 Juin 1664. pour la recherche de ceux qui
ont ufurpé ladite qualité d'Ecuyer, a fait affigner plufieurs d'entre les Suppliant en la Cour des Aydes de
Paris, & devant les Commiffaires de celle de Rouen,
pour rapporter les titres en vertu defquels ils ont pris
ladite qualité, & fe voir condamner à payer la fomme
de deux mille livres, comme ceux qui l'ont ufurpée;
Et d'autant que Sa Majefté, par l'Arreft de fon Confeil du 24 Decembre dernier, s'eft refervé la connoiffance de ces differends pour les Officiers com-

menſaux de ſes Maiſons Royales, les Supplians ont
recours à Sa Majeſté, à ce qu'attendu qu'ils n'ont
point uſurpé ladite qualité d'Ecuyer, puiſqu'elle
leur eſt donnée par les Lettres de Proviſions de leurs
Charges, qu'elle a eſté confirmée à aucun d'eux, &
qu'ils ont eſté déchargez de ladite recherche par pluſieurs Arreſts du Conſeil, même par ceux des 27 Juin
1651. & 30 May 1656. que les Gendarmes & Chevaux-legers ont eſté auſſi maintenus en ladite qualité d'Ecuyer par autres Arreſts du 16 Aouſt 1657.
& que ladite qualité ne peut faire aucun préjudice,
puiſque leſdits Supplians ſont exempts du payement
des Tailles ; qu'il pluſt à ſa Majeſté les décharger des
aſſignations à eux données en la Cour des Aydes de
Paris, & pardevant les Commiſſaires de ladite Cour
des Aydes de Rouen, à la requeſte des ſieurs Procureurs Generaux en icelles, pourſuites & diligence dudit Bouſſeau ; & leur faire défenſes d'en faire aucunes
pourſuites contr'eux, ni mettre à exécution les Arreſts de condamnation qu'il pourroit avoir obtenus
contr'eux, à peine de nullité, caſſation de procedures, trois mille livres d'amende, dépens, dommages, intereſts contre ledit Bouſſeau, & leur permettre de prendre la qualité d'Ecuyer ; & faire défenſes à toutes perſonnes de les y troubler, à mêmes
peines. Vû par le Roy en ſon Conſeil ladite Requète,
leſdits Arreſts du Conſeil du 27 Juin & 1 Septembre
1651. & 16 Avril 1657. Ouy le rapport du ſieur Daligre, Conſeiller ordinaire de Sa Majeſté en ſes Conſeils & Directeur de ſes Finances, & tout conſideré.
LE ROY ESTANT EN SON CONSEIL, ayant
égard à ladite Requeſte, a déchargé leſdits Maréchaux des Logis, & Fourriers ordinaires de Sà
Majeſté, des aſſignations à eux données en ladite
Cour des Aydes de Paris, & pardevant les Commiſſaires de la Cour des Aydes de Rouen, à la requeſte
des Procureurs Generaux en icelles ; & leur fait défenſes & audit Bouſſeau, d'y faire aucunes pourſ-

fuites contr'eux, pour raison de ladite qualité d'E-
cuyer, ni de mettre à exécution les Arrests de condamnation que ledit Bousseau pourroit avoir obtenu contr'eux, à peine de nullité, cassation de procedures, & de deux mille livres d'amende, dépens
dommages & interests : Leur permet Sa Majesté de
prendre ladite qualité d'Ecuyer, tant & si longuement qu'ils seront pourvûs desdites Charges, & fait
défenses, tant audit Bousseau, qu'à tous autres, de
les y troubler, à mêmes peines, sans qu'ils puissent
prendre ladite qualité d'Ecuyer après qu'ils ne seront
plus pourvûs desdites Charges, si ce n'est qu'ils
soient Nobles d'extraction, à peine de mille livres
d'amende. Fait au Conseil du Roy, tenu à Paris, sa
Majesté y estant le deuxième jour de Mars mil six
cens soixante-cinq. Signé, DE GUENEGAUD.
Et scellé.

----

*Arrest du Conseil d'Estat, en faveur des Officiers de
Monsieur le Duc d'Orleans qui les décharge de la
recherche, & les maintient en la qualité d'Ecuyer.*

Du 10 Juin 1665.
Extrait des Registres du Conseil d'Estat.

SUR la Requeste presentée au Roy en son Conseil, par les Maréchaux des Logis & Fourriers
de Monsieur, Frere unique de Sa Majesté, Duc
d'Orleans, contenant qu'encore qu'ils n'ayent jamais fait qu'un même Corps avec les Maréchaux des
Logis & Fouriers de Sa Majesté, leurs fonctions
estant de même nature, ayant toujours joui des mêmes privileges qu'eux, sans aucune exception ; &
qu'ainsi la volonté de sa Majesté ait esté de les comprendre dans l'Arrest de son Conseil du 12 Mars dernier, par lequel lesdits Maréchaux des Logis &
Fourriers sont déchargez de la taxe ordonnée contre
les Usurpateurs de Noblesse ; & leur a permis de
prendre la qualité d'Ecuyer, tant qu'ils seront pour-

vûs de leurs Charges ; néanmoins fous prétexte
que les Supplians ne font pas expreſſement dénommez dans ledit Arreſt, Maiſtre Thomas Bouſſeau,
Commis au recouvrement deſdites taxes, continua
ſes pourſuites contr'eux en la Cour des Aydes, pour
les obliger de rapporter leurs titres, en vertu deſquels ils ont pris ladite qualité d'Ecuyer ; & pour
être condamnez au payement deſdites taxes ; ce qui
les fait recourir à ſa Majeſté, à ce qu'attendu qu'elle
a toujours accoutumé de traiter auſſi favorablement les Officiers des Maiſons Royales que les ſiens
propres, il lui pluſt, conformément audit Arreſt du
Conſeil du 11 Mars dernier, les décharger des aſſignations données en ladite Cour des Aydes, à la requeſte dudit Bouſſeau, pour raiſon de ladite qualité
d'Ecuyer, & payement de ladite amende ; lui faire
défenſes d'en faire aucunes pourſuites ni contraintes contr'eux ; & à toutes perſonnes de les troubler en ladite qualité d'Ecuyer, tant & ſi longuement qu'ils ſeront pourvûs deſdites Charges, à peine
de cinq cens livres d'amende, nullité & caſſation de
procedures, dépens, dommages & intereſts. Vû par
le Roy en ſon Conſeil ladite Requeſte, ledit Arreſt
dudit jour 12 Mars dernier ; Ouy le Rapport du ſieur
Daligre, Commiſſaire à ce deputé, & tout conſideré. LE ROY EN SON CONSEIL, ayant
égard à ladite Requeſte, & conformément à l'Arreſt
d'icelui dudit jour 12 Mars dernier, a déchargé &
décharge leſdits Maréchaux des Logis & Fourriers
dudit Seigneur Duc d'Orleans, des aſſignations à
eux données en ladite Cour des Aydes, pour raiſon
de ladite qualité d'Ecuyer, à la requeſte dudit
Bouſſeau, auquel & à tous autres, Sa Majeſté fait
très-expreſſes défenſes d'y en faire aucunes pourſuites, ni de troubler leſdits Supplians en ladite qualité, pendant qu'ils ſeront pourvûs deſdites Charges, à peine de quinze cens livres d'amende, nullité, caſſation de procedures, dépens, dommages

& interests, sans néanmoins qu'ils puissent prendre
ladite qualité d'Ecuyer après qu'ils ne seront pour-
vus desdites Charges, à peine d'être contraints chacun au payement de la somme de deux mille livres
d'amende. Fait au Conseil d'Estat du Roy , tenu à
Paris le 10 jour de Juin 1665. Collationné & signé
BERRIER.

Arrest du Conseil d'Etat du Roy , en faveur des Offi-
ciers domestiques & comm nsaux des Maisons Roya-
les , portant Reglement pour la taxe des droits des
Lettres de Provisions.

Du 29 Juillet 1665.

Extrait des Regîstres du Conseil d'Etat du Roy.

SUR la Requeste presentée au Roy en son Conseil par Pierre de Camp, Gilles Ballache, François & Jacques Fedé, Ecuyers Fourriers en la Maison
du Roy , contenant qu'ayant esté pourvûs des deux
Offices, ils auroient presenté leurs Lettres de provision pardevant les Elûs d'Amboise, pour être enregistrées , afin de jouir des exemptions y portées , après
lequel enregistrement les Supplians ayant voulu retirer leursdites Lettres de Provision, & payer dix sols
par chacune Lettre, suivant les Declarations de Sa
Majesté & Arrest de son Conseil , le Greffier de ladite Election auroit refusé de leur délivrer lesdites
Lettres, prétendant exiger d'eux une somme de quatorze livres pour chacune desdites Provisions. A
CES CAUSES , requeroient lesdits Supplians
qu'il plust à Sa Majesté d'ordonner que leurs Lettres
de Provisions leur seroient rendues & restituées, aux
offres qu'ils font de payer la somme de dix sols pour
chacun enregistrement ; à ce faire, le Greffier contraint par toutes sortes de voyes dûes & raisonnables, même par corps. Vû ladite Requeste & les
pieces attachées à icelle: Oüy le Rapport du sieur
de Seve, Conseiller ordinaire en ses Conseils , &
au Conseil Royal de ses Finances, Commissaire à ce

députe; & tout confideré. LE ROY EN SON CONSEIL , a ordonné & ordonne qu'en payant par les Supplians au Greffier de ladite Election d'Amboife , la fomme de dix fols pour tout droit d'enregiftrement de chacune defdites Lettres de Provifion avec les pieces attachées fous le contre- fcel d'icelui. Ordonne Sa Majefté qu'à ce faire il fera contraint par toutes voyes dûes & raifonna- bles , même par corps, huitaine après la fignifica- tion qui lui fera faite du prefent Arreft Fait au Confeil d'Etat du Roy , tenu à Paris le vingt-neu- viéme jour de Juillet mil fix cens foixante-cinq.

Signé , BERRIER·

Declaration du Roy , fervant aux Officiers de fa Chapelle, & tous autres employez dans les Etats des Maifons Royales. *

Du mois de Mars 1666;

LOUIS par la grace de Dieu , Roy de France & de Navarre : A tous prefens à venir : Salut. Nos chers & bien amez les Sous-Maiftres Chapel- lains , Chantres , Clercs , Enfans de nos Chapelle , Oratoire & Chambre , Beneficiers & Officiers de noftre Sainte Chapelle de Paris , Nous ont fait re- montrer , qu'en vertu des Lettres Patentes des Rois nos predeceffeurs , & des nôtres , & des Arrefts, tant de noftre Confeil , Cours de Parlement, que noftre Grand Confeil , intervenus fur les Bulles de nos Saints Peres les Papes Gregoire X. Jean XXII. Be- noift X. Clement VI. & Clement VII. en confidera- tion du fervice actuel , & pour leur donner moyen de s'entretenir & fubvenir aux dépenfes qu'ils font obligez de faire à noftre Cour & fuite , ils ont tou- jours efté tenus pour prefens en tous les Benefices & Dignitez par eux poffedez ès Eglifes , Chapitres & Communautez de ce Royaume , pour en perce-

* *Voyez les Arrefts du 24 Novembre 1687. du 18 Septembre 1705. & 28 Janvier 1709.*

voir tous les fruits, profits, revenus & émolumens ;
droit de conferer les Benefices à leur tour & op-
ter les maisons desdits Chapitres, à l'instar des re-
sidens & presens en personne, Agens & Deputez des
Chapitres, à la reserve des seules distributions manuelles, qui se font pendant le Divin Service au
Chœur & Chaises, en argent sec & monnoyé, pour
jouir par eux de tous lesdits fruits, profits, revenus
& émolumens pendant toute l'année, à l'égard de
nos Officiers ordinaires, Beneficiers & Officiers de
nostre Sainte Chapelle de Paris, pendant six mois,
à l'égard de ceux de Semestre ; & trois mois pour
ceux de quartier, chacun pour le temps de leur service actuel, & deux mois pour venir & retourner
aux lieux de leurs Benefices ; au préjudice desquelles Bulles, Lettres Patentes & Arrests qui leur ont
esté accordez il y a plusieurs siécles, & ont esté suc-
cessivement continuées, les Chanoines d'aucune
desdites Eglises s'efforcent de priver les Expotans de
l'effet d'icelles, par des restrictions qu'ils veulent
faire du temps de leurs Privileges ; du nombre de
leurs Benefices, & par des changemens qu'ils appor-
tent à la forme des distributions, ausquelles ils donnent des noms inconnus, même que les Doyen,
Chanoines & Chapitre de Bayeux, auroient fait
rendre Arrest en nostre Cour de Parlement de Paris,
le 7 Septembre 1663, contre M Claude Asselin,
Chanoine de la même Eglise, & l'un des Chapellains & Chantres ordinaires de nostre Chapelle,
par lequel les revenus appartenans à la Prebende
dudit Asselin, & tous les autres droits & distributions lui auroient esté adjugez, mais avec cette
modification, que ce seroit pour en jouir tant & si
longuement que lesdites distributions se mettroient
en tables, & ce pour le tems de six mois seulement,
& un mois pour ses voyages d'aller & de retour,
sans qu'il puisse pretendre qu'un seul privilege, tant
à l'égard de ses offices que benefices, & sans restitution

tion des fruits ; ce qui ſe trouve directement contre
les termes exprès deſdites Bulles, Lettres Patentes
& Arreſts, & donne occaſion à pluſieurs autres Chapitres de noſtre Royaume, d'entreprendre ſur les
privileges des Expoſans, les chapitres de S. Quentin, Perronne & Neſle, ayant depuis ledit Arreſt
changé la forme du payement des diſtributions pour
en fruſtrer Mes   Gobert, Gabillart,
Watelet, Bigot & Romecan, Officiers ordinaires
de notre Chapelle ; & ledit Chapitre de Neſle ayant
depuis ledit tems denié audit Watelet tous les fruits,
profits, revenus & émolumens de la Prebende en
leur Egliſe, ſous pretexte de celle qu'il poſſede en
l'Egliſe de Saint Quentin : ce qui ayant lieu, cau-
ſeroit la ruine des Expoſans, & leur ôteroit tout
moyen de continuer les ſervices qu'ils nous doivent,
à quoi voulant pourvoir & maintenir leſdits Expoſans dans leurs droits. A ces Causes, & autres
à ce nous mouvans, de l'avis de notre Conſeil, qui
a vû leſdites Bulles, Lettres Patentes & Arreſts ſur
ce intervenus, cy-attachez ſous le contreſcel de noſtre Chancellerie, & de notre certaine ſcience,
pleine puiſſance & autorité Royale, Nous avons par
ces preſentes ſignées de notre main, confirmé & approuvé, confirmons & approuvons tous & chacuns
les privileges accordez auſdits Expoſans, par les
Bulles de noſdits Saints Peres les Papes, & Lettres
Patentes des Rois nos predeceſſeurs & les nôtres ; &
conformement à icelles, voulons & nous plait, que
leſdits Sous-Maitres & Chapellains, leſdits Gobert, Gabillart, Watelet, Bigot & Romecan, &
autres Chantres, Chapellains, Clercs & Enfans de
nos Chapelle, Oratoire & Chambre, Beneficiers &
Officiers de notre Sainte Chapelle de Paris & tous
autre employez dans les Etats, ſoient tenus & reputez preſens en toutes les Egliſes de notre Royaume pour tous les Benefices, Offices & Dignitez que
chacun d'eux a, ou aura cy-après eſdites Egliſes

N

pendant tout le temps de leurs services ; sçavoir ; nos ordinaires pendant toute l'année, ceux de Seme-stre pendant six mois ; & ceux de quartier pendant trois mois ; & deux mois encore à chacun d'eux pour venir & retourner à leurs Benefices, qu'ils en jouissent, prennent & perçoivent tous les fruits, re-venus & émolumens du jour de leur reception, des droits de nomination aux Benefices & options des maisons dependantes desdits Chapitres à leur tour, & autres droits generalement quelconques, à la re-serve seulement des distributions manuelles, qui ont de tout temps accoutumé de se faire à la main au Chœur & pendant le divin service, en argent sec & monnoyé, & sans que lesdits Chapitres puissent changer & inover en aucune maniere que ce soit, la forme des payemens & distributions au préjudice des Exposans, soit qu'ils ayent ou non des privile-giez dans leurs Eglises, derogeant quant à ce à toutes deliberations & resolutions d'assemblées, Ordonnan-ces capitulaires & Arrests à ce contraires, & nommé-ment audit Arrest de notre Cour de Parlement de Paris du 7 Septembre 1663, qui demeureront nuls & de nul effet ; & en consequence voulons & nous plaist qu'il soit procedé contre les contrevenans aux presentes, par saisie de leur revenu temporel, non-obstant oppositions ou appellations quelconques ; desquels, si aucunes interviennent, nous avons attribué & attribuons toute Cour, Jurisdiction & connoissance à notre Grand Conseil, & icelle in-terdite à toutes nos autres Cours & Juges. Si don-nons en mandement à nos amez & feaux Conseillers les gens tenans nostredit Grand Conseil, que ces Presentes ils ayent à faire enregistrer selon leur for-me & teneur, & du contenu en icelles faire jouir & user lesdits Exposans pleinement & paisiblement, cessant & faisant cesser tous troubles & empêche-mens au contraire nonobstant Clameur de Haro, Chartre Normande, prise à partie, & Lettres à ce contraires. Et d'autant que les Exposans pourront avoir besoin des Presentes en plusieurs & divers lieux, voulons qu'aux copies bien & duement collationnées d'icelles, par l'un de nos amez & feaux Conseillers & Sécretaires, foy soit ajoutée comme aux originaux : Car tel est notre plaisir. Et afin que ce soit chose ferme & stable à toûjours, Nous avons fait mettre notre scel à cesdites Presentes. Donné à Saint Germain en Laye au mois de Mars l'an de grace mil six cens soixante six, & de nostre regne le vingt-troisiéme. Signé, L O U I S. Et plus bas. Par le Roy, DE GUENEGAUD. Et scellé du grand Sceau de cire verte, en lacs de soye rouge & verte. Et à côté.

Enregistré ès Registres du Grand Conseil du Roy suivant l'Arrest donné en icelui. A Paris, le 18 jour de Mars 1666.   *Signé HERBIN.*

Declaration du Roy, donnée en faveur des Officiers domestiques & Commensaux de la feu Reine Mere, Marie de Medicis.

Du 11 May 1666.

L O U I S par la grace de Dieu, Roy de France & de Navarre ; A nos amez & feaux Conseillers les gens tenans nostre Cour des Aydes de Paris ; Salut. Depuis nostre Déclaration du 30 May 1664, que nous avons envoyée avec les Estats des Maisons Royales, contenant le nombre des Officiers que nous entendons être maintenus dans la jouissance de leurs Privileges, aucuns de ceux de la Reine Mere Marie de Medicis nostre Ayeule, qui se trouvent encore en vie, nous ont fait plainte de ce que nous les avions obmis dans l'Etat de sa Maison, quoiqu'ils l'eussent servie jusqu'à sa mort, & qu'ils eussent toûjours été employez dans les Etats qu'elle en faisoit expedier par chacun an, dans le soin que nous prenons d'empécher les abus qu'on avoit introduits par la jouissance des privileges, que plusieurs se

diſans Officiers, uſurpoient impunement au préjuꝛ
d ce de nos autres Sujets qui ſe trouvoient chargez
par ce moyen des contributions qu'ils devoient porter, nous avons obligé ceux qui reſtent encore de
noſtredite Ayeule à nous repreſenter leurs Proviſions, & les derniers certificats de ſervices qu'ils
ont rendus à la défunte ; & après en avoir reconnu
la veriꞔé, nous avons fait dreſſer le nouvel Etat que
nous vous envoyons preſentement. A CES CAUSES,
Nous vous mandons & ordonnons par ces Preſentes
ſignées de notre main, que ſans vous arreſter au
premier Etat des Officiers de notredite Ayeule, attaché à la ſuſdite Déclaration, ny aux autres qui
vous ont été envoyez devant ou après, vous ayez
à vous regler ſur le preſent cy-attaché ſous le contreſcel de noſtre Chancellerie, & à faire jouir
pleinement & paiſiblement leur vie durant ; ceux
qui ſont employez dans le preſent Etat ; enſemble
leurs veuves pendant leur viduité, des mêmes privileges, exemptions, libertez & affranchiſſemens
dont ils ont joui tant que notredite Ayeule a vêcu,
& de même qu'en jouiſſent tous nos autres Officiers
commenſaux, ſans ſouffrir qu'ils y ſoient troublez
en façon quelconque, nonobſtant tous Reglemens,
la ſuſdite Déclaration, & l'Etat cy-attaché, & autres choſes à ce contraires: Car tel eſt noſtre plaiſir. Donné à Saint Germain en Laye le onziéme
jour du mois de May, l'an de grace 1666, & de
noſtre regne le vingt-trois. Signé, L O U I S. Et
plus bas : Par le Roy, DE GUENEGAUD.

Regiſtrées en la *Cour des Aydes. A Paris en ladite*
Cour dés Aydes le 10 jour de Juin 1666.
                              Signé, *BOUCHER.*

Declaration du Roy, donnée en faveur des Officiers, Archers & Gardes du Corps de la feue Reine Mere de Sa Majesté.

Du 6 Septembre 1666.

LOUIS par la grace de Dieu, Roy de France & de Navarre ; Salut. Comme noftre intention a toujours été que les Officiers & Archers de la Compagnie des Gardes du Corps de la feue Reine noftre très-honorée Dame & Mere, jouiffent des mêmes privileges & exemptions des Tailles, & autres, dont jouiffent les Compagnies des Gardes de noftre Corps ; en confequence de quoy nous avons établi celle de notredite feue Dame & Mere : neanmoins comme depuis fon decès, l'Etat de ladite Compagnie n'a pas été enregiftré en noftre Cour des Aydes de Paris, & que fous ce prétexte on les pourroit troubler en la jouiffance de leurfdits privileges, nous ayant très-humblement fait fuplier leur octroyer nos Lettres de Déclaration fur ce neceffaires : Sçavoir faifons QUE POUR CES CAUSES, & autres confiderations, à ce nous mouvans, defirant favorablement les traiter, nous, de grace fpeciale, pleine puiffance & autorité Royale, avons dit & declaré par ces Prefentes fignées de notre main, difons & declarons que noftre vouloir & intention eft que lefdits Officiers & Archers dont ladite Compagnie des Gardes du Corps de feue noftredite Dame & Mere étoit compofée, & qui l'ont fervie actuellement jufqu'au jour de fon decès, dénommez & compris en l'Etat & rolle par nous arrêté le 9 Avril dernier, cy-attaché fous le contre-fcel de noftre Chancellerie, jouiffent leur vie durant ; enfemble leurs veuves pendant leur viduité, des mêmes privileges & exemptions attribuées à nos Officiers domeftiques & commenfaux de noftre Maifon ; à l'effet de quoy Ordonnons, qu'en cas que lefdits Officiers & Archers de ladite Compagnie

N iij

ayent été impofez & compris dans les rolles defdites
Tailles, depuis le decès de noſtredite feue Dame &
Mere, ils ſoient rayez & ôtez, & mis au Chapitre
des Exempts. Si donnons en mandement. &c. donné
à Vincennes le ſixieme Septembre, l'an de grace
1666. & de notre regne le vingt-quatriéme. Signé,
L O U I S. Et ſur le replis, par le Roy D E G U E N-
N E G A U D. Et au coin dudit reply : Vû au Conſeil, C O L B E R T.

Regiſtrées en la Cour des Aydes. A Paris en ladite
Cour des Aydes le 23 jour de Septembre 1666.

Signé, *BOUCHER.*

Declaration du Roy, portant retabliſſement des
privileges des Aydes, en faveur des Officiers
commenſaux de la Maiſon de Monſieur & de
Madame.

Du 24 Decembre 1668.

L O U I S par la grace de Dieu, Roy de France
& de Navarre : A tous ceux qui ces preſentes
Lettres verront ; Salut. Noſtre intention ayant toujours été de donner des marques ſingulieres de noſtre affection à noſtre très-cher & très-amé Frere
unique Duc d'Orleans, Nous avons favorablement
entendu la propoſition qu'il nous a faite, de vouloir rétablir les Officiers commenſaux de ſa Maiſon,
dans les mêmes privileges de nos droits d'Aydes,
dont ont toujours joui ceux des Maiſons des Fils
de France, & Meſdames leurs Epouſes, qui n'ont
été ſurcis qu'à cauſe de la guerre ; & pour cet effet
Nous nous ſommes fait repréſenter les Lettres
Patentes & Declarations que le feu Roy noſtre très-
honoré Seigneur & Pere, & les Rois ſes prédeceſſeurs leur ont accordé, & entr'autres celles du 8
Mars 1638, données en faveur des Officiers de la
Maiſon de noſtre très-cher & très-amé Oncle le feu
Duc d'Orleans ; enſemble celles portant revocation
generale des privileges des droits de nos Aydes,

ordonnée par notre Edict du mois d'Octobre 1641,
& Declaration du premier Mars 1656 : Et après les
avoir examinées, nous avons réfolu d'accorder le
rétabliffement aux Officiers domeftiques & commenfaux de noftredit Frere & de Madame fon Epoufe, des mêmes privileges & exemptions dont jouiffent à prefent nos Officiers fervans actuellement
près noftre perfonne. A ces Causes, & autres confiderations, à ce nous mouvans, de l'avis de notre Confeil, & de noftre grace fpeciale, pleine
puiffance & autorité Royale, Nous avons par ces
Préfentes fignées de notre main, dit & declaré,
difons & declarons, voulons & nous plaift, que
tous les Officiers domeftiques & commenfaux de
noftredit Frere unique Duc d'Orleans, & ceux de
Madame fon Epoufe, couchez & employez dans
les Etats de leur Maifons, étant au Greffe de noftre
Cour des Aydes de Paris ; & ceux qui feront employez dans les Etats qui y feront portez à l'avenir
actuellement fervans, & leurs veuves pendant leur
viduit é, jouiffent des mêmes & femblables privileges & exmptions de nofdits droits d'Aydes pour
les vins provenans de leur cru, qu'ils vendront en
gros feulement, ainfi qu'en jouiffent à prefent nos
Officiers commenfaux actuellement fervans, fuivant
& conformément à nos Declarations & Edits enre-
giftrez en noftredite Cour, pourvû que les uns &
les autres n'abufent dudit privilege, & ne faffent
actes dérogeans à iceluy, à peine d'en être déchû. Si
donnons en mandement à nos amez & feaux Confeillers les gens tenans noftredite Cour des Aydes
& Officiers des Elections, que ces Prefentes ils faffent regiftrer, & du contenu en icelles jouir & ufer
lefdits Officiers domeftiques & commenfaux de noftredit Frere Duc d'Orleans & de Madame fon Epoufe, & leurs veuves pendant leur vuiduité, pleinement
& paifiblement, ceffant & faifant ceffer tous troubles & empêchemens, nonobftant tous Edits, Or-

donnances, Arrests & Reglemens, même ceux desdites années 1641 & 1656, ausquels & aux dérogatoires des dérogatoires y contenus, Nous avons dérogé & dérogeons par ces Presentes; Car tel est nostre plaisir. En témoin de quoi nous avons fait mettre nostre sceau à cesdites Presentes. Donné à Paris
le 24. jour de Decembre 1668 & de nostre regne
le vingt-sixiéme. Signé, LOUIS. Et sur le reply :
Par le Roy, LE TELLIER.

Registrée en la Cour des Aydes. A Paris en ladite
Cour des Aydes, le 5 jour de Janvier 1669.

Signé, BOUCHER.

Arrest du Grand Conseil, rendu en faveur des Officiers
Commensaux de la Maison du Roy, & de la Reine,
pour l'Exemption des Logemens des gens de Guerre,
en leurs Maisons, Fermes & Métairies, eux &
leurs Fermiers, conformement aux Edits & Decla-
tions du Roy.

Du premier Mars 1669.

Extrait des Registres du Grand Conseil.

LOUIS par la grace de Dieu, Roy de France
& de Navarre : A tous ceux qui ces presentes
Lettres verront ; Salut. Sçavoir faisons ; Comme
par Arrest cejourd'hui donné en notre Grand Conseil, entre nos bien-amez Claude & Charles Peigné pere & fils, Habitans de la Paroisse de Rouvray-
Saint-Denis, Appellans des Sentences de retention
& diffinitive contr'eux rendues par le Prevôt de notre Hôtel, ou son Lieutenant, des 17. jours du mois
d'Avril, 27. du mois d'Aoust 1668, & de tout ce qui
s'en est ensuivi, tant comme rendues par Juge incompetant, qu'autrement d'une part; & Pierre Ursin, Ecuyer, Sieur de Fontenelle & du petit Arbouville, l'un des deux cens Chevaux-Legers de notre Garde, & Brigadier de la Compagnie, & Chef de
notre Gobelet, Intimé d'autre. Et entre Guillaume
Peigné, Jean Pichard, Collecteurs, Jean Rousseau,

Pierre Gilbert, Guillaume Fauze, Noel Pagnon, Claude Pavart le jeune, Eloy Vallée, Simon Pithois & Claude Villiers, tous Particuliers & Habitans de ladite Paroisse de Rouvray-Saint-Denis, reçûs Parties intervenantes au Procès, & requerans que ledit Ursin soit condamné en tous leurs dépens, dommages & interests, d'une part ; Et ledit Ursin Défendeur, d'autre part. VEU PAR NOTREDIT GRAND CONSEIL, les Ecritures desdites Parties, lesdites Sentences rendues en ladite Prevôté de notre Hôtel, dont est appel, par la premiere desquelles ledit Prevôt, ou son Lieutenant, auroit retenu la connoissance de la Cause, Procès & differends des Parties, dudit jour 17 du mois d'Avril 1668. Et par la deuxiéme est ordonné, que sans avoir égard à l'Inscription de faux & moyens de nullité; & à l'Acte du prétendu desaveu du 28. du mois de May 1668. défenses sont faites ausdits Habitans de Rouvray, & ausdits Claude & Charles Peigné, de donner aucuns Bultins pour les Logemens des Gens de Guerre dans les Maisons & Fermes dudit Ursin, condamne lesdits Peigné; payer audit Ursin la somme de soixante livres pour les dommages & interests par lui soufferts, à cause de quatre Logemens par eux faits chez Jean Trochu son Fermier, en consequence des Bultins donnez par lesdits Peigné, ordonne que les mots contenant que ledit Ursin a mandié la Procuration du 13. jour du mois d'Avril, & qu'il a fait faussement fabriquer, inserez dans leurs repliques, signifiez le 30. jour du mois de May, seront rayez & biffez, tant de l'original, qu'en la copie au Greffe de ladite Prevôté, & en consequence les nommez Barry & autres Habitans de ladite Paroisse de Rouvray, sont dechargez de la demande dudit Ursin, pour raison des dommages & interests; condamne lesdits Peigné aux dépens, dommages & interests envers lesdits Ursins & Barry, dudit jour 27 Aoust 1668. Ecritures & Productions sur lesquelles

ladite Sentence eſt intervenue. Copie de nos Lettres
Patentes en forme de Declaration, par leſquelles
Nous aurions declaré tous & chacun nos Officiers
Domeſtiques & Commenſaux, & ceux de la Reine
notre très-chere Epouſe, employez dans les Etats,
& ſervans actuellement par quartier ou ſemeſtre,
exempts & déchargez de tous logemens & nourriture de Gens de Guerre, tant de cheval que de pied,
de quelques Langues & Nation qu'ils ſoient, enſemble leurs Maiſons, Fermes, Métairies, avec leurs
Fermiers, & Serviteurs. Faiſons défenſes auſdits
Gens de Guerre, de prendre, ni enlever deſdites
Maiſons, Fermes ou Métairies, aucuns bleds; vins,
foins, pailles, avoines, beſtiaux, volailles, ni autres choſes quelconques, à peine d'être punis &
châtiez ſuivant la rigueur des Ordonnances. Faiſons
défenſes aux Maréchaux des Logis, Fourriers, &
autres Commis, & à commettre, & à faire les
Logemens deſdits Gens de guerre, & à tous Marguilliers & Collecteurs des Paroiſſes, de donner
aucuns Billets, Bultins, pour loger eſdites Maiſons,
Fermes & Métairies, ni icelles indiquer pour cet
effet, ſur les peines ſuſdites, leſquels nos Officiers
& ceux de la Reine notre Epouſe, Nous aurions mis
ſous notre protection & ſauvegarde, avec leurs
Maiſons, Fermiers & Serviteurs : Et afin qu'aucun
n'en pût prétendre cauſe d'ignorance, Ordonnons
que noſdites Lettres Patentes, ſeroient lûes & publiées à ſon de trompe & cri public, par tout où beſoin ſera, du 17. jour de Mars 1666. Autre Copie
de nos Lettres Patentes, contenant que Nous aurions ci-devant ordonné qu'il ſeroit levé ſur nos Sujets une ſomme de huit millions cinq cens mille livres, pour être employée à la ſubſiſtance des Gens
de Guerre pendant l'hiver de l'année 1638. Néanmoins Nous aurions déchargé de la Contribution à
icelle, nos Officiers commenſaux, avec défenſes
aux Commiſſaires, de les y comprendre, & à tous

Officiers Commenſaux, Echevins & Elus, de faire
aucune taxe ſur eux, ni ſur leurs biens, pour raiſon
de ladite Impoſition, à peine de tous dépens, dommages & intereſts, du 2. jour du mois de Janvier
audit an 1638. Copie d'Arreſt donné en notre Cour
des Aydes de Paris, par lequel eſt ordonné que leſdites Lettres ſeront enregiſtrées au Greffe de ladite
Cour, pour jouir par les Officiers Commenſaux de
notre Maiſon, employés & compris dans l'Etat reçû & mis au Greffe d'icelle, du contenu en icelles
ſelon leur forme & teneur, du 6. jour du mois de
Fevrier audit an 1638. Copie d'une Sentence rendue
en la Connêtablie & Maréchauſſée de France, entre
Charles d'Anſtrade Ecuyer, Archer des Gardes de
notre Corps, du nombre des Vingt-cinq, d'une
part ; & les Manans & Habitans du Village de Laulay, & leurs Sindics, Urbain du Deffan & Pierre
Gudin, d'autre, par laquelle leſdits Manans & Habitans du Village de Laulay leſdits Sindics, Deffan & Gudin, ſont condamnez payer audit d'Anſtrade pour dommages, intereſts & dépens, pour
avoir fait deux logemens de Gens de guerre à une
des Fermes à lui appartenantes, en la ſomme de
vingt-quatre livres pariſis, avec deffenſes à l'avenir
de donner aucuns Bultins pour loger aucuns Gens de
guerre en aucune des Maiſons appartenantes audit
d'Anſtrade, ni de le faire contribuer, lui ou ſes
Fermiers, en aucune maniere que ce ſoit, à peine
d'en répondre en leurs noms, & de repeter ſur eux
toutes les choſes qui auront été fournies, dépens,
dommages & intereſts, & d'être en outre punis ſelon
la rigueur des Ordonnances, & condamnez aux dépens, du 7. jour du mois de Juin audit an 1638.
Autre Sentence rendue en ladite Prevôté de notre
Hôtel, ſur la plainte rendue par Nicolas de Bourdeaux, Archer des Gardes de notre perſonne, demeurant à Vernon ſur Seine, contre Pierre de
Chauffours, Ecuyer, Lieutenant des Eaux & Fo-

rests du Bailliage de Gisors, & Echevin de ladite
Ville, par laquelle ledit de Chauffours est condamné en son propre & privé nom, & par corps aux dépens, dommages & interests, eûs & soufferts par
ledit de Bourdeaux, pour le logement & dépense
des gens de Guerre, moderez à la somme de trente
livres, & pour la contravention faite par ledit de
Chauffours, à notre Declaration, auroit été condamné en six livres d'amende, avec défenses ausdits
de Chauffours, & autres Echevins, Maréchaux des
Logis, Fourriers & autres Commis, d'envoyer à
l'avenir des Gens de Guerre en la Maison dudit
Bourdeaux, & autres Officiers, Domestiques &
Commensaux de notre Maison & de la Reine ; con-
damme ledit Chauffours aux dépens, du 11. jour de
Juin audit an 1638. Autre Copie d'Arrest donné en
notre Parlement de Paris, entre François Pivert &
Jean Blanchet, Echevins de la Ville de Tournant,
Appellans de la Permission d'informer. Information
& Decret d'ajournement personnel rendus en la
Connétablie & Maréchaussée de France, d'une part ;
& Pierre Passavant, Ecuyer Sieur du Cluzeaux,
Maréchal des Logis de notre Maison, Intimé d'autre ; par lequel, sur les Conclusions de notre Procureur General en notredit Parlement, les appellations, & ce dont avoit été appellé, auroit été mis
au néant, & évoqué le principal differend des Parties ; & y faisant droit, lesdits Pivert & Blanchet
auroient été condamnez en cent cinquante livres
envers ledit Passavant, pour tous dépens, dommages & interests, avec défenses ausdits Maire & Echevins dudit Tournant, de plus à l'avenir envoyer des
Gens de Guerre en la Maison dudit Passavant, à
peine d'en répondre en leurs propres & privez noms,
du 5 jour du mois de Juillet 1642. Requête presentée en notre Conseil par ledit Claude Peigné, tendante afin d'être reçû Appellans desdites Sentences
dudit Prevôt de notre Hôtel, du cinquiéme jour du

mois de Septembre, enfuite le Procès-verbal d'Affignation donnée audit Urfin, à comparoir en notre
Confeil, pour proceder fur ledit appel, du quatriéme jour du mois de Septembre 1668. Autre Requefte prefentée à notre Confeil par Charles Peigné,
tendante afin d'être reçû conjoinctement Appellant
defdites Sentences, du vingt-neuviéme jour du
mois de Décembre audit an. Copie imprimée d'un
Reglement par Nous fait pour le logement, payement, fubfiftances & police des Gens de Guerre,
pendant l'hyver de l'année 1651. Par lequel entre
autres chofes ès articles dix-neuf & vingt, il eft dit
que les Logemens defdits Gens de Guerre feront
faits par les Maire & Echevins des Villes; & aux
Lieux où il n'y en aura point, par les Syndics & principaux Habitans, ayant foin des affaires de la Communauté; qu'il n'y aura aucun Habitant exempt de
Logement, hors les Ecclefiaftiques, les Gentilshommes faifant profeffion des Armes, les Chefs
des Compagnies d'Officiers Royaux, Maires &
Echevins des Villes, les Receveurs & Fermiers de
nos Domaines, du 4. jour du mois de Novembre
1651. Requefte prefentée à notredit Cohfeil par ledit
Guillaume Peigné, Pichard & autres particuliers
Habitans dudit Rouvray, Intervenans, tendante
afin d'être reçûs Parties intervenantes en ladite Inftance d'appel, du 12. jour du mois de Janvier 1669.
Arreft de notre Confeil, par lequel lefdits Peigné,
Pichard & autres ont été reçûs Parties audit Procès,
& ordonné qu'ils fatisferont au Reglement donné
entre les Parties, du 4. jour du mois de Fevrier
1669. Autres Arrefts de notredit Confeil, par lefquels fur les Appellations, les Parties ont été reglées à écrire & produire, des vingt-fixiéme jour du
mois de Novembre 1668, & quatriéme jour du
mois de Janvier 1669. Contredits difdits Claude &
Charles Peigné pere & fils. Sommation d'en fournir par lefdits Guillaume Peigné, Pichard & autres

intervenans , & tout ce que par lesdites parties a
été écrit & produit pardevers notredit Conseil.
Conclusions de notre Procureur General : ICE-
LUI NOSTREDIT GRAND CONSEIL,
sans s'arrêter à l'intervention desdits Guillaume
Peigné , Pichard , Rousseau & autres particuliers
Habitans dudit Rouvray , a mis & met l'appellation
au neant , ordonne que ce dont a été appellé , sortira son plein & entier effet , a condamné & condamne lesdits Peigné pere & fils, Guillaume Peigné,
Pichard , Rousseau , Gilbert , Favre , Pugnon , Pa-
vard le jeune , Vallée , Pithois & Villiers , aux dépens, Si donnons en Mandement au premier des
Huissiers de notredit Grand Conseil , en ce qui est
executoire à nostre Cour & suite , & hors d'icelle ,
au premier desdits Huissiers ou autre nostre Huissier ou Sergent sur ce requis , qu'à la Requeste dudit
Pierre Ursin , Ecuyer , Sieur de Fontenelles , & du
petit Arbouville , le present Arrest , il mette à dûe
& entiere execution , de point en point , selon sa
forme & teneur , le contraignant à ce faire , souffrir
& obeir à tous ceux qu'il appartiendra , & qui sont
à contraindre; nonobstant oppositions ou appellations quelconques , lesquelles & sans préjudice
d'icelles , ne voulons être differé , & faire en outre
pour l'execution des Presentes , tous Exploits & Significations , Sommations , Commandemens , Contraintes & autres actes de Justice , requis & necessaires . De ce faire te donnons pouvoir , sans pour ce
demander *Placet* , *Visa* , *ne Pareatis.* En temoin de
quoy nous avons fait mettre nostre scel à cesdites
Presentes. Donné en nostredit Grand Conseil à Paris le premier jour de Mars l'an de grace **1669** , &
de notre regne le vingt-sixiéme Collationné. Signé ,
Par le Roy , à la relation des Gens de son Grand
Conseil , HERBIN.

Arreſt du Conſeil, qui décharge un Valet de chambre ordinaire du Roy, des pourſuites d'Uſurpateur de Nobleſſe, pour raiſon de la qualité
d'Ecuyer.

Du 25 Avril 1669.

SUR la requeſte preſentée au Roy par Jean de
la Faye, Sieur du Breuil; Avocat en Parlement,
Valet de chambre ordinaire de Sa Majeſté, & Interprete en langue Latine, contenant qu'ayant été aſſigné pardevant les ſieurs Commiſſaires Generaux
departis par Sa Majeſté, à la Requeſte de Me Jacques Duret, Commis à la pourſuite des Uſurpateurs
du titre de Nobleſſe de la Generalité de Paris, pour
repréſenter les titres en vertu deſquels il a pris ladite
qualité d'Ecuyer, il lui auroit par acte du 27 Juillet
1668, fait donner copie des proviſions de ſes deux
Charges & de l'Etat des Officiers commenſaux de
la Maiſon de Sa Majeſté, & des certificats de ſes
ſervices, & declaré que n'ayant pris la qualité d'E-
cuyer qu'en conſequence de ſes proviſions dans leſquelles ladite qualité y eſt employée, il ne prétendoit la prendre qu'en cas que Sa Majeſté l'eût agréable, en conſideration de l'employ qu'il avoit auprès
d'Elle & de Monſeigneur le Dauphin ; mais au lieu
par ledit Duret de conſentir à ſa décharge, il auroit ſoutenu qu'il étoit Uſurpateur, & devoit être
condamné en l'amende ; & d'autant que par l'Arreſt
du Conſeil du 22 Mars 1666, les Officiers Commenſaux de Sa Majeſté, qui n'auront pris la qualité d'E-
cuyer que pendant qu'ils auront poſſedé leſdites
Charges, ſont déchargés de ladite pourſuite, & que
le Suppliant eſt aux termes dudit Arreſt, requeroit
qu'il plût à Sa Majeſté le décharger de ladite pourſuite, & faire deffenſes audit Duret de la continuer,
à peine de cinq cens livres d'amende dépens dommages & intereſts. Vû par le Roy en ſon Conſeil,
ladite Requeſte communiquée ſuivant l'Ordonnance

dudit Conseil dudit 13 Fevrier dernier, audit Duret, par Exploit du 25 dudit mois. L'Exploit d'assignation donnée au Suppliant à la requeste dudit
Duret, pardevant les Sieurs Commissaires Generaux, du 30 Juin 1668. Ledit acte de Déclaration
dudit jour 27 Juillet audit an. La réponse dudit
Duret audit acte du 17 Janvier dernier. Les Lettres
de provision desdites Charges de Valet de chambre
& de Conseiller & Secretaire de Sa Majesté, &
Interprete en langue Latine, du 23 Decembre 1656
& 10 Juillet 1662. Certificat du sieur Duc de Cre-
quy, Premier Gentilhomme de la chambre de Sa
Majesté, du service rendu par le Suppliant auprès
de Monseigneur le Dauphin, pendant le quartier
de Juillet, du 24 Septembre 1669. Extrait de
l'Etat de la Maison de Sa Majesté, porté à la Cour
des Aydes, le 25 Octobre 1664, dans lequel ledit
sieur de la Faye & Jean son fils en survivance y sont
employés aux gages de 660 livres. Les Arrests du
Conseil dudit jour 22 Mars 1666 : & ouy le rapport
du sieur Daligre, Conseiller ordinaire de Sa Majesté
en son Conseil, Commissaire à ce deputé ; & tout
consideré : LE ROY EN SON CONSEIL
Royal des Finances, ayant égard à ladite Requeste,
a déchargé & décharge le Suppliant de l'assignation
qui lui a été donnée pardevant les Sieurs Commissaires Generaux, pour raison de ladite qualité d'E-
cuyer ; & fait deffenses audit Duret d'en faire aucunes poursuites, à peine de cinq cens livres d'amende, dépens, dommages & interests. Signé, SEGUIER,
DALIGRE & DE SEVE. Et plus bas : A Paris le
Jeudy 25 Avril 1669. Pour copie sur la minute qui
est èsmains de nous Conseiller Secretaire du Roy
Maison, Couronne de France & de ses Finances,
Secretaire-Garde des anciennes minutes du Conseil
des Finances, & Commissions extraordinaires du
Conseil. Signé, BESSEU.

Edit

Edit du Roy fur les exempts des Tailles.
Du mois d'Aouft 1669.

LOUIS, &c. Ayant été averti que les Officiers de nos Elections déferent trop facilement aux certifications de difpenfe de fervice de nos Officiers commenfaux & des autres Maifons Royales, Nous leur défendons d'y avoir aucun égard, fi ce n'eft pour caufe de maladie dûement atteftée par les Medecins & Officiers des lieux, en préfence de nos Procureurs. Si donnons en mandement, &c. Donné à Saint Germain en Laye au mois d'Aouft l'an de grace 1669, & de notre regne le vingt-feptiéme. Signé, LOUIS. Et plus bas: Par le Roy, COLBERT.

Lû, publié & regiftré. A Paris en la Cour des Aydes, les Chambres affemblées, le treizieme jour d'Aouft 1669. Signé, BOUCHER.

Declaration du Roy, en faveur des Gardes du Corps de Sa Majefté.
Du 15 Novembre 1671.

LOUIS par la grace de Dieu, Roy de France & de Navarre: A nos amez & feaux les Gens tenans noftre Cour des Aydes à Paris; Salut. Ayant par nos rolles expediez en l'année 1664, & par noftre Declaration de la même année, reglé le nombre des Officiers & Gardes des quatre Compagnies des Gardes de noftre Corps, qui doivent jouir des privileges des Commenfaux de noftre Maifon; mais ayant depuis fait divers changemens dans fefdites Compagnies, Nous avons enfin jugé à propos, pour le bien de noftre fervice, de les fixer, fuivant & ainfi qu'il eft porté par les quatre rolles expediez pour la prefente année, à l'exception des anciens exempts, au nombre de huit dans la Compagnie commandée par noftre très-cher & bien amé Cou-

fin le Duc de Noailles, six dans la Compagnie commandée par noftre cher & bien. amé le fieur Comte
de Charoft, huit dans celle qui eft commandée par
noftre cher & bien amé le fieur Marquis de Rochefort, & cinq dans celle qui eft commandée par noftre
cher & bien amé le fieur Comte de Lauzun, faifant
en tout vingt-fept, que nous voulons jouir des privileges leur vie durant, & être fupprimez, vacation
arrivant; Comme auffi des deux Clercs du Guet
reftans, l'un dans la Compagnie commandée par
ledit fieur Marquis de Rochefort, & l'autre dans la
Compagnie commandée par ledit fieur Comte de
Lauzun, que nous voulons eftre pareillement fupprimez, vacation arrivant; & comme vous pourriez
faire difficulté d'enregiftrer lefdits rolles, s'il ne
vous apparoiffoit de noftre intention. A c ɛ s C a u-
s ɛ s, Nous vous mandons & enjoignons par ces Prefentes fignées de notre main, que conformément
aux quatre rolles cy-attachez fous le contrefcel de
Notre Chancellerie, vous ayez à maintenir tous
ceux qui y font employez; fçavoir, pour la Compagnie commandée par noftredit Coufin le Duc de
Noailles, un Capitaine, deux Lieutenans, deux Enfeignes, un Homme - d'armes, douze Exempts,
quatre Brigadiers, huit Sous-Brigadiers, quatre-
vingts-huit Gardes, un Major, deux Aydes-Ma-
jors, & trois Treforiers; & pour chacune des trois
autres Compagnies commandées par lefdits fieurs
Comte de Charoft, Marquis de Rochefort, & Comte de Lauzun, un Capitaine, deux Lieutenans, deux
Enfeignes, douze Exempts, quatre Brigadiers, huit
Sous-Brigadiers, quatre-vingts-huit Gardes, & trois
Treforiers, dans la jouiffance des privileges, exemptions, franchifes & immunitez, appartenans aux Officiers commenfaux de noftre Maifon, fans permettre qu'ils y foient troublez ny inquietez, pour
quelque caufe & raifon que ce foit, nonbftant les
termes portez & prefcrits par nofdits rolles & De-

claration de l'année 1664, & toutes autres Lettres à ce contraires, aufquelles Nous avons dérogé pour ce regard : Car tel eft noftre plaifir. Donné à Verfailles le quinziéme jour de Novembre l'an de grace mil fix cens foixante-onze, & de noftre regne le vingt-neuviéme. Signé, LOUIS. Et plus bas : Par le Roy, COLBERT. Et fcellées. Et à côté eft écrit.

Regiftrée en la Cour des Aydes. A Paris en ladite Cour des Aydes le quatorziéme jour de Decembre 1671. Signé, BOUCHER.

Arreft du Confeil d'Eftat, en faveur des Marchands privilegiez de la Garderobe du Roy.
Du 11 Fevrier 1673.
Extrait des Regiftres du Confeil d'Eftat.

ENTRE les Maiftres & Gardes de la Marchandife de Mercerie, Grofferie & Jouaillerie de la Ville & Fauxbourgs de Paris, demandeurs en Requefte, fur laquelle font intervenus les Arrefts du Confeil des trois Fevrier 1668, & 10 Novembre 1671, d'une part; & Antoine Helenne l'un des Marchands Merciers, fourniffant la Garderobe du Roy, défendeur, d'autre part, fans que les qualitez puiffent nuire ny préjudicier aux Parties. Vû au Confeil du Roy l'Arreft rendu en iceluy ledit jour 3 Fevrier 1663, fur la Requefte des demandeurs, tendante à ce que pour les caufes y contenues, il plût à fa Majefté, conformément aux Arrefts du Confeil, & notamment à ceux des 23 Septembre 1646, 30 Juillet 1647, 28 Septembre 1651, 24 Avril 1657, 29 Mars & 7 Aouft 1658, 11 Mars 1659, 8 Fevrier & 28 Septembre 1661, 23 Octobre 1663, 27 Septembre 1664, 27 Fevrier, 8 Mai & 16 Juin 1665, & autres, caffer & annuller le prétendu Brevet de retenue de Marchand Mercier de la Garderobe de Sa Majefté, furpris par le défendeur le 8 Decembre dernier; & tout ce qui avoit été fait en confequence, même la Sentence d'enregistrement d'iceluy en la Prevosté de l'Hôtel le 10 dudit mois; ce faisant, declarer la peine de trois mille livres, portée par lesdits Arrests encourue par ledit Helenne, au payement de laquelle seroit contraint par toutes voyes, nonobstant oppositions ou appellations quelconques, défenses au défendeur, & tous autres porteurs de pareils Brevets, de s'en servir, sous les mêmes peines; & le défendeur condamné en tous les dépens, dommages & interests des demandeurs: Sur quoy auroit été ordonné qu'aux fins de ladite Requeste, le défendeur seroit assigné au Conseil à huitaine; & cependant lui fait défenses de se servir dudit Brevet de retenue jusqu'à ce qu'autrement par Sa Majesté en eût été ordonné, &c. Et tout ce qui a été mis, écrit & produit pardevers le sieur de Marillac, Conseiller du Roy en ses Conseils, Maître des Requestes ordinaires de son Hôtel, Commissaire à ce député: Ouy son Rapport, après en avoir communiqué aux Sieurs de Lezeau, Boucherat, Voisin & de Fieubet, Conseillers d'Etat ordinaires suivant les Ordonnances du Conseil des 18 & 30 Mars signifiées les 14 & 22 Avril derniers; tout consideré, LE ROY E'TANT EN SON CONSEIL, en conséquence de l'Etat porté en ladite Cour des Aydes, du 25 Octobre 1664, a ordonné & ordonne que ledit Antoine Helenne jouira de l'effet contenu audit Brevet de Marchand Mercier à lui accordé par ledit Grand-Maître de la Garderobe & Lettres en conséquence; & fait Sa Majesté défenses ausdits Maîtres & Gardes de la Mercerie de la Ville de Paris, de le troubler à l'avenir, ny tous autres couchez sur les Etats, à peine de trois mille livres d'amende, & de tous dépens, dommages & interests; tous dépens compensez entre les Parties. Fait au Conseil d'Etat du Roy, Sa Majesté y étant, tenu à S. Germain en Laye le 11. jour de Fevrier 1673.

Signé, COLBERT.

Sentence de la Prevosté de l'Hôtel, portant exemption de logement de Gens de Guerre, en faveur de Officiers du Roy, &c.

Du 21 Fevrier 1673.

A Tous ceux qui ces presentes Lettres verront : Jean de Bouchet Chevalier des Ordres du Roy, Seigneur Marquis de Sourches, & autres lieux, Conseiller du Roy en ses Conseils d'Etat & Privé, Prevost de son Hôtel, & Grand Prevost de France; Salut. Sçavoir faisons, qu'entre Jean Septier & Estienne du Rosier, Chef d'Echançonnerie commune du Roy, & Antoine Dubois, Ecuyer de cuisine dudit commun du Roy, demandeurs en Requeste par eux à Nous presentée le 20 d'Aoust 1672. Commission sur icelle dudit jour, & Exploit fait en vertu d'icelle, le 28 dudit mois d'Aoust; & en execution de l'ordre du Roy, donné en faveur dudit Dubois, le 24 Mars 1665. Sentence du 27 Aoust 1668, & de l'Arrest du Grand Conseil, confirmatif d'icelle, du premier Mars 1669. d'une part; & Louis Thomineau, Procureur Fabricier de la Paroisse de Pontlevoy, défendeur & assigné par ledit Exploit du 28 dudit mois d'Aoust: Et Philippes Laurendeau, ledit Louis Thomineau, Pierre Chauvin, Me. Nicolas Buvon, Me. Louis Pean, Louis Aubert le jeune. Estienne Baudray, Antoine & Gilles Maintray, Laurent Germain, Jean Piot, Jacques Ledet, Jean Rochais, Pierre Cormain, Denis Boucher, Pierre Hemond, Jacques Bailly, Denis Jousset, Louis de Libeau, & Julien Gautier, tous Habitans de ladite Paroisse de Pontlevoy; tant pour eux, que pour les autres Habitans, défendeurs & opposans à l'execution de notre Sentence du 13 Septembre 1672. Vû ladite Requête presentée par lesdits Septier, du Rosier & Dubois, au bas de laquelle est nostre Ordonnance du 20 Aoust 1672, portant, soit donné assignation pour proceder sur icelle; & à cette fin

commiffion, au bas de laquelle eft l'Exploit d'affignation, donné à la Requefte defdits demandeurs,
le 28 dudit mois d'Aouft, audit Thomineau, par
Barbin, Huiffier au Bailliage de Montrichard, controllé ledit jour. Le Bultin délivré par les Habitans
dudit Pontlevoy, le 20 Aouft 1672 ; par lequel il
eft porté, Charles de la Bonne logera deux Soldats
pendant deux jours , & aura pour ayde Nicolas Viau.
Sentence de Nous rendue le 13 Semptembre fuivant,
au profit defdits demandeurs, & par défaut contre
ledit Thomineau, par laquelle en confequence de
l'Ordre du Roy, du 14 Mars 1665, portant défenfes de faire loger des Gens de Guerre en la maifon
dudit Dubois, l'un des demandeurs, au pied duquel
eft la publication d'icelui au Prône de la grande
Meffe de la Paroiffe de Pontlevoy, & autres pieces
y énoncées ; aurions fait défenfes audit Thomineau, audit nom de Procureur Fabricier, de plus à
l'avenir donner aucuns Logemens de Gens de Guerre
en la Maifon defdits demandeurs, ni de contrevenir aux Ordonnances du Roy ; & pour l'avoir fait
par ledit Thomineau, l'aurions condamné aux dépens, dommages & interefts defdits demandeurs.
Acte de l'Affemblée, fait par les Habitans de Pontlevoy, le 8 dudit mois de Septembre, pardevant
Teffier, Notaire, Garde-Scel du Bailliage & Cha-
ftellenie de Pontlevoy. Noftre appointement contradictoirement rendu entre les Parties, le premier
Octobre, portant, les Habitans de ladite Paroiffe
de Pontlevoy, reçûs Oppofans à l'execution de noftre Sentence dudit jour 13 Septembre, en refon-
dans, & au principal les Parties au premier jour. Requefte prefentée par lefdits Habitans de Pontlevoy,
au bas de laquelle eft noftre Ordonnance du 4 de
Decembre de 1672, portant, *Les Parties à quinzaine,*
& cependant furcis ; enfuite de laquelle eft l'exploit
de fignification faite d'icelle le 15 Janvier aufdits
demandeurs, avec affignation à la quinzaine , pour

proceder fur icelle, ledit Exploit controllé le 6 Janvier 1673. Défenses fournies par lesdits Habitans, contre la demande desdits demandeurs, fignifiées le 8 dudit mois de Fevrier. L'Ordre du Roy, obtenu par ledit Dubois, le 14 Mars 1665, par lequel Sa Majefté défend très-expreffement à tous Chefs & Officiers commandans fes Gens de Guerre, tant de cheval que de pied, François & Eftrangers, de loger ny fouffrir qu'il foit logé aucun de ceux qui font fous leur charge, dans la maifon dudit Dubois, fuivant & ainfi qu'il eft plus au long porté par ledit Ordre figné Louis, & plus bas le Tellier, & fcellé; au bas duquel eft la publication d'iceluy au Prône de la grande Meffe Paroiffiale dudit Pontlevoy, le premier Dimanche de Mars 1666. Arreft du Grand Confeil, du premier Mars 1669, confirmatif de nos Sentences, des 17 Avril & 27 Aouft 1668, portant décharge de logemens de Gens de Guerre, fignifié aufdits Habitans de Pontlevoy, le 5 Juin 1672. Réponfes defdits demandeurs aux défenfes fournies par lefdits défendeurs, fignifiées le 8 Fevrier 1673. Noftre appointement dudit jour huitiéme Fevrier, par lequel, pour faire droit aux Parties; tant fur leurs demandes, que défenfes, aurions icelles appointées à mettre leurs pieces, & tout ce que bon leur fembleroit, pardevant Nous. Acte fignifié à la requête defdits demandeurs, le 10 dudit mois de Fevrier, au Procureur defdits défendeurs; par lequel il leur déclare, que pour fatisfaire audit appointement de mettre, il a produit & mis fa production au Greffe, à ce qu'il n'en ignore, & ait à faire le femblable de fa part, fi bon lui femble. Inventaire de production defdites Parties: tout vû & confideré, eu fur ce Confeil. Nous disons, en conféquence de l'Ordonnance de Sa Majefté du 14 Mars 1665, par lequel la maifon des Bordes, fcize près Pontlevoy en Blaifois, appartenante audit Dubois, eft déclarée exempt de tout logement de Gens de Guerre, publié au Prône de

l'Eglise dudit Pontlevoy, de la Déclaration du Roy
du 17 Mars 1666, par laquelle les Officiers commensaux de Sa Majesté sont déclarez exempts de tous
logemens de Gens de Guerre, en leurs maisons, métairies & fermes; & de l'Arrest du Grand Conseil,
du premier Mars 1669, confirmatif de ladite exemption. Que ledit Thomineau, au nom & comme Procureur Fabricien dudit Pontlevoy : ensemble les
Manans & Habitans dudit Pontlevoy, sont condamnez solidairement en dix livres envers chacun desdits
Septier & Dubois pour les dommages & interests par
eux soufferts, à cause du logement de deux Soldats
pendant deux jours en ladite maison des Bordes, en
conséquence du Bultin envoyé par ledit Thomineau
le 20 Avril 1672, à Charles de la Bonne son Fermier. Faisons défenses audit Thomineau ses successeurs en ladite Charge de Procureur Fabricier de ladite Paroisse, Manans & Habitans dudit Pontlevoy,
de plus donner à l'avenir aucuns billets pour logemens en ladite maison des Bordes, & autres maisons,
métairies & fermes desdits Septier, Dubois & Rosier, sur peine de trois cens livrs d'amende. Condamnons lesdits défendeurs aux dépens. Si donnons
en mandement aux premier Huissier de ladite Prevôté, ou autre Huissier ou Sergent Royal sur ce premier requis, signifier & mettre cesdites Présentes à
execution, de point en point, selon leur forme & teneur; faisant pour ce tous Exploits, significations,
commandemens, contraintes & autres actes de Justice, requis & necessaires. Mandons à tous Justiciers,
Officiers & Sujets du Roy, qu'à vous en ce faisant
soit obey, en temoin de quoy a été mis à ces Présentes le sceel Royal de ladite Prevosté. Donné par Nous
Philippes Parceval, Ecuyer, Conseiller du Roy,
Lieutenant General, Civil & Criminel en ladite
Prevosté, à S. Germain en Laye, le Roy y étant, le
21 Bevrier 1673, Signé, R O Y E R, Et scellé.

Extrait

Extrait du Reglement pour le fait des Tailles.
Du 20 Mars 1673.

'Art. XIV. LEs Officiers commensaux de noſtre Maiſon, de celle de la Reine noſtre très-chere & très-amée Epouſe, & des autres Maiſons Royales, jouiront de l'exemption de Taille, & autres privileges à eux attribuez & non revoquez, pourvû qu'ils ſoient bien & dûement pourvûs & reçûs: qu'ils ſervent actuellement; qu'ils ſoient employez dans les Etats regiſtrez en noſtre Cour des Aydes de Paris, aux gages de ſoixante livres au moins ; qu'ils rapportent un certificat des Juges des lieux, publié au Prône des Paroiſſes, comme ils partent pour venir exercer leurs Charges ; qu'ils rapportent auſſi à leur retour autre certificat valable de leur ſervice ; qu'ils le faſſent pareillement publier au Prône de leur Paroiſſe ; & pourvû auſſi qu'ils ne faſſent aucun acte dérogeant, ſans leſquelles conditions n'entendons qu'ils jouiſſent de ladite exemption, ni des autres privileges à eux attribuez.

Arreſt du Conſeil, portant Reglement pour tous les Officiers, Marchands, Artiſans, & gens de Métiers, ſervans & fourniſſans la Garderobe de Sa Majeſté, avec permiſſion de tenir Boutiques ouvertes, tant à Paris que par tout ailleurs à la ſuite de ſa Cour.
Du 29 Avril 1673.
Extrait des Regiſtres du Conſeil d'Etat.

SUr la Requeſte préſentée au Roy étant en ſon Conſeil, par le Sieur Prince de Marcillac, Grand Maître de ſa Garderobe, contenant, qu'encore qu'il y ait toujours eu un nombre reglé d'Officiers, douze Tailleurs & Chauſſetiers, huit Cordonniers, quelques Lingers & Lingeres, quatre d'aucuns Marchands, Artiſans & gens de Métiers, & deux des autres, retenus, par Sa Majeſté, pour fournir & ſervir ordi-

P

nairement par quartier ou par semestre en ladite
Garderobe, & qu'ils ayent été employez en cette
qualité dans les Etats de sa Maison, envoyez de
temps en temps en la Cour des Aydes, comme étant
des Officiers necessaires, & que par conséquent les
Maîtres & Gardes ou Jurez desdits Arts & Métiers,
ni autres, n'ayent aucun droit de Visite, ni ne
puissent rien entreprendre sur des Officiers de cette
nature, lesquels dépendent immédiatement de Sadite
Majesté, & dudit sieur Grand Maître de la Garderobe, à l'autorité duquel ils sont soumis, & qu'il ne
soit au pouvoir d'aucuns Juges de réduire & fixer le
nombre desdits Officiers à un moindre que celui porté par les Etats de sa Maison, qu'Elle a Elle-même
signez & arrêtez pour les années 1664 & 1672, &
pour la présente, par lesquelles elle a réduit & fixé
le nombre des Officiers de sadite Maison, & retranché la quantité excessive & superflue de ceux qui
n'étant pas necessaires, s'étoient fait employer par
surprise dans les Etats précedens. Néanmoins comme
quelques-uns desdits Tailleurs, Cordonniers, Marchands Merciers, Lingers, Lingeres, Fourbisseurs,
& plusieurs autres desdits Officiers Artisans & gens
de Métiers se sont trouvez de temps en temps inquietez par les Maîtres & Gardes ou Jurez de leurs Corps
ou autres, sous prétexte de certains Arrests surpris au
Conseil & au Grand Conseil, par lesquels l'on a prétendu avoir fait réduire le nombre desdits Officiers,
Marchands, Artisans & gens de Métiers, même cassé
aucun d'iceux, quoiqu'absolument necessaires,
comme s'il appartenoit à quelqu'un de donner des
bornes à l'autorité de Sa Majesté, & de fixer le nombre des Officiers qu'elle doit avoir, ce qui n'ayant pû
se faire que par l'ordre exprès de Sadite Majesté ;
Elle a aussi, sans y avoir égard, par plusieurs Arrests
donnez en son Conseil d'Etat, & notamment les neuf
Janvier 1662, 22 May 1665, & 9 Juillet 1668, 7
Septembre 1672, & 11 Fevrier 1673, maintenu en

la jouiſſance de leurs Charges, & des privileges y
attribuez, ceux deſdits Officiers Tailleurs, Cordonniers, Marchands Merciers, Lingers, Lingeres,
Fourbiſſeurs, & autres qui avoient été troublez ou
inquietez, & fait défenſes de les inquieter à l'avenir,
à peine d'amende, & de tous dépens, dommages &
intereſts. Mais comme ces Arreſts ne ſont rendus
qu'au profit des Particuliers qui les ont obtenus, &
qu'il dépendroit du caprice des Maîtres & Gardes ou
Jurez deſdits Arts & Mêtiers, qui entreroient dorénavant en Charge, ou autres, de les ignorer & former de nouvelles conteſtations aux dépens de leurs
Communautez, contre qui bon leur ſembleroit deſdits Officiers Marchands, Artiſans, & gens de Mêtiers; d'où s'enſuivroit, comme il eſt arrivé pluſieurs
fois, le retardement & dépériſſement des ouvrages
neceſſaires pour le ſervice de Sa Majeſté, & la ruine
des uns & des autres par les grands procès qu'ils ſont
obligez de ſoutenir. À quoi étant neceſſaire de pourvoir, ſuivant l'intentions de Sa Majeſté, Elle ſe feroit
fait repreſenter les Etats de ſa Maiſon deſdites années
1664, 1672 & de la preſente, par Elle ſignez & arrêtez, enſemble leſdits Arreſts donnez en ſon Conſeil d'Etat les 9 Janvier 1662, 22 May 1665, 9 Juillet 1668, 7 Septembre 1672, & 11 Fevrier 1673,
enſemble les Arreſts dudit Conſeil Privé & dudit
Grand Conſeil, des 15 Janvier 1660, 14 Juillet 1661,
27 Mars 1668 & 30 Mars 1672, & autret pieces attachées à la preſente Requête, ſignée Caboud, Avocat audit Conſeil: Oui le Rapport du ſieur Commiſſaire à ce député; & tout conſideré. LE ROY
ETANT EN SON CONSEIL, ayant égard à ladite Requeſte, conformément aux Arreſts du Conſeil, d'État de Sa Majeſté, des 9 Janvier 1662, 22
May 1665, 9 Juillet 1668, 7 Septembre 1672 & 11
Fevrier 1673; & en conſequence des Etats de ſa Maiſon, par Elle ſignez & arrêtez, pour les années 1654,
1672 & pour la preſente, a maintenu & gardé leſdi s

P ij

Tailleurs & Chauſſetiers, Cordonniers, Marchands Merciers, Lingers, Lingeres, & Fourbiſſeurs ordinaires de ladite Garderobe de Sa Majeſté, en l'exercice de leurs Charges, & des Privileges y attribuez par les Edits & Declarations de Sa Majeſté, Arreſts & Reglemens donnez en conſequence. Et en cette qualité, leur permet de tenir boutiques ouvertes, tant à Paris que par tout ailleurs, à la ſuite de ſa Cour, avec tapis bleus, ſemez de fleurs-de-lys aux Armes de Sa Majeſté; & generalement tous les autres Officiers Marchands, Artiſans, & gens de Mêtiers, agréez ou choiſis par ledit ſieur Grand Maiſtre de ſa Garderobe, & retenus pour le ſervice de Sa Majeſté, enſemble leurs ſucceſſeurs auſdits Offices, pourvû qu'ils ſoient couchez & employez dans leſdits Etats, ou qu'ils ſervent actuellement. Fait Sa Majeſté défenſes à toutes perſonnes de quelle qualité & condition qu'elles ſoient, de troubler ni inquieter aucun deſdits Officiers Marchands, Artiſans & gens de Mêtiers en leurs exercices & privileges, à peine de mille livres d'amende, & de tous dépens, dommages & intereſts; & audit Grand Conſeil, & à tous autres Juges, de regler le nombre des Officiers de ſa Garderobe, à peine de nullité, ſans toutefois que ledit nombre en puiſſe être cy-après augmenté ni diminué, que par l'ordre exprès de Sa Majeſté; & ce nonobſtant leſdits Arrêts du Conſeil Privé & Grand Conſeil des 15 Janvier 1660, 14 Juillet 1661, 27 Mars 1668 & 30 Mars 1672, & autres rendus en conſequence, dont Sa Majeſté a ſurcis l'execution; avec itératives défenſes aux y dénommés de s'en ayder & ſervir. Fait au Conſeil d'Etat du Roy, Sa Majeſté y étant, tenu à Saint Germain en Laye le 29. jour d'Avril 1673. Signé, COLBERT.

Privilege du Grand Maitre de la Garderobe du Roy,
de faire deux Privilegiez dans chaque Corps
d'Arts & Métiers.

Du 25 Juillet 1673.

AUJOURD'HUI vingt-cinquiéme Juillet mil six
cens soixante-treize : Le Roy étant à Thion-
ville, voulant continuer au sieur Prince de Marcillac Grand Maitre de sa Garderoble, le pouvoir de
choisir deux personnes de chaque Corps, Arts & Métier pour servir en ladite Garderobe, ainsi que Sa
Majesté l'avoit ci-devant accordé aux Maitres d'icelle par son Brevet du quinziéme Avril 1644 : Sa Majesté en confirmant ledit Brevet, en tant que besoin
est ou seroit, a permis & permet audit sieur Prince de
Marcillac, de faire choix dans chacun desdits Corps
Arts & Métiers, de deux personnes qu'il jugera necessaires, & les plus experimentées, pour y être, doresnavant employées par preference à tout autre.
Veut & entend que sur le Rapport que ledit sieur
Prince de Marcillac lui fera de l'experience & de la
fidelité des personnes qu'il aura choisies, & sur les
Certifications qu'il en donnera signées de lui & non
autrement, les Lettres de retenue leur en soient expediées, tant à present qu'à l'avenir, pour leurs successeurs vacation advenant, & qu'en vertu d'icelles
ils soient desormais employez dans les Etats de la
Maison de Sa Majesté suivant le Rolle qui en sera signé & arrêté annuellement par ledit sieur Prince de
Marcillac, pour jouir par eux de semblables privileges, franchises, libertez & exemptions que les autres Officiers domestiques & commensaux, & conformement à l'Arrest du Conseil d'Etat du 29 Avril dernier, dont nul autre ne pourra jouir, ni être employé
dans lesdits Etats pour servir en ladite Garderobe,
que ceux qui auront été choisis, agréez & reçûs par
ledit sieur Prince de Marcillac. L'intention de Sa

Voyez la Déclaration du 29 Octobre 1689.

P iij

Majesté étant aussi que les Tresoriers de son argenterie & ses menus plaisirs ne payent aucune chose
concernant les dépenses de ladite Garderobe qu'audit sieur Grand Maître d'icelle & sur ses simples quittances, à peine de payer deux fois. Sadite Majesté
m'ayant commandé pour témoignage de sa volonté
de lui en expedier le présent Brevet qu'elle a signé
de sa main, & fait contre-signer par moi son Conseiller Secretaire d'Etat & de ses Commandemens,
& Finances. Signé, L O U I S. Et plus bas,
C O L B E R T.

Déclaration du Roy, qui ordonne que tous les Officiers qui sont compris en l'Etat de la Maison du
Roy jouïssent de tous les privileges, &c.

Du 22 Janvier 1674.

L O U I S, par la grace de Dieu, Roy de France
& de Navarre : A tous ceux qui ces présentes
Lettres verront ; Salut. Sur ce qui nous a été representé par notre très-cher & bien amé Cousin le Prince de Marcillac Grand Maître de notre Garderobe
qu'il fut obmis plusieurs Officiers de notre Garderobe
dans l'Etat général des Officiers de notre Maison de
l'année 1664, qui fut enregistré avec notre Déclaration du trentiéme May de la même année : Nous
avons crû leur rétablissement nécessaire à notre service, & pour cet effet accordé à notredit Cousin le
Prince de Marcillac par notre Brevet du 25 Juillet
dernier, le choix & rétablissement de deux Marchands, Artisans, & gens de Métier, qui avoient
accoutumé de servir en notredite Garderobe, & reglé ensuite par un nouvel Etat le nombre des Officiers, dont nous voulons que notre Maison soit composée. A CES CAUSES, & autres à ce Nous mouvans, de notre grace speciale, pleine puissance &
autorité Royale, Nous avons dit & déclaré, disons
& declarons par ces Presentes signées de notre main ;
voulons & nous plaît, que conformément à l'Etat

general de noſdits Officiers ci-attaché ſous le contre-
ſcel de notre Chancellerie ; tous ceux qui y ſont dénommez & compris, & qui y ſeront doreſnavant couchez & employez en pareil nombre, vacation avenant, jouiſſent de tous les Privileges, franchiſes,
immunitez & exemptions attribuez à leurs Charges ;
ſans y pouvoir être troublez ſous prétexte deſdites
obmiſſions ou autrement. Si donnons en mandement
à nos amez & feaux Conſeillers les Gens tenans notre Cour des Aydes de Paris que ces Preſentes ils
faſſent regiſtrer, & du contenu en icelles jouir &
uſer pleinement & paiſiblement tous leſdits Officiers
compris audit Etat ; ceſſant & faiſant ceſſer tous troubles & empêchemens au contraire, nonobſtant notre
Declaration du 30 May 1664, l'Etat fait en conſequence, & toutes choſes à ce contraires; auſquelles
Nous avons derogé & dérogeons par ceſdites Preſentes pour ce regard ſeulement & ſans tirer à conſequence : Car tel eſt noſtre plaiſir. En témoin de quoi
Nous avons fait mettre notre ſcel à ceſdites Preſentes. Donné à Saint Germain en Laye le vingt-deux
Janvier, l'an de grace mil ſix cens ſoixante quatorze, & de notre Regne le trente-uniéme. Signé,
LOUIS. Et ſur le reply, Par le Roy, COLBERT.

---

*Extrait de l'Etat general du nombre des Officiers dont
le Roy veut & ordonne que ſa Maiſon ſoit compoſée,
fait & dreſſé en l'année 1674, ſigné & arreſté par
Sa Majeſté le vingt-deux Janvier, & reçû au Greffe
de la Cour des Aydes, ſuivant ſon Arreſt du quatorze
Avril audit an, pour jouir par les y dénommez des
privileges, franchiſes, libertez, exemptions & immunités, à eux attribuez par les Edits & Déclarations du Roy, Arreſts & Reglemens de la Cour.*

GRAND MAISTRE DE LA GARDEROBE DU ROY,

MONSIEUR LE PRINCE DE MARCILLAC.

Deux Maîtres,   **Quatre Valets de Garde-**

robe ayant les clefs des
coffres,

Un Valet ordinaire,

Seize autres Valets servans par quartier,

Un porte-Malle,

Trois Garçons ordinaires,

Quatre Fourbisseurs servans par quartier,

Quatre Ceinturiers,

Quatre Panachers,

Quatre Chapelliers,

Quatre Marchands Merciers Jouailliers,

Quatre Marchands Lingers pour les points & dentelles,

Huit Cordonniers,

Douze Tailleurs d'habits & Chaussetiers,

Quatre Brodeurs,

Quatre Orfevres,

Quatre Parfumeurs,

Deux Pelletiers servans six mois,

Deux Armuriers,

Deux Découpeurs,

Quatre Porteurs du Lit de Chasse pour le Roy.

Autres Marchands, Artisans & Gens de Métiers que Sa Majesté a permis au Sieur Grand Maître de sa Garderobe de choisir, pour y être employez, & qu'elle veut être compris dans le présent Etat, pour jouir du Privilege des Commensaux, suivant son Brevet du 25 Juillet 1673.

Deux Peaussiers Colletiers, de Buffles,

Deux Cuirassiers Heaulmiers,

Deux Tissutiers Rubaniers,

Deux Passementiers,

Deux Frangers,

Deux Boutonniers,

Deux Marchands de soye,

Deux Drapiers,

Deux Teinturiers,

Deux Tapissiers,

Deux Ouvriers en Etoffes, or, argent & soye,

Deux Lustreurs Embellisseurs d'Etoffes,

Deux Foureurs,

Deux Tireurs d'or & d'argent,

Deux Bateurs d'or,

Deux Doreurs enjoliveurs,

Deux Peintres,

Deux Sculpteurs,

Deux Enlumineurs,

Deux Emailleurs,

Deux Ferreurs d'Eguillettes,

Deux Lapidaires,

Deux Tailleurs de Jaye,

Deux Layettiers,

Deux faiseurs de Masques,

Deux Calottiers,

Deux Barbiers Perruquiers,

Deux Apoticaires,

Deux Epiciers Confituriers,

Deux Chirurgiens,

Deux Grenetiers,

Deux Distillateurs,

Deux Miroitiers,

Deux Verriers Fayanciers,

Deux Operateurs,

Deux Détacheurs d'habits,

Deux Coffretiers Malletiers,

Deux Horlogeurs,

Deux Vitriers,

Deux Guesniers Caissiers,

Deux Tablettiers,

Deux Tourneurs,

Deux Menuisiers,

Deux Ebenistes,

Deux Serruriers,

Deux Ferblanquiers,

Deux Peigniers,

Deux Brossiers Vergetiers,

Deux Boursiers,

Deux Gantiers,

Deux Marchands de Toilles cirées,

Deux Ciriers Ciergiers,

Deux Chandeliers,

Deux Corroyeurs Baudroyeurs,

Deux Fondeurs,

Deux Poëliers Quincailliers,

Deux Arquebusiers,

Deux Feronniers,

Deux Taillandiers,

Deux Eperonniers,

Deux Epingliers,

Deux Eguilletiers,

Deux Potiers d'Etain,

Deux Faiseurs de Cors & de Trompes,

Deux Faiseurs d'Instrumens de Musique,

Deux Faiseurs d'Instrumens de Mathematique,

Deux Papetiers,

Deux Cartiers,

Deux Megissiers Parcheminiers,

Deux Imprimeurs,

Deux Relieurs Libraires,

Deux Graveurs en Taille douce,

Deux Graveurs de Cachets,

Deux Evantailliers,

Deux Coûtelliers,

Deux Remplisseuses de Points & Dentelles,

Deux Empeseuses Lavandieres,

Deux Bonnetiers,

Deux Selliers Malletiers,

Deux Bourreliers,

Deux Charons,

Deux Marechaux;

Deux Cordiers,

Deux Vanniers,

Deux Emballeurs;

Deux Boulangers,

Deux Pourvoyeurs;

Deux Conducteurs du Chariot de la Garde-robe,

Quatorze Marchands Lingers & Lingeres.

Fait & arrêté à S. Germain en Laye le 22 Janvier 1674. Signez, LOUIS. Et plus bas COLBERT.

Arrests des Requestes de l'Hôtel au Souverain, en faveur de Nicolas Marchais, Garde du Corps de Monsieur le Duc d'Orleans, & des cent Gardes du Corps de sadite Altesse, Parties intervenantes, contre les Curé & Marguilliers de la Paroisse de Ville-Thierry, au sujet des Préséances & Droits honorifiques.

Du 10 Fevrier 1674.

LEs Maîtres des Requestes ordinaires de l'Hôtel du Roy : A tous ceux qui ces presentes Lettres verront, Salut. Sçavoir faisons que vû par la Cour l'Instance d'entre Nicolas Marchais, Ecuyer, Garde du Corps de Monsieur le Duc d'Orleans, Demandeur aux fins de l'Exploit du 21 Octobre 1673; d'une part; & Maître Jean Boutte-Villain, Prêtre, Curé de la Paroisse de Ville-Thierry, Gilles Bailly & Guillaume Mousson, Marguilliers de ladite Paroisse, Défendeurs d'autre; & Gilles Champion, Ecuyer Sieur du Brun, Charles le Blon, Ecuyer, Sieur de Beauragard, Jean-Baptiste de Guéroys, Ecuyer, Louis le Vacher, Ecuyer, Sieur de la Valaloup, Jacques Laumosnier, Ecuyer, Sieur de la Ferté, Nicolas d'Angel, Ecuyer, Sieur d'Offroy, Richard Deliot, Ecuyer, Sieur de la Fresnée, Claude Bouillé, Ecuyer, Sieur de la Riviere, François de Recontal, Ecuyer, Sieur de Marouet, & Consors, au nombre de cent, tous Gardes du

Corps de Monſieur Duc d'Orleans, intervenus ſuivant la Requeſte preſentée à la Cour le 20 Janvier
1674, d'autre part. Veu auſſi la demande dudit
Marchais, portée par Exploit dudit jour 24 Octobre
1673, à ce qu'attendu que le Demandeur eſt Garde
du Corps de Monſieur Duc d'Orleans, & couché ſur
l'Etat comme Officier ſervant actuellement, ainſi
qu'il avoit juſtifié par ſes Proviſions & de l'Etat
de la Cour des Aydes, & qu'en cette qualité il eſt
exempt des charges de la Paroiſſe, de l'impoſition
des Tailles; & que les honneurs & ceremonies de
l'Egliſe lui ſont dûs, préferablement aux habitans
communs de la Paroiſſe, & autres qui ſont de condition au-deſſous des Gardes du Corps de Monſieur,
ainſi qu'il eſt accoutumé, & qu'il avoit été jugé par
nombre d'Arreſts, au préjudice deſquels & des précedentes ſommations leſdits Curé & Marguilliers
auroient refuſé audit Marchais les honneurs de l'E-
gliſe, lui préferant de ſimples habitans, comme
au Pain beni, Proceſſions, Aſſemblées & autres ceremonies; il fût ordonné que leſdits Curé & Marguilliers ſeroient tenus de conſiderer ledit Marchais
comme Garde du Corps de Monſieur Duc d'Orleans; & qu'à cette fin il ſeroit maintenu dans les
honneurs, prérogatives, exemptions dûes à ſa Charge, tant à l'Egliſe qu'ailleurs, & préferablement
à tous autres de moindre condition : & que défenſes
leur fuſſent faites d'y contrevenir, aux peines portées par les Arreſts rendus en pareil cas, & aux dépens. Défenſes deſdits Curé & Marguilliers de Ville-
Thierry, que ledit Demandeur n'ayant pû ſatisfaire
aux exceptions deſdits Défendeurs, & ſuivant icelles
juſtifié de ſa qualité, ni des Edits & Déclarations,
en conſequence deſquelles il prétendoit avoir les
droits honorifiques & prééminences mentionnez en
ſa demande, c'étoit une preuve certaine qu'il n'en
avoit aucuns, & conſequemment que ſa prétention
ne devoit paſſer que pour une pure vexation, de

laquelle il devoit être débouté, avec 'amende &
dépens, pourquoi ſoutenoit le Demandeur non re-
cevable en ſa demande, qu'il en devoit être débouté avec amende de 60 liv. ſuivant l'Ordonnance, &
condamné aux dépens. Requeſte de la Compagnie
des cent Gardes du Corps de Monſieur Duc d'Orleans du 20 Janvier 1674, à ce qu'ils fuſſent reçûs
parties intervenantes en ladite Inſtance : Faiſant
droit ſur leur Intervention, ordonner que les Arreſts
& Declarations ſeroient executez ſelon leur forme
& teneur, & en conſequence qu'ils ſeroient gardez
& maintenus en la poſſeſſion deſdits droits, rangs,
privileges & prerogatives à eux attribuez à l'inſtar
des Gardes du Corps du Roy par leſdits Arreſts
& Declarations, & que les Défendeurs fuſſent condamnez aux dépens, ſur laquelle Requeſte auroit
été ordonné que les Parties viendroient plaider.
Sentence de la Cour du 25 Janvier 1674, par laquelle les Parties ont été appointées à mettre leurs
piecces, & ce que bon leur ſembleroit pardevers le
ſieur Courtin Maître des Requeſtes, dans trois jours,
pour leur être fait droit ainſi que de raiſon. Recueil
des privileges accordez aux commenſaux des Maiſons Royales. Copies des *Déclarations* verifiées en
la Cour des Aydes portant confirmation des privileges accordez aux Officiers Domeſtiques & Commenſaux de la Maiſon de Monſieur Duc d'Anjou.
Copie d'autre Declaration verifiée en la Cour des
Aydes pour l'exemption * du droit des Aydes en faveur des Officiers & Commenſaux de M. & Madame Ducheſſe d'Orleans. Extrait de l'Etat des Officiers de la Maiſon de Monſieur Duc d'Orleans fait
en l'année 1669, verifié en la Cour des Aydes le 19
Avril 1670. Trois Certificats de ſervice dudit Marchais, donnez par le ſieur de Beuvron Capitaine des
Gardes du Corps de Monſieur des 10 Avril, 12 &
28 Janvier 1674. Productions des Parties, & tout ce

* *Exemption des droits d'Aydes.*

que par eux a été mis & produit. Ouy le rapport du
ſieur Courtin Maitre des Requeſtes, Commiſſaire à
ce Deputé : & tout conſideré. LADITE COUR
faiſant droit ſur l'Inſtance, ayant égard à l'Intervention deſdits Champlon, le Blond & conſorts, a condamné & condamne ledit Défendeur à donner l'Eau
benîte, le Pain beni, la Paix, & lui rendre les autres
honneurs attribuez aux Seculiers dans l'Egliſe, préferablement aux Habitans de ladite Paroiſſe, & à
tous autres inferieurs en qualité audit Marchais, à la
charge par ledit Marchais de ſervir actuellement, &
de rapporter Certificats authentiques de ſon ſervice
dans les formes preſcrites par l'Ordonnance, à peine
de demeurer déchû de ſes privileges, condamne leſdits Défendeurs aux dépens. Si mandons au premier Huiſſier deſdites Requeſtes de l'Hôtel, ou autre Huiſſier ou Sergent Royal ſur ce requis, mettre
ces Preſentes à dûe & entiere execution, ſelon leur
forme & teneur, de ce faire donnons pouvoir. Donné à Paris ſous le Scel de ladite Cour, le dix Fevrier
mil ſix cens ſoixante-quatorze. Signé par Collation,
HOUVET.

Declaration du Roy, en faveur des Gardes du Corps
de Monſieur le Duc d'Orleans, pour la joüiſſance
de leurs Privileges, tant dedans que hors le
ſervice.

Du 13° Fevrier 1674.

LOUIS par la grace de Dieu, Roy de France
& de Navarre. A tous ceux qui ces préſentes
Lettres verront, Salut. Notre cher & très-aimé Frere
unique le Duc d'Orleans ayant eſtimé neceſſaire pour
ſon ſervice & ſatisfaction de former la Compagnie
des Gardes de ſon Corps, ſur le pied & l'exemple de
ce que nous avons fait pour nos quatre Compagnies ;
& d'autant que par nos Edits & Ordonnances les
Officiers & Gardes de ladite Compagnie ſont obligez au ſervice actuel pour joüir des Privileges des

Commensaux de la Maison de notredit Frere, nous avons bien voulu accorder à notredit Frere de faire jouir ceux qui sont nommez au Rolle de ladite Compagnie, attaché sous le contrescel de ces Presentes, des mêmes Privileges accordez à ceux qui servent actuellement. A CES CAUSES, de notre grace speciale, pleine puissance, & autorité Royale, Nous avons dit & declaré, disons & déclarons par ces Presentes, signées de notre main, Voulons & Nous plaît que conformément au Rolle de ladite Compagnie, ceux qui y sont dénommez, & compris, & qui y seront doresnavant couchez en pareil nombre, sçavoir deux Capitaines, deux Lieutenans, deux Enseignes, dix Exempts, quatre Marêchaux des Logis, quatre-vingts-seize Gardes, deux Trompettes, un Timballier, un Chirurgien, un Clerc du Guet & un Tresorier, jouissent des Privileges, franchises, immunitez & exemptions, dont jouissent les Officiers Commensaux de notredit Frere, encore qu'ils ne servent actuellement. Si donnons en mandement à nos amez & feaux les Gens tenans notre Cour des Aydes à Paris, que ces Presentes, ensemble ledit Rolle ils ayent à faire regitrer, & du contenu ci-dessus faire jouir & user les Officiers & Gardes pleinement & paisiblement, cessant & faisant cesser tous troubles & empêchemens, nonobstant toutes Ordonnances & Reglemens à ce contraires, ausquels Nous avons dérogé & dérogeons pour ce regard seulement : Car tel est notre plaisir. En témoin de quoi Nous avons fait mettre notre Scel à cesdites Presentes. Donné à Versailles le treiziéme Fevrier 1674, & de notre regne le onziéme. Signé, LOUIS. Et plus bas : Par le Roy, COLBERT.

Regitré en la Cour des Aydes. A Paris le 17 Fevrier 1674. Signé, BOUCHER.

‡ *Voyez l'article 4, de la Déclaration du 29 Octobre 1689.*

Ordonnance du Roy, en faveur des Officiers Domestiques & Commensaux des Maisoins Royales, pour les préséances en toutes Assemblées.

Du 17 Janvier 1675.

SA MAJESTE' ayant été informée que quelques Bourgeois & Habitans de Saint Germain en Laye disputent le rang & la préseance à plusieurs de ses Officiers Habitans dudit lieu dans les Assemblées, & autres lieux où ils sont obligez d'assister en qualité de Marguilliers ou autrement, au préjudice de la Declaration du feu Roy Henry le Grand, du mois de Fevrier 1605, & des Arrests du Conseil donnez en consequence : A quoi étant necessaire de pourvoir. Sa Majesté a ordonné & ordonne, veut & entend que tous les Officiers, tant de sa Maison que des autres Maisons Royales, demeurans dans ledit lieu de Saint Germain en Laye, auront rang & séance, & marcheront dans les lieux & Assemblées, où ils se trouveront, immédiatement après le Prevôt & le Procureur de Sa Majesté en la Prevôté dudit lieu, & avant les autres Officiers, Bourgeois & Habitans inferieurs en ordre audit Prevôt & Procureur du Roy. Fait Sa Majesté défenses à tous Bourgeois & Habitans de ladite Ville de Saint Germain, & autres de les y troubler, à peine de quinze cens livres d'amende, & de tous dépens, dommages & interêts. Fait à Saint Germain en Laye, le dix-septiéme Janvier mil six cens soixante-quinze. Signé, L O U I S. Et plus & bas, C O L B E R T.

'Arrest du Grand Conseil, qui ordonne que les Officiers Commensaux des Maisons Royales, précederont les Maires des Villes en toutes Assemblées, qu'ils auront le Pain beni, & qu'ils seront exempts de Gens de guerre, & de toutes contributions.

Du 29 Avril 1675.

LOUIS par la grace de Dieu, Roy de France & de Navarre : A tous ceux qui ces presentes Lettres verront ; Salut. Sçavoir faisons ; Comme par Arrest cejourd'hui donné en notre Grand Conseil, entre notre bien-amé Jacques David, Ecuyer Sieur Dupuis, l'un de nos Gardes de notre Corps, demeurant en la Ville d'Espernon, demandeur aux fins de la Commission de notredit Conseil, du huitiéme Novembre 1674, & Exploit du douziéme dudit mois, controllé le quatorze du même mois, à ce qu'il soit ordonné que le Demandeur jouira des priviléges, prérogatives & exemptions attribuées à sa Charge de Garde de notre Corps, aura & lui sera porté & presenté du Pain beni auparavant Maître René Desnost Maire & autres Eschevins & Officiers de ladite Ville d'Espernon, & qu'il précedera en toutes les Assemblées publiques & particulieres, & aux Processions qui se font aux Eglises de ladite Ville, & que ledit demandeur & son Fermier de sa Ferme de Houdreville, seront déclarez exempts de Logemens, nourritures & contributions de Gens de Guerre & Etapes; & pour y avoir été troublé par ledit défendeur, qu'il soit condamné en tous les dépens, dommages & interests, d'une part : & ledit Maître René Desnost, Procureur au Duché Pairie d'Espernon, & Maire de ladite Ville, & Louis de la Motte, Bedeau de l'Eglise de S. Pierre dudit Espernon, défendeur d'autre. Et entre les Habitans de ladite Ville d'Espernon, demandeurs en Requeste par eux presentée en notre Conseil le treiziéme Mars 1675, à ce qu'ils
                                    soient

ſoient reçûs Parties intervenantes en ladite Inſtance;
faiſant droit ſur leur Intervention, leur donner Acte
de ce qu'ils ſe joignent audit Deſnoſt, & prennent
ſon fait & cauſe à l'encontre dudit David ; & en conſequence, qu'il ſera débouté de ſa demande, & condamné aux dépens d'une part ; & ledit David, défendeur d'autre. Et encore entre ledit de la Motte,
Bedeau de ladite Egliſe de S. Pierre d'Eſpernon,
auſſi demandeur en Requeſte dudit jour treize Mars
1675, à ce qu'il ſoit declaré follement aſſigné en notredit Conſeil, à la Requeſte dudit David, qui ſera
condamné aux dépens d'une part, & ledit David défendeur d'autre. Après que Camus, Avocat pour ledit David, Sieur Dupuis, aſſiſté de Hebert, ſon Procureur, a conclu en ſa demande cottée par ledit Deſnoſt, aſſiſté de Cochin ſon Procureur, a été oüi, &
declaré qu'au moyen de ce que ledit David ſert actuellement depuis le mois de Mars 1675, il ne prétend plus lui envoyer de Soldats, ni à ſon Fermier,
ni tant qu'il ſera dans le ſervice actuel. Deſtrechen
pour leſdits Habitans & la Motte, auſſi aſſiſté dudit
Cochin, le Procureur a pareillement été oüi, &
conclud en la Requeſte, & que ledit Camus a repli-
qué que la declaration dudit Deſnoſt eſt inutile, &
n'eſt que pour prouver ſon entrepriſe & contravention auſdits Privileges, puiſque la qualité dudit David eſt conſtante par les Proviſions, & conformement couché & employé ſur l'Etat, & Certificat de
ſervice par le Congé qui lui avoit été donné pour
ledit Dupuis, qui a même été inutile, parce qu'il a
toujours ſervi, & qu'il n'appartient pas audit Denoſt,
& à tous autres, d'entrer dans cet examen pour contrevenir auſdits privileges, & même qu'il n'eſt ni
gradué, ni jugé ; qu'inutilement il a demandé l'intervention deſdits Habitans pour autoriſer ſes entrepriſes, & dudit Bedeau qui a été déſavoué par les
Marguilliers, & pour lui aider à ſupporter la condamnation des dommages, intereſts & dépens qu'il

Q

merite; & que Voisin de Bouqueval, pour notre
Procureur General, a aussi été oüi. ICELUI
NOTREDIT GRAND CONSEIL, a
donné acte de la declaration faite par ledit Desnost;
& sans s'arrêter à l'Intervention & Requeste, a ordonné & ordonne que ledit David jouira de tous les
privileges & prerogatives attribuez à sa Charge, suivant nos Edits & Declarations verifiées en notre
Grand Conseil, Arrest & Reglement de notredit
Conseil; ce faisant, l'a declaré & declare pour
exempt de logement de Gens de guerre, & a ordonné & ordonne qu'il aura le Pain beni avant le Maire
de ladite Ville d'Espernon, & le precedera en toutes Assemblées publiques & particulieres, hors &
excepté dans les Assemblées de Ville & fonctions
concernant ladite Ville, dépens compensez entre les
Parties. Si donnons en Mandement au premier des
Huissiers de notredit Conseil, ou autre notre Huissier
ou Sergent sur ce requis, qu'à la Requête dudit David, le present Arrest il mette à dûe & entiere execution de point en point, selon sa forme & teneur,
nonobstant oppositions ou appellations quelconques,
pour lesquelles & sans préjudice d'icelles ne voulons
être differé; & outre pour l'entiere execution des
Presentes, tous Exploits de signification, commandemens & controlles, & autres actes de Justice, requis & necessaires; de ce faire lui donnons pouvoir, sans demander Placets ni Pareatis. Donné en
l'Audiance de notredit Grand Conseil, à Paris le
vingt-neuviéme jour d'Avril, l'an de grace mil six
cent soixante quinze, & de notre Regne le trente-
deux. Signé sur le repli, Par le Roy, à la relation des
Gens de son Grand Conseil, HERBIN.

Arreſt du Conſeil d'Eſtat du Roy, donné en faveur des Officiers Domeſtiques & Commenſaux des Maiſons Royales, portant décharge des taxes faites ſur eux pour le Franc Aleu, Arts & Métiers & emprunts pour ſubvenir aux frais de la Guerre.

Du 14 Decembre 1675.

Extrait des Regiſtres du Conſeil d'Etat.

SUR la Requeſte preſentée au Roy en ſon Conſeil par Iſaac Ricœur, Apoticaire du Corps de Sa Majeſté ; & ſervant actuellemrnt ; François le Frere, Ecuyer, Sieur des Boulais, Maréchal des Logis de la Reine, auſſi ſervant actuellement ; Jean Aubert, Ecuyer, Capitaine, ſecond Exempt Suiſſe de la Garde ordinaire du Corps de Monſieur Duc d'Orleans, Frere Unique de Sa Majeſté ; Michel Aubert, Valet de Garderobe de Monſieur Duc d'Orleans ; Louis le Frere, Sieur du Fretey, Gentilhomme ordinaire & ſervant de la Maiſon de Madame Ducheſſe d'Orleans, auſſi ſervant actuellement ; Dame Charlotte du Boulot, veuve de défunt Jacques Chrétien, vivant Ecuyer, Conſeiller, Maître d'Hôtel de Madame Ducheſſe d'Orleans, tant pour elle que pour Charles de Bruſlé, Sieur de Jouy pourvû dudit Office, & Paul Septier, Sieur des Nos, Huiſſier du Cabinet de Madame : Contenant qu'encore bien que par les Arreſts du Conſeil d'Etat de Sa Majeſté des 29 Septembre 1674 & 23 Mars 1675 rendus ſur les Requétes des Maires, Echevins & Habitans des Villes de Seès & de Mortagne de la Generalité d'Alençon, èſquelles les Supplians ont leurs familles réſidentes, leſdits Maires, Echevins, & Habitans ayant été déchargez de deux taxes ſur eux faites, l'une pour la confirmation des droits de Franc-Aleu, Franche-Bourgeoiſie, & Franche-Bourgeage ; & l'autre pour l'érection des Arts & Métiers deſdites Villes, dont ils ont

Q ij

juſtifié n'être point tenus. Et que par ces mêmes
Arreſts rendus ſur leurs offres, ou de leurs conſente-
mens, il ait été ſeulement dit & ordonné, qu'attendu les dépenſes preſſantes de la Guerre leſdits Maires, Echevins & Habitans payeroient, ſçavoir ceux
de Séès la ſomme de ſept mille livres, & ceux de
Mortagne celle de dix mille livres, dans le tems,
aux termes & par les voyes portées par leſdits Arrests; & que les Supplians ne puiſſent point être tenus de contribuer au payement deſdites ſommes,
tant par leurs qualitez, que par leurs privileges &
leurs ſervices actuels. Néanmoins ſous prétexte de
ce que leſdits Maires & Echevins ont fait mettre
dans leſdits Arreſts, que leſdites ſommes ſeroient
payées par tous les Habitans deſdites Villes,
exempts & non exempts, privilegiez & non privilegiez, ſans doute pour en faciliter le recouvrement, leſdits Maires & Echevins ſe ſont aviſez de
faire comprendre & taxer les Supplians, à cauſe
qu'ils ont leurs familles réſidentes eſdites Villes de
Séès & Mortagne, les uns à quarante livres, d'autres à cinquante livres, les autres à cent livres dans
le Rolle qu'ils ont fait faire pour le recouvrement
deſdites ſommes; ſous prétexte deſquelles taxes
qu'ils ont faites, même au préjudice des ſignifica-
tions & dénonciations à eux faites des Edits & Déclarations, confirmatifs des privileges des Supplians,
ils ont executé partie des Supplians, & contraint
les autres à leur faire délivrance deſdites ſommes
pour éviter à frais & à contraintes, & ſans préjudice de leurs droits & actions pour le recouvrement
deſdites ſommes, & pour leurs décharges. Et d'autant que par les Edits & Declarations tant de Sa Majeſté que des Rois ſes Predeceſſeurs, & entr'autres
par celles des mois de Decembre 1611, & Janvier
1651, confirmatifs des privileges & exemptions
accordez aux Supplians & autres Officiers domeſtiques & commenſaux des Maiſons de Sa Ma-

jesté & de la Reine, & de celles de Monsieur & de
Madame, il est expressement dit & ordonné que
lesdits Officiers jouiront de tous leurs privileges
& franchises, & qu'ils demeureront quittes &
exempts de toutes contributions & emprunts tant
generaux que particuliers, faits ou à faire, tant
par Sa Majesté que par les Villes de son Royaume,
quand bien même il seroit dit & porté par les Baux,
Declarations ou Arrests que lesdites contributions seroient levées sur exempts & non exempts, privilegiez
& non privilegiez, ou autre mandement plus exprès,
dont lesdits Officiers ont été particulierement exceptez par lesdites Declarations ; & qu'ainsi sous prétexte de ces mots d'exempts & non exempts, privilegiez & non privilegiez portez par les susdits Arrests
obtenus par lesdits Maires & Echevins, ils n'ayent dû,
& ne puissent au préjudice desdites Declarations dûement verifiées, taxer & faire payer aux Supplians les
susdites sommes, que même les sieurs Chanoines &
Chapitre de l'Eglise Cathedrale de Sées, & les Religieux du Couvent de S. Martin dudit lieu, ensemble
les sieurs Trésoriers de France au Bureau des Finances
d'Alençon résidans esdites Villes, ont été déchargez
par Arrests du Conseil d'Etat de Sa Majesté des six &
neuf Mars, & douze Juillet 1675. de ces mêmes taxes sur eux faites par les Echevins desdites Villes,
sous le même prétexte de ces mots exempts & non
exempts, privilegiez & non privilegiez ; & aussi parce que tant lesdits sieurs Tresoriers, que lesdits sieurs
Chanoines & Religieux ont fait voir par leurs titres
& pieces qu'ils étoient exempts de telles taxes & contributions, & que dans les Edits & Declarations de
leurs privileges, il étoit pareillement dit, comme
dans ceux des Supplians, que nonobstant ces mêmes
mots qui se trouveroient dans tous les Edits, Declarations & Arrests, ils ne pourroient être tenus desdites
taxes, contributions & emprunts, en quelque maniere que ce puisse être, & qu'ainsi les Supplians

dont les privileges ont été toujours beaucoup plus
confiderez que ceux des Officiers de Juftice, des
Nobles & des Ecclefiaftiques, ainfi qu'il fe voit par
la Lettre de Juffion de Louis XIII. d'heureufe memoire, du mois de Septembre 1612. ont d'autant
plus de droit de demander leur décharge, & d'efperer la reftitution de ce qu'ils ont été contraints de
payer pour éviter à frais, à contrainte, & fans préjudice de fe pourvoir, vû même qu'ils ne peuvent fe
perfuader que fous prétexte de fommes fi peu confi-
derables que celles dont il s'agit, l'on veuille fouffrir que l'on baille atteinte & que l'on viole leurs
privileges, fi autentiquement & fi legitimement établis, & même ceux nouvellement accordez aux
Suiffes & aux Officiers des Compagnies fervans en
France, par le dernier renouvellement des allian-
ces faites avec eux, dont ledit fieur Jean Aubert
l'un des Supplians doit jouir. A ces Causes,
attendu lefdits privileges accordez aux Supplians par
lefdits Edits & Déclarations, portant exception
expreffe à leur égard de ces mots d'exempts & non
exempts, dans tous les recouvremens, cottifa-
tions & emprunts qui fe pourroient faire, & les
fufdits Arrefts de décharge accordez aux Tréforiers
de France & aux Ecclefiaftiques defdites Villes,
par ces mêmes raifons, & pour ces mêmes taxes;
& qu'enfin il ne feroit pas jufte que les Supplians,
qui expofent journellement leurs vies, & con-
fomment leur bien au fervice de Sa Majefté, fuffent tenus & contraints de payer cette taxe, laquelle, à vrai dire, n'a été faite & offerte que
pour le fecours & la neceffité de la Guerre, &
par des Bourgeois & Habitans qui n'ont aucun fervice, & qui ne courent ni le rifque & ne font les
dépenfes que les Supplians font obligez de faire pour
le fervice de Sa Majefté, & dans fes Armées, &
qu'autrement ce feroit la faire payer plufieurs fois
aux Supplians, Requeroient les Supplians qu'il plût

à Sa Majeſté, ſuivant & conformément auſdits Edits & Declarations, confirmatifs des privileges deſdits Supplians, & auſdits Arreſts nouvellement rendus en pareil cas & ſur mêmes moyens, ordonner que les Supplians feront rayez du Rolle des taxes dont eſt queſtion, {que les meubles ſur eux executez qui ſe trouveront en nature, & ce qui ſe trouvera avoir été par eux payé, leur feront rendus & reſtituez, à ce faire les gardiens & détempteurs contraints comme dépoſitaires, ſinon la juſte valeur par leſdits Echevins, qui y feront contraints par les mêmes voyes, ſauf à eux à s'en rembourſer ſur les deniers communs deſdites Villes, ou d'en faire rejet ſur les autres Habitans deſdites Villes : Faire défenſes auſdits Maires & Echevins, Procureurs, Sindics & tous autres, de comprendre à l'avenir les Supplians en ſemblables Rolles, & de les pourſuivre, ni inquieter pour raiſon de ce, ni bailler atteinte à leurs privileges, à peine de trois mille livres d'amende, & de tous dépens, dommages & intereſts. Vû ladite Requête, ſignée des Cars, Avocat des Supplians, & les piéces juſtificatives du contenu en icelle y attachées. Oüi le Rapport du ſieur de Saint-Foy, Conſeiller du Roy en ſes Conſeils, Maître des Requêtes ordinaire de ſon Hôtel, après en avoir communiqué aux ſieurs Commiſſaires à ce deputez; & tout conſideré : LE ROY EN SON CONSEIL, ayant égard à ladite Requête, a déchargé & décharge les Supplians des taxes ſur eux faites pour la contribution des ſommes accordées à Sa Majeſté par les Echevins & Habitans de Séès & Mortagne en la même maniere, & comme ils ſont exempts des Tailles, & conformément au Reglement des Tailles, verifié en la Cour des Aydes de Rouen; pour raiſon de quoi, & pour la reſtitution des ſommes payées, les Parties ſe pourvoiront pardevant le ſieur Commiſſaire en la Generalité d'Alençon. Fait au Conſeil d'Etat du

Roy, tenu à Saint Germain en Laye le quatorziéme jour de Decembre mil ſix cent ſoixante quinze. Siꞏgné, BECHAMEIL.

Arreſt du Conſeil d'Eſtat du Roy, donné en faveur des Officiers Domeſtiques & Commenſaux de toutes les Maiſons Royales, pour l'execution de toutes taxes faiꞏtes ou à faire ſur eux, pour raiſon des Arts & Métiers, avec défenſes aux Maires & Echevins des Villes de les comprendre dans aucuns Rolles des impoſitions ordinaires ou extraordinaires.

Du 13 Fevrier 1676.

Extrait des Regiſtres du Conſeil d'Eſtat.

SUR la requeſte preſentée au Roy en ſon Conꞏſeil par Jean Coſſard, Valet de chambre ordiꞏnaire de Sa Majeſté, Hieroſme Maziere, Huiſſier de la Chambre du Roy, Louis Pouſſemaille, Chef de Fourrier du Roy; Pietre de la Corré, Controlꞏleur de la défunte Reine Mere; Pierre Thibaut, Valet de chambre de Monſieur, Charles Maiſtre, Fourrier de défunt Monſieur, Oncle du Roy, Duc d'Orleans, Jean Regner, Garde de Monſieur, Frere unique du Roy, Simon Charton, Huiſſier de la chambre de feue Madame, Douairiere Ducheſſe d'Orꞏleans; André le Couſturier, Valet de chambre de feue Madame, Douairiere Ducheſſe d'Orleans; Martin Seigneur, Gentilhomme ſervant chez Monſieur; Louis Gourdan, Officier de Monſieur; Marc Jandré, Orſévre de la Chambre du Roy; la veuve Jacques Maziere, Tapiſſier de feu Monſieur; la veuve de défunt Antoine Lorgettre, Pourſuivant d'Armes de la grande Ecurie; la veuve François le Couſturier, Valet de chambre de feue Madame, Ducheſſe d'Orleans; Jean du Val, Medecin ordinaire de Monſieur le Prince; & François Malfaçon; Huiſſier de Salle de Madame, Ducheſſe d'Orleans, contenant que Sa Majeſté ayant par Arreſt de ſon Conſeil d'E-

tat

tat du 2 3 Fevrier 1675, ordonné que les Habit ns de
la Ville & Faubourgs de Pontoife, faifant profeffion
de Commerce, Arts & Métiers, payeroient ès mains
de Louis le Fevre, chargé du recouvrement defdites fommes à payer par les Marchands & Artifans,
une fomme de trois mille livres de principal, & les
deux fols pour livre, m'oyennant laquelle Sa Majefté auroit déchargé lefdits Marchands & Artifans
de toutes taxes faites & à faire fur les Arts & Mêtiers de ladite Ville & Fauxbourgs, & laquelle fomme Sa Majefté leur auroit permis de lever fur tous
les Habitans de ladite Ville, faifant profeffion de
Commerce, Arts & Métiers de quelque qualité
qu'ils puiffent être ; fuivant le Rolle qui en feroit
arrêté par les Echevins de ladite Ville en préfence
du Lieutenant General d'icelle ; les Jurez defdits
Corps & Métiers de ladite Ville & Fauxbourgs de
Pontoife, ayant en ce même temps été pourfuivis
à la Requefte de Thomas du Perron en vertu d'un
autre Arreft du mois de Janvier de ladite année,
pour autres prétendues taxes, de droits de figna-
tures & expéditions en parchemin de Lettres Patentes de Confirmation des Statuts des Arts & Métiers
de ladite Ville, & prétendant que cette taxe étoit
la même chofe, & pour le même fait que celle ci-
deffus, de trois mille livres, & que plufieurs des
Corps & Métiers de ladite Ville avoient déja obtenu des Lettres de Confirmation, & que l'une & l'autre defdites taxes étoient exhorbitantes, ils en auroient demandé la modération, & fur leur Requête
obtenu Arreft le 2 3 Mars de la même année 1675,
par lequel ils auroient fait moderer le tout à la fomme de deux mille cinq cens livres, qu'ils payeroient
ès mains dudit le Febvre, chargé dudit Recouvrement, & fait ordonner que les Echevins & Procu-
reur-Syndic de ladite Ville, leveroient ladite fomme fur tous les Habitans d'icelle, de quelle qualité
& conditions qu'ils fuffent, exempts & non exempts,

R

à la réſerve des Hôpitaux, ſuivant les Rolles qu'ils
en feroient; & par ledit Arreſt fait ordonner que
s'il intervenoit quelques oppoſitions ou empêchemens, Sa Majeſté s'en réſervoit la connoiſſance
& à ſon Conſeil, ſous prétexte de laquelle permiſſion accordée auſdits Jurez des Corps deſdits Métiers de ladite Ville & Fauxbourgs dudit Pontoiſe,
ſur leurſdites Requeſtes, de lever ladite ſomme de
deux mille cinq cens livres, ſur les exempts & non
exempts; les Echevins de ladite Ville qui ne laiſſent échapper aucune occaſion de témoigner l'aver-
ſion qu'ils ont contre les Supplians, en haine de
ſemblables differends qu'ils ont ci-devant eu enſemble, jugez par Arreſt du Conſeil du 10 Avril 1661
auroient compris & taxez tous les Supplians dans ie
Rolle qu'ils ont fait pour le recouvrement de cette
ſomme de deux mille cinq cens livres, comme ſi pour
reconnoiſſance de la modération accordée auſdits
Jurez deſdits Corps des Métiers, deſdites deux taxes à ladite ſomme de deux mille cinq cens livres,
ils devoient vexer les Officiers de Sa Majeſté & des
Maiſons Royales, & de ſe décharger encore ſur eux
d'une partie de ces deux taxes réduites en une, &
beaucoup moderées, & ſeulement faites ſur leſdits
Marchands & Artiſans, & pour raiſon de Confirmation de privileges & dépenſes de droits concernans
leſdits Arts & Métiers, quoique cela ne doive & ne
puiſſe regarder en façon quelconque les Supplians,
que cette prétendue taxe ou cottiſation des Supplians
audit Rolle & pour leſdites taxes d'Arts & Métiers
& de toutes autres impoſitions de Ville, ſous prétexte de cette même permiſſion de lever ſur tous
exempts & non exempts, & même privilegiez, ſoit
contraire à pluſieurs Déclarations de Sa Majeſté &
des Rois ſes Prédéceſſeurs, & entre autres à celles
des mois de Décembre 1611, 26 Septembre 1612 &
Janvier 1652, & même au ſuſdit Arreſt contradictoirement rendu au Conſeil le 10 Avril 1661, entre

pluſieurs des Supplians & autres Officiers des Maiſons Royales, & leſdits Habitans & Echevins de ladite Ville de Pontoiſe, par lequel conformément
auſdites Déclarations & autres, pluſieurs Arreſts y
mentionnez leſdits Supplians auroient été déchargez des ſommes auſquelles ils auroient été impoſez
au Rolle du Département d'une ſomme de ſix mille
livres, à laquelle les Habitans de ladite Ville de
Pontoiſe exempts & non exempts, avoient été taxez
avec reſtitution de ce qui avoit été exigé d'eux ſous
ce prétexte : Et défenſes aux Maire & Echevins,
Habitans, Aſſéeurs & Collecteurs de Pontoiſe,
d'impoſer à l'avenir les Supplians ès Rolles des Impoſitions de ladite Ville, à peine de 3000 liv. d'amende, & de tous dépens, dommages & intereſts ; & d'autant que non ſeulement par cet Arreſt contradictoirement rendu entre les Parties ſur ſemblables differends de ladite année 1661, il a été jugé par S. M. &
ſon Conſeil, que ſous prétexte de ces mots exempts
& non exempts, privilegiez & non privilegiez, ou
plûtôt de cette permiſſion de lever, même ſur les
Habitans de cette qualité, les taxes ou impoſitions
faites ſur les Villes, que les Supplians ne pouvoient
être tenus deſdites taxes ; ni compris & cottiſez
ès Rolles deſdites impoſitions, même des plus con-
ſidérables, & dont l'exemption étoit moins favora-
ble que celles deſdits Arts & Métiers, qui ne regarde
aucunement les Supplians, mais encore que cette
même exemption a été nouvellement jugée en faveur, tant des Officiers des Bureaux des Finances
d'Alençon, que de pluſieurs Officiers de Sa Majeſté,
& des autres Maiſons Royales, tous leſquels ont été
déchargez des taxes que les Echevins des Villes
d'Alençon, Sées & Mortagne avoient fait ſur leſdits
Officiers dudit Bureau & Maiſons Royales, tant pour
droit de Franc-Aleu & contributions deſdites Villes,
& pour les néceſſitez de la Guerre, que pour leſdits
Arts & Métiers, & ce ſous ce même prétexte que la

R ij

levée defdites impofitions leur auroit été permife
fur tous les Habitans des Villes exempts & non
exempts, & par la même raifon que dans les mêmes
privileges dudit Bureau, auffi-bien que dans les
fufdites Déclarations des mois de Décembre 1611,
Septembre 1612 & Janvier 1652, il eft expreffément
porté, que les Supplians & autres Officiers des Maifons Royales jouiroient de tous leurs privileges, &
feroient de toutes manieres exempts des contributions générales ou particulieres, emprunts, fubfides,
fubventions & impofitions, encore que par les Déclarations, Arrefts ou Commiffions données & à
donner il foit permis & ordonné d'y comprendre les
exempts & non exempts, privilegiez & non privilegiez, & tous autres Mandemens plus exprès. A
CES CAUSES, attendu ce que deffus, l'adreffe ou
plûtôt la vexation, tant des Jurez des Corps des
Arts & Métiers, que des Echevins de ladite Ville
de Pontoife d'avoir voulu faire porter aux Supplians
une partie defdites taxes faites pour les Arts & Métiers de ladite Ville & Fauxbourgs de Pontoife, &
fur les Marchands & Artifans, qui ne peuvent regarder en façon quelconque les Supplians, lefquelles taxes ont été moderées à ladite fomme de deux
mille cinq cens livres; & d'avoir compris les Supplians en leur Rolle pour le recouvrement de cette
fomme, contre & au préjudice de leurs privileges
& exemptions, fi bien établis, & tant de fois confirmez, & contre les défenfes à eux faites par ledit
Arreft contradictoire du 10 Avril 1661. Requeroient les Supplians qu'il plût à Sa Majefté, fuivant
& conformément à fefdites Déclarations & aufdits
Arrefts de fon Confeil des mois de Decembre 1611,
26 Septembre 1612, Janvier 1652, 10 Avril 1661,
6 Mars, 12 Juillet & 24 Décembre 1675, décharger les Supplians des fommes aufquelles ils ont été
impofez au Rolle des Echevins de ladite Ville du 11
Octobre 1675, pour le recouvrement de ladite fom-

me de deux mille cinq cens livres ; ce faiſant , ordonner qu'ils feront rayez dudit Rolle , faire itératives défenſes auſdits Habitans , Maire & Echevins
de ladite Ville , de les comprendre & cotiſer à l'a-
venir en ſemblables Rolles , & de les pourſuivre &
inquiéter pour raiſon de ce directement , ni indirectement , à peine de trois mille livres d'amende ,
& de tous dépens , dommages & intereſts ; & pour
l'avoir fait par leſdits Echevins & Jurez des Corps
de Mêtiers de ladite Ville au préjudice des défenſes
expreſſes portées par ledit Arreſt contradictoire du
Conſeil du 10 Avril 1661 , déclarer l'amende portée par icelui par eux reſpectivement encoûrue , au
payement de laquelle ils feront ſolidairement , contraints , applicable moitié à l'Hôpital de ladite Ville ,
& l'autre moitié au profit des Supplians , & en outre
condamnez en tous leurs dépens , dommages & intereſts. Vû la Requeſte , ſignée Deſcars Avocat des
Supplians & les pieces juſtificatives du contenu en
icelle y attachées. Oüi le Rapport du ſieur Peliſſon-
Fontanier Commiſſaire à ce député : & tout conſidéré. LE ROY EN SON CONSEIL , ayant
égard à ladite Requeſte a déchargé & decharge les
Supplians de ladite taxe des Arts & Mêtiers , Ordonne Sa Majeſté qu'ils feront tirez des Rolles ; fait
défenſes auſdits Maire & Echevins de les plus comprendre en aucun Rolle des impoſitions ordinaires
ou extraordinaires de ladite Ville de Pontoiſe , à
peine de mille livres d'amende , & de tous dépens ,
dommages & intereſts. Fait au Conſeil d'Etat du
Roy , tenu à Saint Germain en Laye , le quinziéme
jour de Fevrier mil ſix cens ſoixante-ſeize. Collationné. Signé, BERRYER.

Arrest du Conseil d'Etat, portant Réglement pour tous les Officiers, Marchands, Artisans & Gens de Métiers, servans & fournissans la Garderobe de Sa Majesté.

Du 28 Aoust 1676.

Extrait des Registres du Conseil d'Estat.

LE Roy s'étant fait représenter en son Conseil son Brevet du 25 Juillet 1673, & les Arrests rendus en icelui, notamment les 29 Avril audit an, & 10 Aoust 1674, par lesquels Sa Majesté a suffisamment témoigné son intention, tant pour le nombre que pour les fonctions, exercices & privileges des Charges de Tailleurs, Chaussetiers, Cordonniers, Merciers, Lingers, Fourbisseurs, & autres Marchands, Artisans & Gens de Métiers, fournissans & servans en sa Garderobe, employez pour cet effet dans l'Etat ; même pour raison des procez qui leur étoient suscitez en plusieurs Tribunaux & Jurisdictions, les ayant déchargés de toutes les assignations, qui leur pouvoient être données pour la représentation de leurs Lettres de provisions, qui étoit le prétexte dont les Jurez & Gardes desdits Métiers se servoient pour les troubler & empêcher dans l'exercice de leurs Charges, & la jouissance des privileges y attribuez, & sur lesdits troubles les traduisoient pardevant le sieur Lieutenant de Police & autres Juridictions ; mais ne pouvant plus le faire au préjudice desdits Arrests, ils se sont avisez dans le cours des visites qu'ils font chez les Maîtres de leur Métier, d'entrer ès Boutiques, maisons & magasins des Officiers de ladite Gaderobe & de faire des saisies de leurs Marchandises, pour pouvoir porter leurs contestations sur le fait d'icelles pardevant le sieur Lieutenant de Police, & ailleurs qu'en la Prevôté de l'Hôtel, & par appel au Grand Conseil qui en doivent seuls connoître à l'exclusion de tous autres, suivant les Reglemens & Privilege desdits

Officiers, & par ce moyen éluder l'execution desdits Réglemens, ainsi que desdits Arrests des mois d'Avril 1673, & Aoust 1674, par lesquels Sa Majesté a entendu mettre fin à toutes sortes de contestations & de procez formez entre lesdits Jurez & Gardes, & les Officiers de sa Gardérobe, & ôter le prétexte que lesdits Jurez & Gardes veulent faire revivre, pour, aux dépens de leurs Communautez, contester ausdits Officiers le titre de leurs Charges, comme s'ils n'étoient pas bien pourvûs par Sa Majesté, & compris dans les Etats regiftrez en la Cour des Aydes, & que leurs qualitez ne fussent pas suffisamment connues pour être asfurez en icelles. Par tous lesquels procès lesdits Officiers sont confommez en frais, & divertis du service qu'ils sont obligez de rendre à Sa Majesté, enlevant même des Marchands Forains les Marchandises qui leur peuvent convenir, sans leur en vouloir faire aucune raison: A quoi Sa Majesté, défirant pourvoir & faire cesser une fois ces sortes de contestations. Veu l'Arreft du Grand Conseil du 23 Aoust 1604, les Lettres Patentes de Sa Majesté regiftrées au Grand Conseil le 15 Septembre 1606. Arrefts du Conseil Privé des 1 Juin & 30 Juillet 1657, Autres Lettres Patentes de Sa Majesté données en Janvier 1642, & Arreft du Conseil du 27 Octobre 1662. Autre Arreft dudit Conseil du 23 Fevrier 1666. Autre Arreft du Conseil d'Enhaut du 27 Avril 1673, signé Colbert. Le Brevet de Sa Majesté accordé au sieur Prince de Marcillac du 25 Juillet audit an. Déclaration de Sa Majesté du 22 Janvier 1674, concernant l'Etat géneral & rétablissement des Officiers de Sa Majesté, nonobftant sa Déclaration du 30 May 1664, & Etat fait en conséquence, signé aussi Colbert. Sentences de la Prevôté de l'Hôtel en forme de Réglement des 30 Juin 1674, 18 Janvier & 11 Aoust 1676. Autre Arreft dudit Conseil d'Enhaut, signé Colbert du 20 Aoust audit an 1674, confirmatif desdits Arrefts &

Etat. Procedures faites au Châtelet des 16 May & 26
Aoust 1675 & 15 Janvier 1676, & autres pieces re-
présentées par ledit sieur Prince de Marcillac. Oüi le
Rapport du sieur Commissiaire à ce députe; Et tout
consideré : LE ROY E'TANT EN SON CONSEIL,
a ordonné & ordonne que ledit Brevet du 15 Juillet
1673, la Déclaration du 22 Janvier 1674, & lesdits
Arrests de son Conseil d'Etat des 29 Avril 1673, &
20 Aoust 1674, seront executez selon leur forme &
teneur; & en consequence fait Sa Majesté très-expresses & itératives défenses ausdit Jurez, Gardes &
Communautez des Corps & Métiers, & à tous autres, de troubler ni empêcher les Pourvûs des Charges de ladite Garderobe de Sa Majesté, employez
dans l'Etat attaché à ladite Déclaration, & registré
en la Cour des Aydes, ni leurs successeurs, en leurs
exercices, privileges & fonctions d'icelles, de tenir
Boutiques ouvertes, vendre & débiter leurs marchandises dont ils seront fournis des Forains, ainsi
que les autres, tant à Paris, suite de la Cour, qu'autres lieux de leurs domiciles, ni de les visiter sans
être assistez d'un Officier de ladite Prevôté pour éviter les différends, ainsi qu'il est porté lesdits Reglemens & Arrests du Conseil, même ceux dudit Grand
Conseil, & en cas de contestation pour le fait desdites visites & des saisies si aucunes sont faites dans le
cours d'icelles : Ordonne Sa Majesté que les Parties
se pourvoiront en premiere Instance en ladite Prevôté, & en cas d'appel audit Grand Conseil; si pour
certaines causes & considérations n'en est autrement
ordonné par Sa Majesté, laquelle fait itératives défenses à tous autres Juges d'en connoître, même ausdits Jurez, Gardes & Communautez de s'y pourvoir, à peine de nullité, cassation de procédures, &
de tous dépens, dommages & interests, dont lesdits
Jurez Gardes seront tenus & responsables en leurs
propres & privez noms; & afin que les noms & sur-
noms, aussi-bien que les qualitez de tous les Offi-

ciers de ladite Garderobe soient connus d'un chacun, & que lesdits Jurez & Gardes n'en puissent doresna-vant prétendre cause d'ignorance : Ordonne Sa Ma-jesté que les Sentences en forme de Réglement ren-dues en ladite Prevôté de l'Hôtel les 30 Juin 1674, 18 Janvier & 11 Aoust 1676, seront executées selon leur forme & teneur, & qu'à la diligence du Syndic général des Officiers de la Garderobe, l'Extrait de l'Etat fait & arrêté par Sa Majesté, & regiftré au Greffe de la Cour des Aydes, suivant l'Arrest du 14 Avril 1674. & de ceux qui seront arrêtés à l'avenir, sera annuellement porté & regiftré sans frais aux Greffes dudit Châtelet & de ladite Prevôté de l'Hô-tel ; sur lequel Extrait, ainsi que sur ledit Etat qui est à la Cour des Aydes, sera fait mention des mutatious & changemens d'Officiers de ladite Garderobe, qui se feront dans le cours de l'année par mort ou demiss-ion, pour y pouvoir avoir recours : Faisant Sa Ma-jesté défenses à toutes personnes de contrevenir au présent Arrest, à peine de cinq cens livres d'amende : Et sera le présent Arrest executé nonobstant toutes autres oppositions & empêchemens quelconques, dont si aucuns interviennent, Sa Majesté s'en réserve à soi & sa propre personne la connoiffance, & icelle interdit, & défend à toutes ses Cours & Juges, at-tendu qu'il s'agit de Réglement pour le service de sa Personne & de sa Maison. Fait au Conseil d'Etat du Roy, Sa Majesté y étant ; tenu à Verfailles le vingt-huitiéme jour du mois d'Aoust mil six cens soixante seize. Signé, COLBERT.

'Arreſt contradiƈtoire du Grand Conſeil, rendu pour
les Préſéances & le Pain béni, en faveur des Fourriers ordinaires des Logis de Sa Majeſté, contre
les Prevoſts & Procureurs Fiſcaux.

Du 30 Aouſt 1677.

LOUIS par la grace de Dieu, Roy de France
, & de Navarre : A tous ceux qui ces preſentes
Lettres verront ; Salut. Sçavoir faiſons, comme par
Arreſt ce jourd'hui donné en notre Grand Conſeil,
entre notre bien amé Jean-Baptiſte Deverel, Écuyer
Sieur de Boisjoli, Fourrier ordinaire de nos Logis,
demandeur, impétrant Commiſſion de notre Conſeil, du 1 Decembre 1676, ſuivant l'Exploit du 15
Janvier 1677, controllé à Melun ledit jour, à ce
que ſuivant nos Déclarations, Ordonnances & Arreſts de notre Conſeil donnez en conſequence, les
défendeurs ci-après nommez ſoient condamnez en
l'amende de quinze cens livres, pour avoir contrevenu auſdites Ordonnances & Arreſts, & avoir troublé le demandeur en ſes privileges en l'Egliſe de
Dame Marie les Lys, & avoir pris du Pain-beni
avant lui, & aux autres rangs, & préſéances attribuez à ſadite Charge ; & requerant qu'il ſoit ordonné que le Pain-beni lui ſoit porté avant leſdits défendeurs, & qu'il les précedera en toutes Procef-
ſions & aſſemblées publiques & particulieres, avec
condamnations de dépens, dommages & intereſts
d'une part, Et Me Spire Torgane, Procureur au
Châtelet de Melun, & Prevoſt de la Juſtice de
Dame Marie les Lys ; & Me Jean Phelypot, dit la
Riviere, Procureur Fiſcal de ladite Juſtice de Dame
Marie les Lys, défendeurs, d'autre. Et entre Dame
Marie-Magdeleine Leſcuyer de la Papautiere, Ab-
beſſe de l'Abbaye de Notre-Dame la Royale du
Lys, les Melun, Dame de la Paroiſſe de Dame Marie, Fary & autres lieux, demandereſſe en Requête
par elle préſentée à notre Conſeil le 17 Aouſt 1677,

à ce qu'elle soit reçûe Partie intervenante en ladite
Instance & qu'acte lui soit donné de ce qu'elle
prend le fait & cause desdits Torgane & Phelypot,
& faisant droit sur son Intervention, que ledit Deverel soit débouté de sa demande & condamné aux
dépens d'une part : & ledit Deverel, défendeur
d'autre. Et entre ledit Deverel, demandeur en Requeste par lui présentée à notre Conseil le 30 dudit mois d'Aoust 1677, à ce qu'en prononçant sur
les Instances, sans avoir égard à l'intervention de
ladite Dame Abbesse, il plaise à notre Conseil adjuger audit Deverel les mêmes fins & conclusions
portées par les Exploits d'assignations données à sa
requeste ausdits Torgane & Phelypot, avec condamnation de tous dommages, interests & dépens,
d'une part : Et lesdites Dames Abbesse, Torgane &
Phelypot, défendeurs, d'autres. Après que Maridat
de Servieres, Avocat dudit Deverel, icelui présent
à l'Audience, assisté de Hebert son Procureur, a
conclu en ses demandes ; Maridat de Saint Ambroise,
aussi Avocat pour lesdits Torgane & Phelypot, icelui Phelypot présent ; & Laurens pour ladite Dame
Abbesse du Lys, assisté de Gutin leur Procureur,
ont été oüis ; & que Maupeou pour le Procureur
General du Roy, a aussi été oüi. ICELUI NOTRE-
DIT GRAND CONSEIL, sans s'arrêter à l'intervention de ladite Lescuyer de la Papautiere, a maintenu & gardé, maintient & garde ledit Deverel ;
en qualité de Fourrier de notre Maison, à preceder
lesdits Torgane & Phelypot en toutes Assemblées
publiques & particulieres, même à recevoir le Pain-
beni auparavant eux ; dépens compensez entre lesdites Parties. Si donnons en Mandement au premier
des Huissiers de notre Grand Conseil, ou autre notre
Huissier ou Sergent sur ce requis, qu'à la Requeste
dudit Deverel, le present Arrest, il mette à dûe &
entiere execution, de point en point, selon sa forme
& teneur, nonobstant oppositions ou appellations

quelconques, pour lefquelles & fans préjudice d'i-
celles, ne voulons être differé ; & outre faire pour
l'entiere execution des Prefentes tous Exploits &
actes requis & neceffaires ; De ce faire te donnons
pouvoir, fans pour ce demander congé, placet ni
pareatis. Donné en notredit Grand Confeil à Paris
le 30e jour d'Aouft l'an de grace mil fix cens foi-
xante-dix-fept, & de notre regne le trente-cinquiéme. Collationné. *Sur le reply* eft écrit : Par le Roy,
à la relation des Gens de fon Grand Confeil. Signé,
HERBIN.

Edit du Roi, par lequel Sa Majefté ordonne & veut
 que tous fes Officiers domeftiques & commenfaux, préfens & à venir, jouiffent de leurs Charges, & des gages & droits y attribuez, fans qu'ils
 y puiffent être troublez par les créanciers héritiers, ou autres prétendans droits fur les titres,
 prix ou valeur d'icelles ; & les déclare non fujetes
 à faifies, privileges & hypoteques, ni à entrer en
 partage dans les Familles, &c.
 Du mois de Janvier 1678.

LOUIS par la grace de Dieu, Roy de France
 & de Navarre : A tous préfens & à venir. Salut.
Encore que les Charges & Offices de notre Maifon
ayent dû être & ayent été en effet de tout temps
exemptes de toutes hypoteques, & non fujetes à
partage dans les fucceffions de ceux qui les ont ache-
tées, ou qui en ont été pourvûs, & qui s'en font
démis, foit à titre de furvivance ou autrement ; &
que toutes les fois que ces queftions ont été portées
aux Rois nos Prédéceffeurs & à Nous, elles ayent
toujours été jugées en conformité, & lefdites Charges & Offices déclarées franches & libres de tous
Privileges & hypoteques, enfemble de tous partages & rapports dans les fucceffions : Et afin que la
nature & qualité defdits Offices fût connue, & que
nos Cours & Officiers de nos Juftices euffent à ju-

ger en conformité, Nous ayons fait expedier notre
Edit du mois de Juillet 1653, contenant notre volonté; néanmois, attendu que par défaut d'enregiftrement dudit Edit en nos Cours, elle n'a pas été
affez clairement connue, les Officiers commensaux
de notre Maison ont été obligez de fe pourvoir pardevers Nous toutes les fois qu'ils ont été troublez
pour raifon d'hypoteques, privileges, ou rapport
du prix, valeur ou titre de leurs Offices. A CES
CAUSES, & autres à ce nous mouvans, de l'avis
de notre Conseil, & de notre certaine science, pleine puiffance & autorité Royale, nous avons dit,
ftatué & ordonné, & par le préfent Edit perpetüel &
irrévocable, difons, ftatuons & ordonnons, voulons & nous plaift, qu'en conformité de notredit
Edit du mois de Juillet 1653, ci-attaché fous le contrefcel de notre Chancellerie, tous nos Officiers domeftiques & commensaux, préfens & à venir, même ceux qui ont été pourvûs de leurs Charges avant
& depuis l'année 1653, comme vacantes par réfigna-
tion & par mort, ou qui y ont été reçûs en survivance pandant la vie de leurs peres ou autres parens,
depuis ladite année 1653, jouiffent pleinement &
paifiblement de leurs Charges & des gages & droits
y attribuez fans qu'ils y puiffent être troublez ni
inquietez, pour quelque caufe que ce foit, par les
créanciers, heritiers, ou autres prétendans droit
fur les titres, prix ou valeur defdites Charges; enfemble fur leurs gages & émolumens, comme étant
en notre feule & entiere difpofition : Les déclarons
à cet effet, enfemble les prix & récompenfes d'i-
celles, ftipulées verbalement ou par les Actes &
contrats, jufqu'au payement actuel, non fujettes à
faifies, ni à entrer en partage dans les Familles, ni
aucun privileges ni hypoteques, dont nous les avons
déchargées. Voulons néanmoins que les contrats,
conventions & obligations, qui pourront être faites
pour le prix & récompenfe defdites Charges, avec

notre agrément & permission par écrit, & en vertu
d'icelles, soient executez & puissent valoir en Justice ; sans que ces Présentes y puissent aucunement
préjudicier. Si donnons en mandement à nos amez
& feaux Conseillers les Gens tenans notre Cour de
Parlement de Paris, que ces Présentes ils ayent à
faire enregistrer, & icelles executer selon leur forme
& teneur, sans permettre qu'il y soit contrevenu,
nonobstant tous Edits, Ordonnances, Réglemens &
Usages à ce contraires : Car tel notre plaisir. Et afin
que soit chose ferme & stable à toujours, nous avons
fait mettre notre Scel à cesdites Presentes. Donné
à Saint Germain en Laye, au mois de Janvier l'an
de grace mil six cens soixante-dix-huit, & de notre
regne le trente-cinquiéme. Signé, LOUIS. Et sur
le reply : Par le Roy, COLBERT. Et scellé du
grand Sceau de cire jaune.

*Lûes, publiées & regiſtrées. Fait en Parlement le 26
Avril 1678. Signé, DONGOIS.*

---

*Arreſt du Conſeil, en faveur des Marchands de la Gar-
derobe de Sa Majeſté.*
Du 25 Janvier 1678.
Extrait des Regiſtres du Conſeil Privé du Roy.

ENTRE Philippes de Villette, Maître Orfévre,
demeurant à Metz, au nom qu'il procede, demandeur aux fins de la Requeſte par lui préſentée,
ſur laquelle eſt intervenu Arreſt au Conſeil le 20
Octobre 1677, & défendeur, d'une part : & Jean
Labauche, Maiſtre Linger ordinaire de Sa Majeſté,
ſervant ſa Garderobe, défendeur & demandeur en
autre Requeſte, ſuivant l'Arreſt dudit Conſeil, intervenu ſur icelle ledit jour 20 Octobre dernier, &
Requeſte verbale, inſerée en l'appointement de
Réglement, du 7 Decembre audit an 1677, à ce
que pour ſortir promptement d'affaire les Parties,
il plût au Conſeil évoquer & retenir la connoiſſance de leurs differends, ſi elle trouve à propos &

convenable, d'autre, ſans que les qualitez puiſſent
préjudicier aux Parties. Vû au Conſeil du Roy,
l'Arreſt dudit Conſeil rendu ſur la Requeſte dudit
Villette dudit jour 20 Octobre 1677, aux fins de
faire aſſigner audit Conſeil ledit Labauche, pour
être les Parties reglées de Juges entre le Parlement
de Metz & le Grand Conſeil, voir dire & ordonner que leſdites Parties ſeront renvoyées audit Parlement, pour y proceder entr'elles ſur l'appel interjetté par ledit Labauche de la Sentence contradictoire renduë au Bailliage de Sedan le dix ſeptiéme Novembre 1676, circonſtances & dépendances,
ſuivant les derniers erremens, par lequel Arreſt auroit été ordonné que les Parties ſeroient aſſignées
audit Conſeil ſur les fins de ladite Requeſte. Exploit de ſignification dudit Arreſt audit Labauche,
& aſſignation à lui donnée audit Conſeil en conſequence, du 23 dudit mois d'Octobre. L'Arreſt dudit Conſeil dudit jour 10 Octobre, rendu ſur la
Requeſte dudit Labauche, auſſi aux fins de faire aſſigner audit Conſeil ledit Villette, pour être les
Parties reglées de Juges d'entre le Prevoſt de l'Hôtel, le Grand Conſeil, & le Parlement de Metz:
Ce faiſant, voir dire qu'en conſequence des Arreſts
du Conſeil, rendus en pareil cas le 26 Juillet 1649,
qui a renvoyé ſemblables differends au Grand Conſeil; que celui en queſtion y ſera pareillement renvoyé, nonobſtant la Sentence du Bailliage de Sedan
du 17 Novembre 1676, & Arrêt dudit Parlement de
Metz du 29 Janvier 1677, par lequel Arreſt auroit
été ordonné, que les Parties ſeroient aſſignées audit Conſeil, pour être reglées de Juges entre ledit
Grand Conſeil & ledit Parlement de Metz : Exploit
de ſignification dudit Arreſt audit Villette, avec
aſſignation à lui donnée audit Conſeil en conſequence, du 26 dudit mois d'Octobre. L'appointement de Reglement pris au Conſeil entre leſdites
Parties en ladite Sentence du 27 Decembre audit

an. Acte d'assemblée faite pardevant le Lieutenant
General de Sedan, à la requeste du Procureur du
Roy audit Bailliage le 15 Octobre 1676, des parens des enfans mineurs de défunt Jean Villette &
Marie Labauche, pour élire un Tuteur aux personnes desdits mineurs, tous lesquels parens auroient
d'un commun avis, nommé pour Tuteur ledit Labauche, lequel présent en personne auroit dit ne
pouvoir accepter ladite charge, étant exempt en
qualité d'Officier du Roy ; de laquelle nomination
ledit Lieutenant General auroit donné Acte, & ordonné qu'à la diligence du Procureur du Roy ledit
Labauche seroit assigné pour être condamné d'accepter ladite charge. Requeste présentée audit Lieutenant General par ledit Villette, aux fins de faire
assigner ledit Labauche pour voir dire qu'il seroit
procedé avec lui à la confection de l'inventaire &
au partage des successions desdits défunts Labauche & Villette, sur laquelle Requeste est ordonné
que ledit Labauche seroit assigné du 7 Novembre
audit an ; ensuite est l'Exploit d'assignation donné
audit Labauche en consequence, du 9 dudit mois.
Défenses fournies par ledit Labauche le 14 dudit
mois, par lesquelles auroit dit, qu'étant l'un des
Commensaux de la Maison du Roy, employé dans
l'Etat des Officiers, il étoit exempt de toutes charges & subsides, même de tutelle & curatelle, suivant les Declarations & Arrest du Conseil, & partant soutenoit devoir être renvoyé ; que s'il y avoit
contestation en explication desdites Declarations &
Arrests, c'est en la Prevôté de l'Hôtel, où les contestations devoient être décidées, & où il protestoit
en ce cas de se pourvoir. La Sentence contradictoire, rendue audit Bailliage de Sedan, contenant les
dires & contestations des Parties, sur l'exemption
prétendue par ledit Labauche de ladite tutelle à
son dire, que si ledit Villette prétendoit contester
ladite exemption, & interpreter lesdits Arrests &
Déclarations,

Déclarations, c'eft en la Prevôté de l'Hôtel où la
Caufe & les Parties devoient être renvoyées ; par
laquelle Sentence dattée du 17 Novembre audit an
1676, le Procureur du Roy & les Parties oüies, ledit
Labauche eft declaré non exempt de tutelle & curatelle ; & en conféquence condamné à gerer & ad-
miniftrer ladite tutelle, en laquelle il a été élû, &
aux dépens. Acte fignifié à la Requête dudit Labauche audit Villette, le 20 dudit mois de Novembre,
par lequel il declare être Appellant de ladite Sentence, pour les torts & griefs & déduire en tems
& lieu, & où il avifera bon être. Acte paffé audit
Bailliage de Sedan le 23 dudit mois de Novembre,
contenant un avis des parens defdits mineurs, que
ledit Labauche étant le plus proche pour exercer ladite charge de Tuteur, ils font d'avis que le bien
jugé de ladite Sentence foit foutenu, nonobftant
ledit prétendu privilege & exemption ; & à cet effet
ledit Villette autorifée. Requête prefentée à la
Prevôté de l'Hôtel par ledit Labauche aux fins de
faire affigner ledit Villette, pour voir dire que fans
avoir égard à l'élection & nomination faite de fa
perfonne pour Tuteur aufdits mineurs, les Arrefts
& Reglemens du Confeil feroient executez, & declaré exempt de tutelle & curatelle ; fur laquelle
Requête eft l'Ordonnance de la Prevôté de l'Hôtel
du premier Decembre audit an 1676, portant foit
donné affignation, & cependant défenfes de faire
pourfuite ailleurs. Exploit d'affignation donné audit Villette en ladite Prevôté de l'Hôtel du 12
dudit mois de Décembre. Lettres d'anticipation
obtenues par ledit Villette en la Chancellerie dudit Parlement de Metz le 23 dudit mois de Decembre, aux fins de faire affigner ledit Labauche en
ladite Cour, pour proceder fur l'appel de ladite Sentence du Baïlly de Sedan, du 17 Novembre. Exploit
d'affignation donné audit Labauche audit Parlement
en conféquence, du dernier dudit mois de Decembre

S

Acte signifié à la Requeste dudit Labauche audit
Villette, le 16 Janvier 1677, par lequel ledit Labauche se déporte dudit appel de la Sentence du 17
Novembre, lequel il convertit en opposition pardevant les sieurs de la Prevôté de l'Hôtel. Sentence
de la Prevôté de l'Hôtel du 23 dudit mois de Janvier
portant retention de la cause d'entre les Parties : Et
Acte d'opposition dudit Labauche à l'execution de
ladite Sentence du 17 Novembre. Signification de
ladite Sentence de la Prevôté de l'Hôtel audit Villette le 30 dudit mois. Arrest dudit Parlement de
Metz du 29 dudit mois de Janvier, donné sur la Requête dudit Villette, par lequel il est déchargé de
l'assignation à lui donnée en ladite Prevôté de l'Hôtel, avec défenses de faire poursuites ailleurs qu'en
ladite Cour, signifié audit Labauche le 3 Fevrier
audit an. Arrest dudit Grand Conseil du 22 dudit
mois de Fevrier, donné sur la Requête dudit Labauche, qui le reçoit Appellant de ladite Sentence du
Bailly de Sedan du 17 Novembre 1676, le tient
pour bien relevé ; & ordonne que pour proceder
sur les fins de ladite Requête, ledit Villette seroit
assigné, nonobstant & sans avoir égard audit Arrest
du Parlement de Metz du 29 Janvier, que ledit
Grand Conseil auroit cassé. Exploit de signification
dudit Arrest du Grand Conseil audit Villette, &
assignation à lui donnée en consequence du 3 Mars
audit an 1677. Declaration du Roy du mois d'Août
1610, donné en faveur du Prevôst de l'Hôtel, les
Lieutenant, Procureur du Roy, Greffier, Commis
Archers & Prieurs de ladite Prevôté de l'Hôtel,
portant confirmation des privileges, exemptions &
immunitez à eux accordez, même de tutelle & curatelle, ladite Declaration enregistrée en la Cour des
Aydes de Paris le 28 Septembre 1610. Lettres de Jus-
sion adressantes à ladite Cour des Aydes pour l'enregistrement pur & simple de ladite Declaration, en
datte du 24 dudit mois de Septembre. Arrest de la

Cour des Aydes du 28 Avril 1614, contenant l'enregiſtrement de ladite Declaration. Autre Declaration de Sa Majeſté ; donnée en faveur des Officiers
domeſtiques & Commenſaux de la Maiſon de Sadite
Majeſté du mois de Janvier 1652, par laquelle ils
ſont déclarez continuez & confirmez en leurs privileges, franchiſes & exemptions à eux accordez de
toutes contributions, ſubſides & autres charges generalement quelconques, en quelque maniere que
ce ſoit, quoiqu'ils ſoient ſpecifiez & declarez par
le menu par ladite Declaration. Arreſt du Conſeil
du 16 Juillet 1649, rendu entre André Vermiſſon,
Boucher, Privilegié ſuivant la Cour, d'une part ;
& Sebaſtien Jeux, Boucher de Metz, d'autre ; portant renvoi des Parties en ladite Prevôté de l'Hôtel,
& par appel au Grand Conſeil. Arreſt dudit Conſeil
du 8 Octobre 1664 rendu ſur la Requeſte de Nicolas Cœur de Cheſne, l'un des Cordonniers ordinaires de Sa Majeſté, portant que la Sentence des Elûs
de Meaux, du 26 Aouſt 1663, qui fait défenſe
d'impoſer aux Tailles ledit Cœur de Cheſne, ſeroit
executée. Extrait des Actes baptiſtaires de Jacques
& Philippes Villette enſans deſdits défunts Jean
Villette & Marie Labauche le 29 Octobre 1650 &
7 Janvier 1652. Lettres de retenue accordées par Sa
Majeſté audit Labauche en l'Etat & Charge de l'un
des Marchands de Points, & Linger ordinaire de la
Garderobe de Sa Majeſté, du 13 Mars 1665. au bas
eſt l'Acte de preſtation de ſerment dudit Labauche,
pardevant le ſieur Grand-Maître de la Garderobe
de Sa Majeſté, dudit jour : & l'Acte d'enregiſtrement deſdites Lettres de retenue, pour jouir per ledit Labauche des privileges & exemp·ions attribuez
à ladite Charge du ſieur Prince de Marſilliac,
Grand-Maître de la Garderobe de Sa Majeſté, du
premier May 1673, portant confirmation deſdites
Lettres de retenue, pour jouir par ledit Labauche
de ladite Charge de Linger ordinaire de Sa

S ij

Majesté. Arreſt de la Cour des Aydes de Paris du
premier Juin 1673, portant que ledit Labauche ſeroit employé & couché ſur l'État des Officiers de la
Maiſon du Roy en ladite qualité de l'un des Marchands Lingers, au lieu & place de feu Eſtienne Salomon, pour jouir par ledit Labauche des privileges & exemptions attribuez audit Office. Requête
préſentée par ledit Labauche, au conſeil de Police
de Sedan, ſur laquelle eſt ſon ordonnance du 19.
Novembre 1673, portant que les Lettres de proviſions dudit Labauche ſeroient lûes, publiées & enregiſtrées. Extrait de l'Etat des Officiers de la Maiſon
du Roy, fait & dreſſé en l'année 1674, & reçû au
Greffe de la Cour des Aydes, ſuivant l'Arreſt d'i-
celle du 14 Avril audit an 1674, par lequel il apert
que ledit Labauche eſt employé & couché pour 60
livres. Extrait de la celebration du mariage de Jean
Battin & Eliſabeth Villette, fille de Jean Villette &
de Marie Labauche, du 20 May 1674, par lequel
les Officiers Marchands & Artiſans ſervans en la
Garderobe, ont été déchargez des aſſignations à
eux données au Châtelet de Paris, & autres Juges,
avec défenſes aux Maîtres Gardes & Jurez des Métiers d'y troubler leſdits Officiers, à peine de mille
livres d'amende. Certificat du ſieur Grand Maître
de la Garderobe de Sa Majeſté des ſervices rendus
par ledit Labauche en ladite Charge de Linger, des
30 Decembre 1666, 15 Avril 1674, 8 Avril 1675,
3 Fevrier 1676, & 7 Octobre 1677, avec un ordre
dudit ſieur Grand Maître, dudit jour 3 Fevrier 1676,
par lequel il eſt ordonné audit Labauche d'aller à
Sedan, pour y choiſir les Marchandiſes neceſſaires
pour le ſervice de Sa Majeſté pendant ladite année
1676. Arreſt du Conſeil donné, Sa Majeſté y étant
du 28 Aouſt audit an 1676, portant défenſes aux
Jurez, Gardes & Communautez, de troubler les
Pourvûs de Charges de la Garderobe de Sa Majeſté, en leurs exercices, privileges & fonctions.

d'icelles ; & en cas de contraventions pour le fait
de visite, & des saisies, si aucunes sont faites,
ordonné que les Parties se pourvoiront en premiere Instance en la Prevôté de l'Hôtel, & en cas
d'appel, au Grand Conseil. Copies de Sentences des
Elûs de Meaux, des 26 Mars & 19 May 1677, portant que Nicolas Bachelier, l'un des Pelletiers Foureurs ordinaires de Sa Majesté, est déchargé de la
cotte sur lui, faite au Rolle de l'Ustancille & de
celle de la Taille de l'année 1677, ordonnée, rendue
par le sieur Hotman, Intendant des Finances, &
Commissaire départi en la Generalité de Paris, du
4 Octobre 1677, par laquelle Michel Michau l'un
des Boulangers ordinaires de Sa Majesté, est déchargé de la taxe d'office de cent livres sur lui faite.
Ecritures & productions desdites Parties. Requête dudit Labauche, présentée au Conseil, contenant ses
moyens & conclusions, à ce qu'en cas que Sa Majesté
trouvât n'y avoir lieu d'évoquer & retenir la connoissance de l'affaire, suivant les Arrests du Conseil
des 20 Aoust 1674 & 28 Aoust 1676, il plût à Sa Majesté renvoyer les Parties audit Grand Conseil pour
y répondre en execution de l'Arrest y rendu le 22
Fevrier 1677, suivant les derniers erremens, & pour
avoir par ledit Villette contrevenu ausdits Arrests,
en se pourvoyant audit Bailliage de Sedan, au lieu
de la Prevôté de l'Hôtel, en premiere Instance, &
d'avoir fait nommer ledit Labauche Tuteur de ses
freres & sœurs, au préjudice des Declarations & Arrests, que la peine de mille livres y contenue sera
declarée encourue, applicable moitié à l'Hôpital
General de ladite Ville de Sedan, & l'autre moitié
audit Labauche, pour lui donner lieu de dédom-
magement, & condamné en tous ses dépens, dommages & interets, & aux dépens de l'Instance. Ordonnance du Conseil du 31 Decembre 1677, étant
au bas de ladite Requête, portant qu'en Jugement
sera fait droit, signifiée le 5 Janvier 1678. Requête

préſentée au Conſeil par ledit Villette, à ce que ſans avoir égard à la Requeſte verbale dudit Labauche, les Parties ſoient envoyées au Parlement de Metz pour y proceder entr'elles ſur l'appel interjetté par ledit Labauche de la Sentence du Bailly de Sedan du 17 Novembre 1676, ſuivant les derniers erremens, circonſtances & dépendances d'icelui, & ledit Labauche condamné aux dépens. Signification de ladite Requeſte à la demeure dudit Labauche du 22 Decembre 1677. Requête dudit Labauche du 12 Janvier 1678, pour la reception d'un Arreſt du Conſeil y mentionné, donné en faveur des Marchands, Artiſans de la Garderobe du Roy, du 29 Avril 1673. Signification de ladite Requête le 13 Janvier. Requête dudit Labauche du 4 Janvier, employée pour contredits contre la production dudit Villette, ſignifiée ledit jour. Autre Requête dudit Labauche du 27 dudit mois du Janvier, pour la reception des piéces y mentionnées, ſignifiée le 23 dudit mois : La premiere, d'une Declaration du Roy Henry le Grand du 22 Mars 1602, par laquelle Jean de Sezile Fermier ordinaire des Logis de Sa Majeſté, eſt declaré exempt de tutelle, comme l'un des Officiers domeſtiques, tant qu'il exercera ledit Office de Fermier ordinaire, & déchargé de la tutelle deſdits enfans de Claude Sezile. Copie d'Arreſt du Parlement de Paris du 13 May 1654, portant qu'il ſeroit procedé à nouvelle aſſemblée de parens, pour être procedé à nouvelle Election dudit Tuteur & Curateur, aux mineurs de Jean Angeſt, autre que Jean-Baptiſte Arnaud, Porte-manteau ordinaire du Roy ; qui a été déchargé de ladite tutelle par Sentence du Bailly de Senlis du 19 Novembre 1652. Deux Sentences renduës en la Prevôté de l'Hôtel les 18 Decembre 1677 & 13 Janvier 1678 : par la derniere deſquelles Edme Celeſſon, Chef de Fourrier de ſon Alteſſe Royale Madame, eſt déchargé de la demande à lui faite par M. Jacques Friſſan, Procureur Fiſcal de la Seigneurie de Bomoy ; & en conſequence, caſſe la nomination faite de la perſonne dudit Celeſſon pour Tuteur des enfans de feu Henry Chartier. Livre Intitulé, Ordonnance ſur les Privileges des Officiers domeſtiques & Commenſaux de la Maiſon du Roy, & tout ce qui a été mis & produit par leſdites Parties, pardevers le ſieur Fortia, Conſeiller du Roy en ſes Conſeils, Maître des Requeſtes ordinaire de ſon Hôtel, Commiſſaire à ce deputé : Oüi ſon Rapport, & tout conſideré. LE ROY EN SON CONSEIL, faiſant droit ſur l'Inſtance, a renvoyé & renvoye les Parties proceder au Grand Conſeil, en execution de l'Arreſt qui a été rendu le 22 Fevrier 1673. dépens compenſez. Fait au Conſeil Privé du Roy, tenu à S. Germain en Laye, le vingt-cinquiéme jour de Janvier mil ſix cens ſoixante-dix-huit. Collationné. Signé, LE FOUIN.

Declaration du Roy, en faveur de tous les Officiers domeſtiques de la Maiſon de Sa Majeſté, employez dans ſes Etats, pour jouir des Privileges de Veterans après vingt-cinq années de ſervice, & ſe démettre de leurs Charges, en faveur de toutes perſonnes qui ſeront agreables, &c.

Du 11 Juillet 1678.

LOUIS, par la grace de Dieu, Roy de France & de Navarre : A tous ceux qui ces préſentes Lettres verront ; Salut. Les Officiers domeſtiques de notre Maiſon nous ayant repreſenté qu'entre les graces & les Privileges qui leur ont été accordez de tems en tems par les Rois nos Prédeceſſeurs, à cauſe du ſervice actuel qu'ils nous rendent, le feu Roy notre très-honoré Seigneur & Pere de très-glorieuſe memoire, conſiderant qu'après avoir vieilli dans le même ſervice, il étoit de ſa juſtice & de ſa bonté de leur accorder la jouiſſance des mêmes exemptions & privileges pendant le reſte de leur vie, lorſqu'ils viendront à ſe défaire de leurs Charges, après un

long & affidu fervice, auroit par fa Declaration du
dixiéme jour du mois de Decembre 1635, ordonné
qu'après avoir fervi vingt-cinq années confecutives
dans une même Charge, lorfqu'ils viendroient à
s'en défaire en faveur de leurs enfans, gendres ou
neveux, ils jouiroient des mêmes exemptions &
privileges, enfemble leurs veuves pendant leur viduité : Sur l'enregiftrement defquelles Lettres il
feroit intervenu Arreft en notre Cour des Aydes de
Paris, qui auroit augmenté le tems dudit fervice,
jufqu'à trente années : ce qui étant contraire aux
termes de ladite Declaration ; confiderant d'ailleurs
que la néceffité de fe démettre de leurs Charges, en
faveur de leurs enfans, gendres ou neveux, eft fouvent contraire à notre fervice, & à l'agrément que
nous leur donnons pour fe démettre de leurs Charges : & voulant donner des marques de la fatisfaction que nous avons de l'affiduité de leurs fervices.
A ces Causes, & autres confiderations à ce
nous mouvans, Nous avons dit, declaré & ordonné, difons, declarons & ordonnons, par ces Prefentes fignées de notre main, voulons & nous plaît,
que nos Officiers domeftiques, employez dans nos
Etats, qui nous auront fervi le tems de vingt-cinq années confecutives en une même Charge, & qui s'en
feront démis & démettront en faveur de perfonnes
qui nous feront agréables, jouiffent, enfemble
leurs veuves pendant leur viduité, des mêmes honneurs, privileges & exemptions, dont ils jouiffent
pendant leur fervice actuel, en obtenant de Nous
les Lettres de Veteran neceffaires. Et fans avoir
égard aux claufes portées par ladite Declaration du
dixiéme jour du mois de Decembre 1635, & à l'Arreft d'enregiftrement d'icelles du 7 Aouft 1636,
aufquels nous avons derogé, en ce qu'elles ne
font conformes à ces Prefentes. Si donnons en
mandement à nos amez & feaux Confeillers, les
Gens tenans notre Cour des Aydes à Paris, que ces

Presentes ils ayent à faire regiſtrer, & icelles executer ſelon leur forme & teneur : Car tel eſt notre
plaiſir. En témoin de quoi Nous avons fait mettre
notre Sceel à ceſdites Preſentes. Donné à S. Germain
en Laye, le onziéme jour du mois de Juillet l'an de
grace mil ſix cens ſoixante & dix-huit, & de notre
regne le trente-ſixiéme. Signé, L O U I S. Et ſur le
repli : Par le Roy, C O L B E R T. Et ſcellée du grand
Sceau de cire jaune, ſur double queue.

Regiſtrée en la Cour des Aydes. A Paris le 30 *Aouſt*
1678. Collationné. Signé, D U P U Y.

Declaration du Roy, portant que les Charges de
la Maiſon de la Reine, de Monſieur & de Mada-
me, ne ſeront ſujettes à aucuns hypoteques ni
partages dans les familles : enſemble la révoca-
tion des tranſports qui ſeront faits à l'avenir par
les Officiers du Roy, de la Reine, de Monſieur
& de Madame, ſur le prix ou gages de leurs
Charges.

Du 24 Novembre 1678.

L O U I S par la grace de Dieu, Roy de France
& de Navarre : A tous ceux qui ces préſentes
Lettres verront ; Salut. Nous aurions par notre Edit
du mois de Janvier dernier, confirmatif de celui du
mois de Juillet 1653, declaré que tous nos Domeſtiques & Commensaux jouiroient pleinement de
leurs Charges, & des gages & droits y attribuez,
ſans qu'ils y puiſſent être troublez ni inquietez pour
quelque cauſe que ce ſoit, par les Creanciers, Heritiers, ou autres, prétendant droit ſur les titres,
prix ou valeur deſdites Charges, enſemble ſur leurs
gages & émolumens, comme étant en notre ſeule &
entiere diſpoſition, les ayant à cet effet declarez, enſemble les prix & récompenſes d'icelles, ſtipulez
verbalement & par les actes & contrats juſqu'au
payement actuel, noi: ſujet à ſaiſies, partages de
ſucceſſions, ni à aucuns hypoteques & privileges,

T

dont nous les aurions déchargez, ainfi qu'il eft plus
amplement porté par ledit Edit. Mais d'autant que
nous n'aurions point declaré nos intentions fur le
fujet des tranfports faits par les Officiers, des gages
attribuez à leurs Charges ; que nous avons été informez que leurs Creanciers ont quelquefois exigé
d'eux par les Contrats & Obligations qu'ils leur ont
fait pafler, des ceffions & tranfports defdits gages à
leur profit : ce qui les met hors d'état de nous pou,
voir rendre leurs fervices, lorfqu'ils y font obligez ;
à quoi il eft néceffaire de pourvoir à l'avenir. Et
voulant aufti que les Officiers employez fur les Etats
des Maifons de la Reine notre très-chere & très-
amée Epoufe & Compagne, & de nos très-chers &
très-amez Frere Unique & Belles-fœur les Duc &
Duchefle d'Orleans, jouiffent de tous les privileges
accordez par ledit Edit & par les Prefentes, aux Officiers commenfaux de notre Maifon. A ces Causes,
& autres confiderations, à ce Nous mouvans, en expliquant l'Edit du mois de Janvier dernier, dont copie collationnée eft ci-attachée fous le contrefcel de
de notre Chancellerie, Nous avons dit & déclaré,
difons & déclarons par ces Prefentes fignées de notre
main, voulons & nous plaît, que les tranfports &
ceffions qui feront faits à l'avenir par nos Officiers,
des gages attribuez à leurs Charges, portez par les
Contrats & Obligations, qui feront par eux paffez
au profit de leurs Creanciers, ou en quelqu'autre
maniere que ce foit, feront nuls & de nul eftet, fans
que les Treforiers de notre Maifon puiflent avoir aucun égard aux faifies qui feront faites entre leurs
mains en confequence. Voulons aufti que les Officiers employez fur les Etats des Maifons de la Reine
notre très-chere & très-amée Epoufe & Compagne,
& de nos très-chers & très-amez Frere Unique &
Belle-fœur Duc & Duchefle d'Orleans, jouiflent à
l'avenir des privileges & prérogatives accordez aux
Officiers commenfaux de notre Maifon, tant par

ledit Edit du mois de Janvier dernier, que par la presente Declaration. Si donnons en mandement à nos
amez & feaux Conseillers, les Gens tenans notre Cour
de Parlement, Chambre des Comptes & Cour des
Aydes à Paris, que ces presentes ils ayent à faire
regiſtrer, & du contenu en icelles, jouir & user nosdits Officiers, & ceux de la Reine notre très-chere
& très-amée Epouse & Compagne, & ceux de nos
très chers & très-amez Frere Unique & Belle sœur
les Duc & Duchesse d'Orleans, pleinement & paisiblement, cessant & faisant cesser tous troubles & empêchemens : Car tel est nòstre plaisir. En témoin de
quoi nous avons fait mettre notre Scel à cesdites presentes. Donné à Versailles le vingt-quatriéme jour
du mois de Novembre l'an de grace mil six cens soi-
xante-dix huit, & de noſtre regne le trente-sixiéme.
Signé, L O U I S. Et sur le repli : Par le Roy,
C O L B E R T. Et scellée du grand Sceau de cire
jaune.

*Regiſtrée. A Paris en Parlement, le 7 Decembre
1678. Signé, D O N G O I S.*

Arreſt du Conseil du 17 Octobre 1679, qui confirme celui du 13 Aouſt 1665 ; & en consequence,
ordonne que les gages, récompenses, pensions &
livrées ordonnées aux Officiers de la Reine Mere,
& de la Reine Epouse du Roy, ne pourront être
saisies, nonobſtant même les consentemens que lesdits Officiers pourroient donner à leurs Creanciers,
sans la permiſſion de l'agrément de Sa Majeſté, pour
toucher le prix ou revenu de leurs Charges, lesquels
consentemens Sa Majeſté a caſſez & annullez.

De l'Ordonnance des Aydes du mois de Juin 1680,
Titre 9. Art. 5. des Exemptions du Gros.
Du mois de Juin 1680,

MAintenons aussi les Nobles Officiers de nos quatre Cours de Paris, Secretaires de Nous, Maison & Couronne de France, nos Officiers Commensaux servans actuellement, & ceux qui ont obtenu nos Lettres de Declaration, dans le privilege de vendre en gros le vin de leur cru, sans payer aucun autre droit que celui d'augmentation, pour lequel ils seront tenus de souffrir la Marque des Commis.

Declaration du Roy, pour faire jouir des Privileges des Commensaux les Officiers de Madame la Dauphine.
Du 20 Juillet 1680.

LOUIS par la grace de Dieu, Roy de France & de Navarre, &c. Voulant que les Officiers que nous avons choisi pour servir notre très-chere & très-amée fille la Dauphine, jouissent des privileges des Commensaux de notre Maison, nous avons fait dresser l'Etat desdits Officiers, afin que le nombre & la qualité en étant connue, ils puissent sans trouble jouir desdits privileges. A ces Causes, Nous avons dit & déclaré, disons & déclarons par ces presentes signées de notre main, voulons & nous plaît, que lesdits Officiers de notredite fille la Dauphine compris dans l'Etat ci-attaché sous le contre-scel de notre Chancellerie, au nombre de quatre cens dix-huit, jouissent de tous & chacuns les privileges, franchises, libertez & exemptions, & autres avantages dont jouissent les Officiers Commensaux de notre Maison & ceux de la Reine notre très-chere & très-amée Epouse & Compagne, en vertu de nos Edits & Declarations, bien & düement registrez en notre Cour des Aydes, sans qu'il soit

beſoin de faire plus ample Declaration deſdits privileges & exemptions à eux attribuez par leſdits Edits
& Declarations. Si donnons en Mandement, &c.
Donnée à Calais le vingtiéme jour du mois de Juillet
l'an de grace mil ſix cens quatre-vingt, & de notre
regne le trente-huitiéme. Signé, LOUIS. Et ſur
le repli, Par le Roy, COLBERT. Et ſcellée du grand
Sceau de cire jaune à queue pendante.

Regiſtrée en la Cour des Aydes, le 4 Septembre 1680.
Signé, DUPUY.

Declaration du Roy, portant que les Officiers des Maiſons Royales poſſedans des Charges de Judicature, ſeront impoſez à la Taille.

Du 23 Octobre 1680.

LOUIS par la grace de Dieu, Roy de France
& de Navarre : A tous ceux qui ces preſentes
Lettres verront, Salut. Nous avons toujours pris un
ſoin particulier d'obliger les Officiers par nous départis dans nos Provinces à veiller à ce que les Impoſitions des Tailles ſoient reglées ſur nos Sujets
avec une juſte proportion de leurs biens & facultez,
afin que les riches ne ſoient point ſoulagez au préjudice des pauvres, & que cette égalité rende la levée
de nos deniers plus facile & moins à charge à nos
peuples ; & nous avons par la ſuite de notre appli-
cation, retranché la plus grande partie des abus qui
s'étoient gliſſez par une longue ſuite de temps, &
par le relâchement qui arrive toujours pendant la
guerre ; mais nous avons été informez qu'il reſte
encore un mal aſſez conſiderable, qui procede de ce
que contre la diſpoſition expreſſe des anciennes Ordonnances des Rois nos predeceſſeurs des années
1302, 1388, 1413, 1459, 1517, 1560, 1577, divers Officiers de Judicature, tant Royale que des Seigneurs particuliers, & autres ayant fonction publique & ſerment à Juſtice, demeurans dans les Villes,
Bourgs & Paroiſſes Taillables de notre Royaume,

ont eu la liberté de prendre & posseder des Charges
& Etats dans notre Maison, & autres Maisons Royales, & des Princes de notre Sang, & autres Officiers
jouissans du privilege de l'exemption des Tailles,
non pas tant pour y servir, que pour s'acquerir un
titre d'exemption, qui contribue beaucoup à la surcharge de nos autres Sujets. Nous avons resolu d'arrêter le cours de cet abus en révoquant tous les
avantages que peut produire en cette occasion la
pluralité des Offices en une même personne : A ces
Causes, & autres à ce Nous mouvans ; de l'avis de
notre Conseil, qui a vû lesdites Ordonnances, & de
notre certaine science, pleine puissance & autorité
Royale, Nous avons déclaré & ordonné, déclarons
& ordonnons par ces presentes signées de notre
main, voulons & nous plaît, que tous nos Sujets,
Habitans des Villes, Bourgs & Paroisses Taillables,
qui sont ou seront à l'avenir pourvûs d'Office de Judicature, ou autres ayant fonction publique & serment à Justice, soit de Nous, ou des Seigneurs particuliers, & des Charges de notre Maison, & autres
Maisons Royales, & des Princes de notre Sang, &
autres Offices jouissans de l'exemption des Tailles,
employez dans les Etats registrez en nos Cours des
Aydes, servans actuellement & payez de leurs gages, soient imposez aux Rolles des Tailles, & de
l'impôt du Sel, selon leurs biens & facultez, tant
qu'ils demeureront pourvûs conjointement de deux
Offices, nonobstant les privileges des Commensaux
de notre Maison, dont nous les avons déclarez déchûs jusqu'à ce qu'ils ayent fait leur option, & qu'ils
se soient démis des Offices de Judicature, ou autres
ayant fonction publique & serment à Justice, &
qu'un autre soit pourvû & exerce en leur place.
Voulons ce que dessus avoir lieu, nonobstant tous
privileges, que nous avons révoquez à cet égard, &
révoquons par ces presentes ; & nonobstant aussi
toutes Lettres de compatibilité qu'ils auroient ci-

devant obtenues, & qu'ils pourroient obtenir ci-après, auſquels nous défendons à tous nos Juges d'avoir aucun égard, encore qu'elles fuſſent regiſtrées en nos Cours. Si donnons en Mandement à nos amez & féaux Conſeillers, les Gens tenans notre Cour des Aydes à Paris, que ces preſentes ils ayent à faire publier, enregiſtrer & obſerver ſelon leur forme & teneur, nonobſtant tous Edits, Declarations, Reglemens, Arreſts, & autres choſes à ce contraires, auſquels Nous avons dérogé & dérogeons : Car tel eſt notre plaiſir. En témoin de quoi nous avons fait mettre notre Scel à ceſdites preſentes. Donnée à Verſailles le vingt-troiſiéme Octobre, l'an de grace mil ſix cens quatre-vingt, & de notre regne le trente-huitiéme. Signé, LOUIS. Et ſur le repli, Par le Roy, COLBERT.

Regiſtrée en la Cour des Aydes, ce requerant le Procureur General du Roy, pour être executée ſelon ſa forme & teneur, le 13 Novembre 1680.

Arreſt du Conſeil d'Etat du Roy, rendu en faveur des Gardes du Corps & des Officiers Commenſaux de la Maiſon du Roy, pour la Préſeance & Ceremonies publiques, qui ſe font dans les lieux de leurs demeures.

Du 30 Septembre 1681.

Extrait des Regiſtres du Conſeil d'Etat.

SUR la requeſte preſentée au Roy étant en ſon Conſeil, par Claude Moreau, Ecuyer Veteran Garde du Corps de Sa Majeſté, & Auguſtin Moreau, auſſi Garde du Corps de Sa Majeſté ; contenant, qu'encore que par divers Declarations & Arreſts, & notamment par la Declaration du 20 Decembre 1617, les Gardes du Corps de Sa Majeſté ſoient en droit & poſſeſſion de jouir du rang & préſeance dans les lieux de leur demeure immédiatement après les Conſeillers des Bailliages & Sénéchauſſées, & Siéges Preſidiaux, auparavant les Officiers des Elections &,

T iiij

Greniers à Sel, Juges non Royaux, & tous autres
Juges inferieurs en ordre aufdits Conſeillers : néanmoins Mᶜ Nicolas Berain, Bailly de la Chapelle
Saint Denis en France, auquel lieu les Supplians
font leur demeure, auroit entrepris de les préceder
ès Aſſemblées & Ceremonies publiques, ce qui les
auroit obligez de ſe pourvoir au Grand Conſeil
contre ledit Berain; & après pluſieurs pourſuites &
procedures par eux faites, il y auroit été rendu
Arreſt contradictoire, par lequel au préjudice de ladite Declaration & de tous les Arreſts du Conſeil
donnez en faveur des Officiers de Sa Majeſté, & notamment deſdits Gardes du Corps, les Supplians
auroient été déboutez de leurs demandes, & condamnez aux dépens par Arreſt du 12 Juillet dernier,
lequel Arreſt étant directement contraire aux intentions da Sa Majeſté. A CES CAUSES, requeroient
qu'il lui plût ſur ce leur pourvoir. Vû ladite Requeſte
& ladite Declaration du 20 de Decembre 1617. Et
tout ce conſideré. LE ROY E'TANT EN SON CONSEIL,
ſans avoir égard audit Arreſt du 12 Juillet dernier,
que Sa Majeſté a caſſé & annullé, & tout ce qui s'en
eſt enſuivi, a ordonné & ordonne, que leſdits Moreau auront rang & préſéance ès Aſſemblées publiques & autres ceremonies avant ledit Bailly de la
Chapelle, auquel Sa Majeſté fait très-expreſſes inhibitions & défenſes de les troubler en la jouiſſance
dudit droit de rang & préſéance : Et ſera le preſent
Arreſt executé nonobſtant oppoſitions ou autres empêchemens quelconques ; dont ſi aucuns interviennent, Sa Majeſté s'eſt reſervée la connoiſſance, &
icelle interdit à tous autres Juges. Fait au Conſeil
d'Etat du Roy, Sa Majeſté y étant, tenu à Fontainebleau, le trentiéme jour de Septembre mil ſix cens
quatre-vingt-un. Signé, COLBERT, avec
paraphe.

Arreſt du Grand Conſeil, qui ordonne que les privilegiez exerceront dans Paris, de même
que les Maîtres de la Ville.

Du 6 Mars 1682.

LOUIS par la grace de Dieu, Roy de France
& de Navarre : A tous ceux qui ces preſentes
Lettres verront ; Salut. Sçavoir faiſons ; Comme
par Arreſt cejourd'hui donné en notre Grand Conſeil, entre notre bien-amé François Jaulin, Maréchal ferrant, ſervant en notre Garderobe, appellant
d'une Sentence rendue en la Prevôté de l'Hôtel le
26 Aouſt 1681, d'une part ; & les Jurez de la Communauté des Maîtres Maréchaux de cette Ville &
Fauxbourgs de Paris, intimez, d'autre. Et entre ledit Jaulin, demandeur en Requeſte du 12 Decembre 1681, à ce que faiſant droit ſur l'appel de ladite
Sentence rendue en ladite Prevôté de l'Hôtel, il
plût à notre Conſeil mettre l'appellation & Sentence
au néant ; émandant & corrigeant, le maintenir &
garder en la poſſeſſion & jouiſſance de ſon état &
charge de l'art de Maréchal ferrant de notredite
Garderobe, pour en jouir aux honneurs, autoritez,
prérogatives, privileges, franchiſes, fruits, profits,
revenus, & émolumens y attribuez, ſuivant les
Lettres de Proviſions du 20 Juillet 1681. Et en conſequence, ſans avoir égard à la demande deſdits
Maréchaux, en extinction & ſuppreſſion de ladite
Charge contenue en leurs défenſes fournies en cauſe
principale le 23 Novembre 1680, dont ils ſeront
déboutez, ordonner que ledit Jaulin continuera
d'exercer ladite Charge, & de travailler dudit métier
de Maréchal en cette Ville & Fauxbourgs de Paris,
& d'y tenir boutique & forge ouverte, conformément à l'Arreſt de notre Conſeil d'Etat du 29 Avril
1673, & notre Brevet confirmatif dudit Arreſt du
25 Juillet audit an 1673, & de notre Declaration du
22 Janvier 1674, & à trois Arreſts de notre Conſeil

d'Etat des 20 Aoust 1674, 28 & dernier Fevrier
1680, faire défenfes aufdits Jurez Maréchaux, &
tous autres, de l'y troubler, fur les peines portées
par lefdits Arrefts; & pour l'avoir fait au préjudice
de la fignification des provifions dudit Jaulin, les
condamner en fes dommages, interefts & dépens,
tant des caufes principales que d'appel, d'une part;
& ladite Communauté des Jurez Maréchaux de
cette Ville de Paris, défendeurs, d'autre. Et entre
ladite Communauté des Jurez Maréchaux de cette
Ville, demandeurs en Requefte du 28 Janvier 1682,
à ce qu'en procedant au Jugement du Procès d'entre
les Parties, il foit dit qu'il a été bien jugé par la
Sentence dont eft appel, mal & fans grief appellé,
ordonner qu'elle fortira fon entier effet, & ledit
Jaulin appellant condamné à l'amende & aux dépens, d'une part; & ledit Jaulin défendeur, d'autre. Et encore entre lefdits Jurez de la Communauté des Maréchaux de cette Ville de Paris, demandeurs aux fins de la Requefte du 6 Fevrier
dernier 1682, tendante à ce qu'Acte leur foit donné de ce qu'ils mettent en fait, que dans les grandes
& petites Ecuries de Nous, il n'y a jamais en aucun
Maréchal privilegié qui ait tenu boutique ouverte
à Paris, fans qu'ils ayent été dudit Corps & Communauté, & qu'ils n'ayent fait apprentiffage &
chef-d'œuvre, d'une part; & ledit François Jaulin
défendeur, d'autre. Vû par notre Confeil les Ecritures defdites Parties; ladite Sentence rendue en la
Prevôté de l'Hôtel le 26 Aoust 1681, entre ledit
François Jaulin Maréchal ferrant fervant en notre
Garderobe, demandeur en execution d'Arreft de
notre Confeil d'Etat, rendu en faveur des Officiers, Marchands & Artifans fervant en ladite Garderobe, les 29 Avril 1673, 20 Aoust 1674, 18
Aoust 1676, & dernier Fevrier 1682, & du Brevet
de retenue de l'Etat & Charge de l'un des Marchands fervant à ladite Garderobe, à lui par Nous

accordé le 20 Septembre 1680, dûement regiftré
aux Greffes de la Cour des Aydes & de la Prevôté
de l'Hôtel, fuivant les Arreft & Sentence d'Enregiftrement des 25 & 26 dudit mois de Septembre,
& aux fins de l'Exploit du 31 Octobre enfuivant,
controllé à Paris le même jour, & encore demandeur fuivant fes Repliques du 27 Novembre audit
an, & défendeur, d'une part ; & lefdits Jurez de
la Communauté des Maîtres Maréchaux de cette
Ville & Fauxbourgs de Paris, défendeurs audit Exploit, & demandeurs fuivant leurs défenfes fignifiées le 23 dudit mois de Novembre 1680, d'autre
part ; par laquelle ledit Jaulin auroit été maintenu
& gardé en fon Etat & Charge de Maréchal ferrant fervant en notre Garderobe, pour en jouir par
ledit Jaulin aux privileges & exemptions attribuez
aux Maréchaux de ladite Garderobe, & en confequence lui auroit été fait défenfes d'avoir boutique, & tenir forge en ladite Ville & Fauxbourgs
de Paris, & de faire aucunes fonctions de Maitre
Maréchal dans ladite Ville & Fauxbourgs, à peine
de 100 livres d'amende & de confifcation des outils, marchandifes & uftenciles dudit Mêtier. Enjoint audit Jaulin de fermer fa boutique, & abattre fa forge du jour de la fignification de ladite
Sentence fur pareille peine & amende, & de confifcation. Et faute par ledit Jaulin de fermer fadite
boutique & abattre fa forge, permis aufdits Maréchaux de faire fermer ladite boutique & abattre ladite forge après la feconde fommation, &
auroit été ledit Jaulin condamné aux dépens, le
Procès par écrit & pieces contenues ès productions
principales de Parties, & mentionnées en ladite
Sentence. Arreft de Reglement du 6 Septembre
1681, par lequel ledit procès par écrit auroit été
conclu & reçû, pour juger fi bien ou mal a été
appellé, les dépens refpectivement requis par les
Parties, & l'amende pour Nous. Joint les griefs

hors le procès, que l'Appellant fourniroit dans huitaine de réponses à iceux dans pareil délai, écriroient, produiroient & contrediroient de huitaine
en huitaine, pour ce jour être fait droit. Autre
Reglement du 3 Fevrier dernier, par lequel sur la
demande dudit Jaulin contenue en sa Requeste du
12 Decembre 1681, & sur celle des Maréchaux
contenue en leur Requeste du 28 Janvier dernier,
auroit été ordonné que les Parties écriroient &
produiroient dans le jour & joint au procès. Autre
Arrest de Reglement par lequel ladite Requeste des
Jurez de la Communauté des Maréchaux de Paris
du 6 Fevrier dernier, auroit été jointe au procès,
pour en jugeant y avoir tel égard que de raison : ledit Arrest du 9 dudit mois de Fevrier, ladite Requeste dudit Jaulin du 12 Decembre 1681, contenant sa demande, & employée pour griefs, la Requeste desdits Maréchaux du 28 Janvier dernier,
employée pour réponse à griefs, contenant demande.
Autre Requeste desdits Maréchaux du 6 Fevrier dernier aussi contenant demande, productions des Parties, procedures faites à notre Conseil sur ledit appel.
Trois productions nouvelles par Requestes des 4,
13 & 17 Fevrier dernier. Copie d'un Arrest de notre Conseil du 28 Septembre 1679, par lequel entre
autres choses auroit été ordonné, que les Apotiquaires des Maisons Royales pouvoient prendre la
qualité de Maîtres Apotiquaires demeurans à Paris,
ou dans les autres Villes où ils feront leur residence,
y tenir boutique ouverte, & leurs veuves pendant
leur viduité, & y faire les autres exercices dudit art,
sans qu'ils puissent se dire Maîtres Apotiquaires de
Paris. Autre Copie d'un Arrest de notre Conseil
d'Etat, par lequel Matthieu Michault Boulanger
servant en notre Garderobe, demeurant à Etampes,
auroit été exempté de tailles, ledit Arrest du 11
Janvier 1681. Copie d'un Arrest de la Cour des
Aydes du 6 Aoust, 1678, par lequel est ordonné

que ledit Michault sera rayé du Rolle des Tailles. Copie d'un Arrest de notre Conseil Privé du 4 Octobre 1681, par lequel les Batteurs d'or & d'argent de la Ville de Paris auroient été déboutez de leur Requeste, tendante à ce que conformément aux Ordonnances, Arrests & Reglemens, tant de notre Conseil Privé que de la Cour des Monnoyes, sans s'arrêter aux Lettres de provisions obtenues par Jean-Baptiste Lescaillet, qui seroient rapportées comme par lui surprises, & défenses lui fussent faites, & à tous autres, de faire le métier de Batteur d'or & argent, ni de faire aucun commerce dépendant dudit métier à Paris, à la suite de la Cour, ni ailleurs, sans être suivant les formes, prescrites par les Ordonnances, Arrests & Reglemens, à peine de 100 livres d'amende, confiscation de leurs outils, & des matieres d'or & d'argent dont ils se trouveroient saisis, dépens, dommages & interests. Certificat du service accordé par le Grand Maître de notre Garderobe audit Jaulin, pour les derniers six mois, en datte du 5 Janvier 1682. Copies de deux Arrests de notre Conseil d'Etat des 11 Fevrier 1673 & 28 Janvier 1681 ; par le premier desquels le nommé Couillette Marchand Linger, & par l'autre les nommez Barré & Bernant Chirurgiens ordinaires de notre Garderobe auroient été maintenus en la jouïssance de leurs privileges, & défenses aux Prevôts & Gardes desdits Métiers de les y troubler. Extraits des Etats des Officiers de notre Maison des années 1599, 1631, 1640, 1650 & 1657, délivrez par le Greffier de la Cour des Aydes de Paris le 30 Juin 1681, Contredits des Parties contre toutes les productions. Acte de distribution du Procès signifié à la requeste du Procureur desdits Marêchaux à celui dudit Jaulin les 27 Novembre 1681, & tout ce que par lesdites Parties a été mis vers notre Conseil, Conclusions de notre Procureur General : ICELUI NOTREDIT GRAND CONSEIL, faisant droit sur le tout, sans

avoir égard à la Requeſte, deſdits Jurez de la Communauté des Marêchaux de Paris du 6 Fevrier dernier, a mis & met l'appellation, & Sentence dont
eſt appel, au néant : Emandant & corrigeant, a
maintenu & gardé ledit Jaulin en ſon état & charge
de Maréchal ferrant en notre Garderobe, pour en
jouir aux privileges & exemptions y attribuez ; &
en conſequence, lui a permis & permet ladite Charge en la Ville & Fauxbourgs de Paris, d'y tenir
boutique ouverte & forge, & d'y faire pareilles
fonctions que les Maîtres Marêchaux de ladite Ville ;
leur a fait & fait défenſes de le troubler dans leſdites
fonctions, ſur les peines portées par leſdits Arreſts
de notre Conſeil d'Etat des 29 Avril 1673, 20
Aouſt 1674, & 28 Aouſt 1676, a condamné &
condamne leſdits Jurez de la Communauté des Marêchaux de Paris aux dépens, tant de la cauſe principale que d'appel. Si donnons en mandement, &c.
Donné en notredit Conſeil, à Paris le 6 Mars l'an
de grace mil ſix cens quatre-vingt-deux, & de
notre Regne le trente-neuf. Signé, par le Roy, à
la collation des Gens de ſon Grand Conſeil, LE
NORMANT. Et collationné. Pour Copie,
CHAUVIN.

Arreſt du Conſeil d'Etat du Roy, portant Reglement
　general entre tous les Marchands, Artiſans & Gens
　de Métiers des Communautez de Paris, & les Pri-
　vilegiez de la Garderobe.
Du 24 Aouſt 1682.
Extrait des Regiſtres du Conſeil d'Etat.

SUR la Requeſte preſentée au Roy étant en ſon
Conſeil par le ſieur Duc de la Rochefoucault
Prince de Marcillac, Pair & Grand Veneur de France, Grand Maitre de la Garderobe de Sa Majeſté :
Contenant que par pluſieurs Arreſts du Conſeil d'E-
tat des 29 Avril 1673, 20 Aouſt 1674, 28 Aouſt 1676
& 29 Fevrier 1680, il a plû à Sa Majeſté maintenir

les Officiers, Marchands, Artiſans, & Gens de Métiers ſervans en ſa Garderobe, dans les privileges
& fonctions de leurs Charges, de tenir Boutique
ouverte dans Paris, ſuite de la Cour, & ailleurs ;
& de les décharger des aſſignations à eux données
au Châtelet, avec défenſes à tous les Gardes &
Jurez des Communautez de Paris de les troubler,
ni les viſiter ſans être aſſiſtés d'un Officier de la Prevôté de l'Hôtel, à peine de 1000 livres, d'amende,
& d'ordonner qu'en cas de conteſtation ſur le fait
des viſites & des ſaiſies, ſi aucunes étoient faites
dans le cours d'icelles, les Parties ſe pourvoiroient
en la Prevôté de l'Hôtel, & en cas d'appel au Grand
Conſeil, & quoique ces Arreſts dûſſent ſervir de
Loy & de Regle inviolable, néanmoins aucuns
Jurez & Gardes de pluſieurs Corps & Communautez des Marchands, & entr'autres ceux des Merciers, Gantiers, Guainiers, Quaiſſiers & Chirurgiens, n'ont pas laiſſé de traduire les Officiers de
la Garderobe au Châtelet; ce qui auroit formé des
Inſtances en Reglement de Juges au Conſeil, où il
ſeroit intervenu quatre Arreſts contradictoires les
11 Fevrier 1673, 27 Septembre 1678, 7 Novembre
1679, & 28 Janvier 1681, par leſquels il eſt ordonné que leſdits Arreſts du Conſeil d'Etat ſeroient
executez, leſdits Officiers maintenus en leurs privileges, déchargez des aſſignations à eux données devant le Lieutenant de Police, & les Parties renvoyées en la Prevôté de l'Hôtel pour y proceder
ſur leurs Procès & differends; mais au préjudice de
tous ces Arreſts, tant du Conſeil d'Etat que du
Conſeil Privé, qui devoient aſſurer le repos des
Officiers de ladite Garderobe, & établir une Juriſprudence certaine pour juger & décider les Inſtances de Reglement de Juges, qui pourroient naître
entre la Prevôté de l'Hôtel & le Châtelet de Paris,
au ſujet deſdits privileges : les Maîtres Jurez des
Ouvriers en étoffe, or, argent & ſoye, ſe ſont

immiſcez d'aller en viſite chez le nommé Leonard
Nativel , l'un des deux Teinturiers ſervans à la
Garderobe , auroient ſaiſi pluſieurs pieces de gaze
préparées pour être miſes dans la teinture , avec
aſſignation au Châtelet pour voir declarer ladite
ſaiſie bonne & valable : Sur quoi ledit Nativel
s'étant pourvû en la Prevôté de l'Hôtel , cela auroit formé un conflit , & enſuite une Inſtance de
Reglement de Juges , ſur laquelle ſeroit intervenu Arreſt le ſeiziéme Juin dernier , au Rapport
du ſieur de Richebourg , par lequel les Parties ont
été renvoyées au Châtelet ; lequel Arreſt étant
formellement contraire auſdits Arreſts du Conſeil
d'Etat , & à ceux du Conſeil Privé ci-deſſus énoncez , & le Suppliant étant intereſſé à la conſerva-
tion deſdits Officiers , il ſe trouve obligé de remontrer très-humblement à Sa Majeſté que ſi ledit
Arreſt ſubſiſtoit , il autoriſeroit les entrepriſes des
Maîtres Jurez contre leſdits Officiers , que même
les nommez Pierre Ladoyreaux , Simon Langlois ,
Matthieu Bridault , Pierre de la Freſnaye , Orphé-
vres , Jouailliers & Fondeurs ; Louis Perronnet ,
Nicolas Huſſon , Jean Croiſſant , la veuve Bernard ,
Michel Lehot & autres , en ſont auſſi menacez :
& qu'enfin , ces ſortes de procès cauſent des frais ,
des peines & inimitiez entre leſdits Officiers & leſdits Jurez , qui les détournent des Ouvrages qui
leur ſont commandez pour le ſervice de Sa Majeſté ,
requierent qu'il plût à Sa Majeſté ſur ce leur pourvoir. Vû ladite Requête , enſemble les ſuſdits Arreſts
& autres pieces attachées à ladite Requeſte. Oüi le
Rapport du ſieur Commiſſaire à ce député : SA MA-
JESTE' ETANT EN SON CONSEIL ,
ayant aucunement égard à ladite Requeſte , & interpretant en tant que beſoin ledit Arreſt du Conſeil Privé dudit jour 16 Juin 1682 , a déclaré &
déclare que le renvoi porté par icelui pardevant le
Prevôt de Paris , ou ſon Lieutenant de Police , a
été

été seulement pour juger si les Maîtres Teinturiers de Paris ont droit de teindre & vendre de la gaze, *l'intention de Sa Majesté étant, que les Officiers, Marchands, Artisans & gens de Métiers servans en sa Garderobe, ayent pareil & semblable droit que les Maîtres des Communautez de Paris.* Fait au Conseil d'Etat du Roy, Sa Majesté y estant, tenu à Versailles le vingt-quatriéme jour d'Août mil six cent quatre-vingt-deux. Signé, COLBERT.

Declaration du Roy, pour faire jouir les Lieutenans, Sous-Lieutenans & Gentilshommes de la Venerie, des Privileges à eux attribuez, encore qu'ils ne servent actuellement.

Du 4 Novembre 1682.

LOUIS, par la grace de Dieu, Roy de France & de Navarre : A tous ceux qui ces présentes Lettres verront ; Salut. Nous avons esté informé que les Officiers de notre Venerie sont inquietez en la jouissance des privileges à eux attribuez, sous prétexte qu'ils ne satisfont pas à l'Art. XIV. de notre Declaration du 20 Mars 1673, concernant les Tailles, par laquelle nos Officiers Commensaux sont tenus, pour jouir desdits privileges, de rapporter Certificat des Juges des lieux de leur demeure, comme ils partent pour venir exercer leurs Charges, & de rapporter à leur retour Certificat valable de leur service : & d'autant que Nous n'avons pas besoin, quant à present, du service actuel desdits Officiers, & que cependant Nous voulons accorder aux Lieutenans, Sous-Lieutenans & Gentilshommes de ladite Venerie, la jouissance des privileges attribuez à leurs Charges, encore qu'ils ne servent actuellement. A CES CAUSES, & autres, à ce Nous mouvans, Nous avons dit & déclaré, disons & déclarons par ces Presentes, signées de notre main, Voulons & Nous plaît, que lesdits Lieutenans, Sous-Lieutenans & Gentilshommes de no-

V

tre Venerie, employez dans nos Etats, en vertu de
nos Edits & Declarations, jouiſſent des privileges à
eux attribuez par leſdits Edits & Declarations, tant
qu'ils feront pourvûs deſdites Charges, encore qu'ils
ne fervent actuellement en icelles; nonobſtant ce qui
eſt porté par ladite Declaration du 20 Mars 1673,
à laquelle Nous avons dérogé à cet égard feulement.
Si donnons en mandement à nos amez & feaux les
Gens tenans notre Cour des Aydes, à Paris, que
ces Préſentes ils ayent à faire regiſtrer, & du contenu en icelles faire jouir leſdits Lieutenans, Sous-
Lieutenans & Gentilsh.mmes de notre Venerie,
pleinement & paiſiblement, ceſſant & faiſant ceſſer
tous troubles & empêchemens: Car tel eſt notre plaiſir. En temoin de quoi Nous avons fait mettre notre
Scel à ceſdites Preſentes. Donnée à Fontainebleau
le quatriéme jour du mois de Novembre, l'an de
grace mil ſix cens quatre vingt-deux, & de notre
Regne le quarantiéme. Signé, LOUIS. Et ſur le
reply : Par le Roy, COLBERT. Et ſcellées du
grand Sceau de cire jaune.

*Regiſtrées en la Cour des Aydes. A Paris, le 28
Novembre 1682. Signé, D U P U Y.*

Declaration du Roy, en faveur des autres Officiers
de la Venerie.
Du 11 Decembre 1682.

LOUIS par la grace de Dieu, Roy de France
& de Navarre : A tous ceux qui ces préſentes
Lettres verront; Salut. Nous aurions par notre Declaration du quatriéme jour de Novembre de la preſente année, ordonné pour les conſiderations y mentionnées, que les Lieutenans, Sous-Lieutenans &
Gentilshommes de notre Venerie, jouiront à l'avenir des privileges à eux attribuez par nos Edits &
Declarations, encore qu'ils ne ſervent actuellement
en leurs Charges, nonobſtant toutes Ordonnances
à ce contraires : & voulant pour les mêmes conſide-

rations accorder la jouissance desdits privileges aux autres Officiers de notre Venerie, encore qu'ils ne servent actuellement en leurs Charges. A ces Causes, & autres, à ce nous mouvans, Nous avons dit & déclaré, disons & déclarons par ces presentes, signées de notre main, voulons & nous plaît, qu'outre lesdits Lieutenans, Sous-Lieutenans & Gentilshommes de notre Venerie, les Valets de chiens & de limiers, Chastreur de chiens, Pages, Fouriers, Chirurgiens & Maréchaux ferrans de la-dite Venerie, employez dans l'Etat de notredite Venerie, en vertu de nos Edits & Declarations, jouissent des privileges à eux attribuez, tant qu'ils feront pourvûs desdites Charges, encore qu'ils ne servent actuellement en icelles, nonobstant toutes Ordonnances, Arrests & Reglemens à ce contraires, ausquels nous avons dérogé à cet égard seulement. Si donnons en mandement à nos amez & feaux Con-seillers, les Gens tenans notre Cour des Aydes à Paris, que ces Presentes ils ayent à faire registrer, & du contenu en icelles faire jouir & user lesdits Offi-ciers de notre Venerie y dénommez, pleinement & paisiblement, cessant & faisant cesser tous troubles & empêchemens : Car tel est notre plaisir. En temoin de quoy Nous avons fait mettre notre Scel à cesdites Presentes. Donnée à Versailles le onziéme jour du mois de Decembre mil six cent quatre-vingt-deux, & de notre Regne le quarantiéme. Signé, LOUIS. Et sur le repli, Par le Roy, COLBERT.

Registrées en la Cour des Aydes. A Paris ce Decembre 1682. Signé, DUPUY.

Declaration du Roy, par laquelle Sa Majesté déclare & veut que les Officiers domestiques & commensaux de la Maison de la feue Reine, & leurs veuves, jouissent leur vie durant de tels & semblables privileges, franchises & exemptions, dont jouissent ses Officiers, & qui étoient attribuez à leurs Charges, tout ainsi qu'ils en jouissoient du vivant de ladite Dame Reine, &c.

Du 3 *Novembre* 1683.

LOUIS par la grace de Dieu, Roy de France & de Navarre : A tous ceux qui ces presentes Lettres verront, Salut. Voulant reconnoître les services qui ont été rendus à la feue Reine notre très-chere & très-amée Epouse & Compagne, par tous ses Officiers, Nous avons resolu de leur conserver pendant leur vie, la jouissance des privileges attribuez aux Charges qu'ils avoient l'honneur de posseder près de sa personne, & dans sa Maison. A CES CAUSES, de notre grace speciale, pleine puissance & autorité Royale, Nous avons dit & déclaré, disons & déclarons par ces presentes signées de notre main, voulons & nous plaît, que les Officiers domestiques & commensaux de la Maison de la feue Reine notre très-chere & très-amée Epouse & Compagne, qui ont reçû gages, employez & passez ès comptes de son Tresorier, & qui sont compris dans l'Etat ci-attaché sous le contrescel de notre Chancellerie, jouissent leur vie durant de tels & semblables privileges, franchises & exemptions dont jouissent nos Officiers domestiques & commensaux, & qui étoient attribuez à leurs Charges par nos Edits & Ordonnances, tout ainsi qu'ils en jouissoient du vivant de ladite Dame Reine, ensemble les veuves des décedez, & de ceux qui décederont ci-après, tant & si long-tems qu'elles demeureront en viduité, encore que lesdits privileges, franchises & exemptions ne soient icy décla-

rez & ſpecifiez. Si donnons en mandement à nos
amez & feaux les Gens tanans notre Cour des Aydes
à Paris, que ces preſentes ils ayent à faire regiſtrer,
& du contenu en icelles faire uſer & jouir leſdits
Officiers pleinement & paiſiblement, ceſſant & faiſant
ceſſer tous troubles & empêchemens, nonobſtant toutes Ordonnances, Reglemens, Arreſts &
Lettres à ce contraires, auſquels Nous avons dérogé & dérogeons par ceſdites preſentes : Car tel
eſt notre plaiſir. En témoin de quoi nous avons
fait mettre notre Scel à ceſdites preſentes. Donnée
à Verſailles le troiſiéme jour du mois de Novembre l'an de grace mil ſix cent quatre-vingt-trois,
& de notre Regne le quarante-uniéme. Signé,
L O U I S. Et ſur le repli : Par le Roy, C O L-
B E R T. Et ſcellé du grand Sceau. Et à côté eſt
écrit :

Regiſtrées en la Cour des Aydes, à Paris le 9
Decembre 1683. Signé, DUMOLIN.

Par Arreſts de la Cour des Aydes, des 7 Juillet
1684 & 26 Octobre 1688, les nommez Dacquet &
François Bouleaux, Archers des Toiles, ont obtenu
la radiation de leurs Taxes. Le dernier de ces deux
Arreſts juge encore qu'un Officier privilegié donnant à ſes Fermiers des beſtiaux à moitié de croiſt,
ne fait pas un acte dérogeant à ſon privilege.

Arreſt du Conſeil d'Etat du Roy, rendu en faveur des
Officiers domeſtiques & commenſaux des Maiſons
Royales, qui les décharge des droits d'Aydes, pour
le vin provenant de leur crû.

Du 5 Aouſt 1634.
Extrait des Regiſtres du Conſeil d'Eſtat.

V E U au Conſeil du Roy les Requeſtes preſentées en icelui, l'une par Nicolas Henry, Fourier de la grande Venerie de Sa Majeſté ; l'autre par
François Notin, Fermier des Aydes de l'Election

de Tonnerre : Celle dudit Henry tendante à ce qu'il
ſoit reçû oppoſant à l'execution de l'Arreſt du Conſeil du 5 Fevrier 1684, ſurpris par ledit Nottin ; faiſant droit ſur ſon oppoſition, ſans avoir égard audit
Arreſt, renvoyer les Parties en la Cour des Aydes,
pour y proceder ſur leurs procès & differends, circonſtances & dépendances, ſuivant les derniers erremens, ainſi qu'elles auroient pû faire comme auparavant icelui, & que l'Arreſt de ladite Cour du 3
Juillet 1683, ſera executé par proviſion ; ladite Requeſte ſignée dudit Henry, & de Fabry, Avocat audit Conſeil, au bas eſt l'Ordonnance, portant que
ladite Requeſte ſera communiquée audit Nottin
pour y répondre dans trois jours, du 11 Mars audit
an 1684, & la ſignification de ladite Requeſte à
l'Avocat dudit Nottin le 13 dudit mois de Mars.
Celle dudit Nottin, tendante à ce que ſans avoir
égard à la Requeſte dudit Henry du 13 Mars, ordonner que l'Arreſt du Conſeil rendu ſur ſa Requête
le 5 Février précedent, demeurera contradictoire,
& le condamner aux dépens ; ladite Requeſte ſignée
Borry, Avocat audit Conſeil ; au bas eſt l'Ordonnance du Conſeil du premier Avril enſuivant, portant en jugeant, & ſignification à l'Avocat dudit
Henry le 5 dudit mois d'Avril. Veu auſſi les pieces
jointes auſdites Requeſtes : Lettres de proviſions de
la Charge de Fourrier de la grande Venerie de Sa
Majeſté, aux gages de cent cinquante livres par an,
vacante par la mort de Daniel Guenon, accordée
par le ſieur de la Rochefoucault, Grand Veneur de
France, audit Nicolas Henry, pour en jouir aux
mêmes honneurs, autoritez, prééminences, droits,
franchiſes, libertez, que les autres pourvûs de pareilles Charges, & aux conditions deſdites Lettres
datées du dernier Juin 1682. Arreſt de la Cour des
Aydes du 9 Juillet audit an, ſur laquelle Requeſte
dudit Henry, portant que le Suppliant ſera couché &
employé ſur l'Etat des Officiers de la grande Vene-

rie de France, étant au Greffe d'icelle en ladite qualité de Fourrier, pour en jouir aux gages, droits &
exemptions y mentionnez en satisfaisant aux Edits
& Declarations de Sa Majesté. Extrait de l'Etat des
Officiers de la Grande Venerie de France, fait &
arrêté en l'année 1677, où ledit Henry est employé
comme Fourrier aux gages de cent cinquante livres.
Sentence rendue en l'Election de Tonnerre du 22
Aoust 1681, d'enregistrement desdites Lettres de
Provision dudit Henry, dudit Arrest de ladite Cour
des Aydes & dudit Extrait. Cahier de copies desdites pieces, & d'un état de Vignes à lui appartenant; au bas est l'Exploit de signification d'icelles
audit Nottin, du 27 Aoust 1682, & aux Habitans
de la Ville de Chablys, sous les protestations y
contenues. Certificat du sieur Curé de Chablys du
27 Decembre 1682; contenant la publication par
lui faite au Prône du départ dudit Henry, pour se
rendre incessamment près de Sa Majesté, pour y
faire son Quartier des mois de Janvier, Fevrier &
Mars 1683. Autre Certificat du sieur Berillon, Conseiller du Roy, Prevôt Royal de Chablys, contenant la déclaration dudit Henry qu'il partoit incessamment de ladite Ville pour faire son Quartier.
Sentence contradictoire de l'Election de Tonnerre
du 23 Janvier 1683, entre lesdits Henry & Nottin,
par laquelle au principalles Parties sont appointées
en droit, & cependant par provision ordonne que
billet & passage sera délivré par ledit Nottin audit
Henry, des Vins par lui vendus, en payant les droits
dûs par les Commensaux, faute de quoi faire par
ledit Nottin, ladite Sentence vaudra pour billet, &
sera executée. Signification de ladite Sentence audit Nottin le 9 Juillet 1683. Deux Certificats du 26
Mars audit an, l'un dudit sieur de la Rochefoucault,
portant que ledit Henry est Fourrier par quartier de
la Grande Venerie, couché & employé sur l'Etat
aux gages de cent cinquante livres, & qu'il a servi

durant le quartier de Janvier, Fevrier & Mars audit an ; l'autre du ſieur Larcher , Treſorier General
de ladite Venerie , portant même choſe que le précedent , tous deux publiez au Prône de la Paroiſſe
de Saint Pierre de Chablys par le ſieur Curé dudit
lieu , du 4 Avril audit an 1683. Copie ſignifiée
d'une Sentence de ladite Election de Tonnerre du
25 Juin audit an , entre ledit Henry demandeur , &
ledit Nottin , qui déboute le demandeur de ſon
oppoſition, & le condamne à payer les droits de gros
des vins pas lui vendus, avec dépens. Arreſt de la
Cour des Aydes du 3 Juillet 1683, ſur la Requeſte
dudit Henry, qui le reçoit Appellant de ladite Sentence du 15 Juin , le tient pour bien relevé , permet
d'intimer ; cependant défenſes de mettre ladite Sentence à execution , pour raiſon du gros du vin du
cru du Suppliant ſeulement. Copie de Requeſte
dudit Nottin à ladite Cour des Aydes, ſignifiée le
4 Aouſt audit an , en oppoſition contre l'Arreſt de
ladite Cour des Aydes du 3 Juillet ; faiſant droit ſur
l'oppoſition , lever les défenſes portées par ledit
Arreſt, & que ladite Sentence du 15 Juin , ſeroit
executée par proviſion. Deux autres certificats, l'un
du ſieur Curé de Chablys , du 23 Decembre audit
an; l'autre du ſieur Camelin , Prevôt Royal de
Chablys, du 27 dudit mois de Decembre, contenant
le départ dudit Henry de ladite Ville , pour ſe rendre à la ſuite de Sa Majeſté, pour y ſervir ſon quartier pendant les mois de Janvier, Fevrier & Mars
1684. Copies imprimées de deux Declarations du
Roy, des 4 Novembre & 1 Decembre 1682, regiſtrées en la Cour des Aydes les 18 Novembre & 19
Decembre, ſuivant leſquelles Sa Majeſté ordonne
que les Lieutenans, Sous-Lieutenans & Gentilshommes de ladite Venerie, les Valets de chiens &
de limiers, Chaſſreurs de chiens, Pages , Fourriers
& autres mentionnez & employez dans l'Etat de ladite Venerie, jouiront des Privileges à eux attribuez

buez tant qu'il feront pourvûs de leurs Charges,
encore qu'ils ne fervent actuellement en icelles.
Signification faite à la requefte dudit Henry audit
Nottin de ladite Declaration du 11 Decembre 1682,
& de l'Arrest d'enregiftrement d'icelle en ladite
Cour le 19 dudit mois de Decembre, aux protef-
tations contenues en ladite fignification du 9 Janvier 1683. Copie d'un Arrest de ladite Cour des
Aydes du 18 May, 1683, contradictoire entre Ifaac
Marchand, Piqueur de la Venerie de Monfieur le
Duc d'Orleans, demandeur en deux Requeftes des
24 Mars & 6 Avril audit an, d'une part ; & Me Antoine Defplanches, Fermier des Aydes de l'Election
d'Epernay, défendeur & demandeur, d'autre ; par
lequel entr'autres chofes ledit Marchand eft reçû
oppofant à l'execution d'un Arrest du 6 Mars dernier ; faifant droit fur l'oppofition, fait défenfes au
Fermier d'ufer de contraintes contre ledit Marchand, pour les anciens droits du gros du vin par
lui vendu jufqu'au 4 dudit mois de May, en payant
par lui les nouveaux droits, fi fait n'a été ; au bas
eft une fignification dudit Arrest audit Nottin, à la
Requefte dudit Henry, du 6 Juillet 1683. Autre
Arrest de ladite Cour des Aydes du 3 Septembre
1678, rendu entre Henry Coffard, Fermier des Aydes du plat Pays de l'Election de Paris, Appellant
d'une Sentence des Elûs de Paris du 14 Decembre
1676, par laquelle ledit Coffard eft condamné de
livrer audit le Fevre des Congez pour les anciens
droits de gros des vins de fon cru, en payant les nouveaux droits, finon & à faute de ce faire, que la
fommation qui feroit faite, vaudroit Congé, d'autre part ; & Thomas le Fevre, dit la Vallée, intimé ; & fur l'intervention de Guillaume Roffy, Jacques Georges & Conforts, tous Archers & Gardes
à cheval des plaifirs du Roy en fa Grande Venerie,
par lequel Arrest fur l'appel de ladite Sentence dudit jour 4 Decembre 1676, l'appellation & Senten-

X

ces font mifes au néant; émendant, déboute l'Intimé de fa demande, avec dépens: & fur l'appel d'une autre Sentence de ladite Election du 14 Decembre 1677, interjetté par Jacques Regnault, l'un des fix Gardes à cheval des plaifirs du Roy, d'une part; & ledit Coffard, d'autre : l'appellation eft mife au néant, & ordonné que ladite Sentence fortira fon plein & entier effet, avec amende & dépens. Autre Copie d'Arreft de ladite Cour des Aydes, du 19 Juillet 1643, entre ledit Defplanches, Appellant d'un Sentence de l'Election de Paris du 24 Juillet 1682, d'une part; & Vincent Brizard, Valet de limier de la Venerie de Sa Majefté, Intimé, d'autre; par lequel les appellations & Sentences font mifes au néant; émendant, déboute l'Intimé de fa demande, avec dépens. Copie dudit Arreft du Confeil du 5 Fevrier 1684, fur la Requefte dudit Nottin, par lequel, fans s'arréter à celui de ladite Cour du 3 Juillet 1683, il eft ordonné que la Sentence des Elûs de Tonnerre du 15 Juin précedent, fera executée; & ledit Henry contraint au payement du droit du gros des vins de fon cru par lui vendus. Signification dudit Arreft du 21 dudit mois de Fevrier. Autre Requefte préfentée au Confeil par ledit Henry, employée pour contredits, fe rapportant néanmoins à Sa Majefté, de juger en fon Confeil la conteftation des Parties au fonds & principal, fans qu'il foit befoin d'aucun Arreft de retention : en confequence, faifant droit fur fon oppofition, ordonner que fans avoir égard audit Arreft du Confeil du 5 Fevrier, & Sentence du 15 Juin 1683, le Suppliant fera maintenu & gardé en la qualité de Commenfal, & jouira de l'exemption des droits d'Aydes, & generalement de tous autres droits, immunitez, privileges & exemptions dont jouiffent les autres Commenfaux, Officiers des fept Offices; & au moyen de ce, défenfes audit Nottin & à tous autres de le troubler en la jouiffance & poffeffion d'iceux, à peine de trois mille livres d'amende, dépens, dommages & interefts ; le condamner à reftituer audit Suppliant les deniers qui ont été payez par contrainte, pour raifon defdits droits ; ladite Requeſte fervant en outre d'addition aux pieces ci-devant jointes par ledit Nottin à fa Requeſte d'une copie imprimée d'un Arreſt du Conſeil du 8 Juillet 1648, portant que les Officiers de la Venerie jouiront de l'exemption des Tailles, Aydes & autres impoſitions. Autre imprimé d'une Declaration du Roy du mois de Janvier 1652, pour faire jouir les Officiers employez dans les Etats de la Cour des Aydes de l'exemption defdits droits d'Aydes. Autres copies imprimées d'un Arreſt de ladite Cour du 19 Janvier 1653, au profit d'un Officier de la Venerie & de la Declaration de Sa Majeſté du mois de Janvier 1668, au profit des Officiers de la Maiſon de Monſieur, Frere unique du Roy, & encore des Etats des Officiers de la Venerie & Chaſſes, arrêtez par Sa Majeſté, & des gages qui doivent être payez aufdits Officiers pour l'année 1681. Copie d'Arreſt de ladite Cour du 18 May 1683, par lequel défenſes ſont faites au Fermier d'uſer d'aucunes contraintes contre Iſaac Marchand, Piqueur pour le cerf de la Venerie de Monſieur le Duc d'Orleans ; pour les droits anciens de gros des vins par lui vendus. Certificat du ſieur de Fenis, Treſorier de la Venerie, du dernier Mars 1684, que ledit Henry eſt Fourrier de ladite Venerie, & employé ſur l'Etat des Officiers d'icelle. Pareil certificat dudit ſieur de la Rochefoucault dudit jour dernier Mars : au bas ſont les publications en la Paroiſſe de Chablys pour ſatisfaire aux Reglemens. Autre certificat du ſieur Bechameil des Ormes, Controlleur General de la Maiſon de Sa Majeſté, du 22 Avril dernier, que le Roy faiſant des Chaſſes, il fournit l'aſſemblée aux Officiers defdits équipages ; compoſée de pain, vin & viandes, comme étant leſdits Officiers du nombre des

Commensaux : aux bas de ladite Requeste est l'Ordonnance de Reception desdites pieces, au surplus
en jugeant, & la signification des 28 & 29 du mois
d'Avril. Autre Requeste dudit Nottin du 24 May
ensuivant audit an, servant de contredits, & la
signification. Autre Requeste dudit Nottin du dernier jour dudit mois de May, signifiée le 2 Juin ensuivant, contenant addition d'un Arrest de la Cour
des Aydes du 24, Mars 1684, qui appointe les
Parties entre le Fermier des Aydes de l'Election
d'Epernay, & Isaac Marchand, Piqueur pour le
cerf; au bas de ladite Requeste est l'Ordonnance
de reception de ladite piece, & la signification. Autre Requeste dudit Henry, signifiée le 20 Juin dernier; employée pour salvations & contredits à celle
dudit Nottin, & tout ce que par lesdites Parties a
été mis pardevers le sieur de Richebourg, Maître
des Requestes, Commissaire à ce député; Oüi son
Rapport, après en avoir communiqué aux sieurs
Commissaires des Aydes : & tout consideré. LE
ROY EN SON CONSEIL, faisant droit sur
lesdites Requestes respectives, sans s'arrêter à la
Sentence des Elûs de Tonnerre du 15 Juin 1683, a
maintenu & gardé, maintient & garde ledit Henry
en la susdite qualité de Fourrier de la Grande Venerie de Sa Majesté, en la possession & jouissance
des droits, privileges & exemptions accordez aux
Officiers de ladite Venerie par les Arrests, Edits &
Declarations de Sa Majesté, & comme auparavant
l'Arrest du Conseil sur Requeste du 5 Fevrier dernier : ce faisant, pourra ledit Henry vendre en gros
le vin de son crû, sans payer aucun autre droit que
celui d'augmentation, pour lequel il sera tenu souffrir la marque des Commis, conformément à l'Ordonnance, condamne ledit Nottin rendre & restituer
audit Henry les deniers par lui payez pour raison
dudit droit de gros; à quoi faire ledit Nottin, ses
Procureurs & Commis seront contraints par toutes

voies dûes & raisonnables ; dépens compensez. Fait au Conseil d'Etat du Roy, tenu à Versailles le cinquiéme jour d'Aoust 1684. Collationné. Signé, RANCHIN, avec paraphe. Et plus bas :

Le vingt-deux Aoust mil six cens quatre-vingt-quatre, signifié & baillé copie dudit Arrest à Maître Borry, Avocat de Partie adverse, en son domicile, parlant à son Clerc, par moi Huissier au Conseil, soussigné. Signé, *DESMARAIS.*

LOUIS par la grace de Dieu, Roy de France & de Navarre : Au premier notre Huissier ou Sergent sur ce requis, Nous te mandons & commandons que l'Arrest dont l'extrait est ci-attaché sous le contre-scel de notre Chancellerie, ce jourd'hui donné en notre Conseil d'Etat, entre les y dénommez, tu signifies à François Nottin, Fermier des Aydes de l'Election de Tonnerre, & à tous autres qu'il appartiendra, afin qu'ils n'en ignorent, & fasses pour son entiere execution, & pour raison de la restitution ordonnée par icelui, à la requeste de Nicolas Henry, Fourrier de notre Venerie y dénommé, tous commandemens, sommations, contraintes, par toutes les voies y portées, & autres actes & exploits requis & nécessaires, sans demander autre permission : Car tel est notre plaisir. Donné à Versailles le cinquiéme jour d'Aoust, l'an de grace mil six cens quatre-vingt-quatre, & de notre Regne le quarante-deuxiéme. Signé, Par le Roy en son Conseil, RANCHIN, avec paraphe. Et au dos est écrit : Vû, Scellé & contrescellé du grand Sceau de cire jaune.

Arrest du Conseil d'Etat, en faveur des Gensdarmes de la Garde de Sa Majesté, pour les préséances.
Du 15 Novembre 1684.
Extrait des Registres du Conseil d'Estat.

SUR la Requeste presentée au Roy étant dans son Conseil, par Antoine de Bauvais, de la Compagnie de la Garde de Sa Majesté, contenant qu'encore que les Gensdarmes jouïssent de tous les privileges dont jouïssent les Gardes de Sa Majesté, néanmoins les Officiers de la Justice de la Seigneurie de Courtenay, & le Concierge du Château du lieu, lui contestent un des principaux privileges, qui est la préséance en toutes Assemblées & Ceremonies, ce qui auroit obligé ledit Suppliant de leur faire signifier les Declarations & Arrests rendus à cet effet, en faveur des Gardes de Sa Majesté, mais lesdits Officiers n'ayant voulu s'y conformer à son égard, il a été obligé d'avoir recours àSa Majesté, à ce qu'il lui plaise d'y pourvoir. Vû ladite Requeste, Declarations & Arrests : tout consideré. LE ROY E'TANT EN SON CONSEIL, a ordonné & ordonne, que ledit Beauvais auroit préséance ès Assemblées publiques & Ceceromies avant les Officiers de la Seigneurie de Courtenay, ausquels Sa Majesté fait très-expressément inhibitions & défenses de troubler ledit Beauvais en la jouïssance des droits de préséance : Et sera le present Arrest executé, nonobstant opposition ou empêchemens quelconques, dont si aucuns interviennent, Sa Majesté s'en reserve la connoissance, & icelle interdit à tous autres Juges. Fait au Conseil d'Etat du Roy, Sa Majesté y étant, tenu à Versailles le 15 du mois de Novembre 1684. Signé, COLBERT.

LOUIS par la grace de Dieu, Roy de France & de Navarre : Au premier Huissier ou Sergent sur ce requis, nous te mandons & commandons par ces prefentes fignées de notre main, que l'Arreſt dont l'extrait eſt ci-attaché ſous le contre-ſcel de notre Chancellerie, ce jourd'hui donné en notre Conſeil d'Etat, Nous y étant, tu fignifies à tous ceux qu'il appartiendra, à ce qu'aucun n'en ignore, pour ſommer en execution & exploits néceſſaires, ſans autre permiſſion : Car tel eſt notre plaiſir. Donné à Verſailles le 15 Novembre 1684. LOUIS. Par le Roy, COLBERT.

___

Declaration du Roy, en faveur des Ecuyers ordinaires, des Controlleurs, Clercs d'Offices & des Officiers de la Compagnie des Cent-Suiſſes de la Garde de *Sa Majeſté*, pour jouir des rangs & préséances en toutes Aſſemblées generales & particulieres, immédiatement après les Conſeillers des Bailliages, Sénéchauſſées & Sieges Preſidiaux; & avant les Officiers des Elections, Greniers à Sel, & tous autres Officiers inferieurs auſdits Preſidiaux.

Du 27 Mars 1685.

LOUIS par la grace de Dieu, Roy de France & de Navarre : A tous ceux qui ce prefentes Lettres verront; Salut. Nos Ecuyers ordinaires les Controlleurs Clercs d'Office de notre Maiſon, & les Officiers de la Compagnie des Cent-Suiſſes de notre Garde, Nous ont fait remontrer qu'encore qu'ils doivent jouir des droits de rang & préséance ès Aſſemblées qui ſe font ès Villes & lieux de leur demeure, immédiatement après les Conſeillers de nos Bailliages & Sénéchauſſées & Sieges Preſidiaux, conformément aux Declarations des dernier Fevrier 1605, 27 Juillet 1613, & 21 Decembre 1617, expediées en faveur des Officiers de notre Chambre & de notre Garderobe, Maréchaux & Fourriers de nos Logis & de nos Gardes du Corps, néanmoins ſous prétexte qu'ils ne ſont nommez en aucunes diſdites Declarations, ils ſont troublez en la jouiſ-

X iiij

sance dudit droit de préséance, par des Juges &
Officiers inferieurs en ordre desdits Conseillers en
nos Bailliages, Sénéchaussées & Sieges Presidiaux ;
ce qui les oblige d'avoir recours à Nous, à ce qu'il
plaise declarer notre volonté à leur égard sur lesdits
droits de rang & préséance. A ces Causes, de
notre grace spéciale, pleine puissance & autorité
Royale, Nous avons dit, déclaré & ordonné, disons, déclarons & ordonnons par ces presentes signées de notre main, voulons & nous plaît, que
nos Ecuyers ordinaires, Controlleurs Clercs d'Offices de notre Maison ; & les Lieutenans, Enseignes & Exempts de la Compagnie des Cent-Suisses
de notre Garde, ayent rang, & marchent ès Af-
semblées qui se feront à l'avenir ès Villes de leur
habitation, & autres où ils se trouveront, immédiatement après les Conseillers de nos Bailliages,
Sénéchaussées & Sieges Presidiaux, avant les Officiers de nos Elections & Greniers à Sel, & tous
autres inferieurs en ordre ausdits Conseillers ;
Voulant que les procès qui se trouveront à present
intentez à cette occasion, soient reglez suivant &
conformément à notre presente Declaration. Si
donnons en mandement à nos amez féaux Conseillers les Gens tenans notre Grand Conseil, que
ces presentes ils ayent à faire registrer, & du contenu en icelles faire jouir & user nosdits Officiers
pleinement & paisiblement, cessant & faisant cesser
tous troubles & empêchemens : Car tel est notre
plaisir. En témoin de quoi nous avons fait mettre
notre Scel à cesdites presentes. Donné à Versailles
le vingt-septiéme jour du mois de Mars, l'an de grace
mil six cent quatre-vingt-cinq, & de notre regne le
quarante-deuxiéme. Signé, LOUIS. Et plus bas ;
Par le Roy, COLBERT.

Extrait des Regiſtres du Grand Conſeil du Roy.

VEU par le Conſeil les Lettres Patentes de Sa Majeſté, par leſquelles eſt ordonné que les Ecuyers ordinaires, Controlleurs, Clercs d'Offices de la Maiſon du Roy, & les Lieutenans, Enſeignes & Exempts de la Compagnie des Cent-Suiſſes de la Garderobe du Roy, ayent rang & marchent ès Aſſemblées qui ſe feront à l'avenir ès Villes de leur habitation, & autres où ils ſe trouveront, immédiatement après les Conſeillers des Bailliages, Sénéchauſſées & Sieges Preſidiaux, avant les Officiers des Elections, Greniers à Sel, & tous autres inférieurs en ordre auſdits Conſeillers. Données à Verſailles le 27 Mars 1685. Signées, LOUIS; & ſur le repli : Par le Roy, COLBERT. Et ſcellées du grand Sceau de cire jaune. Concluſions du Procureur General du Roy. Le Conſeil a ordonné & ordonne que leſdites Lettres ſeront enregiſtrées ès Regiſtres du Conſeil pour être executées, gardées & obſervées ſelon leur forme & teneur. Fait audit Conſeil à Paris, le 13 Avril 1685.

Signé, Le NORMANT.

———————

Arreſt du Conſeil d'Etat du Roy, qui diſpenſe les Officiers Commenſaux des Maiſons Royales de faire enregiſtrer leurs Proviſions & Lettres de Veterans, autre part qu'en la Cour des Aydes de Paris, &c.

Du 28 May 1685.

Extrait des Regiſtres du Conſeil d'Etat.

LE Roi étant informé du trouble qui eſt donné à pluſieurs Officiers Titulaires & Veterans de ſa Maiſon, & des Maiſons Royales, en la jouiſſance des privileges à eux attribuez par ſes Edits & Declarations, ſous prétexte de défaut d'enregiſtrement de leurs Proviſions ou Lettres de Veterans, dans les Cours des Aydes, au Reſſort deſquelles

ils font leurs demeures; & étant néceffaire pour
fon fervice que la Cour des Aydes de Paris feule
enregiftre lefdites provifions ou Lettres de Veterans des Officiers des Maifons Royales, pour la
connoiffance qu'elle a des Officiers & de leurs fervices, par les Etats qui font au Greffe d'icelle : S A
MAJESTE' ETANT EN SON CONSEIL,
a ordonné & ordonne, que les Officiers de fa Maifon & des autres Maifons Royales, jouiront des
privileges à eux attribuez par fes Edits & Declarations, en rapportant les Arrefts d'enregiftrement
à la Cour des Aydes de Paris, de leurs provifions
& Lettres de Veterans, ou extraits des Etats dans
lefquels ils feront employez, encore qu'ils faffent
leurs demeures dans le Reffort des autres Cours des
Aydes du Royaume, pourvû toutefois qu'ils fatisfaffent à ce qui eft porté par les Edits & Declarations concernant les exemptions des Commenfaux,
& qu'à cet effet toutes Lettres néceffaires feront
expediées. Fait au Confeil d'Etat du Roy, Sa Majefté y étant, tenu à Verfailles, le vingt-huitiéme
jour de May mil fix cent quatre-vingt-cinq. Signé,
COLBERT. A côté : Regiftré ès Regiftres de la
Cour des Aydes en Normandie, fuivant l'Arreft
d'icelle de ce jourd'hui dix-feptiéme de Juillet 1685.
Signé, JACQUES.

**Declaration du Roy, accordée en faveur des Gardes
du Corps, pour leurs Rangs & préféances en
toutes Affemblées generales & particulieres, devant les Officiers des Elections, & Greniers à
Sel, & tous Officiers inferieurs aux Baillifs, Sé-
néchaux & Prefidiaux.**

Du 24 Juillet 1685.

LOUIS par la grace de Dieu, Roy de France
& de Navarre : A tous ceux qui ces prefentes
Lettres verront; Salut Nos chers & bien amez les
Gardes des quatre Compagnies des nos Gardes du

Corps, Nous ont fait remontrer, qu'encore que par nos Lettres du 20 Decembre 1617, Nous leur ayons accordé le rang & préféance ès Assemblées qui se font ès Villes & lieux de leur demeure, immédiatement après les Conseillers de nos Bailliages, Sénéchauffées & Sieges Presidiaux, auparavant les Officiers de nos Elections, Greniers à Sel, Juges non Royaux, & tous autres inferieurs en Ordre aufdits Conseillers, ils se trouvent souvent troublez en la jouiffance de ce privilege, sous prétexte de ce que lesdites Lettres n'ont été regiftrées purement & simplement en notre Grand Conseil; à quoi ils Nous ont très-humblement supplié de pourvoir. A ces Causes, voulant traiter favorablement nofdits Gardes du Corps, conformément aufdites Lettres du 20 Decembre 1617, Nous avons dit & déclaré, difons & déclarons par ces presentes fignées de notre main, voulons & nous plaît, que lesdits Gardes ayent rang, & marchent ès Affemblées generales & particulieres, qui se font & feront dorefnavant ès Villes & lieux de leur demeure, & autres où ils se trouveront, immédiatement après les Conseillers de nofdits Bailliages, Sénéchauffées & Sieges Presidiaux, auparavant les Officiers de nos Elections & Greniers à Sel, Juges non Royaux, & tous autres inferieurs en Ordre aufdits Conseillers. Si donnons en mandement à nos amez & feaux Conseillers, les Gens tenans notre Grand Conseil, que ces presentes ils ayent à faire publier & regiftrer, & du contenu en icelles jouir & ufer nofdits Gardes du Corps pleinement & paifiblement: Car tel est notre plaifir. En témoin de quoi Nous avons fait mettre notre Scel à cefdites presentes. Donnée à Versailles le vingt-quatriéme jour du mois de Juillet, l'an de grace mil fix cens quatre-vingt-cinq, & de notre Regne le quarante-trois. Signé, LOUIS. Et fur le repli: Par le Roy, COLBERT. Et fcellées du grand Sceau de cire jaune.

Extrait des Regiſtres du Grand Conſeil du Roy.

VEU par le Conſeil les Lettres en forme de Declaration, portant que les Gardes des quatre Compagnies des Gardes du Corps du Roy, auront rang, & marcheront ès Aſſemblées generales & particulieres, qui ſe font & feront ès Villes & lieux de leur demeure, & autres où ils ſe trouveront, immédiatement après les Conſeillers des Bailliages, Sénéchauſſées & Sieges Preſidiaux, auparavant les Officiers des Elections, Greniers à Sel, Juges non Royaux, & tous autres inferieurs en Ordre auſdits Conſeillers, données à Verſailles le 24 Juillet 1685. Signé, LOUIS. Et ſur le repli : Par le Roy, COLBERT. Et ſcellées du grand Sceau de cire jaune. Conclusions du Procureur General du Roy. LE CONSEIL a ordonné & ordonne, que leſdites Lettres ſeront enregiſtrées ès Regiſtres du Conſeil, pour être executées, gardées & obſervées ſelon leur forme & teneur. Fait audit Conſeil à Paris le 11 Aouſt 1685. Collationné. Signé, LE NORMANT.

Arreſt du Conſeil d'Etat en faveur des Veuves des Officiers, Domeſtiques & Commenſaux des Maiſons Royales, pour l'exemption des droits d'Aydes, pour, le vin provenant de leur cru.

Du 28 Juillet 1685.

Extrait des Regiſtres du Conſeil d'Etat.

VEU au Conſeil du Roy l'Arreſt intervenu en icelui ſur la Requeſte de Damoiſelle Anne Cartier veuve de Nicolas Henry, Fourrier de la Grande Venerie de Sa Majeſté, tendante à ce qu'il plût à Sa Majeſté déclarer commun avec elle l'Arreſt du Conſeil d'Etat du 5 Aouſt 1684, rendu entre ſondit mari & le Fermier des Aydes de l'Election de Tonnerre ; & en conſequence, ordonner qu'elle jouira pendant ſa viduité des privileges & exemptions dont jouiſsoit sondit mari, & qui lui ont été confirmez par ledit Arrest : Faire défenses à Me François Nottin, Fermier des Aydes de l'Election de Tonnerre de la troubler dans la jouïssance des droits de gros en question, & le condamner à la restitution des deniers qui lui ont été par elle payez pour raison desdits droits, en tous ses dépens, dommages & interests, pour la restitution & payement desquels il sera, ensemble ses Receveurs & Commis contraints par toutes voies ; par lequel Arrest Sa Majesté auroit ordonné que ladite Requeste seroit communiquée audit Nottin, pour y fournir de réponses dans huitaine, pour icelle vûe, & à faute de ce faire, être ordonné ce que de raison. En datte du 9 Decembre 1684, signification d'icelui faite au sieur de la Bletterie caution dudit Nottin, & trois sommations à lui faites de fournir de réponses à ladite Requeste en datte des 24 & 30 Decembre audit an, & 2 Janvier ensuivant. Réponses fournies par ledit Nottin à ladite Requeste signifiée le 14 dudit mois de Janvier. Requeste presentée au Conseil par ladite Damoiselle Cartier employée pour contredits contre ladite réponse ; & encore à ce que ledit Nottin fût condamné, pour la contravention à l'Ordonnance de 1681, en telle amende qu'il plaira à Sa Majesté d'arbitrer, & en tous les dépens, attendu son induë vexation. L'Ordonnance au bas d'icelle, portant Acte de l'Emploi, & au surplus en jugeant, en date du 20 dudit mois. Signification d'icelle dudit jour. Copie extraite d'un Etat des Officiers des Tailles, des Chasses : au bas est une Ordonnance de Henry IV. portant que le Roy veut que tous les Dénommez audit Etat soient payez de leurs gages, & jouïssent des privileges & exemptions dont jouïssent, & ont accoutumé de jouir les Officiers domestiques & commensaux par les Ordonnances d'Elle & des Rois ses prédecesseurs. Veut aussi qu'après le décès desdits Officiers, les Veuves qui se contien-

dront dans leur viduité, jouiſſent ſemblablement
deſdits privileges & exemptions à elles accordez
par leſdits Edits & Ordonnances. Imprimé d'une
Declaration du Roy du mois de Janvier 1652, pour
faire jouir les Officiers domeſtiques & commenſaux,
& ceux qui ſont employez dans les Etats de la Cour
des Aydes, & leurs Veuves pendant leur viduité,
de l'exemption deſdits droits d'Aydes. Autre imprimé d'une Declaration du Roy du mois de Novembre 1656, pour faire jouir pareillement les Officiers
des Chaſſes de la Varenne du Louvre, & leurs Veuves durant leur viduité, des privileges & exemptions
dont jouiſſent les Officiers de la Venerie, Fauconnerie, & autres Officiers commenſaux. Autre Declaration du Roy du 24 Decembre 1668, au profit
des Officiers de la Maiſon de Monſieur, Frere unique du Roy, qui les rétablit dans leurs privileges
de Commenſaux, & leurs Veuves durant leur viduité. Copie imprimée & collationnée d'Arreſt du
Conſeil d'Etat contradictoire entre ledit feu Henry
d'une part ; & ledit Nottin d'autre ; par lequel il eſt
permis audit Henry de vendre en gros les vins de
ſon cru, ſans payer aucun autre droit que celui
d'augmentation ſeulement en date du 5 Aouſt 1684.
Extrait mortuaire dudit Henry en date deſdits mois
& an. Sommation faite audit Nottin, à la requeſte
de ladite Veuve, de recevoir les droits à lui dûs à
cauſe du vin par elle recueilli, à la reſerve du gros,
qu'elle n'entendoit payer : ce que ledit Fermier
ayant refuſé, elle lui auroit payé ledit droit, avec
proteſtation de ſe pourvoir pour la reſtitution, &
pour faire confirmer ſon privilege en date du 10
Octobre audit an. Certificat des principaux Habitans de Chablys, que ladite Damoiſelle Cartier
eſt veuve dudit Henry, & qu'elle eſt actuellement
en viduité, en date du 17 deſdits mois & an. Et
tout qui a été mis pardevers ledit ſieur d'Argouges
de Ranes, Conſeiller du Roy en ſes Conſeils, Maître

des Requeftes ordinaire de fon Hôtel, Commiffaire
à ce député : Oui le Rapport, après en avoir communiqué aux fieurs Commiffaires Generaux députez pour le fait des Aydes. Et tout confidéré. LE
ROY EN SON CONSEIL, ayant égard à
ladite Requefte a ordonné & ordonne, que ladite
Cartier jouira pendant fa viduité, de l'exemption
du droit de gros de la vente du vin de fon cru, pour
lequel elle ne payera que celui d'augmentation,
pour raifon de quoi elle fera tenue de fouffrir la
vifite & marque des Commis. Fait Sa Majefté défenfes audit Nottin, & tous autres, de la troubler
dans la jouiffance & exemption dudit droit ; condamne ledit Nottin & les cautions à lui rendre & reftituer
les deniers par elle payez pour raifon d'icelui, &
aux dépens. Fait au Confeil d'Etat du Roy, tenu à
Verfailles le 28 jour de Juillet 1685. Collationné,
Signé, RANCHIN, avec paraphe.

LOUIS par la grace de Dieu, Roy de France
& de Navarre : Au premier des Huiffiers de
notre Confeil, ou autre notre Huiffier ou Sergent
fur ce requis. Nous te mandons & commandons que
l'Arreft dont l'Extrait eft ci-attaché fous le contre-
fcel de notre Chancellerie, ce jourd'hui donné en
notre Confeil d'Etat, tu fignifies à Me François Nottin Fermier des Aydes de l'Election de Tonnerre : fes
Procureurs, Commis & prépofez, & à tous autres
qu'il appartiendra, à ce qu'ils n'en ignorent ; & fais
pour l'entiere execution dudit Arreft, à la requefte
d'Anne Cartier veuve de Nicolas Henry, Fourrier
de notre Grande Venerie, y dénommée, tous commandemens, fommations, défenfes & autres Actes
& Exploits néceffaires, fans autre permiffion : Car
tel eft notre plaifir. Donné à Verfailles le 28 jour de
Juillet, l'an de grace 1685. & de notre Regne le 43.
Et plus bas : Par Roy en fon Confeil. Signé,
RANCHIN, avec paraphe. Et fcellé du grand
Sceau de cire jaûne.

Extrait de l'Edit du Roy, portant Reglement pour les Greffes des Elections.
Du mois d'Avril 1686.

ART. XIII. POur l'enregistrement des Lettres de provisions d'un Officier des Maisons Royales, ou autre privilegié, de l'Arrest de la Cour des Aydes, qui ordonne l'emploi de son nom sur l'Etat, & de l'extrait dudit Etat, y compris la Sentence qui ordonne l'enregistrement, trois livres.

Voyez celle du mois de Fevrier 1687, & l'Arrest du 2 Septembre 1689, ci-après, & celles des 9.Decembre 1690, & 4 Septembre 1692.

Arrest du Conseil d'Etat du Roy, qui ordonne que les Chevaux-Legers de la Garde de Sa Majesté auront rang & préséance aux Assemblées publiques & autres Ceremonies, avant les Officiers non Royaux.
Du 12 Aoust 1686.
Extrait des Registres du Conseil d'Etat.

SUr la Requeste presentée au Roy étant en son Conseil par René Nepveu, Ecuyer, Sieur de Longavesne, l'un des deux cens Chevaux-Legers de la Garde ordinaire de Sa Majesté, Sous-Brigadier, Porte-Etendard de ladite Compagnie ; Contenant, qu'encore que lesdits Chevaux-Legers jouissent de de tous les privileges des Gardes du Corps ; Gendarmes de la Garde, & autres Officiers commensaux de Sa Majesté ; & par diverses Declarations & Arrests, notamment par celle du 24 Juillet 1685, & Arrests de son Conseil d'Etat des 30 Septembre 1681, & 15 Novembre 1684, lesdits Gardes du Corps & Gendarmes soient en droit & possession de jouir des rang & préséance ès lieux de leur demeure auparavant les Juges non Royaux en toutes Assemblées & céremonies ; néanmoins les Bailly, Lieutenant

nant & Procureur Fiscal de la Seigneurie de Falvy
sur Somme près Peronne, lui contestent lesdits droits
de préseance, ce qui l'oblige, pour éviter toutes
contestations, d'avoir recours à Sa Majesté, à ce
qu'Il lui plaise sur ce lui pourvoir ; ainsi qu'Elle a
fait en semblables cas, en faveur des Gendarmes de
sa Garde qui ont été inquietez ; à quoy voulant
pourvoir. SA MAJESTE' ETANT EN SON
CONSEIL, a ordonné & ordonne que ledit
Nepveu aura rang & préseance en ladite qualité de
Chevau-Leger de sa Garde, ès Assemblées publiques & autres ceremonies, avant les Officiers de ladite Seigneurie de Falvi, ausquels fait Sa Majesté
défenses de troubler ledit Nepveu en la jouissance
dudit droit de préseance, & sera le present Arrest
executé nonobstant oppositions ou autres empêchemens quelconques, dont si aucuns interviennent,
Sa Majesté s'est reservée la connoissance, & icelle
interdite à tous autres Juges. Fait au Conseil d'Etat
du Roy, Sa Majesté y étant, tenu à Versailles le
vingt-deuxiéme jour d'Août mil six cent quatre-
vingt-six Collationné. Signé, COLBERT.

Declaration du Roy pour la préseance des Gens-darmes & Chevaux-Legers de la Garde.
Du premier Octobre 1686.

LOUIS, par la grace de Dieu, Roy de France
& de Navarre : A tous ceux qui ces presentes
Lettres verront ; Salut. Les Gendarmes & Chevaux-
Legers de notre Garde ordinaire Nous ont fait remontrer, qu'encore qu'ils ayent toujours joui des
privileges des Commensaux de notre Maison, specialement du droit de rang & préseance ès Assemblées qui se font dans les lieux de leur demeure, ainsi
que les Gardes de notre Corps, les Officiers de no-
re Chambre, & plusieurs autres en jouissent : Néanmoins, sous prétexte qu'ils ne sont expressement dénommez dans nos Declarations, ils sont troublez en
Y

la jouiſſance de ce droit par des Juges & Officiers inferieurs en ordre aux Conſeillers en nos Bailliages, Sénéchauſſées & Sieges Preſidiaux, ce qui les oblige d'avoir recours à Nous, à ce qu'il Nous plaiſe déclarer notre volonté à leur égard ſur leſdits droits de rang & preſeance. A ces Causes, de notre grace ſpeciale, pleine puiſſance & autorité Royale, Nous avons dit, déclaré & ordonné, diſons, déclarons & ordonnons par ces preſentes ſignées de notre main, voulons & nous plaît, que les Gendarmes & Chevaux-Legers de notre Garde ordinaire ayent rang, & marchent ès Aſſemblées qui ſe feront à l'avenir ès Villes de leur habitation, & autres où ils ſe trouveront, immédiatement après les Conſeillers de nos Bailliages, Sénéchauſſées & Sieges Preſidiaux, avant les Officiers de nos Elections & Greniers à Sel, & tous autres inferieurs en ordre auſdits Conſeillers; voulant que les Procez qui ſe trouveront à preſent intentez à cette occaſion, ſoient reglez ſuivant & conformement à notre preſente Declaration, ſans en ce préjudicier au rang & préſeance dont doivent jouïr les Gardes de notre Corps, leſquels ſe rencontrant avec leſdits Gendarmes & Chevaux Legers, marcheront, ſçavoir les Gardes de notre Corps, les Gendarmes, & enſuite nos Chevaux-Legers. Si donnons en mandement à nos amez & feaux Conſeillers, les Gens tenans notre Grand Conſeil, que ces Preſentes ils ayent à faire regiſtrer, & du contenu en icelles jouïr & uſer noſdits Gensdarmes & Chevaux-Legers pleinement & paiſiblement, ceſſant & faiſant ceſſer tous troubles & empêchemens: Car tel eſt notre plaiſir. En témoin de quoi nous avons fait mettre notre Scel à ceſdites Preſentes. Donnée à Verſailles le premier jour du mois d'Octobre, l'an de grace mil ſix cent quatre-vingt-ſix, & de notre Regne le quarante-quatriéme. Signé, LOUIS. Et plus bas: Par le Roy,

COLBERT.

Etrait des Registres du Grand Conseil du Roy.

VEU par le Conseil les Lettres Patentes en forme de Declaration, données à Versailles le premier jour d'Octobre 1686, signées, LOUIS, & sur le reply : Par le Roy, COLBERT, & scellées du grand Sceau de cire jaune, pour la préséance des Gensdarmes & Chevaux-Legers de la Garde de Sa Majesté dans les Assemblées, après les Conseillers des Bailliages, Sénéchaussées & Sieges Presidiaux, avant les Officiers des Elections & Greniers à Sel, & tous autres inferieurs en ordre ausdits Conseillers. Conclusions du Procureur General du Roy : Le Conseil a ordonné & ordonne que lesdites Lettres seront enregistrées ès Registres du Conseil, pour y être executées, gardées & observées selon leur forme & teneur. Fait audit Conseil à Paris le septiéme Novembre mil six cent quatre-vingt six. Signé, LE NORMANT.

Enregistrées ès Registres du Grand Conseil du Roy, pour être gardées, observées & executées selon leur forme & teneur, suivant l'Arrest ce jourd'huy rendu en icelui. A Paris, le septiéme jour de Novembre 1686. LE NORMANT.

Declaration du Roy, en faveur des Officiers Domestiques & Commensaux de feu Monsieur le Prince de Condé.

Du 3 Janvier 1687.

LOUIS, par la grace de Dieu, Roy de France & de Navarre : A tous ceux qui ces Presentes Lettres verront ; Salut. Nous avons fait paroître jusqu'ici en toutes les occasions qui se sont presentées, tant pendant la vie qu'après le décès de notre très cher & très-amé Cousin le Prince de Condé, l'estime & l'affection singuliere que nous avions pour sa Personne ; & voulant traiter favorablement ceux qui ont eu l'honneur de le servir en qualité de

Y ij

ſes Officiers domeſtiques & commenſaux, & leur donner des marques de notre protection. A CES CAUSES, de notre grace ſpeciale, pleine puiſſance & autorité Royale, Nous avons dit & déclaré & par ces Preſentes, diſons & déclarons, voulons & nous plait, que les Officiers domeſtiques & commenſaux de notredit Couſin le Prince de Condé, qui ſont compris dans l'état ci-attaché ſous le contreſcel de notre Chancellerie, jouiſſent leur vie durant de tels & ſemblables privileges, franchiſes & exemptions dont ils ont bien & dûement joui ou dû jouir du vivant de notredit Couſin, & qui ſont attribuez à leurs Charges par nos Edits, Declarations & Reglemens, enſemble les veuves des decedez, & de ceux qui decederont ci-après, tant qu'elles demeureront en viduité. Si donnons en mandement à nos amez & feaux Conſeillers, les Gens tenans notre Cour des Aydes à Paris, & tous autres nos Officiers qu'il appartiendra, que ces Preſentes nos Lettres de Declaration, enſemble ledit Etat, ils faſſent regiſtrer, & de l'effet & contenu en icelles, jouir & uſer pleinement & paiſiblement leſdits Officiers, domeſtiques & commenſaux de notredit Couſin, employez audit état, & leurs veuves pendant leur viduité ; ceſſant & faiſant ceſſer tous troubles & empêchemens : Car tel eſt notre plaiſir. Données à Verſailles le vingt-troiſiéme jour de Janvier, l'an de grace mil ſix cent quatre-vingt-ſept, & de notre Regne le quarante-quatriéme. Signé, LOUIS. Et ſur le reply, Par le Roy, COLBERT.

Regiſtrées en la Cour des Aydes, à Paris le huit Février 1687. *Signé,* DU MOULIN.

Extrait de la Declaration pour les droits des Greffes
des Elections.
Du mois de Février 1687.

LOUIS, &c. Comme auffi qu'ils prendront
fix livres pour l'enregiftrement des Lettres de
Provifions d'un Officier des Maifons Royales qui
aura été taillable, de l'Arreft d'enregiftrement, &
de l'extrait de l'Etat, & pour l'expedition de la
Sentence qui ordonne ledit enregiftrement, & pour
l'addition ou radiation fur un Rolle qui feront faites par les Greffiers, l'extrait de la cotte d'un particulier, le duplicata d'un acte de tranflation de domicile, cinq fols, au lieu de deux fols portez par
ledit Edit, lequel au furplus Nous voulons être
executé felon fa forme & teneur.

Arreft de la Cour des Aydes, donné en faveur des
Officiers & Marchands de la Garderobe du
Roy, portant exemption des Tailles.
Du 28 Juin 1687.

LOUIS, par la grace de Dieu, Roy de France
& de Navarre : Au premier des Huiffiers de
notre Cour des Aydes, ou autre notre Huiffier ou
Sergent fur ce requis : Veu par notredite Cour le
Procès par écrit, conclu & reçu pour juger en icelle, par Arreft du quatorze Aouft 1686, entre Jacques Levier, Marchand demeurant à Senlis, pourvû
de l'état & Charge de l'un des Marchands Jouailliers de notre Garderobe, appellant d'une Sentence
rendue en l'Election de Senlis le deux May 1685,
d'une part ; & les Gouverneur, Echevins & Habitans de ladite Ville de Senlis, intimez d'autre. La
Sentence dont eft appel, rendue en l'Election de
Senlis le 2 May 1685, entre ledit Levier, demandeur en radiation de Taux, fuivant la Requefte du
dix-fept Février 1685, & affignation donnée en confequence le 19 dudit mois d'une part ; & lefdits Gou-

verneur, Echevins, & Habitans de la Ville de Senlis, Antoine Cheron & consorts, Collecteurs des Tailles de ladite Ville en ladite année 1685, défendeurs d'autre; par laquelle avant faire droit, auroit été ordonné que ledit Levier feroit apparoir si aucuns Pourvûs de pareils Offices, que celui par lui possedé, jouïssent de pareils privileges & exemption de Tailles, en faisant trafic comme fait ledit Levier, pour ce fait & rapporté être ordonné ce que de raison : ledit Arrest de conclusion passé entre le Parties. Requeste dudit Levier du 23 Septembre 1686, employée pour griefs. Requeste dudit Levier du neuf Janvier 1687, à ce qu'il fût reçu appellant en adherant des cottes & impositions faites de sa personne au Rolle des Tailles de ladite Ville de Senlis des années 1686 & 1687, convertir ledit appel en opposition, & y faisant droit, en adjugeant audit Levier ses conclusions, ordonner qu'il seroit rayé & biffé du Rolle des Tailles de ladite Ville de Senlis des années 1686 & 1687; faire défenses ausdits Habitans & Collecteurs de plus l'imposer à l'avenir en leur Rolle, à peine d'en répondre en leurs propres & privez noms, & de tous dépens, dommages & interests; ordonner que toutes sommes que ledit Levier a été ou pourroit être contraint de payer, lui seroient rendues & restituées par lesdits Habitans, à cette fin réimposées, & lesdits Habitans condamnez en tous les dépens; donner acte audit Levier de ce que pour causes d'appel & d'opposition, écritures & production, il employoit ledit Procès par écrit avec les pieces énoncées en ladite Requeste, sur laquelle ladite Cour auroit donné acte, & ordonné que lesdits Gouverneur, Echevins & Habitans de ladite Ville de Senlis fourniroient & produiroient dans trois jours, & joint. Requeste desdits Gouverneur, Echevins & Habitans de ladite Ville de Senlis, employée pour réponses à griefs & causes d'appel. Requeste dudit Levier du 27 du-

dit mois de Janvier, employée pour ſalvations. Sommation de produire par leſdits Gouverneur, Echevins de ladite Ville de Senlis du 11 Janvier dernier.
Deux productions nouvelles dudit Levier reçues par
Requeſtes des 30 Decembre 1686, & 12 Avril 1687.
Deux Requeſtes deſdits Gouverneur, Echevins &
Habitans de ladite Ville de Senlis, des vingt & vingt-
trois Avril mil ſix cent quatre-vingt-ſept, employées
pour contredits. Production nouvelle deſdits Gouverneur, Echevins & Habitans de ladite Ville de
Senlis, reçue par Requeſte du 11 dudit mois de Mars
dernier. Requeſte dudit Levier du 21 dudit mois de
Mars, employée pour contredits. Requeſte dudit
Levier du 1; du preſent mois de Juin, à ce qu'en
procedant au Jugement du Procès d'entre les Parties,
il plût à la Cour en tant que beſoin eſt ou ſeroit,
évoquer le principal pendant pardevant les Elûs de
Senlis, & y faiſant droit, adjuger audit Levier les
concluſions par lui priſes, & condamner leſdits Gouverneur, Echevins & Habitans de ladite Ville de
Senlis, aux dépens; ſur laquelle Requeſte la Cour
auroit reſervé à faire droit en jugeant, icelle ſignifiée le 13 dudit mois de Juin, le tout joint. Concluſions du Procureur General du Roy : Oüi le Rapport de M. Jean-Louis de Bullion, Conſeiller; &
tout conſideré. NOTREDITE COUR a mis
& met les appellations, Sentence, &ce dont a été
appellé, au néant; émendant, évoquant le principal, & y faiſant droit, a mué & converti l'appel
interjetté par ledit Levier des cottes & impoſitions
faites de ſa perſonne ès Ro'les des Tailles de la Ville
de Senlis, ès années 1685, 1686, & 1687, en
oppoſition; & y faiſant droit, dit qu'à bonne &
juſte cauſe ledit Levier s'eſt oppoſé; ordonne que
ledit Levier ſera rayé & biffé des Rolles des Tailles
de ladite Ville de Senlis des années 1685, 1686
& 1687. Fait défenſes aux Habitans & Collecteurs
des Tailles de ladite Ville d'impoſer à l'avenir le-

dit Levier dans leur Rolle des Tailles, tant & si longuement qu'il sera pourvû de ladite Charge de Marchand Mercier & Jouaillier de notre Garde-robe, & qu'il sera couché & employé sur l'Etat étant au Greffe de la Cour, rendra service actuel, & ne fera acte dérogeant à son privilege : Ordonne en outre que les sommes payées par ledit Levier, luy seront rendues & restituées par lesdits Habitans ; à cet effet réimposées à la premiere assiette qui se fera des Tailles de ladite Ville par les Collecteurs qui seront lors en Charge, en leur remettant ès mains, avant la confection des Rolles, l'original du present Arrest, à peine d'en répondre en leurs propres & privez noms. Condamne lesdits Gouverneur, Echevins & Habitans, de ladite Ville de Senlis aux dépens, tant des causes principales que d'appel, qui seront pareillement réimposez. Si te mandons, à la requeste dudit Levier, mettre le present Arrest à execution ; de ce faire te donnons pouvoir. Donné à Paris en la troisiéme Chambre de la Cour des Aydes, le vingt-huitiéme Juin l'an de grace mil six cent quatre-vingt-sept, & de notre Regne le quarante-cinquiéme. Par la Cour des Aydes. Signé par collation, T R U C H O T. Et scellé le deuxiéme Juillet audit An.

Signifié le quatriéme Juillet 1687, *à Maître Charpentier, Procureur. Signé, TERRIER.*

Arrest du Grand Conseil, qui ordonne qu'Antoine
de Beauvais Ecuyer Sieur de la Garsaude, Sous-
Brigadier & Ayde-Major des Gensdarmes de la
Garde ordinaire du Roy, aura rang & préseance
aux Processions, Prédications, Pain-beni, & autres Cérémonies de l'Eglise, où il se trouvera,
avant les Officiers de la Seigneurie de Courtenay, &c.

Du 6 Mars 1687.

LOUIS par la grace de Dieu, Roy de France
& de Navarre : A tous ceux qui ces presentes
Lettres verront ; Sçavoir faisons, comme par Arrest
ce jourd'hui donné en notre Grand Conseil, sur la
Requeste presentée en icelui par notre bien amé
Antoine de Beauvais, Ecuyer Sieur de la Garsaude,
Sous-Brigadier, Ayde-Major, & Capitaine appointé
des Gensdarmes de notre Garde ordinaire, tendante
à ce que pour les causes y contenuës, il plaise à notre Conseil ordonner Commission être délivrée audit sieur de Beauvais, aux fins de faire assigner en
notre Conseil, les Juges, Officiers & Procureur Fiscal de la haute Justice de Courtenay, & tous les autres contrevenans, & autres qu'il appartiendra, pour
voir dire & ordonner, que l'Arrest de notre Conseil
d'Etat & Declaration, des 15 Novembre 1684 &
premier Octobre 1686, feront executez selon leur
forme & teneur ; ce faisant & conformément à iceux,
que ledit sieur de Beauvais aura rang & préseance
avant lesdits Officiers, aux Prédications & Processions, & autres cérémonies de l'Eglise, ès Eglises où
se trouvera ledit sieur de Beauvais, suivant & conformément à notre Declaration, & qu'on lui portera
le corbillon pour avoir du Pain-béni avant eux, avec
défenses ausdits Officiers & autres, de troubler ledit
sieur de Beauvais à l'avenir dans les honneurs & autres que l'on a coûtume de faire ausdits Officiers ; &
pour l'avoir fait, qu'ils feront condamnez en tous

Z

les dépens, dommages & interests dudit sieur de
Beauvais ; & cependant par provision, ordonner que
lesdits Arrest de notre Conseil d'Etat & Declaration
feront executez selon leur forme & teneur ; & que
ledit sieur de Beauvais aura rang & préseance, qu'il
ira en la Procession, & qu'on lui portera le Pain-
beni, dans les Eglises où il se trouvera, devant lesdits Officiers, & qu'il jouira des autres honneurs ;
& défenses de le troubler, à peine de tous dépens,
dommages & interests ; avec défenses aux Parties
de faire aucunes poursuites ni procedures ailleurs
qu'en notre Conseil, & à tous autres Juges d'en
connoitre, à peine de nullité, cassation de procedure, quinze cens livres d'amende, dépens, dommages & interests. Vû par notre Conseil ladite Requeste signée de Beauvais, & le Paige Procureur.
Arrest de notre Conseil d'Etat, rendu sur la Requeste dudit Beauvais, portant qu'il aura rang & préséance ès Assemblées publiques & autres ceremonies
avant lesdits Officiers de la Seigneurie de Courtenay ; ausquels nous faisons très-expresses défenses de
troubler ledit sieur de Beauvais en la jouissance dudit droit de préseance, nonobstant oppositions ou
appellations quelconques, du 15 Novembre 1684.
Exploits de significations faites dudit Arrest ausdits
Officiers & autres, du 26 Janvier 1685. Notre Declaration donnée pour les préséances des Gensdarmes
& Chevaux-Legers de la Garde, portant que lesdits
Gensdarmes & Chevaux-Legers de notre Garde ordinaire, auront rang, & marcheront ès Assemblées
qui se feront à l'avenir ès Villes de leur habitation,
& autres où ils se trouveront, immédiatement après
les Conseillers des Bailliages, Sénéchaussées &
Sieges Presidiaux, avant les Officiers des Elections
& Greniers à Sel, & tous autres inferieurs en ordre
ausdits Conseillers, du premier Octobre 1686. Arrest
d'enregistrement de notredite Declaration du 7 Novembre audit an ; & tout ce qui a été mis pardevers

notre Conseil. Conclusions de notre Procureur Ge-
néral. ICELUY NOTREDIT GRAND
CONSEIL, ayant égard à ladite Requeste, a
ordonné & ordonne Commission être délivrée audit
de Beauvais, pour y faire assigner les Parties aux
fins d'icelle ; & cependant, par provision & sans préjudice dudit droit des Parties, au principal, a ordonné & ordonne que lesdits Arrest de notre Conseil
d'Etat & Declaration, seront executez selon leur
forme & teneur ; ce faisant, que ledit de Beauvais
aura rang & préséance avant les Officiers de la Seigneurie de Courtenay, aux Processions, Prédications & autres céremonies de l'Eglise, où il se trouvera, & que l'on lui portera le corbillon pour avoir
du Pain-beni avant eux, & jouira des autres honneurs portez par ladite Declaration, & a fait défenses aux Parties, pour raison de ce que dessus, circonstances & dépendances, de se pourvoir ni faire
poursuites ailleurs qu'en notre Conseil, à peine de
nullité, cassation de procedures, quinze cens livres
d'amende, dépens, dommages & interests. Si donnons en mandement au premier des Huissiers de notredit Conseil, ou autre notre Huissier ou Sergent
ir ce requis, qu'à la requeste dudit de Beauvais, ce
present Arrest il mette à execution, nonobstant oppositions ou appellations quelconques, & en outre
farie pour l'execution des Presentes, tous Exploits
necessaires. Donné en notredit Conseil à Paris, le
sixiéme Mars l'an de grace mil six cent quatre-vingt-
sept, & de notre Regne le quarante-quatriéme. Par
le Roy, à la relation des Gens de son Grand Conseil.
Signé, LE NORMANT. Et scellé du grand
Sceau de cire jaune.

Arreſt du Conſeil d'Etat , Sa Majeſté y étant , en faveur
des Chantres , Chapelains , & autres Officiers de la
Chapelle & Oratoire de Sa Majeſté , en execution de
la Declaration du mois de Mars 1666.

Du 24 Novembre 1687.

Extrait des Regiſtres du Conſeil d'Etat.

SUR la Requeſte preſentée au Roy étant en ſon
Conſeil , par Mr Joſeph de Ville , Prêtre , Chantre & Chapelain ordinaire de la Chapelle & Muſique
de Sa Majeſté , Chanoine de l'Egliſe Cathedrale de
Metz , & de l'Egliſe Cathedrale de Toul ; contenant ,
qu'ayant pû à Sa Majeſté de le nommer au Canonicat & Prébende de ladite Egliſe Cathedrale de Metz ,
il a été enſuite pourvû en Cour de Rome , en a pris
poſſeſſion , & y a été inſtalé , ſuivant l'Acte capitu-
laire du Chapitre de ladite Egliſe , du 14 Juin 1687.
Dans la ſuite le Suppliant ayant fait connoître audit
Chapitre les privileges de ſa Charge , par la lecture
des Bulles des Papes & des Declarations de Sa Majeſté , & Arreſts de ſon Conſeil , il y eut une ſeconde
Déliberation du 21 Juin 1687 , par laquelle ledit
Chapitre accorde audit Suppliant de gagner les
fruits de ſa Prébende , quoiqu'abſent , pendant tout
le tems qu'il ſeroit employé en ladite qualité de
Chantre & Chapelain ; il ſeroit mis ſur les Tables de
collations des Benefices , après que les Tables cou-
rantes ſeroient finies , & jouiroit generalement de
tous les autres avantages de ſa Prebende , comme un
Chanoine reſident , à la reſerve des ſeules diſtributions manuelles , & à la charge de faire acquitter
le ſervice qu'il doit à ſon tour. Mais le Suppliant
ayant reſidé enſuite pendant quelque tems , il eſt
arrivé que quelques particuliers Chanoines ont prétendu que cette reſidence étoit une dérogation aux
droits & privileges du Suppliant , l'ont pris pour un
ſtage commencé & puis interrompu , & en ont pris
occaſion de donner une troiſiéme Déliberation du 6

Septembre dernier, par laquelle entr'autres chofes ils
ont entrepris d'expliquer la précedente Déliberation,
& de déclarer que l'intention dudit Chapitre avoit
été que les ftages du Suppliant ne pouvoient être
faits & accomplis au jour de Noël prochain, à caufe
de quelques abfences & du départ du Suppliant,
pour revenir en Cour, & lui accorde la faculté de
recommencer lefdits ftages au jour de Noël, en juf-
tifiant de fon fervice actuel dans la Chapelle de Sa
Majefté ; & pour faire cette injuftice avec plus d'éclat
& d'injure ils l'ont malicieufement rempli de faits
inutiles & prétendues promenades imaginaires ; &
ont ordonné qu'elles feroient fignifiées au Suppliant :
ce qui fut executé par Exploit du 20 du même mois
de Septembre, jour du départ du Suppliant, pour
revenir en Cour, au moment même qu'il partoit. En
cet état, le Suppliant eft obligé de faire caffer les
deux déliberations : & parce que par l'Arreft du Confeil d'Etat du 22 Novembre 1678, Sa Majefté s'eft
refervé & à fon Confeil, la connoiffance des contraventions qui feront faites à l'execution defdites Declarations & Arrefts de fon Confeil, concernant les
privileges des Officiers de fa Chapelle & Mufique : il
a préfenté fa Requefte à Sa Majefté & à fon Confeil,
pour faire ordonner l'execution defditesDeclarations
& Arrefts, nonobftant & fans s'arrêter aufdites
Déliberations des 21 Juin & 6 Septembre, par les
moyens qui enfuivent. Premierement à l'égard defdites Déliberations, elle n'eft contraire à la Déclaration de Sa Majefté, finon en ce qu'elle ne donne le
rang & le tour au Suppliant pour la nomination,
préfentation & collation des Benefices, qu'après que
la Table courante feroit finie, & le tour d'icelle
achevé; au lieu que la Declaration de 1666, & les
Arrefts du Confeil veulent que les Officiers de la
Chapelle & Mufique de Sa Majefté, jouiffent de tous
les droits de leurs Benefices; à commencer du jour de
leur reception; & fur ce fondement, le Suppliant doit

Z iij

être inséré dans la Table courante, après le dernier
Chanoine compris en icelle ; au lieu que s'il n'y étoit
inséré, & s'il étoit remis à une nouvelle Table, il
s'ensuivroit qu'une partie des Chanoines confereroit
deux fois avant que le Suppliant pût parvenir à son
tour. Secondement, à l'égard de la seconde desdites
Déliberations, qui est du 6 Septembre dernier, elle
est contraire à la même Declaration du mois de Mars
1666, qui veut que les Officiers de la Chapelle,
Musique & Oratoire de S. M. employez sur les Etats
de sa Maison, perçoivent tous les revenus & fruits de
leurs Benefices, & jouissent de tous leurs droits du
jour de leur reception, à la reserve seulement des
distributions manuelles, nonobstant toutes Déliberations, statuts & Actes capitulaires à ce contraires,
ausquels il est dérogé ; & l'Arrest du 22 Novembre
1678, porte la même chose, nonobstant tous stages
prétendus : donc la déliberation du Chapitre de Metz
est contraire à ladite Déclaration. En troisiéme lieu,
cette déliberation du 6 Septembre dernier, est contraire à celle du 22 Juin précedent, par laquelle le
même Chapitre de Metz avoit accordé tous les fruits
& revenus de ladite Chanoinie & prébende au Suppliant, tant & si longuement qu'il seroit au service
de Sa Majesté ; & le même Chapitre n'a pas pû dans
la suite être contraire à lui-même, en ordonnant un
stage insolite & inusité pour les Officiers de la Chapelle, Musique & Oratoire de Sa Majesté ; ce qui seroit d'une pernicieuse consequence, non seulement
en ce que ledit Chapitre s'ingere de contrevenir ou-
vertement aux dispositions des Declarations & Arrests du Conseil, & aller contre les intentions de Sa
Majesté, mais encore en ce qu'une telle conduite rui-
neroit le service de Sa Majesté, en privant ses Officiers des privileges qu'il plaît à Sa Majesté de leur
donner, en récompense de leur assiduité, dans sa
Chapelle, Musique & Oratoire. La même injustice a
été faite au Suppliant, par le Chapitre de l'Eglise

Cathedrale de Toul, par la déliberation du 2 Aouſt
1686, laquelle aſtraint & aſſujettit le Suppliant aux
mêmes charges & obligations qu'un Chanoine nouvellement pourvû, c'eſt-à-dire, aux ſtages & conditions attachées auſdits ſtages, & le prive de pluſieurs
droits & revenus qui ſont accordez par les Declarations du Roy, & Arreſts de ſon Conſeil. A CES
CAUSES, requeroit le Suppliant, qu'il plût à Sa
Majeſté, conformément à la Declaration du mois
de Mars 1666, & à l'Arreſt du 22 Novembre 1678,
ſans s'arrêter aux déliberations du Chapitre de Metz,
des 21 Juin & 6 Septembre derniers, ni à celle du
Chapi,re de Toul, du 2 Aouſt 1686, ordonner que
le Suppliant jouira de tous les droits, aura & percevra tous & chacuns les fruits, revenus émolumens,
gros & diſtributions generalement quelconques, appartenant à ſa Chanoinie & prébende dans ladite É-
gliſe Cathedrale de Metz, & ceux à lui dûs, à cauſe
de ladite prébende de Toul, nonobſtant les ſtages ordonnez par ladite déliberation, & tous autres obſta-
cles & empêchemens faits & à faire par ledit Chapitre, à la reſerve des diſtributions manuelles. Ce faiſant, que leſdits fruits & émolumens lui ſeront payez
& délivrez par les Receveurs dudit Chapitre, à commencer du 14 Juin 1687, jour de ſa reception, avec
défenſes audit Chapitre de plus contrevenir auſdites
Declarations & Arreſts, à peine de 1500 livres d'a-
mende, & de tous dommages & intereſts, & autrement lui pourvoir, ainſi qu'il plaira à Sa Majeſté. Vû
ladite Requeſte, ſignée du Suppliant, & Audoul,
Avocat au Conſeil, & les pieces cy-deſſus énoncées.
Oüi le Rapport, & tout conſidéré : LE ROY, E'TANT
EN SON CONSEIL, avant égard à ladite Requeſte, a
ordonné & ordonne que la Declaration du mois de
Mars 1666, & l'Arreſt de ſon Conſeil, du 22 Novembre 1678, ſeront executez ſelon leur forme &
teneur : ce faiſant, ſans s'arrêter aux déliberations du
Chapitre de Metz, des 21 Juin & 6 Septembre der-

Z iiij

niers, que le Suppliant fera employé & infcrit, du jour
de fa reception, fur le Tableau des mois & hebdoma-
des qui courent, pour conferer à fon tour & ordre les
Benefices qui vaqueront dans fa femaine, étant à la
nomination dudit Chapitre de Metz; qu'il jouira de
tous les droits, aura & percevra du jour de fadite reception, tous & chacun les fruits, revenus & émolumens, appartenans à fadite Chanoinie & prébende;
fçavoir les gros, fruits & diftributions pour Matines,
Laudes, Meffe, Vefpres, Petites-Heures, Obits,
Fondations, Baux, Fermes, Sel, Options de maifons, lots & ventes, & autres droits generalement
quelconques, tels qu'ils font dûs & appartiennent aux
autres Chanoines actuellement refidens, francs &
quittes de tous ftages & autres fujetions locales, à
la referve néanmoins des diftributions manuelles,
qui fe font & ont accoûtumé de fe faire de tous tems,
par argent, fec & monnoyé, au Chœur pendant le
Service divin feulement: qu'à cet effet, les livres,
feuilles & comptes dudit Chapitre, lui feront com-
muniquez, toutefois & quand il le requerra: à ce
faire les Greffiers & Dépofitaires contraints par les
voies de droit, conformément audit Arreft du Confeil du 22 Novembre 1678. Et en confequence, ordonne Sa Majefté, que le prefent Arreft demeurera
commun au profit du Suppliant, & executoire contre
le Chapitre de l'Eglife Cathedrale de Toul, pour les
fruits, revenus & droits à luy appartenans, à caufe de
la Chanoinie & prébende dont il a été pourvû cy-devant dans ladite Eglife: & ce à compter du jour de fa
reception, jufqu'au jour qu'il aura été dépoffedé.
Fait au Confeil d'Etat du Roy, Sa Majefté y étant,
tenu à Verfailles le vingt-quatriéme jour de Novembre mil fix cent quatre-vingt-fept.

Signé, COLBERT.

*Arrest du Conseil d'Etat du Roy, qui maintient le Pré-
vôt de son Hôtel dans le droit & possession de faire
seul la Police à la suite de la Cour, & de connoître de
toutes affaires Civiles & Criminelles qui arrivent entre personnes de la suite de la Cour, ou dans lesquelles
ils sont parties, contre les Habitans des lieux où Sa
Majesté fait son séjour, & dans les lieux marquez
pour les quartiers à la Craye, avec défenses à tous
Juges de plus troubler ledit Prevôt de l'Hôtel, à
peine de désobéissance.*

Du 8 Mars 1688.

Extrait des Registres du Conseil d'Etat.

SUR la Requeste presentée au Roy étant en son
Conseil, par le sieur Marquis de Sourches, Con-
seiller de Sa Majesté en ses Conseils, Prevôt de son
Hôtel, & grand Prevôt de France : contenant que
le Juge de Montreuil, Village situé dans l'avenue de
son Château de Versailles, & dans lequel les Cent-
Suisses, de la Garde de Sa Majesté, les Gardes de la
Prevôté de son Hôtel, les Officiers de sa Musique,
& un grand nombre d'autres Officiers de sa Maison
sont actuellement logez en craye, prétend que le
Suppliant par sa Charge n'a pas droit d'exercer la
Police dans ledit Village de Montreuil, & que lorsqu'il arrive quelque affaire criminelle entre des personnes de la suite de la Cour, & des personnes domiciliées audit Montreuil, le Suppliant n'a pas droit
d'en connoître : mais que ces sortes d'affaires sont
de la competence dudit Juge de Montreuil seulement, & non pas de celle dudit Prevôt de l'Hôtel,
ledit Juge de Montreuil appuie cette prétention sur
ce qu'il dit que Sa Majesté peut bien faire cesser les
droits & fonctions de ses Justices Royales en faveur
de son grand Prevôt, parce que c'est son propre droit
qu'elle abandonne ; mais que Sa Majesté ne peut
pas exclure les Particuliers de leurs Justices pour
en donner l'exercice à son grand Prevôt. Et quoique

par les anciennes & nouvelles Ordonnances de Sa
Majeſté & des Rois ſes Prédeceſſeurs le droit de ſa
Charge ſoit pleinement établi, & qu'il ſoit le Juge
ſeul de la Police & du Criminel entre les gens de la
ſuite de la Cour & les Domiciliez des lieux où il
plaît au Roy de faire ſon ſéjour : que Montreuil &
Verſailles ne ſoient qu'une même choſe, tant à cauſe
de la proximité, que parce qu'une bonne partie des
domeſtiques de Sa Majeſté y eſt logée en craye, &
que les Juſtices particulieres des Seigneurs n'en ſouf-
frent point de diminution, puiſque leurs Juges ne
laiſſent pas de connoître des Cauſes civiles & criminelles entre les perſonnes domiciliées dans l'étenduë
deſdites Juſtices, & qui ne ſont de la ſuite de la
Cour, ainſi qu'il a été décidé par Sa Majeſté par le
Reglement fait entre le Bailly de Verſailles & le
Suppliant le vingt-un Octobre 1684. Néanmoins
Pierre Hue ſoi diſant Procureur Fiſcal dudit Montreuil, ayant battu & maltraité le nommé Laudé
paveur, logé audit Village de Montreuil, employé
pour les ouvrages du Roy, & Françoiſe Tourbier ;
ſervante du ſieur de Neuville, Ecuyer de la grande
Ecurie ; & le Lieutenant general de ladite Prevôté
de l'Hôtel ayant reçu les plaintes deſdits Laudé &
Tourbier, ſur les pourſuites deſquels il a décreté ;
ledit Juge de Montreuil a prétendu connoître de
ces deux affaires, dans leſquelles ces deux perſonnes
ſont les parties principales, & conſtamment de la
ſuite de la Cour ; ce qui a fourni audit Hue le prétexte de faire diverſes procedures au Conſeil Privé
ſur le prétendu conflit de Juriſdiction, même a prétendu que les Jugemens du Suppliant ſont ſujets à
l'appel. Et comme le contraire a été jugé pluſieurs
fois, & encore depuis peu de tems par un Arreſt du
Conſeil, Sa Majeſté y étant, le cinq Août 1685, &
que le pouvoir & Juriſdiction du Suppliant ne doit
pas être ſi frequemment compris ni revoqué en doute par les Juges des Seigneurs des lieux de la ſuite de

la Cour : Requeroit ledit Suppliant qu'il plût à Sa Majesté sur ce lui pourvoir, & en confirmant l'Edit du Roy François Premier, du mois de Juillet 1522, celui du mois du Juin 1544, & les Declarations des 29 Decembre 1570 & 28 Janvier 1572, qui attribuent au Prevôt de l'Hôtel la connoissance de la Police & de la Matiere criminelle à la suite de la Cour, & le Reglement du 21 Août 1684, ordonner que le Prevôt de son Hôtel aura à l'avenir, comme il a toujours eu, le droit d'exercer seul la Police audit Village de Montreuil, & autres lieux semblables, tant que la Cour sera à Versailles, & de connoître seul de toutes les affaires criminelles & civiles qui arriveront entre les gens de la suite de la Cour & les domiciliez dudit Montreuil & autres lieux semblables; ce faisant, faire défenses audit Juge de Montreuil d'entreprendre à l'avenir sur la Jurisdiction du Prevôt de l'Hôtel, & de s'immiscer de faire la Police, & de connoître des affaires criminelles ou civiles qui arriveront entre les gens de la suite de la Cour & les gens domiciliez audit Montreuil, à peine de cinq cens livres d'amende; & en consequence que ledit Hue sera tenu de proceder en ladite Prevôté de l'Hôtel suivant les derniers erremens. Veu ladite Requeste, les procedures criminelles faites en ladite Prevôté contre ledit Hue à la poursuite desdits Laudé & Tourbier; celles faites contr'eux par ledit Juge du Montreuil à la requeste dudit Hue. Lesdits Edits, Ordonnances, Arrests & Reglemens des mois de Juillet 1522, Juin 1544, 22 Decembre, 1570, 28 Janvier 1672, 21 Août 1684, & 5 Août 1685, & autres pieces jointes à ladite Requeste, justificatives d'icelle. Oüi le Rapport; & tout consideré : LE ROY ETANT EN SON CONSEIL, ayant égard à ladite Requeste, a maintenu & maintient le Prevôt de son Hôtel dans le droit & possession de faire seul la Police à la suite de la Cour, & de connoître de toutes affaires civiles & criminelles qui

arrivent entre personnes de la suite de la Cour, où
dans lesquelles ils sont parties contre les Habitans
des lieux où Sa Majesté fait son séjour, & lieux cir-
convisins marquez pour les quartiers, & nommément
dudit Montreuil. Faisant Sa Majesté défenses au Juge
dudit lieu & autres, de plus troubler ledit Prevôt de
l'Hôtel dans la fonction de sa Chage, à peine de dé-
sobéïssance : Et en conséquence ordonne Sa Majesté,
que ledit Hue sera tenu de proceder en ladite Prevôté de l'Hôtel, sur les Procès criminels contre lui
intentez à la requeste de ladite Tourbier & dudit
Laudé, pour être lesdits Procès criminels jugez par
le Prevôt de son Hôtel ou son Lieutenant, en la maniere accoûtumée. Fait au Conseil d'Etat du Roy,
Sa Majesté y étant tenu à Versailles, le huitiéme
jour de Mars mil six cent quatre-vingt-huit. Signé,
COLBERT.

Arrest du Grand Conseil pour les préseances des Officiers
Commensaux des Maisons Royales, sur les Juges
de lieux, & au sujet du Pain-beni, &c.
Du 3 Mars 1688.
Extrait des Registres du Grand Conseil.

LOUIS par la grace de Dieu, Roy de France
& de Navarre: A tous ceux qui ces présentes
Lettres verront; Salut. Sçavoir faisons, comme par
Arrest ce jourd'hui donné en notre Grand Conseil,
entre notre bien amé Adam Bissart, Ecuyer, Maréchal des Logis ordinaire de notre chere & amée
fille la Dauphine, & Damien Rouard Officier de la
Maison de la feue Reine, & de la bouche de notre
cher & bien amé Frere le Duc d'Oleans, demandeurs en Requeste par eux presentée à notre Conseil
inserée en l'Arrest d'icelui du 17 Novembre 1687,
& Exploits faits en conséquence les 29 Novembre
& 2 Decembre audit an, controllez à Paris ledit
jour 2 Decembre, à ce qu'il soit ordonné que les
demandeurs jouiront des honneurs, prééminences,

préféances & privileges attribuez à leurs Charges
par nos Declarations & Arrefts de notre Confeil;
ce faifant, & conformément à iceux, qu'ils auront
rang & préféance aux Proceffions & autres ceremonies de l'Eglife, & en toutes ceremonies publiques
& particulieres, & qu'on leur portera le corbillon pour avoir le Pain-beni devant le Prevôt &
Procureur Fifcal & autres Officiers de la Juftice de
Sucy en Brie, & autres habitans dudit Sucy, avec
défenfes aufdits Officiers & tous autres de plus troubler à l'avenir les demandeurs dans les honneurs
que l'on a accoûtumé de rendre aux Officiers commenfaux des Maifons Royales; & pour l'avoir fait,
que les défendeurs foient condamnez en telle amende qu'il plaira à notre Confeil, avec dépens, dommages & interefts, d'une part; & Mc Jean-Baptifte de
la Fouaffe, ancien Procureur au Parlement de Paris,
Prevôt de la Juftice de Sucy en Brie, & Mc Pierre
de la Marre, Procureur Fifcal dudit lieu de Sucy;
& encore Nicolas le Cointe & Etienne Baillet, Marguilliers de la Paroiffe dudit Sucy, défendeurs d'autre : & entre les Doyen, Chanoines & Chapitre de
l'Eglife Notre-Dame de Paris, Seigneurs de la Paroiffe de Sucy, prenant le fait & caufe pour lefdits
de la Fouaffe & de la Marre, fuivant la Requefte
par eux prefentée à notredit Confeil le deux Janvier 1688, & reçus Parties intervenantes en l'Inftance pendante en notre Confeil entre ledit Biffart
& Rouard, d'une part; & lefdits de la Fouaffe & de
la Marre leur Prevôt & Procureur Fifcal de Sucy,
par Arreft de notre Confeil du 19 Février 1688, & requerant fuivant ladite Requefte du 17 Janvier 1688,
qu'Acte leur foit donné de leurdite prife de fait
& caufe, & en conféquence, que lefdits Biffart &
Rouard foient déclarez non-recevables en leur demande, en tous cas mal fondez en icelle, & qu'ils
en foient déboutez avec dépens, d'une part; & lefdits Biffart & Rouard défendeurs, d'autre; & de-

mandeurs en requeste verbale par eux faite à l'Audience de notre Conseil, à ce qu'il soit ordonné que
lesdits le Cointe & Baillet Marguilliers de *Sucy*
feront tenus de porter le Pain beni ausdits Bissart
& Rouard avant lesdits Officiers, d'une part ; &
lesdits le Cointe & Baillet défendeurs, d'autre. Veu
par notre Conseil les Ecritures des Parties, ladite
Requeste presentée à notre Conseil par lesdits Bissart
& Rouard, & Arrest sur icelle obtenu aux fins cy-
devant specifiées du 17 Novembre 1687. Exploits
d'assignations données en notre Conseil en consequence, à la requeste desdits Bissart & Rouard, à
Me Jean.Baptiste de la Fouasse, ancien Procureur
au Parlement de Paris, Prevôt de la Justice de *Sucy*
en Brie, Me Pierre de la Marre, Procureur Fiscal de
ladite Justice des 24 Novembre & 2 Decembre audit an. Exploit, significations faites sans aucune assignation ausdits le Cointe & Baillet, Marguillers de
Sucy, dudit Arrest de notredit Conseil du 17 Novembre 1687, & autres y specifiez, à ce qu'ils ayent
à y satisfaire, dudit jour 19 Novembre 1687. Requeste desdits du Chapitre de Notre-Dame afin d'intervention & de prise de fait & cause pour lesdits de
la Fouasse & de la Marre, leurs Officiers, aux fins ci-
devant énoncées, ladite Requeste employée par lesdits du Chapitre pour défenses contre ladite demande desdits Bissart & Rouard du 27 Janvier 1688.
Défenses desdits le Cointe & Baillet, par lesquelles
ils soutiennent qu'ils doivent être mal & follement
assignez dudit jour 27 Janvier 1688. Défenses desdits Bissart & Rouard contre ladite Requeste d'intervention desdits du Chapitre du 3 Fevrier audit an.
Arrest de notre Conseil, qui reçoit lesdits du Chapitre Parties intervenantes au procès, & sur le tout
ordonne que les Parties écriront & produiront dans
huitaine, dans les qualitez duquel est la requeste
verbale desdits Bissart & Rouard contre lesdits Marguilliers de Sucy, du 19 Février 1688. Requeste des-

dits Biſſart & Rouard, à ce qu'attendu leur priſe de
fait & cauſe pour ledit de la Marre, il ſoit ordonné
qu'il ſera paſſé outre au Jugement du procès avec
leſdirs du Chapitre & leſdits Prevôt & Marguilliers
de Sucy, nonobſtant les déclarations du décès dudit la Marre du 8 Mars 1688, ſur laquelle Requeſte
Arreſt eſt intervenu ledit jour, qui ordonne qu'il
ſera paſſé outre au Jugement dudit Procès. Proviſions accordées par Madame la Dauphine audit Biſſart, de la Charge de l'un de ſes Maréchaux des
Logis, pour en jouir aux honneurs, prérogatives,
prééminences, privileges & droits y attribuez, du 9
Avril 1682. Extrait de l'Etat des Officiers de la Maiſon de notre chere & bien amée fille la Dauphine,
arrêté en la Cour des Aydes en l'année 1686, dans
lequel ledit Biſſart eſt employé du 18 Septembre
1687. Certificat du ſieur Marquis d'Anjeau, Chevalier d'honneur de Madame la Dauphine, que ledit
Biſſart a bien & fidellement ſervi le quartier d'Octobre dernier, du 30 Decembre audit an. Acte de publication dudit acte au Prône de la Meſſe Paroiſſiale
du Sucy, du premier Février 1688. Imprimé d'un
Arreſt de notre Conſeil d'Etat, rendu ſur la Requeſte des Maréchaux des Logis de notre cher &
bien amé Frere le Duc d'Orleans, qui les maintient
dans la qualité d'Ecuyer, & les décharge des aſſignations à eux données pour raiſon de ladite qualité,
du 10 Juin 1665. Proviſions accordées audit Rouard
par la Reine, de la Charge de Maître-Queue de la
cuiſine du Commun de la Reine, pour en jouir aux
honneurs, autoritez, prérogatives, privileges,
franchiſes, charges, droits & émolumens y appartenans, du 17 Decembre 1672. Acte de publication
deſdites proviſions au Prône de la Meſſe Paroiſſiale
de Sucy, du 24 Mars 1686. Certificat du ſieur Colbert de Villacerf, premier Maître d'Hôtel de la
Reine, que ledit Rouard Maître-Queue du Commun de la Reine, a ſervi le quartier d'Avril, May &

nans, Enseignes & Exempts des Cent-Suisses de Nous , portant pareilles attributions, rangs & préséances, du 27 Mars 1685. Arrest de notre Conseil d'enregistrement de ladite Declaration, du 13 Avril andit an. Autre imprimé de notre Declaration, par laquelle nous voulons que tous les Officiers, tant de Nous que des autres Maisons Royales demeurans à Saint Germain en Laye , ayent rangs , & marchent aux Assemblées où ils se trouveront, immédiatement après le Prevôt & notre Procureur en la Prevôté dudit Saint Germain , & avant les Officiers, Bourgeois & Habitans , du 17 Janvier 1675. Imprimé d'Arrest de notre Conseil , qui ordonne les préséances & le Pain-beni en faveur de Jean Baptiste de Verel, Fourrier ordinaire de nos Logis, contre le Prevôt & Procureur Fiscal de la Justice de Dame Marie-les-Lys , & autres lieux, & en toutes Assemblées publiques & particulieres, du 30 Aoust 1677. Autre Imprimé d'autre, portant pareils rangs & préséances en faveur de Jacques David notre Garde du Corps avant le Maire de la Ville d'Epernon, du 29 Avril 1675. Autre Imprimé de pareil Arrest de notre Conseil, attributif de semblables rangs & préséances en faveur d'Antoine Beauvais Sous-Brigadier & Ayde-Major des Gensdarmes de notre Garde, du 6 Mars 1687. Procès-verbal de Martin Huissier en la Chambre des Comptes, de requisition faite au Curé de Sucy, à la requeste desdits Billart & Rouard, de publier le lendemain Dimanche 30 Novembre 1687, au Prône de la Messe Paroissiale l'Arrest de notre Conseil, par eux obtenu le 17 dudit mois, qui ordonne l'execution des précedentes, afin de le rendre public & notoire à tous les Habitans de Sucy, du 29 dudit mois de Novembre. Autre Procès-verbal dudit Martin sur l'execution dudit Arrest, du 30 dudit mois. Autre semblable procès-verbal dudit Martin, contenant pareille requisition audit Curé, & semblable refus & inexecution, du 14 Decembre 1687.

Acte de baillé copie au Procureur desdits du Chapitre de dites provisions. Nos Arrests & Déclarations du 5 Janvier 1688. Procès-verbal fait & dressé par ledit de la Marre, Procureur Fiscal desdits du Chapitre, du trouble à lui fait dans la marche de la Procession & à l'Offrande le jour de la Toussaints, par ledit Bissart & Rouard, avec violence, du premier Novembre 1678. Imprimé des Declarations de Nous en faveur des Gardes de la Porte, pour leur rang immédiatement après les Conseillers des Bailliages, Sénéchaussées & Sieges Presidiaux, du 17 Juin 1659. Autre Imprimé de notre Declaration en faveur de nos Gardes pour pareilles préféances en faveur des Gensdarmes & Chevaux-Legers de notre Garde, du premier Octobre 1686. Autre Imprimé d'Arrest de notre Conseil d'Etat, qui ordonne que les Huissiers ordinaires de la Chambre, Valets de Chambre, Porte Manteaux, Valets de Garderobe, Huissiers du Cabinet & Anti-chambre de Nous, auront rang, & marcheront conformément à la Declaration du dernier Fevrier 1605, verifiée à notre Conseil le 2 Mars audit an. Autre Imprimé d'un Arrest de notre Conseil d'Etat, rendu en faveur des Gardes du Corps y mentionnez, qui ordonne qu'ils auront rang avant le Bailly de la Chapelle, du 30 Septembre 1681. Copie signée de la Fouasse, d'un Extrait de la résignation faite par Me Jean Chuppé, au profit dudit de la Fouasse, de l'Office de Procureur Postulant au Parlement de Paris, avec dispense de quarante jours, du 30 Janvier 1653. Pareille copie de la quittance de finance de la somme de 82 liv. 10 sols payée par ledit de la Fouasse pour ledit droit de résignation, avec ladite dispense de quarante jours, du même jour 30 Janvier 1650. Trois Requestes desdits Bissart & Rouard, employées pour écritures & productions contre les Margnilliers de l'Eglise du Sucy, du 27 Fevrier 688 Requeste desdits le Cointe & Baillet, Marguilliers de ladite Paroisse du Sucy, employée

pour écritures & productions, conformément audit
Arrest de Reglement, du 5 Mars 1688. Requeste dudit Rouard de production nouvelle, & de reception
de deux Certificats des 2 & 6 Mars 1688, l'un du
sieur Forcadel, Controlleur General de la Maison
de notre cher & bien amé Frere le Duc d'Orleans,
& l'autre du sieur Colbert de Villacerf, ladite Requeste du 10 dudit mois de Mars. Requeste desdits
Billart & Rouard, employée pour contredits contre
la production desdits du Chapitre & Marguilliers de
Sucy, des 9 & 16 dudit mois de Mars. Pareille Requeste, desdits du Chapitre, employée pour contredits contre la production desdits Billart & Rouard,
du 18 dudit mois. Acte de produit & de distribution
du procès à Messire Nicolas Bertin, Conseiller à
notre Conseil, des 23 & 28 Fevrier 1688. Conclusions de notre Procureur General, & tout ce qui a
été mis, écrit & produit par lesdites Parties pardevers notre Conseil : ICELUI NOTREDIT
GRAND CONSEIL, faisant droit sur l'Instan-
ce, sans s'arrêter à l'intervention & Requeste desdits
du Chapitre, a ordonné & ordonne, que nos Declarations, Arrests de notre Conseil d'Etat, & de
notre Conseil, seront executez selon leur forme &
teneur. Et conformément à iceux, que lesdits Billart
& Rouard auront rang & préséance aux Processions,
Predications & autres ceremonies de l'Eglise, & en
toutes Assemblées publiques & particulieres qui se
feront audit Sucy, & que lesdits le Cointe, Baillet
& autres Marguilliers de ladite Eglise, seront tenus
de leur porter le Pain beni avant le Prevôt & Procureur Fiscal, & autres Officiers de la Justice &
Habitans dudit Sucy ; a fait & fait défenses ausdits
Officiers & tous autres de les y troubler à l'avenir,
tant & si longuement qu'ils possederont lesdits Offices seulement ; dépens compensez entre les Parties. Si donnons en mandement au premier des Huissiers de notredit Conseil, ou autre notre Huissier

A a ij

ou Sergent fur ce requis, qu'à la requefte dudit
Biffart & Rouard, le prefent Arreft il mette à dûe
& entiere execution de point en point felon fa forme & teneur, nonobftant oppofitions ou appellations quelconques, outre faire pour l'execution des
prefentes tous exploits & actes de Juftice pour ce
requis & à ce néceffaires : de ce faire te donnons
pouvoir, fans pour ce, demander Placet, ni Pareatis. Donné en notredit Confeil à Paris, le vingt-
troifiéme Mars l'an de grace mil fix cens quatre-
vingt-huit, & de notre Regne le quarante-cinquiéme. Collationné, LE NORMANT.

Extrait des Regiftres du Grand Confeil.

PAR le *Retentum* qui eft au bas de l'Arreft, ce
jourd'hui donné entre Adam Biffart, Ecuyer,
Maréchal des Logis ordinaire de Madame la Dauphine ; & Damien Rouard, Officier de la Maifon de
la feue Reine & de la bouche de Monfieur le Duc
d'Orleans, Frere unique du Roy, d'une part : &
Me Jean Baptifte de la Fouaffe, ancien Procureur
au Parlement de Paris, Prevôt de la Juftice de
Sucy en Brie ; & Me Pierre de la Marre, Procureur Fifcal dudit lieu de Sucy ; Nicolas le Cointe,
& Eftienne Baillet, Marguilliers de la Paroiffe dudit Sucy, défendeurs, d'autre ; & les Doyen, Chanoines Chapitre de l'Eglife Notre-Dame de Paris,
Seigneurs dudit Sucy, a été arrêté que lefdits Doyen,
Chanoines & Chapitre de Notre-Dame ; payeront
feuls les épices, coufts & frais dudit procès. Fait
audit Confeil à Paris, le 23 Mars 1688, Collationné. LE NORMANT.

Declaration du Roy, en faveur des Gentilshommes Servans, qui leur donne le rang & préséance dans les Assemblées & ceremonies publiques, avant les Officiers des Elections, & autres.

Du 25 Juillet 1688.

LOUIS par la grace de Dieu, Roy de France & de Navarre: A tous ceux qui ces presentes Lettres verront Salut. Nos Gentilshommes Servans, Pannetiers, Echansons & Tranchans, nous ont très-humblement remontré, qu'encore que par l'honneur qu'ils ont eu de nous servir esdites Charges ils ayent lieu de pretendre dans les lieux de leur demeure, la préséance aux ceremonies & assemblées qui s'y font, ainsi que plusieurs Officiers de notre Chambre, & autres nos Officiers en jouissent. Néanmoins, parce qu'ils ne sont pas expressément dénommez dans les Declarations qui ont été expediées à cet effet, ils sont souvent troublez en la jouissance de ce droit: ce qui les oblige d'avoir recours à Nous, à ce qu'il nous plaise précisément expliquer nos intentions à leur égard; & voulant les traiter favorablement: A CES CAUSES, de notre grace speciale, pleine puissance, & autorité Royale, Nous avons dit & declaré, disons & declarons par ces presentes signées de notre main, voulons & nous plaît, que nos Gentilshommes Servans ayent rang, & marchent ès Assemblées qui se feront à l'avenir ès Villes & lieux de leur habitation, & autres où ils se trouveront, immédiatement après les Conseillers de nos Bailliages, Sénéchaussées & Sieges Presidiaux, avant les Officiers de nos Elections & Greniers à Sel, & tous autres inferieurs en ordre ausdits Conseillers. Si donnons en mandement à nos amez & feaux Conseillers les Gens tenans notre Grand Conseil, que ces presentes ils ayent à faire registrer, & du contenu en icelles faire jouir & user nosdits Gentilshommes Servans pleinement & paisiblement, cessant & faisant cesser tous troubles &

empêchemens : Car tel eſt notre plaiſir. En témoin
de quoi nous avons fait mettre notre ſcel à ceſdites
preſentes. Donné à Verſailles le vingt-cinquiéme
jour de Juillet, l'an de grace mil ſix cens quatre-
vingt-huit, & de notre Regne le quarante-ſixiéme.
Signé, L O U I S. Et ſur ſe repli : Par le Roy,
COLBERT.

Extrait des Regiſtres du Grand Conſeil du Roy.

V E U par le Conſeil les Lettres Patentes du Roy,
en forme de Declaration, données à Verſailles
le 25 Juillet 1688 : Signées L O U I S. Et ſur le repli,
COLBERT, & ſcellées du grand Sceau de cire jaune, portant que les Gentilshommes Servans, Pan-
netier, Echanſons & Tranchans, auront rang ès
lieux de leur habitation, & autres où ils ſe trouveront, immédiatement après les Conſeillers des Bailliages Royaux, Sénéchauſſées & Juges Préſidiaux,
avant les Officiers des Elections & Greniers à Sel, &
tous autres inferieurs en ordre auſdits Conſeillers.
Concluſions du Procureur General du Roy : LE
CONSEIL a ordonné & ordonne que leſdites Lettres ſeront enregiſtrées ès Regiſtres du Conſeil, pour
être executées ſelon leur forme & teneur, & jouir
par les Impetrans de l'effet & contenu en icelles. Fait
audit Conſeil à Paris le onze Aouſt mil ſix cent
quatre-vingt-huit. Collationné.

Signé, LE NORMANT.

Enregiſtrée ès Regiſtres du Grand Conſeil du Roy.
A Paris le treiziéme jour d'Aouſt 1688.

Signé, *LE NORMANT.*

Arrest du Conseil d'Etat du Roy, portant Reglement entre le sieur Grand Prevost de l'Hôtel, & les Juges ordinaires des lieux, pour l'exercice de leur Jurisdiction.

Du 29 Octobre 1688.

Extrait des Registres du Conseil d'Etat.

LE ROY étant informé qu'après le décès du sieur Duc de Vivonne, & celui de la Dame Ancelin, ci-devant Nourrice de Sa Majesté, le Lieutenant Civil au Châtelet de Paris auroit fait apposer le scellé en l'appartement que ledit sieur Duc de Vivonne occupoit dans le Louvre, & dans celui que ladite Dame Ancelin, avoit dans son Château de Versailles : à quoi le Prevôt de l'Hôtel, & le Grand Prevôt de France, ou son Lieutenant, auroit formé opposition, & auroit de sa part apposé le scellé esdits appartemens, prétendant être en droit d'y faire seul les fonctions de Juge ordinaire, Sa Majesté auroit résolu de faire cesser pour l'avenir pareilles contestations, en reglant ce qu'elle veut être observé à cet égard. A quoi voulant pourvoir : SA MAJESTE' ETANT EN SON CONSEIL, a ordonné & ordonne, que lorsque Sa Majesté, Monseigneur le Dauphin, Madame la Dauphine, ou les Enfans de France, ne seront point au Louvre & dans les autres Châteaux & Maisons Royales, les Juges ordinaires des lieux y exerceront leur Jurisdiction, tant en matiere civile, que criminelle, ainsi que dans les autres lieux de l'étendue de leur ressort : & au surplus a maintenu & maintient ledit sieur Grand Prevôt & ses Officiers, en l'exercice & fonction de leurs Charges, ès lieux où Sa Majesté, Monseigneur le Dauphin, Madame la Dauphine, ou les Enfans de France, se trouveront; faisant défenses aux Juges ordinaires, de leur donner, pour raison de ce, aucun trouble ni empéchement. Et sera le present Arrest executé, nonobstant tous Reglemens, Arrests &

autres chofes à ce contraires. Fait au Confeil d'Etat
du Roy, Sa Majefté y eftant, tenu à Fontainebleau
le vingt-neuviéme jour d'Octobre mil fix cens quatre-
vingt-huit. Signé, COLBERT.

---

*Arreft du Confeil, en faveur des Marchands de la
Garderobe du Roy.*
Du 17 Juin 1689.
Extrait des Regiftres du Confeil Privé du Roy.

ENTRE les Maîtres & Gardes des Marchands
Bonnetiers de la Ville & Fauxbourgs de Paris,
demandeurs aux fins des Lettres du grand Sceau, à
fin de Reglement de Juges d'entre le fieur Lieutenant General de Police du Châtelet de Paris, & la
Prevôté de l'Hôtel, du 3 Fevrier 1689, & en Re-
queft verbale, inferée en l'appointement de Reglement figné en l'Inftance, d'une part ; & Simon
Guy le jeune, Ouvrier Bonnetier du Fauxbourg Saint-
Jacques, pourvû de l'état de Bonnetier de la Garderobe de Sa Majefté, par Brevet de retenue du grand
Maître de la Garderobe du 22 Decembre 1688,
d'autre part ; fans que les qualitez puiffent nuire ni
préjudicier aux Parties. Vû au Confeil du Roy lefdites Lettres obtenues au grand Sceau par lefdits
Maîtres & Gardes des Marchands Bonnetiers, par
lefquelles il leur eft permis de faire affigner au Confeil au mois ledit Simon Guy, pour fe voir regler de
Juges d'entre ledit fieur Lieutenant General de Police audit Châtelet, pour y proceder entr'eux, fuivant les derniers erremens, & en outre comme de
raifon ; faifant cependant défenfes aufdites Cours
de connoitre des differends des Parties, & aufdites
Parties d'y faire aucunes pourfuites, à peine de tous
dépens, dommages & interefts, du 3 Fevrier 1689 :
au dos eft l'Exploit de fignification defdites Lettres
audit Guy, avec affignation à quinzaine au Confeil,
pour y proceder aux fins d'icelles, du 5 dudit mois
de Fevrier. Requefte prefentée au Confeil par lefdits
Bonnetiers

Bonnetiers , fur laquelle le Sr Turgot de S. Clair , Maître des Requestes, a été commis pour faire fon Rapport de l'Inftance, du 8 Fevrier 1689. Appointement de Reglément figné du fieur Commiffaire , fuivant fon Procès verbal du 17 dudit mois de Fevrier : ledit appointement contenant une Requeste verbale defdits Bonnetiers, tendante à ce qu'il plût à Sa Majefté , fans s'arrêter aux Sentences & procedures de la Prevôté de l'Hôtel , renvoyer les Parties au Châtelet , & pardevant ledit fieur Lieutenant General de Police , pour y proceder entr'elles fur leurs procès & differends , circonftances, & dépendances, fuivant les derniers erremens, & en cas d'appel au Parlement de Paris , condamner ledit Guy aux dépens , du 17 Fevrier 1689. Requeste prefentée au Confeil par lefdits Bonnetiers , d'emploi pour avertiffement , à ce que la procedure faite par ledit Guy en la Prevôté de l'Hôtel fût caffée & annullée , & que les Parties fuffent renvoyées pardevant le fieur Lieutenant General de Police , pour y proceder en premiere Inftance , & en cas d'appel au Parlement de Paris , & condamner ledit Guy aux dépens : au bas eft l'Ordonnance en Jugement du 16 Mars 1689 , fignifiée le 17. Autre Requeste prefentée au Confeil par ledit Guy , à ce qu'il plût à Sa Majefté , fans s'arrêter aux procedures nullement & incompetemment faites par les Maîtres Bonnetiers de Paris , pardevant ledit Lieutenant General de Police , renvoyer les Parties à la Prevôté de l'Hôtel , & par appel au Grand Confeil , pour y proceder fur leurs differends, circonftances & dépendances, fuivant les derniers erremens, & en execution de l'Arrêt du Confeil d'Etat du 20 Aouft 1682 , & condamner lefdits Bonnetiers aux dépens : au bas eft l'Ordonnance en jugeant du 26 Avril 1689. Lettres & Brevet de retenue , accordées par Sa Majefté audit Guy , de l'état & charge de l'un des Bonnetiers de fa Garderobe , vacante par la démiffion de Pierre

B b

Courtois dernier Poſſeſſeur d'icelle, du 22 Decembre 1688 : à côté eſt l'acte de preſtation de ſerment
dudit Guy audit état & charge entre les mains du
ſieur Prince de Marcillac, Grand Maître de la Garderobe de Sa Majeſté ; dudit jour : au dos eſt l'enregiſtrement à la Prevôté de l'Hôtel du dernier dudit mois de Decembre ; ſuivant la Sentence dudit
jour. Arreſt de la Cour des Aydes de Paris, qui ordonne que leſdites Lettres y ſeront regiſtrées, du
30 dudit mois de Decembre. Extrait de l'Etat des
Officiers de la Maiſon du Roy, arrêté au Conſeil,
dans lequel ledit Guy eſt employé au lieu de Pierre
Courtois aux gages de ſoixante livres, du 30 dudit
mois de Decembre. Acte par lequel ledit Guy donne
copie auſdits Bonnetiers deſdites pieces, du 14 Janvier 1689. Acte par lequel leſdits Bonnetiers declarent audit Guy, que c'eſt inutilement qu'il leur a
fait ſignifier ledit Brevet, Sentence d'enregiſtrement & autres Pieces, puiſque cela ne les regarde
pas, mais les Jurez de la Communauté des Ouvriers
Bonnetiers ; & que mal à propos par l'acte de ſignification il a pris la qualité de Marchand Bonnetier,
qui n'eſt point dans ſon Brevet, & que la qualité de
Marchand n'appartient qu'auſdits Maîtres & Gardes
& ceux de leurs Corps ; & proteſtent de nullité de
tout ce qui a été fait par ledit Guy, du 11 dudit mois.
Exploit d'aſſignation donnée par leſdits Bonnetiers
audit Guy au Châtelet de Paris, à trois jours, pardevant ledit ſieur Lieutenant General de Police,
pour lui voir faire défenſes de prendre la qualité de
Marchand, & de vendre aucuns Ouvrages que ceux
qui auront été par lui faits, ſes enfans, ſerviteurs
ou domeſtiques, défenſes d'en acheter pour reven-
dre, à peine de confiſcation, du 12 Janvier 1689.
Sommation faite par ledit Guy auſdits Bonnetiers,
de lui donner ſon lot de marchandiſe, comme les
autres Marchands ; & pour le refus aſſignation au
lendemain auſdits Bonnetiers à la Prevôté, pour

voir dire qu'il fera maintenu en fa Charge, & que lefdits Maîtres feront tenus de lui laiffer prendre & acheter dans leurs Bureaux les marchandifes, ainfi que les autres Marchands, du 12 Janvier 1689. Sentence de ladite Prevôté de l'Hôtel, de rétention de la caufe, & qui décharge ledit Guy de l'affignation à lui donnée au Châtelet par lefdits Bonnetiers, fait défenfes de faire pourfuites ailleurs, obtenue par défaut par ledit Guy du 13 dudit mois. Sentence du Châtelet, obtenue fur la remontrance du Procureur du Roy audit Châtelet, par lefdits Bonnetiers, qui révoque l'affignation donnée à la Prevôté par ledit Guy, du 14 Janvier 1689. Copie de Sentence obtenue par ledit Guy en la Prevôté de l'Hôtel, qui caffe tout ce qui a été obtenu par lefdits Bonnetiers; & pour la contravention faite aux Reglemens, les condamne en cent livres d'amende; ce faifant, maintient & garde ledit Guy en la poffeffion & jouiffance de la Charge de l'un des Marchands Bonnetiers de la Garderobe du Roy, défenfes aux Maîtres & Gardes de l'y troubler, du 18 Janvier 1689. Arreft du Parlement de Paris, obtenu par lefdits Bonnetiers, qui fait défenfes d'executer ladite Sentence de la Prevôté de l'Hôtel, & de proceder ailleurs qu'en ladite Cour, à peine de 1500 livres d'amende, du 21 dudit mois. Copie de l'Arreft du Grand Confeil, obtenu par ledit Guy, portant que lefdites Sentences de la Prevôté de l'Hôtel feroient executées, fans s'arrêter audit Arreft du Parlement du 31 dudit mois de Janvier. Imprimé d'Arreft du Confeil, contradictoire entre lefdits Maîtres & Gardes Bonnetiers, & Thierry Thibault, Maître Ouvrier Bonnetier au Fauxbourg Saint Germain, & Marchand fourniffant la Maifon du Roy, portant que le Brevet de retenue du 5 Janvier 1660, fera rapporté; fait défenfes audit Thibault de s'en ayder, ni faire en vertu d'icelui aucun trafic de marchandifes, fur peine de 500 livres d'amende :

fait main levée audit Thibault des choses sur lui
saisies, du 28 Septembre 1661. Imprimé d'autre
Arrest du Conseil d'Etat, rendu sur ce qui a été representé au Roy par les Maîtres & Gardes des Marchands Jouailliers, Apoticaires, Bonnetiers, Epiciers, Merciers, & autres, par lequel les Maîtres
& Gardes Merciers sont déchargez de l'assignation
à eux donnée au Conseil, à la requeste du nommé
Angilbert & Gamelle sa femme, se disant Lingere
suivant la Cour ; sans y avoir égard, ni aux Sentences de la Prevôté de l'Hôtel, & Arrest du Grand
Conseil, que Sa Majesté a cassé, déclare l'empri-
sonnement de Gervais, Maître & Garde des Merciers, à la requeste dudit Angilbert & sa femme,
injurieux, & pour être fait droit, tant sur le fonds,
que dommages & interests, renvoyer les Parties devant le Lieutenant General de Police, & par appel
au Parlement ; défenses aux Parties de se pourvoir
pour le fait des Reglemens, Statuts & du commerce,
ailleurs, à peine de nullité, & de trois cens livres
d'amende, du 3 Fevrier 1674. Autre Arrest du Conseil d'Etat, qui casse les poursuites faites à la Prevôté de l'Hôtel, & au Grand Conseil, par le nommé Dorleans, Chandelier, décharge les Maîtres &
Gardes des Marchands des assignations à eux données au Grand Conseil & à la Prevôté de l'Hôtel, &
renvoye les Parties devant ledit sieur Lieutenant
General de Police ; fait défenses audit Dorleans de
proceder ailleurs, du 14 Mars 1676. Imprimé d'autre Arrest du Conseil, sur la Requeste des Epiciers,
par lequel, sans avoir égard à la procedure faite,
tant au Grand Conseil, qu'à la Prevôté de l'Hôtel,
renvoye les Parties devant le Lieutenant General de
Police, sauf aux nommez Basson & Bonne, accusez
d'avoir contrevenu aux Statuts & Reglemens, à se
pourvoir par appel au Parlement de Paris; leur fait
défenses de proceder ailleurs, du 10 Septembre
1670. Autre Arrest du Conseil sur la Requeste des

Maîtres & Gardes Marchands de Paris, par lequel Sa Majeſté, ſans s'arrêter à toutes les procedures faites tant au Grand Conſeil, qu'en la Prevôté de l'Hôtel, décharge leſdits Marchands de l'aſſignation à eux donnée au Grand Conſeil, ſur l'appel du nommé Iſart, Chandelier, ſe diſant Fruitier Verdurier ſuivant la Cour, fait défenſes audit Iſart de ſe pourvoir ailleurs qu'au Parlement de Paris, du 21 Mars 1678 : & copie d'autre Arreſt du Conſeil, ſur la Requeſte des Maîtres & Gardes des Marchands, par lequel, ſans s'arrêter à la procedure faite en la Prevôté de l'Hôtel par Perruet, ſe diſant Linger fourniſſant la Garderobe du Roy, renvoye les Parties devant le Lieutenant General de Police, du 22 May 1682. Autre ſemblable Arreſt ſur Requeſte du 19 Janvier 1685. Copie d'autre Arreſt du Conſeil ſur la Requeſte des Maîtres & Gardes Epiciers, qui caſſe la pourſuite faite au Grand Conſeil par le ſieur Braſſiere, Medecin, qu'on dit avoir vendu de la Rubarbe, & renvoye les Parties audit Parlement, pour y proceder ſur l'appel d'une Sentence du Lieutenant de Police du 7 Mars 1687. Imprimé d'Arreſt du Parlement de Paris, contradictoirement entre leſdits Maîtres & Gardes des Marchands Bonnetiers ; & ledit Guy, Jurez Ouvriers Bonnetiers du Fauxbourg Saint Marcel, qui fait défenſes auſdits Ouvriers de prendre la qualité de Marchands Bonnetiers ; ni d'aller au-devant des marchandiſes qui ſont apportées à Paris, même de vendre aucunes marchandiſes que celles qu'ils feront fabriquer par leurs ſerviteurs & domeſtiques, du 22 Février 1672. Autre Imprimé d'Arreſt dudit Parlement, contradictoire entre leſdits Marchands Bonnetiers, & leſdits Ouvriers Bonnetiers, au ſujet de leurs Ouvrages, du 7 Aouſt 1672. Lettres de reception faite par le Procureur du Roy dudit Châtelet, de Marin Malbeſte, Bonnetier, pour Juré & Garde de la Communauté des Maîtres du Fauxbourg Saint Mar-

ceau, du 8 Octobre 1674. Imprimé non signé d'Arreſt du Parlement, entre les Maîtres & Gardes de
ladite marchandiſe de la Bonneterie de Paris, &
leſdits Ouvriers du Fauxbourg Saint Marceau, qui
fait défenſes auſdits Ouvriers de ſe qualifier Maîtres Bonnetiers, & d'avoir boutique ouverte à Paris, du 19 Juillet 1631. Mandement du Prevoſt des
Marchands, aux Gardes de la marchandiſe de Bonneterie, de ſe trouver à l'entrée du Legat pour porter le Ciel, du 14 May 1625. Imprimé d'Arreſt contradictoire, qui donne le pas aux Gardes & Marchands Bonnetiers devant les Orfévres, du 24 Janvier 1660. Autre Imprimé d'Arreſt, où les Merciers
ſont qualifiez Maîtres & Gardes de la marchandiſe
de Mercerie, ainſi que les autres Corps, du 7 Fevrier 1665. Imprimé de Sentence du Châtelet, contradictoire, portant qu'un garçon de la Trinité demeurera Ouvrier Bonnetier, lui défend de ſe qualifier Marchand, avec l'Arreſt du Parlement de Paris, qui l'a confirmé, de 1669 & 1670. Copie des
Statuts du Métier de Bonnetier ; du 20 Decembre
1616. Imprimé d'Arreſt du Conſeil d'Etat, donné
en commandement ſur la Requeſte du ſieur Prince
de Marcillac, par lequel en interpretant un Arreſt du
Conſeil du 16 Juin 1681, Sa Majeſté déclare que
le renvoi porté par icelui a été ſeulement pour juger
ſi les Maîtres Teinturiers à Paris ont droit de teindre
& vendre de la Gaze ; Sa Majeſté déclare auſſi que
ſon intention eſt que les Officiers, Marchands, Artiſans & gens de métier, ſervant en ſa Garderode,
ayent pareils & ſemblables droits que les Maîtres
des Communautez de Paris, du 14 Aouſt 1681. Autre Imprimé d'Arreſt du Conſeil d'Etat, par lequel
Sa Majeſté permet à ſes Officiers de tenir boutique
ouverte dans Paris, & generalement à tous ſes Officiers, Marchands, Artiſans & gens de métier,
agréez & choiſis par le Grand Maître de la Garderobe, retenus pour le ſervice de Sa Majeſté, du 29

Avril 1673. Autre Imprimé d'Arrest du Conseil d'Etat, qui décharge lesdits Officiers des assignations à eux données au Châtelet : fait Sa Majesté défenses de les troubler, à peine de mille livres d'amende, du 10 Aoust 1674. Imprimé d'autre Arrest du Conseil d'Etat, par lequel Sa Majesté en confirmant lesdits Arrests, fait défenses aux Gardes & Communautez des Corps de Métier de troubler lesdits Officiers de la Garderobe, employez dans l'Etat en leurs exercices & privileges, de tenir boutiques ouvertes, vendre & débiter leurs marchandises, dont ils seront fournis des Forains, ainsi que les autres, tant à Paris, suite de la Cour, qu'autres lieux de leurs domiciles : & en cas de contestation, ordonne que les Parties se pourvoiront en la Prevôté ; & en cas d'appel, au Grand Conseil ; défenses aux Communautez de se pourvoir ailleurs, du 28 Aoust 1676. Copie d'autre Arrest contradictoire du Conseil, par lequel un Officier de la Garderobe a été renvoyé au Grand Conseil, du 15 Janvier 1678. Copie d'autre Arrest du Conseil sur la Requeste des Gaisniers de la Garderobe, qui a renvoyé les differends qu'ils ont avec leur Communauté, au Grand Conseil, du 7 Novembre 1679. Imprimé d'autre Arrest du Conseil d'Etat, portant que les susdits Arrests seront executez ; décharge les Officiers de la Garderobe des assignations qui leur ont été données au Châtelet ; fait défenses aux Communautez de les troubler dans l'exercice de leurs Charges, & de se pourvoir ailleurs qu'en la Prevôté de l'Hôtel, ainsi qu'il est porté par le susdit Arrest du 28 Aoust 1676, du dernier Fevrier 1680. Copie d'autre Arrest contradictoire du Conseil, entre les Chirurgiens de la Garderobe, & les Maîtres Chirurgiens de Paris, qui décharge lesdits Officiers de la Garderobe des assignations à eux données devant le Lieutenant Général de Police, & les maintient en leurs Charges, du 28 Janvier 1681. Impri-

B b iiij

mé d'autre Arreſt du Conſeil, contradictoire, entre
ladite Communauté des Chirurgiens de Paris, &
ceux des Maiſons Royales, par lequel les Parties
ſont renvoyées à la Prevôté de l'Hôtel, & leſdits
Maîtres condamnez aux dépens, du 23 Decembre
1681. Copie d'autre Arreſt du Conſeil, contradictoire, entre les Jurez Tireurs d'or, & un Tireur
d'or de la Garderobe, qui renvoye les Parties à ladite Prevôté de l'Hôtel, & les Jurez condamnez aux
dépens, du 14 Decembre 1685. Copie d'autre Arreſt
du Conſeil, contradictoire, entre un nommé le Lie-
vre, Gantier de la Garderobe du Roy, & les Jurez
Gantiers de Paris, qui renvoye les Parties au Grand
Conſeil, & condamne les Jurez au dépens, du 27
Septembre 1688. Imprimé d'autre Arreſt du Conſeil,
contradictoire, entre les Jurez Cordonniers, & un
Cordonnier de la Garderobe, par lequel les Parties
ſur leurs differends ſont renvoyées au Grand Conſeil, & leſdits Maîtres Jurez condamnez aux dépens, du 24 Decembre 1683. Deux copies des Statuts des Epiciers, Apoticaires & Orfevres, où ils
ſont qualifiez Maîtres. Extrait du Regiſtre des Maîtres Jurez, reçûs par le ſieur Procureur de Sa Majeſté au Châtelet, où il ſe voit qu'un Maître Marchand Bonnetier a été reçû par Chef-d'œuvre au
mois d'Octobre 1688. Ecritures & production deſdites Parties. Requeſtes de contrédits, réponſes &
productions nouvelles par elles reſpectivement fournies les dernier Mars, 10, 17, 20 & 28 May, 3 &
8 Juin 1689. Imprimé d'Arreſt du Conſeil d'Etat,
qui fait défenſes aux nommiez Davennes & Joran,
de prendre la qualité de Tailleurs & Merciers ſuivant la Cour, du 13 Juillet 1688. Requeſte deſdits
Bonnétiers de production nouvelle de ladite Pièce,
du 15 dudit mois de Juin. Dire dudit Guy, employé
pour réponſes à ladite Requeſte & production nouvelle, ſignifié ledit jour 13 Juin 1689. Et tout ce que
par leſdites Parties a été mis & produit pardevers

ledit sieur Turgot de Saint Clair, Conseiller du Roy
en ses Conseils, Maître des Requestes ordinaire de
son Hôtel. Oüi son Rapport, après en avoir communiqué aux sieurs Courtin, Dargouges & le Pelle-
tier, Conseillers d'Etat ordinaires, & Commissaires à ce deputez : Et tout consideré. LE ROY EN
SON CONSEIL, faisant droit sur l'Instance, a
évoqué à soi & à son Conseil les differends des Parties : Et y faisant droit, a ordonné & ordonne que
ledit Simon Guy en qualité de l'un des deux Bonnetiers retenus à la Garderobe de Sa Majesté, jouira
du privilege des Officiers de la Garderobe ; & en
consequence pourra tenir dans la Ville ou Fauxbourgs de Paris boutique ouverte, & lottir au Bureau des Maîtres & Marchands Bonnetiers les marchandises foraines de Bonneterie, les vendre, & en
faire commerce en la même maniere que lesdits Maîtres & Marchands Bonnetiers ; condamne Sa Majesté
lesdits Maîtres & Gardes desdits Marchands Bonnetiers aux dépens. Fait au Conseil Privé du Roy, tenu
à Paris le dix-septiéme jour de Juin 1689. Collationné. Signé, BRUNET.

Arrest de la Cour des Aydes, qui regle les droits des
Officiers des Élections pour l'enregistrement des
Provisions des Officiers des Maisons Royales.
Du 2 Septembre 1689.

LOUIS par la grace de Dieu, Roy de France
& de Navarre : Au premier des Huissiers de
notre Cour des Aydes, ou autre notre Huissier ou
Sergent sur ce requis : Veu par notredite Cour la
Requeste à elle présentée par Guillaume Pillot,
Chef de Fourriere de notre Maison demeurant à
Mante : contenant qu'il a été pourvû de ladite
Charge par nos Lettres de Provisions du mois de
May dernier, en consequence desquelles il a été
employé sur l'Etat de notre Maison qui est au Greffe
de notredite Cour suivant l'Arrest d'icelle du 4

Juillet 1689, & pour satisfaire aux Edits & à nos
Declarations & Arrests de notredite Cour, & jouir
des droits, privileges & exemptions attribuez à
ladite Charge, il auroit dès le 24 Juillet 1689
presenté sesdites Lettres & pieces y attachées aux
Officiers de l'Election dudit Mante pour en ordonner l'enregistrement, & pour r'avoir lesquelles Provisions & autres pieces le Suppliant se seroit retiré
pardevers le Greffier de ladite Election qui auroit
refusé de les lui rendre enregistrées qu'en lui payant
une somme de quatre-vingt livres pour les droits des
Officiers, le tiers de ladite somme au Substitut de
notre Procureur General, & encore les droits de
grosse & d'enregistrement : ce qui a obligé le Suppliant de faire faire une sommation audit Greffier
le 20 Aoust dernier, de lui rendre lesdites Provisions & autres pieces avec la Sentence d'enregistrement d'icelles, aux offres de lui payer dix sols
suivant l'Arrest du Conseil du 29 Juillet 1665 ; &
comme il est refusant de ce faire, le Suppliant requeroit qu'il plût à notredite Cour ordonner que
dans trois jours lesdits Officiers seront tenus de
mettre ès mains du Suppliant lesdites Provisions,
ensemble les Sentences d'enregistrement, en leur
payant la somme portée par ledit Arrest du Conseil, sinon qu'ils y seront contraints par corps. Veu
aussi ledit Arrest du Conseil. Notre Declaration du
mois de Fevrier 1687, enregistrée en la Cour le
10 Avril audit an, & ladite sommation attachée
à ladite Requeste, signée, Petitjean, Procureur,
Conclusions de notre Procureur General. Oüi le
Rapport de Maître Jacques Hosdier, Conseiller :
Et tout consideré, NOTREDITE COUR, ayant
égard à ladite Requeste, a ordonné & ordonne que
dans trois jours du jour de la signification du present
Arrest, faite à personne ou domicile du Greffier
de l'Election de Mante, ledit Greffier sera tenu
de rendre & restituer au Suppliant les Provisions de

Chef de Fouriere de notre Maison. Arrest d'employ & autres pieces jointes, ensemble la Sentence d'enregistrement d'icelles, en payant audit Greffier la somme de 15 livres pour tous droits des Officiers & du Substitut de notre Procureur General en ladite Election, & celle de six livres pour ledit Greffier pour l'enregistrement desdites Lettres de Provisions & autres pieces, suivant notre Declaration du mois de Fevrier 1687, registrée en la Cour le dixiéme Avril suivant, sinon & à faute de ce faire dans ledit temps, & icelui passé, que ledit Greffier y sera contraint par corps. Si te mandons à la requeste du Suppliant mettre le present Arrest à execution : De ce faire te donnons pouvoir. Donné à Paris en la Chambre de la Cour des Aydes le deuxiéme Septembre, l'an de grace mil six cens quatre-vingt-neuf, & de notre Regne le quarante-septiéme. Par la Cour des Aydes. Collationné. Signé, DU MOLIN,

---

Declaration du Roy, portant suppression de plusieurs Officiers, Ouvriers & Marchands de la Maison du Roy ; avec la révocation de plusieurs privileges & exemptions de Tailles en faveur des Peuples.

Du 29 Octobre 1689.

LOUIS par la grace de Dieu, Roy de France & de Navarre : A tous ceux qui ces présentes Lettres verront ; Salut. Depuis la suppression que Nous fismes en l'année 1664, de plusieurs Officiers que Nous jugeâmes inutiles, tant dans notre Maison que dans les autres Maisons Royales ; Nous n'avons qu'avec peine consenti à en augmenter le nombre. Cependant comme il s'en est établi quelques-uns en differens temps, en vertu de nos Declarations, par la necessité que l'on nous faisoit entendre qu'il y avoit de ces Officiers, & même que nous avons accordé plusieurs privileges que nous sommes informez être à charge au public, nous nous sommes fait représenter les états, avec les Declarations expediées depuis ladite année 1664 ; & après les avoir examinées, Nous avons arrêté & resolu la suppression d'aucuns Officiers, & la revocation des privileges qui peuvent trop surcharger nos Sujets taillables. A CES CAUSES, de notre certaine science pleine puissance & autorité Royale, nous avons dit & déclaré, disons & déclarons par ces Presentes signées de nôtre main, voulons & nous plaît ce qui ensuit.

I. Nous avons supprimé & supprimons tous les Ouvriers, Marchands & Privilegiez de notre Garderobe employez dans l'Etat general des Officiers de notre Maison, en consequence de notre Brevet du 25 Juillet 1673, ou autrement, lesquels Ouvriers & Marchands nous avons reduit conformément au Reglement fait en l'année 1664, à vingt-six ; sçavoir douze Tailleurs, huit Cordonniers, deux Pelletiers, deux Brodeurs & deux Marchands Merciers, faisant défenses à tous autres employez audit Etat, d'exercer en vertu desdits privileges. Comme aussi nous avons supprimé deux Porte-Epieux, & quatre Porteurs de Lits de Chasse employez dans l'Etat des menues affaires de notre Chambre.

II. Les Officiers de nos Ecuries jouiront des privileges à eux attribuez au nombre porté par nos Etats, desquels il sera retranché sept Ecuyers, six autres Ecuyers tenant Académie, un Porte-Epée de parement, quatre Poursuivans d'armes, quatre Portes-Manteau, quatre Portes-Caban, un Ayde de Cuisine, un Trompette Marine, dix-sept Ouvriers & cinq Chevaucheurs ou Couriers servant à la suite de la Reine, & des Ambassadeurs d'Espagne, d'Angleterre & de Venise.

III. Ne jouiront à l'avenir d'aucuns privileges les Officiers & Cavaliers des Compagnies de Gens-

darmes & Chevaux-Legers de la feue Reine notre
très-chere & très-amée Epouse & Compagne, lesquels nous avons revoqué & revoquons.

IV. Et quant aux Gardes de notre Corps, nos
Gensdarmes & Chevaux-Legers, comme aussi les
Gardes du Corps de notre très-cher & très-amé
Frere Unique le Duc d'Orleans; ils ne jouiront
d'aucuns privileges s'ils ne servent actuellement,
& ne satisfont aux conditions portées par nos Reglemens sur le fait des Tailles : Et à cet effet Nous
avons revoqué la Déclaration expédiée en l'année
1674, en faveur des Gardes de notredit Frere, par
laquelle nous leur avions accordé la jouissance de
leurs privileges, encore qu'ils ne servissent actuellement.

V. Les Officiers & Gardes des Capitaineries des
Chasses de nos Maisons Royales, ne jouiront pareillement à l'avenir d'aucuns privileges, s'ils ne
servent actuellement, & ne font leur résidence
dans les lieux de l'étendue de la Capitainerie où
ils auront charge : Et parce que nous sommes informez que les Capitaines dispensent du service les
pourvûs desdites Charges, qu'ils font exercer par
des Commissionnaires ; Nous voulons qu'à l'avenir aucun ne puisse s'immiscer aux fonctions d'Officiers & Gardes desdites Capitaineries, qu'il ne soit
bien & dûement pourvû de la Charge dont il fera
la fonction, & employé dans les états desdites
Capitaineries, qui seront par nous arrêtez & envoyez incessamment au Greffe de notre Cour des
Aydes, à l'effet dequoy lesdits Capitaines seront
tenus de remettre dans un mois ès mains du Secretaire d'Etat & de nos Commandemens ayant le Département de notre Maison, les noms desdits Gardes
pourvûs ou à pourvoir.

VI. Revoquons les privileges par Nous accordez
par notre Declaration du mois de Mars 1667 aux
Commissaires & Controleurs des Guerres.

VII. Comme aussi l'exemption de 30 livres de Tailles qui avoit été ci-devant accordée par les Arrests de notre Conseil des 17 Octobre 1665 & 2 Janvier 1684, à ceux qui sont chargez des Etalons pour les Haras dans l'étendue de notre Royaume.

VIII. Seront au surplus nos Edits, Declarations & Arrests ci-devant expediez en faveur de nos Officiers commensaux, & ceux des Maisons Royales, executez selon leur forme & teneur, en ce qu'il n'y sera dérogé par ces Presentes. Si donnons en Mandement à nos amez & feaux Conseillers, les Gens tenans notre Cour des Aydes à Paris, que ces Presentes ils ayent à faire lire, publier & registrer, & icelles executer selon leur forme & teneur : Car tel est notre plaisir. En témoin de quoi Nous avons fait mettre notre Scel à cesdites Presentes. Donné à Versailles le vingt-neuviéme jour d'Octobre, l'an de grace mil six cens quatre-vingt-neuf, & de notre Regne le quarante-septiéme. Signé, LOUIS. Et plus bas, Par le Roy, COLBERT. Et scellé.

Registrées en la Cour des Aydes. A Paris les Chambres assemblées, le 24 Novembre 1689. Signé, DU MOLIN.

Arrest du Conseil d'Etat, du Roy, Sa Majesté y étant, en faveur des Marchands & Artisans de la Garderobe de Sa Majesté.
Du 14 Decembre 1689.
Extrait des Registres du Conseil d'Etat.

SUR la Requeste presentée au Roy, étant en son Conseil, par les Officiers Marchands, Artisans & Gens de Métiers, servant la Garderobe de Sa Majesté, établis à Paris : contenant que de temps immémorial eux & leurs predecesseurs ont eu l'honneur d'être employez sur les Etats des Officiers de sa Maison, ainsi qu'il paroît par les Etats des an-

nées 1598, 1599, 1631, 1640, 1657 & 1674. Il
eft vrai qu'en l'année 1664 il en fut obmis partie;
mais Sa Majefté ayant depuis jugé que le rétabliffement en étoit neceffaire, elle auroit par fon
Brevet du 15 Juillet 1673 permis au fieur Princé
de Marcillac, Grand-Maître de ladite Garderobe,
de choifir deux perfonnes de chaque Art & Métier
pour y fervir; & afin de rendre ce choix plus folide,
Elle auroit fait employer les Supplians dans l'Etat
des Officiers de fa Maifon, & fur icelui fait expedier une Declaration du 22 Janvier 1674, portant que tous ceux qui y étoient dénommez &
compris, & qui y feront dorefnavant employez en
pareil nombre, vacation avenant, jouiroient de
tous les privileges, franchifes, immunitez & exemptions attribuées à leurs Charges, fans y pouvoir
être troublez. Cette Declaration a été verifiée en
la Cour des Aydes, par Arreft du 14 Avril 1674,
& depuis il a été rendu plufieurs Arrefts au Confeil
d'Etat les 29 Avril 1673, 30 Aouft 1674, 28 Aouft
1676, dernier Fevrier 1680 & 24 Aouft 1682,
par lefquels Sa Majefté a permis aufdits Officiers
de tenir boutiques ouvertes, tant à Paris, fuite de
la Cour, qu'autres lieux de leurs domiciles; avec
défenfes aux Maîtres des Communautez de Paris de
les troubler; & comme au préjudice de ce qui vient
d'être reprefenté, les Maîtres des Communautez ne
laiffoient pas d'inquiéter quelques-uns defdits Officiers, Sa Majefté déclare par ledit Arreft du 24
Aouft 1682, que fon intention eft que lefdits Officiers, Marchands, Artifans & Gens de Métier
jouiffent de pareils & femblables droits que les
Maîtres des Communautez de Paris. Les chofes
en cet état, il n'y a aucun des Sujets de Sa Majefté, qui n'ait cru que les Charges de fa Garderobe
étoient folidement établies, & qu'ils pouvoient en
traiter furement, & en confequence tenir boutiques ouvertes, y travailler, & fe munir de mar-

chandifes : & en effet les Supplians qui s'en trouvent pourvûs, ont tâché de s'y maintenir, tant
par leur bonne conduite & par leur capacité, qu'en
garniffant leurs boutiques de quantité de marchandifes, outils & uftancilés de Manufacture ; mais ils
ont appris avec beaucoup de douleur, que Sa Majefté croyant qu'il y en avoit un grand nombre d'é-
tablis dans les Provinces, qui étant revêtus de
ces Charges, s'exemptoient du payement de la
Taille (ce qui étoit préjudiciable à fes Sujets taillables) Elle auroit fur ce caffé & révoqué tous lefdits Officiers fervans en fa Gardetobe, excepté le
nombre de vingt-fix, fans avoir encore pourvû à
leur remboursement ; & d'autant que les Supplians
qui font établis, & demeurant à Paris, n'ont rien
de commun avec ceux qui demeurent à la campagne, & qui ont donné lieu à cette révocation,
ils ont cru que Sa Majefté trouveroit bon qu'ils
lui reprefentaffent avec beaucoup de foumiffion &
de refpect, le préjudice qu'il fouffriroient fi cette
Revocation avoit lieu, puifqu'ils en feroient abfolument ruinez, & ne pourroient plus faire fubfifter
leurs familles, fi Sa Majefté n'avoit la bonté d'interpreter fadite Declaration, de reftraindre les caufes d'icelle à la fuppreffion de l'exemption des Tailles feulement, & de les conferver dans les autres
privileges attribuez à leurs Charges, & entr'autres,
de tenir boutiques ouvertes, trafiquer & manufac-
turer, tant à Paris, fuite de la Cour, qu'autres
lieux. A CES CAUSES, requeroient qu'il plût à Sa
Majefté, en interpretant en tant que befoin fadite
Declaration, ordonner que nonobftant icelle, ils
feront rétablis fur l'état des Officiers de fa Maifon,
pour jouir par eux & leurs fucceffeurs, vacation
avenant par mort, démiffion ou autrement, des privileges à eux attribuez, tout ainfi qu'ils en jouiffoient avant ladite Declaration, excepté de l'exemption de Taille, à laquelle ceux qui feront dans les
Villes

Villes taillables, pourront être impoſez avec défenſes à tous Maitres de les troubler. Veu ladite
Requeſte : Et tout conſideré. LE ROY ETANT
EN SON CONSEIL, ayant égard à ladite Requeſte, a ordonné & ordonne que les Marchands &
Artiſans de ſa Garderobe, employez dans l'Etat general de ſa Maiſon, qui ont été ſupprimez par la
Declaration du 29 Octobre dernier, pourront tenir
boutiques ouvertes dans Paris, à ſa Cour & autres lieux, & faire leur commerce leur vie durant
ſeulement, ainſi qu'ils auroient pû faire avant ladite Declaration ſans qu'ils puiſſent jouir d'aucuns
autres privileges, ni que leſdites Charges puiſſent
être remplies, vacation avenant par mort ou autrement, & ſans que leurs veuves ou enfans puiſſent après leur mort exercer en vertu deſdits privileges : Et ſera dreſſé un état deſdits Ouvriers qui
étoient bien & dûement pourvûs au jour de ſadite
Declaration du 29 Octobre dernier. Fait au Conſeil
d'Etat du Roy, Sa Majeſté y étant, tenu à Verſailles
le 14 jour de Decembre mil ſix cens quatre-vingt-
neuf. Signé, COLBERT.

Declaration du Roy, portant que les Officiers commenſaux feront enregiſtrer leurs Proviſions au
Greffe de la Cour des Aydes de Rouen, lorſqu'ils
feront leur demeure en Normandie.

Du 12 Janvier 1690.

LOUIS, par la grace de Dieu, Roy de France
& de Navarre : A tous ceux qui ces préſentes
Lettres verront ; Salut. Sur les plaintes qui Nous furent faites en l'année 1685, des frais exorbitans,
auſquels étoient obligez nos Officiers commenſaux
demeurant en notre Province de Normandie pour
l'enregiſtrement de leurs Brevets & Lettres de Proviſions au Greffe de notre Cour des Aydes audit
Pays, Nous aurions par Arreſt de notre Conſeil
du 28 May de ladite année & nos Lettres expediées

en confequence, difpenfé nofdits Officiers de faire regiftrer leurs Provifions en notredite Cour des Aydes;
& ordonné qu'en vertu de l'enregiftrement d'icelles
en notre Cour des Aydes de Paris, ils jouiront de
leurs privileges, fans difficulté : mais notre Procureur General en ladite Cour des Aydes de Normandie nous ayant fait connoître les inconveniens qui
peuvent arriver par le défaut defdits enregiftremens,
à caufe des ufages de notredite Province, & des
Reglemens concernant les exèmptions, qui font
differens de ceux des autres Provinces de notre
Royaume; & que par notre Declaration du 26 Janvier 1663, nous avions, après avoir été informé
de la neceffité defdits enregiftremens, ordonné que
lefdits Officiers commenfaux feroient tenus de faire
regiftrer leurs Lettres au Greffe de ladite Cour,
nous avons bien voulu faire attention, afin de prévenir autant qu'il fe peut, les fraudes, & empêcher
nos Sujets taillables d'être furchargez; & en même
temps nous avons réfolu de fixer les droits que nofdits Officiers feront tenus de payer pour ledit enregiftrement. A CES CAUSES, de l'avis de notre
Confeil, & de notre certaine fcience, pleine puiffance & autorité Royale, Nous avons dit & déclaré,
difons & déclarons par ces Prefentes fignées de notre main, que le contenu en notre Declaration du
26 Janvier 1663, foit executé felon fa forme &
teneur; ce faifant, que nos Officiers commenfaux
& autres de nos Maifons Royales, demeurant en
notre Province de Normandie, foient tenus de faire
regiftrer leurs Lettres de Provifions au Greffe de
notredite Cour des Aydes de Normandie, avant
qu'ils puiffent jouir d'aucuns privileges, fans qu'ils
foient tenus de payer autre & plus grande fomme,
que celle de neuf livres pour les frais & Arrefts d'enregiftremens, fçavoir fix livres pour les Juges, &
trois livres pour le Greffier, auquel faifons défenfes de prendre plus grande fomme, fous quelque

prétexte que ce soit. Si donnons en mandement à nos amez & feaux Conseillers, les Gens tenans notre Cour des Aydes à Rouen, que ces Presentes ils ayent à faire registrer, & du contenu en icelles faire garder & observer selon leur forme & teneur : Car tel est notre plaisir. En témoin de quoi nous avons fait mettre notre Scel à cesdites Presentes. Donné à Versailles le douze Janvier mil six cens quatre-vingt-dix, & de notre Regne le quarante-septiéme. Signé, LOUIS, Et plus bas : Par le Roy, LE TELLIER. Et scellée du grand-Sceau de cire jaune.

Registrée en la Cour des Aydes en Normandie, le 21 Janvier audit an.

Arrest de la Cour des Aydes, rendu en faveur des Gardes du Coprs de Monseigneur le Duc d'Orleans, pour l'exemption des Tailles.

Du 17 Fevrier 1690.

LOUIS par la grace de Dieu, Roy de France & de Navarre : Au premier des Huissiers de notre Cour des Aydes, ou autre notre Huissier ou Sergent sur ce requis. Comme ce jourd'hni comparant judiciairement en notredite Cour les Maire, Gouverneur & Echevins de la Ville d'Auxerre, & Leonard Guitton demeurant à Auxerre, Preud'homme nommé à faire les Tailles de ladite Ville d'Auxerre, Appellant des Sentences rendues par les Commissaires sur le fait des Aydes & Tailles du Comté d'Auxerre, les 23 Mars 25 May, 9 Juillet, 6 & 22 Août dernier, d'une part; & Jean Richer, Seigneur du Bouchet, Garde du Corps de notre très-cher Frere Unique le Duc d'Orleans, Intimé d'autre. Et entre ledit Richer, demandeur en deux Requestes, la premiere, du 9 Janvier 1690, par laquelle il demande d'être reçu Appellant de la cotte & imposition faite de sa personne au Rolle des Tailles de la Ville d'Auxerre, de l'année 1690, au préjudice du privilege dudit sieur

du Bouchet , & des Sentences qui l'en déchargent ;
le tenir pour bien relevé : ordonner qu'en venant
plaider fur les appellations interjettées par les
Maire , Gouverneur & Echevins d'Auxerre , des
Sentences contr'eux rendues par les Commiffaires
fur le fait des Aydes & Tailles du Comté d'Auxerre,
des 2 3 Mars & autres jours fuivans , les Parties plai-
deront pareillement fur la prefente Requefte &
Appel ; ce faifant , & en confirmant les Sentences
dont lefdits Maire , Gouverneur & Echevins font
Appellans , avec amende & dépens , mettre l'appellation de la cotte & impofition de la perfonne dudit
Richer au Rolle des Tailles de l'année 1690 , & ce
dont eft appel au néant , émendant , décharger ledit
Richer de ladite cotte , ordonner qu'il fera rayé
dudit Rolle , avec défenfe à l'avenir de l'y comprendre , & les condamner à tous les dépens. Et la feconde du 10 Janvier dernier , tendante à ce qu'en venant
plaider fur les appellations defdits Maire , Gourver-
neur & Echevins , fur lefquelles la Caufe étoit au
Rolle , les Parties viendroient pareillement plaider
fur ladite Requefte , & ledit Guitton tenu de venir
conclure fur lefdites appellations : ce faifant , mettre
icelles appellations au néant , ordonner que ce dont
eft appel fortiroit effet , & condamner ledit Guitton
en l'amende & aux dépens d'une part ; & ledit Guitton , défendeur , d'autre ; & entre ledit Guitton , demandeur en deux Requeftes du 23 dudit mois
de Janvier dernier : la premiere , à ce qu'il fût reçu
Appellant en adhérant à fes premieres appellations
defdites Sentences des 23 Mars, 25 May & 9 Juillet
dernier , en ce que par icelles ils font condamnez
d'acquitter lefdites cottes envers les Collecteurs fo-
lidairement , & en ce que l'on ordonne la vente de
fes meubles, Faifant droit fur le tout , que les appellations & ce fuffent mis au néant ; émendant ,
qu'il fût déchargé defdites condamnations , & ordonné que fes meubles lui feroient rendus & refti-

tuez, s'ils étoient en nature, sinon la juste valeur à
dire d'Experts & gens à ce connoissans dont les Parties conviendroient pardevant tel Juge qu'il plairoit
à la Cour, tant en demandant, défendant, que de
la sommation, des Causes principales que d'appel ;
& où notredite Cour y feroit difficulté, & confirme-
roit lesdites Sentences, acte lui fût donné de la sommation qu'il réiteroit ausdits Maire, Gouverneur &
Echevins lesdites Sentences, appel & poursuites ; &
y faisant droit, les condamner d'acquitter lesdites
condamnations & de celles qui interviendroient, &
de lui faire rendre ses meubles, avec dépens, dommages & interests, tant en demandant, défendant,
des Causes principales & d'appel. Et la deuxiéme,
à ce qu'en venant plaider sur lesdites appellations &
demandes, les Parties viendroient plaider sur la demande en désertion d'appel, formée par ledit Richer : & y faisant droit, qu'il fût débouté de ladite
demande, sur laquelle il seroit déclaré follement
assigné, avec dépens d'une part ; & lesdits Maire,
Gouverneur & Echevins d'Auxerre, & ledit Richer, Défendeur d'autre. Et encore entre ledit Richer, demandeur en Requeste, par lui présentée à
la Cour le 9 Fevrier présent mois, à ce qu'il lui
plût lui donner acte de ce qu'il sommoit & dénon-
çoit ausdits Maire, Gouverneur & Echevins d'Auxerre, les exceptions & défenses dudit Guitton, à
ce qu'ils soient tenus de les faire cesser, comme en
étant tenus, & en faire débouter ledit Guitton avec
dépens, sinon conclut le Demandeur, à ce que où
il interviendroit quelque condamnation contre lui
au profit dudit Guitton, lesdits Maire, Gouverneur
& Echevins seroient tenus d'en acquitter le Demandeur avec dommages, interests, & dépens, au surplus que ses conclusions lui seroient adjugées d'une
part ; & lesdits Maire, Gouverneur & Echevins,
défendeurs d'autre : ne pourront les qualitez préjudicier. Après que Martinet, Avocat des Maire, Gou-

verneur. & Echevins d'Auxerre.; Chaſtilon pour
Guittori, & Girard pour Richer, ont dit avoir com‑
muniqué de la Cauſe au Parquet de nos Gens, pour
en paſſer par leurs avis : Oüi le Haguais pour notre
Procureur General. NOTREDITE COUR a
mis & met l'appellation & ce dont a été appellé au
néant, en ce que par la Sentence il a été fait défen‑
ſes d'executer les Rolles, émendant quant à ce, or‑
donne que leſdits Rolles ſeront executez ſelon leur
forme & teneur, ladite Sentence au réſidu ſortiſſant
ſon plein & entier effet ; & néanmoins ordonne que
les ſommes que la Partie de Girard ſera contraint de
payer, lui ſeront renduës & reſtituées, & à cet effet
réimpoſées & levées ſur les Habitans, à la prochai‑
ne aſſiette, par les Aſſéeurs, Collecteurs qui ſeront
en charge, en leur mettant ès mains l'Original du
preſent Arreſt, auparavant la confection du Rolle,
à peine d'en répondre en leurs propres & privez
noms. A fait & fait inhibitions & défenſes auſdits
Habitans, Aſſéeurs, Collecteurs, d'impoſer à l'ave‑
nir en leurs Rolles ladite Partie de Girard, tant & ſi
longuement qu'il ſera Garde du Corps de Monſieur le
Duc d'Orleans, couché & employé ſur l'Etat, étant
au Greffe d'icelle ; rendra ſervice actuel, & ne ſera
acte dérogeant à ſon privilege. Condamne les Par‑
ties de Martinet & Chaſtilon aux dépens. Et avant
faire droit ſur la Requeſte de ladite Partie de Girard
du 9 Janvier dernier, ordonne qu'il juſtifiera de ſes
Certificats de ſervice ſignifiez, & publications d'i‑
ceux aux termes de l'Ordonnance : Et faiſant droit
ſur la demande en ſommation deſdites Parties de
Chaſtilon, a condamné & condamne leſdites Parties
de Martinet d'acquitter, garantir, & indemniſer
leſdites Parties de Chaſtilon, de la condamnation
de dépens contr'elle ci-deſſus prononcée, & les a
condamnées aux dépens, tant en demandant, défen‑
dant, que de la ſommation. Si le mandons à la re‑
queſte dudit Richer, mettre le preſent Arreſt à dûe

& entiere execution selon sa forme & teneur : De ce
faire te donnons pouvoir. Donné en la premiere
Chambre de ladite Cour des Aydes, le dix-septiéme
Fevrier, l'an de grace mil six cens quatre-vingt-dix,
& de notre Regne le quarante-septiéme. Par la Cour
des Aydes. Signé, DU MOLIN.

Arrest de la Cour des Aydes, qui fixe le droit pour
chaque Arrest, portant emploi d'un Officier nou-
vellement pourvû à la place d'un autre dans un des
Etats des Maisons Royales, étant au Greffe de la
Cour.

Du 9 Decembre 1690.
Extrait des Registres de la Cour des Aydes.

VEU par la Cour la Requeste à Elle presentée
par le Procureur General du Roy ; contenant
qu'encore que par plusieurs Reglemens touchant la
discipline des Greffes des Cours, il soit expressément
ordonné que tous les Arrests d'icelle seront portez
en un lieu vulgairement appellé la Fenêtre, pour y
être délivrez aux Parties ou à leurs Procureurs,
par un même Commis, lequel en doit recevoir les
droits conformément à la taxe & au reçu des
Greffiers desdites Cours, tant pour les droits de
minutte & grosse, que signature. Néanmoins ledit Procureur General du Roy auroit reçu diverses
plaintes, non seulement de l'inexecution desdits Reglemens, mais même qu'on perçoit au Greffe de la
Cour pour les Arrests d'emploi dans les Etats des
Maisons Royales, & autres, étant au Greffe de la
Cour, de plus grands droits que ceux qui sont attribuez par lesdits Reglemens, à quoi le Procureur
General du Roy auroit requis y être pourvû : Sur
quoi oüi le rapport de Maître Marin Ricordeau Conseiller ; Et tout consideré. LA COUR, ayant
égard à ladite Requeste a ordonné & ordonne que
lesdits Arrests & Reglemens seront executez selon
leur forme & teneur, & conformément à iceux ; que

pour chaque Arreſt portant emploi d'un Officier
nouvellement pourvû à la place d'un autre dans un
des Etats des Maiſons Royales, & autres, étant au
Greffe de la Cour, il ne ſera payé que trois livres au
Greffier tenant la plume pour ſon droit de minutte &
groſſe, outre & par deſſus le parchemin timbré, ſix
livres au Greffier dépoſitaire des Etats, y compris
l'Extrait, & ſix livres au Greffier en chef pour droit
de ſignature, tant de l'Arreſt que de l'Extrait. Leur
fait défenſes, à leurs Commis, & à tous autres de
percevoir de plus grands droits, à peine de concuſ-
ſion. Enjoint au Greffier en chef & à tous les Commis Greffiers de la Cour, de mettre ſur les minuttes
& groſſes des Arreſts, la taxe & le reçû de leurs
droits, par taxes ſeparées au pied des Arreſts Ordonne en outre que leſdits Arreſts ſeront portez au
lieu vulgairement appellé la Feneſtre, pour être délivrez aux Parties, ou à leurs Procureurs, conformément aux Reglemens, & que le preſent Arreſt ſera
imprimé, & mis en évidence dans tous les Greffes de
la Cour, lû & publié à la Communauté des Avocats
& Procureurs d'icelle. Fait à Paris en la premiere
Chambre de la Cour des Aydes, le neuviéme Decembre mil ſix cens quatre-vingt-dix. Collationné,
Signé, DU MOLIN. Pour le Roy.

Arreſt

Arrest de la Cour des Aydes, qui enjoint aux Officiers du Roy, & des autres Maisons Royales d'apporter des Extraits en bonne forme, signez du Greffier en Chef de la Cour, de leur Emploi ès Etats qui sont au Greffe d'icelle.

Du 4 Septembre 1692.

Extrait des Registres de la Cour des Aydes.

VEU par la Cour la Requeste à Elle presentée par le Procureur General du Roy, contenant que par Arrest de ladite Cour du 9 Aoust 1680, elle avoit fait défenses aux Officiers des Elections du Ressort d'icelle, de registrer ou faire registrer en leurs Greffes aucunes Provisions d'Officiers des Maisons Royales & des Princes du Sang, ni de les reconnoître Privilegiez, qu'en rapportant par eux des Extraits en bonne forme, signez du Greffier de la Cour, de leur emploi ès états qui sont au Greffe de ladite Cour, à peine d'interdiction ; & quoique cet Arrest soit rendu en conformité des Edits & Declarations du Roy, il avoit eu avis que par une contravention à icelui, les Officiers de plusieurs Elections ne laissoient pas de faire registrer en leur Greffe les Provisions qui leur étoient presentées par les Officiers des Maisons Royales, quoiqu'ils ne leur rapportent ni les Arrests d'emplois sur les états, ni les Extraits d'iceux, signez du Greffier de ladite Cour, pourquoi requéroit y être pourvû, & qu'il plût à ladite Cour ordonner execution dudit Arrest susdatté, & autres pieces attachées à ladite Requeste. Oüi le Rapport de M. Amyot d'Inville Conseiller ; Et tout consideré : LA COUR ayant égard à ladite Requeste, a ordonné & ordonne que son Arrest du 9 Aoust 1688 sera executé selon sa forme & teneur ; & en consequence a fait & fait iteratives inhibitions & défenses aux Officiers des Elections & Greniers à Sel du Ressort de ladite Cour, de registrer ou

D d

faire regiſtrer en leurs Greffes aucunes Lettres
de Proviſions d'Officiers des Maiſons Royales &
des Princes du Sang, & autres Privilegiez, ni
de les reconnoître pour tels, qu'en rapportant par
eux des Extraits en bonne forme, ſignez du Greffier en Chef de ladite Cour, de leur emploi ès
états qui ſont au Greffe d'icelle, à peine de cinq
cens livres d'amende contre chacun deſdits Officiers qui demeurera encourue à la premiere contravention & d'interdiction, & que copies collationnées du preſent Arreſt en ſeront inceſſamment envoyées à la diligence dudit Procureur General ès
Siéges deſdites Élections & Greniers à Sel, pour
y être lû & publié, l'Audience tenant, à la diligence des Subſtituts dudit Procureur General eſdits Sieges, qui ſeront tenus d'en certifier ladite
Cour au mois. Fait à Paris en la Chambre des Vacations de ladite Cour des Aydes, le quatriéme
Septembre mil ſix cens quatre-vingt-douze. Signé,
DU MOLIN.

---

*Arreſt du Conſeil d'Etat du Roy, portant Regle-
ment pour les Brevets d'aſſurance des ſommes
qu'il plaît à Sa Majeſté accorder ſur les Charges de ſa Maiſon, & autres Charges ou Gouvernemens.* *

Du 17 Novembre 1692.
Extrait des Regiſtres du Conſeil d'Etat.

VEU par le Roy, étant en ſon Conſeil, le
Placet preſenté à Sa Majeſté par les nommez
Gautier, la Roue & le Blanc, Créanciers & Syndics des autres Créanciers du feu ſieur Marquis
de Tilladet, Capitaine des Cent-Suiſſes de ſa Garde
ordinaire : Contenant que ledit ſieur de Tilladet
leur eſt demeuré redevable de pluſieurs ſommes,
tant pour marchandiſes par eux fournies, ſuivant
leurs parties arrêtées, que pour argent à lui prêté

* *Voyez l'Arreſt du 25 Janvier 1694, ci-aprés.*

pour l'aider à fe mettre en équipage la campagne
derniere, fuivant les obligations dont ils font porteurs ; qu'ils ont prété lefdites fommes dans la bonne foi, & fur l'affurance que ledit fieur de Tilladet
leur a donné, que venant à mourir, ils trouveroient
leur fureté dans le Brevet de 100000 livres d'affurance fur fa Charge, qu'il avoit plû à Sa Majefté
lui accorder le 2 ; Janvier 1679 ; qu'il leur a mon-
tré, & notamment audit le Blanc, l'un des Supplians, qui lui prêta 600 Louis d'or avant que de
partir : lequel Brevet s'eft en effet trouvé fous le
fcellé, & porte que lefdits 100000 livres feroient
payez aux fieurs Villeromard, le Clerc & la Jonchere qui avoient avancé pareille fomme audit
fieur de Tilladet pour partie de l'achat de ladite
Charge ; & qu'en cas que ledit fieur de Tilladet
leur payât ladite fomme de 100000 livres, & qu'il
vînt à fe défaire de fadite Charge, ou à deceder
revêtu d'icelle, aucun n'en pourroit être pouvû fans
avoir payé à lui, ou à fes heritiers ladite fomme
de 100000 livres. Et comme ledit fieur de Tilladet
a payé de fes deniers dans le mois d'Avril 1688,
aufdits fieurs de Villeromard, le Clerc & de la
Jouchere lefdits 100000 livres, comme il eft juftifié
par leurs quittances, il eft certain qu'aux termes
dudit Brevet les 100000 livres d'affurance appartiennent à fa fucceffion, & confequemment à fes
Créanciers, & qu'ils doivent être payez par le fieur
Marquis de Courtenvaux qui eft à prefent pourvû
de ladite Charge : car encore que Sa Majefté lui en
eût accordé la furvivance, il ne peut pas pour cela
fe difpenfer d'acquitter la fomme portée par ledit
Brevet, lequel eft demeuré en fa force & vertu ; c'eft
une Charge d'un prix confiderable que Sa Majefté
a fixée à 200000 écus, dont ledit fieur de Courtenvaux ne doit pas profiter au préjudice des Créanciers : & c'étoit fi peu l'intention du feu fieur Marquis de Louvois, qu'avant fon decès il promit de

payer audit fieur de Tilladet une fomme confidéra-
ble fur ledit Brevet. Qu'il eft dû 100000 livres aux
Supplians, dont ils perdroient la plus grand partie s'il
n'avoit lieu : ainfi ils ont recours à la bonté & équité
ordinaire de Sa Majefté, en laquelle ils mettent leur
unique efperance, à ce qu'il lui plaife ordonner que
ledit fieur de Courtenvaux fera tenu de leur payer
ladite fomme de 100000 livres portée par ledit Brevet, puifqu'il n'a rien payé fur icelui. Que ladite
Charge fe trouve avoir paffé en fa perfonne, & qu'il
en jouit même beaucoup plûtôt qu'il n'auroit pû
efperer fuivant le cours naturel, fi ledit fieur de
Tilladet n'avoit pas été tué dans le fervice âgé feulement de 50 ans. La Requefte dudit fieur Marquis
de Courtenvaux fervant de reponfe audit Placet,
qui lui a été communiquée de l'ordre de Sa Majefté ;
contenant que Sa Majefté a toujours établi pour
maxime fur le fait des Charges de fa Maifon, qu'une
furvivance éteint un Brevet d'affurance, & qu'indé-
pendemment de cette maxime la demande defdits
Créanciers n'eft pas fondée en raifon, en ce que le
Brevet d'affurance de 100000 livres qu'ils ont trouvé fous le fcellé du feu fieur de Tilladet, du 23 Janvier 1679, porte qu'au cas qu'il vienne ci-après à fe
démettre de fa Charge de Capitaine des Cent Suiffes, ou à déceder en poffeffion d'icelle auparavant
qu'il ait payé aux fieurs de Villeromard, le Clerc &
la Jonchere la fomme de 100000 liv. nul n'en pourra être pourvû, ni être reçu en ladite Charge, qu'a-
près avoir actuellement payé audits Srs de Villeromard, le Clerc & la Jonchere, ou à leurs heritiers,
en cas de décès, ladite fomme de 100000 livres ; &
le même Brevet porte encore, qu'au cas que ledit
fieur de Tilladet, après avoir payé ladite fomme aufdits fieurs de Villeromard, le Clerc & la Jonchere, ou
à leurs heritiers, vienne à fe défaire de ladite Charge, ou à déceder en poffeffion d'icelle, perfonne ne
pourra être pareillement pourvû, ni reçu en icelle,

sans lui avoir payé ou à ses heritiers ladite somme de 100000 livres par forme de récompense de ladite Charge. Ce cas est arrivé, car ledit sieur de Tilladet est mort quitte envers lesdit Treforiers, il leur paya en 1688 cinquante mille livres qu'il leur devoit pour lors de reste de ladite somme de 100000 livres, le surplus leur ayant été par lui payé, lorsqu'il vendit sa Charge de la Garderobe au sieur Marquis de la Salle : ainsi en donnant sa démission à condition du survivance, les trois Créanciers dénommez audit Brevet n'y avoient plus d'interest, puisqu'ils étoient payez de ladite somme de cent mille livres, & il étoit libre audit sieur de Tilladet d'anéantir ce Brevet ; ce qu'il a fait, en retirant un profit beaucoup plus considerable par les avantages que le sieur de Louvois lui a fait à cette occasion. Les Créanciers sont mal informez, quand ils avancent comme ils le font dans leurs Placets, que le feu sieur de Louvois avoit promis avant son décès au sieur de Tilladet de lui payer une grosse somme sur ce Brevet, & personne de sa famille n'a connoissance de cette prétendue promesse. Il est vrai que ledit sieur de Tilladet après la mort du sieur de Louvois fit proposer à sa veuve & à ses enfans de lui payer 50000 livres, qui est ce à quoi il faisoit monter toute sa prétention sur le Brevet dont est question : mais après qu'ils eurent lû ledit Brevet & deux Contrats passez entre lesdits sieurs de Louvois & de Tilladet, il convint que sa demande étoit mal fondée, & il n'en fut plus parlé. Ses Créanciers reconnoissent qu'il étoit quitte dès l'année 1688 des 100000 liv. que les Treforiers de l'Extraordinaire des Guerres lui avoient prêtez : il faut qu'ils avouent aussi que ledit sieur de Tilladet ne devant plus rien ausdits Treforiers, a été le maître pendant sa vie de faire de son Brevet d'assurance l'usage qui lui convenoit, & qu'il n'étoit pas necessaire qu'il avertit les Créanciers qu'il avoit pour lors, du dessein qu'il avoit de demander sa survi-

D d iiij

vance pour ledit fieur de Courtenvaux, puifqu'aucun d'eux n'eft dénommé dans ce Brevet, les feuls Treforiers l'Extraordinaire des Guerres y étant nommez ; & ledit fieur de Tilladet ne pouvoit faire de fon Brevet un meilleur ufage, que de tirer de la démiffion de fa Charge, à condition de furvivance, beaucoup plus que les cent mille livres que le Roy lui avoit affurées par ce Brevet. C'eft ce qu'il a fait : car en donnant la demiffion de fa Charge, à condition de furvivance au fieur de Coutenvaux, il en a confervé les fonctions & les appointemens pendant fa vie, & il a tiré dudit fieur de Louvois 320000 livres & 7500 livres de penfion viagere par chacun an ; ce qui eft conftant par les deux Contrats paffez entr'eux, le premier du 8 Mars 1688 dans lequel le fieur de Louvois reconnoît que ledit fieur de Tilladet lui a délivré fa démiffion qu'il a fait entre les mains de Sa Majefté de fa Charge de Capitaine des Cent-Suiffes de la Garde ordinaire du Corps du Roy, & ce à condition de furvivance, en faveur du fieur de Courtenvaux ; & ledit fieur de Louvois en confidération de ladite démiffion promet & s'oblige de payer dans un mois prochain audit fieur de Tilladet 150000 livres, & de lui créer 7500 livres de rente viagere par chacun an la vie durant dudit fieur de Tilladet. Ledit fieur de Louvois fit compter cette fomme de 150000 livres au fieur de Tilladet le 5 Avril 1688, comme il appert par fa quittance qui eft au pied dudit Contrat, & la penfion viagere lui a été regulierement payée. Ledit fieur de Louvois ayant fait ce Contrat avec le fieur de Tilladet, le Roy eut la bonté d'agréer fa démiffion, & fit pourvoir le fieur de Courtenvaux de la Charge de Capitaine des Cent-Suiffes de fa Garde ordinaire ; & ledit fieur de Louvois voulant depuis l'expedition de ces Provifions encore mieux reconnoître le plaifir qu'il venoit de recevoir du fieur de Tilladet, fit un fecond Contrat le 2 May 1688, portant qu'au cas que le

fieur de Tilladet vienne à deceder, étant encore
pourvû de fa Charge avant le fieur de Courtenvaux,
la fucceffion dudit fieur Tilladet fera déchargée de
la fomme de 170000 livres, qui eft le principal de
7727 livres de rente, que ledit fieur de Tilladet
avoit conftitué au profit dudit fieur de Louvois par
Contrat du 7 Fevrier 1673, laquelle fomme ledit
fieur de Louvois avoit prêtée au fieur de Tilladet
pour acquitter une partie du Brevet d'affurance que
les heritiers du feu fieur Comte de Nogent avoient
fur la Charge de Maître de la Garderobe, lorfque
ledit fieur de Tilladet en fut pourvû en 1682. De
tout ce que deffus il refulte que le fieur de Tilladet
pendant fa vie, en confideration de fa démiffion, à
condition de furvivance en faveur du fieur de Courtenvaux, a touché 150000 livres avec 7500 livres
de penfion viagere par chacun an, & que fa fucceff-
fion après fa mort eft demeurée déchargée de 170000
livres en principal, que ledit fieur de Tilladet devoit
legitimement au feu fieur de Louvois, & que par
conféquent en confentant à la furvivance de fa Charge en faveur dudit fieur de Courtenvaux, il a tiré
du fieur de Louvois 320000 livres & 7500 livres de
penfion viagere : ce qui excede de beaucoup le
Brevet d'affurance dont eft queftion. C'eft par ces
raifons que ledit fieur de Courtenvaux efpere de la
juftice de Sa Majefté, qu'elle déboutera les Créanciers dudit fieur de Tilladet de la demande qu'ils font
contre lui. Autre Requefte defdits Créanciers fervant
de replique à celle dudit fieur de Courtenvaux, contenant que ledit fieur de Tilladet avoit payé 600000
livres au fieur Marquis de Vardes pour le prix de fa
Charge de Capitaine des Cent-Suiffes, fçavoir
500000 livres provenant de la vente de la Charge
de Maître de la Garderobe, & 100000 livres qu'il
emprunta des fieurs de Villeromard, le Clerc & la
Jonchere, qu'il a acquitté de fes deniers : ainfi le
fieur de Courtenvaux doit convenir que fi le fieur

de Tilladet fe fût défait de fa Charge purement &
fimplement , il ne l'auroit pas vendue moins que
ladite fomme de 600000 livres , cette Charge ayant
toujours été eftimée d'un prix beaucoup plus confiderable ; que ledit fieur de Louvois n'a payé que
la moitié de ce qu'elle valoit , & qu'il n'eft pas jufte
que ledit fieur de Courtenvaux profite de 100000
écus , & que les Créanciers du fieur de Tilladet ,
aufquels il avoit propofé fon Brevet pour toute
fureté , & fur la foi duquel les uns lui ont fourni
de la marchandife , & les autres de l'argent comp-
tant pour faire fon équipage , foient ruinez. Ainfi
ils ofent efpérer de la bonté & de l'équité ordinaire de Sa Majefté , en laquelle ils mettent toute
leur efpérance , qu'elle ordonnera audit fieur de
Courtenvaux de leur payer ladite fomme de 100000
livres ; & ils ont en cette occafion d'autant plus
de confiance en la bonté de Sa Majefté , qu'ils ont
appris que ledit fieur de Tilladet durant fa maladie
s'eft fouvenu d'eux & a fupplié Sa Majefté de les
faire payer ; ils ne demandent audit fieur de Courtenvaux que le 100000 livres portées par le Brevet , qui n'a point été annullé , n'en étant point
parlé dans aucun des Actes paffez lors de la démiffion à condition de furvivance. Et en effet ledit fieur
de Tilladet comptoit fi fort fur cette fomme , que
ledit fieur de Courtenvaux convient lui-même ,
qu'après le décès du fieur de Louvois ledit fieur de
Tilladet avoit propofé à fa famille de lui payer
une fomme de 50000 livres. Ainfi on ne peut pas
appliquer à l'efpece dont il s'agit , la maxime éta-
blie par ledit fieur de Courtenvaux , qu'une furvivance éteint un Brevet d'affurance , parce que cette
maxime peut fouffrir fes exceptions , felon les conventions ou les circonftances particulieres , notamment dans des Charges fi confidérables. Vû auffi
les quittances des payemens faits par ledit fieur de
Tilladet de la fomme de 100000 livres portée par

ledit Brevet, aux fieurs de Villeromard, le Clerc
& la Jonchere ; Et tout confideré. LE ROY
E'TANT EN SON CONSEIL, en confé-
quence du payement fait par ledit fieur de Tilladet
de la fomme de 100000 livres aux fieurs de Villeromard, le Clerc & de la Jonchere, dénommez audit Brevet du 23 Janvier 1679, a déclaré & déclare que ledit Brevet eft demeuré nul & caduc à
l'égard des heritiers, Créanciers & ayant caufe dudit fieur de Tilladet, au moyen de la démiffion par
lui faite ès mains de Sa Majefté de fa Charge de
Capitaine des Cent-Suiffes, à condition de furvivance, accordée par Sa Majefté audit fieur de Courtenvaux ; ce faifant, a débouté les Créanciers dudit fieur de Tilladet des fins & conclufions de leurs
Requeftes, leur faifant défenfes de faire pour raifon de ce aucunes demandes, ni pourfuites contre
ledit fieur de Courtenvaux. Et voulant à cette occafion Sa Majefté déclarer plus particulierement
quelle eft fa volonté fur les Brevets d'affurance des
fommes qu'il lui plaît accorder fur les Charges de
fa Maifon, & autres Charges ou Gouvernemens,
Sa Majefté a déclaré & déclare, que tous Brevets
d'affurance qui ont été, ou pourront être ci-après
accordez fur le prix defdites Charges ou Gouvernemens, feront & demeureront nuls, au moyen des
furvivances qui en ont été, ou feront expédiées fur
la démiffion des Titulaires, fans que leurs enfans,
heritiers ou ayans caufe y puiffent rien prétendre,
ni que ceux qui auront obtenu les furvivances,
puiffent être troublez, ni inquiétez pour raifon de
ce par les coheritiers, Créanciers ou autres, à
l'exception néanmoins des Créanciers lefquels fe
trouveroient compris & dénommez efdits Brevets
pour les fommes qu'ils auront pretées pour l'acquifition defdites Charges ou Gouvernemens : lefquelles fommes leur feront payées, fi elles fe trouvent
dûes lors de la démiffion des Titulaires, à condi-

tion de ſurvivance, ou lors de leur décès, ſans que les Survivanciers puiſſent, ſous prétexte de la ſur-vivance à eux accordée, prétendre ſe diſpenſer de payer leſdites ſommes. Fait au Conſeil d'Etat du Roy, Sa Majeſté y étant, tenu à Verſailles le dix-ſeptiéme jour de Novembre mil ſix cent quatre-vingt-douze. Signé, PHELYPEAUX.

Arreſt du Conſeil d'Etat du Roy, Sa Majeſté y étant qui décharge les Maréchaux des Logis du Roy, des pourſuïes faites ou à faire contre eux, pour fournir leur declaration des Fiefs qu'ils poſſedent, &c.

Du 15 Septembre 1693.
Extrait des Regiſtres du Conſeil d'Etat.

SUR la Requeſte preſentée au Roy étant en ſon Conſeil par les Maréchaux des Logis de Sa Majeſté, contenant que par Arreſt du Conſeil du 12 Mars 1665, il auroit plû à Sa Majeſté les main-tenir dans la qualité d'Ecuyer, laquelle a été ancien-nement attribuée à leurs Offices; & quoiqu'en cette qualité ils ſoient capables de poſſeder des Fiefs, & par conſequent ne puiſſent être ſujets à la re-cherche, dûe par les Roturiers incapables de poſſe-der des Fiefs : néanmoins Me Jean Fumée, chargé du recouvrement des droits de Francs-Fiefs, en execution de l'Edit du mois d'Aouſt 1692 pourſuit ceux d'entre les Supplians, leſquels poſſedent des Fiefs, pour en fournir leur declaration; ce qui eſt contraire à ce qui s'eſt toujours pratiqué dans les precedens recouvremens deſdits droits, dans leſ-quels Sa Majeſté a toujours eu la bonté de les dé-charger deſdites pourſuïtes. A CES CAUSES, re-queroient qu'il lui plût décharger des pourſuïtes dudit Fumée, pour fournir leur declaration des Fiefs qu'il poſſedent; enſemble des taxes pour leſquelles ils pourroient être compris dans les Rolles arrêtez au Conſeil, en execution dudit Edit du mois d'Aouſt dernier, & faire défenſes audit Fumée, ſes Procureurs & Commis de les troubler, ni inquiéter pour raiſon de ce. Veu ladite Requeſte & pieces y jointes ; Oüi le Rapport du ſieur Phelypeaux de Pontchartrain, Conſeiller ordinaire au Conſeil Royal, Controlleur General des Finances : LE ROY ETANT EN SON CONSEIL, a déchargé & décharge les Supplians des pourſuites faites ou à faire, contr'eux pour fournir leur declaration des Fiefs qu'ils poſſedent ; enſemble des taxes pour leſquelles ils pourroient avoir été compris dans les Rolles, arrêtez en execution dudit Edit du mois d'Aouſt 1692. Et fait défenſes audit Fumée de les troubler, ni inquiéter à l'avenir pour raiſon de ce. Fait au Conſeil d'Etat du Roy, Sa Majeſté y étant, tenu à Verſailles, le quinziéme Septembre mil ſix cens quatre-vingt-treize.

Signé, PHELYPEAUX.

Declaration du Roy en faveur des Officiers de feue Mademoiſelle d'Orleans.
Du premier Octobre 1653.

LOUIS par la grace de Dieu, Roy de France & de Navarre : A tous ceux qui ces preſentes Lettres verront ; Salut. Voulant traiter favorablement ceux qui ont eu l'honneur de ſervir feue notre très-chere & très-amée Couſine Anne Marie-Louiſe d'Orleans, fille de feu notre très-cher & très-amé Oncle le Duc d'Orleans, en qualité de ſes Officiers domeſtiques & commenſaux, Nous avons voulu leur conſerver la jouiſſance des privileges à eux attribuez. A ces CAUSES, de notre grace ſpeciale, pleine puiſſance & autorité Royale, Nous avons dit & déclaré, diſons & déclarons par ces Preſentes, ſignées de notre main, voulons & nous plaît, que les Officiers domeſtiques & commenſaux de la Maiſon de notredite Couſine, qui ſont compris & employez en vertu de nos précedens

Edits & Declarations, dans l'Etat ci-attaché, sous
le contre-scel de notre Chancellerie, jouïssent leur
vie durant de tels & semblables privileges, franchises & exemptions dont ils ont bien & dûement
joui, ou dû jouïr du vivant de notredite Cousine ;
ensemble les Veuves des decedez, & de ceux qui
décederont ci-après, tant qu'elles demeureront en
viduité. Si donnons en mandement à nos amez &
feaux Conseillers les Gens tenans notre Cour des
Aydes à Paris & à tous autres nos Officiers qu'il
appartiendra, que ces Presentes nos Lettres de
Declaration, ensemble ledit Etat, ils faffent regiftrer, & de l'effet & contenu en iceux jouïr & user
pleinement & plaisiblement les Officiers domestiques & commensaux de notredite Cousine, employez audit Etat, & lesdites Veuves pendant leur
viduité, cessant au faisant cesser tous troubles &
empêchemens : Car tel est notre plaisir. En témoin
de quoi Nous avons fait mettre notre Scel à cesdites
Presentes Donné à Fontainebleau, le premier jour
d'Octobre, l'an de grace mil six cens quatre-vingt-
treize, & de notre Regne le cinquante-uniéme.
Signé, LOUIS Et sur le repli, Par le Roy, PHELY-
PEAUX. Et scellées du grand Sceau de cire jaune.

Regiftrées en la Cour des Aydes, à Paris le 15
Octobre 1693. Signé, DU MOLIN.

Declaration du Roy, donnée en faveur des Officiers
de Madame la Duchesse de Chartres.
Du 10 Janvier 1694.

LOUIS, par la grace de Dieu, Roy de France
& de Navarre : A tous ceux qui ces Presentes
Lettres verront : Salut. Nous avons reglé lors du Mariage de notre très-cher & très-amé neveu le Duc de
Chartres, le nombre d'Officiers, dont la Maison de sa
femme notre très-chere & très-amée fille la Duchesse
de Chartres soit composée, pour jouir par eux des
privileges des Officiers commensaux de nos Maisons
Royales, & nous avons depuis arreté l'Etat des noms
desdits Officiers. A CES CAUSES, Nous avons dit &
declaré, disons & declarons par ces Presentes signées
de notre main voulons & nous plaît, que les Officiers
de notre fille la Duchesse de Chartres, dénommez &
compris dans l'Etat ci attaché sous le contrescel de
notre Chancellerie ; ensemble ceux qui leur succede-
ront dans leurs Charges, jouissent pendant le temps
qu'ils en seront pourvûs & revêtus des mémes honneurs, privileges, exemptions, droits & autres avantages dont jouissent les autres Officiers domestiques
& commensaux de nos Maisons Royales, suivant nos
Edits & Declarations, sans qu'ils puissent y etre troublez ni inquiétez sous quelque prétexte que ce soit. Si
donnons en mandement à nos amez & feaux Conseillers les Gens tenans notre Cour des Aydes à Paris,
que ledit Etat & ces Presentes ils ayent à registrer, &
du contenu en icelles faire jouir & user lesdits Officiers, pleinement & paisiblement, cessant & faisant
cesser tous troubles & empêchemens : Car tel est notre
plaisir. En témoin de quoi nous avons fait mettre notre Scel à cesdites Presentes. Données à Versailles le
disiéme jour de Janvier, l'an de grace mil six cens
quatre-vingt quatorze, & de notre Regne le cinquante-uniéme. Signé LOUIS. Et sur le repli : Par
le Roy. PHELYPEAUX. Et scellées du grand Sceau de
cire jaune.

Regiſtrées en la Cour des Aydes. A Paris ce 21.
Janvier 1694. Signé, DUPUY.

Arreſt du Conſeil d'Etat, pour la ſûreté des ſommes dûes
à ceux qui ſont compris dans les Brevets d'aſſurance
accordez par le Roy, ſur les Charges de ſa Mai-
ſon, & autres Charges de cette nature, ou Gou-
vernemens.

Du 25 Janvier 1694.
Extrait des Regiſtres du Conſeil d'Etat.

LE ROY ayant par Arreſt de ſon Conſeil du 17
Novembre 1692, en forme de Reglement ſur
les Brevets d'aſſurance des ſommes que Sa Majeſté
accorde ſur les Charges de ſa Maiſon, & autres
Charges de pareille nature, ou Gouvernemens, ordonné que tous Brevets d'aſſurance, qui ont été ou
pourront être ci-après accordez ſur le prix deſdites
Charges ou Gouvernemens, ſeront & demeureront
nuls, au moyen des ſurvivances qui en ont été ou
ſeront expediées ſur la démiſſion des Titulaires ſans
que leurs enfans, heritiers ou ayant cauſe y puiſſent
rien prétendre, ni que ceux qui auront obtenu les
ſurvivances, puiſſent être troublez ni inquiétez pour
raiſon de ce, par les coheritiers, créanciers ou autres,
à l'exception néanmoins des créanciers, leſquels ſe
trouveroient compris & dénommez eſdits Brevets,
pour les ſommes qu'ils auront prêtées pour l'acquiſi-
tion deſdites Charges ou Gouvernemens ; leſquelles
ſommes leur ſeront payées, ſi elles ſe trouvent dûes
lors de la démiſſion des Titulaires, ou lors de leur
décès, ſans que les Survivanciers puiſſent ſous prétexte de la ſurvivance à eux accordée, prétendre ſe
diſpenſer de payer leſdites ſommes. Et Sa Majeſté
étant informée que nonobſtant qu'elle ait ſuffiſam-
ment expliqué ſes intentions en faveur des créanciers
nommez dans leſdits Brevets, on pourroit néanmoins
en y donnant pluſieurs interpretations, douter que
Sa Majeſté ait entendu conſerver auſdits créanciers

leur droit pour les sommes portées par lesdits Brevets, nonobstant que les Titulaires & les Survivanciers vinssent à déceder, ou à se démettre sans les
avoir acquittées, Sa Majesté a résolu, pour assurer
davantage lesdits créanciers, d'interpreter en tant que
de besoin ledit Arrest ; à quoi voulant pourvoir : SA
MAJESTE' E'TANT EN SON CONSEIL, a or-
donné & ordonne que l'Arrest du 17 Novembre 1692,
sera executé selon sa forme & teneur, & conformément à icelui, & l'interpretant en tant que besoin,
a déclaré & déclare, veut & entend, que tout Brevet d'assurance de sommes qui ont été & seront ci-
après expediées, sur le prix des Charges de sa Maison, & autres Charges de pareille nature, ou Gouvernemens, soient & demeurent nuls & caducs, au
moyen des Provisions ou Brevets, qui ont été ou
seront expediez à condition de survivance, sur la
démission des Titulaires, sans que leurs enfans, heritiers ou ayans cause y puissent rien prétendre, ni
que ceux qui auront obtenu la survivance, puissent
être troublez ni inquiétez pour raison de ce par les
coheritiers, créanciers ou autres à l'exception toutefois des créanciers compris & dénommez esdits Brevets pour les sommes qu'ils auront prêtées pour l'acquisition desdites Charges ou Gouvernemens, lesquelles, si elles se trouvent dûes lors de la démission
des Titulaires, ou lors de leur décès, seront payées
ausdits créanciers, ou à ceux qui auront leurs droits,
que les pourvûs en survivance puissent sous prétexe
de la survivance à eux accordée, prétendre se dispenser de payer lesdites sommes. Ordonne en outre
Sa Majesté, veut & entend, que si lesdites de tes
ainsi établies par les Brevets, se trouvent encore
existantes & non acquittées lors de la démission, ou
lors du décès des Possesseurs desdites Charges ou
Gouvernemens, tant Titulaires que Survivanciers,
aucun ne puisse en être pourvû de nouveau qu'après le
payement actuel aux créancers dénommez esdits Bre-

vets, ou à ceux qui auront leurs droits, des sommes pour lesquelles ils auront été compris, & qui pourront alors leurs être dûes, voulant qu'il ne soit expedié aucunes Provisions ou Brevets desdites Charges ou Gouvernemens, qu'après qu'il sera apparu de la quittance desdites sommes. Fait au Conseil d'Etat du Roy, Sa Majesté y étant, tenu à Versailles le vingt-cinquiéme jour de Janvier 1694.

Signé, PHELYPEAUX.

Arrest du Conseil d'Etat du Roy, Sa Majesté y étant, qui décharge les Porte-manteaux ordinaires de Sa Majesté, des taxes pour lesquelles ils peuvent avoir été compris dans les Rolles arrêtez pour les droits de Francs-Fiefs, à cause des Fiefs qu'ils possedent.

Du 19 Mars 1694.

Extrait des Registres du Conseil d'Etat.

SUR la Requeste presentée au Roy étant en son Conseil, par les Porte-manteaux ordinaires de Sa Majesté, contenant que quoique de temps immémorial ils jouissent de la qualité d'Ecuyer, qui ne leur a jamais été contestée, & en ladite qualité ils soient capables de posséder des Fiefs; néanmoins Me Jean Fumée, en conséquence de la Déclaration du Roy de 1692, a poursuivi quelqu'un des Supplians, pour fournir la déclaration de leursdits Fiefs, même par saisie & execution de leurs meubles: ce qui est contraire aux privileges des Supplians, & à l'Arrest du Conseil d'Etat de Sa Majesté, du 27 Janvier 1657, rendu à l'occasion des Francs-Fiefs, que deux d'entre les Supplians ont été ci-devant Fouriers de Sa Majesté, laquelle par son Arrest du 17 Février 1694, a déchargé lesdits Fouriers du droit de Francs-Fiefs, les Supplians esperent pareille grace de Sa Majesté, ayant la bonté de considérer qu'il seroit bien fâcheux à quelqu'un d'eux, ayant acheté leursdites Charges de Porte-manteaux beaucoup plus d'argent

gent que celles de Fouriers, & dont ils ont regardé
les fonctions comme étant beaucop plus honorables,
ayant l'honneur de porter l'épée de Sa Majesté, qui
sont les fonctions d'un Ecuyer, & l'approchant de
plus près, ils ne jouïssent pas des mêmes privileges
qu'Elle accorde à ses Fouriers. A CES CAUSES,
requeroient les Supplians qu'il plût à Sa Majesté les
décharger des taxes faites sur eux, pour le droit de
Francs-Fiefs; & en conséquence leur faire main-
levée de toutes les saisies & exécutions qui ont été
faites sur eux pour le droit des Francs Fiefs, à la requeste de Maître Jean Fumée, ses Procureurs ou
Commis qui seront condamnez aux dommages &
interests, même à restituer les sommes qu'ils auront
pû exiger par violence des Supplians. Vû ladite
Requeste; Oüi le Rapport du sieur Phelypeaux de
Pontchartrain, Conseiller ordinaire au Conseil
Royal, Controlleur General de ses Finances : LE
ROY EN SON CONSEIL, a déchargé &
décharge les Supplians des taxes pour lesquelles ils
peuvent avoir été compris dans les Rolles arrêtez au
Conseil pour les droits de Francs-Fiefs, à cause des
Fiefs qu'ils possedent : leur fait pleine & entiere main-
levée des saisies sur eux faites pour raison de ce :
Et fait défenses audit Fumée, ses Procureurs &
Commis de continuer leurs poursuites à l'avenir, à
peine de tous dépens, dommages & interests. Fait
au Conseil d'Etat du Roy, Sa Majesté y étant, tenu
à Compiégne le dix-neuviéme jour de Mars 1694.
Signé, PHELYPEAUX.

E e

Arreſt du Conſeil d'Etat du Roy, qui décharge les
Officiers Gardes de la Porte de Sa Majeſté des
droits de Francs-Fiefs.
Du 12 Juin 1694.
Extrait des Regiſtres du Conſeil d'Etat.

SUR la Requeſte preſentée au Roy en ſon Conſeil, par Guillaume Nouet, Ecuyer ſieur de
Chaſtain, & Jean Joſeph le Valois, Ecuyer ſieur du
Manoir, Gardes de la Porte de Sa Majeſté, tant pour
eux que pour tous les autres Gardes de la Porte,
contenant qu'au mois de Mars 1693, & Septembre
dernier, il leur a été à la requeſte de Maître Jean
Fumée, prépoſé pour le recouvrement des droits de
Francs-fiefs, ſignifié des extraits des rolles arrêtez au
Conſeil; dans leſquels Fumée prétend qu'ils ont
été compris; ſçavoir, le ſieur Nouet pour 300 liv.
pour avoir joui du Fief de Chaſtain, dans l'Election
de la Fleche, & le ſieur de Valois pour 400 livres,
pour avoir joui du Fief de la Porte dans l'Election
de Mortain; & il leur a été fait des commandemens
de payer leſdites ſommes, & même il y a eu garni-
ſon chez le ſieur Valois. Si les Supplians étoient ſujets aux droits de Francs-fiefs, ils ſe ſoumettroient
avec reſpect aux ordres de Sa Majeſté, & ne deman-
deroient qu'une moderation des taxes qui ſont exceſſives : mais ayant été honorez par Sa Majeſté du
titre d'Ecuyer, dès leur établiſſement; & Sa Majeſté
ayant ordonné par pluſieurs Arreſts, que les Supplians jouiroient de tous les privileges de la Nobleſſe, il eſt indubitable que la Nobleſſe du Royaume étant abſolument exempte du droit de Francs-
Fiefs, les Supplians par les mêmes raiſons en ſont
auſſi exempts. En effet il eſt inoüi que dans les recherches qui ont été faites pour ce même droit, on
y ait compris les Gardes de la Porte de Sa Majeſté;
ou ſi par erreur on les y a compris, ils ont toujours
été déchargez; l'Arreſt rendu au mois de Fevrier

dernier en faveur des Fouriers de la Maison de Sa
Majesté sur le même principe, par lequel Elle les a
déchargez de toutes taxes pour les Fiefs par eux pos-
sedez, a levé toutes les difficultez qu'on pourroit
faire aux Supplians, & leur faire esperer que Sa Majesté ne permettra pas qu'ils soient plus long temps
exposez aux poursuites rigoureuses qu'on exerce
contre eux, pour le payement des taxes sur eux faites, pour raison de ce. A CES CAUSES, requeroit qu'il plût à Sa Majesté recevoir les Supplians
opposans aux rolles qui ont été ou pourroient être
arrêtez entr'eux, aux commandemens qui leur ont
été faits, saisies, executions, & tout ce qui peut s'en
être ensuivi; faisant droit sur leur opposition, les
décharger purement & simplement des taxes qui ont
été & pourroient être faites sur eux pour les droits
de Francs-fiefs; faire défenses à Fumée, & tous autres de faire contr'eux aucunes poursuites ni procedures pour raison desdites taxes, à peine de 1500
liv. d'amende; & où les Supplians auroient été contraints de payer lesdites sommes, ou partie d'icelles, condamner Fumée & ses cautions, même par
corps, à la restitution desdites sommes. Vû ladite
Requeste; Oüi le Rapport du sieur Phelypeaux
de Pontchartrain, Conseiller ordinaire au Conseil
Royal, Controlleur General des Finances : LE
ROY EN SON CONSEIL, ayant égard à
ladite Requeste, a déchargé & décharge les Supplians des taxes, pour lesquelles ils ont été ou pourroient être ci-après compris dans les rolles arrêtez
au Conseil pour les droits de Francs-fiefs, des Fiefs
& biens Nobles qu'ils possedent; fait en conséquence Sa Majesté défenses audit Fumée, ses Procureurs
& Commis de les poursuivre pour raison de ce, à
peine de cinq cens livres d'amende, & de tous dépens, dommages & interests; leur fait en outre
pleine & entiere main-levée des saisies qui pourroient avoir été ou pourroient ci-après être faites

en vertu defdits rolles ; & condamne ledit Fumée ,
fes Procureurs & Commis à leur reftituer les fommes qu'ils pourroient avoit reçûes pour raifon defdites taxes ; à quoi faire ils feront contraints par
les voyes ordinaires, pour les deniers & affaires de
Sa Majefté, en vertu du préfent Arreft, lequel fera
executé nonobftant oppofitions ou empéchemens
quelconques, dont fi aucuns interviennent, Sa Majefté s'eft réfervé la connoiffance, & icelle interdite
à toutes fes autres Cours & Juges. Fait au Confeil
d'Etat du Roy, tenu à Verfailles le vingt-deuxiéme
jour de Juin mil fix cens quatre-vingt-quatorze.
Collationné. Signé, DU JARDIN.

***

Arreft du Confeil, portant décharge des Francs fiefs
en faveur des Gentilshommes de la grande
Venerie du Roy.
Du 13 Décembre 1695.
Extrait des Regiftres du Confeil d'Eftat.

SUR la Requefte prefentée au Roy en fon Confeil par Jacques André de Clavir, fieur de Miniac, & Charles Miniac, fieur de Villenouveaux,
Gentilshommes de la Venerie de Sa Majefté, fervans par quartier, contenant qu'en cette qualité ils
ont le bonheur d'être du nombre des Officiers commenfaux de la Maifon de Sa Majefté, dont les Offices attribuent à ceux qui en font pourvûs, une Nobleffe, laquelle quoique purement perfonnelle & non
tranfmiffible à leur pofterite, ne laiffe pas néanmoins
de leur donner droit de fe qualifier d'Ecuyer, & de
jouir de toutes les franchifes & immunitez des Gentilshommes de race, ou annoblis par le Prince. De
cet ordre font auffi les Gentilshommes de la Chambre, les Gentilshommes fervans, les Ecuyers d'E-
curie, les Maréchaux des Logis, les Fouriers & autres Officiers vulgairement appellez du fecond ordre : le premier comprenant les Officiers de la Couronne, les Chefs d'Offices, ceux du Confeil de Sa

Majesté, & tous ceux qui, à cause de leurs Offices, peuvent se qualifier Chevaliers, & sont Nobles d'une Noblesse parfaite & transmissible à leur posterité. La raison pourquoi ceux qui ont l'honneur d'etre pourvûs des Offices du second ordre, sont consiederez comme Nobles, & ont les mêmes droits, franchises, immunitez & privileges que les Gentilshommes de race ou annoblis; & qu'anciennement ces Offices étoient affectez aux Gentilshommes, & que néanmoins à succession de temps les Roturiers y ayant été admis, l'honneur qu'ils ont de servir Sa Majesté leur a communiqué le même privilege & les mêmes prérogatives comme les Gentilshommes de race ou les annoblis, à l'exception que cela ne passe pas leurs personnes, au lieu que les honneurs, franchises & prérogatives des veritables Gentilshommes passent à leur posterité. Et c'est sur ces fondemens, que les Fouriers de la Maison de Sa Majesté ayant été compris dans les rolles des taxes pour les Francs-fiefs, faites en execution de l'Edit de 1692, ils ont été déchargez par Arrest du Conseil d'Etat du 9 Fevrier 1694, comme les Maréchaux des Logis l'ont aussi été par autre Arrest mentionné dans la Requeste des Fouriers, qui est particulierement fondée sur ce qu'ils ont droit de prendre la qualité d'Ecuyer, & comme les Gentilshommes de la Venerie ont encore plus de droit qu'eux de prendre cette qualité, parce qu'elle est encore plus convenable aux titres & aux fonctions de leurs Charges; en sorte qu'elle leur est même donnée par leurs Provisions, & dans les Etats des Officiers de Sa Majesté, qui sont par elle envoyez à la Cour des Aydes, dans le dernier desquels Etats les Supplians sont employez aux gages chacun de 300 liv. & néanmoins les Supplians ont eu avis qu'on doit les taxer pour les Francs-fiefs, à cause des biens nobles qu'ils possedant, tant de leur chef que des Dames leurs femmes. A CES CAUSES, requeroient les Supplians qu'il plût à Sa Majesté déclarer ledit Arrest de son Conseil d'Etat rendu en faveur des Fouriers de sa Maison, le 9 Fevrier 1694, commun avec les Supplians, en qualité de Gentilshommes de sa Venerie; ce faisant les décharger de toutes taxes pour Francs-fiefs, qui pourroient avoir été ou être faites sur eux, en execution dudit Edit de 1692, pour la possession de leurs biens nobles ou de ceux de leurs femmes, depuis le jour de leur reception en leurs Charges, avec défenses à Maître Jean Fumée chargé par Sa Majesté du recouvrement des droits de Francs-fiefs, ses Procureurs & Commis de faire aucunes poursuites contr'eux pour raison desdites taxes, à peine de tous dépens, dommages & interests, & de restitution de deniers. Oüi le Rapport du sieur Phelypeaux de Pontchartain, Conseiller ordinaire au Conseil Royal, Controlleur General des Finances : LE ROY EN SON CONSEIL, ayant égard à ladite Requeste, a déclaré & déclare commun avec les Supplians, l'Arrest du Conseil du 9 Fevrier 1694; en consequence a déchargé & décharge les Supplians des taxes pour lesquelles ils ont été compris dans lesdits rolles des Francs-fiefs, à cause des Fiefs & biens nobles qu'ils possedent; & fait défenses audit Fumée, ses Procureurs & Commis de continuer leurs poursuites pour raison de ce, à peine de tous dépens, dommages & interests. Fait au Conseil d'Etat du Roy, tenu à Versailles le 13 Decembre 1695.

Signé, DELAISTRE.

Jugement en faveur du Sieur Huchard, Veteran Garde de la Prevôté de l'Hôtel, pour les rang, Pain-beni & préséance avant le Sieur Godin, Avocat & Bailli de Malsherbes.

Du 5 Juillet 1696.

VEU par Nous René de Marillac, Chevalier, Seigneur d'Atichy, & autres lieux, Conseiller d'Etat ordinaire & d'honneur en tous les Parlemens,

Arbitre convenu par Monſieur le Marquis d'Entragues, Seigneur de Malsherbes & autres lieux, prenant le fait & cauſe de Maître Etienne Godin, Avocat au Parlement, & Bailli dudit Malsherbes ; & de Maître Michel Moriau, Procureur Fiſcal en la même Juſtice, ſuivant la lettre miſſive du 11 Juin 1696, ledit Godin & ledit Moriau, & Maître Martin Huchard, Veteran Garde du Roy en la Prevôté de l'Hôtel, pour regler les differends mûs entre ledit Huchard, & leſdits Godin & Moriau, & portez par ledit Huchard au Grand Conſeil ; les mémoires fournis par ledit Huchard, & ſignez de lui, tendans à ce que conformement aux Reglemens, Edits, Declarations du Roy, & Arreſts, tant du Conſeil Royal, Privé Conſeil, Grand Conſeil, que Cour des Aydes, il ſoit maintenu & gardé dans les Privileges, honneurs & prérogatives à lui accordez, comme Commenſal de la Maiſon du Roy : & en conſéquence qu'il aura rang & préféance aux Proceſſions, Prédications & autres céremonies de l'Egliſe, & en toutes aſſemblées publiques & particulieres, qui ſe feront à Malsherbes, & que les Marguilliers de la Paroiſſe ſeront tenus de lui porter ou faire porter par le Bed au le Pain-beni avant le Bailli, le Procureur Fiſcal & autres Officiers de la Juſtice & Habitans de Malsherbes, & que ſa veuve en cas de viduité jouira des mêmes privileges, & leſdits Moriau condamnez aux dépens. Les mémoires fournis de la part de Monſieur d'Entragues, & deſdits Godin & Moriau, ſignez dudit Godin, tendans à ce qu'en déboutant ledit Huchard, leſdits Godin & Moriau ſoient maintenus en la poſſeſſion de preceder ledit Huchard aux Aſſemblées, Proceſſions & Offrandes en la Paroiſſe de Malsherbes, & de recevoir de l'Eau benite, & prendre le Pain-beni avant lui, & ledit Huchard condamné aux dépens. Les Pieces attachées auſdits mémoires, ſçavoir, à ceux dudit Huchard, ſes Proviſions de Garde du

Roy en la Prévôté de l'Hôtel, données par M. de
Sourches, du 17 Aoust 1650, les Lettres de Veteran accordées audit Huchard, scellées du grand
Sceau, & enregistrées en la Cour des Aydes, &
Election de Petiviers, du 4 May, 1682, ausquelles
font joints plusieurs ordres du Roy, adreslez audit
Huchard, & certificats de services Arrests du Grand
Conseil du 18 Fevrier 1695, qui a permis audit Huchard de faire assigner au Conseil les Bailli, Procureur Fiscal, & autres Officiers dudit Malsherbes, sur
les conclusions par lui prises, au sujet des rang &
préféance avant lesdits Bailli, Procureur Fiscal, &
autres Officiers. Copie imprimée d'une Declaration
du Roy du 27 Juillet 1693, en faveur des Maréchaux des Logis, Fouriers du Corps, & Fouriers
ordinaires de la Maison du Roy, pour le rang & la
préféance qui leur y sont donnez dans les Assemblées
génerales & particulieres, qui se font & seront ès
Villes de leurs demeures, & autres où ils se trouveront, immédiatement après les Conseillers des
Bailliages, Sénéchaussées & Sieges Présidiaux, auparavant les Officiers des Elections, Greniers, à Sel,
Juges non Royaux & autres inferieurs. Copie imprimée d'autre pareille Declaration du 20 Decembre 1677, en faveur des Archers & Gardes du
Corps. Autre copie imprimée de pareille Declaration du 17 Juin 1659, en faveur des Gardes de la
Porte. Autre copie imprimée de pareille Declaration, en faveur des Gensdarmes & Chevaux Legers
de la Garde du Roy, du premier Octobre 1686. Copie imprimée d'un Arrest contradictoire du Grand
Conseil du 27 May 1630 en faveur d'un Archer des
Gardes du Corps Veteran, pour les rang & préféance en toutes Assemblées publiques & particulieres,
contre le Procureur Fiscal en la Justice d'Ernée,
lequel étoit gradué. Copie imprimée d'un autre
Arrest contradictoire du Grand Conseil du 30 Aoust
1677, qui a maintenu le sieur de Verel, Fourier de
la

la Maison du Roy, au droit de preceder le Prevôt &
le Procureur Fiscal de la Justice de Dame Marie les
Lys dans toutes les Assemblées publiques & particulieres, même à recevoir le Pain-beni auparavant eux.
Copie imprimée d'un Arrest du Conseil d'Etat du 30
Septembre 1681, rendu sur la Requeste des sieurs
Moreau, pere & fils, Gardes du Corps du Roy, dont
l'un Veteran, qui a cassé un Arrest contradictoire du
Grand Conseil, qui avoit maintenu le Sr Berin,
Bailly de la Chapelle de Saint Denis en France, au
droit de préséance avant lesdits Moreau, & a ordonné que lesdits Moreau auroient les rang & préséance ès Assemblées publiques & autres ceremonies
avant ledit Bailli. Autre copie imprimée d'un Arrest
du Conseil rendu sur la Requeste du Sr Neveu Chevau-Leger de la Garde, du 22 Aoust 1686, par lequel
il a été ordonné qu'il auroit rang & préséance en
toutes les Assemblées publiques & autres ceremonies
avant le Balli, Procureur Fiscal & autres Officiers de
la Justice de Falvy. Et copie imprimée d'un Arrest
contradictoire du Grand Conseil, du 23 Mars 1688,
en faveur des Srs Bissard Maréchal des Logis de Madame la Dauphine, & Rouart Officiers de la Bouche de la feue Reine & de Monsieur, Frere unique
du Roy, pour les rang & préséance aux Processions,
Prédications & autres ceremonies de l'Eglise, & en
toutes Assemblées publiques & particulieres, même
pour avoir le Pain beni avant les Prevôt, Procureur
Fiscal, & autres Officiers de la Justice de Sucy en
Brie : Et de la part de Monsieur d'Entragues & desdits Godin & Moriau, un Extrait d'une citation faite
par Maréchal, page 82, d'un Arrest de la Grand'
Chambre, du 7 Mars 1631, qui a maintenu le Ma-
jeur de la Baronnie de Sommenoir en la préséance
contre un Garde du Corps du Roy. Copie collationnée d'un Arrest du Conseil d'Etat du 11 Aoust 1681,
qui a cassé un Arrest du Grand Conseil, qui fait défenses de presenter le Pain-beni dans l'Eglise de

F f

Villiers à qui que ce ſoit , hors la perſonne du Seigneur & ſa famille ; & a ordonné que le Pain-beni
ſeroit preſenté audit Chevry après le Seigneur & ſa
famille ; & le Juge du lieu avant les autres païſans ;
& autres Pieces jointes à tous leſdits Mémoires : &
tout conſideré. NOUS eſtimons conformément aux
ſuſdites Declarations & Arreſts, tant du Conſeil
Royal que du Grand Conſeil, que ledit Huchard
doit avoir rang & ſéance devant le Bailli & le Procureur Fiſcal de Malsherbes en toutes Aſſemblées publiques & particulieres, excepté néanmoins que dans
celles où le Bailli feroit fonction de Juge ; même que
ledit Huchard doit preceder leſdits Bailli & Procureur Fiſcal dans les Aſſemblées & céremonies de
l'Egliſe , & avoir avant eux le Pain-beni ; & que la
femme dudit Huchard , en cas de viduité , doit jouir
des privileges & honneurs dont les veuves des Commenſaux des Maiſons Royales ont accoutumé de
jouir. Fait à Paris ce 5 de Juillet 1696. Ainſi ſigné ,
DE MARILLAC. Et au deſſous, LEON DE BALSAC
D'ILLIERS , pour acquieſcer au Jugement ci-deſſus ;
& comme ayant pris le fait & cauſe de mon Bailli
de Malsherbes. HUCHARD, pour acquieſcer au Jugement ci-deſſus. Et GODIN, pour acquieſcer au
Jugement ci-deſſus.

---

*Arreſt du Conſeil d'Etat du Roy, Sa Majeſté y étant ,
  qui décharge les Valets de Chambre du Roy, des
  taxes pour leſquelles ils peuvent avoir été compris
  dans les rolles arrêtez au Conſeil , pour les droits de
  Francs-fiefs, à cauſe des Fiefs qu'ils poſſedent.*

Du 13 Novembre 1696.

Extrait des Regiſtres du Conſeil d'Etat.

SUR la Requeſte preſentée au Roy étant en ſon
Conſeil, par les Valets de Chambre de Sa Majeſté, contenant que par les Lettres Patentes du
mois d'Octobre 1594, le Roy Henry IV. leur auroit accordé & aux Porte-manteaux de S. M. le droit

de ſe qualifier & uſer du titre d'Ecuyer, pour en jouïr avec tous les honneurs & privileges en dépendans, duquel privilege le Roy Louis XIII. leur auroit accordé la confirmation, par autres Lettres du 10 Mars 1615, leſquels privileges ont auſſi été continuez par Lettres Patentes de Sa Majeſté du mois de Juillet 1653. Depuis ceux d'entr'eux qui ont été troublez dans leur Nobleſſe, y ont été maintenus par des Arreſts du Conſeil, & entr'autres par celui du 25 Avril 1669, par lequel le ſieur de la Faye l'un des Supplians, a été déchargé de l'aſſignation qui lui avoit été donnée devant les ſieurs Commiſſaires du Conſeil, pour raiſon de ſa qualité d'Ecuyer : Et par cette raiſon ils ont été juſqu'à preſent exempts des droits de Francs-fiefs, pour les Fiefs & biens nobles qu'ils poſſedent, attendu que leſdits droits ne ſont dûs que par des roturiers : Et quelques-uns des Porte-manteaux de Sa Majeſté ayant été taxez pour droits de Francs-fiefs en execution de l'Edit du mois d'Aouſt 1692, ils en ont été déchargez par Arreſt du Conſeil du 19 Mars 1694 ; au moyen de quoi les Supplians n'ont pas dû être compris dans les rolles arrêtez pour raiſon deſdits droits : néanmoins aucuns d'entr'eux l'ayant été au préjudice de leurs privileges, ils ſont obligez d'avoir recours à Sa Majeſté, à ce qu'il lui plaiſe leur accorder la même grace qu'auſdits Porte-manteaux ; ce faiſant les décharger deſdites taxes, avec main-levée des ſaiſies qui pourroient avoir été faites ſur eux, pour raiſon de ce ; condamner Me Jean Fumée, chargé du recouvrement deſdites taxes, ſes Procureurs & Commis, à la reſtitution de ce qu'ils pourroient avoir reçûs, & leur faire défenſes de les pourſuivre à l'avenir pour raiſon de ce. Vû ladite Requeſte, leſdites Lettres Patentes du mois d'Octobre 1594, 10 Mars 1615 & Juillet 1653 ; leſdits Arreſts du Conſeil des 25 Avril 1669 & 19 Mars 1694, & autres Pieces : Et oüi le Rapport du ſieur Phelypeaux de Pontchar-

train, Conseiller ordinaire au Conseil Royal, Controlleur General des Finances. LE ROY E'TANT
EN SON CONSEIL, a déchargé & décharge les
Supplians des taxes pour lesquelles ils peuvent avoir
été compris dans les rolles arrétez au Conseil pour
les droits de Francs-fiefs, à cause des Fiefs qu'ils
possedent ; leur fait pleine & entiere main-levée des
saisies sur eux faites pour raison de ce : ordonne en
outre S. M. que ce qui aura été par eux payé audit Fumée, ses Procureurs & Commis, sera rendu &
restitué ; Et fait défenses audit Fumée & ses Commis, de continuer leurs poursuites à l'avenir contr'eux, à peine de tous dépens, dommages & interests. Fait au Conseil d'Etat du Roy, Sa Majesté
y étant, tenu à Versailles le treiziéme jour de Novembre 1696. Signé, PHELYPEAUX.

Arrest du Grand Conseil du Roy, rendu en faveur
des Gardes de la Porte de Sa Majesté, pour les
honneurs, privileges, prérogatives, préséances,
& prééminences ; attribuez à leurs Charges, contre les Juges-Consuls, Procureur du Roy, & autres Officiers des Villes.

Du 31 Janvier 1697.

LOUIS par la grace de Dieu, Roy de France
& de Navarre : A tous ceux qui ces presentes
Lettres verront ; Salut. Sçavoir faisons, comme par
Arrest ce jourd'hui donné en notre Grand Conseil,
entre notre bien-amé Joseph Perron, Ecuyer Sr de
la Coste, Garde de notre Porte, demandeur suivant
l'Exploit libellé du 25 Juin 1696, controllé à Bilhom
le 26, à ce qu'il soit maintenu & gardé dans les
honneurs, privileges, rangs & prééminences attribuez à sa Charge, conformément aux Declarations ; & pour l'y avoir troublé par le défendeur,
qu'il soit condamné en telle amende que de raison,
& en tous les dépens, dommages & interests du
Demandeur, défenses de récidiver, aux peines de

droit, & défendeur, d'une part ; & Me Antoine
Chamerlat, notre Procureur de la Ville de Bilhom
en Auvergne, défendeur & demandeur en Requeſte
du 8 Janvier 1697, à ce qu'il ſoit reçû oppoſant à
l'Arreſt de notre Conſeil, ſurpris par défaut le 29
Decembre 1696, ſignifié le 31 dudit mois, pour les
cauſes & moyens qu'il déduira en temps & lieu,
d'autre part. Et entre Auguſtin Caillot, Jean Chaſ-
ſaing, Gilbert Deſſalles, & Jean Jaſſeus, Conſuls
de ladite Ville de Bilhom en Auvergne, prenant le
fait & cauſe dudit Chamerlat, notre Procureur de
ladite Ville, demandeurs en Requeſte du 9 Janvier
1697, à ce qu'il plaiſe à notredit Conſeil les recevoir Parties intervenantes en l'Inſtance d'entre leſdits Perron & Chamerlat ; faiſant droit ſur leur intervention, leur donner acte de leur priſe de fait &
cauſe pour ledit Chamerlat audit nom ; & en conſequence, maintenir & garder leſdits Conſuls, & ledit Chamerlat, en leurs qualitez de Conſuls, & de
notre Procureur de ladite Ville de Bilhom, dans le
droit de preceder ledit Perron dans les Proceſſions,
cérémonies & aſſemblées publiques de ladite Ville :
Et pour le trouble fait audit Procureur par ledit
Perron, le condamner en tous les dépens, ſauf à
notre Procureur General à prendre telles concluſions qu'il aviſera bon être contre ledit Perron, d'une
part ; & ledit Perron, demandeur en Requeſte du 16
Janvier, à ce qu'en déboutant ledit Caillot, Chaſ-
ſaing, Deſſalles & Jaſſeus de leur Requeſte, & lui
adjugeant ſes fins & concluſions priſes par ſon Exploit du 25 Juin 1696, ordonner que notre Déclara-
ration du 17 Juin 1659, renduë en faveur des Gardes de notre Porte, verifiée & enregiſtrée en notre
Conſeil, par Arreſt du 27 Juillet 1675, & autres nos
Déclarations énoncées en icelles, executées ſelon ſa
forme & teneur, & conformément à icelles ; maintenir & garder ledit Perron dans les honneurs, rangs,
privileges, préſéances & prééminences attribuez à

sa Charge de Garde de notre Porte, par lesdites
Declarations, & notamment dans le droit de précéder lesdits Consuls, notre Procureur, & tous autres
Officiers de l'Hôtel de ladite Ville de Bilhom, aussi-
bien que le Bailli, Procureur Fiscal & autre Officiers
du Bailliage non Royal de ladite Ville de Bilhom,
dans les Processions, ceremonies, & assemblées generales & particulieres qui se font & feront en ladite
Ville de Bilhom, & autres lieux où il fera sa demeure; faire défenses ausdits Consuls, notre Procureur
& autres Officiers de l'Hôtel de la Ville de Bilhom;
& au Bailli, Procureur Fiscal & autres Officiers dudit Bailliage de Bilhom de l'y troubler, sur peine de
telle amende qu'il plaira à notredit Conseil ordonner, & en tous dépens, dommages & interests; &
pour l'avoir fait par ledit Chamerlat & Consuls, les
condamner à telle amende qu'il plaira au Conseil,
avec dommages, interests & dépens d'une part; &
lesdits Chamerlat, Caillot, Chassaing, Dessalles, &
Jaffeus ausdits noms, défendeurs, d'autre. Après que
Doresmieus, Avocat pour ledit Perron, icelui présent à l'Audience de notre Conseil, assisté de Manet
son Procureur, a conclu en ses demandes; & Chaudet, Avocat pour lesdits Chamerlat, Caillot, Chassaing, Dessalles & Jaffeus, assistés de Massi leur Procureur, a conclu en leur opposition & Requeste, &
persisté dans l'acte qu'il a fait signifier au Procureur
dudit Perron le 21 Janvier 1697 presente année; &
que Benoist de Saint-Port, notre Procureur General
a été oüi: ICELUI NOTRE CONSEIL, a
reçû les Parties de Chaudet opposans; & sans s'arrêter à l'intervention, ayant égard à la Partie de Doresmieus, ordonné que lesdits Declarations, Arrests
& Reglemens seront executez; ce faisant maintenu
la Partie de Doresmieus dans le droit & possession
de préceder les Parties de Chaudet: leur fait défenses de le troubler à l'avenir; dépens compensez, sans
préjudice des frais du défaut: & la Partie de Chau-

det fournira le preſent Arreſt à la Partie de Doreſ-
mieus. Si donnons en mandement au premier notre
Huiſſier ou Sergent ſur ce requis, qu'à la requeſte
dudit Perron, il mette le Preſent à dûe & entiere execution, de point en point, ſelon ſa forme & teneur,
nonobſtant oppoſitions ou appellations quelconques,
pour leſquelles & ſans préjudice d'icelles, ne voulons être differé : & outre, faire pour l'execution des
Preſentes tous Exploits & autres actes de Juſtice requis & neceſſaires : de ce faire te donnons pouvoir,
ſans pour ce demander Placet ni Pareatis. Donné en
notredit Conſeil à Paris le dernier jour de Janvier
l'an de grace mil ſix cens quatre-vingt-dix-ſept, &
de notre regne le cinquante-quatriéme. *Et ſur le*
repli eſt écrit : Par le Roy, à la relation des Gens de
ſon Grand Conſeil. Signé, LE NORMANT,
avec grille & paraphe. Scellé du grand Sceau Royal
de Sa Majeſté, en queue de cire jaune. *Et au dos eſt*
écrit : Le douziéme Fevrier 1697, ſignifié & baillé
copie à Me Maſſi, Procureur adverſe. Paraphé.
Signé, A u v r a y, avec paraphe.

Arreſt qui maintient les Valets de Garderobe du Roy,
en la qualité d'Ecuyer.
Du 18 Fevrier 1697.
Extrait des Regiſtres du Conſeil d'Etat.

SUr la Requeſte preſentée au Roy étant en ſon
Conſeil, par les Valets de Garderobe de Sa Majeſté, contenant que le feu Roy Henry le Grand
ayant voulu confirmer les privileges qui avoient été
accordez par les Rois ſes Predeceſſeurs à leurs Valets de Chambre & de Garderobe, Huiſſiers de la
Chambre, & Porte-manteaux, il auroit fait expedier ſes Lettres Patentes en datte du mois d'Octobre
1594, par leſquelles il auroit accordé à ſes Valets
de Chambre & de Garderobe, Huiſſiers de ſa Chambre & Porte-manteaux, le titre & qualité d'Ecuyers;
ce qui auroit été confirmé par le feu Roy Pere de Sa

F f iiij

Majesté, par ses Lettres du mois de May 1611, & encore par les Lettres de Sa Majesté du mois de Juillet 1653, en faveur des Valets de Chambre & Portemanteaux: & comme par inadvertance les Supplians n'ont été compris ausdites Lettres du mois de Juillet 1653, & même qu'aucuns d'entr'eux ont été depuis peu poursuivis pour le payement des droits de Francs-fiefs, ils sont obligez d'avoir recours à Sa Majesté, & de lui representer, que leur ayant toujours accordé les mêmes privileges qu'à ses Valets de Chambre, ils esperent qu'Elle voudra bien en confirmant lesdites Lettres des mois d'Octobre 1594 & May 1615, déclarer celles du mois de Juillet 1653 communes avec eux; & en consequence les maintenir, ainsi que ses Valets de Chambre, en la qualité d'Ecuyer: ce faisant les décharger du payement desdits droits de Francs-fiefs, avec main-levée des saisies qui pourroient avoir été faites sur eux pour raison de ce; & condamner Me Jean Fumée chargé du recouvrement desdits droits, ses Procureurs & Commis, à la restitution de ce qu'ils pourroient avoir reçû des Supplians, à cause des Fiefs qu'ils possedent. A quoi ayant égard; SA MAJESTE' ETANT EN SON CONSEIL, en confirmant lesdites Lettres des mois d'Octobre 1594, May 1615, & celles du mois du Juillet 1653, que Sa Majesté a déclaré communes avec lesdits Valets de Garderobe, les a maintenus & maintient en ladite qualité d'Ecuyers, ainsi que ses Valets de Chambre; & en consequence les a déchargez & décharge des taxes pour lesquelles ils peuvent avoir été compris dans les rolles arrêtez au Conseil, pour les droits de Francs-fiefs, à cause des Fiefs qu'ils possedent: leur faisant Sa Majesté pleine & entiere main-levée des saisies sur eux faites pour raison de ce. Ordonne Sa Majesté, que ce qui aura été par eux payé audit Fumée, ses Procureurs & Commis, leur sera rendu & restitué: & fait défenses audit Fumée de continuer ses poursuites à l'avenir contre lesdits Valets de Garderobe, à peine de tous dépens, dommages & interests. Fait au Conseil d'Etat du Roy, Sa Majesté y étant, tenu à Versailles le dix-huitième jour de Fevrier mil six cens quatre-vingt-dix-sept.

Signé, PHELYPEAUX.

Declaration, portant attribution de la qualité d'Ecuyer aux Porte-manteaux & Huissiers de la Chambre & du Cabinet, Valets de Chambre & de Garderobe du Roy.

Du 16 Mars 1697.

LOUIS par la grace de Dieu, Roy de France & de Navarre : A tous ceux qui ces presentes Lettres verront ; Salut. Nos Porte-manteaux, les Huissiers de notre Chambre & de Garderobe, nous ont très-humblement fait remontrer qu'entre toutes les graces que les Rois nos Predecesseurs & Nous, leur aurions faites, ils auroient obtenu celle de se pourvoir dire & qualifier Ecuyers, ainsi qu'il est porté aux Lettres Patentes de Henry le Grand notre Ayeul, du mois d'Octobre 1594, & 2 Mars 1610, & celles du feu Roy notre très-honoré Seigneur & Pere, du mois de May 1611, 10 Mars 1622, Juillet 1653, & Mars 1661. Et d'autant que l'enregistrement desdites Lettres a été négligé par les prédecesseurs des Supplians, ils ont été souvent troublez ; ce qui les a obligez d'avoir recours à Nous dans les occasions, & nous aurions en dernier lieu rendu Arrest en notre Conseil le 13 Novembre 1696, par lequel nous aurions déchargé nos Valets de Chambre des taxes pour lesquelles ils pouvoient avoir été compris dans les rolles arrêtez en notre Conseil, pour les droits de Francs-fiefs, à cause des Fiefs qu'ils possedent ; & depuis par autre Arrest de notre Conseil du 18 Fevrier de la presente année, nous aurions accordé pareille décharge à nos Valets de Garderobe, & déclaré communes avec eux nos Lettres du mois de

Juillet 1653, dans lefquelles nofdits Valets de Garderobe n'avoient été particulierement compris. Sur quoi tant lefdits Valets de Garderobe, que nos Portemanteaux, Huifliers de notre Chambre & Cabinet, & nos Valets de Chambre, nous ont très-humblement fupplié de déclarer de nouveau notre volonté fur ladite qualité d'Ecuyer à eux attribuée. A ces Causes, & autres confiderations à ce nous mouvans, de notre grace fpeciale, pleine puiffance & autorité Royale, en confirmant lefdites Lettres de Henry IV. du feu Roy notre Pere & les nôtres, nous avons maintenu & gardé, maintenons & gardons par ces Prefentes fignées de notre main, nos Portemanteaux, Huifliers de notre Chambre & notre Cabinet; & nos Valets de Chambre & de Garderobe en la qualité d'Ecuyer, voulant qu'ils en jouiffent tant qu'ils feront revêtus de leurs Charges, ou qu'ils auront obtenu nos Lettres de Veteran, fans qu'ils puiffent y être troublez ni inquietez fous quelque prétexte que foit. Si donnons en mandement à nos amez & feaux Confeillers les Gens tenans nos Cours de Parlement, Chambre des Comptes & Cours des Aydes à Paris, que ces Prefentes ils ayent à faire regiftrer, & du contenu en icelles faire jouir & ufer nofdits Porte-manteaux, Huifliers de notre Chambre & Cabinet, Valets de Chambre & Garderobe, pleinement & paifiblement, ceffant & faifant ceffer tous troubles & empêchemens : Car tel eft notre plaifir. En témoin de quoi nous avons fait mettre notre Scel à cefdites Prefentes. Donné à Verfailles le vingt-fixiéme jour de Mars l'an de grace mil fix cens quatre-vingt-dix-fept, & de notre Regne le cinquante-quatriéme. Signé, LOUIS. Et fur le repli : Par le Roy, PHELYPEAUX. Et fcellées.

Regiftrée au Parlement, Chambre des Comptes & Cour des Aydes, les 3, 11 & 22 Juin 1699.

Arreſt du Conſeil d'Etat, qui décharge les Officiers des Maiſons Royales, de toutes recherches pour raiſon de la qualité d'Ecuyer par eux priſe depuis qu'ils ſont pourvûs de leurs Charges, & qu'ils continueront de prendre, tant & ſi long-temps qu'ils les exerceront, &c.

Du 9 Juillet 1697.

Extrait des Regiſtres du Conſeil d'Etat.

SUR la Requeſte preſentée au Roy en ſon Conſeil, par les Porte-Manteaux & Valets de Chambre de ſon Alteſſe Royale Monſieur Frere unique du Roy; contenant que par Edit du mois de Janvier 1652, Declarations des 19 Juillet 1661, 29 Novembre 1663, & 5 Janvier 1669, & Arreſt du Conſeil du 13 Fevrier 1679, & autres Arreſts & Reglemens du Conſeil de Sa Majeſté, ayant accordé aux Officiers des Fils de France les mêmes privileges dont jouiſſent les Officiers de la Maiſon de Sa Majeſté; il ſeroit néanmoins arrivé que ſous pré exte que par Arreſt du Conſeil du 26 Fevrier 1697, portant Reglement pour l'execution de la Dec'aration du Roy du 4 Septembre 1696, contenant la recherche des Uſurpateurs des Titres de Nobleſſe, il eſt dit que ceux qui n'étant point Nobles de races, & qui ſont entrez dans les Charges de la Maiſon de Sa Majeſté, couchez & employez ſur les Etats regiſtrez en la Cour des Aydes de Paris, depuis le mois de Juillet 1664, & qui ont pris la qualité d'Ecuyer avant leurs receptions, & après s'être démis de leurſdites Charges, ſeront condamnez comme Uſurpateurs, s'il n'y a ordre au contraire; les Supplians ſe trouvent inquiétez pour raiſon de la qualité d'Ecuyer, en ce que ledit Arreſt ne prononce que pour les Officiers de Sa Majeſté, & non des Maiſons Royales. Et d'autant que la queſtion a déja été jugée, tant en faveur des Huiſſiers de Chambre & de Cabinet de Monſieur, par Arreſt du Conſeil du 6 Mars 1667 ci-attaché,

qui les décharge de la recherche lors contr'eux faite,
pour raison de la qualité d'Ecuyer, comme devant
jouir des mêmes privileges des Huissiers de la Chambre & Cabinet de Sa Majesté, qu'en faveur des Maréchaux des Logis & Fouriers de Monsieur. Par
autre Arrest du 5 Juin 1665, les Porte-manteaux
& Valets de Chambre de Monsieur, dont les fonctions sont aussi honorables, puisqu'ils ont l'honneur de porter l'Epée du Prince, qui est propre-
ment la fonction d'un Ecuyer, ont recours à Sa
Majesté, à ce qu'il lui plaise leur accorder la même
grace dont jouissent les Porte manteaux & Valets
de Chambre de Sa Majesté; ce faisant, en interpretant, en tant que besoin est, ou seroit, l'Arrest du
Conseil dudit jour 26 Fevrier 1697, décharger les
Supplians de la recherche pour raison de la qualité
d'Ecuyer, prise depuis leurs receptions en leurs
Charges; Faire défenses à Charles de la Cour de
Beauval, ses Commis & préposez, de faire aucunes
poursuites contre eux pour raison de ce, à peine de
tous dépens, dommages & interests. Vû la Requeste,
les Pieces justificatives d'icelle : Oüi le Rapport du
sieur Phelypeaux de Pontchartrain, Conseiller ordinaire au Conseil Royal, Controlleur General de ses
Finances : LE ROY EN SON CONSEIL,
ayant égard à ladite Requeste, a déchargé & décharge les Supplians de toutes recherches, pour raison de la qualité d'Ecuyer par eux prise depuis qu'ils
sont pourvûs de leurs Offices, & qu'ils continueront de prendre, tant & si long-temps qu'ils exerceront, comme aussi des assignations qui leur ont été
données à la requeste dudit de la Cour de Beauval
pardevant les sieurs Commissaires députez pour la
recherche des Usurpateurs du titre de Noblesse,
pour raison de ce : Lui faisant Sa Majesté défenses, & à ses Commis & Préposez, de faire aucunes poursuites, ni procedures sur icelles, à l'encontre des Supplilans, à peine de tous dépens, dom-

mages & interefts. Fait au Conseil d'Etat du Roy, tenu à Versailles, le neuviéme jour de Juillet mil six cens quatre-vingt dix-sept. Collationné.

Signé, RANCHIN.

Arrest du Conseil d'Etat du Roy, qui maintient les Tréforiers des Gardes du Corps de Sa Majesté dans le droit de prendre la qualité d'Ecuyer, en confequence, les décharge des assignations à eux données, à la requeste de Charles de la Cour de Beauval, Traitant des taxes faites sur les Usurpateurs du titre de Noblesse.

Du 6 Aoust 1697.

Extrait des Registres du Conseil d'Etat.

SUR la Requeste présentée au Roy en son Conseil par les Tresoriers des Gardes du Corps de Sa Majesté, contenant qu'encore que par leurs Charges ils ayent entr'autres droits la qualité d'Ecuyer, & que Sa Majesté ait eu la bonté par deux Arrests de son Conseil d'Etat, l'un contradictoire, des 20 May 1669 & 11 Aoust 1673, de les décharger des assignations à eux données pour raison de la qualité d'Ecuyer, avec défenses aux Commis & Préposez à la recherche des Usurpateurs du titre de Noblesse de continuer leurs poursuites contre les Supplians, à peine de 500 liv. d'amende, & de tous dépens, dommages & interests. Néanmoins les Supplians ont été de nouveau assignez & poursuivis pour le même fait à la requeste de Charles de la Cour de Beauval, chargé du recouvrement des sommes qui doivent provenir de la recherche des Usurpateurs du titre de Noblesse, en execution de la Declaration du 4 Septembre 1696. Et comme les Supplians ont été déchargez par lesdits Arrests des assignations à eux données pour le même fait, que leurs privileges font incontestables, puisqu'ils ont l'honneur d'être du Corps des Officiers Gardes de Sa Majesté, qu'ils ont été maintenus en ladite qualité d'Ecuyer par lesdits

Arrests, l'un d'iceux contradictoire, avec défenses de les y troubler : A ces Causes, requeroient qu'il plût à Sa Majesté ordonner que lesdits Arrests du Conseil desdits jours 10 May 1669 & 11 Aoust 1673 seront executez selon leur forme teneur, les maintenir & garder dans le privilege de prendre la qualité d'Ecuyer, & en consequence les décharger des assignations à eux données à la requeste dudit de la Cour de Beauval, lui faire défenses, & à tous autres, de les inquiéter pour raison de leur Noblesse & qualité d'Ecuyer, sous les peines portées par lesdits Arrests. Veu ladite Requeste signée Segonzac, Avocat des Supplians, les pieces attachées à icelle. Oüi le rapport du sieur Phelypeaux de Pontchartran, Conseiller ordinaire du Roy en ses Conseils & au Conseil Royal, Controlleur General des Finances ; & tout consideré : LE ROY EN SON CONSEIL, ayant égard à ladite Requeste, a ordonné & ordonne que lesdits Arrests des 10 May 1669 & 11 Aoust 1673, seront executez selon leur forme teneur, & en consequence a maintenu & maintient les Supplians au droit de prendre la qualité d'Ecuyer ; les a déchargez des assignations à eux données pour raison de ce, à la requeste de Maître Charles de la Cour de Beauval, Traitant des taxes faites sur les Usurpateurs du titre de Noblesse, auquel Sa Majesté fait très-expresses défenses de faire aucunes poursuites, ni procedures sur icelles, à peine de trois cens livres d'amende, dépens, dommages & interests. Fait au Conseil d'Etat du Roy, tenu à Marly le sixiéme jour d'Aoust mil six cens quatre-vingt-dix-sept. Collationné. Signé, RANCHIN.

Arreſt du Conſeil d'Etat, qui maintient le ſieur de Fenis ,
Conſeiller du Roy, Tréſorier General des Veneries ,
Toilles de Chaſſes, & Fauconnerie de Sa Majeſté, &
Gentilhomme ordinarie deſdites Veneries , dans le
droit de prendre la qualité d'Ecuyer , &ç.

Du 26 Novembre 1697.

Extrait des Regiſtres du Conſeil d'Etat.

SUR la Requeſte preſentée au Roy en ſon Conſeil,
par Jean-Martial de Fenis, Conſeiller du Roy,
Treſorier general des Veneries, contenant qu'étant
pourvû deſdites Charges dès l'année 1695, il a toujours pris depuis ce temps-là la qualité d'Ecuyer,
& joui des privileges de Nobleſſe, comme les autres
Commenſaux de la Maiſon de Sa Majeſté. Et comme Maître Charles de la Cour de Béauval, chargé
de la recherche de la Nobleſſe, a fait aſſigner le Suppliant pardevant les ſieurs Commiſſaires generaux,
deputez du Conſeil pour ladite recherche, pour rapporter les titres en vertu deſquels il a pris ladite
qualité; & que les autres Commenſaux qui ont été
aſſignez comme lui, ſe ſont adreſſez à Sa Majeſté,
qui a eu la bonté de leur accorder des Arreſts de
décharge ; il a cru devoir ſuivre la même voye, &
ſupplier très-humblement Sa Majeſté de lui accorder
la même grace qu'Elle a fait aux Treſoriers de ſes
Gardes du Corps, qui ont obtenu un Arreſt le 16
Aouſt dernier, par lequel en confirmant d'autres
precedens qui y ſont énoncez, ils ont été maintenus
dans le droit de prendre la qualité d'Ecuyer, & déchargez des aſſignations à eux données pour raiſon
de ce, à la requeſte dudit de la Cour de Beauval;
les Gentilshommes de la grande Venerie en ont auſſi
eu un en leur faveur le 13 Decembre 1695, par lequel un précedent donné pour les Fouriers de Sa
Majeſté, a été déclaré commun avec eux, & en conſequence déchargez des taxes pour leſquelles ils
avoient été compris dans les rolles des Francs-fiefs;

ainsi le Suppliant a dans l'un & dans l'autre de ses deux qualitez de Tresorier & de Gentilhomme des Veneries, des préjugez en sa faveur par lesdits Arrests, qu'il espere que Sa Majesté aura la bonté de déclarer communs avec lui. A ces Causes, requeroit le Suppliant qu'il plût à Sa Majesté déclarer lesdits Arrests du Conseil d'Etat des 13 Decembre 1695 & 6 Aoust 1697, communs avec lui : Ordonner qu'ils seront executez selon leur forme & teneur ; & en consequence le maintenir & garder dans le privilege de prendre la qualité d'Ecuyer, & de jouir de tous les privileges de Noblesse, comme les autres Commensaux de la Maison de S. M. ce faisant, le décharger de l'assignation à lui donnée au Conseil, à la requeste dudit de la Cour de Beauval, avec défenses de l'inquiéter à l'avenir. Veu ladite Requeste signée Leclerc Avocat au Conseil, & du Suppliant, & lesdits Arrests du Conseil y énoncéz : Oüi le Rapport du sieur Phelypeaux de Pontchartrain, Conseiller ordinaire au Conseil Royal, Controlleur General des Finances : LE ROY EN SON CONSEIL, a maintenu & maintient le Suppliant au droit de prendre la qualité d'Ecuyer, tant qu'il sera pourvû desdits Offices ; l'a déchargé de l'assignation à lui donnée pour raison de ladite qualité, à la requeste dudit de la Cour de Beauval : auquel fait sadite Majesté défenses de faire aucunes poursuites, ni procedures sur icelle, à peine de tous dépens, dommages interests. Fait au Conseil d'Etat du Roy, tenu à Versailles le vingt-sixiéme jour de Novembre mil six cens quatre-vingt-dix-sept. Collationné. Signé, DELAISTRE.

Arrest

*Arrest du Conseil, qui maintient les Gentilshommes de
la grande Venerie de France dans le droit de
prendre la qualité d'Ecuyer.*

Du 18 Mars 1698.

Extrait des Registres du Conseil d'Etat.

SUR la Requeste presentée au Roy en son Conseil,
par Jacques-André le Clavier, Sieur de Miniac,
Charles Miniac, Sieur de la Villenouveaux, & René
Herison, Sieur du Chenayers, Gentilshommes de la
grande Venerie de Sa Majesté, contenant que bien
qu'en cette qualité ils ayent l'honneur d'être du
nombre des Officiers commensaux de sa Maison, &
qu'ils dûssent jouir de tous les privileges attribuez
ausdits Officiers, & notamment de la qualité d'E-
cuyer, laquelle leur est donnée non seulement par
leurs Provisions, mais encore dans les Etats par
Elle envoyez en la Cour des Aydes, concernant ses
Officiers ; & cependant ils ont eu avis qu'on les a
compris dans les rolles qui sont arrêtez au Conseil
contre les Usurpateurs de Noblesse, bien qu'ils
n'ayent pris cette qualité que depuis qu'ils sont
pourvûs desdits Offices, à quoi ils ont un interest
sensible de prévenir pour éviter les contraintes qu'on
pourroit exercer contr'eux pour le payement des
taxes : Charles Miniac, Sieur de la Villenouveaux,
l'un des Supplians rapporte même un Extrait du
Rolle qui lui a été signifié le 3 Fevrier 1698, avec
assignation à la requeste de Charles de la Cour de
Beauval, sur ce qu'il a prétendu qu'il a pris la qualité d'Ecuyer par une Transaction du 6 Juin 1688 :
mais Sa Majesté est très-humblement suppliée d'observer qu'étant pourvû de cette Charge depuis l'année 1679, il a cru pouvoir s'attribuer cette qualité,
aussi-bien que les autres Commensaux de sa Maison ;
& comme Sa Majesté a eu la bonté de leur accorder
un Arrest de son Conseil d'Etat qui les décharge des
taxes des Francs-fiefs, ils ont lieu d'esperer qu'elle

G g

leur fera l'honneur de leur accorder la grace de les
maintenir dans le droit de prendre une qualité, dont
elle a bien voulu les honorer par la dignité de leurs
Charges; le préjugé qu'ils ont en faveur de Jean-
Martial de Fenis, Treforier general & Gentilhomme
de la grande Venerie, qui le maintient dans le droit
de prendre cette qualité, leur fait efperer avec d'autant plus de confiance que Sa Majefté leur confer-
vera le même privilege, & déclarera l'Arreft de fon
Confeil d'Etat du 26 Novembre 1697, commun avec
eux. A CES CAUSES, requeroient les Supplians
qu'il plût à Majefté déclarer ledit Arreft de fon Confeil d'Etat rendu en faveur dudit fieur de Fenis,
Gentilhomme de la grande Venerie, commun avec
eux; en confequence les maintenir & garder dans
les privileges de prendre la qualité d'Ecuyer tant
qu'ils feront pourvûs defdits Offices, & d'en jouir
comme tous les autres Commenfaux de la Maifon de
S. M. aufquels elle eft attribuée par leurs Charges,
& décharger ledit Miniac de la Villenouveaux de
l'affignation qui lui a été donnée le 3 Fevrier 1698,
à la requefte dudit de la Cour de Beauval, lui faire
défenfes, & à fes Commis & Prépofez de faire fur
icelle aucunes pourfuites, ni procedures; comme
auffi de faire comprendre dans aucuns rolles lefdits
le Clavier, de Miniac & Heriffon de Chenayers; &
en cas qu'ils y ayent été compris, ordonner qu'en
vertu de l'Arreft qui interviendra fur la prefente Requefte, ils demeureront déchargez de toutes affi-
gna ions, pourfuites & procedures qui pourroient
être faites pour raifon de ladite qualité d'Ecuyer par
ledit de Beauval, ou autre Subrogé en fon lieu &
place, à peine de tous dépens, dommages & interefts.
Veu ladite Requefte & ledit Arreft de fon Confeil
d'Etat du 13 Decembre 1695, rendu en faveur des
Supplians pour la taxe des Francs-fiefs, l'Arreft du
Confeil du 26 Novembre 1697, rendu en faveur
dudit fieur de Fenis, & autres pieces juftificatives de

ladite Requeste. Oüi le Rapport du sieur Phelypeaux
de Pontchartrain, Conseiller ordinaire au Conseil
Royal, & Controlleur General des Finances : LE
ROY EN SON CONSEIL, ayant égard à ladite
Requeste, a déclaré & déclare ledit Arrest du 26 Novembre dernier commun avec les Supplians, en consequence les a maintenus & maintient au droit de
prendre la qualité d'Ecuyer, tant & si long-temps
qu'ils seront pourvûs de leurs Offices ; a déchargé &
décharge de Miniac de l'assignation à lui donnée pour
raison de ce, à la requeste dudit la Cour de Beauval
le 3 Fevrier dernier : Lui fait Sa Majesté défenses, &
à ses Sous-Traitans, Procureurs & Commis de faire
aucunes poursuites, ni procedures sur icelle, à peine
de tous dépens, dommages & interests. Fait au Conseil d'Etat du Roy, tenu à Versailles le dix-huitiéme
jour de Mars 1698. Signé, GOUJON.

---

*Arrest du Conseil d'Etat, en faveur des Officiers Do-
mestiques & Commensaux de la Maison de Madame
le Duchesse de Bourgogne pour la qualité d'Ecuyer.*
Du 8 Avril 1698.
Extrait des Registres du Conseil d'Etat.

SUR la Requeste presentée au Roy étant en son
Conseil, par les Huissiers de la Chambre & les
Valets de Chambre de Madame la Duchesse de
Bourgogne, contenant qu'encore qu'ils doivent être
exceptez de la recherche faite pour l'usurpation du
titre d'Ecuyer que leur donnent leurs Charges ;
Claude Marchand subrogé dans la Generalité de
Paris, & autres, au lieu & place de Me Charles de
la Cour de Beauval, chargé du recouvrement des
sommes qui doivent provenir des taxes qui doivent
êtres faites sur les Usurpateurs de Noblesse, auroit
fait assigner le sieur Soulaigre Desfossez, l'un des
Huissiers de la Chambre de Madame la Duchesse de
Bourgogne, pardevant le sieur Phelypeaux, Conseiller d'Etat, Intendant de la Generalité de Paris,

pour se voir condamner à 2000 liv. d'amende pour
avoir usupé la qualité d'Ecuyer, de laquelle qualité
les Supplians doivent jouir, ainsi que les Valets de
Chambre & Huissier de la Chambre de Sa Majesté,
ausquels ayant été fait la même demande, ils en ont
été dechargez par Arrest du Conseil, & que d'ailleurs les Huissiers de la Chambre & Valets de Chambre de la feue Reine Mere de Sa Majesté en ont aussi
été dechargez, ce qui oblige les Supplians d'avoir
recours à Sa Majesté, à ce qu'il lui plaise décharger
ledit sieur Soulaigre Desfossez de l'assignation à lui
donnée pour ladite qualité d'Ecuyer qu'il ne peut
avoir prise que comme Huissier de la Chambre de
feue Madame la Dauphine, & les maintenir & conserver en ladite qualité d'Ecuyer : Faire défenses ausdits Marchand & de Beauval de faire aucunes poursuites contr'eux pour raison de ce, à peine de tous dépens, dommages & interests. Veu ladite Requeste, &
oüi le Rapport du Sr Phelypeaux de Pontchartrain,
Conseiller ordinaire au Conseil Royal, Controlleur
General des Finances : LE ROY E'TANT EN
SON CONSEIL, a maintenu & maintient les
Supplians au droit de prendre la qualité d'Ecuyers,
en consequence a déchargé & décharge ledit Soulaigre Desfossez de l'assignation à lui donnée pour raison de ce, à la requeste dudit de la Cour de Beauval,
auquel fait Sa Majesté défenses de faire aucunes poursuites, ni procedures, à peine de tous dépens, dommages & interests. Fait au Conseil d'Etat du Roy,
Sa Majesté y étant, tenu à Marly le huitiéme jour
d'Avril mil six cens quatre-vingt-dix-huit.

Signé, PHELYPEAUX.

Declaration du Roy, qui ordonne que les Officiers de la Maison de Madame la Duchesse de Bourgogne, jouiront des mêmes privileges que les Officiers des Maisons de la Reine & de Madame la Dauphine.

Du 16 May 1698.

LOUIS par la grace de Dieu, Roy de France & de Navarre : A tous ceux qui ces présentes Lettres verront ; Salut. Ayant fait le choix des Officiers nécessaires pour servir notre très-chere & très-amée petite-Fille la Duchesse de Bourgogne, & composer sa Maison suivant la grandeur de son rang, Nous voulons qu'ils jouissent des mêmes avantages dont jouissent nos Officiers commensaux ; & nous avons à cet effet arrêté l'Etat du nombre desdits Officiers. A CES CAUSES, de notre grace speciale, pleine puissance & autorité Royale, nous avons dit & déclaré, disons & déclarons par ces Presentes signées de notre main, voulons & nous plaît, que les Officiers de notredite Fille, au nombre porté par l'Etat ci-attaché sous le contre scel de notre Chancellerie, & qui seront dénommez dans l'Etat qui en sera arrêté, jouissent de tous les honneurs, privileges, immunitez, franchises & exemptions dont jouissent nos Comménsaux, & qu'en ont bien & dûement joui les Officiers de feue la Reine notre très-chere & très-amée Epouse & Compagne, & ceux de notre Fille la Dauphine, conformément à nos Edits & Declarations, encore qu'ils ne soient ci au long exprimez, sans qu'ils puissent y être troublez, ni inquiétez sous quelque prétexte que ce soit, en satisfaisant par eux à nos Reglemens & Ordonnances. Si donnons en mandement à nos amez & feaux Conseillers les Gens tenant notre Cour des Aydes à Paris, que ces Presentes ils ayent à faire registrer, & du contenu en icelles jouir lesdits Officiers de notredite Fille, la Duchesse de Bourgogne, pleinement & paisible-

ment, ceſſant & faiſant ceſſer tous troubles & empêchemens : Car tel eſt notre plaiſir. En témoin de
quoi nous avons fait mettre notre Scel à ceſdites
Preſentes. Donné à Verſailles le ſeiziéme jour de
May, l'an de grace mil ſix cens quatre-vingt-dix-
huit, & de notre Regne le cinquante-ſixiéme. Signé, LOUIS. Et ſur le repli, par le Roy, PHE-
LYPEAUX.

Regiſtrées en la Cour des Aydes. A Paris le 2 Juin
1698. Signé, DEROSSET.

Declaration du Roy, concernant les Gardes du Corps,
Genſdarmes & Chevaux-Legers.

Du 2 Aouſt 1698.

LOUIS, par la grace de Dieu, Roy de France
& de Navarre : A tous ceux qui ces préſentes
Lettres verront ; Salut. Les frequentes mutations qui
arrivent dans les quatre Compagnies des Gardes de
notre Corps, & dans les Compagnies des Genſdarmes & Chevaux-Legers de notre Garde ordinaire,
ayant donné lieu à pluſieurs qui avoient été une fois
employez dans les rolles deſdites Compagnies, de
jouir des privileges qui y ſont attribuez, quoiqu'ils
en fuſſent depuis ſortis, Nous avons crû néceſſaire
d'empêcher cet abus & d'y remedier pour l'avenir.
A CES CAUSES, & autres à ce nous mouvans, conformément à nos Edits & Declarations donnez ſur
le fait des Gardes de notre Corps, Genſdarmes &
Chevaux Legers de notre Garde, Nous avons dit
& déclaré, diſons & déclarons par ces Preſentes ſignées de notre main ; voulons & nous plait, que les
ſeuls Officiers, Gardes, Genſdarmes & Chevaux-
Legers employez auſdits Etats, & qui ſerviront actuellement, jouiſſent des privileges & exemptions
dont jouiſſent nos Officiers commenſaux : & afin
qu'il ne puiſſe être uſé de ſurpriſe, voulons qu'aucun
ne jouiſſe deſdits privileges, qu'il ne ſoit actuellement employé dans les rolles deſdites Compagnies,

qui feront envoyez chaque année en notre Cour des
Aydes ; & que ceux qui y feront employez, foient
tenus de rapporter un Extrait figné du Greffier de
ladite Cour de l'Etat de l'année courante, fans que
l'Extrait de l'année précedente leur puiffe fervir. Et
d'autant qu'il ne feroit pas jufte que lefdits Gardes,
Genfdarmes & Chevaux-Legers payaffent pour lefdits Extraits qu'ils feront tenus de prendre chaque
année, la même fomme qu'on a accoutumé de payer
pour de femblables Extraits ; Nous avons réduit &
moderé à cinq fols le droit dudit Greffier pour lefdits
Extraits, y compris le papier timbré : ce qui aura
lieu pour lefdits Gardes de notre Corps, Genfdarmes
& Chevaux-Legers feulement, n'entendant par ces
Prefentes déroger aux Reglemens faits pour les fa-
laires & droits des Greffiers de notredite Cour. Si
donnons en mandement à nos amez & feaux Confeillers les Gens tenans notre Cour des Aydes à Paris, que ces Prefentes ils ayent à faire regiftrer, & le
contenu en icelles garder & obferver felon fa forme
& teneur : Car tel eft notre plaifir. En témoin de
quoi nous avons fait mettre notre Scel à cefdites
Prefentes. Donné à Verfailles le deuxiéme jour
d'Aouft, l'an de grace mil fix cens quatre-vingt-dix-
huit, & de notre Regne le cinquante-fixiéme. Signé,
LOUIS. Et fur le repli : Par le Roy, PHELY-
PEAUX. Et fcellées du grand Sceau de cire jaune.

  Regiftrée en la Cour des Aydes. A Paris le 21 *Aouft*
1698, *Collationné. Signé,* PERET.

Declaration du Roy, pour la reduction des Gensdarmes & Chevaux-Legers de la Garde du Roy,
& pour leurs Privileges.
Du 15 Decembre 1698.

LOUIS par la grace de Dieu, Roy de France
& de Navarre : A tous ceux qui ces Presentes
Lettres verront, Salut. Ayant jugé nécessaire d'augmenter quelques Officiers dans les Compagnies des
Gensdarmes & des Chevaux-Legers de notre Garde
ordinaire, Nous avons fait expedier des Etats nouveaux desdites deux Compagnies ; & afin que les
privileges dont ils doivent jouir, ne leur puissent
être contestez, Nous avons voulu déclarer notre intention à cet égard. A CES CAUSES, Nous
avons dit & déclaré, disons & déclarons par ces
Presentes signées de notre main, voulons & nous
plaît, que ladite Compagnie de nos Gensdarmes
soit dorénavant composée du Capitaine, Lieutenant, deux Sous-Lieutenans, trois Enseignes, trois
Guidons, dix Maréchaux des Logis, huit Brigadiers, huit Sous-Brigadiers, quatre Porte-Etendars,
deux cens Cavaliers, un Aumônier, deux Fouriers,
un Chirurgien, un Apotiquaire, un Timballier,
quatre Trompettes, un Maréchal ferrant & un Sellier. Voulons pareillement que la Compagnie de
nos Chevaux-Legers soit composée du Capitaine,
Lieutenant, deux Sous-Lieutenans, quatre Cornet-
tes, dix Maréchaux des Logis, huit Brigadiers,
quatre Porte-Etendars, deux cens Cavaliers, un
Aumônier, deux Fouriers, deux Chirurgiens, un
Timballier, quatre Trompettes, un Maréchal ferrant & un Sellier : tous lesquels Officiers jouiront des
privileges, franchises & exemptions dont ces Officiers desdites Compagnies ont jusques à present bien
& dûement joui, ou dû jouir suivant nos Edits &
Declarations, sans qu'ils puissent y être troublez ni
inquietez, Si donnons en mandement à nos amez
&

& feaux Confeillers les Gens tenans notre Cour des Aydes à Paris, que ces Prefentes ils ayent à regiftrer, & du contenu en icelles faire jouir & ufer lefdits Officiers & Cavaliers pleinement & paifiblement, ceffant & faifant ceffer tous troubles & empêchemens : Car tel eft notre plaifir. En témoin de quoi nous avons fait mettre notre Scel à cefdites Prefentes. Donné à Verfailles ce quinziéme jour de Decembre, l'an de grace mil fix cens quatre-vingt-dix-huit, & de notre Regne le cinquante-fixiéme. Signé, LOUIS. Et fur le repli : Par le Roy, PHELYPEAUX. Et fcellées du grand Sceau de cire jaune fur double queue.

Regiftrées en la Cour des Aydes. A Paris le 22 Decembre 1698. Signé, DEROSSET.

Arreft contradictoire du Grand Confeil, en faveur des Officiers des Maifons Royales, pour les droits honorifiques de l'Eglife, & préféance en toutes Affemblées publiques & particulieres.

Du 2 Decembre 1698.

LOUIS par la grace de Dieu, Roy de France & de Navarre : A tous ceux qui ces Prefentes Lettres verront ; Salut. Sçavoir faifons, comme par Arreft ce jourd'hui donné en notre Grand Confeil, entre notre bien amé Jean du Maft, Ecuyer, Fourier ordinaire des Logis de feue Madame la Dauphine, demandeur aux fins de la commiffion de notre Confeil du 19 Septembre 1698 ; & fuivant l'Exploit fait en confequence le 26 dudit mois, controllé à Eu le lendemain, tendante à ce qu'il foit ordonné que nos Declarations, Arrefts & Reglemens rendus en faveur des Officiers de notre Maifon & de Madame la Dauphine, feront executez felon leur forme & teneur ; & en confequence que ledit fieur demandeur précedera le défendeur ci-après, en toutes Affemblées publiques & particulieres ; & jouira des honneurs & prérogatives de l'Eglife, préferablement audit défendeur, avec défenfes de l'y troubler ; & pour

H h

l'avoir fait, qu'il soit condamné en tous les dépens ;
dommages & interests dudit sieur Demandeur, d'une
part : Et Maître Laurent-François Garnier de la Cour
Dubois, Substitut de notre Procureur General en
l'Election de la Ville d'Eu, défendeur, d'autre. Après
que Destrehan, Avocat pour ledit sieur du Mast,
assisté de le Févre son Procureur, a conclu en sa demande : Doresmieus, Avocat pour ledit de la Cour
Dubois, assisté de Cochin son Procureur, a déclaré
qu'il n'a jamais contesté l'execution desdites Declarations ; & Ollier de Fontenelles pour notre Procureur General, a été oüi : ICELUI NOTREDIT
CONSEIL, a donné acte des déclarations de la
Partie de Doresmicus ; ordonne que nos Edits, Declarations & Arrests de notre Conseil seront executez ; en consequence que la Partie de Destrehan jouira des droits honorifiques de l'Eglise, & précedera en
toutes Assemblées publiques & particulieres la Partie de Doresmieus , dépens compensez ; fournira
néanmoins la Partie de Doresmieus, l'Arrest à la Partie de Destrehan. Si donnons en mandement au premier des Huissiers de nostredit Conseil, en ce qui est
executoire en notredite Cour & suite, & hors d'icelle , audit Huissier ou autre notre Huissier ou Sergent
sur ce requis , qu'à la requeste dudit sieur du Mast le
présent Arrest il mette à düe & entiere execution, selon sa forme & teneur ; de ce faire te donnons pouvoir , sans pour ce demander Placet ni Pareatis.
Donné en notredit Conseil à Paris le deuxiéme jour
de Decembre, l'an de grace mil six cens quatre-
vingt-dix-huit , & de notre Regne le cinquante-sixié-
mo. Collationné. Par le Roy, à la relation des Gens
de son Grand Conseil. Signé, LE NORMANT. Et
scellé du grand Sceau Royal de Sa Majesté , de cire
jaune,

Arreſt contradictoire du Grand Conſeil, donné en
faveur des Officiers commenſaux de Madame la
Dauphine, & des autres Maiſons Royales, pour
le rang & préſéance en toutes Aſſemblées publiques & particulieres ; l'Eau-benite, le Pain-beni,
& autres droits honorifiques de l'Egliſe.

Du 23 Janvier 1699.

LOUIS par la grace de Dieu, Roy de France
& de Navarre : A tous ceux qui ces Preſentes
Lettres verront ; Salut. Sçavoir faiſons, comme par
Arreſt ce jourd'hui donné en notre Grand Conſeil,
entre notre bien amé Jean du Maſt, Ecuyer, Fourier ordinaire des Logis de feue Madame la Dauphine, demandeur, ſuivant la Requeſte & commiſſion
de notre Conſeil, du 19 Septembre 1698, & Exploit
fait en conſéquence le 26, controllé à Eu le lendemain 27, à ce qu'il ſoit ordonné que les Declarations, Arreſts & Reglemens de notre Conſeil, ſur le
fait des rangs & préſéances des Officiers de notre
Maiſon, de Madame la Dauphine, & autres Maiſons
Royales, ſeront executez ſelon leur forme & teneur ;
& que défenſes ſoient faites aux défendeurs ci-après
nommez, de donner l'Eau benite, & préſenter le
Pain-beni au ſieur Garnier de la Cour Dubois, Subſtitut de notre Procureur General en l'Election de ladite Ville d'Eu, préferablement audit demandeur,
qui les aura au contraire préferablement audit Garnier de la Cour Dubois ; & pour le trouble à lui donné, qu'ils ſoient condamnez en tous les dépens, dommages & intereſts, d'une part : Et Maître Laurent
Lenclos, Prêtre, Curé de la Paroiſſe de la Sainte
Trinité de la Ville d'Eu ; & Laurent Gourdin, Bedeau & Serviteur de ladite Egliſe, défendeurs, d'autre. Et entre ledit ſieur du Maſt, demandeur en Requeſte par lui préſentée à notre Conſeil, le 13 Janvier 1699, tendante à ce que l'Arreſt de notre Conſeil du 2 Decembre dernier 1698, intervenu entre lui

& ledit Garnier de la Cour Dubois, soit déclaré commun avec lesdits Défendeurs; qu'il soit ordonné qu'il sera executé selon sa forme & teneur; & que les fins & conclusions par lui précedemment prises, lui soient adjugées; ce faisant, ordonne l'execution de nos Edits & Declarations, Arrests & Reglemens intervenus en conséquence; & en conformité d'iceux, qu'il soit ordonné que le demandeur aura l'Eau-benîte & le Pain-beni préferablement aux Habitans de ladite Paroisse, & à tous autres inferieurs en ordre à lui : que ledit Lenclos soit condamné lui donner l'Eau-benîte, & ledit Gourdin le Pain-beni avant & préferablement aux Habitans de ladite Paroisse, & à tous autres inferieurs en ordre à lui ; & pour le trouble, la désobéissance & la contravention audit Arrest, qu'ils soient condamnez envers lui en cinq cens livres de dommages & interests , & en telle amende qu'il plaira à notre Conseil, & aux dépens, d'une part ; & lesdits Lenclos & Gourdin, défendeurs, d'autre. Après que Destrehan, Avocat pour ledit sieur du Mast, présent à l'Audience, assisté de le Févre son Procureur, a été oüi & conclu en ses Requestes & demandes ; Evrard, Avocat pour ledit Lenclos, assisté de Moreau son Procureur : Doresmieus, Avocat pour ledit Gourdin, assisté de Cochin son Procureur, ont été oüis ; & que Benoist de Saint-Port pour notre Procureur General, a aussi été oüi. ICELUI NOTREDIT GRAND CONSEIL, a ordonné & ordonne, que l'Arrest de notre Conseil du 2 Decembre dernier sera executé ; ce faisant, que le Pain-beni sera donné par la Partie de Doresmieus à celle de Destrehan par préference à ceux qui lui sont inferieurs ; & enjoint à la Partie d'Evrard de faire l'aspersion de l'Eau-benîte, comme il a accoutumé, sans distinction de personne, au préjudice de la Partie de Destrehan, dépens compensez. Si donnons en mandement au premier des Huissiers de notredit Conseil, en ce qui est executoire en notredit Cour & suite, &

hors d'icelle , audit Huissier ou autre notre Huissier
ou Sergent sur ce requis, qu'à la requeste dudit sieur
du Mast, le présent Arrest il mette à due & entiere
execution, selon sa forme & teneur : de ce faire te
donnons pouvoir, sans pour ce demander Placet ni
Parcatis. Donné en notredit Conseil à Paris le vingt-
troisiéme Janvier, l'an de grace mil six cens quatre-
vingt-dix-neuf, & de notre Regne le cinquante-
sixiéme. Collationné. Par le Roy}, à la relation des
Gens de son Grand Conseil. Signé, LE NORMANT,
avec paraphe.

Arrest contradictoire du Grand Conseil, rendu en
faveur des Officiers Gardes de la Porte de Sa Majesté, pour les rangs, préséances & prééminences
ès Assemblées generales & particulieres, pour le
Pain-beni, & autres droits honorifiques de l'Eglise.
Du 31 Janvier 1699.

LOUIS par la grace de Dieu , Roy de France
& de Navarre : A tous ceux qui ces presentes
Lettres verront ; Salut. Sçavoir faisons, comme par
Arrest ce jourd'hui donné en notre Grand Conseil,
entre Jean de Proust, Ecuyer, sieur du Plan, Garde
de notre Porte, demeurant au Bourg de Montigny,
demandeur suivant l'Exploit libellé du 25 Mai 1698,
controllé à Illiers le 28 , fait en vertu de notre Declaration & Lettres Patentes, des 7 Juin 1659, & 3 May
1673, à ce que les défendeurs ci-après nommez soient
condamnez en telle amende qu'il plaira à notre Conseil, pour les contraventions par lui faites ausdites
Declaration, Lettres Patentes, & Arrest d'enregistrement du Conseil, du 20 Juillet audit an 1673, à
lui signifié le 25 Janvier 1698 ; ledit défendeur s'é-
tant opposé violemment au rang & préséance due audit demandeur à cause de sa Charge, dans les Assemblées & Processions qui se sont faites les Dimanches
26 Janvier & 2 Fevrier audit an 1698, ayant voulu
préceder ledit demandeur, & en outre que défenses
H h iij

lui soient faites à l'avenir de troubler ni inquiéter ledit Demandeur dans les droits honorifiques & Assemblées generales & particulieres où il doit préceder en
qualité de l'un des Gardes de notre Porte, les Juges
non Royaux, conformément à nos Declarations données en faveur des Officiers commensaux de notre
Maison; & que ledit défendeur soit condamné aux dépens, d'une part. Et Maître Michel Cadot, Avocat
en Parlement, Bailli de la Châtellenie de Montigny
& annexes, défendeur, d'autre part. Et entre ledit
sieur de Proust, demandeur en Requeste du 7 Juillet
dernier, à ce qu'en lui adjugeant les conclusions par
lui prises, par son Exploit du 25 Mars 1698, & icelles
expliquant, il soit ordonné que notre Declaration du
7 Juillet 1659, Arrests & Reglemens rendus en consequence, seront executez selon leur forme & teneur;
ce faisant, que le demandeur soit maintenu & gardé
dans le droit de préceder le défendeur, & autres Officiers de la Justice de Montigny, en toutes les Assemblées generales & particulieres: qu'il soit ordonné
que le Pain-beni lui sera présenté avant eux, & que
défenses soient faites audit Cadot de plus troubler le
Demandeur dans les rangs, préséances & autres prérogatives attribuez à sa Charge: & pour l'avoir fait,
qu'il soit condamné en telle amende qu'il plaira à
notre Conseil; & aux dommages, interests & dépens,
d'une part: & ledit Cadot défendeur, d'autre. Et entre ledit Maître Michel Cadot, demandeur suivant sa
Requeste présentée à notre Conseil le 12 Aoust audit
an 1698, à ce qu'il soit reçû opposant à l'execution de
l'Arrest de notre Conseil contre lui rendu par défaut
le 17 Juillet dernier, signifié le 4 dudit mois d'Aoust;
& faisant droit sur ladite opposition, qu'il soit déchargé des condamnations & dispositions prononcées
contre lui par ledit Arrest, avec dépens, d'une part.
Et ledit sieur de Proust, défendeur, d'autre part. A-
près que Goguet, Avocat pour ledit de Proust, présent à l'Audience de notre Conseil, assisté de Mahieu

son Procureur, a conclu en ses demandes, & requis que le défendeur fût débouté de son opposition : Evrard, Avocat pour ledit Cadot, assisté de Pastes son Procureur, a été oüi, & pareillement conclu en sa Requeste d'opposition : & Benoist de Saint Port pour notre Procureur General, a aussi été oüi. ICE-LUI NOTREDIT GRAND CONSEIL, a reçû la Partie d'Evrard opposant à l'Arrest de notre Conseil ; & faisant droit au principal, ordonne que nos Edits & Declarations seront executées ; ce faisant, a maintenu & gardé la Partie de Goguet dans le droit de preceder la Partie d'Evrard, & autres Officiers de la Justice de Montigny en toutes Assemblées generales & particulieres. Ordonne que le Pain-beni lui sera présenté avant ladite Partie d'Evrard : condamne ladite Partie d'Evrard aux dépens. Si donnons en mandement au premier des Huissiers de notredit Conseil, en ce qui est executoire en notredite Cour & suite, & hors d'icelle, audit Huissier ou autre notre Huissier ou Sergent sur ce requis ; qu'à la requeste dudit sieur de Proust, le présent Arrest il mette à dûe & entiere execution, selon sa forme & teneur : de ce faire te donnons pouvoir, sans pour ce demander Placet ni Pareatis. Donné en notredit Conseil à Paris le trente-unième de Janvier, l'an de grace mil six cens quatre-vingt-dix-neuf, & de notre Regne le cinquante-sixiéme. Collationné. Signé, Par le Roy, à la relation des Gens de son Grand Conseil, LE NORMANT. Et scellé du grand Sceau Royal de Sa Majesté de cire jaune.

Arrest du Conseil, qui confirme les Officiers commensaux dans la qualité d'Ecuyer.

Du 24 Mars 1699.

Extrait des Registres du Conseil d'Etat.

SUR la Requeste présentée au Roy en son Conseil, par les Porte-manteaux, Huissiers de la Chambre & du Cabinet, Valets de Chambre & de Garde-

robe de Sa Majesté, contenant qu'il leur auroit été
expedié le 26 Mars 1697, des Lettres Patentes, par
lesquelles la disposition de celles du mois de Juillet
1653, se trouve entierement renversée au principal
point, qui est, que Sa Majesté voulant traiter les
Supplians encore plus favorablement que n'avoient
fait les Rois ses prédecesseurs, Elle auroit ordonné
que ceux qui décederoient revêtus de leurs Charges,
ou les auroient exercées pendant vingt ans, fillent
souche à Noblesse, pour en jouir leurs veuves, enfans nez & naître en loyal mariage, mâles & femelles
& leurs descendans ; & par les nouvelles Lettres Patentes accordées à ses Valets de Garderobe, quoiqu'on ait étendu à eux le benefice desdites Lettres du
mois de Juillet 1653, on a restraint ladite grance par-
ces termes, qu'ils jouiront du titre d'Ecuyer, & seront reputez Nobles, tant qu'ils seroient revêtus de
leurs Charges ou de Lettres de Veteran, laquelle restriction produiroit dans la suite son effet envers
& contre les Supplians, d'autant que dans lesdites
Lettres Patentes les Huissiers, Valets de Chambre &
Porte-manteaux, sont nommez indistinctement
avec les Valets de Garderobe, comme si lesdites Lettres étoient communes aux uns & aux autres : cependant les Supplians ne peuvent se persuader que
l'intention de Sa Majesté ait été de révoquer une
grace aussi importante qu'est celle qu'elle a attachée
à leurs Charges & à leurs services dans lesdites Charges : ce qu'ils ont tout lieu de ne pas croire, d'autant
que cette grace leur a été accordée par un Edit perpetuel & irréyocable, qui ne doit point être reputé
caduque, faute d'avoir été enregistré dans les Cours
ordinaires ; puisque la déference que Sa Majesté a
pour ses Cours, ne donne pas la consommation & la
stabilité à ses volontez absolues, mais qu'elle sert
seulement à empêcher que les graces qu'elle accorde,
n'y soient contestées dans les cas qui sont portez aux
Jugemens desdites Cours. A CES CAUSES, re-

queroient les Supplians, qu'il plût à Sa Majesté leur
accorder des Lettres de surannation, à l'effet de faire
enregistrer dans les Cours les Lettres Patentes du
mois de Juillet 1653 ; & ce en conformité de celles
qui leur furent accordées au mois de Mars 1661 ; &
en conséquence ordonner qu'eux & leurs successeurs
jouiront de l'effet de l'Edit du mois de Juillet 1653,
sans aucune restriction, à cause de nouvelles Lettres
accordées aux Valets de Garderobe, dans lesquelles
les Valets de Chambre, Porte-manteaux, & Huissiers
de la Chambre & du Cabinet ont été compris. Vû ladite Requeste, lesd. Lettres du mois de Juillet 1653,
les nouvelles Lettres du 26 Mars 1697, ci-dessus dattées & énoncées, & autres Pieces produites par les
Supplians: Oüi le Rapport du Sr Phelypeaux de Pontchartrain, Conseiller ordinaire au Conseil Royal,
Controlleur general des Finances. LE ROY EN
SON CONSEIL, a permis & permet aux Supplians de prendre la qualité d'Ecuyers, tant qu'ils
seront revêtus de leurs Offices, ou après les avoir
exercez pendant vingt-cinq ans, & avoir obtenu des
Lettres de Veteran, sans qu'ils puissent prendre ladite
qualité, s'ils se défaisoient desdites Offices avant ledit temps de vingt-cinq ans d'exercice, & sans qu'en
aucun cas elle puisse passer à leurs descendans, & à
cette fin toutes Lettres seront expediées. Fait au Conseil d'Etat du Roy, tenu à Versailles le vingt-quatriéme jour de Mars mil six cens quatre-vingt-dix-neuf.

Arrest qui permet aux Huissiers de l'Anti-Chambre de
prendre la qualité d'Ecuyers.

Du 5 May 1699.

Extrait des Registres du Conseil d'Etat.

SUr la Requeste presentée au Roy étant en son
Conseil, par les deux Huissiers ordinaires de
l'Anti Chambre du Roy, contenant qu'encore qu'ils
ayent toujours été considerez par rapport à leurs
Charges, comme les autres Officiers servans dans la

Chambre de Sa Majesté, que souvent par ses ordres ils ayent fait réciproquement les fonctions de leurs Charges avec ceux de la Chambre, ayant l'avantage des Ordinaires : néanmoins les Huissiers de la Chambre, les Porte-manteaux, les Valets de Chambre & les Valets de Garderobe ont obtenu un Arrest du Conseil le 24 Mars dernier, qui les maintient au droit de prendre la qualité d'Ecuyers, dans lequel Arrest, sous prétexte que les Supplians n'y ont point été compris, on prétend qu'ils ne doivent point avoir la même faculté, comme s'il avoit été jamais fait aucune différence des uns & des autres par rapport aux privileges. Sur quoi les Supplians ayant un interest sensible de sçavoir les intentions de Sa Majesté, d'autant plus que par Arrest du Conseil du 26 Fevrier 1661, rendu entre les Officiers de l'Election de Clermont, & le sieur Rebergues, Huissier ordinaire de la Chambre du Roy, il est porté que tant lui que les autres Huissiers, Valets de Chambre, Porte-manteaux, Valets de Garderobe, Huissiers du Cabinet & Anti-Chambre du Roy, precederont lesdits Officiers de l'Election & Grenier à Sel, lequel Arrest dénote évidemment qu'ils n'ont tous que le même privilege. Vû ladite Requeste, ledit Arrest du 16 Fevrier 1661, celui du 24 Mars dernier ci-dessus énoncez ; Et tout consideré : LE ROY ETANT EN SON CONSEIL, a déclaré & déclare ledit Arrest du 24 Mars dernier, commun avec les Supplians : Et en conséquence les a maintenus au droit de prendre la qualité d'Ecuyers, tant qu'ils seront revêtus de leurs Offices ; & ordonne qu'ils jouiront des mêmes prérogatives & privileges que les Valets de Chambre, Valets de Garderobe, Porte-manteaux & Huissiers de la Chambre de Sa Majesté ; & pour l'execution du present Arrest, toutes Lettres à ce nécessaires seront expediées. Fait au Conseil d'Etat du Roy, Sa Majesté y étant, tenu à Versailles le cinquiéme jour de May 1699. Signé, PHELYPEAUX.

Arreſt qui permet aux Garçons de la Chambre du Roy ,
de prendre la qualité d'Eeuyers.
Du 18 May 1699.
Extrait des Regiſtres du Conſeil d'Etat.

LE ROY s'étant fait repreſenter ſes Lettres Patentes du 26 Mars 1697 , par leſquelles Sa Majeſté auroit maintenu ſes Porte-manteaux, les Huiſſiers de ſa Chambre & de ſon Cabinet, & ſes Valets
de Chambre & de Garderobe en la qualité d'Ecuyers,
pour en jouir tant qu'ils ſeroient revêtus de leurs
Charges, ou qu'ils en auroient obtenu Lettres de
Veteran: l'Arreſt du 24 Mars 1699, par lequel en
interpretant, en tant que de beſoin, leſdites Lettres
Patentes, Sa Majeſté auroit de nouveau permis auſdits Officiers de prendre ladite qualité d'Ecuyers,
tant qu'ils ſeroient revêtus de leurs Charges, ou
qu'ils en auront obtenu Lettres de Veteran, après
vingt-cinq ans de ſervice, ſans qu'ils puiſſent prendre
la qualité d'Ecuyers, s'ils ſe démettent deſdites Charges avant le temps de 25 années d'exercice, &
ſans qu'en aucun cas ladite qualité d'Ecuyer puiſſe
paſſer à leurs deſcendans. Et Sa Majeſté voulant traiter auſſi favorablement les ſix Garçons de ſa Chambre, en conſideration des ſervices fideles & aſſidus
qu'ils rendent à leurs Charges : SA MAJESTE'
ETANT EN SON CONSEIL, a déclaré &
déclare leſdites Lettres du 26 Mars 1697, & ledit
Arreſt du 24 Mars 1699, communs avec leſdits Garçons de ſa Chambre, pour par eux jouir de l'effet
& contenu en iceux, ainſi que leſdits Porte-manteaux, Huiſſiers de ſa Chambre & Cabinet, Valets
de Chambre & de Garderobe. Fait au Conſeil d'Etat
du Roy, Sa Majeſté y étant, tenu à Marly le dix-
ſeptiéme May mil ſix cens quatre-vingt-dix-neuf.

Signé, **PHELYPEAUX.**

Déclaration en faveur des Officiers de la Chambre
& Garderobe y dénommez, pour jouir de la
qualité d'Ecuyers.
Du 25 May 1699.

LOUIS par la grace de Dieu, Roy de France
& de Navarre : A tous ceux qui ces preſentes
Lettres verront ; Salut. Ayant toujours déſiré traiter
favorablement nos Porte-manteaux, les Huiſſiers de
notre Chambre & de notre Cabinet, nos Valets de
Chambre & de Garderobe, Nous aurions en confirmant & interpretant diverſes Déclarations données
en leur faveur par les Rois nos prédeceſſeurs & par
Nous, fait expedier nos Lettres du 26 Mars 1697,
par leſquelles nous aurions maintenu les Officiers
ſuſdits en la qualité d'Ecuyers à eux attribuée par
leſdites Déclarations, & ordonné qu'ils en jouiroient
tant qu'il ſeroient revêtus de leurs Charges, ou qu'ils
auroient obtenu nos Lettres de Véteran, ſans y pouvoir être troublez ni inquiétez ; depuis lequel temps
s'étant meu quelque difficulté ſur l'execution de noſdites Lettres du 26 Mars 1697, Nous aurions par Arreſt de notre Conſeil du 24 Mars dernier, rendu en
interpretation de noſdites Lettres, permis à nos Officiers ſuſdits de prendre la qualité d'Ecuyers, tant
qu'ils ſeront revêtus de leurs Charges, ou après les
avoir exercées pendant vingt-cinq années, & avoir
obtenu nos Lettres de Véteran, ſans qu'ils puiſſent
prendre la qualité d'Ecuyers, s'ils ſe démettent de
leurs Charges avant le temps de vingt-cinq ans de
ſervice, & ſans qu'en aucun cas elle puiſſe paſſer à
leurs deſcendans, leſquelles Lettres & Arreſt nous
aurions déclaré communs avec les ſix Garçons de
notre Chambre, par Arreſt du 17 du preſent mois de
May ; comme auſſi nous aurions permis par Arreſt de
notre Conſeil du 5 dudit mois, aux Huiſſiers de notre
Anti-Chambre de prendre la qualité d'Ecuyers, ainſi
que leſdits Huiſſiers de notre Chambre & de notre

Cabinet : Et voulant faire jouir nofdits Officiers de
l'effet defdites Lettres & Arrefts. A ces Causes,
& autres confiderations à ce nous mouvans, en confirmant nofdites Lettres du 26 Mars 1697, & lefdits
Arrefts des 24 Mars, 5 & 17 May de la prefente année, nous avons permis & permettons par ces Prefentes fignées de notre main, à nofdits Porte-manteaux,
aux Huiffiers de notredite Cabinet, Chambre, Anti-
Chambre, à nos Valets de Chambre & de Garderobe,
& aux fix Garçons de notre Chambre, de prendre la
qualité d'Ecuyers, tant qu'ils feront revêtus de leurs
Charges, ou lors qu'après vingt-cinq de fervice ils
auront obtenu nos Lettres de Véteran efdites Charges, fans qu'ils puiffent prendre ladite qualité d'E-
cuyers, après qu'ils fe feront démis defdites Charges, & qu'ils n'auront obtenu nos Lettres de Véteran : Voulant qu'en aucun cas ladite qualité d'Ecuyer
ne puiffe paffer à leurs defcendans, à caufe defdites
Charges. Si donnons en Mandement à nos amez &
feaux Confeillers les Gens tenans notré Cour de Parlement, Chambre des Comptes & Cour des Aydes à
Paris, que ces Prefentes ils ayent à faire regiftrer, &
du contenu en icelles faire jouir & ufer nofdits Porte-
manteaux, les Huiffiers de notre Cabinet, Chambre
& Anti-Chambre, nos Valets de Chambre & de Garderobe, & les Garçons de notre Chambre pleinement
& paifiblement, céffant & faifant ceffer tous troubles
& empêchement : Car tel eft notre plaifir. En témoin
de quoi Nous avons fait mettre notre Scel à cefdites
Prefentes. Donné à Verfailles le vingt-cinquiéme
jour de May, l'an de grace mil fix cens quatre-vingt-
dix-neuf, & de notre Regne le cinquante-feptiéme.
Signé, LOUIS. Et fur le repli : Par le Roy, Phelypeaux. Et fcellées.

Regiftrées au Parlement, Chambre des Compes, &
Cour des Aydes, les 3, 16 & 22 Juin 1699.

Arrest du Conseil d'Etat, en faveur des Porte-malles &
Garçons de la Garderobe, pour jouir de la
qualité d'Ecuyer.
Du 1 Decembre 1699.
Extrait des Registres du Conseil d'Etat.

LE ROY s'étant fait representer en son Conseil l'Arrêt rendu en icelui le 17 May dernier, & les Lettres Patentes du 25 dudit mois, par lesquelles Sa Majesté auroit accordé aux six Garçons de sa Chambre la permission de prendre la qualité d'Ecuyers, tant qu'ils seront revêtus de leurs Charges, ou qu'après vingt-cinq ans de service, ils auront obtenu des Lettres de Véterans esdites Charges, avec cette condition qu'ils ne pourront prendre ladite qualité d'Ecuyer, après qu'ils se seront démis desdites Charges, sans avoir obtenu des Lettres de Véterans, & qu'en aucun cas ladite qualité puisse passer à leurs descendans, à cause desdites Charges, ou Sa Majesté voulant faire la même grace aux Porte-malles ordinaires & aux quatre Garçons de sa Garderobe, de la fidelité & assiduité desquels Elle est satisfaite. SA MAJESTE' ETANT EN SON CONSEIL, a déclaré & déclare ledit Arrest & Lettres Patentes des 17 & 25 May 1699, communs avec les Porte-malles & lesdits Garçons de sa Garderobe; & en consequence ordonne qu'ils jouiront de l'effet & contenu en iceux, ainsi que les Garçons de sa Chambre. Fait au Conseil d'Etat du Roy, Sa Majesté y étant, tenu à Versailles le premier jour de Decembre mil six cens quatre-vingt-dix-neuf.

Signé, PHELYPEAUX.

Arrest du Conseil d'Etat du Roy, qui maintient les
Valets de Chambre de Madame la Dauphine
dans la qualité d'Ecuyer.
Du 13 Juillet 1700.
Extrait des Registres du Conseil d'Etat.

VEU au Conseil d'Etat du Roy, la Requeste
presentée en icelui par René Havart, Valet de
Chambre de Madame la Dauphine, contenant qu'il
a été assigné par exploit du 29 Avril dernier à la
requeste de Me Charles de la Cour de Beauval, chargé par Sa Majesté du recouvrement des sommes qui
doivent provenir de la recherche des Usurpateurs du
titre de Noblesse, pour se voir condamner en 2500
livres d'amende pour avoir pris la qualité de Messire,
de Chevalier, ou Ecuyer, laquelle assignation & demandes sont insoutenables. 1°. Parce qu'en qualité
de Valet de Chambre de Madame la Dauphine, on
ne peut pas raisonnablement lui contester celle celle
d'Ecuyer qui en fait une des prérogatives. 2°. Que la
Cour de Beauval donne lui-même au Suppliant cette
qualité d'Ecuyer, Valet de Chambre par son exploit. 3°. Que l'acquisition (si c'en est une) a été
jugée contre de Beauval en faveur des Huissiers de
Chambre & Valets de Chambre de la Reine, de ceux
de Madame la Dauphine & de Madame de Bourgogne par plusieurs Ordodnances de Messieurs les Intendans, & Arrests du Conseil d'Etat du Roy, entre
autres par celui donné à Marly le 8 Avril 1698, avec
défenses de les y troubler : quant aux qualitez de
Messire & de Chevalier, il ne les a jamais prises. A
CES CAUSES, requeroit le Suppliant qu'il plût à
Sa Majesté lui donner acte de ce que pour moyens de
défenses contre ladite assignation & demandes il em-
ploye le contenu en ladite Requeste, ensemble lesdits exploits & Arrests y attachez, & en conséquence le décharger d'icelles, défenses de l'inquiéter, &
condamner ledit sieur de la Cour de Beauval aux dé-

pens. Veu ladite Requeste, l'Extrait de la Cour des Aydes arrêté en l'année 1690, dans lequel il est employé, l'Arrest du Conseil rendu en faveur des Huissiers & Valets de Chambre de Madame la Duchesse de Bourgogne, qui les maintient au droit de prendre la qualité : Oüi le Rapport du sieur Chamillart, Conseiller ordinaire au Conseil Royal, Controlleur General des Finances : LE ROY EN SON CONSEIL, ayant égard à ladite Requeste, a déchargé & décharge le Suppliant de l'assignation qui lui a été donnée le 29 Avril dernier pour raison de la qualité d'Ecuyer ; fait Sa Majesté défenses audit de la Cour de Beauval de faire aucunes poursuites & procedures sur icelle, à peine de tous dépens, dommages & interests. Fait au Conseil d'Etat du Roy, tenu à Maly le treiziéme jour de Juillet mil sept cens. Collationné. Signé, RANCHIN.

Arrest du Conseil d'Etat du Roy, en faveur de Mazieres, Huissier de la Chambre du Roy.

Du 14 Septembre 1700.

Extrait des Registres du Conseil d'Estat.

SUR la Requeste presentée au Roy en son Conseil par Alexis Buat, Ecuyer Sieur de Mazieres, Garde de la Marine, contenant qu'encore qu'il soit fils d'un Huissier de la Chambre du Roy, & que suivant les privileges accordez à ces Charges, il soit en droit de prendre la qualité d'Ecuyer, néanmoins ayant été assigné pardevant le sieur Phelypeaux, Intendant de la Generalité de Paris, pour rapporter le titre, il a été condamné en l'amende de 2000 livres ; ce qui l'oblige d'avoir recours à Sa Majesté, & de lui representer très-humblement que Henry IV. par ses Lettres Patentes du mois d'Octobre 1594, a déclaré qu'il sera loisible à ses Valets de Chambre, de Garderobe, Porte-manteaux, Huissiers de Chambre, tant pour le passé que pour l'avenir, de se qualifier, & user du titre d'Ecuyer, pour en jouir par eux & leurs

leurs enfans, lefquelles Lettres ont été confirmées
par le feu Roy aû mois de May 1611, & par Sa Majefté au mois de Juillet 1653, avec la claufe que ceux
qui mourront revêtus, feront fouche à Nobleffe :
c'eft fur des termes auffi pofitifs & auffi précis, que le
Suppliant dont le pere eft mort revêtu d'un de ces
Offices, s'eft crû en droit de prendre la qualité d'E-
cuyer, qui n'eft point conteftée aux defcendans des
Huiffiers de la Chambre du Roy ; ce qui auroit dû
l'empêcher d'être condamné, s'il n'y avoit eu de la
précipitation de la part du Traitant, à deffein de fur-
prendre la religion dudit fieur Phelypeaux. A CES
CAUSES, requeroit le Suppliant, qu'il plût à Sa Majefté le décharger de ladite condamnation, avec défenfes audit Traitant de faire aucunes pourfuites contre lui pour raifon de ce. Vû fadite Requefte, lefd'ts
Lettres du mois d'Octobre 1594, celles du mois de
May 1611, & du mois de Juillet 1653, l'Ordonnance rendue par ledit fieur Phelypeaux, Et tout confideré : Oüi le Rapport du fieur Chamillart, Confeiller ordinaire au Confeil Royal, Controlleur General
des Finances. LE ROY EN SON CONSEIL,
ayant égard à ladite Requefte, a déchargé & décharge le Suppliant du payement de la fomme de 2000
livres & de 2 fols pour livre, à laquelle il a été condamné par ledit fieur Phelypeaux pour raifon de la
qualité d'Ecuyer ; fait Sa Majefté défenfes à Me Charles de la Cour de Beauval, de mettre l'Ordonnance
dudit fieur Phelypeaux à execution, à peine de tous
dépens, dommages & interefts. Fait au Confeil d'E-
tat du Roy, tenu à Marly le quatorziéme jour de
Septembre mil fept cens. Signé, RANCHIN, avec
paraphe.

*Collationné à l'Original par Nous Ecuyer Confeiller
Secretaire du Roy, Maifon, Couronne de France & de
fes Finances. Signé, FONTAINE.*

Arreſt contradictoire du Grand Conſeil du Roy,
rendu en faveur des Officiers Gardes de la Prevôté
de l'Hôtel, pour les droits honorifiques, & la préſeance ſur les Officiers des Juſtices ſubalternes.

Du 20 Novembre 1700.

LOUIS par la grace de Dieu, Roy de France
& de Navarre: A tous ceux qui ces preſentes
Lettres verront; Salut. Sçavoir faiſons, comme par
Arreſt de ce jourd'hui donné en notre Grand Conſeil, entre Jacques Deſnoyers, Garde en la Prevôté
de notre Hôtel, & grande Prevôté de France, demandeur, ſuivant la commiſſion de notre Conſeil du 22
May 1700, & Exploit d'aſſignation donné en conſequence le 27 dudit mois de May, controllé à Rochefort le même jour, à ce qu'il ſoit dit & ordonné que
les Edits & Déclarations de Nous, & Arreſts de notre Conſeil, intervenus en faveur des Commenſaux
de notre Maiſon, ſeront executez ſelon leur forme &
teneur, en conſequence que défenſes ſoient faites au
défendeur ci-après nommé, & tous autres, de troubler ledit demandeur dans les droits honorifiques &
préſeance à lui attribuez, à cauſe de ſadite Charge,
ſur ledit défendeur, & autres, dans leſquels ledit demandeur ſoit maintenu & gardé, & entr'autres choſes que défenſes ſoient faites audit défendeur, Juge-
Maire de la Juſtice ſubalterne de Saint Arnoult, ou
autres Officiers d'icelle, de préceder ledit demandeur ès Proceſſions qui ſe feront, & autres ceremonies, & de ſe faire donner le Pain-beni avant ledit
demandeur par les Bedeaux & Marguilliers de ladite
Paroiſſe; & pour l'avoir fait, ſuivant qu'il eſt porté
par le procès-verbal du 12 Avril de la preſente année, que ledit défendeur ſoit condamné en telle
amende qu'il plaira à notre Conſeil, & en tous leſdits
dépens, dommages & intereſts dudit demandeur,
d'une part; & Me André Peret, Juge-Maire de la
Mairie du Prieuré de Saint Arnoult en Iveline, dé-

sendeur, d'autre part; &   Chevalier, Avocat pour ledit Desnoyers, présent à l'Audience de notre Conseil, assisté de Parley son Procureur, a été oüi, & conclu en sa demande; Doremieux, Avocat pour ledit Peret, assisté de Vorse son Procureur, a été oüi, & dit que par ses défenses du 23 Juillet dernier, il a acquiescé à la demande dudit Desnoyers, ne pouvant contester les droits honorifiques & préseance à lui at-tribuez à cause de sadite Charge, pourquoi soutient qu'il ne lui doit être alloué aucuns dépens, n'y ayant fait aucune contestation, & qu'Olier pour notre Pro-cureur General a pareillement été oüi. ICELUI NOTREDIT GRAND CONSEIL, ordon-ne que nos Edits & Déclarations seront executez; en consequence a maintenu la Partie de Chevalier dans la préseance, & autres droits honorifiques, portez par icelle sur la Partie de Doremieux : condamne la Partie de Doremieux aux dépens jusqu'au jour dudit consentement, signifié à la Partie de Chevalier, dans la taxe desquels dépens les frais de séjour & de voya-ge ne pourront entrer. Si donnons en mandement au premier des Huissiers de notredit Conseil, en ce qui est executoire en notredite Cour & suite, & hors d'i-celle, ausdits Huissiers ou autre notre Huissier ou Sergent sur ce requis, qu'à la requeste dudit Des-noyers, ce present Arrest il mette à düe & entiere execution, selon sa forme & teneur : de ce faire te donnons pouvoir, sans pour ce demander Placet ni Pareatis. Donné à notredit Conseil à Paris, le vingt-neuf Novembre l'an de grace mil sept cens, & de notre Regne le cinquante-huit. Signé sur le repli : Par le Roy, à la relation des Gens de son Grand Conseil. Signé, LE NORMAND.

Declaration du Roy, pour faire jouir des Privileges les Officiers de feu Monsieur.

Du 23 Juillet 1701.

LOUIS par la grace de Dieu, Roy de France & de Navarre : A tous ceux qui ces presentes Lettres verront ; Salut. L'amitié que Nous portions à feu notre très-cher & très-amé Frere unique Philippes Fils de France, Duc d'Orleans, ne Nous permettant pas d'oublier ceux qui ont eu l'honneur de lui rendre service en qualité de ses Officiers, Nous avons voulu leur conserver leur vie durant les mêmes Privileges dont ils jouissoient ci-devant. A ces Causes, de notre grace speciale, pleine puissance & autorité Royale, Nous avons dit & declaré, disons & declarons par ces Presentes signées de notre main, voulons & nous plaît, que les Officiers Domestiques & Commensaux de la Maison de notredit Frere Duc d'Orleans, qui sont dénommez & compris dans l'Etat ci-attaché sous le contre-scel de notre Chancellerie ; jouissent leur vie durant de tels & semblables privileges, franchises & exemptions ; dont ils ont bien & dûement joui ou dû jouir du vivant de notredit Frere, & qui sont attribuez à leurs Charges par nos Edits, Declarations & Reglemens ; ensemble les veuves des decedez, & de ceux qui decederont ci-après, tant qu'elles demeureront en viduité. Si donnons en mandement à nos amez & feaux Conseillers les Gens tenans notre Cour des Aydes à Paris, que ces Presentes ils fassent registrer, & de l'effet & contenu en icelles jouir & user pleinement & paisiblement lesdits Officiers, Domestiques & Commensaux de notredit Frere employez audit Etat, & leurs Veuves pendant leur viduité, cessant & faisant cesser tous troubles & empêchemens : Car tel est notre plaisir. En témoin de quoi nous avons fait mettre notre Scel à cesdites Presentes. Donnée à Marly, le vingttroisiéme jour de Juillet, l'an de grace mil sept cens

un & de notre Regne le cinquante-neuviéme. Signé ;
LOUIS. Et sur le repli : Par le Roy. PHELYPEAUX.
Et scellée du grand Sceau de cire jaune ; Et sur le
même repli est écrit :

Regiſtrée en la Cour des Aydes. A Paris le 3 Aouſt
1701. Collationné. Signé, ROBERT.

Declaration du Roy, pour faire jouir des Privileges les Officiers de Monſieur le Duc d'Orleans.

Du 23 Juillet 1701.

LOUIS, par la grace de Dieu, Roy de France
& de Navarre : A tous ceux qui cés Presente
Lettres verront ; Salut. La naiſſance & le haut rang
que tient notre très-cher & très-amé neveu Philippes
d'Orleans, Duc d'Orleans, Nous ont porté à lui
aſſurer outre ſon appanage, une ſomme conſiderable, à prendre ſur notre Tréſor Royal, pour l'entretien de ſa Maiſon, & nous avons fixé le nombre des
Officiers dont elle ſera dorénavant compoſée, &
voulant qu'ils jouiſſent des privileges de nos Officiers Commenſaux. A CES CAUSES, de notre grace ſpeciale, pleine puiſſance & autorité Royale,
Nous avons dit & déclaré, diſons & déclarons par
ces Preſentes ſignées de notre main, voulons & nous
plaît, que les Officiers dont ſera compoſée la Maiſon
de notredit Neveu le Duc d'Orleans, dénommez en
l'Etat ci-attaché ſous le contre-ſcel de notre Chancellerie, jouiſſent dorénavant de tous, tels & ſemblables privileges dont nos Officiers, Domeſtiques
& Commenſaux ont droit de jouir ſuivant nos Edits,
Déclarations, Ordonnances & Reglemens faits ſur
ce ſujet : voulons qu'à cet effet l'Etat qui ſera arrêté
par notre Neveu des Officiers qui compoſeront dorénavant ſa Maiſon, pourvû néanmois qu'il ſoit conforme au nôtre, attaché à ceſdites Preſentes, ſoit
mis & reçû au Greffe de notre Cour des Aydes, pour
y avoir recours quand beſoin ſera. Si donnons en
mandement à nos amez & feaux Conſeillers les Gens

tenans notre Cour des Aydes à Paris ; que ces Presentes ils ayent à faire regiftrer, & le contenu en icelles executer felon leur forme & teneur : Car tel eft
notre plaifir. En témoin de quoi Nous avons fait
mettre notre Scel à cefdites Prefentes. Données à
Marly, le vingt-troifiéme jour de Juillet, l'an de
grace mil fept cens un, & de notre Regne le cinquante-neuviéme. Signé, L O U I S. Et fur le repli,
Par le Roy, PHELYPEAUX. Et fcellée du grand Sceau
de cire jaune. Et fur le même repli eft encore écrit :

Regiftrée en la Cour des Aydes, oüi, & ce requerant
le Procureur General du Roy, pour être executée felon fa
forme & teneur, à la charge que les noms en blanc
étant dans ledit Etat, ne pourront être remplis qu'en
vertu d'Arreft de ladite Cour. A Paris le 3 Aouft 1701.
Collationné. Signé, R O B E R T.

Declaration du Roy, portant attribution aux Officiers de la Maifon de S. A. S. Monfieur le Prince,
de pareils droits & Privileges qu'aux Officiers
Commenfaux de la Maifon du Roy.

Du 7 Septembre 1701.

LOUIS par la grace de Dieu, Roy de France
& de Navarre : A tous ceux qui ces prefentes
Lettres verront ; Salut. Les Princes de notre Sang
Royal, qui fe font trouvez honorez du titre de Premier Prince de notre Sang, ont toujours été diftin-
guez par des penfions & autres marques d'honneurs,
que les Rois nos prédeceffeurs & Nous-même leur
avons accordé. C'eft dans cette vûe que defirant traiter avec la même diftinction notre très-cher & très-
amé Coufin Henry-Jules de Bourbon, Prince de
Condé, premier Prince de notre Sang, premier Pair
& Grand-Maître de France, Chevalier de nos Ordres, Nous aurions réfolu d'établir fa Maifon, qui
fera compofée du nombre d'Officiers néceffaires pour
le fervir felon fa dignité & fon rang, conformément
à l'Etat que nous en avons aujourd'hui arrêté, &

voulant que lesdits Officiers jouissent des privileges
de nos Commensaux. A CES CAUSES, Nous avons
dit & déclaré, disons & déclarons par ces Presentes
signées de notre main, voulons & nous plaît, que les
Officiers dont sera composée la Maison de notredit
Cousin le Prince de Condé, dénommez en l'Etat ci-
attaché sous le contre-scel de notre Chancellerie,
jouissent dorénavant de tous, tels & semblables privileges dont nos Officiers, Domestiques & Commensaux ont droit de jouir, suivant nos Edits, Declarations, Ordonnances & Reglemens faits sur ce
sujet: Voulons qu'à cet effet l'Etat qui sera arrêté
par notredit Cousin le Prince de Condé, des Officiers
qui composeront dorénavant sa Maison, pourvû
néanmoins qu'il soit conforme au nôtre attaché à ces
Presentes, soit mis & reçû au Greffe de notre Cour
des Aydes pour y avoir recours, quand besoin sera.
Si donnons en mandement à nos amez & feaux
Conseillers les Gens tenans notre Cour des Aydes à
Paris, que ces Presentes ils ayent à faire registrer,
& le contenu en icelles executer selon sa forme &
teneur: Car tel est notre plaisir. En témoin de quoi
nous avons fait mettre notre Scel à cesdites Presentes. Donné à Versailles, le septiéme jour de Septembre, l'an de grace mil sept cens un, & de notre Regne le cinquante-neuviéme. Signé, LOUIS. Et
sur le repli: Par le Roy, PHELYPEAUX. Et scellé du
grand Sceau de cire jaune. Et sur le repli est encore
écrit:

Registrées en la Cour des Aydes, oüi, & ce reque-
rant le Procureur General du Roy, pour étre executées
selon leur forme & teneur, à la charge que les noms en
blanc compris dans ledit Etat ne pourront étre remplis
qu'en vertu d'Arrest de ladite Cour. A Paris le 13 Sep-
tembre 1701. Collationné. Signé, ROBERT.

Extrait des Regiſtres de la Cour des Aydes.

VEU par la Cour les Lettres Patentes du Roy
en forme de Declaration, données à Verſailles le ſeptiéme Septembre 1701, ſignées LOUIS,
& ſur le repli, Par le Roy, PHELYPEAUX, &
ſcellées du grand Sceau de cire jaune : Par leſquelles & pour les cauſes y contenues, ledit Seigneur
Roy veut & entend que les Officiers dont ſera compoſée la Maiſon de Monſieur le Prince de Condé,
dénommez en l'Etat attaché ſous le contre-ſcel de
ladite Declaration, jouiſſent dorénavant des mêmes
privileges dont ſes Officiers, Domeſtiques & Commenſaux ont droit de jouir. Vû auſſi ledit Etat ſigné
LOUIS, & plus bas PHELYPEAUX : Conclu-
ſions du Procureur General du Roy. Oüi le Rapport
de Me Abel de Sainte-Marthe, Conſeiller ; & tout
conſideré : LA COUR, a ordonné & ordonne
que leſdites Lettres ſeront regiſtrées au Greffe d'i-
celles, pour être executées ſelon leur forme & teneur, & jouir par les Officiers compris dans ledit Etat,
des privileges, immunitez & exemptions à eux attribuez par les Edits & Declarations du Roy, verifiez en ladite Cour, Arreſts & Reglemens d'icelle.
Fait à Paris en la premiere Chambre de ladite Cour
des Aydes, le treiziéme jour de Septembre mil ſept
cens un. Collationé. Signé, ROBERT.

Extrait des Regiſtres de la Cour des Aydes.

VEU par la Cour l'Etat des Officiers, dont le
Roy veut & ordonne que la Maiſon de Monſieur le Prince de Condé, premier Prince du Sang,
premier Pair & grand Maître de France, ſoit compoſée pour jouir des privileges des Commenſaux,
fait & arrêté à Verſailles le ſeptiéme jour de Septembre 1701, ſigné LOUIS, & plus bas PHELY-
PEAUX.

PEAUX. Vû aussi la Declration du Roy dudit jour, attachée audit Etat, pour faire jouir des privileges lesdits Officiers : Conclusions du Procureur General du Roy. Oüi le Rapport de Me Abel de Sainte-Marthe, Conseiller ; & tout consideré : LA COUR, a ordonné & ordonne que ledit Etat sera reçu & mis au Greffe d'icelle, pour jouir par les y dénommez des privileges, immunitez & exemptions à eux attribuez par les Edits & Declarations du Roy, verifiez en la Cour, Arrests & Reglemens d'icelle ; à la charge que les noms en blanc compris dans ledit Etat ne pourront être remplis qu'en vertu d'Arrest de ladite Cour. Fait à Paris en la premiere Chambre de ladite Cour des Aydes, le treiziéme Septembre mil sept cens un. Collationné.

Signé, ROBERT.

Arrest du Conseil d'Etat du Roy, qui confirme les Huissiers de la Chambre, Huissiers du Cabinet, & Valets de Chambre de Madame la Duchesse de Bourgogne en la qualité d'Ecuyer, & les exempte des Francs-Fiefs.

Du 14 Janvier 1702.
Extrait des Registres du Conseil d'Etat.

SUR la Requeste presentée au Roy en son Conseil, par les Huissiers de la Chambre, Huissiers du Cabinet, & Valets de Chambre de Madame la Duchesse de Bourgogne, contenant qu'ils ont droit de jouir des mêmes Privileges dont jouissent les Huissiers de la Chambre & du Cabinet, & les Valets de Chambre de Sa Majesté, & sur ce fondement ils ont été maintenus par Arrest du Conseil du 8 Avril 1698, au droit de prendre la qualité d'Ecuyer. Et comme par Arrests du Conseil des 9 Février & 19 Mars 1694, & 13 Novembre 1696, les Fouriers les Porte-manteaux & les Valets de Sa Majesté ont été déchargez des taxes de Francs-Fiefs qu'on leur demandoit en execution de l'Edit du mois d'Aoust

K k

1691, les Supplians qui doivent jouir des mêmes droits, avoient lieu d'esperer qu'on ne les inquiéteroit pas pour raison des Fiefs qu'il possedent ; néanmoins M° Etienne Chapelet, chargé du recouvrement des Francs Fiefs, poursuit le sieur Ventelon, Huissier de Madame la Duchesse de Bourgogne, pour le payement d'une somme de huit cens trente livres pour le droit de Francs-Fiefs, de quelques Fiefs qu'il possede ; ce qui oblige les Supplians d'avoir recours à Sa Majesté. A CES CAUSES, requeroient les Supplians qu'il plût à Sa Majesté décharger ledit Ventelon, & autres d'entr'eux, qui pourroient avoir été compris dans aucun Rolle de Francs-Fiefs, de toutes poursuites qu'on pourroit faire contr'eux pour raison de ce ; & faire défenses à Chapelet & tous autres de les troubler ni inquiéter, à peine de tous dépens, dommages & interests. Oüi le Rapport du sieur Fleuriau d'Armenonville, Conseiller ordinaire au Conseil Royal, Directeur des Finances, LE ROY ETANT EN SON CONSEIL, ayant égard à ladite Requeste, a déchargé & décharge ledit Ventelon & autres Huissiers de la Chambre & du Cabinet, & Valets de Chambre de Madame la Duchesse de Bourgogne, des taxes pour lesquelles ils peuvent avoir, où pourroient ci-après être compris dans les Rolles arrêtez au Conseil pour les droits de Francs-Fiefs, à cause des Fiefs qu'ils possedent ; & fait défenses audit Chapelet, ses Commis, Preposez & tous autres, de continuer lesdites poursuites pour raison de ce, à peine de tous dépens, dommages & interests. Fait au Conseil d'Etat du Roy, Sa Majesté y étant, tenu à Versailles le quatorziéme Janvier mil sept cens deux. Signé, PHELYPEAUX.

Arrest du Conseil d'Etat, qui décharge les Officiers de Monsieur le Duc d'Orleans des droits d'Heredité.
Du 18 Juillet 1702.
Extrait des Registres du Conseil d'Etat.

SUR la Requeste presentée au Roy en son Conseil par Monsieur le Duc d'Orleans, Petit-Fils de France, contenant que quoique par la concession de son appanage la nomination & provision des Offices lui appartiennent, & que le prest à l'Annuel lui soit dû, néanmoins Philippes Charnier, Commissaire aux Saisies réelles du Bailliage, Siege Presidial, Prevôté & autres Jurisdictions de Montargis, pourvû dudit Office par feu Monsieur, par Lettres de provision du 9 Mars 1701, a été compris dans un Rolle arrêté au Conseil le 11 Mars 1702, pour une somme de mille livres, & les deux sols pour livre, pour jouir de l'Heredité dudit Office, conformément à l'Edit du mois d'Aoust 1701; mais comme la provision dudit Office appartient à *Son Altesse Royale,* que feu Monsieur a pourvû ledit Charnier & ses predecesseurs, & que ledit Charnier a été compris par erreur dans ledit Rolle; que d'ailleurs par Arrest contradictoire du Conseil du 3 Juin 1690, feu Monsieur a été maintenu & gardé au droit de pourvoir aux Offices de Commissaires aux Saisies réelles, anciens & alternatifs des Duchez d'Orleans & de Chartres, avec défenses à toutes personnes de troubler ceux qui en étoient pourvûs, requeroit: A CES CAUSES, qu'il plût à Sa Majesté déclarer qu'Elle n'a entendu comprendre dans les Rolles arrêtez au Conseil les Offices de Commissaires aux Saisies réelles de l'Appanage; & en consequence décharger ledit Charnier de ladite taxe de mille livres, & des deux sols pour livre sur lui faite pour l'Heredité de sondit Office, & faire défenses aux Traitans, leurs Procureurs & Commis de faire aucunes poursuites ni contraintes contre ledit Charnier & autres pourvû. de

Kk ij

pareils Offices dans l'Appanage de Son Alteffe Royale, à peine de nullité, cinq cens livres d'amende, dépens, dommages & intereſts. Vû ladite Requeſte, les Lettres d'Appanage de feu Monſieur, du mois de Mars 1661 : les Quittances de Finances du Tréſorier des revenus caſuels de Son Alteſſe Royale : les Proviſions d'Etienne Quenneville & Leonard le Drouet, pourvûs dudit Office : celles dudit Charnier auſſi expediées par feu Monſieur : ledit Arreſt du Conſeil du 3 Juin 1690, & autres pieces y jointes, avec le commandement fait audit Charnier le 27 Avril dernier. Oüi le Rapport du ſieur Fleur au d'Armenonville, Conſeiller ordinaire au Conſeil Royal, Directeur des Finances : LE ROY EN SON CONSEIL, ayant égard à ladite Requeſte, a déchargé ledit Charnier de la taxe de mille livres, à laquelle il a été impoſé pour la confirmation d'Heredité : fait défenſes à Charles de la Cour de Beauval, chargé du recouvrement deſdites taxes, de le pourſuivre pour raiſon de ce, à peine de tous dépens, dommages & intereſts. Fait au Conſeil d'Etat du Roy, tenu à Verſailles le dix-huitiéme jour de Juillet mil ſept cens deux. Signé, RANCHIN.

Arreſt de la Cour des Aydes, portant défenſes aux Officiers de l'Election de Paris, d'obliger les Concierges, Jardiniers & autres Domeſtiques des Eccleſiaſtiques, Nobles & autres Privilegiez, de faire enregiſtrer à leurs Greffes, leurs Procurations, Certificats & Actes de Domeſticité, à peine d'interdiction.

Du 16 Octobre 1703.

Extrait des Regiſtres de la Cour des Aydes.

LOUIS par la grace de Dieu, Roy de France & de Navarre : Au premier Huiſſier de notre Cour des Aydes, ou autres ſur ce requis. Vû par notredite Cour la Requeſte à elle préſentée par notre Procureur General, contenant que ſous prétexte que par nos Edits des mois de May 1702, & Janvier 1703;

Nous avons ordonné que ceux qui jouissent de quelques privileges & exemptions, à cause des Offices dont ils sont pourvûs, ou à l'exercice desquels ils sont commis, & ceux qui sont commis & employez à la régie de nos Fermes, seroient tenus de faire enregistrer leurs titres aux Greffes des Elections dans l'étendue desquelles ils sont établis, & de payer à cet effet les droits qui seroient reglez, lesquels droits nous avons attribués aux Officiers des Elections, pour en jouir en Corps & faire bourse commune entr'eux; & par notre Declaration du 17 Juillet 1703, en forme de tarif, reglé les droits qui doivent être payez par les Officiers privilegiez, par ceux qui sont commis à l'exercice d'iceux, & par les Commis & Employez à la régie de nos Fermes, pour l'Enregistrement de leurs titres; il avoit été averti que les Officiers de l'Election de Paris, pour se procurer plusieurs enregistremens contre notre intention, & des émolumens extraordinaires, avoient envoyé dans les Paroisses de leur Ressort, des avertissemens pour engager les Concierges, les Jardiniers & autres Domestiques des Ecclesiastiques, des Nobles & autres Privilegiez qui ne sont point dénommez dans nosdits Edits & Declarations, & qui n'ont point de privilege personnel, de faire enregistrer à leur Greffe leurs Procurations & actes de domesticité, à quoi ils ne sont point tenus, ni par lesdits Edits de l'année 1702, ni par lesdits Edits & Declarations de 1703, non plus que par aucuns autres Edits & Declarations des années précedentes, dont & de quoi ayant reçû plusieurs plaintes, & pour éviter tous les abus qui pourroient s'ensuivre, ledit Procureur General a requis qu'il plût à notredite Cour ordonner que tous lesdits avertissemens envoyez par les Officiers de l'Election de Paris dans les Paroisses de leur Ressort, seront supprimez, & que défenses leur seront faites d'envoyer à l'avenir pareils avertissemens, ni d'obliger les Concierges, Jardiniers & autres Domestiques des Eccle-

K k iij

fiaftiques, Nobles & autres Privilegiez, de faire enregiftrer à leur Greffe leurs Procurations, Certificats
& actes de domefticité, à peine d'interdiction, & que
l'Arreft qui interviendroit fur ladite Requefte, feroit
lû, publié & affiché par tout où befoin feroit. Vû lefdits Edits & Declarations ci-deffus datez : Oüi le
Rapport de Me Auguftin le Comte de Graviers,
Confeiller ; & tout confideré : N O T R E D I T E
C O U R , ayant égard à ladite Requefte, a ordonné
& ordonne que tous les avertiffemens envoyez par les
Officiers de l'Election de Paris dans les Paroiffes de
leur Reffort, & dont eft queftion, feront fupprimez ;
leur fait défenfes d'envoyer à l'avenir pareils avertiffemens, ni d'obliger les Concierges, Jardiniers &
autres Domeftiques des Ecclefiaftiques, Nobles &
autres Privilegiez de faire enregiftrer à leur Greffe
leurs Procurations, Certificats & actes de domefticité, à peine d'interdiction, même reftituer les fommes, fi aucunes ils ont perçûes defdits Particuliers,
& que le prefent Arreft fera lû, publié & affiché par
tout où befoin fera. Si te mandons mettre le prefent
Arreft à execution ; de ce faire te donnons pouvoir.
Donné à Paris en la Chambre de noftredite Cour le
feiziéme Octobre, l'an de grace mil fept cens trois,
& de notre Regne le foixante-uniéme. Signé, Par la
Cour des Aydes, R O B E R T.

*Arreſt du Conſeil d'Etat qui décharge les Suiſſes habi-
tuez dans le Royaume, & qui viendront s'y habituer,
de faire enregiſtrer leurs Privileges aux Elections, ni
ailleurs.*

Du 18 Mars 1704.
Extrait des Regiſtres du Conſeil d'Etat.

LE ROY étant informé que les Officiers de pluſieurs Elections, prétendoient en conſequence
des Edits des mois de May 1702, & Janvier 1703,
par leſquels il a été ordonné que les Privilegiez ſeroient tenus de faire enregiſtrer les titres de leurs privileges aux Greffes des Elections; que les Suiſſes qui
ſont domiciliez dans l'étendue de leur Reſſort,
étoient obligez de faire enregiſtrer les titres des privileges accordez par Sa Majeſté & par les Rois ſes
prédeceſſeurs aux Suiſſes qui viendroient s'habituer
dans le Royaume, & que leſdits Officiers des Elections vouloient faire payer à chacun deſdits Suiſſes
les droits reglez par la Declaration du 17 Juillet
1703, pour l'enregiſtrement des titres des Privilegiez; faute de quoi ils leur faiſoient entendre qu'ils
demeureroient déchûs de leurs privileges; & d'autant que l'enregiſtrement ordonné par leſdits Edits &
Declarations ne concerne que ceux qui jouiſſent des
privileges & exemptions en conſequence des Offices
dont ils ſont pourvûs, ou à l'exercice deſquels ils ſont
commis, & que la diſpoſition deſdits Edits & Declarations, ne peut concerner ceux qui jouiſſent des
privileges & exemptions par des conceſſions particulieres; & d'ailleurs Sa Majeſté voulant que les
Suiſſes qui ſont actuellement demeurans dans le
Royaume, & ceux qui viendront s'y établir dans la
ſuite, jouiſſent des privileges & exemptions qui leur
ſont accordez, ſans pouvoir y être troublez ni inquiétez, ſous quelque prétexte que ce ſoit : Oüi le
Rapport du ſieur Chamillart, Conſeiller ordinaire
au Conſeil du Roy, Controlleur General des Finan-

ces : SA MAJESTE' EN SON CONSEIL,
a déchargé & décharge les Suisses habituez dans le
Royaume, & qui viendront s'y habituer dans la suite, de faire enregistrer aux Greffes des Elections ni
ailleurs, les titres de leurs privileges & exemptions.
Fait Sa Majesté défenses aux Officiers des Elections
de faire pour raison de ce aucunes poursuites contr'eux. Veut Sa Majesté que lesdits Suisses jouissent
pleinement & paisiblement des privileges & exemptions à eux accordez, & dont ils ont droit de jouir,
sans pouvoir y être troublez sous quelque prétexte
& en quelque maniere que ce soit. Fait au Conseil
d'Etat du Roy, tenu à Versailles le dix-huitiéme jour
de Mars mil sept cens quatre. Collationné. Signé,
GOUJON, avec paraphe.

Arrest de la Cour du Parlement, au sujet des exemptions
du Péage sur le Pont de Neuilly.
Du 4 Mars 1705.
Extrait des Registres du Parlement.

LOUIS par la grace de Dieu, Roy de France
& de Navarre : Au premier notre Huissier sur
ce requis. Sçavoir faisons, qu'entre Messire Louis-
Charles d'Hautefort, Chevalier, Marquis de Surville, Lieutenant General des Armées du Roy, l'un
des Legataires universels de feue Dame Marie
d'Hautefort Maréchale Duchesse de Schomberg, sa
tante, en cette qualité Proprietaire des droits qui se
perçoivent sur les Ponts de Neuilly, prenant le fait &
cause de François Truquet Receveur desdits Ponts
de Neuilly, Appellant comme de Juge incompetent
d'une Sentence rendue en la Prevôté de l'Hôtel du
Roy le 28 Aoust 1703, signifiée le 30 dudit mois, &
demandeur en Requeste énoncée en l'Arrest de défenses dudit jour 28 Aoust, signifiée le 5 Septembre audit an, à ce qu'il lui fût donné acte de sa declaration, qu'il prenoit le fait & cause dudit Truquet ;
qu'il fût ordonné que les Arrests de la Cour seroient

executez, que ledit Truquet seroit déchargé de l'assignation à lui donnée à la Prevôté de l'Hôtel à la requeste de l'Intimé ci-après nommé par exploit du 11
Aoust, ordonner que sur ladite demande les Parties
procederoient en la Cour, avec défense de faire poursuite ailleurs, & au Prevôt de l'Hôtel d'en connoître, à peine de tous dépens, dommages & interests,
conformément ausdits Arrests, qui seroient déclarez
communs avec ledit Intimé & défendeur, d'une part ;
Et Jerôme de la Haye, Chef de Cerdeau de S. A. R.
Madame, Duchesse d'Orleans, demeurant à Nan-
terre, Intimé, défendeur & demandeur en Requeste
du 12 Decembre 1703, à ce qu'en confirmant ladite
Sentence, & déboutant ledit sieur de Surville dé sa
demande, il fût ordonné que ledit de la Haye en sa
qualité de Chef de Cerdeau de S. A. R. Madame,
jouiroit des privileges & exemptions attribuez aux
Officiers de la Maison du Roy, & des Princes &
Princesses du Sang Royal ; & suivant iceux que ledit
de la Haye sera exempt aussi-bien que son domestique, chevaux & charois, de payer aucuns droits en
passant sur les Ponts de Neuilly ; condamner ledit
sieur de Surville esdits noms, à rendre & restituer
audit de la Haye la bride à resnes, une tetiere &
longe énoncée en l'Exploit du 18 Aoust 1703, & une
autre bride & un grand Panier que ledit Truquet son
Receveur audit Pont de Neuilly, a mal à propos pris
à Geneviéve Cressy sa servante domestique, qui est à
son service depuis 1693, & connue pour telle, sinon
le condamner à payer la somme de douze livres dix
sols pour la valeur desdites choses, aux interests de
ladite somme du jour de la demande, aux dommages
& interests, & aux dépens ; faire défenses audit sieur
de Surville, audit Truquet, ou autres Receveurs
desdits Ponts de Neuilly, de plus troubler ledit de la
Haye dans la jouissance desdites exemptions, & de
faire payer ses domestiques, chevaux & charois, à
peine de tous dépens, dommages & interests ; ordon-

ner que l'Arrest qui interviendra, fera publié & affiché où befoin fera ; & condamner ledit fieur de Surville en tous les dépens, d'autre part ; Et encore entre ledit fieur de Surville, demandeur en Requeſte
du 11 Avril 1704 ; à ce qu'il foit reçû oppofant à
l'execution de l'Arreſt obtenu par défaut par ledit de
la Haye le 17 Mars 1704, fignifié le 5 Avril audit
an ; faifant droit fur fon oppofition, déclarer la procédure nulle ; & au principal, que les conclufions
prifes par ledit fieur Marquis de Surville lui feront
adjugées avec dépens, d'une part ; & ledit de la Haye,
défendeur, d'autre. Après que Tartarin, Avocat du
Marquis de Surville, & le Duc, Avocat de la Haye,
ont été oüis ; enſemble le Nain pour notre Procureur
General : NOTREDITE COUR, reçoit la
Partie de Tartarin oppofante à l'Arreſt par défaut ;
& au principal a mis & met l'appellation & ce dont
a été appellé, au néant, émendant, ordonne que la
Partie de le Duc, toutes les fois qu'elle paſſera fur
le Pont de Neuilly, fes Domeſtiques qui le fuivront,
& la voiture où elle fera à elle appartenante, feront
exempts du droit de Péage, tant & ſi longuement
feulement qu'il plaira au Roy de continuer à la Partie
de Tartarin la gratification de la fomme de quinze
cens livres pour le paſſage des Officiers de fa Maifon,
& que la Partie de le Duc fera revêtue de fa Charge.
Et du confentement de la Partie de Tartarin, ordonne
que les chofes faifies feront rendues à la Partie de le
Duc, en payant les droits dûs lors de la faifie ; déboute la Partie de le Duc du furplus de fes demandes,
& le condamne aux dépens. Et fera le prefent Arreſt
affiché au Pont de Neuilly, & par tout où befoin fera. Si mandons au premier notre Huiſſier ou Sergent
fur ce requis, mettre le prefent Arreſt à dûe & entiere execution de point en point, felon fa forme &
teneur ; & faire pour l'execution d'icelui tous Exploits & Actes de Juſtice fur ce requis & néceſſaires,
de ce faire donnons pouvoir. Donné à Paris en Par-

lement, le quatriéme jour de Mars, l'an de grace mil
sept cens cinq, & de notre Regne le soixante-deuxié-
me. Collationné Signé, DU TILLET.

Arrest du Conseil d'Etat du Roy, en faveur des Suisses
privilegiez de la Garde de Son Altesse Royale
Monseigneur le Duc d'Orleans.
Du 14 Avril 1705.
Extrait des Registres du Conseil d'Etat.

SUR la Requeste presentée au Roy en son Conseil, par Monsieur le Duc d'Orleans Petit Fils
de France; contenant qu'entr'autre privileges accordez à la Nation Suisse, il y a treize Suisses Privilegiez de la Compagnie des Cent-Suisses de la Garde
de Sa Majesté, qui ont droit de faire entrer annuellement dans la Ville & Fauxbourgs de Paris, chacun
cent-cinquante muids de Vin, francs & quittes de
tous droits, excepté le droit d'entrée ; & dans la
Compagnie des Suisses de la Garde de Monsieur le
Duc d'Orleans il y en a neuf, compris le Clerc du
Guet, qui sont aussi Privilegiez, & qui jouissent de
la même & semblable exemption pour pareille quantité de cent-cinquante muids chacun, aussi francs &
quittes, excepté le droit d'entrée ; & les Suisses Privilegiez de la Garde de Monsieur le Duc d'Orleans
sont comme ceux de Sa Majesté dans cette possession
actuelle aux termes des Edits, Ordonnances, Declarations du Roy, & Arrests du Conseil, par lesquels
il leur a été accordé les mêmes privileges dont jouissent les Suisses Privilegiez de la Garde de Sa Majesté ;
& il en est de même aussi pour les privileges des Officiers commensaux ; mais Sa Majesté ayant créé des
Commissaires Controlleurs Jurez, & Gardes-Nuit
sur les Ports de Paris, les Pourvûs de ces Offices, ou
ceux qui ont été preposez pour les exercer, ont prétendu faire payer les droits qui leur sont attribuez
par leur Edit de Création, aux Suisses privilegiez de
la Compagnie de la Garde de Sa Majesté, & à ceux

de la Compagnie de la Garde de Monfieur le Duc
d'Orleans, lefquels ont été pourfuivis par faifies &
executions pour le payement defdits nouveaux
droits, fur le fondement d'un Arreft du Confeil du
30 Decembre 1704, obtenu par le Traitant propofé
pour la vente defdits Offices, dont les treize Suiffes
privilegiez de la Garde de Sa Majefté ayant porté
leurs plaintes, Sa Majefté a eu la bonté d'interpreter ledit Arreft du 30 Decembre, par autre du 7 du
mois de Février dernier, par lequel lefdits treize
Suiffes privilegiez feuls font déchargez du payement
des droits attribuez aufdits Commiffaires Controlleurs & Jurez-Gardes de Nuit, pour ne pas furchar-
ger lefdit Suiffes de nouveaux droits, parce qu'ils ne
font pas affujettis qu'aux feuls droits d'Entrée; &
comme les neuf Suiffes privilegiez de la Compagnie
de la Garde de Monfieur le Duc d'Orleans, ne font
pas compris dans ledit Arreft du Confeil du 7 Février dernier; Son Alteffe Royale qui défire de les
rédimer des procès, & des frais, faifies & executions
qu'ils fouffrent, & aufquelles ils feroient expofez
pour des droits nouveaux, dont les Suiffes privilegiez de la Garde du Roy font déchargez, a recours
à Sa Majefté, requerant qu'il lui plaife déclarer
ledit Arreft du 7 dudit mois de Février, rendu en faveur des treize Suiffes privilegiez de la Compagnie
de la Garde de Sa Majefté, commun avec les neuf
Suiffes privilegiez de la Compagnie de la Garde de
Monfieur le Duc d'Orleans, compris le Clerc du
Guet de ladite Compagnie; ce faifant, en interpretant ledit Arreft du Confeil du 30 Décembre dernier, décharger lefdits neuf Suiffes privilegiez feuls,
comme l'ont été lefdits treize privilegiez, de payer
les droits attribuez aufdits nouveaux Offices de
Commiffaires Controlleurs Jurez, Gardes de Nuit,
& de tous autres, mis & à mettre, fur les cent cinquante muids de Vin que chacun defdits neuf Suiffes
a droit de faire entrer dans la Ville & Fouxbourgs de

Paris, francs & quittes, à l'exception seulement du droit d'Entrée, faire défenses ausdits Commissaires Controlleurs & Jurez-Gardes-Nuit, & autres Officiers, tant d'ancienne que de nouvelle création, de les y troubler en quelque maniere que ce soit, sous les peines portées par ledit Arrest du 7 dudit mois de Février. Vû ladite Requeste, l'Arrest du Conseil d'Etat du 2 Décembre 1673, l'Ordonnance des Aydes du mois de Juin 1680 : Deux Arrests du Conseil du même jour 29 Décembre 1703 : Autres Arrests des 16 Septembre 1704, & 7 Février dernier, & autres pieces attachées à ladite Requeste : Oüi le Rapport du sieur Fleuriau d'Armenonville, Conseiller ordinaire au Conseil Royal, Directeur des Finances : LE ROY EN SON CONSEIL, ayant égard à ladite Requeste, a déclaré & déclare l'Arrest du Conseil du 7 Février dernier, rendu en faveur des treize Suisses privilegiez de la Garde de Sa Majesté, commun avec les neuf Suisses privilegiez de la Compagnie de Monsieur le Duc d'Orleans, compris le Clerc du Guet ; & en conséquence décharge lesdits neuf Suisses privilegiez du payement des droits attribuez aux Gardes-Nuit, & tous autres, mis & à mettre, sur les cent cinquante muids de Vin que chacun d'eux a droit de faire entrer en ladite Ville de Paris, sans payer aucuns autres droits que celui d'Entrée. Fait Sa Majesté défenses aux Gardes-Nuit, & autres Officiers, tant d'ancienne que de nouvelle Création, de les y troubler en quelque sorte & maniere que ce soit, à peine de trois mille livres d'amende, & de tous dépens, dommages & interests. Fait au Conseil d'Etat du Roy, tenu à Versailles le quatorziéme jour d'Avril mil sept cens cinq. Collationné. Signé, DU JARDIN.

Extrait de l'Edit du Roy, portant revocation des Privileges accordez par l'établissement des Offices de
Judicature, de Police & de Finances, créez depuis
le premier Janvier 1698, jusqu'à present.

Du mois d'Aoust 1705.

LOUIS, &c.
ARTICLE V.

Officiers, Domestiques & Commensaux exemptez.

N'entendons pareillement comprendre dans la présente révocation, les Officiers, Domestiques & Commensaux de notre Maison, ni ceux des Maisons Royales; lesquels jouiront des privileges & des exemptions à eux accordez par nos Edits & Declarations,
à la charge qu'ils ne feront aucun acte dérogeant;
qu'ils feront compris dans les Etats qui feront envoyez tous les ans à notre Cour des Aydes; qu'ils
recevront réellement au moins foixante livres de
gages par an, & qu'ils feront le service actuel, dont
il ne pourra leur être accordé aucune dispense, fous
quelque prétexte que ce foit, fi ce n'est par cause de
maladie certifiée par acte figné d'un Président, de
deux Elûs & du Subftitut de notre Procureur General en l'Election d'où reffortit la Paroisse où lesdits
Officiers font leur résidence; & fera ledit acte fignifié à la requeste desdits Officiers au Corps des Habitans de leur Paroisse, un jour de Dimanche ou de
Fête, à l'iffue de la grande Messe, aux Collecteurs
de ladite Paroisse, & Receveur des Tailles de ladite
Election, pour être en cas de fraude & fuppofition,
ledit certificat par eux débatu & contesté, foit par
écrit ou par témoins, fans être tenus de former infcription de faux.

ARTICLE VI.

Lesdits Officiers Domestiques déclareront l'année, le
quartier ou le sémestre, pendant lesquels ils
devront servir.

Voulons auffi que les Officiers, Domeftiques &

Commensaux de notre Maison & des Maisons Royales ; soient tenus , suivant les anciens Réglemens , de
déclarer toutes les années , par acte autentique un
jour de Dimanche ou de Fête , à l'issue de la grande
Messe , au corps des Habitans de leur Paroisse , l'année , le quartier ou le sémestre pendant lesquels ils
devront servir , & le jour de leur départ , & six se-
maines après que l'année , leur quartier ou sémestre
sera fini , ils rapporteront & dénonceront , comme
dessus , au corps desdits Habitans , un certificat valable du service qu'ils auront rendu durant leur quartier ou sémestre , & six mois après , une ampliation
signée du Trésorier au autre Payeur de la quittance
qu'ils lui auront donnée desdits soixante livres de
gages & au-dessus , avec un Extrait de l'Etat envoyé
à notre Cour des Aydes , afin de prouver qu'ils y sont
employez ; pour lequel Extrait il ne sera payé au
Greffier que cinq sols , y compris le papier timbré.

ARTICLE VII.

Les Habitans feront preuve contraire par écrit , & par
témoins , sans former d'inscription de faux.

Seront cependant lesdits Habitans admis comme
dessus à faire preuve contraire par écrit & par témoins , sans être obligez de former aucune inscription de faux.

ARTICLE VIII.

Officiers Domestiques en fraude seront taxez d'office &
imposez aux Tailles sans aucune espérance.

Et en cas de fraude de la part desdits Officiers ,
Domestiques & Commensaux , voulons qu'ils soient
imposez à la Taille , & taxez d'office par les Intendans & Commissaires départis dans les Provinces &
Généralitez , sans pouvoir dans la suite jouir d'aucune exemption de Taille , dont ils demeureront déchûs , & ne pourra ladite peine être réputée comminatoire.

ARTICLE IX.

Lettres de Véteran ne prendront aucuns Privilegiez, si
elles n'ont été obtenues après vingt années
de service actuel.

Les Lettres de Veteran qui ont été obtenues ou
qui le feront à l'avenir par les Officiers de Judicature,
de Police ou de Finance, par nos Secretaires & par
les Officiers Domestiques & Commensaux de notre
Maison, ou autres Officiers réputez nos Domestiques
& Commensaux, ne produiront aucun privilege ni
aucune exemption si elles n'ont été obtenues après
vingt années de service actuel pour les Officiers de
Judicature, Police & Finance ; & à l'égard de ceux
de notre Maison après vingt-cinq ans, & pour ce qui
regarde les Veterans & d'autres exempts & privilegiez à present décedez, ils ne jouiront d'aucuns privileges ni d'aucunes exemptions, qu'après avoir
payé la Finance ordonnée par notre Edit du mois de
Juin dernier.

ARTICLE X.

Officiers de Judicature pourvûs en même temps d'Offi-
ces dans les Maisons Royales, ne jouiront d'aucune
exemption, jusqu'à ce qu'ils se soient démis de leurs
Charges de Judicature.

Tous Officiers de Judicature, de Police ou de
Finance, qui feront aussi pourvûs de Charges &
d'Offices de notre Maison & des Maisons Royales,
ne jouiront point des privileges & des exemptions,
jusqu'à ce qu'ils se soient démis de leurs Offices de
Judicature, de Police ou de Finance, & jusqu'à ce
qu'un autre en soit pourvû en leur place ; & fera le
present Reglement executé, nonobstant toutes les
Lettres de compatibilité que nous pourrions avoir
accordées, & que nous révoquons par cesdites Presentes, le tout conformément à notre Declaration
du 23 Octobre 1680.

Les Etats des Officiers réputez Domestiques ou Commensaux, seront envoyez tous les ans à la Cour des Aydes.

Les Etats des Officiers Domestiques & Commensaux de notre Maison & des Maisons Royales ou autres Officiers réputez Domestiques ou Commensaux de notre Maison, seront envoyez tous les ans à notre Cour des Aydes, avant le premier Avril de chaque année, & contiendront le nom & le surnom des Officiers, la qualité de leurs Offices, leurs gages, la Generalité ou Province, la Paroisse & l'Election où il y en a d'établies, sinon le Diocèse, le Bailliage ou la Sénéchaussée dans lesquels ils font leur résidence ; autrement lesdits Officiers ne pourront se servir desdits Etats pour jouir d'aucun privilege, ni d'aucune exemption.

ARTICLE XI.
Lesdits Etats publiez au Prône des Paroisses.

Voulons que dans le mois d'Avril de chaque année, le Greffier de notre Cour des Aydes, remette une expédition de chacun desdits Etats au Controlleur General de nos Finances, pour en envoyer des Extraits signez de lui à chacun des Intendans & Commissaires départis, afin qu'ils les fassent publier aux Prônes des Paroisses de leurs départemens, dans lesquels lesdits exempts & privilegiez feront leur résidence.

Si donnons en mandement, &c. Donné à Versailles au mois d'Aoust, l'an de grace mil sept cens cinq, & de notre Regne le soixante-troisieme. Signé, LOUIS. Et plus bas, Par le Roy, PHELYPEAUX. Visa : PHELYPEAUX. Vû au Conseil, CHAMILLART. Et scellé du grand Sceau de cire verte en lacs de soye rouge & verte.

Registrées, oiii, &c. A Paris en Parlement le 22 Aoust 1705. Signé, DONGOIS.

Arreſt du Conſeil d'Etat Privé du Roy, qui ordonne que les Officiers Commenſaux des Maiſons Royales, joui-ront du droit de Committimus, ainſi qu'ils en ont joui par le paſſé.

Du 18 Septembre 1705.

Extrait des Regiſtres du Conſeil d'Etat Privé du Roy.

ENTRE Meſſire Charles Harcouet, Clerc Tonſuré du Dioceſe de Paris, Ordinaire des Clercs de la Chapelle de feu Monſieur le Duc d'Or-leans, Frere unique du Roy, pourvû du Canonicat de l'Egliſe Abbatiale de Saint Sernin de Touloufe, vacant par le décès du ſieur Antoine Bouſquet, & demandeur aux fins des Lettres en Reglement de Ju-ges par lui obtenues au grand Sceau le 14 Decembre 1704, & Exploit d'aſſignation donnée en conſequen-ce le 19 du même mois, d'une part : Meſſire Pierre Salomon, Prêtre du Diocefe de Vabres, ſoi diſant pourvû dudit Canonicat : Meſſire Jean de Galbert Gaurand, Clerc Tonſuré du Diocefe de Touloufe, Bachelier en Theologie de l'Univerſité de ladite Ville, ſoi diſant pourvû du même Canonicat : & Meſſire François-Honoré de Manniban Caſaubon, Chanoine dé Saint Sernin de Touloufe, défendeurs, d'autre part ; & ledit ſieur Harcouet, demandeur aux fins des Lettres en Reglement de Juges, & Exploit d'aſſignation, donnée en conſéquence, d'une part ; & Maître Michel Azemard, ſe diſant pourvû du Ca-nonicat de l'Egliſe Abbatiale de S. Sernin de Tou-loufe, vacant par la mort du ſieur Bouſquet, défen-deur, d'autre part ; ſans que les qualitez puiſſent nuire ni préjudicier aux Parties. Vû au Conſeil du Roy leſdites Lettres en Reglement de Juges, obte-nues au grand Sceau par ledit ſieur Harcouet ledit jour 14 Decembre 1704, aux fins de faire aſſigner au Conſeil à deux mois leſdits Salomon, Gaurand, Caſaubon & Azemard : ſçavoir leſdits Salomon & Caſaubon pour ſe voir regler de Juges d'entre les

Requêtes du Palais à Paris, & le Parlement de Toulouse, & voir dire & ordonner, si faire se doit, que
sans s'arrêter au déclinatoire dudit sieur Casaubon,
formé par acte du 10 Novembre 1704, ni à la cédule
évocatoire, signifiée de la part dudit Salomon le 15
du même mois, les Parties seroient, si faire se doit,
renvoyées aux Requêtes du Palais à Paris, pour y
procéder sur leurs procès & differends dont il s'agit,
circonstances &·dépendances, suivant les derniers
erremens; & lesdits de Manniban & Salomon condamnez aux dépens; & lesdits Gaurand & Azemard,
pour voir déclarer l'Arrest qui interviendra commun
avec eux; & en cas de contestation de leur part, être
pareillement condamnez aux dépens. Exploit d'assignation donnée au Conseil le 29 du même mois, à
la requête dudit sieur Harcouet, ausdits sieurs Salomon, Casaubon, Gaurand & Azemard, en vertu
desdites Lettres en Reglement de Juges. Acte signifié à la requête du sieur Harcouet ausdits Salomon &
Gaurand, par lequel il leur déclare qu'il donnera au
premier jour sa requête pour faire commettre. Trois
actes signifiez à la requête de Maîtres Henri, Pujol
& Bouchaud; Avocats, par lesquels ils offrent d'occuper pour lesdits Salomon, Casaubon & Gaurand,
des 20, 23 & 26 Mars 1704. Requête de Committi-
tur du sieur de Fremont, Maître des Requêtes, pour
Rapporteur de l'Instance, du 30 Mars 1705, signifiée le premier Avril suivant, aux Avocats desdits
Salomon, Casaubon, Gaurand & Azemard. Ordonnance prise par ledit sieur Harcouet, dudit sieur
de Fremont, ledit jour premier Avril 1705, pour
voir ordonner la signature de l'appointement par lui
offert le 24 Mars 1705, signifiée ledit jour. Procès
verbal du 2 Avril 1705, par lequel lesdits Maîtres
Bouchaud & Henri, Avocats desdits Gaurand & de
Manniban, Casaubon, consentent de procéder aux
Requêtes du Palais à Paris, & qui ordonne la signature dudit appointement, & qui déclare l'Ordon-

L l ij

nance commune avec ledit Me Pujol, Avocat dudit
sieur Salomon. Appointement de Reglement, signé
en l'Instance par ledit sieur de Fremont, ledit jour 2
Avril 1705. Acte par lequel Me Barthelemi David,
Avocat au Conseil, & dudit Azemard, déclare audit
Harcouet qu'il a charge & offre d'occuper pour ledit
Azemard, sur l'assignation à lui donnée au Conseil,
signifié le 11 dudit mois d'Avril. Ordonnance prise
par ledit sieur Harcouet dudit sieur de Fremont, le
17 dudit mois, pour voir déclarer commun avec lui
l'appointement signé entre lesdits Salmon, Gaurand
& Casaubon signifié ledit jour. Procès verbal du 18
dudit mois, qui déclare commun avec ledit Azemard ledit appointement signé en l'Instance, signifié
le 22 dudit mois. Requeste presentée au Conseil
par ledit Harcouet, employée pour avertissement, &
tendante à ce que du consentement des Parties, ils
fussent renvoyez aux Requestes du Palais à Paris,
pour y proceder en premiere Instance sur leurs procès & differends dont il s'agit, circonstances & dépendances, suivant les derniers erremens, & par appel
au Parlement de Paris, & condamne lesdits sieurs de
Manniban, Casaubon & Salomon, conjointement
& solidairement aux dépens ; au bas de laquelle est
l'Ordonnance d'ait acte, au surplus en jugeant, du
12 May 1705, signifiée le 14 dudit mois. Autre Requeste presentée au Conseil par ledit sieur Gaurand,
à ce qu'il plût à Sa Majesté renvoyer en telle Jurisdiction qu'elle jugera plus convenable, le procès &
differends dont il s'agit, avec ses circonstances & dépendances, & condamner aux dépens envers ledit
Gaurand celle des Parties qui aura donné lieu &
contesté mal à propos sur le conflit de Jurisdiction ;
au bas est l'Ordonnance du Commissaire, d'ait acte
de l'emploi, au surplus en jugeant, du 29 Avril 1705,
signifiée le 30 dudit mois. Provisions accordées par
S. A. R. Monsieur le Duc d'Orleans, le 20 Decembre 1687, audit sieur Harcouet, de la Charge de

Clerc ordinaire de la Chapelle dudit Seigneur Duc
d'Orleans, au bas desquelles Provisions est l'acte de
prestation de Serment par ledit sieur Harcouet, entre les mains du sieur Evêque du Mans, premier
Aumônier de Monsieur, du 9 Fevrier 1688. Arrest
de la Cour des Aydes, rendu sur la Requeste dudit
sieur Harcouet le 7 May 1688, qui ordonne que ledit sieur Harcouet sera employé sur l'Etat des Officiers de la Maison de Monsieur, étant au Greffe de
ladite Cour en qualité de Clerc ordinaire de la Chapelle, au lieu du sieur Aubry qui en sera rayé, pour
jouir par ledit Harcouet des gages, droits, privileges & exemptions attribuez à ladite Charge, en satisfaisant aux Edits & Declarations du Roy. Extrait
de l'Etat des Officiers de la Maison de Monsieur, Duc
d'Orleans, fait & arrêté en l'année 1687, & reçû au
Greffe de la Cour des Aydes, suivant l'Arrest d'icelle
du 22 Decembre 1687, par lequel il est fait mention
que le sieur Harcouet y est employé en qualité de
Clerc ordinaire de la Chapelle de feu Monsieur,
pour deux cens quarante livres de gages. Autre Extrait de l'Etat des Officiers de la Maison de feu Monsieur, Fils de France, Duc d'Orleans, fait & arrêté
en l'année 1701, & reçû au Greffe de la Cour des
Aydes, suivant l'Arrest d'icelle du 3 Aoust 1701,
par lequel il est fait mention que ledit sieur Harcouet
y est employé en qualité de Clerc de la Chapelle
ordinaire, pour deux cens quarante livres de gages
par an. Committimus obtenu au grand Sceau par ledit Sr Harcouet le 4 May 1704. Procuration passée
devant Notaires à Paris, le 24 May 1704, par ledit
Sr Harcouet, au Sr Berbezé, Prêtre du Diocese de
Comenge, habitant à Toulouse, de prendre pour
lui & en son nom possession du Canonicat de l'Eglise
Abbatiale de Saint Sernin de Toulouse, vacant par
la mort du sieur Bousquet, dernier possesseur, dont
il a été pourvû en Cour de Rome; au bas de laquelle est l'insinuation faite au Greffe des Insinuations

Ecclesiastiques de Toulouse le 30 Juin suivant. Certificat délivré par le sieur Boutaric, Expeditionnaire en Cour de Rome, portant qu'il a envoyé un Mémoire en Cour de Rome pour le sieur Charles Harcouet le 16 Janvier 1704, & que la date en a été retenue, & la grace accordée le 9 Fevrier suivant, attendant de jour en jour l'arrivée des Provisions; au bas est l'insinuation Ecclesiastique de Toulouse du 30 Juin 1704. Requeste presentée au Sénéchal de Toulouse le 31 May 1704, par ledit sieur Harcouet, tendante à ce qu'il lui fût permis de prendre pour la conservation de ses droits, la possession civile dudit Canonicat, sans encourir le vice d'intrusion; au dos est l'Ordonnance du Sénéchal, portant permission de prendre la possession civile, sans encourir le vice d'intrusion. Procès verbal de prise de possession du premier Juin 1704, par ledit sieur Betbezé, comme Procureur fondé de Procuration dudit sieur Harcouet, du Canonicat de l'Eglise Abbatiale de Saint Sernin de Toulouse. Exploit d'assignation donnée aux Requestes du Palais à Paris le 17 Juin 1704, à la requeste dudit sieur Harcouet, ausdits sieurs Casaubon, Gaurand & Azemard, pour se voir maintenir en la possession dudit Canonicat. Acte signifié le 18 Septembre 1404, à la requeste de Me Joseph François de la Marche, Procureur au Parlement de Paris, par lequel il déclare au Procureur dudit sieur Harcouet, qu'il a charge & offre d'occuper pour ledit sieur Azemard sur ladite assignation. Autre acte signifié à la requeste de Maître Langellerie, Procureur audit Parlement de Paris, qui offre d'occuper pour ledit sieur Gaurand sur ladite assignation, du 17 Novembre 1704. Copie de certificat délivré le 17 Aoust 1704, par le sieur Berthac, Banquier & Expeditionnaire en Cour de Rome, portant qu'il a envoyé à son Correspondant en ladite Cour le 23 Juillet 1704, des Mémoires en faveur dudit Sr Salomon, pour obtenir un Canonicat de l'Eglise

de Saint Sernin de Toulouse, & sur lequel Mémoire
la date en a été retenue à Rome depuis le 14 dudit
mois d'Aoust, ensuite duquel est copie de Requeste
presentée au Sénéchal de Toulouse par ledit sieur
Salomon, à ce qu'il lui fût permis de prendre possession dudit Canonicat, pour la conservation de ses
droits, sans encourir le vice d'intrusion. Procès verbal de prise de possession du 20 Aoust 1704, par le
sieur Gerard Bernard Barde, comme Procureur fondé de Procuration dudit sieur Salomon, dudit Canonicat de Saint Sernin de Toulouse; ensuite est copie
de commission obtenue en la Chancellerie du Parlement de Toulouse, le 6 Septembre 1704; pour ledit
sieur Salomon, aux fins d'être reçu Appellant comme d'abus des titres des sieurs de Manniban, Gaurand, Azemard, & Harcouet; & que sans y avoir
égard, il seroit maintenu en la possession dudit Canonicat; ensuite est copie de Requeste presentée au
sieur Lieutenant Civil du Châtelet de Paris, par ledit sieur Salomon, tendante à ce qu'il lui fût permis
de mettre à execution ladite commission, au bas est
son Ordonnance du 16 dudit mois, portant permission de faire donner l'assignation; ensuite est un Exploit d'assignation donnée au Parlement de Toulouse, à la requeste dudit sieur Salomon, audit sieur
Harcouet, le 18 Septembre 1704, en vertu desdites
Commission, Requeste & Ordonnance. Cedule évocatoire, signifiée à la requeste dudit sieur Salomon
le 15 Novembre 1704, audit sieur Harcouet, du
Parlement de Toulouse en celui de Pau ou d'Aix.
Acte signifié à la requeste de Me Dompmartin, Procureur au Parlement, à celui du sieur Harcouet le
20 Novembre 1704, par lequel il lui déclare que,
sans approbation de la Juridiction des Requestes du
Palais, & de l'Exploit d'assignation qu'il a fait donner audit sieur de Manniban le 17 Juin 1704, &
sans préjudice des fins déclinatoires, il occupera
pour ledit sieur de Manniban sur ladite assignation,

proteſtant de nullité de tout ce qui pourroit avoir été
fait auſdites Requeſtes du Palais, au préjudice des
aſſignations qui ont été données au Parlement de
Touloufe le 9 Septembre 1704, tant audit ſieur Harcouet, qu'audit ſieur Caſaubon. Acte de réiteration
de ladite Cedule évocatoire, ſignifié à la requeſte
dudit ſieur Salomon audit ſieur Harcouet le 6 Decembre 1704. Sentence obtenue aux Requeſtes du
Palais à Paris par ledit ſieur Harcouet, le 24 Octobre 1704, qui évoque la demande portée au Parlement de Touloufe, par Exploit du 18 Septembre
1704 : fait défenſes audit Salomon de faire pourſuites
contre ledit Harcouet ailleurs qu'en la Cour, à peine
de nullité, caſſation de procedures, de cinq cens
livres d'amende, de tous dépens, dommages & intereſts; au dos eſt la ſignification du 23 Decembre
ſuivant, audit ſieur Salomon, & aſſignation auſdites
Requeſtes du Palais, pour y proceder en execution
d'icelle. Requeſte preſentée au Sénéchal de Toulou-
ſe par ledit ſieur Harcouet, aux fins de faire mettre
à execution la Sentence ci-deſſus contre ledit Salomon, & autres qu'il appartiendra; au dos eſt l'Ordonnance, portant permiſſion de faire l'exploita-
tion requiſe, du 23 Decembre 1704. Acte ſignifié à
la requeſte dudit ſieur Salomon le 30 Avril 1705, à
Me Leſpinay, Avocat dudit ſieur Harcouet, par lequel il lui déclare ſans approbation des titres des
Parties, dont il fera voir la nullité en temps & lieu,
qu'il conſent dès à preſent au renvoi auſdites Requeſtes du Palais à Paris, pour y proceder ſur les conteſtations concernant ledit Benefice, circonſtances
& dépendances; & en cas d'appel au Parlement de
Paris, proteſtant de nullité des pourſuites & procedures qui pourroient être faites au préjudice dudit
acte de conſentement. Autre acte ſignifié le 2 Mars
1705, à la requeſte du ſieur Harcouet audit ſieur
Salomon, ſervant de réponſe à celui qu'il lui a fait
ſignifier le 30 Avril dernier, par lequel il lui déclare
qu'il

qu'il ne suffit pas pour faire cesser la procedure com-
mencée au sujet du conflit de Jurisdiction dont il s'a-
git, & auquel il a donné lieu par les assignations
qu'il a fait donner de son chef au Parlement de
Toulouse, & la signification réitérée d'une Cedule
évocatoire : c'est pourquoi il le somme, & ledit sieur
Casaubon, de déclarer dans le jour, s'ils consentent le renvoi de la contestation ausdites Requestes
du Palais à Paris, avec condamnation de dépens
jusqu'audit jour, tant envers ledit sieur Harcouet
qu'envers les autres Parties de l'Instance. Acte signifié le 5 May 1705, à la requeste dudit sieur Casaubon audit Harcouet, servant de réponse à celui
ci-dessus, par lequel il lui déclare qu'il fait toutes
protestations contraires à celles contenues audit
acte, & notamment à l'égard des dépens, ausquels
il soutient que ledit Casaubon peut être exposé,
pour avoir, dit-il, donné lieu au conflit de Jurisdiction d'entre les Requestes du Palais & le Parlement de Toulouse, vû qu'au contraire c'est audit
sieur Casaubon à qui il est dû des dépens, pour avoir
par ledit Harcouet obtenu des Lettres en Reglement
de Juges, & fait assigner au Conseil, sous prétexte
que ledit Casaubon a décliné la Jurisdiction des Requestes du Palais, attendu qu'il ne se trouvera pas
qu'il ait jamais décliné cette Jurisdiction, qu'il s'y
est présenté, & y a constitué Procureur, & qu'il n'a
jamais affecté aucune Jurisdiction, s'étant presenté
par tout où il a été assigné : qu'il est vrai qu'ayant
été assigné à Toulouse & aux Requestes du Palais à
Paris, il déclara dans son acte de presentation ausdites Requestes, que c'étoit sans approbation de la
Jurisdiction. Autre acte signifié à la requeste dudit
sieur Salomon audit sieur Harcouet, le 7 May 1704,
par lequel il lui déclare qu'après le consentement
par lui donné pour le renvoi de la contestation des
Parties aux Requestes du Palais à Paris, & en cas
d'appel au même Parlement, ledit sieur Harcouet ni

M m

les autres Parties n'ont pû ni dû faire aucune procédure, puisqu'au moyen dudit consentement & de la
déclaration des autres Parties, il n'y a plus de matiere pour faire de plus amples poursuites au Conseil, & qu'il ne reste qu'à prononcer ledit renvoi de
leur consentement ; & somme ledit sieur Harcouet
de presenter sa Requeste au Conseil, comme il l'a
offert par acte du 2 dudit mois de May, pour faire
ordonner ledit renvoi, & cependant proteste de
nullité de toutes les procedures & frais qui ont été
faits & pourroient l'être d'abondant au préjudice dudit acte. Inventaire de communication de Pieces, signifié à la requeste dudit sieur Harcouet aux Avocats desdits Salomon & Casaubon, ledit jour 7 May
1705. Acte signifié le 4 Novembre 1704, à la requeste dudit sieur Gaurand audit Salomon, par lequel il lui déclare que pour réponse à la Cedule évocatoire à lui signifiée le 26 Septembre 1704, il avoue
les parentez y articulées, & qu'il consent que pour
ce qui le regarde, que l'Instance pendante entre lui
& ledit Salomon, & autres prétendans au même
droit, soit renvoyée au Parlement d'Aix ou de Pau,
ou tel autre Parlement qu'il plaira à Sa Majesté ordonner. Inventaire de communication de pieces, signifié à la requeste dudit sieur Gaurand ausdits Harcouet, Azemard, Salomon & Casaubon, le 25
Avril 1705. Inventaire & Production desdits Harcouet & Gaurand. Requeste présentée au Conseil
par ledit sieur Harcouet, tendante à ce qu'il lui fût
permis d'ajouter à sa production la piece ci après ; ce
faisant, procedant au Jugement de l'Instance du consentement de toutes les Parties, elles fussent renvoyées aux Requestes du Palais à Paris, pour y proceder en premiere Instance sur leurs procès & differends dont il s'agit entr'elles, suivant les derniers
erremens, & par appel au Parlement de Paris, & ledit sieur Salomon fût condamné aux dépens, tant
envers ledit Sr Harcouet qu'envers les autres Parties

qui ont droit d'en prétendre ; au bas eſt l'Ordonnance du 20 Juillet 1705, de ſoit la piece reçùe & communiquée, pour y fournir de contredits dans le tems
de l'Ordonnance, au ſurplus en jugeant ſera fait
droit, ſignifiée le 23 Juin 1705. Acte ſignifié à la
requeſte dudit ſieur Salomon audit ſieur Harcouet,
le 15 May, par lequel il lui déclare qu'en continuant
les proteſtations par lui ci-devant faites & ſignifiées,
par les actes des 30 Avril & 7 May 1705, il proteſte
de nullité de la Requeſte d'emploi pour avertiſſement dudit mois de May, & de l'Exploit de ſignification faite en conſequence le 14 dudit mois, & de
tout ce qui s'en eſt enſuivi, comme le tout ayant
été fait au préjudice des déclarations & conſente-
mens ſignifiez par leſdits actes des 30 Avril & 7 May,
attendu qu'au moyen deſdites declarations dudit
Sr Salomon, & de la ſommation qu'il avoit faite de
payer les dépens qui avoient été faits juſqu'alors par
les autres Parties, qu'il réitere d'abondant, il n'a
pû être rien fait ni pourſuivi ſur ladite Inſtance, ni
faire des procedures pour multiplier des dépens : c'eſt
pourquoi il perſiſte en ſes proteſtations. Certificat
délivré par le Greffier Gardeſacs du Conſeil, portant
qu'il n'a été produit aucunes choſes de la part deſdits
Caſaubon, Salomon & Azemard, depuis le 30 Avril
1705, juſqu'au 18 Septembre 1705. Et tout ce que
par leſdits ſieurs Harcouet & Gaurand a été mis,
écrit & produit pardevers le ſieur de Fremont, Conſeiller du Roy en ſes Conſeils, Maitre des Requeſtes ordinaire de ſon Hôtel, Commiſſaire à ce député ; Oüi ſon Rapport, & tout conſideré : LE ROY
EN SON CONSEIL, faiſant droit ſur l'Inſtance, a renvoyé & renvoye les Parties aux Requeſtes
du Palais à Paris, pour y proceder entr'elles en premiere Inſtance, ſur leurs procès & differends, circonſtances & dépendances, ſuivant les derniers erremens, & par appel au Parlement de Paris ; condamne leſdits Caſaubon & Salomon aux dépens envers

lesdits Harcouet & Gaurand , chacun à leur égard.
Fait au Conseil d'Etat Privé du Roy, tenu à Paris
le dix-huitiéme jour de Septembre mil sept cent
cinq. Collationné. Signé , DESVIEUX.

Déclaration du Roy , en faveur des Veuves des Of-
ficiers de la Maison du Roy & des Princes &
Princesses du Sang , &c.
Du 22 Décembre 1705.

LOUIS, par la grace de Dieu, Roi de France
& de Navarre: A tous ceux qui ces présentes
Lettres verront; Salut. Par notre Edit du mois de
Juin dernier, Nous avons créé cinquante mille livres d'augmentations de gages héréditaires au de-
nier seize, pour être distribuez aux Officiers Vété-
rans , de Judicature, Police & Finance du Royaume, & aux Veuves des Officiers décédez, revêtus de
leurs Offices, qui jouissent des privileges & exemptions, ou qui ont obtenu des Lettres d'honneur &
de véterance, avec faculté ausdites Veuves de renoncer à leurs privileges, pour se dispenser de prendre lesdites augmentations de gages, ce qu'elles seroient tenues de déclarer dans quinzaine, faute de
quoi faire, & ladite quinzaine passée, elles demeureroient déchûes pour toujours de leurs privileges
& exemptions; en exécution duquel Edit, il a été
arrêté des rolles en notre Conseil, dans lesquels la
plûpart desdites Veuves ayant été comprises sur le
même pied que les Officiers véterans, elles nous ont
très humblement fait remontrer, que ne jouissant
que de moitié du franc-salé, attribué aux Officiers
véterans, & étant privées du rang & de la séance que
lesdits Véterans conservent dans les Compagnies
dont ils étoient Officiers , il est juste de faire quelque
difference entr'elles & lesdits Officiers véterans; &
que s'il nous plaisoit modérer à moitié les sommes
qui leur sont demandées, elles offroient d'y satisfaire, & de renoncer à la faculté que nous leur

avions accordée, de se dispenser d'acquerir lesdites
augmentations de gages en renonçant à leurs privileges ; ce qu'ayant fait examiner en notre Conseil,
Nous avons résolu d'accepter leurs offres, afin de
faciliter ausdites Veuves les moyens de contribuer
suivant leur pouvoir aux besoins de notre Etat, &
de se maintenir dans la jouissance de leurs privileges.
A CES CAUSES, & autres, à ce Nous mouvans,
de notre certaine science, pleine puissance & autorité Royale, Nous avons par ces Presentes signées
de notre main, dit, statué, déclaré & ordonné, disons statuons, déclarons & ordonnons, voulons &
nous plaît, que les Veuves d'Officiers de Judicature, Police & Finance de notre Royaume, & des
Officiers de notre Maison & de celles des Princes &
Princesses de notre Sang, qui jouissent des privileges & exemptions qui étoient attribuez aux Offices
dont leurs maris sont mort revêtus, ou après avoir
obtenu de nous des Lettres d'honneur & de véterance, ne soient comprises dans les rolles qui seront
arrêtez en notre Conseil pour les augmentations de
gages à elles attribuées par notredit Edit du mois
de Juin dernier, que pour la moitié des sommes pour
lesquelles les Officiers véterans qui ont possedé les
mêmes Offices, que ceux dont leurs maris sont morts
revêtus, y seront employez, à la charge par lesdites
Veuves d'en faire le payement ; sçavoir, moitié un
mois après la signification qui leur sera faite desdits
rolles ; & l'autre moitié deux mois après ; à quoi
faire elles seront contraintes comme lesdits Officiers
véterans, & par les mêmes voyes, sans qu'il leur
soit loisible de renoncer à leurs privileges, pour se
dispenser d'acquerir lesdites augmentations de gages, à l'effet de quoi nous avons en tant que besoin
est ou seroit, dérogé & dérogeons par ces Presentes,
pour ce regard seulement, à notredit Edit du mois
de Juin dernier, lequel au surplus sera executé selon
sa forme & teneur. Si donnons en mandement à nos

amez & feaux Conseillers les Gens tenans notre
Cour de Parlement, Chambre des Comptes & Cour
des Aydes à Paris, que ces Presentes ils ayent à faire
lire, publier & regiftrer, & le contenu en icelles
garder, obferver & executer felon leur forme & teneur, nonobftant tous Edits Déclarations, Reglemens & autres chofes à ce contraires, aufquels nous
avons dérogé & dérogeons par ces Prefentes ; aux
copies defquelles collationnées par l'un de nos amez
& feaux Conseillers-Secretaires, voulons que foi
foit ajoutée comme à l'Original : Car tel eft notre
plaifir. En témoin de quoi nous avons fait mettre
notre Scel à cefdites Prefentes. Donné à Verfailles
le vingt-deuxiéme jour de Décembre, l'an de grace
mil fept cens cinq, & de notre Regne le foixante-
troifiéme. Signé, L O U I S. Et plus bas : Par le Roy,
PHELYPEAUX. Vû au Confeil, CHAMILLART.
Regiftrées à Paris en Parlement le 7 Janvier 1706.
Signé, D O N G O I S.

Arreft du Confeil d'Etat du Roy, qui décharge de la
Taille la veuve d'un Officier Suiffe, tant qu'elle
demeurera en viduité.
Du 29 Decembre 1705.
Extrait des Regiftres du Confeil d'Etat.

SUR la Requefte prefentée au Roy en fon Confeil, par Philippe de la Val, veuve de Jean-
Jacques Rimbaux de la Comté de Neufchâtel en
Suiffe, & Sergent de la Compagnie d'Eftavay, Re-
giment des Gardes Suiffes, contenant qu'au préjudice des privileges accordez par des Déclarations,
& Arrefts du Confeil aux originaires Suiffes, étant
au fervice de Sa Majefté, à fes gages & folde, habituez dans le Royaume, en quel lieu qu'ils faffent
leur demeure, & à leurs veuves pendant leur viduité, les Collecteurs de la Paroiffe de Vaugirard ont
compris ladite Philippe de la Val, Cabaretiere, pour
la fomme de quinze livres, dans le rolle des Tailles

& Uftenciles de la prefente année 1705, quoiqu'elle
foit veuve dudit Rimbaux, lequel Sa Majefté avoit
eu la bonté de gratifier d'une penfion de 150 livres
en confidération de fes fervices & de fon abjuration ;
qu'elle n'étoit plus payée de cette penfion, & eft demeurée veuve avec deux enfans qu'elle éleve dans
la Religion Catholique, quoiqu'on ait voulu les
amener en Suiffe pour les élever dans la Religion
Proteftante; qu'il a été précifément ordonné par
Arreft du Confeil du 15 Septembre 1705, que les
Officiers & Soldats Suiffes de la garde de Monfieur
le Duc d'Orleans jouiront de l'exemption de Tailles,
Uftenciles & autres impofitions; ce faifant, que
Jean-Pancrace Nelle, Tambour Suiffe de la Compagnie de Nancray, feroit rayé du rolle des Tailles
de ladite Paroiffe de Vaugirard, avec défenfe aux
Collecteurs de l'impofer à l'avenir dans leurs rolles,
foit pour fon trafic, induftrie ou autrement : & d'autant que ledit Arreft fondé fur les anciens privileges
accordez aux Suiffes étant au fervice de Sa Majefté
& à leurs veuves, & particulierement fur deux Arrefts du Confeil, des 21 Aouft & 18 Septembre
1659, rendus contre les Collecteurs de Vaugirard,
par lefquels les Suiffes de Sa Majefté, vendant vin,
ayant été impofez au rolle des Tailles, en ont été
rayez, avec défenfes de les y comprendre à l'avenir,
même fous prétexte de leurs trafics & induftrie, à
peine de fix mille livres d'amende contre les contrevenans. ET A CES CAUSES, requeroit qu'il plût
à Sa Majefté ordonner que les Déclarations & Arrefts donnez en faveur des Suiffes, feront executez
felon leur forme & teneur : en conféquence que la
Suppliante jouira de l'exemption des Tailles, Uftenciles, & autres impofitions de la Paroiffe de Vaugirard, lieu de fa demeure, & qu'elle fera rayée du
rolle des Tailles de la prefente année 1705, avec
défenfes aux Collecteurs de l'impofer à l'avenir dans
leurs rolles, foit pour fon trafic, induftrie ou autre-

ment : Vû ladite Requeste & Arrest du 15 Septembre dernier, l'Extrait du rolle des Tailles & Ustenciles de Vaugirard de la presente année 1705, & le certificat du sieur Reynold, Colonel Suisse, du 21 Novembre audit an, portant que la Suppliante est veuve dudit Rimbaux. Oüi le Rapport du sieur Fleuriau d'Armenonville, Conseiller ordinaire au Conseil Royal, Directeur des Finances. LE ROY EN SON CONSEIL, ayant égard à ladite Requeste, a ordonné & ordonne que ladite Philippe de la Val, veuve de Jean-Jacques Rimbaux, Sergent Suisse de la Compagnie d'Estavay, jouira de l'exemption des Tailles & Ustenciles, & autres impositions, tant qu'elle demeurera en viduité ; ce faisant, qu'elle sera rayée du rolle des Tailles & Ustenciles de la Paroisse de Vaugirard de la presente année 1705, sans préjudice néanmoins de l'execution dudit rolle, par provision, en vertu duquel elle sera tenue de payer les sommes pour lesquelles elle est comprise dans ledit rolle. Ordonne Sa Majesté que les sommes par elle payées lui seront rendues & restituées, & à cet effet réimposées sur les Habitans de ladite Paroisse de Vaugirard, conjointement avec la Taille suivante, qui sera reglée & ordonnée par le sieur Phelypeaux, Commissaire départi en la Généralité de Paris : fait défenses aux Collecteurs des Tailles de ladite Paroisse, d'imposer à l'avenir dans leur rolle ladite veuve Rimbaux, soit pour son trafic, industrie ou autrement, à peine de tous dépens, dommages & interests. Fait au Conseil d'Etat du Roy, tenu à Versailles le vingt-neuviéme jour de Décembre mil sept cens cinq. Collationné. Signé, DE LAISTRE.

Déclaration du Roy, qui difpenfe les Officiers de la
    Veneric du fervice actuel, nonobftant l'Edit du
    mois d'Aouſt 1705, & ordonne qu'ils joüiront de
    tous les privileges & exemptions à eux attribuez
    par les Edits & Déclarations.

Du 2 Janvier 1706.

LOUIS, par la grace de Dieu, Roy de France
    & de Navarre: A tous ceux qui ces Prefentes
Lettres verront; Salut. Les abus introduits en plufieurs Lieux de notre Royaume, par un grand nombre d'Officiers de notre Maifon & des Maifons
Royales, lefquels, fans fatisfaire à nos Reglemens,
prétendoient joüir des privileges & des exemptions
que Nous avons attachez à leurs Charges, Nous
ont obligé de donner notre Edit du mois d'Aouſt
1705, pour reformer cet abus, & pour établir une
regle certaine touchant les Exempts & Privilegiez;
enforte que nous avons ordonné que nos Officiers
domeſtiques & commenfaux ne pourroient joüir
d'aucuns privileges, qu'à la charge qu'ils ne feront
aucun acte de dérogeance, qu'ils feront compris
dans les Etats qui feront envoyez tous les ans à
notre Cour des Aydes, qu'il recevront réel'ement
au moins foixante livres de gages par an, & qu'ils
feront le fervice actuel. Mais les Officiers de notre
Vénerie nous ayant reprefenté qu'il leur eſt impoffi-
ble de fatisfaire à la claufe qui regarde le fervice actuel, parce qu'ils font répandus dans les Provinces de
notre Royaume, où ils executent les ordres qui leur
font donnez par notre Grand Veneur pour l'entre-
tient de nos équipages, & furveiller à la confervation des cerfs, bêtes rouffes & noires; & voulant
leur affûrer les moyens de nous donner à l'avenir la
fatisfaction que nous en avons reçûe jufqu'à prefent
dans les fonctions de leurs Charges, nous avons réfolu, nonobſtant notre Edit du mois d'Aouſt 1705,
de les difpenfer du fervice actuel, ainfi que nous les

en avions déja difpenfez par notre Déclaration du
11 Décembre 1682. A CES CAUSES, & autres,
à ce nous mouvans, de l'avis de notre Confeil, &
de notre certaine fcience, pleine puiffance & autorité Royale, Nous avons par ces Prefentes fignées
de notre main, dit & déclaré, difons & déclarons,
voulons & nous plaît, que les Lieutenans, les Sous-
Lieutenans, les Gentilshommes, Pages, Fouriers,
Gardes, Valets de chiens & de limiers, Chaftreurs
de chiens, Chirurgiens, Maréchaux-ferrans, & autres Officiers de notre Venerie, employez dans
l'Etat qui en fera arrêté & envoyé toutes les années
en notre Cour des Aydes, jouiffent des privileges
& des exemptions qui leur font accordez par nos
Edits & par nos Déclarations, tant qu'ils feront
pourvûs defdites Charges, encore qu'ils ne faffent
pas le fervice actuel, dont nous les avons difpenfez & difpenfons par ces Prefentes ; & en cas que
nofdits Officiers en confequence de notredit Edit
du mois d'Aouft dernier, fe trouvent avoir été taxez
d'Office, ou impofez par les Collecteurs aux rolles
des Tailles, voulons qu'ils en foient & demeurent
déchargez en vertu de cefdites Prefentes, & que les
fommes qu'ils pourroient avoir payées en execution
defdits rolles, leur foient rendues & reftituées par
qui il appartiendra ; dérogeant à cet égard feulement à notredit Edit du mois d'Aouft 1705, lequel
au furplus fera executé felon fa forme & teneur. Si
donnons en mandement à nos amez & feaux Confeillers les Gens tenans notre Cour des Aydes à Paris, que ces Prefentes ils ayent à faire lire, publier &
regiftrer, & le contenu en icelles faire executer felon fa forme & teneur, aux copies defquelles collationnées par l'un de nos amez & feaux Confeillers-
Secretaires, voulons que foi foit adjoutée comme à
l'Original : Car tel eft notre plaifir. En témoin de
quoi nous avons fait mettre notre Scel à cefdites Prefentes. Donné à Verfailles le deuxiéme jour de Jan-

vier, l'an de grace mil sept cens six, & de notre
Regne le soixante-troisiéme. Signé, LOUIS. Et
plus bas : Par le Roy, PHELYPEAUX. Vû au
Conseil, CHAMILLART.

Registrées en la Cour des Aydes. A Paris le 14 Janvier 1706. *Signé,* ROBERT.

Edit du Roy, donné en explication de celui du mois
d'Aoust 1705, portant révocation des privileges
& exemptions accordées à plusieurs Officiers.

Du mois de Septembre 1706.

LOUIS par la grace de Dieu, Roy de France
& de Navarre : A tous présens & à venir, Salut.
Le desir de soulager nos Peuples dans la levée des
impositions, & l'interest que nous avons de ména-
ger nos Finances, nous obligerent au mois d'Aoust
de l'année 1705, de donner un Edit, qui en réfor-
mant beaucoup d'abus, & en augmentant le nombre des contribuables à la Taille, nous fournit
un secours qui peut nous aider à soutenir les dépenses excessives de la guerre que Nous avons aujourd'hui. Nous avons tâché par cet Edit d'établir
des regles certaines sur les exemptions & sur les privileges de tous les Ordres de notre Royaume ; &
nous n'avons d'ailleurs rien oublié pour y tenir la
balance égale entre les Officiers, les Domestiques
& les Commensaux de notre Maison & des Maisons
Royales. Cependant quelques précautions que nous
eussions prises pour le rendre clair & intelligible,
nous n'avons pas laissé d'écouter ce qui nous a été
représenté par plusieurs Officiers de Magistrature &
de notre Maison & des Maisons Royales, qui prétendent se maintenir dans les exemptions & dans les
privileges dont ils jouissoient avant notre Edit. De
sorte que pour en rendre l'execution plus facile &
plus constante, nous avons résolu d'en donner un
second, qui leve les difficultez capables de retarder
ou de diminuer les avantages que nos Peuples en

attendent avec empreſſement. A CES CAUSES;
& autres, à ce nous mouvans, de l'avis de notre
Conſeil, & de notre certaine ſcience, pleine puiſſance & autorité Royale, nous avons par le préſent
Edit perpétuel & irrévocable, dit, ſtatué & ordonné, diſons, ſtatuons & ordonnons, voulons & nous
plaît.

ARTICLE XXIV.

Les Lettres de Véteran avant l'Edit du mois d'Aouſt
1705, executées nonobſtant l'Article VII.
dudit Edit.

Voulons que les Officiers tant de nos Cours
qu'autres Officiers de Judicature, de Police & de
Finance, & de notre Maiſon, à qui nous avons accordé des Lettres de Véteran avant notre Edit du
mois d'Aouſt 1705, jouiſſent du bénéfice deſdites
Lettres, nonobſtant la clauſe portée par l'Article
VII. de notredit Edit, lequel au ſurplus ſera exécuté; à la charge néanmoins par ceux qui ont été
compris dans les rolles arreſtez en notre Conſeil, en
vertu de notre Edit du mois de Juin de ladite année
1705, de lever les augmentations de gages, & de
payer les ſommes pour leſquelles ils ſont compris
dans leſdits rolles.

ARTICLE XXV.

Tout Officier de Judicature auſſi pourvû d'une Charge
de la Maiſon du Roy, taxé d'Office après le
premier d'Octobre 1706.

Et d'autant que par l'Article VIII. de notre Edit
du mois d'Aouſt 1705, Nous avons renouvellé la
diſpoſition de notre Déclaration du 13 Octobre
1680, & ordonné que tous les Officiers de Judicature, de Police & Finance, qui ſeroient auſſi pourvûs de Charges & d'Offices de notre Maiſon ou des
Maiſons Royales, ne jouiroient point des exemptions & des privileges de nos Commenſaux, juſqu'à
ce qu'ils ſe fuſſent démis de leurs Offices de Judicature, de Police & de Finance, & qu'un autre en fût

pourvû en leur place, ceux desdits Officiers qui n'ont pas satisfait à notredit Reglement, seront à la prochaine assiete, imposez d'Office à la Taille par nos Intendans & Commissaires départis, dans les lieux où elle est personnelle.

ARTICLE XXVI.

Le Greffier de la Cour des Aydes remettra une expédition des Etats au Controlleur Général des Finances.

En interpretant pareillement les Articles V. VI. & IX. de notredit Edit, voulons que dans le mois d'Avril de chaque année le Greffier de notre Cour des Aydes remette sans frais ni droits, & sur papier non timbré, au Controlleur Général de nos Finances une expédition de tous les Etats envoyez au Greffe de notredite Cour, tant des Officiers, Domestiques & Commensaux de notre Maison & des Maisons Royales, qu'autres privilegiez, lesquels seront tenus, chacun à son égard, de lever au Greffe de notredite Cour les Extraits qui les concernent, des Etats où ils seront employez pour la premiere fois, à commencer du premier Janvier de la présente année 1706, & à l'issue de la grande Messe, un jour de Fête ou de Dimanche, il les feront une fois seulement signifier avant le premier d'Octobre de l'année où chacun d'eux aura été employé pour la premiere fois dans lesdits Etats, aux Habitans de la Paroisse où ils font leur résidence; au moyen de quoi déchargeons nosdits Commensaux de rapporter lesdits Extraits toutes les fois qu'ils remettron ausdits Habitans l'ampliation de la quittance de leurs gages en vertu de l'Article VI. de notredit Edit du mois d'Aoust 1705, & faute par nosdits Commensaux de faire signifier lesdits Extraits, comme dessus, ils seront imposez d'Office à la Taille; & conformément à l'Article XXIX. de l'Edit du mois de Janvier 1634. Voulons qu'à l'avenir, en cas de résignation, le Résignataire fasse aussi signifier, comme dessus, pour une fois seulement, l'Extrait du premier Etat où il fera employé aux Habitans de la Paroiffe où il demeure, & au Subftitut de notre Procureur Général en l'Election d'où il refſortit, & que le Réfignant le faſſe pareillement fignifier aux Habitans de la Paroiſſe, & au Subftitut de notre Procureur Général en l'Election d'où il dépend, à peine contre le Réfignataire d'être déchû de tous privileges, & contre le Réfignant de mille livres d'amende, lefquelles peines ne pourront être reputées comminatoires, remifes ni modérées fous quelque prétexte que ce puiſſe être; & pour l'expédition, la fignature & le papier timbré de chacun defdits Extraits, il fera payé trente fols qui feront partagez entre le Greffier en chef & le Greffier des dépolts de notredite Cour, fans qu'ils puiſſent prendre ni exiger de plus grands droits, fous quelque prétexte que ce foit; exceptons néanmoins les Officiers & les Gardes de notre Corps, les Gendarmes & les Chevaux-Legers de notre Garde, qui ne payeront que cinq fols pour chaque Extrait, conformément à notre Déclaration du 2 Aouſt 1698.

ARTICLE XXVII.
L'Extrait de l'Etat fera attaché fous le contre-fcel des Lettres.

Ne pourront nofdits Officiers & Domeftiques & autres Commenfaux obtenir, foit en notre grande ou en nos petites Chancelleries, aucunes Lettres de Committimus, ni autres touchant leurs privileges, que l'Extrait defdits Etats qui les concerne, ne foit attaché fous le contre-fcel defdites Lettres.

ARTICLE XXVIII.
Les Provifions des Commenfaux ne feront enregiftrées fans y joindre l'Extrait de l'Etat.

Aucun Officier de notre Maifon ou des Maifons Royales ne pourra faire enregiftrer fes Provifions aux Greffes des Elections, ni des Greniers à Sel, fans y attacher l'Extrait de l'Etat qui le regarde; & en cas que le nouvel Officier ne fût pas encore empoyé dans l'Etat de l'année où il fera reçû, il rapportera un Extrait de l'Article de l'Etat précédent où le Titulaire du même Office étoit employé. Enjoignons aux Officiers & aux Greffiers defdites Elections & Greniers à Sel, de faire mention defdits Extraits dans le Vû de la Sentence d'enregiftrement, le tout à peine de cinq cens livres d'amende chacun, tant contre le Confeiller Rapporteur que le Greffier, & de pareille amende contre l'Officier requerant.

ARTICLE XXIX.

Les treize Huiffiers de la Prevôté de l'Hôtel jouirons
des Privileges des Commenfaux.

Et défirant favorablement traiter les treize Huiffiers de la Prevôté de notre Hôtel, & les maintenir dans leurs anciens droits, nonobftant la claufe inférée dans l'Article V. de notredit Edit du mois d'Aouft 1705, portant qu'aucun des Commenfaux de notre Maifon ne jouira des privileges que nous leur avons attribuez, s'il ne reçoit réellement au moins foixante livres de gages par an, à laquelle claufe nous avons dérogé & dérogeons par ces Prefentes en faveur defdits treize Huiffiers feulement : Voulons qu'encore qu'ils ayent été créez fans gages, & qu'il n'en reçoivent aucuns de Nous, ils jouiffent néanmoins, en qualité de Commenfaux de notre Maifon, des exemptions & des privileges dont ils ont accoutumé de jouir, fuivant nos Edits & nos Déclarations, à la charge toutefois de ne commettre aucun acte dérogeant, de faire le fervice actuel, d'être compris dans les Etats qui feront envoyez toutes les années à la Cour des Aydes, & de fatisfaire en toute autre chofe à ce qui eft ordonné par notredit Edit pour les Officiers, Domeftiques & Commenfaux de notre Maifon.

ARTICLE XXX.

Les Officiers de la Venerie maintenus dans leurs Privileges.

N'entendons par notre prefent Edit déroger à notre Déclaration du 2 Janvier dernier, donnée en faveur des Officiers de notre Venerie, laquelle fera executée felon fa forme & teneur.

Au furplus notre Edit du mois d'Aouft 1705 fera pareillement executé en ce qui n'y eft point dérogé par ces Prefentes. Si donnons en mandement, &c. Donné à Verfailles au mois de Septembre, l'an de grace mil fept cens fix, & de notre Regne le foixante-quatriéme. Signé, LOUIS. Et plus bas : Par le Roy, PHELYPEAUX. Vifa, PHELYPEAUX. Vû au Confeil, CHAMILLART.

Regiftrées. A Paris en Parlement le 6 Septembre 1706. Signé, DONGOIS.

Regiftrées en la Cour des Aydes. A Paris en la Chambre de ladite Cour des Aydes le 9 Septembre 1706. Signé, OLIVIER.

Arreft du Grand Confeil du Roy, concernant les droits honorifiques, le Pain-benit, la Proceffion, à l'Offrande, & autres Cérémonies de l'Eglife.

Du 17 Février 1707.

Extrait des Regiftres du Grand Confeil.

LOUIS, par la grace de Dieu, Roy de France & de Navarre : A tous ceux qui ces Préfentes Lettres verront. Salut. Sçavoir faifons, comme par Arreft ce jourd'hui donné en notre Grand Confeil, entre notre bien amé Jean-Martial de Jaucen Ecuyer, notre Confeiller-Secretaire, Maifon, Couronne de France & de nos Finances, Seigneur Haut-Jufticier de Crofne & de Noify-fur-Seine, prenant le fait & caufe de Guy Ferry & Jean Angot, Marguilliers en Charge de la Paroiffe dudit Crofne, Appellant de notre Sentence de la Prevôté de l'Hôtel du 26 Juin 1706, en ce qu'elle ordonne que l'Intimé ci-après jouira

jouira des honneurs de l'Eglise ; & que le Pain-beni
lui fera prefenté & à fa famille, avec morceau de
diftinction, & dans le même baffin ou corbillon qui
fera prefenté au Seigneur, fuivant fa Requefte inferée en l'Arreft de notre Confeil du 19 Juillet 1706 ;
& Exploit d'affignation donnée en confequece le 21
dudit mois de Juillet, controllé à Paris le 22, ce requerant que ladite Sentence foit infirmée aufdits
Chefs, avec dépens, d'une part : Et Louis Herbin,
Ecuyer, l'un de nos Valets de Chambre, Imtimé,
d'autre. Après que Chevalier, Avocat dudit de Jaucen, affifté de Maréchal fon Procureur, a conclu en
fon Appel ; Brillon, Avocat dudit Herbien, affifté
de Pezé fon Procureur, a été oüi ; & que Benoift de
Saint Port, notre Procureur General a pareillement
été oüi : ICELUI NOTREDIT CONSEIL,
a mis & met l'Appellation de ladite Sentence, en
ce que par ladite Sentence il a été ordonné que ledit
Herbin jouira des honneurs de l'Eglife ; & que le
Pain-beni lui fera prefenté & à fa famille, avec morceau de diftinction, & dans le même baffin ou corbillon qui fera prefenté au Seigneur, & ce dont a été
appellé, au néant ; émendant & corrigeant quant à
ce, ordonne que nos Déclarations, Arrefts & Reglemens de notre Confeil, feront executez ; & en
confequence que ledit Herbin aura la préféance à
l'Offrande, Proceffions, & autres Cérémonies de
l'Eglife, & aura le Pain beni avant & en la maniere
qu'il eft porté, aux Officiers de Juftice & autres Habitans dudit lieu, fans préjudice de la diftinction accoutumée être faite au Seigneur & à fa famille ; ladite Sentence au réfidu fortiffant à effet, dépens
compenfez, & la Partie de Brillon fournira le prefent Arreft, & l'amende fera rendue. Si donnons en
mandement au premier des Huiffiers de notredit
Confeil, en ce qui eft executoire en notredite Cour
& fuite, & hors d'icelle, audit Huiffier ou autre notre Huiffier ou Sergent fur ce requis, qu'à la requefte

dudit sieur de Jaucen, le present Arrest il mette à dûe & entiere execution, selon sa forme & teneur : de ce faire te donnons pouvoir, sans pour ce demander Placet ni Pareatis. Donné en notredit Conseil à Paris le dix-sept Fevrier, l'an de grace mil sept cens sept, & de notre Regne le soixante-quatre. Collationné & controllé. Et sur le repli : Par le Roy, à la relation des Gens de son Grand Conseil.

Signé, SOUFLOT.

Arrest du Conseil d'Etat, en faveur des Officiers de la Maison de Monsieur le Duc d'Orleans qui n'ont pas suivi Son Altesse Royale en Espagne, pour les faire jouir de leurs Privileges & exemptions.

Du premier May 1708.

Extrait des Registres du Conseil d'Etat.

LE ROY ayant été informé que plusieurs des Officiers de la Maison de Monsieur le Duc d'Orleans, qu'il n'a pas jugé propos d'emmener avec lui en Espagne, sont inquiétez dans la jouissance de leurs privileges & exemptions dans les lieux où ils se sont retirez, sous prétexte qu'ils ne font pas actuellement le service, quoique ce défaut ne puisse & ne doive point leur être imputé : Et Sa Majesté voulant y pourvoir; Oüi le Rapport du sieur Desmaretz, Conseiller ordinaire au Conseil Royal, Controlleur Général des Finances : SA MAJESTE' EN SON CONSEIL, a ordonné & ordonne que les Officiers de Monsieur le Duc d'Orleans jouiront dans les lieux de leurs domicile, de tous les privileges & exemptions attribuez au Officiers des Maisons Royales, nonobstant qu'ils ne rendent point le service pendant son absence. Enjoint aux sieurs Commissaires départis pour l'execution de ses Ordres dans les Provinces, d'y tenir la main. Fait au Conseil d'Etat du Roy, tenu à Marly le premier jour de May mil sept cens huit. Collationné. Signé, DU JARDIN.

Arreſt du Conſeil d'Etat Privé du Roy, rendu en
faveur de Meſſire François de Beaucouſin, Prêtre, Aumônier de Sa Majeſté, Chapelain de la
Chapelle Curiale de Sainte Barbe, fondée à la
ſuite de la Cour, & Chanoine de l'Egliſe Cathédrale de Notre-Dame de Noyon : Le diſpenſe de
faire aucune réſidence audit Chapitre, tant qu'il
exercera l'Office d'Aumônier de Sa Majeſté,
Chapelain de la Chapelle Curiale de Sainte
Barbe, dont il eſt pourvû : Et ordonne que les
fruits & autres droits, appartenans à ſondit Canonicat, lui ſeront payez, à compter du jour
qu'il a été mis en poſſeſſion. Contre les Doyen,
Chanoines & Chapitre de ladite Egliſe.

Du 28 Janvier 1709.

VEU au Conſeil d'Etat Privé du Roy, l'Arreſt
rendu en icelui lêdit jour 9 Janvier, intervenu ſur la Requeſte deſdits Doyen, Chanoines &
Chapitre de l'Egliſe Cathedrale de Notre-Dame de
Noyon, tendante à ce que pour les cauſes y contenues, il plût à Sa Majeſté les décharger de l'aſſignation que le ſieur de Beaucouſin leur avoit donnée
au Conſeil le 10 Septembre 1707, au préjudice
de l'Arreſt du 22 Novembre 1678, pour voir dire
qu'il ne ſera tenu à aucun droit de Stage, ni à aucune réſidence pendant toute l'année, pour raiſon
du Canonicat dont il eſt pourvû en ladite Egliſe
Cathédrale de Noyon, ſous prétexte qu'il ſe dit
Chapelain de la prétendue Chapelle Curiale de
Sainte Barbe, en vertu d'une ſimple Commiſſion
du ſieur Grand Prevôt : enſemble de tout ce qui
peut avoir été ordonné par défaut au Grand Conſeil contre iceux Chanoines & Chapitre de Noyon;
ce faiſant, ordonner qu'il ſatisfera audit droit de
Stage, & réſidera les temps portez par les Statuts
de ladite Egliſe, à peine de ſa perte de tous ſes
fruits & revenus, ſans préjudice des autres pertes

canoniques, & condamner icelui fieur de Beaucoufin, en cas de conteftation, aux dépens ; par lequel Arreft Sa Majefté a ordonné qu'aux fins de
ladite Requefte ledit Sr de Beaucoufin feroit affigné
au Confeil dans les délais de l'Ordonnance, pour,
Parties oüies, être ordonné ce que de raifon ; enfuite duquel eft l'Exploit d'affignation donnée au
Confeil au fieur de Beaucoufin le 19 Janvier 1708,
pour y proceder fur les fins de la Requefte inférée
audit Arreft. Requefte des Doyen, Chanoines &
Chapitre de Noyon ; enfuite de laquelle eft l'Ordonnance du Confeil du 27 Février 1708, qui com-
met le fieur de la Neuville, Maître des Requeftes,
pour y faire le rapport des conteftations defdites
Parties, fignifiée le 28 du même mois. Procès-
verbal dudit fieur Commiffaire à ce député, contenant les comparutions des Avocats des Parties,
leurs dires & réquifitions; enfuite duquel eft fon
Ordonnance du 3 Mars 1708, qui leur en donne
acte, & ordonne que l'appointement de Reglement
offert par le fieur de Beaucoufin le 13 Février 1708,
feroit de lui figné, fans que les qualitez puiffent
nuire ni préjudicier aux Parties : l'appointement
de Reglement figné en confequence dudit fieur
Commiffaire à ce député le même jour 3 Mars portant que dans huitaine les Parties fe communique-
roient les Pieces dont elles entendoient fe fervir
en l'Inftance, écriroient & produiroient huitaine
après tout ce que bon leur fembleroit, pour fur le
tout leur être fait droit, ainfi que de raifon ; enfuite defdits Procès verbal & appointement, font
les fignifications qui ont été faites à Me Payelle,
Avocat, le 9 Mars 1708. Arreft du Confeil d'Etat
du 31 Décembre 1708, intervenu fur la Requefte,
tant des Doyen, Chanoines & Chapitre de Noyon,
que dudit fieur de Beaucoufin, tendante à ce que fur
les caufes y contenues, il plût à Sa Majefté, évoquer
à foi & à fon Confeil la connoiffance de l'Inftance

d'entre les Parties ; ce faiſant, la renvoyer à ſon
Conſeil Privé, où elle étoit pendante, pour la juger définitivement en l'état qu'elle étoit ; par lequel Arreſt Sa Majeſté étant en ſon Conſeil du
conſentement des Parties, & ſans tirer à conſéquence, les a renvoyées en ſon Conſeil d'Etat Privé,
pour leur être fait droit ſur leurs conteſtations,
ainſi qu'il appartiendra, ſignifié le 9 Janvier 1709
à Mr Payelle, Avocat : les concluſions des Doyen,
Chanoines & Chapitre de Noyon, tant par leur
Requeſte inférée en l'Arreſt du Conſeil du 9 Juillet
1709, que par leur Requeſte d'avertiſſement du 2
Avril enſuivant, employée pour ſatisfaire au ſuſdit Reglement, tendante à ce que pour les cauſes
& moyens y contenus, il plût à Sa Majaſté & à
ſon Conſeil les décharger de l'aſſignation que le
ſieur de Beaucouſin leur a fait donner au Grand
Conſeil le 10 Septembre 1707, au préjudice de
l'Arreſt du 22 Novembre 1678, pour voir dire qu'il
ne ſera tenu à aucun droit de Stage, ni à aucune
réſidence pendant toute l'année, pour raiſon du
Canonicat dont il eſt pourvû en l'Egliſe Cathédrale de Noyon, ſous prétexte qu'il ſe dit Chapelain de la prétendue Chapelle Curiale de Sainte
Barbe, dont il prétend avoir été pourvû en vertu
d'une ſimple Commiſſion du ſieur Grand Prevoſt
de l'Hôtel, enſemble de tout ce qui peut avoir été
ordonné par défaut au Grand Conſeil contre eux ;
ce faiſant ordonner qu'icelui ſieur de Beaucouſin,
ſatisfera au droit de Stage, & réſidera en l'Egliſe
de Noyon les temps portez par les Statuts d'icelle,
à peine de perte de tous ſes fruits & revenus, ſan
préjudice des autres peines canoniques, lequel ſeroit condamné aux dépens envers leſdits ſieurs du
Chapitre, celle dudit ſieur de Beaucouſin, tant
par l'appointement du 3 Mars 1708, contenant ſa
Requeſte verbale, que par ſon avertiſſement du 30
du même mois de Mars, ſont au contraire, à ce

qu'il plût à Sa Majesté, faisant droit sur l'Instance;
attendu qu'il s'agit de l'exécution de sa Déclaration
du mois de Mars 1666, qui attribue au Grand Conseil la connoissance des contestations qui survien-
dront pour raison des droits & privileges des Officiers des Chapelles de Sa Majesté, & tous autres
employez dans les Etats des Maisons Royales, &
que la contestation d'entre les Chanoines de Noyon,
& icelui sieur de Beaucousin, est actuellement pendante au Grand Conseil, ordonner l'exécution de
cette Déclaration selon sa forme & teneur; & en
conséquence y renvoyer les Parties, & leurs différends, circonstances & dépendances, pour y procéder suivant les derniers erremens, & condamner
les Doyen, Chanoines & Chapitre de l'Eglise Cathédrale de Noyon aux dépens de l'Instance: Autres
conclusions dudit sieur de Beaucousin par sa Requeste du 14 Décembre 1708, tendante à ce qu'il plût
à Sa Majesté lui donner acte de ce qu'il consentoit
que le fonds de la contestation d'entre les sieurs du
Chapitre de Noyon & lui, fût jugée définitivement
au Conseil; & en conséquence, que les Arrests des
dernier Juillet 1676, & 22 Novembre 1678, seroient déclarez communs avec icelui sieur de Beaucousin: ce faisant, ordonner qu'il sera tenu pour
present, nonobstant qu'il ne fasse sa résidence à
Noyon, & que les fruits, profits & revenus de son Canonicat & Prébende, lui seront payez & délivrez
tant en bled & avoine, que deniers, bûches, comptes, comptereaux, obits, cantuaires, anciens restes,
pain de Chapitre, & généralement tous les profits
& émolumens, excepté seulement les distributions
qui se font en argent sec & monnoyé au Chœur,
& ce du jour de sa réception; à ce faire, les sieurs du
Chapitre, leurs Receveurs & Dépositaires contraints par les voyes ordinaires; quoi faisant, ils
demeureroient bien & valablement quittes & déchargez envers &contre tous, & condamner lesdits

ſieurs du Chapitre aux dépens de l'Inſtance. Inven-
taires & productions reſpectivement produits au
Greffe du Conſeil par leſdites Parties, les 2 Avril
& 30 Mars 1708, ſuivant & en exécution du Réglement dudit jour 3 Mars audit an, contenant les
inductions des piéces ci-après. Copie de Déclaration du Roy, donnée en faveur des Sous-Maîtres,
Chapelains, Chantre, Clercs & enfans des Chapelle, Oratoire & Chambre de Sa Majeſté, Bénéficiers & Officiers de la Sainte-Chapelle de Paris,
& tous autres employez dans les Etats de Sa Majeſté, qui ordonne entr'autres choſes qu'ils ſeront
tenus & réputez preſens dans toutes les Egliſes du
Royaume pour les Bénéfices & Dignitez qu'ils y
avoient, pendant tout le temps de leur ſervice,
ſçavoir les ordinaires pendant toute l'année ; & que
s'il intervient des conteſtations à ce ſujet, Sa Majeſté en attribue la connoiſſance au Grand Conſeil,
icelle Déclaration du mois de Mars 1666. Certificat de Monſieur le Cardinal de Bouillon du 11
Décembre 1673, comme Me Michel Dupleſſis,
Chanoine & Doyen de l'Egliſe Collegiale de Saint
Pierre de Soiſſons, étoit lors un des membres de la
Chapelle de Sa Majeſté, en qualité de Chapelain
de Sainte Barbe. Autre certificat du Tréſorier de la
Prevôté de l'Hôtel, du 18 Décembre 1673, comme
il a payé aux ſieurs Pinard, Aubert & Dupleſſis,
Chapelains du Sainte Barbe, pour leurs appointemens à chacun, la ſomme de trois cens livres, pour
laquelle ils ſont employez dans l'Etat de la Prevôté
de l'Hôtel, & qu'il leur a vû célébrer les Offices
Divins, attachez aux fonctions de cette Chapelle,
dans la Chapelle du petit Bourbon du Louvre avant
ſa démolition, & depuis aux Filles Pénitentes à
Paris, au bas duquel eſt un pareil certificat des anciens Lieutenans & Exempts de la Prevôté. Copie
collationnée d'Arreſt du Conſeil d'Etat du 31 Juillet
1676, qui ordonne que Me Dupleſſis, lors Chape-

lain de la Chapelle Sainte Barbe, & Chanoine de
Soiſſons, ſera tenu & réputé preſent à ſon Canonicat ; qu'en conſéquence les fruits & revenus d'icelui
lui ſeroient payez, ſans qu'il fût obligé de faire ſa
réſidence ſur les lieux. Acte de notorieté du Lieutenant Général de la Prevôté de l'Hôtel, qui a reçû à
ſon Greffe pluſieurs certificats, comme la fonction
d'Aumônier du Roy, Chapelain de la Chapelle Curiale de Sainte Barbe, fondée à la ſuite de la Cour,
eſt de célébrer la ſainte Meſſe tous les Dimanches
& Fêtes ſolemnelles de l'année, l'Eau-benîte, Pain-
beni & autres fonctions, & que les ſieurs de Mornay & Dupleſſis en ont toujours fait les fonctions
dans la Chapelle du petit Bourbon au Louvre juſqu'à ſa démolition, & depuis ſa démolition chez les
Filles Pénitentes de la rue Saint Denis, en date du
6 Avril 1684. Proviſions données par M. le Marquis de Sourches, Prevôt de l'Hôtel de Sa Majeſté, &
Grand Prevôt de Sa Majeſté, & Grand Prevôt de
France, le 29 Aouſt 1705, en faveur de Meſſire
François de Beaucouſin, lors Chanoine de Langres,
de l'Etat & Charge d'Aumônier, & Chapelain du
Roy en la Chapelle Curiale de Sainte Barbe, fondée à la ſuite de la Cour, vacante par la démiſſion
faite en ſes mains par le ſieur Dupleſſis, Chanoine
de Saint Pierre de Soiſſons, dernier paiſible Poſſeſſeur d'icelle, au dos deſquelles eſt l'enregiſtrement
qui a été fait d'icelles, tant à la Prevôté de l'Hôtel, qu'en la Chambre des Comptes, les 26 Septembre 1705 & 15 du même mois 1707. Extrait de
l'Etat des Officiers de la Prevôté de l'Hôtel, & grande Prevôté de France, fait & arrêté en l'année
1706, & reçû au Greffe de la Cour des Aydes,
ſuivant l'Arreſt d'icelle du 30 Avril 1706, par lequel il paroit que Meſſire François de Beaucouſin y
eſt employé en qualité d'Aumônier. Certificat de
M. le Marquis de Sourches, Grand Prevôt de France, du 25 Avril 1706, comme les fonctions de la
Charge

Charge d'Aumônier, Chapelain du Roy en la Prevôté de ſon Hôtel, & Grande Prevôté de France,
ſont de dire la ſainte Meſſe les Dimanches & Fêtes
ſolemnelles de l'année, pour le Roi, les Princes, &
Princeſſes du Sang Royal, & de faire l'Eau-benîte,
& la Bénédiction du Pain aux Meſſes, que Meſſire
François de Beaucouſin, Prêtre du Dioceſe de Noyon,
lors Chanoine de l'Egliſe Cathedrale de Langres, eſt
pourvû de la ſuſdite Charge d'Aumônier, Chapelain de Sa Majeſté, & en fait aſſiduement les fonctions
depuis le mois d'Aouſt 1705. Autre certificat du 19
Avril 1707 du ſieur Lieutenant Général Civil, Criminel & de Police de la Prevôté de l'Hôtel, &
Grande Prevôté de France, comme les fonctions de
la Charge d'Aumônier, Chapelain du Roy en la Prevôté de l'Hôtel, ſont de dire la ſainte Meſſe, les Dimanches & Fêtes ſolemnelles de l'année, & que le
ſieur de Beaucouſin eſt pourvû de cette Charge, &
en fait aſſiduement les fonctions depuis le mois
d'Aouſt 1705. Acte paſſé devant Notaire à Noyon,
par le ſieur de Beaucouſin, Prêtre, Aumônier, Chapelain du Roy en la Prevôté de ſon Hôtel, & Grande
Prevôté de France, & Chanoine de l'Egliſe Cathedrale de Noyon, le 23 Avril 1707, par lequel il a
déclaré qu'il étoit arrivé en cette Ville le jour précédent, & que pour marquer le reſpect qu'il a pour les
uſages & coutumes de l'Egliſe Cathédrale de Noyon,
il avoit réſolu de préſenter ſon Stage à la Meſſe qui
ſe devoit dire le même jour 23 Avril veille de Pâ-
ques, proteſtant néanmoins que la préſentation dudit Stage ne pourra nuire ni préjudicier au privilege
de ſa Charge d'Aumônier & Chapelain du Roy. Autre acte du 2 May audit an 1707, par lequel le ſieur
de Beaucouſin a fait donner copie aux ſieurs du Chapitre de Noyon, tant des Proviſions de ſa Charge
d'Aumônier & Chapelain du Roy en la Chapelle
Curiale de Sainte Barbe, de l'Extrait de l'Etat des
Officiers de Sa Majeſté, tiré du Greffe de la Cour des

O o

Aydes, que des certificats de fervice, ci-devant
énoncez, des 25 Avril 1706 & 19 du même mois
1707, du fufdit Acte du 23 du même mois 1707.
Sommation faite de la part du fieur de Beaucoufin
aux fieurs du Chapitre de Noyon, à ce qu'ils euffent à
le comprendre dans les feuilles de partition de grains
qui fe doivent faire alors, enfemble dans toutes les
autres diftributions des revenus & deniers, revenant
bons, & généralement de toutes les chofes appartenantes aux Chanoines, actuellement réfidens &
affiftans au Service divin de l'Eglife de Noyon, à
compter du jour de fa réception dans fon Canonicat
& Prébende, à l'exception néanmoins des diftribu-
tion manuelles qui fe font en argent fec & monnoye
au Chœur pendant le Service divin, icelles fommations datées du 30 Juillet 1707. Commiffion obtenue
au Grand Confeil par le fieur de Beaucoufin, qui
lui permet de faire affigner les Doyen, Chanoines &
Chapitre de l'Eglife Cathédrale de Noyon, pour y
proceder fur les fins contenues dans fa Requefte inférée en cette commiffion, datée du premier Septembre 1707. Exploit d'affignation donné en confequence au Grand Confeil le 10 du même mois de Septembre 1707, à la requefte du fieur de Beaucoufin,
aux Doyen, Chanoines & Chapitre de Noyon, pour
y proceder aux fins de la fufdite commiffion. Acte
du 4 Novembre audit an 1707, fignifié à la requefte
defdits Chanoines & Chapitre de Noyon, au fieur
de Beaucoufin, par lequel ils ont protefté de nullité
de l'affignation qu'il leur avoit fait donner au Grand
Confeil, qu'ils préfenteroient leur Requefte au Confeil, & fe pourvoiroient par oppofition contre l'Arreft
du 2 Juillet 1676, rendu fur la Requefte de Michel
Dupleffis. Arreft par défaut, obtenu au Grand Confeil le 22 Novembre 1707, par ledit fieur de Beaucoufin, fur l'affignation qu'il y avoit fait donner
aufdits fieurs du Chapitre de Noyon, qui déclare le
défaut levé au Greffe de cette Cour bien obtenu, &

pour le profit retient la connoissance du procès d'entre les Parties : & ordonne qu'elles viendront procéder un mois après la signification de cet Arrest. Exploit de signification qui a été faite du susdit Arrest, à la requeste du sieur de Beaucousin le 29 du même mois de Novembre 1707, ausdits sieurs du Chapitre de Noyon, avec assignation au Grand Conseil. Acte du 9 Décembre ensuivant, par lequel le Chapitre de Noyon proteste de nullité, tant du susdit Arrest, que de la signification qui lui en avoit été faite à la requeste dudit sieur de Beaucousin. Défaut, faute de comparoir, levé au Greffe du Grand Conseil par icelui sieur de Beaucousin le 10 Janvier 1708, contre le Chpitre de Noyon. Requeste présentée au Conseil le 20 Avril audit an 1708, par le sieur de Beaucousin, employée pour contredits contre l'avertissement desdits sieurs du Chapitre de Noyon, contenant production nouvelle de la piece y énoncée, & ci-devant mentionnée aux inductions par lui tirées d'icelle ; au bas de laquelle est l'Ordonnance dudit sieur Commissaire, qui reçoit cette piece, & ordonne qu'elle seroit communiquée, signifiée le même jour 20 Avril. Contredits fournis le 7 May 1708, par les Doyen, Chanoines & Chapitre de Noyon, contre la production du sieur de Beaucousin. Salvations de contredits servant aussi de contredits contre la susdite production nouvelle, fournie par lesdits sieurs Chanoines & Chapitre de Noyon le 23 du même mois de May, contre ledit sieur de Beaucousin. Requeste présentée au Conseil par le sieur de Beaucousin, employée pour réponses & répliques aux contredits fournis par les sieurs du Chapitre de Noyon à sa production, aux Salvations & Factum dudit Chapitre, & de production nouvelle de la piece ci-après aux inductions par lui tirées d'icelle ; ensuite de laquelle est l'Ordonnance du sieur Commissaire, du 12 Juin 1708, portant que cette piece seroit reçue & communiquée. Copie collationnée

d'ordre de Sa Majesté du 29 Mars 1658, par lequel
elle a enjoint au Pere Anselme de Mornay, Religieux Augustin, de mettre entre les mains du sieur
Marquis de Sourches, Prevôt de son Hôtel, &
Grand Prevôt de France, incontinent après que cet
ordre lui auroit été signifié, la démission de la Charge de Chapelain de la Chapelle Curiale de Sainte
Barbe, fondée à la suite de la Cour, sous la Charge
dudit Grand Prevôt dont il étoit pourvû, en rece-
vant par lui la somme qu'il se trouveroit avoir payée
à Sa Majesté; laquelle lui seroit actuellement rendue.
Cette piece signifiée à Me Payelle, Avocat, par
acte du 12 Juin 1708. Requeste presentée au Conseil
par les Doyen, Chanoines & Chapitre de Noyon,
le 10 Juillet 1708, employée pour contredits à la
production nouvelle du sieur de Beaucousin; au bas
de laquelle est l'Ordonnance dudit sieur Commissaire, qui leur donne acte de l'emploi, icelle Requeste signifiée le 12 dudit mois de Juillet. Production nouvelle du sieur de Beaucousin des pieces ci-
après, par Requeste du 11 Octobre 1708, signifiée
le 10 Novembre ensuivant, aux inductions par lui
tirées d'icelle. Extrait de l'Etat des Officiers de la
Prevôté de l'Hôtel du Roy & Grande Prevôté de
France, fait & dressé en l'année 1671, & reçû au
Greffe de la Cour des Aydes, suivant l'Arrest d'i-
celle du 26 Fevrier audit an 1671, par lequel il paroit que Messire Edme Aubert y est compris en qualité d'Aumônier. Certificat du 14 Juillet 1673,
donné par le sieur Devande, Tresorier de la Prevôté
de l'Hôtel, & Grande Prevôté de France, comme
Messire Michel Duplessis, Aumônier du Roy en ladite Prevôté, étoit alors couché & employé dans
les rolles signez par M. le Marquis de Sourches,
Grand Prevôt de l'Hôtel de Sa Majesté, pour les
années 1671 & 1672, & par lui payé de ses appointemens, à raison de trois cens livres par chacune
année, ces deux pieces signifiées à Me Payelle, A-

vocat par acte du 10 Novembre 1708. Dire fourni
par les sieurs du Chapitre de Noyon le 16 du même
mois de Novembre 1708, en réponse à la susdite
Requeste dudit sieur de Beaucousin, & aux pieces
produites par icelle. Copie signifiée de Requeste
présentée au Conseil le 12 Decembre 1708 par lesdits sieurs du Chapitre de Noyon, contenant production nouvelle de la pièce ci-après, aux inductions
par eux tirées d'icelle, au bas de laquelle est l'Ordonnance dudit sieur Commissaire, cette Requeste
signifiée le même jour. Copie d'Arrest du Conseil
d'Etat du 22 Novembre 1678, rendu entre les Sous-
Maîtres, Chapelains, Chantres, Enfans des Chapelles, Oratoires, Chambres de Sa Majesté, Bénéficiers & Officiers de la Sainte-Chapelle de Paris,
& autres employez dans les Etats de Sa Majesté, &
les Doyen, Chanoines & Chapitre de l'Eglise
Royale de Saint Quentin en Vermandois & autres,
par lequel Sa Majesté a ordonné que tous lesdits
Officiers & Bénéficiers seroient tenus & reputez
presens à leurs Bénéfices pendant le temps de service qu'ils seroient auprès de Sa Majesté, & qu'en
cas de contravention à l'execution de cet Arrest
qu'elle a déclaré commun avec tous les Chapitres,
Eglises, & Communautez du Royaume, Sa Majesté
s'est réservée la connoissance, & interdite à toutes
ses autres Cours & Juges. Production nouvelle des
sieurs Doyen, Chanoines & Chapitre de Noyon,
par Requeste du 16 Janvier 1709, des pieces ci-
après, aux inductions par eux tirées d'icelles. Requeste presentée à la Chambre des Comptes le 24 dudit mois de Janvier par lesdits sieurs du Chapitre de
Noyon, ensuite de laquelle est un Extrait du compte
de la Tresorerie generale de la Maison du Roy, contenant l'Etat general des Officiers Ecclesiastiques de
Sa Majesté, dans lequel le sieur de Beaucousin
est employé dans l'article de la Prevôté de l'Hôtel,
& Grande Prevôté de France, en qualité d'Aumô-

nier, cet Extrait daté dudit jour 24 Janvier 1709.
Acte signifié de la part dudit sieur de Beaucousin le
26 dudit mois de Janvier, aux sieurs du Chapitre de
Noyon, par lequel il leur a déclaré qu'il n'avoit aucune réponse à faire à la susdite production; qu'au
contraire il l'employoit en ce que servir lui pourroit
& non autrement; & tout ce qu'il avoit dit, écrit &
produit, avec déclaration qu'il consentoit que l'Instance fût jugée en l'état qu'elle étoit; & tout ce que
par lesdites Parties a été mis, écrit & produit pardevers le sieur Deschiens de la Neuville, Conseiller de
Sa Majesté en ses Conseils, Maître des Requestes ordinaire de son Hôtel, Commissaire à ce député:
Oüi son rapport, après en avoir communiqué aux
Sieurs Archevêque de Reims, de Ribeyre, de Har-
lay, l'Abbé Bignon, & Foucault, Conseillers d'E-
tat, Commissaires députez pour les affaires Ecclesiastiques; & tout consideré: LE ROY EN SON
CONSEIL, faisant droit sur l'Instance, en conséquence de l'Arrest du Conseil d'Etat du 31 Decembre 1708, a ordonné & ordonne que ledit de
Beaucousin sera tenu & reputé present pendant toute l'année audit Chapitre de l'Eglise Cathedrale de
Noyon, en qualité de Chanoine de ladite Eglise,
sans être obligé d'y faire aucune résidence, tant & si
long-temps qu'il exercera l'Office d'Aumônier de Sa
Majesté, Chapelain de la Chapelle Curiale de Sainte
Barbe, dont il est pourvû; ce faisant, ordonne que
les fruits, profits, revenus, émolumens, & generalement tous les droits appartenans à sondit Canonicat & Prebende, sans aucuns en excepter, sauf seulement les distributions manuelles qui ont de tout
temps accoutumé d'être faites au Chœur, de la main
à la main, en argent sec & monnoyé pendant le divin Service, seront payez audit de Beaucousin, tant
en nature qu'en deniers, en la forme & maniere accoutumée, à compter du jour qu'il a été reçû & mis
en possession de ladite Chanoinie; à ce faire lesdits

Doyen, Chanoines & Chapitre, leurs Treſoriers,
Fermiers & Receveurs, contraints par les voyes ordinaires, quoi faiſant, ils en demeureront bien &
valablement déchargez; & moyennant ce, ſur la demande ſudit de Beaucouſin, portée par ſa Requeſte
du 14 Decembre 1708, à ce que les Arreſts du Conſeil d'Etat des 31 Juillet 1676 & 22 Novembre 1678,
fuſſent déclarez communs avec lui, Sa Majeſté a mis
les Parties hors de Cour & de procès; condamne leſdits Doyen, Chanoines & Chapitre de Noyon aux
dépens. Fait au Conſeil d'Etat Privé du Roy, tenu à
Verſailles le vingt-huitiéme jour de Janvier mil ſept
cens neuf. Collationné. Signé, DE MONS.

Le 21 Fevrier 1709, *ſignifié, laiſſé copie à Maître*
Payelle, Avocat de Partie adverſe, en ſon domicile,
parlant à ſon Clerc, par Nous Huiſſier ordinaire du Roy
en ſes Conſeils. Signé, BOIVIN.

Declaration du Roy, pour faire jouir des Privileges
les Officiers de feu M. le Prince.
Du 21 May 1709.

LOUIS par la grace de Dieu, Roy de France
& de Navarre: A tous ceux qui ces Preſentes
Lettres verront; Salut. Voulant que les Officiers qui
ont eu l'honneur de ſervir feu notre très-cher & très-
amé Couſin le Prince de Condé, premier Pair &
Grand Maître de France, ſoient conſervez en la jouiſſance des privileges dont il avoit droit de jouir de
ſon vivant: A CES CAUSES, de notre grace ſpé-
ciale, pleine puiſſance & autorité Royale, Nous
avons dit & déclaré, diſons & déclarons par ces Preſentes ſignées de notre main, voulons & nous plaît,
que les Officiers, Domeſtiques & Commenſaux de
la Maiſon de notredit Couſin le Prince de Condé,
qui ſont compris dans l'Etat ci-attaché, ſous le
contre-ſcel de notre Chancellerie, jouiſſent leur vie
durant de tels & ſemblables privileges, franchiſes &
exemptions; dont ils ont bien & dûement joui ou dû

jouir du vivant de notredit Cousin, & qui font attribuez à leurs Charges par nos Edits, Declarations &
Reglemens, enfemble les veuves des décedez, & de
ceux qui decederont ci-après, tant qu'elles demeureront en viduité. Si donnons en mandement à nos
amez & feaux Confeillers les Gens tenans notre
Cour des Aydes à Paris, & tous autres nos Officiers
qu'il appartiendra, que ces Prefentes nos Lettres de
Declaration, enfemble ledit Etat ils faffent regiftrer,
& de l'effet & contenu en icelles jouir & ufer pleinement & paifiblement lefdits Officiers, Domeftiques
& Commenfaux de notredit Coufin, employez audit
Etat & leurs veuves pendant leur viduité, ceffant &
faifant ceffer tous troubles & empêchemens : Car
tel eft notre plaifir. En témoin de quoi nous avons
fait mettre notre Scel à cefdites Prefentes. Donné à
Verfailles le vingt-uniéme jour de May, l'an de
grace mil fept cens neuf, & de notre Regne le foi-
xante-feptiéme. Signé, L O U I S. Et fur le repli,
Par le Roy, P H E L Y P E A U X.

Regiftrées en la Cour des Aydes. A Paris le 31 *May*
1709. *Signé,* O.L I V I E R.

Declaration du Roy, en faveur des Officiers des
Maifons de Monfeigneur le Duc & de Madame
la Ducheffe de Berry.
Du 2 *Septembre* 1710.

L OUIS par la grace de Dieu, Roy de France
& de Navarre : A tous ceux qui ces Prefentes
Lettres verront; Salut. Ayant conclu le mariage de
notre très-cher & très-amé Petit-Fils Charles Duc
de Berry, avec notre très-chere & très-amée Niece
Marie-Louife-Elifabeth d'Orleans, il nous refte à
pourvoir à l'établiffement de leurs Maifons, en leur
donnant à chacun les Officiers néceffaires & conva-
nables à la grandeur de leur naiffance & au rang d'un
Fils de France. Nous aurions bien voulu, ainfi que
nous avons toujours fait, pourvoir gratuitement de

ces Charges ceux qui par leur zele & les services qu'ils peuvent nous avoir rendus, ont merité de les remplir. Mais la Guerre que nous sommes obligez de soutenir depuis long-temps, ne nous permettant pas d'en faire des liberalitez, ainsi que nous aurions inclination de le faire, nous sommes persuadez que ceux sur qui tombera notre choix, se porteront volontiers à donner pour les besoins de l'Etat les mêmes sommes qu'ils payeroient aux Officiers à qui nous voulons bien permettre de tirer récompense des Charges dont ils sont pourvûs en notre Maison, ou autres Maisons Royales. Dans cette vûe, nous nous sommes proposez de tirer de la plûpart de ces Charges une finance modérée, qui puisse specialement être employé à l'établissement des Maisons de notre Petit-Fils le Duc de Berry, & de notre Petite-Fille la Duchesse de Berry sa femme, sans que cet établissement soit à charge à nos Sujets, qui donnent avec tant d'affection des marques de leur zele, par le payement des sommes que nous nous trouvons obligez de lever pour ayder à la défense de l'Etat. A CES CAUSES, & autres considerations à ce nous mouvans, Nous avons dit & déclaré, disons & déclarons par ces Presentes signées de notre main, voulons & nous plaît, que la Maison de notre Petit-Fils le Duc de Berry, & celle de notre Petite-Fille la Duchesse de Berry sa femme, soient composées du nombre d'Officiers compris aux Etats ci-attachez sous le contre-scel de notre Chancellerie : lesquels Officiers seront par nous choisis & pourvûs pour la premiere fois, en payant par lesdits Officiers les sommes ausquelles Nous aurons fixé chacune desdites Charges; lesquelles sommes ils seront tenus de payer ès mains du sieur Philippes le Fevre, Intendant & Controlleur General de l'argenterie & affaires de notre Chambre, que nous avons à cet effet commis & commettons pour recevoir lesdites sommes, & en compter par état au vrai en notre Conseil. Voulons

que lesdits Officiers qui seront ainsi par Nous pourvûs, soient mis en possession desdites Charges, en
faisant par eux le serment accoutumé ès mains de
notre Petit-Fils le Duc de Berry, notre Petite-Fille
la Duchesse de Berry sa femme, ou de leurs Officiers
principaux, ainsi qu'il appartiendra, & qu'ils jouissent desdites Charges leur vie durant en la manière
qu'en jouissent & ont accoutumé de jouir les Officiers de notre Maison & des autres Maisons Royales;
ensemble des privileges, droits, franchises, &
exemptions dont jouissent les Officiers des Maisons
Royales, compris dans les Etats regiftrez en notre
Cour des Aydes, sans qu'ils puissent être dépossé-
dés, qu'au préalable il ne soit pourvû, soit par
notre Petit Fils le Duc de Berry, soit par sa femme,
au remboursement de la Finance qu'ils auront payée,
suivant les Quittances dudit sieur le Fevre. Si donnons en mandement à nos amez & feaux Conseillers
les Gens tenans notre Cour des Aydes à Paris, que
ces Presentes ils ayent à faire regiftrer, & du contenu en icelles jouir lesdits Officiers de nosdits Fils
& Fille le Duc & la Duchesse de Berry, pleinement
& paisiblement, cessant & faisant cesser tous trou-
blés & empêchemens : Car tel est notre plaisir. En témoin de quoi nous avons fait mettre notre Scel à
cesdites Presentes. Donné à Marly le deuxiéme jour
de Septembre, l'an de grace mil sept cens dix, & de
notre Regne le soixante-huitiéme. Signé, LOUIS.
Et plus bas: Par le Roy, PHELYPEAUX. Vû au
Conseil, DESMARETS. Et scellé du grand Sceau
de cire jaune.

Regiftrées en la Cour des Aydes. A Paris en Vacations
le 22 Septembre 1710. Signé, OLIVIER.

Arrest de la Cour des Aydes, qui juge que dans les
    Paroisses sujettes aux impositions des Tailles, il
    ne pourra y avoir que huit privilegiez & exempts
    des Tailles & autres impositions, à cause des
    Charges qu'ils possedent dans la Maison du Roy,
    & autres Princes & Princesses du Sang, à commen-
    cer par les Officiers de la Maison du Roy, ensuite
    par les autres Officiers des Princes, suivant leur
    ancienneté de réception; & les autres au-dessus du-
    dit nombre sont déclarez Taillables.

Du 9 Décembre 1710.

LOUIS par la grace de Dieu, Roy de France
   & de Navarre : Au premier des Huissiers de
notre Cour des Aydes, ou autre notre Huissier ou
Sergent Royal sur ce requis, comparans judiciairement en notredite Cour les Syndic & Habitans de la
Paroisse de Surennes, demandeurs aux fins de la Requeste & Exploits des 30 Juin & premier Juillet presente année 1710, à ce qu'il fût ordonné qu'André-
Jean, ci-après nommé, ne jouira point des privileges
attribuez à sa charge de Cocher de Madame la Duchesse d'Orleans, & qu'il sera imposé au rolle des
Tailles, & autres impositions de ladite Paroisse, tant
& si longuement qu'il y aura dans ladite Paroisse d'autres Officiers jouissans de l'exemption des Tailles &
autres impositions, qui reglera le nombre de huit,
suivant les Edits & Declarations de Nous, Arrests &
Reglemens de notredite Cour, & le condamner aux
dépens, d'une part; & André Jean, Cocher du ca-
rosse du Corps de notre chere Sœur Madame Donai-
riere, Duchesse d'Orleans, défendeur, d'autre part;
& encore entre lesdits Syndic & Habitans de la même
Paroisse de Surennes, demandeurs en execution de
l'Arrest de notredite Cour, & Exploits faits en consequence des 15 & 31 Octobre 1710, à ce que les
défendeurs ci-après nommez fussent tenus d'intervenir en la cause qui est pendante en notredite Cour

entre lesdits Habitans & ledit André Jean, défendre
& répondre aux demandes & prétentions desdits Habitans, avec dépens, d'une part; & Marthe Philippes, veuve de défunt Jacques Corvée, & Jacques
Corvée son fils, Palfrenier de la grande Ecurie de
Nous; René Coret, Guillaume Bourdon, & Marguerite Coret, veuve de Charles de Neuilly Sommier de la Chapelle de feue notre fille Madame la
Dauphine; Jean Girouft Lavandier de feu notre très-
cher Frere Monsieur, Duc d'Orleans; Guillaume
Saulnier, Sommier de la Chapelle de notre Petite-
Fille Madame la Duchesse de Bourgogne; Guillaume Philippes, Garde de nos Plaisirs; Jacques Gillard, Porte-faix de la Chambre de madite Dame la
Duchesse de Bourgogne; & Pierre Jean, Garde de
nos Plaisirs; Jacques Petit, Valet de pied de notredite Petite Fille Madame la Duchesse de Bourgogne; Françoise Philippes, veuve de Martin Saulnier; & Martin Saulnier son fils, Sommier de la Chapelle de madite Dame la Duchesse de Bourgogne;
Jean Philippes, aussi Sommier de la Chapelle de
madite Dame la Duchesse de Bourgogne; Jean Denis, Valet de pied de madite Dame la Duchesse de
Bourgogne; Cosme Petit, Poftillon de Madame la
Duchesse de Bourgogne; & Henry Petit, Boulanger
de feu M. le Prince de Condé, tous demeurans à Surennes, défendeurs, d'autre part; ne pourront les
qualitez préjudicier. Après que Guerin, Avocat des
Syndic & Habitans de Surennes; Mahou, Avocat
d'André Jean; de la Vigne, Avocat de la veuve
Jacques Corvée & son fils, & René Coret & Confors,
ont respectivement été ouïs; ensemble Ravot Dom-
breval pour notre Procureur General en ses conclusions. NOTREDITE COUR, ayant égard à la
Requeste des Parties de Guerin, & aux Conclusions
de notre Procureur General, a ordonné & ordonne
qu'André Jean sera imposé au rolle des Tailles de la
Paroisse de Surennes, & ne pourra jouir des privi-

leges à lui attribuez, jusqu'à ce que par son ancienneté il soit parvenu au nombre desdits huit privilegiez, suivant qu'il est porté par notre Edit de 1634.
Ordonne que les autres privilegiez demeurans dans
ladite Paroisse de Surennes; sçavoir, la veuve Jacques Corvée, Palfrenier de Nous; René Coret,
Sommier de la Chapelle de feue Madame la Dauphine; Guillaume Bourdon, aussi Sommier de la
Chapelle de Madame la Dauphine; Marguerite Coret, veuve de Charles Neuilly, Sommier de la Chapelle de Madame la Dauphine; Jacques Corvée notre Palfrenier; Jean Giroust Lavandier de feu notre
très-cher Frere M. Duc d'Orleans; Guillaume Saulnier, Sommier de la Chapelle de Madame la Duchesse de Bourgogne; Jacques Gillard, Porte-faix
de Madame la Duchesse de Bourgogne, employé sur
l'Etat étant au Greffe de notredite Cour le 28
Mars 1699. Guillaume Philippes, Garde de la Capitainerie de Saint Germain, employé sur l'Etat le
30 Avril audit an 1699. Pierre Jean, Garde chasse
de la Capitainerie de Saint Germain, jouiront des
privileges & exemptions à eux attribuez par nos Edits
& Declarations bien & dûement verifiés en notredite
Cour; ce faisant, a fait & fait défenses aux Habitans
& Collecteurs de ladit Paroisse de Surennes de les
imposer dans leurs rolles, tant & si longuement qu'ils
seront Officiers, & ne feront aucun acte dérogeant à
leurs privileges, & satisferont aux Arrests & Reglemens d'icelle, à peine par les Collecteurs d'en répondre en leurs propres & privez noms, dépens,
compensez entre les Parties. Si te mandons mettre le
present Arrest à execution selon sa forme & teneur,
de ce faire donnons pouvoir. Donné à Paris en la
premiere Chambre de notredite Cour des Aydes, le
douze Decembre l'an de grace mil sept cens dix, &
de notre Regne le soixante-huitiéme, Par la Cour
des Aydes. Collationné. Signé, LE MAITRE.

Declaration du Roy, portant Regl⋅ment ſur les privileges & exemptions des Officiers Domeſtiques & Commenſaux demeurant dans les Villes, Bourgs & Paroiſſes taillables.

Du 19 *Janvier* 1712.

LOUIS par la grace de Dieu, Roy de France , & de Navarre : A tous ceux qui ces Preſentes Lettres verront; Salut. La difficulté du recouvrement des Impoſitions ordinaires, cauſée principalement par le nombre exceſſif des exempts & privilegiez, nous a d'abord engagé à révoquer purement & ſimplement par nos Edits des mois d'Aouſt 1705 & Septembre 1706, toutes les exemptions de Tailles, Uſtanſiles & autres Impoſitions & Charges publiques accordées moyennant finance; enſemble tous les privileges & exemptions attribuez aux Offices de Judicature, Police & Finance, créez depuis le premier Janvier 1689, dont la Finance étoit au-deſſous de la ſomme de 4000 livres, & depuis même à ſuſpendre par notre Déclaration du 11 Juin 1709; pendant trois années, les privileges & exemptions des Offices auſſi créez depuis le même temps, dont la finance ne ſe trouveroit pas de la ſomme de 10000 livres : Et bien que par ces diſpoſitions jointes à celles des Edits, Declarations & Reglemens intervenus ſur le fait des Tailles, nous ayons eu en vûe d'en aſſurer le recouvrement, & le rendre moins à charge aux contribuables; cependant nous ſommes informez qu'il s'eſt introduit un abus dans pluſieurs Paroiſſes de nos Pays d'Elections, & ſurtout dans celles de la Generalité de Paris, en ce que les Habitans les plus riches de ces Paroiſſes s'étant fait pourvoir de differens Offices, tant dans notre Maiſon que dans celles des Princes & Princeſſes de notre ſang, ils prétendent tous devoir jouir des privileges attribuez à nos Officiers, Domeſtiques & Commenſaux, & s'affranchir du payement de la Taille & autres impoſ sitions desdites Paroisses, en quelque nombre qu'ils s'y trouvent domiciliez ; d'où il arrive que la plus grande partie des impositions retombant sur les Habituns moins aisez, ou sur les pauvres, ils en sont surchargez de maniere que l'assiette & le recouvrement en deviennent comme impossible. Ce fut dans la vûe de prévenir un pareil inconvenient que le feu Roy Louis XIII. notre très-honoré Seigneur & Pere, ordonna par l'Article XXII. de l'Edit du mois de Janvier 1634, portant Reglement general sur le fait des Tailles, que le nombre des privilegiez demeurans ès Villes, Bourgs & Paroisses taillables, seroit réduit au nombre de huit privilegiez de toutes qualitez pour celles taxées à 900 livres du principal de la Taille & au-dessus, & à quatre pour les autres Paroisses taxées, au-dessous ; & que les Officiers nouvellement venus & habituez dans ces Paroisses n'y jouiroient d'aucune exemption jusqu'à ce qu'ils fussent réduits à ce nombre, sans qu'il pût y avoir dans ces Paroisses plus de deux personnes privilegiées, possedans mêmes titres d'Offices, en ce néanmoins non compris les Villes où les Compagnies Souveraines, Bureaux des Finances & Elections en Chef étoient établies. Mais comme l'execution de cette disposition n'a pas été exactement suivie, soit à cause des modifications que notre Cour des Aydes de Paris y apporta par l'Arrest d'enregistrement, ou parce que par la Déclaration du 27 May 1634, donnée en interprétation de cet Edit, il fut entr'autres choses ordonné que tous nos Officiers, Domestiques & Commensaux, les quatre Compagnies des Gardes de notre Corps, les Officiers de la Reine, & plusieurs autres specifiez, tant dans ledit Edit du mois de Janvier 1634, que ceux compris par augmentation dans ladite Déclaration, lesquels seroient employez dans les Etats qui avoient été ou seroient envoyez en notredite Cour des Aydes actuellement servans, soit ordinairement par Quartier ou Semestre, & als

ternativement de deux en deux ans ; même ceux
qui n'avoient point de Quartier, & ne ſervoient
que lorſqu'ils étoient mandez aux jours de cérémonies, enſemble leurs veuves demeurantes en vidüité, jouiroient des privileges & exemptions à eux
accordez, en ſatisfaiſant aux formalitez preſcrites par la même Déclaration : & que lors de l'enregiſtrement de cette Déclaration notre Cour des
Aydes ordonna que tous les Officiers ordinaires,
Domeſtiques & Commenſaux de la Maiſon du Roy
& de la Reine, compris dans les Etats reçûs au
Greffe de cette Cour, & qui y ſeroient envoyez
par la ſuite, & des quatre Compagnies des Gardes
du Corps du Roy, actuellement ſervans ordinairement par Semeſtre, Quartiers, en temps de cérémonies, aux occaſions ou autrement, jouiroient
de l'exemption de Tailles, ainſi qu'ils en avoient
joui auparavant, encore qu'ils fuſſent demeurans
dans les Paroiſſes où il y avoit des privilegiez exce-
dans le nombre limité par l'Article XXII. de l'Edit
du mois de Janvier précédent ; à la charge que
lorſqu'ils ſe trouveroient dans ce nombre, ils y ſeroient comptez à l'excluſion des privilegiez d'autres qualitez qui y ſeroient habitans depuis eux,
ou qui voudront s'y habituer dans la ſuite, conformément audit Article XXII. ſoit enfin ſous prétexte
de notre Edit donné à Poitiers au mois de Janvier
1652, portant rétabliſſement & confirmation generale de tous les privileges & exemptions qui avoient
été anciennement accordez aux Officiers, Domeſtiques & Commenſaux, à ceux de la Reine & tous autres employez dans les Etats envoyez à notre Cour
des Aydes, enſemble à leurs veuves demeurantes
en vidüité, & aux Véterans ; Nous croyons qu'il
n'eſt pas moins de notre juſtice que de notre inte-
reſt, de fixer la Juriſprudence à cet égard, afin de
prévenir les procès auſquels les differentes diſpoſitions des Edits & Déclarations donne ſouvent lieu,

&

& font également à charge aux Officiers & aux
Collecteurs & Habitans. A ces Causes, & autres à ce Nous mouvans, de notre certaine science,
pleine puissance & autorité Royale, Nous avons
par ces Precentes signées de notre main, déclaré &
ordonné, déclarons & ordonnons, voulons & nous
plaît, que le nombre des Officiers, Domestiques &
Commensaux, tant de notre Maison que de celles
des Princes & Princesses de notre Sang, employez
aux Etats qui ont été ou seront envoyez en notre
Cour des Aydes, & autres Officiers privilegiez,
demeurans dans les Villes, Bourgs & Paroisses taillables, soit dès à present réduit au nombre de huit
privilegiez, revêtus de leurs Offices, ou ayant obtenu Lettres de Véterance dûement regiſtrées, &
ce pour les Paroisses taxées à neuf cens livres du
principal de la Taille & au deſſus, & au nombre de
quatre seulement pour celles taxées au-deſſous,
lesquels jouiront de l'exemption de la Taille & autres impositions & charges publiques, à l'exclusion
de tous les autres Officiers demeurans dans ces Paroiſſes, lorsqu'ils s'y trouveront les plus anciens
par leurs Provisions, leur ſerment & leur domicile,
tant qu'ils ne commettront point acte dérogeant, &
qu'ils ſatisferont aux formalitez prescrites par notre
Edit du mois d'Août 1705; N'entendons néanmoins comprendre dans la reſtriction du nombre de
huit & de quatre, les veuves desdits Officiers demeurant en viduité, lesquelles ne ſeront point
comptées dans ce nombre, & jouiront cependant
des mêmes privileges & exemptions. Et quant aux
Officiers qui ſont nouvellement venus, ou qui viendront s'établir ci-après dans lesdites Villes, Bourgs
& Paroisses taillables, voulons qu'ils n'y puiſſent
jouir d'aucunes exemptions, juſqu'à ce qu'ils ſoient
réduits au nombre ci-deſſus, le tout ſans que ſous
quelque prétexte que ce ſoit, les Officiers Domeſtiques & Commensaux de notre Maiſon puiſſent pré-

tendre aucune diſtinction ni préférence ſur les autres, ni qu'il puiſſe ſe rencontrer dans une même
Paroiſſe plus de deux Titulaires d'Offices de la même qualité, jouiſſant enſemble des privileges. Voulons qu'en cas de difficulté ſur le choix des Officiers
qui doivent compoſer le nombre de huit ou de quatre, à l'effet de jouir des privileges, l'Officier Véteran ſoit préféré à celui qui eſt actuellement revêtu; & que la date de ſon ancienneté ſoit comptée
du jour de ſes Proviſions & de ſon ſerment. Exceptons de la préſente diſpoſition les Villes dans leſquelles ſont établies les Compagnies ſupérieures,
Bureaux des Finances, Elections & Greniers à Sel,
dont les Officiers ne ſeront point non plus comptez
entre les privilegiez, deſquels le nombre eſt ci-deſſus limité pour la jouiſſance des privileges dans les
Paroiſſes taillables de leur réſidence. Et déſirant prévenir toutes les conteſtations qui pourroient être
formées entre les Collecteurs & Habitans, & les
Officiers, Domeſtiques & Commenſaux, tant au ſujet du choix de ceux d'entr'eux, qui comme plus anciens doivent actuellement jouir des exemptions, &
compoſer le nombre de huit ou de quatre ci-deſſus
réſervé, que des ſommes auſquelles ceux qui ſe
trouveront exceder ce nombre, doivent être impoſez dans les Paroiſſes de leurs demeures : Ordonnons
que dans un mois du jour de l'enregiſtrement des
Preſentes, tous les Officiers Domeſtiques & Commenſaux, tant de notre Maiſon que de celles des
Princes & Princeſſes de notre Sang, enſemble les
Véterans actuellement demeurans dans les Villes,
Bourgs & Paroiſſes taillables de nos Pays d'Elections,
ſeront tenus de repréſenter leurs titres pardevant
les ſieurs Commiſſaires départis pour l'exécution de
nos ordres dans les Provinces & Generalitez deſdits
Pays d'Elections, pour en être par eux inceſſamment
dreſſé un état qui contiendra les noms deſdits Officiers, la datte de leurs Proviſions, ſerment, 'enregiſ-

trement & domicile, & être les huit ou quatre plus
anciens d'entr'eux réservez, à l'effet de jouir des privileges & exemptions dans les Paroisses de leurs demeures, dans les rolles desquelles ils seront compris, à commencer en la presente année 1712, au
Chapitre des exempts, & les autres Officiers excé-
dans ledit nombre par eux taxez d'Office, pendant
les trois années prochaines, y compris la presente.
Ordonnons pareillement qu'entre les Officiers revêtus ou Véterans, qui au jour de la publication des
Presentes, se trouveront domiciliez dans les Villes,
Bourgs & Paroisses taillables, les plus anciens en
provisions seront preferez aux plus anciens en domicile, pour composer le nombre des huit ou des
quatre réservez; & quant aux Officiers qui trans-
fereront leur domicile dans une Paroisse taillable,
voulons qu'ils ne puissent entrer dans ledit nombre,
quand même ils se trouveroient plus anciennement
pourvûs, si ce n'est lorsqu'ils auront acquis l'ancienneté du domicile dans la nouvelle Paroisse. Faisons très-expresses inhibitions & défenses aux Officiers qui se trouveront excéder ledit nombre, de se
pourvoir contre les taxes d'Office autrement que
par opposition devant lesdits sieurs Commissaires départis, & par appel en notre Conseil, sans qu'en aucun cas ni sous quelque prétexte que ce puisse être,
les Officiers des Elections ni Cours des Aydes en
puissent connoître pendant ledit temps de trois années, à peine de nullité & cassation. Dérogeons pour
tout le contenu en ces Presentes à tous Edits, Déclarations & Arrests, lesquels seront au surplus exécutez en ce qu'ils ne s'y trouveront point contraires.
Si donnons en mandement à nos amez & feaux
Conseillers les Gens tenans notre Cour des Aydes
à Paris, que ces Presentes ils ayent à faire lire,
publier, regiftrer, & observer selon leur forme &
teneur, nonobstant tous Edits, Déclarations, &
autres choses à ce contraires, ausquels nous avons

dérogé & dérogeons : Car tel est notre plaisir. En
témoin de quoi nous avons fait mettre notre Scel
à cesdites Presentes. Donné à Marly le dix-neuviéme
jour de Janvier l'an de grace mil sept cens douze, &
de notre Regne le soixante-neuviéme. Signé, LOUIS.
Et plus bas : Par le Roy : PHELYPEAUX, Vû au
Conseil, DESMARETZ. Et scellé du grand Sceau
de cire jaune.

Registrées en la Cour des Aydes, oui & ce reque-
rant le Procureur General du Roy, pour être execu-
tées selon sa forme & teneur, suivant l'Arrest de ce
jour. A Paris le 30 Janvier 1712.

Signé, OLIVIER.

Declaration du Roy, qui maintient les Officiers de
feue Madame la Dauphine, dans la jouissance
de leurs privileges.

Du 4 Avril 1712.

LOUIS par la grace de Dieu, Roy de France
& de Navarre : A tous ceux qui ces Presentes
Lettres verront ; Salut. La tendre amitié que nous
avions pour notre Petite-Fille la Dauphine, nous
obligeant de donner des marques de notre bienveil-
lance aux Officiers qui ont eu l'honneur de la servir,
Nous avons résolu de leur conserver pendant leur
vie les privileges que nous avions attribué à leurs
Charges. A CES CAUSES, & autres considérations à ce Nous mouvans, de notre grace speciale,
pleine puissance & autorité Royale, Nous avons dit
& déclaré, disons & déclarons par ces Presentes signées de notre main, voulons & nous plaît, que les
Officiers Domestiques & Commensaux de la Maison
de feue notre très-chere & très-amée Petite-Fille la
Dauphine, qui ont reçû gages, employez & passez
dans les comptes de son Tresorier, & qui sont
compris dans l'Etat ci-attaché sous le contre-scel
de notre Chancellerie, jouissent leur vie durant de
tels & semblables privileges, franchises & exemp-

Hons dont jouiſſent nos Officiers Domeſtiques & Commenſaux, & qui étoient attribuez à leurs Charges par nos Edits & Ordonnances ; tout ainſi qu'ils en jouiſſoient du vivant de notredite Fille ; enſemble les veuves des décédez, & de ceux qui décéderont ci-après, tant & ſi longuement qu'elles demeureront en viduité, encore que leſdits privileges, franchiſes & exemptions ne ſoient ci-déclarez ni ſpecifiez. Si donnons en mandement à nos amez & féaux Conſeillers les Gens tenans notre Cour des Aydes à Paris, que ces Preſentes ils ayent à faire regiſtrer, & du contenu en icelles jouir & uſer leſdits Officiers, pleinement & paiſiblement, ceſſant & faiſant ceſſer tous troubles & empécliemens, nonobſtant toutes Ordonnances, Reglemens & Arreſts, auſquels Nous avons dérogé & dérogeons par ces Preſentes : Car tel eſt notre plaiſir. En témoin de quoi nous avons fait mettre notre Scel à ceſdites Preſentes. Donnée à Verſailles le quatriéme jour d'Avril l'an de grace mil ſept cens douze ; & de notre Regne le ſoixante neuviéme, Signé, LOUIS. Et ſur le repli : Par le Roy, PHELYPEAUX. Et ſcellée du grand Sceau de cire jaune ſur double queue.

Regiſtrées en la Cour des Aydes, ouï & ce requerant le Procureur General du Roy, pour être executées ſelon leur forme & teneur. A Paris le 25 Avril 1712.
Signé, ROBERT.

Arrest du Conseil d'Etat, rendu en faveur des Officiers Commensaux de la Maison du Roi & de leurs veuves.

Du 21 Novembre 1712.

Extrait des Registres du Conseil d'Etat.

VEU par le Roy étant en son Conseil, la Requeste presentée à Sa Majesté, par la veuve Jacques le Cocq, Patissier de sa Cuisine-Bouche ; contenant que Sa Majesté a eu la bonté en l'année 1700, d'accorder à son mari la survivance de ladite Charge de Patissier dont le pere étoit pourvû, & qui exigea de son fils & de la Suppliante sa femme, une Obligation de six mille livres, en faveur de ses freres & sœurs pour le prix de cette survivance, la considérant comme un effet de sa succession ; mais le pere ayant reconnu depuis que les survivances sont de pures graces de Sa Majesté, & que les Charges de sa Maison ne sont point sujettes à partage, suivant les Edits de Sa Majesté des années 1653 & 1678, il a par son Testament remis à son fils cette somme de six mille livres ; cependant étant décédé en 1709, & son fils en 1712, après avoir seulement joui deux années & demie de sa Charge, ses freres, sœurs & beaux-freres en demandent le payement à la Suppliante, pour sûreté de laquelle les uns ont fait apposer le Scellé en la maison de son mari, & les autres y ont formé leurs oppositions : Sa Majesté en pareil cas a eu la bonté d'accorder un Arrest de décharge à Michel de Vienne, Ecuyer de sa Bouche, d'une somme de 2000 livres que sa mere avoit voulu l'obliger de rapporter à sa succession après son décès, sur le même principe qu'il avoit été avantagé par la survivance de cette Charge que son pere avoit possédée : Ainsi la Suppliante demande qu'il plaise à Sa Majesté la décharger du payement de la somme de six mille livres, contenue en l'Obligation de son mari & d'elle, avec main-levée du Scellé

apposé en sa maison, & des oppositions qui y ont
été formée à la requeste de ses freres, sœurs &
beaux-freres. La Requeste des enfans dudit défunt
Germain le Cocq, servant de réponse à celle de ladite veuve, contenant que la Charge de Patissier
dont étoit pourvû ledit Germain le Cocq, étoit un
conquest de la communauté d'entre lui & Marie
Remi sa premiere femme, dont il pouvoit disposer
de l'agrément de Sa Majesté, & les deniers tourner
au profit des Suppliant, comme héritiers de leur
mere; mais Jacques le Cocq son fils aîné souhai-
tant avoir la survivance de cette Charge, engagea
son pere à lui en faire une démission, à la charge
de donner à un de ses freres & sœurs une somme de
mille livres, en cas que Sa Majesté accordât la survivance, à quoi Jacques le Cocq & sa femme à present sa veuve, s'engagerent par acte du 29 Octobre
1699, & qui a été confirmé depuis la survivance obtenue par acte du 24 Décembre 1699. Germain le
Cocq n'a pas laissé que de donner à Jacques le Cocq
son fils, en faveur de mariage, pareille somme qu'il
avoit donnée à un chacun de ses enfans, & par la
quittance passée pardevant Notaires le 26 Octobre
1707, près de huit années après Jacques le Cocq
sans force ni violence a confirmé les susdits actes;
il a joui de la Charge assez de temps, pour y faire
un profit considérable, & même a fait le voyage
de Sa Majesté Catholique en Espagne, & des Princes, qui lui a valu plus de vingt mille livres de
profit, dont la moitié devoit être partagée entre ses
freres & sœurs, comme il étoit convenu; ce qu'il
n'a pas exécuté: il est décédé, & les Suppliant non
seulement pour leurs interests particuliers, mais
pour celui de l'enfant, ont fait apposer le Scellé
sur ses effets, où il est survenu plusieurs oppositions de la part des Créanciers du défunt, la veuve
s'est pourvûe au Châtelet pour la main-levée du
Scellé, l'Instance y est pendante, pendant le cours

do laquelle, la veuve le Cocq ne laiſſe pas d'importuner Sa Majeſté pour obtenir une décharge du contenu eſdites Obligations, & la main-levée du ſcellé ; les Suppliants eſpérent que quand Sa Majeſté conſidérera que la Charge eſt un conqueſt de communauté ; que Germain le Cocq n'a demandé à Sa Majeſté la ſuivivance de cette Charge en faveur de Jacques le Cocq ſon fils, qu'à la faveur de ce premier acte, ſans lequel le pere ne ſe ſeroit point déſaiſi de la Charge, puiſque la moitié appartenoit à ſes enfans, dont le pere pouvoit diſpoſer ; ce qui marque que c'eſt plutôt une vente qu'une démiſſion gratuite : ainſi les Suppliants concluent à ce qu'il plaiſe à Sa Majeſté renvoyer les Parties au Châtelet, où elles ſont déja en Inſtance, tant ſur la nullité du Teſtament oppoſé par la veuve le Cocq, ſur le fondement du ſecond mariage de Germain le Cocq, & ſurvenance d'enfant depuis ledit Teſtament. Vû auſſi les actes des 29 Octobre & 24 Décembre 1699, par leſquels Jacques le Cocq s'oblige conjointement avec Marguerite Martin ſa femme de payer à ſes freres & ſœurs la ſomme de ſix mille livres après le décès dudit Germain le Cocq pour le prix de ladite Charge, dont le pere doit lui obtenir la ſurvivance. Les Proviſions de ladite Charge de Patiſſier, en faveur dudit Jacques le Cocq en ſurvivance de ſon pere, en date du 1 Octobre 1700. L'acte du 29 Décembre 1707, par lequel ledit Jacques le Cocq confirme l'Obligation du 29 Octobre 1699. Le Teſtament olographe dudit Germain le Cocq, par lequel il décharge ledit Jacques ſon fils du payement de ladite ſomme de ſix mille livres. L'Edit du mois de Janvier 1678, qui déclare les Charges de la Maiſon du Roy, non ſujettes à aucunes hypotéques, ni à entrer en partage dans les familles. L'Arreſt du Conſeil du 27 May 1669, qui décharge Michel de Vienne, Ecuyer de Cuiſine-Bouche du Roy, de rapporter à ſes freres

& sœurs une somme de deux mille livres que la mere l'avoit chargé par son contrat de mariage de leur payer: Oüi le Rapport, & tout consideré. LE ROY ETANT EN SON CONSEIL., a ordonné & ordonne que l'Edit du mois de Janvier 1678, sera executé selon sa forme & teneur; & en consequence a déchargé & décharge ladite veuve le Cocq & la succession de son mari du payement de ladite somme de six mille livres, portée par l'Obligation du 29 Octobre 1699, laquelle Sa Majesté a déclaré nulle & de nul effet. Fait au Conseil d'Etat du Roy, Sa Majesté y étant, tenu à Marly le vingt-uniéme Novembre mil sept cens douze.

Signé, PHELYPEAUX,

Déclaration du Roy, qui dispense les Gardes de la Porte de M. le Duc de Berri du service actuel.
Du 4 Octobre 1713.

LOUIS par la grace de Dieu, Roy de France & de Navarre: A tous ceux qui ces Presentes Lettres verront; Salut. Par notre Déclaration du 2 Septembre 1710, rendue en faveur des Officiers des Maisons de notre très-cher & très-amé Petit-Fils le Duc de Berry, & de notre très-chere & très-amée Petite-Fille la Duchesse de Berry sa femme, Nous avons entr'autres choses ordonné que lesdits Officiers compris dans les Etats attachez sous le contre-scel de cette Déclaration, jouiront de leurs Offices en la maniere qu'en jouissent les Officiers de notre Maison & des autres Maisons Royales; ensemble des mêmes privileges, franchises & exemptions que lesdits Officiers des Maisons Royales, compris dans les Etats registrez en notre Cour des Aydes de Paris. Mais comme Nous avons été depuis informé que les Gardes de la Porte de notredit Petit Fils le Duc de Berry sont inquiétez dans leurs privileges par les Habitans des Paroisses où ils font leurs résidences, sous prétexte qu'ils ne rapportent point,

Q q

conformément à nos Reglemens, des certificats de leur service actuel, ce qu'ils sont effectivement hors d'état de faire, puisque ces Gardes de la Porte sont sans fonctions, pendant que notredit Petit-Fils est logé au Louvre près de notre Personne ; que sur ce fondement quelques uns desdits Gardes ayant même été compris dans les rolles des Tailles, les Officiers des Elections les ont condamnez à payer diffinitive-ment leurs taux de Tailles, & qu'il a seulement été fait défenses aux Habitans des Paroisses de leur do-micile & à leurs Collecteurs des années suivantes, d'imposer lesdits Gardes de la Porte dans leurs rolles, à la charge néanmoins par eux de servir actuellement leur quartier en personne & sans fraude, Nous croyons devoir expliquer nos intentions à cet égard en faveur de ces Officiers, avec d'autant plus de raison, que le défaut de service qui sert de prétexte au trouble qui leur est fait, ne peut légitimement leur être imputé. A CES CAUSES, & autres consi-dérations à ce nous mouvans, de l'avis de notre Conseil, & de notre certaine science, pleine puissan-ce & autorité Royale, Nous avons par ces Presentes signées de notre main, déclaré & ordonné, décla-rons & ordonnons, voulons & nous plaît, que le Lieutenant & les seize Gardes de la Porte de notre très-cher & très-amé Petit-Fils le Duc de Berry, em-ployez dans l'Etat ci-attaché sous le contre-scel de notre Chancellerie, & qui sera envoyé en notre Cour des Aydes, jouissent des mêmes privileges & exemptions que les Officiers des Maisons Royales, tant qu'ils seront pourvûs desdites Charges, & ne feront acte dérogeant, quoiqu'ils ne fassent pas le service actuel, dont nous les avons dispensé & dis-pensons, à la charge néanmoins par eux de rappor-ter chaque année avant le premier Octobre, des certificats du sieur Baron de Beauvais, Comman-dant ladite Compagnie, portant qu'ils se sont rendus à ses ordres, pour faire les fonctions de leurs Charges, faire publier lesdits certificats aux Prônes des Paroisses de leur demeure, & les faire signifier aux Collecteurs, qui seront nommez pour l'année suivante : Et quant à ceux desdits Gardes qui pourroient avoir été taxez d'Office ou imposez par les Collecteurs aux rolles des Tailles, voulons qu'ils en soient & demeurent déchargez par cesdites Presentes; & que les sommes qu'ils peuvent avoir été ou pourront être contraints de payer par provision, leur soient rendues & restituées; & à cet effet réimposées à leur profit en l'année prochaine 1714, dérogeant en tant que de besoin à notre Edit du mois d'Aoust 1705, pour ce regard seulement & sans tirer à conséquence. Si donnons en mandement à nos amez & feaux Conseillers les Gens tenans notre Cour des Aydes à Paris, que ces Presentes ils ayent à faire registrer, & du contenu en icelles faire jouir & user lesdits Gardes de la Porte de notre Petit-Fils le Duc de Berry, pleinement & paisiblement, cessant & faisant cesser tous troubles & empêchemens : Car tel est notre plaisir. En témoin de quoi nous avons fait mettre notre Scel à cesdites Presentes. Données à Fontainebleau le quatriéme jour d'Octobre l'an de grace mil sept cens treize, & de notre Regne le soixante-onziéme. Signé, LOUIS. Et plus bas : Par le Roy, PHELYPEAUX. Vû au Conseil, DESMARETZ. Et scellées du grand Sceau de cire jaune.

Registrées en la Cour des Aydes. A Paris le 13 Octobre 1713. Signé, OLIVIER.

Sentence de la Prevôté de l'Hôtel, en faveur des Officiers de la Vénerie & Faucoonnerie, portant qu'ils auront le Pain-beni, avant les Officiers de Justice, & autres.

Du 10 *Avril* 1714.

A TOUS ceux qui ces presentes Lettres verront, Louis-François Debouchet, Chevalier Marquis de Sourches, Comte de Monsoreau, & autres lieux, Conseiller du Roy en tous ses Conseils, Prevôt de l'Hôtel de Sa Majesté, & Grand Prevôt de France; Salut. Sçavoir faisons, qu'en la Cause mûe pendante pardevant Nous, entre le sieur Marc Quatremer, Officier de la Fauconnerie du Roy, demandeur suivant les sommation & exploit des 5 & 15 Février dernier, dûement controllez; & requerant que les défendeurs ci-après nommez fussent condamnez à faire porter audit sieur de Quatremer & à sa femme, du Pain-beni par morceau de distinction, en conformité des Déclarations, Arrests, Reglemens des franchises & privileges des Officiers commensaux de la Maison du Roy, & condamnez en ses dommages, intérests & aux dépens, d'une part; & Georges Chenillot & Leroux, Syndics des Marguilliets de la Paroisse Notre-Dame des Champs, défendeurs à ladite demande suivant leurs défenses, signifiées le 4 du present mois, d'autre part; & encore le sieur Quatremer, défendeur & demandeur suivant ses repliques, signifiées le 5 de ce mois; & lesdits sieurs Marguilliers & Syndics, défendeurs, d'autre part; comparans: sçavoir, ledit sieur Quatremer par Me Cochin & François Beradier ses Avocat & Procureur, & les Syndics & Marguilliers de l'Eglise Notre-Dame des Champs, par Me Louis Brillon & Guerin leur Avocat & Procureur, d'autres. Parties ouïes, & sans que les qualitez y puissent nuire ni préjudicier. NOUS avons maintenu & gardé la Partie de Me Cochin dans les droits, honneurs, privileges

& exemptions attribuez à sa Charge ; & en conséquence, ordonnons qu'elle aura le Pain-beni par
morceau de distinction, lui, sa femme & famille,
préférablement aux Officiers de Justice non Graduez
de la Paroisse de Notre-Dame des Champs & autres
Habitans : Faisons défenses aux Parties de Me Brillon de le troubler à l'avenir dans les droits & honneurs attribuez à sa Charge ; & pour l'avoir fait, les
avons condamnez aux dépens pour tous dommages,
intérests. Si mandons au premier Huissier ou Sergent
Royal, sur ce requis mettre ces Presentes à exécution : En témoin de quoi avons fait sceller icelles.
Donné par Nous Jacques de Noyon, Escuyer, Conseiller du Roy, Lieutenant Général de ladite Prévôté. A Paris, le Roy étant à Versailles, le dixiéme
Avril mil sept cens quatorze. Signé, REMY. Et
scellée lesdits jour & an.

Le onziéme jour d'Avril mil sept cens quatorze, si-
gnifié copie à Maître Guerin, Procureur.

Signé, *TEXIER.*

Declaration du Roy, pour faire jouir des Privileges
les Officiers de feu M. le Duc de Berry.

Du 18 Juillet 1714.

LOUIS par la grace de Dieu, Roy de France
& de Navarre : A tous ceux qui ces Presentes
Lettres verront ; Salut. La tendre amitié que nous
avions pour notre Petit-Fils le Duc de Berry, Nous
obligeant de donner des marques de notre bienveil-
lance aux Officiers qui ont eu l'honneur de le servir,
Nous avons résolu de leur conserver pendant leur
vie les privileges que nous avons attribuez à leurs
Charges. A CES CAUSES, & autres considérations à ce Nous mouvans, de notre grace speciale,
pleine puissance & autorité Royale, Nous avons dit
& déclaré, disons & déclarons par ces Presentes signées de notre main, voulons & nous plaît, que les
Officiers Domestiques & Commensaux de la Maison

de notre très-cher & très amé Petit-Fils le Duc de
Berry, qui ont reçû des gages, employez & paſſez
dans les comptes de ſon Treſorier, & qui ſont compris dans l'Etat ci-attaché ſous le contre-ſcel de notre
Chancellerie, jouiſſent leur vie durant, de tels &
ſemblables privileges, franchiſes & exemptions,
dont jouiſſent nos Officiers Domeſtiques & Commenſaux, & qui étoient attribuez à leurs Charges
par nos Edits & Ordonnances, tout ainſi qu'ils en
jouiſſoient du vivant de notredit Fils, enſemble les
veuves des décédez, & de ceux qui décéderont ci-
après, tant & ſi longuement qu'elles demeureront
en viduité, encore que leſdits privileges, franchiſes & exemptions ne ſoient ci-déclarez & ſpecifiez.
Si donnons en mandement à nos amez & feaux
Conſeillers les Gens tenans notre Cour des Aydes à
Paris, que ces Preſentes ils ayent à faire regiſtrer,
& du contenu en icelles, jouir & uſer leſdits Officiers pleinement & paiſiblement, ceſſant & faiſant
ceſſer tous troubles & empêchemens, nonobſtant
toutes Ordonnances Reglemens & Arreſts, auſquels
Nous avons dérogé & dérogeons par ceſdites Preſentes : Car tel eſt notre plaiſir. En témoin de quoi
Nous y avons fait mettre notre Scel. Donné à Marly le
vingt-huitiéme jour de Juillet, l'an de grace mil ſept
cens quatorze, & de notre Regne le ſoixante-dou-
ziéme. Signé, LOUIS. Et ſur le repli : Par le Roy,
PHELYPEAUX. Et ſcellée du grand Sceau de cire
jaune ſur double queue.

*Regiſtrées en la Cour des Aydes. A Paris le 7 Aouſt
1714. Signé, OLIVIER.*

Sentence de la Prevôté de l'Hôtel, en faveur des Vitriers des Maiſons Royales, qui leur permet de prendre & enlever le Verre dont ils auront beſoin pour leurs travaux, des Bureaux, Ports & Magazins où les marchandiſes de Verre arrivent, par préférence aux autres Maîtres Vitriers de la Ville & Fauxbourgs de Paris, avec déſenſes à eux de les y troubler & empêcher, à peine d'amende.

Du 3 Aouſt 1714.

Extrait des Regiſtres de la Prevôté de l'Hôtel.

A TOUS ceux qui ces preſentes Lettres verront : François Debouchet, Chevalier, Marquis de Sourches, Comte de Montſereau, & autres lieux, Conſeiller du Roy en tous ſes Conſeils, Prevôt de l'Hôtel de Sa Majeſté, & Grand Prevôt de France ; Salut. Sçavoir faiſons, qu'en la cauſe mûe & pendante pardevant Nous, entre Louis Chamu, Maître Vitrier à Paris, & Vitrier de Son Alteſſe Royale Monſeigneur le Duc d'Orleans, pour ſes Maiſons & Palais Royal, tant de Paris, S. Cloud, que Verſailles, demandeur aux fins de ſa Requeſte & Exploit fait en conſequence des 19 & 20 Juillet dernier, dûcment controllez, à ce que pour les cauſes portées par ladite Requeſte, il fût ordonné que le demandeur ſeroit maintenu & gardé dans la poſſeſſion & jouiſſance de ſon droit & privilege en ſadite qualité de Vitrier ancien & ordinaire de ſadite Alteſſe Royale ; & en conſéquence, qu'il lui ſeroit permis de ſaiſir & prendre par privilege & préférence aux autres Maîtres & Jurez Vitriers de Paris & tous autres, la quantité de Verre, ſuffiſante pour les ouvrages & entretien des Bâtimens, Palais & Maiſons de ſadite A. R. ainſi que font les Vitriers de la Maiſon du Roy, avec déſenſes auſdits Jurez Vitriers de l'en empêcher ni de le troubler, à peine d'amende & de tous dépens, dommages & intereſts : & pour l'avoir fait, ſuivant & ainſi qu'il eſt porté par ladite Requeſte, au

Q q iiij

préjudice de la signification faite à leur Communauté
des Brevets de Vitrier à lui accordez par ladite A. R.
ainsi que par S. A. R. Monsieur, Frere unique du
Roy, en date des 9 Mars 1701 & 20 du même mois
1707, par Exploit du 22 dudit mois 1707, les condamner en ses dommages & intérests, pour lesquels
il se restraint à la somme de cinq cens livres, ou telle
autre somme qu'il nous plaira statuer, sauf au Procureur du Roy à prendre telles autres conclusions
qu'il aviseroit bon être, & les condamner en outre
en tous les dépens, comparant par Me Louis Guerin
son Procureur, d'une part ; contre les nommez Gerard, Philippes, Huguet & Morillon, Jurez de la
Communauté des Maitres Vitriers de Paris, défendeurs à ladite Requeste, suivant leurs exceptions &
défenses des 26 & 30 Juillet dernier, requerant que
le demandeur fût débouté de sadite Requeste, &
condamné aux dépens, comparans par Mes. Chauveau & l'Esmerey leur Avocat & Procureur, d'autre
part. Parties oüies, & sans que les qualitez puissent
nuire ni préjudicier ; Conclusions du Procureur du
Roy, & après avoir reçû les Pieces sur le Bureau :
NOUS avons maintenu & gardé la Partie de Guerin en la possession & jouissance du privilege de
Maître Vitrier de la Maison de Son Altesse Royale
Monsieur le Duc d'Orleans, suivant le Brevet du 11
Mars 1707, à lui accordé, & le certificat de Monsieur
de Terrat, Chancelier & Garde des Sceaux de Monsieur le Duc d'Orleans, du 3 du présent mois, par lui
rapporté. Faisons défenses aux Parties de Me Chauveau, de plus le troubler & inquiéter dans l'exercice
& fonction dudit privilege; en conséquence lui avons
permis de prendre & choisir par privilege & préférence aux autres Maîtres de Paris, après toutefois
que ceux qui travaillent pour le Roy auront été fournis de la quantité dont ils auront besoin pour les
Maisons Royales, Bâtimens & lieux, appartenans à
mondit Seigneur le Duc d'Orleans, & ce à peine

d'amende contre lesdits Maîtres Vitriers de Paris, à la Communauté desquels sera la présente Sentence signifiée en leur Bureau, ensemble sera donné copie du certificat de mondit sieur Terrat par lui rapporté ; avons sur le surplus des demandes, mis les Parties hors de Cour, & condamné les Parties de Chauveau aux dépens, pour tous dommages & intérests : & sera la présente Sentence exécutée, nonobstant l'appel comme Reglement de Police. Si mandons au premier Huissier ou Sergent Royal sur ce requis, mettre ces Présentes à exécution, en témoin de quoi avons fait sceller icelles. Donné par nous Jacques Devoyou, Ecuyer, Conseiller du Roy, Lieutenant Général de ladite Prevôté à Paris, le Roy étant à Marly, le trois Aoust mil sept cens quatorze. Signé, REMY. Et scellé.

Arrest du Grand Conseil, rendu en faveur de Messire François de Resseguier, Chapelain ordinaire de S. A. R. Madame, Chanoine & Scolastique de l'Eglise Cathédrale de Dol en Bretagne, pour raison des fruits, droits & autres revenus de son Canonicat.
Du 28 Aoust 1714.
Extrait des Registres du Grand Conseil.

LOUIS par la grace de Dieu, Roy de France & de Navarre : A tous ceux qui ces présentes Lettres verront ; Salut. Sçavoir faisons, comme par Arrest ce jourd'hui donné en notre Grand Conseil, entre notre bien amé Messire François de Resseguier, Chapelain ordinaire de Son Altesse Royale Madame, Chanoine & Scolastique de l'Eglise Cathédrale de Dol en Bretagne, demandeur suivant la Commission de notre Conseil, & Exploit d'Assignation donné en conséquence des 2 Octobre, & 17 Novembre 1713, controllé à Dol le 18, & requerant que les défendeurs ci-après soient condamnez de payer en deniers, especes ou quittances valables audit demandeur tous les revenus de son Canonicat, Obits & Fondations, &

toutes les diſtributions, autres que celles qui ſe font
au Chœur pendant le ſervice divin, en argent ſec,
& monnoye ; depuis le 10 Juillet 1711, qui eſt le
jour que le demandeur a été reçû Chapelain ordinaire de S. A. R. Madame, & à l'avenir, & aux dépens, d'une part : Et les Chantres, Chanoines &
Chapitre de ladite Egliſe Cathédrale de Dol, défendeurs, d'autre : Et entre Mᵉ Claude de Civille,
Grand Chantre, Chanoine & Dignitaire de ladite
Egliſe, demandeur en Requeſte du 13 Avril 1714,
à ce qu'il ſoit reçû Partie intervenante en l'inſtance
d'entre les défendeurs ci-après, & faiſant droit ſur
ſon intervention, qu'il plaiſe à notre Conſeil lui
donner acte de ſa déclaration, qu'il n'entend point
conteſter au ſieur de Reſſeguier ſes droits de preſence,
& diſtribution, conformément à nos Edits & Déclarations, Arreſts & Reglemens de notre Conſeil ; &
faiſant droit, ordonner que les frais actifs & paſſifs
de l'inſtance d'entre leſdits défendeurs, ne pourront
être répartis ſur les droits & émolumens du demandeur, qui ne ſouffriront aucune diminution, à cauſe
deſdits frais qui ſeront ſupportez ſeulement par les
Chanoines qui ont formé l'Inſtance, & qui ſeront
condamnez aux dépens, d'une part ; & ledit ſieur de
Reſſeguier & leſdits Chanoines & Chapitre de Dol,
défendeurs, d'autre : Et entre le ſieur de Reſſeguier,
demandeur en Requeſte du 16 Avril 1714, à ce qu'il
plaiſe à notre Conſeil, en expliquant par le demandeur ſes fins & concluſions, lui donner acte de ce qu'il
articule, & met en fait que les défendeurs ci-après
ne lui ont donné depuis 1712, part dans aucuns reſtans & rapports de Marlées, comme auſſi de ce qu'ils
ne lui ont donné aucune part depuis le 10 Juillet
1711, jour de ſa réception audit Office de Chapelain ordinaire de Madame, dans les lots & ventes, ni
dans les obits, fondations, & autres diſtributions qui
ne ſe font point au Chœur en argent ſec & monnoye,
& de ce qu'ils l'ont pointé aux Chapitres généraux,

& ne lui ont point donné ſes droits pour ſa préſence
aux Proceſſions & aux Chapitres particuliers, en cas
de deni de leur part, ordonner qu'ils ſeront tenus de
rapporter les regiſtres ſur leſquels on met les reçûs
deſdites diſtributions ; & en conſéquence attendu la
vérité du fait, & la contravention par voyes obli-
ques à notre Déclaration de 1666, condamner les
défendeurs de reſtituer au demandeur ſa part dans les
reſtans & rapports de Marlées depuis 1712, enſemble
dans les lots & ventes, obits, fondations, Proceſſions
& Chapitres particuliers depuis le 10 Juillet 1711 ;
à l'effet de quoi les regiſtres du Chapitre ſeront re-
préſentez, enſemble de lui reſtituer les droits qu'on
lui a fait perdre par la pointe aux Chapitres généraux depuis le 10 Juillet 1711 ; ſi mieux n'aiment les
défendeurs payer au demandeur la ſomme de 2000
livres, à laquelle il ſe reſtraint pour toutes leſdites
diſtributions non payées juſqu'au premier Janvier
1714. Faire défenſes auſdits défendeurs de pointer à
l'avenir le demandeur, & de récidiver à le priver de
ſes diſtributions, comme reputé preſent, & les condamner aux dommages, intéreſts & dépens, d'une
part ; & leſdits Chanoines & Chapitre de Dol, défendeurs, d'autre ; ſans que les qualitez puiſſent préjudicier. Après que le Page, Avocat pour ledit de
Reſſeguier, aſſiſté de Brunet ſon Procureur, a conclu en ſes demandes ; Mahicu, Procureur dudit de
Civille, Chantre de Dol, a conclu en ſon intervention ; & Evrard, Avocat pour les Chanoines & Chapitre de Dol, aſſiſté de Chauvin ſon Procureur, a
été oüi, & a demandé acte des déclarations & offres
portées par ſes défenſes, qui ſont 1°. Qu'il n'y a aucuns reſtans des Comptes de 1712 & 1713, 2°. Qu'il
n'a tenu qu'audit de Reſſeguier de prendre ſa part des
lots & ventes, entre les mains du Secretaire du Chapitre. 3°. Qu'ils ne l'ont jamais pointé dans les Chapitres généraux ni particuliers. 4°. Que ſes aſſiſtan-
ces aux Proceſſions ſont auſſi entre les mains du Re-

ceveur du Chapitre, aussi bien que les rétributions pour les obits & fondations, & qu'il n'a qu'à se retirer pardevers le Secretaire du Chapitre pour recevoir, & a soutenu au surplus, que ledit sieur de Resseguier n'a pas droit aux gros fruits qui accroissent aux présentes par l'absence des Chanoines, & que Dupuy pour notre Procureur General, a aussi été oüi. ICELUI NOTREDIT GRAND CONSEIL, a reçû la Partie de Mahieu, Partie intervenante ; lui a donné acte de sa Déclaration portée par sa Requête d'intervention : a pareillement donné acte de la déclaration & consentement des Parties d'Evrard, contenues en leurs défenses, & en ce qui concerne la part & portion en contestation, que la Partie de le Page demande dans le droit d'accroissement par l'absence des Chanoines, ordonné que ladite Partie de le Page en sera payée pour le passé & à l'avenir, & condamne la Partie d'Evrard aux dépens envers la Partie de Mahieu, & le Page. Si donnons en mandement. &c. Donné en notredit Grand Conseil à Paris le vingt-huit Aoust, l'an de grace mil sept cens quatorze & de notre Regne le soixante-douziéme. Signé, Par le Roy, à la relation des Gens du Grand Conseil, DE HODENCQ. Collationné. Signé, Par le Roy, DE LA MOLERE.

Arrest de la Cour des Aydes, concernant les privileges & exemptions des Officiers de la Maison du Roy, qui les maintient dans le droit de vendre le vin de leur cru sans payer le droit de huitiéme, &c.

Du 31 Aoust 1715.

LOUIS, par la grace de Dieu, Roy de France & de Navarre: Au premier Huissier de notre Cour des Aydes, ou autre Huissier ou Sergent Royal sur ce requis. Vû par notredite Cour le procès par écrit, conclu & reçû pour juger en icelle par Arrest de notredite Cour, du 15 Février 1715, entre Me Jean de Bezancourt, Fermier des Aydes de la Généralité de Soissons, Appellant d'une Sentence rendue par les Elûs de Laon le premier Septembre 1714, d'une part; & Jacques Cotte, Officier de la Maison du Roy, Intimé, d'autre; ladite Sentence dont est appel, rendue entre lesdites Parties, par laquelle ledit Bezancourt & ses Commis ont été condamnez à rendre & restituer audit Cotte les droits de Gros par lui payez & perçûs par ledit de Bzancourt & ses Commis, pour la vente de deux demies Pieces de vin; & en outre de délivrer à l'avenir audit Cotte les congez qui lui seront demandez pour enlever les vins qui seront par lui vendus, sans être tenus de payer ledit droit de Gros, sinon & à faute de ce faire il est ordonné que ledit Jugement vaudroit pour Congé, & ce tant & si longuement que ledit Cotte seroit pourvû dudit Office; condamne en outre ledit Bezancourt aux dépens. Ledit Arrest de conclusion dudit jour 15 Février 1715, qui avoit appointé les Parties à fournir de griefs, réponses salvations, faire production nouvelle, contredire dans le temps de l'Ordonnance. Requeste dudit Bezancourt du 26 Mars 1715, employée pour griefs. Réponses dudit Cotte ausdits griefs signifiées le 3 Avril dernier. Requeste dudit

Bezancourt du 16 May, employée pour ſalvations.
Intervention d'entre Jacques Demay & Claude Jongleux, Cordonnier de la Garderode du Roy, demandeur en Requeſte du premier Avril 1715, d'une
part ; & ledit de Bezancourt, défendeur, & ledit
Cotte auſſi défendeur ; ladite Requeſte tendante à
ce qu'ils ſoient reçûs Parties intervenantes audit
procès, & qu'il leur ſoit donné acte de ce que pour
moyens d'intervention, ils employent le contenu en
ladite Requeſte, & de ce qu'ils ſe joignent audit
Cotte pour ſoutenir le bien jugé de ladite Sentence ; ce faiſant, en la confirmant, les maintenir &
garder en la poſſeſſion & jouiſſance de tous les privileges attribuez aux Officiers commenſaux de la
Maiſon du Roy ; & en conſequence qu'il ſoit ordonné que ledit Bezancourt & ſes Commis ſeroient
tenus de leurs délivrer tous les congez qui leur ſeront demandez pour enlever les vins qui ſeront par
eux vendus, ſans être tenus de payer aucun droit
de Gros, ſinon & à faute de ce faire, que l'Arreſt
qui interviendroit, vaudroit congé ; & ce tant & ſi
longuement que leſdits Demay & Jongleux ſeroient
pourvûs deſdits Offices, & qu'acte leur fût donné de
l'emploi de ladite Requeſte pour toutes écritures &
production, & condamner ledit Bezancourti en leurs
dépens. Arreſt de notredite Cour du 5 Avril 1715,
qui a reçu leſdits Demay & Jongleux Partes intervenantes audit procès, leur donner acte de ce
que pour moyen d'intervention, ils employoient
le contenu en leur Requeſte, & pour faire droit ſur
ladite intervention & demande, appointe les Parties
en droit, & joint audit procès, & donne acte de
l'emploi. Requeſte dudit Bezancourt du 15 May
1715, employée pour réponſes aux moyens d'intervention, défenſes à la demande, écritures & production, ſuivant ledit Arreſt du 15 Avril dernier. Requeſte deſdits Demay & Jongleux du 18 dudit mois
de May, tendante à ce qu'en leur adjugeant les con-

clusions qu'ils ont prises au procès, condamner Bezancourt à leur rendre & restituer les droits de Gros, par lui perçûs ou par ses Commis ; & qu'ils perçoivent jusqu'au jour de l'Arrest qui interviendra, pour les vins par eux vendus jusqu'au jour dudit Arrest ; leur donner acte de ce que pour écritures & production sur ladite demande, ils employoient le contenu en ladite Requeste. Ordonnance de notredite Cour étant au bas, qui auroit appointé les Parties sur ladite demande en droit, & joint, & donné acte de l'emploi. Requeste dudit Bezancourt du 16 dudit mois de May, employée pour fins de non recevoir, & défenses contre ladite demande du 8 dudit mois. Ecritures & production suivant l'Ordonnance dudit jour 8 May. Requeste dudit Jacques Cotte du 22 dudit mois de May, tendante à ce qu'en confirmant la Sentence dont est appel, condamner ledit Bezancourt & ses Commis à lui rendre & restituer les droits de Gros par eux indûement perçûs pour la vente par lui faite des vins de son cru, depuis le jour de ladite Sentence du premier Septembre 1714, jusqu'à ce jour, & pour celle qu'il pourra faire jusqu'au jour de l'Arrest qui interviendra ; lui donner acte de ce que pour écritures & production il employoit le contenu en ladite Requeste. Ordonnance de notredite Cour, qui auroit appointé les Parties en droit à écrire & produire dans le temps de l'Ordonnance. Acte de l'emploi & joint. Requeste dudit Bezancourt du 23 dudit mois, employée pour défenses à ladite Requeste, écritures & production suivant ladite Ordonnance. Production nouvelle dudit Bezancourt, faite par Requeste du premier Juin 1715. Contredits dudit Cotte contre icelle, signifiez le 4 dudit mois. Autre production nouvelle dudit Cotte, faite par Requête dudit jour 4 Juin. Requête dudit Bezancourt du 17 dudit mois, employée pour contredits contre ladite production nouvelle. Requeste dudit Cotte du 18 dudit mois, employée pour salvations. Autre production dudit Cotte, faite par Requeste du 23 Juillet 1715. Sommation de fournir de contredits contre icelle. Autre production nouvelle dudit Demay & Jongleux, faite par Requeste dudit jour 23 Juillet 1715. Sommation de fournir de contredit contre icelle. Acte de redistribution du procès à M. Amelin, Conseiller, au lieu de M. Adrien du Houlley. Conclusions du Procureur Général. Oüi le Rapport dudit M. Amelin, Conseiller; & tout consideré : NOTRDITE COUR faisant droit sur le tout, a mis & met l'appellation au néant; ordonne que la Sentence dont est appel, sortira son plein & entier effet; condamne l'Appellant en l'amende de douze livres; & en conséquence sur la demande dudit Cotte, portée par sa Requeste du 22 May 1715, a condamné & condamne ledit Bezancourt & ses Commis à rendre & restituer audit Cotte les droits de Gros par eux indûement perçûs pour la vente par lui faite des vins de son cru, depuis le jour de la Sentence dont est appel, du premier Septembre 1714, jusqu'au jour du présent Arrest. Ayant égard à l'intervention & demande de Jean-Jacques Demay, & Claude Jongleux, Cordonniers de la Garderobe du Roy, portée par leur Requeste du premier Avril 1715, ordonne qu'ils seront maintenus dans leur privilege, de pouvoir vendre le vin de leur cru sans payer aucun droit de Gros, dont il leur sera délivré des congez par ledit Bezancourt & ses Commis; lorsqu'ils en seront requis, sinon & à faute de ce, après une sommation à eux faite par lesdits Demay & Jongleux, ordonne que le présent Arrest vaudra congé, tant & si longuement qu'ils seront pourvûs dudit Office; & en satisfaisant par eux aux formalitez requises par les Ordonnances, & sur leur demande portée par leur Requeste du 8 May 1715, a condamne & condamné ledit Bezancourt & ses Commis à rendre & restituer ausdits Demay & Jongleux les droits de Gros, qu'ils auront

payez

payez comme contraints jufqu'au jour du prefent Arreft, & condamne ledit Bezancourt en tous les dépens. Si mandons mettre le prefent Arreft à exécution.
Donné à Paris en la premiere Chambre de notredite
Cour des Aydes le trente un Aouft mil fept cens
quinze, & de notre Regne le foixante-treize. Par la
Cour des Aydes, Collationné. Signé, R O B E R T,
avec paraphe.

Arreft du Confeil d'Etat, qui confirme le Grand Prevôt
de l'Hôtel dans le droit de faire la Police, & de con-
noître de toutes matieres civiles & criminelles à Vin-
cennes, & autres lieux où Sa Majefté fait fon féjour.

Du 7 Janvier 1716.

Extrait des Regiftres du Confeil d'Etat.

V E U par le Roy, étant en fon Confeil, la Requefte prefentée en icelui par André-François
Santus, Bailly des Châteaux, Bailliage & Châtellenie du Bois de Vincennes & la Piflotte, contenant
qu'encore qu'en fa qualité de Bailly, dont la création eft très-ancienne, il ait droit de connoître de
toutes matieres civiles & criminelles entre les Habitans de Vincennes & lieux en dépendans, & d'y
exercer toute la Police à l'exclufion de tous autres;
néanmoins pendant que Sa Majefté a fait fa réfiden-
ce dans le Château de Vincennes, il a été troublé
dans toutes les fonctions de fa Charge par le Prevôt
de l'Hôtel de Sa Majefté, qui s'eft ingéré de faire la
Vifite des poids & mefures, non-feulement chez les
Maîtres privilegiez fuivant la Cour, mais encore
chez les Habitans & autres Maîtres Cabaretiers de
Vincennes, d'y exercer la Police pour le nettoyement des rues & du marché, d'accorder les permif-
fions de bâtir & acotter des échoppes & baraques,
même de prendre des enfeignes & auvents à l'exclufion du Suppliant qui eft feul Juge du terrain de Vincennes, ledit fieur Grand Prevôt a tellement entrepris fur les fonctions du Suppliant, qu'il a accordé

R r

son pareatis le 14 Décembre dernier , pour mettre
à exécution contre un Habitant de Vincennes une
Sentence du Châtelet de Paris ; & d'autant que les
entreprises dudit sieur Prevôt de l'Hôtel de Sa Majesté , détruisent entierement la Jurisdiction du
Suppliant , dont les appellations ressortissent nue-
ment au Parlement de Paris , le Suppliant a été con-
seillé de se pourvoir à Sa Majesté pour faire ordonner en sa faveur l'exécution du Reglement fait au
Conseil le 21 Aoust 1684 , entre le Bailly de Versailles & le Prevôt de l'Hôtel de Sa Majesté , afin de
prévenir tous procès entre ledit Prevôt de l'Hôtel &
lui , sur le fait de leurs fonctions & Jurisdictions
dont les appellations ressortissent en différens Tribunaux : Requeroit à ces Causes , qu'il plût Sa Majesté
ordonner , 1°. Que le Reglement fait au Conseil
Royal le 21 Aoust 1684 , entre le Bailly de Versailles
& le Prevôt de l'Hôtel de S. M. sera exécuté entre le
Suppliant & ledit Sr Prevôt ; en conséquence que le
Suppliant connoîtra de toutes les matieres civiles &
criminelles entre les Habitans de Vincennes & lieux
en dépendans , avec défenses audit Sr Prevôt de l'Hôtel de faire aucun acte de Justice , & d'accorder aucun
pareatis , ni permission d'exécuter contre les Habitans , & que tous ceux qui ont des Maisons , ou qui
y font leur séjour ordinaire en l'absence de Sa Majesté , même les Officiers des Maisons Royales ,
qui ne seront pas actuellement en service , & qui y
demeureront après leur quartier fini , seront réputez
Habitans de Vincennes. 2°. Que le Suppliant en qualité de Bailly & Juge ordinaire , fera seul la visite
des poids & mesures chez les Cabaretiers & autres
Habitans de Vincennes, chez lesquels il se transpor-
tera pour tenir la main à l'exécution des Ordonnances de Blois & de Moulins, rendus sur ce sujet , à
l'exception néanmoins des visites des poids & mesures chez les Maîtres privilegiez suivant la Cour ,
lesquelles pourront être faites par le Prevôt de l'Hô-

tel. 3°. Qu'il fera faire devant lui les Assemblées
pour la nomination des Directeurs du nettoyement
des boues, dresser les rolles des impositions sur les
contribuables, & connoîtra généralement de toutes
les contraventions qui pourroient être faites ausdits
Reglemens ; en conséquence qu'il continuera d'accorder à l'exclusion audit Prevôt de l'Hôtel les per-
missions d'acôter & bâtir des échoppes & baraques,
& de pendre les enseignes & auvents, comme il a
fait par le passé. 4°. Qu'il fera la visite les Fêtes &
Dimanches dans les Cabarets, même des privilegiez, pour empêcher que l'on y donne à manger
qu'après l'heure du Service divin ; qu'il tiendra la
main à l'entretien du marché, du pavé & de l'ali-
gnement des rues ; & qu'il aura à cet égard les mêmes fonctions pendant le séjour de Sa Majesté, qu'il
doit avoir pendant son absence. 5°. Que tous les
propriétaires & locataires des Maisons situées à Vincennes & lieux en dépendans, seront tenus de porter au Greffe de la Justice ordinaire, les rolles de
ceux qui sont logez chez eux, afin que ledit Bailly
connoisse ceux qui demeurent ordinairement à Vincennes & dépendances, & qu'il puisse empêcher que
l'on y donne retraite à gens de mauvaise vie, le
tout conformément aux articles 4, 5, 9, 10, 11 &
12, du Reglement du 21 Aoust 1684, lequel sera
au surplus exécuté en ce qui concerne les fonctions
du Prevôt de l'Hôtel de Sa Majesté, le Reglement
du 21 Aoust 1684, les Provisions de l'Office de
Bailly de Vincennes, expédiées au profit du sieur
Santus le 8 May 1712, le Pareatis accordé le 14 Décembre dernier par le Prevôt de l'Hôtel contre un
Habitant de Vincennes. Vû aussi la Requeste du
Grand Prevôt, servant de réponse à celle dudit sieur
Santus, contenant qu'il ne peut s'empêcher de représenter à Sa Majesté, la surprise où il s'est trouvé
lorsqu'on lui a communiqué ladite Requeste, tendante à ce que le Reglement fait par le Roy Bisayeul

de Sa Majesté le 21 Aoust 1684, entre le Grand Prevôt & le Bailly de Versailles, soit déclaré commun
entre lui & le Grand Prevôt, qu'il n'y avoit guère
d'apparence que le Bailly de Vincennes pût se persuader que S. M. voulût faire pour lui ce que le Roy
son Bisayeul fit pour le Bailly de Versailles, lieu sa-
vori, séjour continuel de ce Monarque depuis tant
d'années, & pour lequel S. M. avoit eu tant de bonté
qu'elle vouloit bien avoir de complaisance pour le
feu sieur Bontemps son premier Valet de Chambre,
qui étoit aussi Gouverneur ou Intendant de Versailles ; l'on sçait même que lors du Conseil qui se tint le
21, Aoust 1684, tous les Juges opinerent d'une voix
à débouter le Bailly de Versailles de ses prétentions,
& à maintenir le Prevôt de l'Hôtel dans toutes les
fonctions & prérogatives de sa Charge, dont il
étoit en possession immémoriale ; & dont le feu sieur
Marquis de Seignelay, Secretaire d'Etat, venoit de
faire le rapport, le Roy seul de son autorité abso-
lue, dit qu'il vouloit en ordonner autrement, prit
le sac du feu sieur Marquis de Seignelay, & le lui
rendit quelques jours après avec le Règlement du 22
Aoust 1684 : mais comme il n'avoit voulu seulement que favoriser la Ville de Versailles, il y mit le
correctif contre les prétentions que pourroient former les Juges des autres Maisons Royales, par ces
paroles qui décident la premiere question. Voici les
termes de l'article 14 du même Reglement : Veut &
entend Sa Majesté que le present Reglement soit
exécuté à Versailles, sans qu'il puisse tirer à conséquence pour les autres lieux où sont situées les
Maisons Royales, dans lesquelles Sa Majesté veut
que l'usage observé jusqu'à présent, soit suivi à l'a-
venir sans difficulté. Cette décision si solemnelle qui
ne fait que confirmer les droits de la Charge de
Grand Prevôt, établis par les anciens Reglemens
des Rois prédécesseurs de Sa Majesté, n'a jamais
trouvé d'opposition de la part des Juges des lieux

où sont situées les Maisons Royales, comme Fontainebleau & Compiegne où le Roy a été plusieurs
fois depuis ledit Reglement, non plus que de la
part des Parlemens du Royaume, & de toutes les
autres Jurisdictions Royales, qui n'ont fait nulle
difficulté de laisser jouir le Prevôt de l'Hôtel de Sa
Majesté de toutes ses fonctions & prérogatives ; ce
qui a paru pendant le voyage que feu Monseigneur
le Dauphin, pour lors Duc de Bourgogne, Pere de
Sa Majesté, fit pour conduire le Roy d'Espagne, &
qu'il continua en faisant tout le tour du Royaume :
s'il y avoit eu pour lors quelque difficulté, elle se
fût sans doute élevée entre le Prevôt de l'Hôtel &
tant de Jurisdictions differentes ; mais aucune n'apporta la moindre difficulté, & les Officiers du Prevôt de l'Hôtel y rendirent la Justice, & firent la
Police sans aucun empêchement. Si le Bailly de Vincennes étoit un plus ancien Officier dans sa Charge,
il auroit plus de connoissance des droits de celle de
Grand Prevôt, une des plus anciennes & mieux établies du Royaume, & il auroit vû par lui-même le
sieur Marquis de Sourches pere du Grand Prevôt
qui l'a précédé dans sa Charge, en exercer pleinement & sans aucune opposition, toutes les fonctions
du Civil, du Criminel & de la Police dans Vincennes, même toutes les fois que le feu Roy y faisoit
son séjour : requeroit à ces Causes, qu'il plût à
Sa Majesté confirmer le Grand Prevôt dans le
droit & la possession immémoriale où il est de faire
toutes les fonctions de la Justice Civile, Criminelle
& de Police dans tous les lieux où Sa Majesté fera
son séjour : ce faisant, faire défenses au Bailly de
Vincennes & tous autres de l'y troubler ; à peine de
désobéissance. Les Edits de François I. des mois de
Juillet 1522 & 1544, qui ordonnent que les Jugemens criminels & de Police du Grand Prevôt de
l'Hôtel, s'exécuteront nonobstant l'appel & les Arrests du Conseil des 26 Mars 1580, 8 Mars & 19 Oc-

tobre 1688, confirmatifs des privileges dudit Prevôt de l'Hôtel. Vû encore un Mémoire servant de
réponse pour le sieur Santus contre le sieur Prevôt de
l'Hôtel, contenant que l'Office de Bailly de Vincennes, dont il est pourvû, a été créé sous le regne de
Charles V. pour connoître de toutes Causes civiles
& criminelles entre les Habitans domiciliez à Vincennes & lieux en dépendans, où il a toujours exercé la Police à l'exclusion de tous autres, même pendant le séjour qu'y a fait le feu Roy ; néanmoins pendant que Sa Majesté a fait sa résidence à Vincennes,
le Prevôt de l'Hôtel créé en 1475, pour connoître
des causes civiles & criminelles des Officiers, Marchands privilegiez, & autres gens de la suite de la
Cour, a troublé le Suppliant dans toutes les fonctions de sa Charge, pour raison de laquelle il a
payé des sommes considérables à Sa Majesté. Pour
faire cesser les entreprises du Prevôt de l'Hôtel, le
Suppliant a présenté à Sa Majesté la Requeste ci devant énoncée, contenant ses conclusions ausquelles
il persiste ; & demande cependant qu'il soit au surplus ordonné que pour éviter toutes contestations,
& prevenir les abus sur l'exécution de l'article 3 du
Reglement de 1684, le Prevôt de l'Hôtel ne pourra
connoître des Causes entre les domiciliez & Habitans de Vincennes, dans lesquelles les Officiers de
Sa Majesté, & Gens de la suite de la Cour, seront
intervenans, qu'en justifiant préalablement par eux
de leurs titres & droits en bonne forme ; le Prevôt
de l'Hôtel a demandé au contraire d'être continué,
dans le droit & la possession où il est, de faire toutes fonctions de la Justice civile, criminelle & de
police, dans tous les lieux où Sa Majesté, fera son
séjour ; & pour établir ses conclusions, il soutient que
le Reglement de 1684, n'a été rendu par le feu Roy
que par complaisance pour le sieur Bontemps ; & que
par l'article 14 dudit Reglement, le feu Roy a déclaré qu'il entendoit que ce Reglement fût exécuté

à Verſailles, ſans qu'il puiſſe tirer à conſéquencé
pour les autres lieux où ſont ſituez les Maiſons
Royales ; & qu'ainſi le Bailly de Vincennes ne peut
tirer aucuns avantages de ce Reglement : le ſieur
Santus ſoutient, 1°. Que la défenſe alléguée par le
ſieur Grand Prevôt concernant le ſieur Bontemps,
eſt ſans fondement & ſans preuve ; & quand même
il ſeroit vrai que l'intention du feu Roy eût été de
faire ce Reglement, dans la vûe de ſavoriſer le ſieur
Bontemps, il ſeroit toujours certain que le Bailly de
Vincennes, qui n'a d'autre territoire que celui de la
Châtellenie de Vincennes, ſeroit en état d'en demander un de ſon chef contre le Grand Prevôt, dont la
Juriſdiction ambulatoire ſur ce qui compoſe l'Hôtel du Roy, ne peut jamais détruire celle d'un
Bailly qui eſt Officier permanent, & dont les fonctions ſont diſtinctes & ſéparées de celles du Prevôt
de l'Hôtel. 2°. La clauſe de ſans tirer à conſéquence, inſérée dans l'article 14 du Reglement de 1684,
n'eſt pas à l'avantage du Grand Prevôt, comme il
le prétend, mais en faveur de tous les Baillifs & autres Juges où ſont ſituées les Maiſons Royales, leſquels Sa Majeſté n'a pas entendu ſoumettre à la diſpoſition de l'article 11 de ce Reglement, par lequel
Sa Majeſté a attribué au Prevôt de ſon Hôtel à
l'excluſion du Bailly de Verſailles, la connoiſſance
des Inſtances dans leſquelles ſes Officiers & autres Gens de la ſuite de la Cour ſeront Parties
principales ou intervenantes contre un Habitant ; &
c'eſt la raiſon pour laquelle le feu Roy a fait inſé-
rer la clauſe, de ſans tirer à conſéquence, afin de ne
pas préjudicier aux droits des Officiers des Maiſons
Royales, qui étoient dans un uſage contraire : le
Prevôt de l'Hôtel ajoute, que par Arreſt du Conſeil
du 8 Mars 1688, il a été maintenu dans le droit &
poſſeſſion de faire ſeul la Police à la ſuite de la Cour,
& de connoître de toutes les affaires civiles & criminelles qui arrivent entre perſonnes de la ſuite de

la Cour, ou dans lesquelles ils sont Parties contre les Habitans des lieux où Sa Majesté fait séjour, avec défenses à tous Juges de plus le troubler, à peine de désobéissance. Cet Arrest a été rendu sur la Requeste du Prevôt de l'Hôtel à l'occasion d'une entreprise faite sur sa Jurisdiction par le Juge Seigneurial de Montreuil, situé dans l'avenue du Château de Versailles, qui prétendoit connoître à son exclusion des affaires criminelles entre les personnes de la suite de la Cour, qui y étoient logées, encrayées, & les personnes domiciliées audit Montreuil, & qui étoit formellement contraire au Reglement de 1684. L'Arrest du 26 Mars 1580, & les Edits de François I. des années 1522 & 1544, ne sont d'aucune considération dans l'Instance dont il s'agit. A l'égard de l'Arrest de Reglement, rendu le 29 Octobre 1688, entre le Prevôt de l'Hôtel & les Juges ordinaires, il porte que lorsque le Roy & les Enfans de France ne seront pas au Louvre, & dans les autres Châteaux & Maisons Royales, les Juges ordinaires y exerceront leur Jurisdiction, tant en matiere civile que criminelle, ainsi que dans les autres lieux de l'étendue de leur ressort, dont la Jurisdiction des Juges ordinaires est surfise dans les Châteaux & Maisons Royales, lorsque Sa Majesté y fait sa résidence, parce que ce seroit priver le Prevôt de l'Hôtel qui n'a qu'une Jurisdiction ambulatoire de toutes ses fonctions ; mais il s'ensuit par une conséquence naturelle, que le Prevôt de l'Hôtel ne peut pas dépouiller les Juges ordinaires de leurs fonctions de Juge dans l'étendue de leur Jurisdiction sur les domiciliez, autres que ceux qui sont à la suite de la Cour, sous prétexte de la résidence actuelle de Sa Majesté ; parce qu'en sa qualité de Prevôt de l'Hôtel, il n'a droit de Jurisdiction, soit pour le Civil, Criminel & Police, que dans l'Hôtel du Roy, c'est-à-dire, sur ceux qui sont à sa suite ; ce qui prouve que le Bailly de Vincennes est

est bien fondé à demander l'exécution des articles
du Reglement de 1684, qui ne contiennent rien de
préjudiciable au Prevôt de l'Hôtel de Sa Majesté,
par rapport à sa Jurisdiction sur les Officiers, Marchands privilegiez, & autres Gens de la suite de la
Cour, sur lesquels le Bailly de Vincennes ne lui
conteste pas tout droit de Jurisdiction. Autre Mémoire du sieur Grand Prevôt, servant de réponse à
celui du Bailly de Vincennes, portant que celui dudit Bailly ne contient rien de nouveau, du moins
qui puisse donner atteinte à la Requeste du sieur
Grand Prevôt, & aux pièces par lui produites,
puisque ce n'est qu'une répétition de tout ce qu'il a
dit ci-devant : il seroit inutile de s'amuser à répondre en particulier à ce dernier Mémoire ; il suffit au
sieur Grand Prevôt d'employer ce qu'il a dit & produit : & il se flate que l'examen des titres, des Arrests, & du dernier article du Reglement de Versailles de 1684, ne laissera pas douter de la justice de
son droit. Par cet article le feu Roy a formellement
expliqué son intention au sujet de la contestation
dont il s'agit, & dont le dernier terme de sans difficulté, décide absolument de la question en faveur
du sieur Grand Prevôt. Vû aussi par Sa Majesté les
Ordonnances des 28 Novembre 1636 & 28 Mars
1657, faisant défenses aux Officiers commensaux
& de la Cour & suite de Sa Majesté, de se pourvoir
pour les affaires criminelles ailleurs qu'en la Prevôté
de l'Hôtel, plusieurs taux faits par le Grand Prevôt
en différens lieux du Royaume, quelques grosses en
parchemin, qui justifient l'ancienneté du Bailliage
de Vincennes, & autres pièces. Oüi le Rapport, &
tout consideré : LE ROY E'TANT EN SON
CONSEIL, de l'avis de Monsieur le Duc d'Orleans, Régent, a maintenu & gardé le Grand Prevôt de l'Hôtel dans le droit de connoître de toutes
les matieres tant civiles que criminelles & de police entre les Officiers de Sa Majesté & de sa suite,

comme auffi maintient & garde le Bailly de Vincennes dans le droit de connoître de toutes les matieres
tant civiles que criminelles entre les Officiers de
Vincennes, qui ne font point Officiers de Sa Majefté,
& autres Habitans : Ordonne Sa Majefté que le
Grand Prevôt de l'Hôtel continuera de connoître,
comme il a fait jufqu'à préfent, de toutes les Inftances dans lefquelles les Officiers ou Gens fuivans
la Cour, font Parties principales ou intervenantes
contre les Habitans de Vincennes ; comme auffi que
ledit Grand Prevôt de l'Hôtel continuera de jouir
du droit où il eft de faire feul la Police, tant générale que particuliere dans le lieu de Vincennes pendant le féjour que Sa Majefté y fera, même de mettre les taux aux marchandifes & denrées, de regler
les poids & mefures, de veiller au nettoyement des
rues, de faire le rolle des contribuables, & de faire
la vifite chez tous ceux qui font fujets à la Police,
privilegiez ou non priviligiez, & généralement tout
ce qui concerne la Police. Fait Sa Majefté défenfes
au Bailly de Vincennes de l'y troubler, fauf à lui à
faire ladite Police audit Vincennes, dans le temps
que Sa Majefté n'y fera point fon féjour : & au furplus Sa Majefté a débouté & déboute ledit Bailly
de Vincennes du furplus de fes autres demandes &
conclufions, & pour l'exécution du préfent Arreft
toutes Lettres Patentes feront expédiées, fi befoin
eft. Fait au Confeil d'Etat du Roy, Sa Majefté y
étant, tenu à Paris le feptiéme Janvier mil fept cens
feize. Signé, PHELYPEAUX, avec paraphe. Et
plus bas eft,

Le 18 Janvier 1716 à la requefte de Meffire Louis
de Bouchet, Chevalier, Marquis de Sourches & du
Bellay, Comte de Montforeau, Grand Prevôt de Fran-
ce, qui a élû fon domicile en fon Hôtel, fcis à Paris
rue de l'Univerfité, Fauxbourg Saint Germain, le pré-
fent Arreft du Confeil a été fignifié, & icelui laiffé
pour copie aux fins y contenues au fieur Santus, Bailly

de Vincennes, y nommé, en son domicile à Paris, rue des Arcis, Paroisse Saint Jacques de la Boucherie, parlant à sa personne, à ce qu'il n'en ignore, par nous Huissier ordinaire du Roy en ses Conseils. Signé, ROMAIN, avec paraphe.

Arrest du Conseil d'Etat, qui ordonne par provision, que le Grand Prevôt de l'Hôtel, connoîtra exclusivement aux Officiers du Châtelet, de tous crimes & délits entre Officiers & Gens de la suite de la Cour, & par prévention de ceux qui arriveront entre des personnes susdites, & les Justiciables du Châtelet, & qu'il fera seul la Police dans les Maisons Royales & places qui en dépendent.

Du 4 Mars 1716.

Extrait des Registres du Conseil d'Etat.

SUR ce qui a été représenté au Roy de la part du Prevôt de l'Hôtel & Grand Prevôt de France, qu'il appartenoit à sa Charge d'avoir inspection sur la Foire Saint Germain des Prez, de faire seul à l'exclusion de tous autres, la visite dans toutes les Maisons Royales, des Hôtels des Princes, des Ambassadeurs, des Seigneurs de la Cour, & autres lieux privilegiez, pour empêcher qu'on y vende de la viande pendant le Carême, à condition que les viandes saisies seront portées à l'Hôtel-Dieu, & confisquées au profit des Pauvres, d'établir un étau dans la boucherie de l'Hôpital des Quinze-vingts, à condition de fournir la viande gratuitement audit Hôpital, & à la Charité de la Paroisse de Saint Germain l'Auxerrois ; qu'il étoit pareillement en droit de connoître des délits affaires criminelles qui arrivent dans l'enceinte du Louvre, même dans toute l'étendue de la Ville de Paris, lorsque ce sera entre Officiers de la Maison du Roy, & Gens à la suite de la Cour : & qu'enfin sa Jurisdiction devoit s'étendre jusqu'à dix lieues autour du lieu où le Roy fait son séjour, le tout suivant les Ordon-

nances de François I. Louis XIII. & du feu Roy
Louis XIV. de glorieuse mémoire, qui étoient jointes aux Requestes dudit Prevôt de l'Hôtel & Grand
Prevôt de France ; sur quoi les Officiers du Châ-elet,
ausquels lesdites Requestes & piéces ont été com-
muniquées par ordre de Sa Majesté lui auroit représenté , qu'il y avoit une Instance pendante en son
Conseil entre lui & ledit Prevôt de l'Hôtel pour le
Reglement général de l'une ou l'autre Jurisdiction ;
& que ledit sieur Prevôt de l'Hôtel pouvoit s'y pourvoir pour y former dans les régles ordinaires les nouvelles demandes ; que d'ailleurs en ce qui concerne
l'inspection sur la Foire Saint Germain des Prez ,
cette Foire ne se tenant dans aucunes des Maisons
Royales, & la Police qui s'y observe ne regardant
pas plus les Officiers & Commensaux de la Maison
du Roy, que le reste des Citoyens il étoit difficile
de comprendre sur quel fondement ledit sieur Prevôt de l'Hôtel prétendoit en avoir l'inspection, d'autant plus que les deux Ordonnances de Louis XIII.
dont il se sert, & dont la derniere est de 1617 ne
lui enjoignent que comme à tous autres Justiciers
& Officiers de tenir la main à ce qu'il n'y arrive aucun désordre, & ne peuvent être regardées que
comme des ordres qui l'obligent de prêter main
forte à la Justice ; que pour ce qui regarde les visites que ledit sieur Prevôt de l'Hôtel prétend être en
droit de faire pour empêcher qu'on ne vende de la
viande pendant le Carême , sa prétention a été ré-
duite par l'Ordonnance même de 1661 qu'il rapporte, aux seules Maisons Royales ; & qu'en effet
l'Ordonnance que le feu Roy faisoit expédier tous
les ans pour ces sortes de visites, s'envoyoit au Lieutenant Général de Police, qui chargeoit les Officiers
qu'il jugeoit à propos de la faire exécuter ; & que
comme ces visites se faisoient en exécution d'un
ordre expédié au nom du Roy même, il n'y avoit
aucune distinction à faire à cet égard, le Roy étant

le Maître d'adreffer fes Commiffions à tel Officier
qu'il lui plaît, que la permiffion d'établir étau
dans la boucherie de l'Hôpital des Quinze-Vingts
pen lant le Carême, étoit directement contraire au
bien de la Police générale & au privilege de l'Hôtel-
Dieu, qu'elle priveroit indirectement d'un fecours
abfolument néceffaire aux pauvres malades, qui y
font actuellement au nombre de trois mille : qu'enfin pour ce qui eft de la connoiffance des crimes, foit
par rapport aux lieux où ils feront commis, foit
par rapport à la perfonne des accufez, la matiere
étoit d'une fi grande importance, qu'il n'y en avoit
point qui regardât plus directement le Reglement
général qu'il s'agit de faire entre ledit fieur Prevôt
de l'Hôtel & les Officiers du Châtelet dans l'Inftance pendante au Confeil ; que cependant fi Sa Majefté vouloit y apporter qu'elqu'ordre par provifion,
lefdits Officiers du Châtelet la fupplioient de vouloir bien au moins donner les limites moins étendues
au territoire dudit fieur Prevôt de l'Hôtel, qui prétend y renfermer tout ce qui eft compris dans le
grand deffein du Louvre ; & à l'égard de la Jurifdiction perfonnelle, que Sa Majefté pouvoit y apporter
des tempéramens femblables à ce qui s'obferve par
rapport au Régiment des Gardes, qui excitant une
louable émulation entre les différentes Jurifdic-
tions procureroient la punition des crimes, & fer-
viroient encore plus à affermir la fureté & la tran-
quilité de la Ville capitale du Royaume, à laquelle
on ne doit point appliquer des Ordonnances qui
n'ont été faites que pour le temps des Voyages de
la Cour, ou du féjour qu'elle a fait dans des Maifons de campagne, & dans des lieux où il n'y a point
d'Officiers affez confidérables pour partager avec
ledit fieur Prevôt de l'Hôtel le foin de la fureté publique : SA MAJESTE' ETANT EN SON
CONSEIL, Monfieur le Duc d'Orleans Régent,
préfent, a ordonné & ordonne que fur les demandes

ci-deffus énoncées, le Prevôt de l'Hôtel & Grand
Prevôt de France, & les Officiers du Châtelet fe
pourvoiront en l'Inftance pendante entr'eux au
Confeil, pour être lefdites demandes réglées ainfi
qu'il appartiendra; & cependant par provifion & fans
préjudice du droit des Parties au principal, ordonne
que ledit Prevôt de l'Hôtel fera feul la vifite dans
l'enceinte des Palais, Cours & Jardins du Louvre &
Thuilleries, & places qui font au devant du Palais
de Luxembourg, Cours & Jardins en dépendans,
de l'Hôtel des Ambaffadeurs Extraordinaires, du
Palais Royal, de la Maifon des Gobelins, du Jardin
Royal, de la Maifon & Jardin de la Pépiniere au
Roulle, dans les Châteaux de Vincennes, de Ma-
drid, & de la Muette, & généralement dans toutes
les autres Maifons particulieres appartenant au Roy,
ou louées par Sa Majefté pour le logement des Officiers néceffaires pour fon fervice pendant fon féjour
à Paris, pour empêcher qu'on y vende de la viande
pour le Carême, à la charge que les viandes faifies
feront portées à l'Hôtel-Dieu, & confifquées au
profit des pauvres dudit Hôpital, & les contrevenans condamnez en telle amende & autres peines
qu'il appartiendra : & à l'égard des autres Maifons
& lieux de la Ville & Fauxbourgs de Paris, la vifite
y fera faite en la maniere, en vertu de l'Ordonnance qui a été expédiée, conformément à celles des
années précédentes, & envoyées au Lieutenant Général de Police pour tenir la main à ce qu'elle foit
exécutée felon fa forme & teneur. Fait Sa Majefté
défenfes audit Prevôt de l'Hôtel d'établir aucun
étau, foit dans la Boucherie de l'Hôpital des Quinze-Vingts, ou ailleurs, pour y vendre de la viande
pendant le Carême, jufqu'à ce que l'Inftance de
Reglement foit jugée au Confeil, en laquelle les
Directeurs & Adminiftrateurs de l'Hôtel-Dieu inter-
viendront, fi bon leur femble; ordonne que ledit
Prevôt de l'Hôtel connoîtra de tous crimes & délits

dans l'enceinte des Palais, Cours & Jardins du Louvre & des Thuilleries, & Places qui sont au-devant, par quelques personnes que ce puisse être. Veut en outre Sa Majesté, que ledit Grand Prevôt connoisse de tous crimes & délits entre les Officiers ou Commensaux de la Maison du Roy, leurs Domestiques, ou autres gens attachez à la suite de la Cour, en quelque endroit qu'ils soient commis dans la Ville de Paris, pendant le séjour de Sa Majesté, sans néanmoins que ledit Prevôt de l'Hôtel puissent prendre connoissance des querelles qui arriveront entre un Officier de la Maison du Roy, & un Bourgeois, si ce n'est par prévention, & concurremment avec les Officiers de la Justice ordinaire, ni qu'il puisse jamais connoître des combats suspects de duel quand même ils se seroient passez dans l'enceinte des susdits lieux privilegiez, desquels néanmoins il pourra informer dresser des Procès verbaux, même faire arrêter les coupables en flagrant délit, pour être ensuite les informations & autres procédures portées au Greffe du Parlement, & y être pourvû à la requête du Procureur Général, ainsi qu'il appartiendra : & à l'égard de la prétention du Grand Prevôt d'avoir inspection sur la Foire Saint Germain des Prez, Sa Majesté l'a débouté & débouté de sa demande, ordonne que les Officiers du Châtelet continueront d'y faire la Police en la maniere ordinaire. Fait au Conseil d'Etat du Roy, Sa Majesté y étant, tenu à Paris le quatriéme Mars mil sept cens seize. Signé, PHELYPEAUX.

Arrest contradictoire du Grand Conseil, rendu en faveur des Officiers Gardes du Roy, en la Prevôté de son Hôtel, pour la préséance en toutes Assemblées publiques & particulieres sur les Officiers & Justices Seigneuriales.

Du 5 Mars 1716.

Extrait des Registres du Grand Conseil du Roy.

LOUIS par la grace de Dieu, Roy de France & de Navarre : A tous ceux qui ces presentes Lettres verront ; Salut. Sçavoir faisons, comme par Arrest ce jourd'hui donné en notre Grand Conseil, entre notre bien-amé Robert Matrion, l'un de nos Gardes en la Prevôté de notre Hôtel & Grande Prevôté de France, demeurant à Doullevant le Châtel, demandeur aux fins de la Commission de notre Conseil du 28 May 1715, & Exploit d'assignation en conséquence du 11 Juin audit an, controllé à Doullevant ledit jour, à ce qu'il soit dit que nos Edits & Déclarations en faveur des Officiers de notre Maison seront exécutez selon leur forme & teneur ; & en conséquence, & conformément à iceux, que le demandeur aura rang & préséance aux cérémonies de l'Eglise, & en toutes Assemblées publiques & particulieres avant les Officiers de la Justice Seigneuriale dudit lieu de Doullevant & tous autres, qu'on lui portera le Pain-beni par morceau de distinction immédiatement après les personnes de Seigneur & Dame du lieu, quand ils y seront, & avant tous autres ; que la femme du demandeur jouira des mêmes honneurs avant celles desdits Officiers & tous autres : que défenses soient faites ausdits Officiers & aux Marguilliers de ladite Paroisse, de troubler le Demandeur à l'avenir ; & pour l'avoir fait, qu'ils soient condamnez aux dommages & intérêts, & aux dépens, d'une part ; & Claude Hollandre, Prevôt en ladite Prevôté Seigneuriale de Doullevant le Châ-

Voyez l'Article 29 de l'Edit du mois de Septembre 1709.

tel ; Nicolas Crefpin , Lieutenant en ladite Prevôté ;
Jean Galland & Jean Regnard , Marguilliers de la
Paroiffe dudit lieu , défendeurs , d'autre part ; & entre Nicolas Bertin , auffi l'un de nos Gardes en ladite
Prevôté de notre Hôtel , demandeur en Requefte du
11 Février 1716 , aux fins d'être reçû Partie intervenante en l'Inftance pendante à notre Confeil entre
ledit Matrion , & les Officiers & Marguilliers de
Doullevant , qu'acte lui foit donné , de ce qu'il fe
joint & adhere aux conclufions prifes par ledit fieur
Matrion ; faifant droit fur fon intervention , que les
mêmes conclufions lui foient adjugées avec dommages , intérefts & dépens , d'une part ; & lefdits Hollandre , Crefpin , Galland & Regnard , Défendeurs ,
d'autre part ; & entre ledit Crefpin , demandeur en
Requefte du 19 Février 1716 , aux fins d'être reçû
oppofant à l'Arreft par défaut , faute de défendre , obtenu par ledit Matrion le 11 dudit mois , fignifié ledit
jour ; faifant droit fur l'oppofition , que la procédure
foit déclarée nulle , & le Demandeur déchargé des
condamnations portées par ledit Arreft , avec dépens ,
d'une part ; & entre lefdits Hollandre , Crefpin ,
Galland & Regnard , demandeur en trois Requeftes
du 3 Mars dernier , aux fins d'être reçûs oppofans à
l'Arrêt de notre Confeil par défaut contr'eux obtenu
à l'Audience par lefdits fieurs Matrion & Bertin le
24 Février dernier , fignifié ledit jour , faifant droit
fur leurs oppofitions , qu'ils foient déchargez des
condamnations y portées , avec dépens , d'une part ;
& lefdits fieurs Matrion & Bertin , défendeurs , d'autre part ; fans que les qualitez puiffent nuire ni préjudicier : Après que Cochin , Avocat defdits Matrion
& Bertin , affifté de Patez leur Procureur , a conclu en leurs demandes & intervention , & que Brunet pour ledit Hollandre , & Regnard ont été oüis :
& que Benoift de Saint-Port pour notre Procureur
Général , a pareillement été oüi : ICELUI NO-
TREDIT GRAND CONSEIL , a reçû &

reçoit les Parties de Brunet & Chriſtophe oppoſans
à l'Arreſt par défaut, a reçû ledit Bertin Partie intervenante ; faiſant droit au principal, a maintenu
& gardé, maintient & garde les Parties de Cochin
dans la préféance aux cérémonies de l'Egliſe, & en
toutes Aſſemblées publiques & particulieres ſur les
Officiers de la Juſtice de Doullevant le Châtel, conformément à nos Edits & Déclarations : Ordonne
que le Pain-beni leur ſera porté par diſtinction immédiatement après les Seigneur & Dame du lieu; que
les femmes deſdites Parties de Cochin jouiront des
mêmes honneurs avant les femmes deſdits Officiers,
même en cas de viduité. Fait défenſes aux Parties
de Chriſtophe & Brunet de troubler leſdites Parties
de Cochin ; condamne leſdites Parties de Brunet &
Chriſtophe aux dépens. Si donnons en mandement
au premier des Huiſſiers de notredit Conſeil, en ce
qui eſt exécutoire en notredite Cour & ſuite, & hors
d'icelle, audit Huiſſier ou autre notre Huiſſier ou
Sergent ſur ce requis, qu'à la requeſte deſdits ſieurs
Matrion & Bertin, le préſent Arreſt il mette à dûe &
entiere exécution, ſelon ſa forme & teneur; nonobſtant oppoſitions ou appellations quelconques, pour
leſquelles & ſans préjudice d'icelles, ne voulons être
différé : & outre, faire pour l'exécution des Preſentes tous Exploits & autres actes de Juſtice requis &
néceſſaires, de ce faire te donnons pouvoir, ſans pour
ce demander Placet ni Pareatis. Donné en notredit
Conſeil à Paris le cinq Mars, l'an de grace mil ſept
cens ſeize, & de notre Regne le premier. Collationné : Par le Roy, à la relation des Gens de ſon Grand
Conſeil. Signé, DE HODENCQ.

Arreſt du Conſeil d'Etat du Roy, qui caſſe l'Arreſt du Grand Conſeil du 19 Septembre 1714, & déclare nul un Traité fait d'une Charge de la Maiſon de Madame le Ducheſſe d'Orleans, ſans la permiſſion de Son Alteſſe Royale.

Du 4 Aouſt 1716.
Extrait des Regiſtres du Conſeil d'Etat.

SUR la Requeſte preſentée au Roy étant en ſon Conſeil, par François Martine, Secretaire ordinaire des Finances de Madame la Ducheſſe de Berry, contenant que défunt Pierre Germain ayant été gratifié par Madame la Ducheſſe d'Orleans de deux Charges, l'une de Valet de Chambre Tailleur, l'autre de Valet de ſa Garderobe ; & s'étant propoſé par des vûes d'intéreſt de mettre l'une de ces deux Charges ſous le nom d'une tierce perſonne, en ſe conſervant néanmoins la propriété & les émolumens de l'une & de l'autre, il ſe ſervit d'abord du nommé Denis Antheaume, ſous le nom duquel, moyennant de certaines conventions, ledit Germain obtint les Proviſions de ladite Charge de Valet de Garderobe, & il eut en même temps la précaution de s'en faire donner la démiſſion par Antheaume, le nom en blanc ; cela fut fait au mois de Janvier 1700 ; mais ſoit que les conditions du Traité ne convinſſent point à Antheaume, ſoit qu'il en reconnût l'abus, il ceſſa preſque dans le même temps de vouloir prêter ſon nom à Germain, & celui-ci jetta les yeux ſur le Suppliant qui faiſoit ſa réſidence actuelle en Province, & qui ſe trouva pour lors à Paris. Germain propoſa donc au Suppliant de lui vendre les privileges attachez à ladite Charge de Valet de Garderobe : le Suppliant flatté de l'objet de ces privileges, écouta la propoſition ; & le 18 Février 1700, il fut fait entr'eux un Traité pardevant Notaires à Paris, par lequel, 1°. Le Suppliant reconnut que l'on avoit rempli de ſon nom, par les ſoins de Germain, la démiſſion faite par

Antheaume de la Charge de Valet de Garderobe en
queſtion, le 19 Janvier précédent. 2°. Germain s'o-
bligea de fournir au Supliant en ſon nom les Lettres
de Proviſions de ladite Charge inceſſamment. 3°. La
clauſe du Traité eſt pour jouir par le Supliant des
privileges & exemptions attribuez à ladite Charge
ſeulement, ſe réſervant ledit Germain tous les gages,
droits, nourritures, & autres émolumens auſſi y
attribuez, pour recevoir; leſquels le Suppliant s'o-
bligea de fournir à Germain à ſa volonté les quittances & actes néceſſaires. 4°. Germain prit avec le
Suppliant la même précaution qu'il avoit priſe avec
Antheaume; l'acte porte que le Suppliant avoit remis ſa démiſſion de ladite Charge, le nom en blanc,
entre les mains de Germain. 5°. Il fut convenu que
Germain ne pourroit diſpoſer du corps de la Charge
pendant la vie du Suppliant; & qu'en cas que Germain décédât avant le Suppliant, en donnant par
celui ci une ſomme de 2000 livres, il demeureroit
propriétaire du corps de ladite Charge, gages,
droits, nourritures & émolumens y appartenans; &
qu'en payant cette ſomme à la veuve Germain, elle
ſeroit tenue de remettre au Suppliant la démiſſion de
ladite Charge qu'il venoit de mettre entre les mains
de Germain: enfin il eſt dit que le Traité fut fait entre les Parties, moyennant ce qui avoit été convenu
entr'elles, dont Germain ſe tenoit content; & cette
convention étoit une ſomme de 1800 livres comp-
tant, que Germain extorqua du Suppliant, & dont
il ne jugea point à propos de faire mention dans
l'acte. En exécution de ce Traité, Germain remit
le 11 May 1700 entre les mains du Suppliant, les
Proviſions de la Charge, remplies de ſon nom; mais
il faut obſerver qu'elles ſe trouverent dattées du 23
Janvier 1700, antérieures par conſéquent de près
d'un mois au Traité du 18 Février de la même année;
& la raiſon d'une antidate auſſi ſurprenante, eſt que
ce n'étoient pas de nouvelles Proviſions expédiées

pour le Suppliant, mais les mêmes que Germain
avoit fait expédier précédemment fous le nom d'Antheaume ; & dans lesquelles on avoit raturé les mots
de Denis Antheaume, pour y fubftituer ceux de
François Martine. Le Suppliant qui s'étoit déja livré
de bonne foi lors du Traité illicite, auquel Germain
l'avoit engagé, ne fit point encore attention à la
fausseté de fes Provisions ; il les fit regiftrer en l'E-
lection de Joinville ; mais cela n'empêcha pas qu'il
ne fût impofé à la Taille dans fa Province, comme
auparavant, parce que Germain s'étoit réfervé le
corps & le fervice de la Charge, pour en recevoir
les émolumens ; & que le Suppliant qui ne fervoit
point, qui même n'avoit pas prêté le Serment de
la Charge, n'étoit pas en état de jouir des priviléges.
Il s'en plaignit d'abord à Germain, lui demanda la
reftitution, de ce qu'il lui avoit payé pour le prix
de ces priviléges ; mais fes plaintes n'eurent aucun
effet : Il cella enfuite après deux années de fournir
fes quittances à Germain ; & cela n'empêcha pas que
Germain qui avoit reçû pendant deux ans les émolumens de la Charge fur les véritables quittances du
Suppliant, ne continuât à les recevoir fur des quittances fuppofées ; enfin Germain étant décédé au
mois de Février 1708, le Suppliant fit les démarches
convenables pour être maintenu dans la propriété de
l'Office, fur la foi des Provisions que Germain lui
en avoit remifes ; mais Madame la Ducheffe d'Or-
léans informée du Traité illicite fait entre lui & Germain en 1700, & de la fausseté des Provisions, com-
mença par difpofer de la Charge en faveur du nommé Matheau, & envoya ordre par écrit au Suppliant
de donner fa démiffion. Le Suppliant fut obligé d'o-
béir, & Matheau a été pourvû de la Charge ; & il
paroît par un certificat de la Dame Maréchale de
Rochefort, donné par ordre exprès de Madame la
Ducheffe d'Orleans, » Que le Suppliant n'a jamais
» été reconnu par la Princeffe pour fon Valet de

» Garderobe, qu'il n'en a jamais prêté le Serment
» ni fait le service; que Germain en a fait les fonc-
» tions jusqu'à sa mort, comme titulaire; & que la
» démission du Suppliant qui avoit eu ordre de la
» donner, & sur laquelle les Provisions de Matheau
» ont été expédiées, n'a été que pour faire cesser les
» prétentions qu'il vouloit exercer en vertu des Pro-
» visions que Germain lui avoit remises, lesquelles
» avoient été subrepticement obtenues ou falsifiées
» dans le nom. » En sorte que le Suppliant qui avoit
été déja trompé par rapport aux privileges, dont il
n'avoit pû jouir, a encore été privé du corps de l'Office, par l'effet de la surprise & de la fraude de Germain,
qui seules ont excité l'autorité de la Princesse à en
disposer au profit d'un autre. Cependant, à peine
Matheau a-t-il été pourvû de la Charge, que la
veuve de Germain fit assigner le Suppliant en la Prevôté de l'Hôtel, pour être condamné à lui payer la
somme de deux mille livres, suivant le Traité du 18
Février 1700. Le Suppliant après avoir défendu à
cette demande, obtint, en tant que besoin, des Lettres de Rescision contre le Traité; & par Sentence
contradictoire, rendue sur productions des Parties
le 13 Mars 1710, les Lettres de Rescision ont été
entérinées; & en conséquence le Suppliant a été déchargé de la demande de la Veuve Germain, avec
dépens. Appel de la Sentence au Grand Conseil par
la veuve Germain, & François Bourdon son second
mari : C'est dans le cours de l'Instance d'appel, qu'est
survenu le certificat de la Dame Maréchale de Rochefort du 3 Septembre 1704, produit au procès. Cependant par Arrest du Grand Conseil du 19 du même
mois, la Sentence a été infirmée, le Suppliant débouté de ses Lettres de Rescision, & condamné à
payer à Bourdon & sa femme, auparavant veuve de
Germain, la somme de 2000 livres, avec les intérêts
du jour de la demande; & à cet effet la délivrance de
deniers saisis sur le Suppliant, ordonnée au profit

desdits Bourdon & sa femme, & le Suppliant condamné à fournir ses quittances d'une somme de 124 livres restant à payer entre les mains du Trésorier de Monsieur le Duc d'Orleans; sinon tenu de payer ladite somme; le Suppliant mis hors de Cour sur la demande par lui formée en restitution des 1800 livres qu'il avoit payées à Germain, pour le prix des privileges de ladite Charge, & condamné aux dépens, tant des causes principales que d'appel; & comme cet Arrest n'a eu pour fondement dans toute sa disposition que le Traité du 18 Février 1700: que ce Traité en soi est un acte abusif & illicite, contraire à l'autorité & droits de Madame la Duchesse d'Orleans, aux Edits de création des Charges de sa Maison, & de celles des Maisons Royales, & aux Edits & Reglemens intervenus en conséquence; 1°. En ce que défunt Germain a vendu au Suppliant les privileges de l'Office en question pendant qu'il étoit Propriétaire du corps de l'Office & de tous les émolumens y attribuez; & cela contre la nature de ces sortes de privileges qui sont inséparablement attachez aux corps des Offices, & contre la disposition des Arrests du Conseil intervenus sur ce sujet, qui défendent expressément aux Officiers, tant de la Maison de Sa Majesté, que des Maisons Royales, de céder leurs privileges séparément du corps de leurs Officiers. 2°. En ce que par le même Traité, Germain a voulu disposer de la propriété de l'Office en question après sa mort, sans la participation & la permission expresse de Madame la Duchesse d'Orleans, contre la disposition desdits Edits & Reglemens, notamment de l'Edit du mois de Janvier 1678, vérifié le 26 Avril suivant, conforme à celui du mois de Juillet 1653, portant que les Conventions & Obligations faites pour le prix & récompenses des Offices de la Maison de Sa Majesté, ne pourront être exécutées ni valoir en Justice, si elles ne sont faite avec l'agrément & permission par écrit de Sa Majesté: ce

qui a lieu également pour les Offices des Maisons
Royales, établis à l'instar de ceux de la Maison de Sa
Majesté ; que c'est en effet par le défaut de permission
de Madame la Duchesse d'Orleans, que cette Princesse a disposé de l'Office au profit de Matheau après
la mort de Germain, nonobstant le Traité qu'il en
avoit fait avec le Suppliant ; que d'ailleurs outre l'a-
bus de ce Traité, il n'est que l'ouvrage de la fraude
de Germain qui a trompé le Suppliant, en lui vendant des privileges qui ne peuvent entrer dans le
commerce, dont il ne pouvoit jouir, & dont il n'a
point joui en effet, en lui vendant aussi la propriété
de l'Office, dont il ne pouvoit disposer de son chef
sans l'agrément de la Princesse, sur-tout en donnant
de fausses Provisions, reconnues telles par la Princesse elle-même, suivant le certificat du 3 Septembre 1714 ; qu'en un mot le Suppliant après avoir déja
payé 1800 livres, se trouve encore condamné à payer
2000 livres sur le fondement d'un acte, dont il n'a
retiré aucune utilité par la surprise & l'artifice frau-
duleux de Germain ; qu'en cet état l'Arrest du Grand
Conseil tire à de dangereuses conséquences, non-
seulement parce qu'il accorde contre toute justice à
la veuve Germain la récompense de la mauvaise foi
de son défunt mari, mais encore en ce qu'il autorise
l'abus odieux qui a été fait par Germain, des droits
& de l'autorité de Madame la Duchesse d'Orleans,
& renverse les Edits & Reglemens qui ont réprimé de
pareils abus, le Suppliant est obligé de recourir à Sa
Majesté. A ces Causes, requeroit le Suppliant qu'il
plût à Sa Majesté ordonner que les Edits de création
des Charges de la Maison de Madame la Duchesse
d'Orleans, & des autres Maisons Royales, & les
Edits, Arrests & Reglemens intervenus en conséquence, notamment les Edits de Sa Majesté des mois
de Juillet 1653 & Janvier 1678, seront exécutez selon leur forme & teneur ; ce faisant, sans avoir égard
à l'Arrest du Grand Conseil du 19 Septembre 1714,
qu'il

qu'il plaira à Sa Majesté casser & annuller, ensemble
tout ce qui s'en est ensuivi & pourroit ensuivre, déclarer le Traité fait entre ledit défunt Germain & le
Suppliant, le 18 Février 1700, nul & de nul effet :
faire défenses ausdits Bourdon & sa femme auparavant veuve dudit Germain, de s'en servir, ni d'exiger aucune somme du Suppliant en exécution d'icelui, & ordonner que lesdits Bourdon & sa femme seront tenus de rendre & restituer au Suppliant la somme de 1800 livres par lui payée audit défunt Germain, suivant les conventions énoncées audit Traité,
pour l'acquisition des Privileges de ladite Charge
de Valet de Garderobe de Madame la Duchesse d'Orleans. Vû ladite Requeste, le Traité fait entre lesdits
Germain & Martine le 18 Février 1700; la Sentence
de la Prevôté de l'Hôtel du 13 Mars 1710; copie de
l'Arrest du Grand Conseil du 19 Septembre, 1714,
& signification d'icelui du 19 Decembre audit an, &
autres piéces. Oüi le Rapport, & tout considéré :
LE ROY E'TANT EN SON CONSEIL,
de l'avis de Monsieur le Duc d'Orleans, Régent, a
cassé & annullé, casse & annulle l'Arrest du Grand
Conseil, du 19 Septembre 1714, & tout ce qui s'en
est ensuivi & pourroit s'ensuivre; déclare Sa Majesté
le Traité fait entre ledit défunt Germain & ledit Martine le 18 Février 1700, nul & de nul effet ; faisant
défenses ausdits Bourdon & sa femme auparavant
veuve dudit Germain de s'en servir, ni exiger aucunes sommes dudit Martine en exécution d'icelui.
Fait au Conseil d'Etat du Roy; Sa Majesté y étant,
tenu à Paris le quatriéme Aoust mil sept cens seize.
Signé, PHELYPEAUX.

Arreſt de Reglement, rendu en faveur d'un Garde du
Corps de Monſieur le Duc d'Orleans, concernant l'exemption des Tailles.

Du 27 *Février* 1717.

L'Arreſt que l'on donne au Public, juge que les
Officiers auſquels l'exemption des Tailles eſt
attribuée, ne peuvent en jouir qu'en ſatisfaiſant aux
formalitez preſcrites par les Reglemens, & en juſtifiant de leur Service actuel ; ce qui avoit été conteſté
par un Garde du Corps de Monſieur le Duc d'Orleans.

F A I T.

Le ſieur Bourguille pourvû d'un Office de Garde
du Corps de Monſieur le Duc d'Orleans, Régent du
Royaume, fut nonobſtant ſa qualité, impoſé à la
Taille pour l'année 1716.

Il ſe pourvut en l'Election de Châteaudun, & y
obtint à ſes fins.

Sur l'appel de cette Sentence, les Habitans de la
Paroiſſe de ſon domicile ſoutinrent qu'il avoit été
bien impoſé, parce qu'il n'avoit point obſervé les
formalitez des Reglemens des années 1673, art. 14,
1687, art. 4, & 1705 ; art. 6, & qu'il n'avoit point
ſervi actuellement.

Le ſieur Bourguille ſoutint de ſon côté qu'il avoit
ſatisfait aux Reglemens ; & que rapportant des certificats du ſervice qu'il prétendoit avoir rendu, à cauſe
de ſa Charge, on ne pouvoit pas lui en demander
davantage, inſinuant que la Cour étoit en uſage de
ne pas porter ſes vûes plus loin ſur la vérité du ſervice actuel.

De la part des Habitans, après avoir fait lecture
des Reglemens, auſquels on ſoutenoit que le ſieur
Bourguille n'avoit point ſatisfait, on fit voir que les
Officiers de Monſieur le Duc d'Orleans, ainſi que
tous les autres Officiers des Maiſons Royales & des
Princes, étoient aſſujettis au ſervice actuel pour

jouir de leurs privileges : ce que l'on établit fur les termes des Reglemens de 1673, 1689 & 1705, dans lefquels ils font nommément compris ; & qu'ils en avoient été fi convaincus, lorfque Monfieur le Duc d'Orleans commanda les Armées dans la derniere Guerre ; que ceux d'entr'eux qui refterent en France ayant été inquiétez dans la jouiffance de leurs privileges, fous prétexte qu'ils ne faifoient actuellement le fervice, (c'eft ainfi qu'ils s'expliquerent) ils obtinrent du feu Roy fur cet expofé, & fur l'impoffibilité où ils étoient de rendre le fervice, * *qu'ils jouiroient de leurs privileges, encore qu'ils ne rendiffent point le fervice ;* mais cette grace fut reftrainte au temps que dureroit l'abfence de Monfieur le Duc d'Orleans.

Lorfque Meffieurs les Gens du Roy porterent la parole, la Caufe parut fe réduire à la queftion de fçavoir fi les Gardes du Corps de Monfieur le Duc d'Orleans étoient auffi affujettis que les autres Officiers des Princes, au fervice actuel. De la part du fieur Bourguille on alleguoit un prétendu ufage que l'on difoit avoir été confirmé par quelques Arrefts, & ce parti fembla devoir l'emporter ; mais la Cour pour donner au fieur Bourguille le temps de trouver & de produire les autoritez fur lefquelles il foutenoit fa prétention, ordonna un délibéré, fur lequel eft intervenu l'Arreft qui fuit, qui diffipe le doute que l'on pourroit avoir jetté fur une des premieres maximes, dont tous les Officiers des Maifons Royales & des Princes ont intéreft d'être inftruits.

Extrait des Regiftres de la Cour des Aydes.

LOUIS par la grace de Dieu, Roy de France & de Navarre : Au premier Huiffier de notre Cour des Aydes, ou autres, &c. Comparans judiciairement en notredite Cour les Habitans de la Paroiffe de Juffay en Vendomois, Appellans d'une Sen-

* *Arreft du Confeil du premier May 1708 qui eft imprimé.*

T t ij

tence des Elûs de Châteaudun du 30 Avril 1716, &
demandeurs en Requeste du 26 Aoust dernier, tendante à ce qu'il leur fût permis de faire preuve de dérogeance, ou autres mentionnées aux défenses par
eux fournies en la Cause principale, le 22 dudit mois
d'Avril, circonstances & dépendances; & en conséquence mettre l'appellation & ce au néant: Emendant décharger les Appellans des condamnations
contr'eux prononcées, ordonner que les rolles des
Tailles de ladite Paroisse, seroient exécutez conformément à nos Edits & Déclarations, d'une part; &
André Bourguille l'un des Gardes du Corps de notre
très-cher Oncle Monsieur le Duc d'Orleans, Régent
du Royaume, Intimé, défendeur & demandeur en
Requeste du 18 du présent mois de Février, à ce qu'il
fût reçû Appellant de la taxe & imposition faite de
sa personne dans les rolles des Tailles de la présente
année 1717, convertir ledit appel en opposition, ordonner qu'il sera rayé & biffé disdits rolles, faire défenses ausdits Habitans de l'imposer à l'avenir dans
lesdits rolles : Et lesdits Habitans, défendeurs & demandeurs en Requeste du 11 dudit présent mois de
Février, à ce qu'en conséquence des preuves résul-
tantes de leurs Enquestes du 30 Décembre dernier,
faites en l'Election dudit Châteaudun, leur adjuger
leurs fins & conclusions, avec dépens, d'autre part;
ne pourront lesdites qualitez préjudicier aux Parties.
Après que Tauxier, Avocat des Habitans Appellans
& demandeurs, Lacombe, Avocat de Bourguille,
Intimé & défendeur, ont respectivement été oüis,
ensemble Bellanger pour notre Procureur Général;
& que par Arrest du 19 Février présent mois, notredite Cour a ordonné qu'elle en délibéreroit; &
depuis y ayant délibéré, LADITE COUR a reçû
les Parties de Tauxier opposantes à l'Arrest par défaut, au principal; a mis l'appellation, & ce dont il
a été appellé, au néant; émendant a déchargé lesdites Parties de Tauxier des condamnations portées

par ladite Sentence ; & en conséquence, ordonne
que les rolles des Tailles de ladite Paroisse de Jussay
pour l'année 1716, seront exécutez selon leur forme
& teneur; a reçû & reçoit la Partie de Lacombe inci-
damment Appellante de la taxe & imposition faite
de sa personne aux rolles des Tailles de ladite Paroisse de Jussay en la présente année 1717, a converti l'appel en opposition ; & sans s'arrêter à ladite
opposition dont elle l'a débouté, ordonne que les
rolles pour ladite présente année 1717, seront pareillement exécutez selon leur forme & teneur ; ce faisant, ladite Partie de Lacombe contrainte par toutes
voyes dûes & raisonnables au payement des sommes
ausquelles il a été imposé & compris esdits rolles,
sauf à lui à se pourvoir en surtaux en la maniere accoutumée, défenses au contraire. Et néanmoins a fait
inhibitions & défenses ausdits Habitans, Assesseurs
& Collecteurs de ladite Paroisse de Jussay, d'imposer & comprendre à l'avenir en leur rolle pour l'année prochaine 1718, suivantes, ladite Partie de Lacombe, tant & si longuement qu'il sera Garde du
Corps de notre cher Oncle le Duc d'Orleans, qu'il
fera le service actuel, qu'il observera les formalitez
prescrites par les Reglemens; & qu'il ne fera acte dérogeant à son privilege, à peine par les Collecteurs
d'en répondre en leurs propres & privez noms, & de
tous dépens, dommages & intérests : condamne ladite Partie de Lacombe aux dépens, tant des causes
principales que d'appel. Si mandons mettre le present
Arrest à exécution, de ce faire te donnons pouvoir.
Donné à Paris en la premiere Chambre de notredite
Cour des Aydes le vingt-sept Février, l'an de grace
mil sept cens dix-sept, & de notre Regne le deuxiéme.
Collationné par la Cour des Aydes. Signé, RO-
BERT, Greffier, avec grillé & paraphe.

*Arreß du Conseil, qui décharge Pierre de la Hogue,
Seigneur de Villemesse, Ecuyer, Valet de la Chambre
de Son Altesse Royale Monseigneur le Duc d'Orleans,
Régent du Royaume, de la somme de mille livres, &
des deux sols pour livre pour Droit de Francs-Fiefs.*

Du 17 Avril 1717.

Extrait des Registres du Conseil d'Etat.

SUR la Requeste presentée au Roy en son Conseil par Pierre de la Hogue, Sieur de Villemesse,
Ecuyer, Valet de Chambre de Son Altesse Royale
Monsieur le Duc d'Orleans, Régent du Royaume,
contenant que par Lettres Patentes du mois d'Octobre 1594, le Roy Henry IV. accorda à ses Valets de
Chambre la qualité d'Ecuyer, qui leur a été confirmée par autres Lettres Patentes de Louis XIII. &
de Louis XIV. des mois de Mars 1615 & Juillet
1653, qu'en consequence ils ont été déchargez du
droit de Francs-Fiefs par Arrest en commandement
du 13 Novembre 1696 : qu'en particulier le même
privilege a été accordé aux Valets de Chambre de
Son Altesse Royale, par l'Edit du mois de Janvier
1652, par les Déclarations des 19 Juillet 1661, 29
Novembre 1663, 5 Janvier 1669, & par Arrest du
Conseil du 13 Février 1696, & par autre Arrest du
9 Juillet 1697, ils ont été maintenus dans le titre
d'Ecuyer, qui leur permet d'en prendre la qualité,
tant & si longuement qu'ils feront pourvûs de leurs
Charges : que par une Déclaration du feu Roy du 23
Juillet 1701, il lui a plû ordonner que tous les Officiers dont la Maison de Son Altesse Royale seroit
composée, jouiroient de tous & tels semblables privilege, dont les Officiers de Sa Majesté ont droit de
jouir, suivant ces Edits, Déclarations & Ordonnances, & les Reglemens faits sur ce sujet. Qu'enfin par
un dernier Arrest du Conseil d'Etat du 8 Janvier
1702, les Valets de Chambre de Madame la Duchesse de Bourgogne ont été confirmez dans la qua-

lité d'Ecuyer. Quoique le Suppliant ſoit exempt par tous ces Titres du Droit de Francs-Fiefs ; cependant Charles-le Noir ſubrogé au lieu & place de Touſſaint de la Lande pour le recouvrement dudit droit dans la Généralité d'Orleans, lui a fait faire un Commandement le 8 Mars 1717, de payer la ſomme de mille livres, à laquelle il prétend qu'il a été taxé par un rolle arrêté au Conſeil du premier Aouſt précedent pour ſon Fief de Villemeſle, quoiqu'il ait été pourvû de ladite Charge de Valet de Chambre de Son Alteſſe Royale, par ſes Proviſions du 11 Septembre 1715, qu'il exerce actuellement, & qu'il ſoit employé comme tel dans l'Etat de la Cour des Aydes, ſuivant ſon Arreſt du 24 deſdits mois & an. Requeroit A ces Causes le Suppliant, qu'il plût à Sa Majeſté ordonner que leſdites Lettres Patentes, Edits, Déclarations & Arreſts du Conſeil ſeront executez ſelon leur forme & teneur, & en conſequence, le décharger de ladite taxe de mille livres pour droits de Francs-Fiefs, à cauſe de celui de Villemeſle qu'il poſſede ; lui faire pleine & entiere main-levée des ſaiſies faites pour raiſon de ce ; avec défenſes audit le Noir, à ſes cautions & à tous autres, de faire aucunes pourſuites contre lui à ce ſujet, à peine de tous dépens, dommages & intereſts. Vû ladite Requeſte & autres pieces y énoncées, juſtificatives d'icelles. Oüi le Rapport : LE ROY EN SON CONSEIL, ayant égard à ladite Requeſte, a déchargé & décharge le Suppliant de la ſomme de mille livres, & des deux ſols pour livre, pour laquelle il a été compris au rolle arrêté au Conſeil le premier Aouſt 1716, pour droits de Francs-Fiefs, à cauſe du Fief de Villemeſle qu'il poſſede. Fait Sa Majeſté défenſes à Charles le Noir, ſubrogé au lieu & place dudit de la Lande, ſes Procureurs, Commis & Propoſez au Recouvrement deſdits droits de Francs-Fiefs, d'exercer aucunes pourſuites ni contraintes contre le Suppliant pour raiſon de ce. Fait au Con-

seil d'Etat du Roy, tenu à Paris le dix-septiéme jour
d'Avril mil sept cens dix-sept. Collationné. Signé,
D U J A R D I N , avec paraphe.

---

*Arrest du Conseil d'Etat du Roy, portant confirmation
des Privileges des Officiers Commensaux des Princes
Louis & Henry-Jules de Bourbon, pour l'exemption de Tailles, logemens de gens de Guerre, Francs-
Fiefs, & autres charges publiques.*

Du 3 May 1718.

Extrait des Registres du Conseil d'Etat.

SU R la Requeste presentée au Roy, étant en son
Conseil, par Louis-Henry Duc de Bourbon,
Prince de Condé, Prince du Sang, Pair & Grand
Maître de France, Gouverneur & Lieutenant Gene-
ral pour le Roy en ses Provinces de Bourgogne &
Bresse; contenant que les Rois Prédecesseurs de Sa
Majesté, ont toujours donné aux Princes de leur
Sang des marques de distinctions, à cause de leur
haute naissance, & qu'ils composent la Famille
Royale; que par cette raison ils ont accordé à leurs
Officiers les mêmes privileges, honneurs, droits &
distinctions, qu'à ceux qui servent leurs propres
personnes, que le Roy Louis XIV. de glorieuse mémoire, en a usé ainsi en faveur des Domestiques &
Commensaux de Louis, & Henry-Jules de Bourbon,
Prince de Condé, premiers Princes de son Sang,
Ayeux de M. le Duc, par des Déclarations qu'il a
données, par lesquelles il a formé leurs Maisons;
qu'après leurs décès, par d'autres Déclarations, il
a ordonné précisément que les Officiers, Domestiques & Commensaux de la Maison desdits Sieurs
Princes, compris dans les Etats attachez sous le contre-scel desdites Déclarations, jouiroient leur vie
durant de tels & semblables privileges, franchises &
exemptions dont ils avoient bien & dûement joui du
vivant desdits Seigneurs Princes, & qui sont attribués à leurs Charges par les Edits, Declarations &

Reglemens,

Reglemens, enfemble les Veuves des décedez, &
de ceux qui décederoient, tant qu'elles demeureront en viduité, qu'en cas que l'établiffement de ces
privileges n'ait reçû aucune atteinte : il a eu avis
qu'aucuns defdits Officiers qui reftent, & leurs veuves, font inquietez, foit pour le logement des Gens
de Guerre, payement de la Taille, Droits de Francs-
Fiefs ou autres Charges publiques, de l'exemption
defquels ils font en droit de jouir; ce qui oblige
M. le Duc d'avoir recours à Sa Majefté, efperant
qu'elle n'aura pas moins d'eftime pour la mémoire
de ces Princes, que le feu Roy fon Bifayeul; & que
pour cette confidération elle voudra bien empêcher
que les Officiers qui reftent de leurs Maifons, foient
troublez dans la jouiffance de leurs privileges.
A CES CAUSES, requeroit M. le Duc, qu'il plût
au Roy & à fon Confeil ordonner que les Déclarations des 8 Fevrier 1687, 7 Septembre 1701 & 21
May 1709, rendues en faveur des Officiers & Commenfaux des Maifons des Princes Louis & Henry-
Jules de Bourbon, Princes de Condé, & leurs Veuves pendant leurs viduitez, feront executées felon
leur forme & teneur; & en confequence qu'ils jouiront leur vie durant, & leurs Veuves pendant leurs
viduitez, de tels & femblables droits, franchifes &
exemptions, que les Officiers de la Maifon de Sa
Majefté ont joui fuivant & conformément aux Edits,
Déclarations, Arrefts & Reglemens donnez à ce
fujet, qui feront executez à leur égard felon leur forme & teneur; faire défenfes à tous Maires, Echevins, Syndics, Collecteurs, Habitans, aux Fermiers
des Domaines de Sa Majefté, & à tous autres, de
les troubler dans leurs exemptions de Tailles, logement de Gens de Guerre, Droits de Francs-Fiefs,
& autres charges publiques, à peine d'amende, &
de tous dépens, dommages & interefts. Vû ladite Requefte, les Declarations des 8 Fevrier 1687, 7 Septembre 1701, 21 May 1709, & autres pieces y

attachées ; Oüi le Rapport, & tout confideré : LE
ROY E'TANT EN SON CONSEIL, de
l'avis de Monfieur le Duc d'Orleans, Régent, à ordonné & ordonne que les Déclarations des 8 Février
1687, 7 Septembre 1701, & 21 May 1709, rendues
en faveur des Officiers & Commenfaux des Maifons
des Princes Louis, Henry-Jules de Bourbon, Princes de Condé, & leur Veuve pendant leurs viduitez, feront executées felon leur forme & teneur :
Veut en confequence Sa Majefté, que lefdits Officiers & Commenfaux jouiffent leur vie durant, &
leurs Veuves pendant leurs viduitez, de tels & femblables droits, franchifes & exemptions dont les
Officiers & Commenfaux de la Maifon de Sa Majefté jouiffent, fuivant & conformément aux Edits,
Declarations, Arrefts & Reglemens rendus à ce fujet, qui feront executez à leur égard, felon leur
forme & teneur. Fait Sa Majefté très-expreffes défenfes à tous Maires, Echevins, Syndics, Collecteurs,
Habitans, aux Fermiers de fes Domaines, & à tous
autres, de les troubler dans lefdits privileges &
exemptions de Tailles & logemens de Gens de Guerre, Droits de Francs-Fiefs, & autres charges publiques, à peine de tous dépens, dommages & interefts.
Fait au Confeil d'Etat du Roy, Sa Majefté y étant,
M. le Duc d'Orleans, Régent, prefent, tenu à Paris
le troifiéme May mil fept cens dix-huit.

Signé, PHELYPEAUX.

Arrest du Conseil d'Etat du Roy, qui ordonne que les
Charges de la Maison du Roy ne pourront
être saisies.
Du 29 Juillet 1718.
Extrait des Registres du Conseil d'Etat.

SUR la Requeste presentée au Roy étant en son
Conseil, par Charles Collin & Angelique Collin, veuve Antoine Martin, frere & sœur, & seuls
heritiers de Louis Collin, vivant Fourrier des Logis
du Roy; tendante à ce qu'il plût à Sa Majesté, sans
avoir égard aux oppositions que les Sieurs Hubin,
Fourrier des Logis, Gabriel de Berny, Maître ordinaire en la Chambre des Comptes, & Josse, Marchand Libraire à Paris, se prétendans Créanciers de
Louis Collin, ont formé au payement que leur doit
faire en ladite qualité le Sieur de la Vallée, auquel
le Roy a donné la Charge de Fourrier des Logis, &
avant d'en être pourvû, de la somme de huit mille
livres, suivant le Brevet d'assurance du 8 Fevrier
1712, accordé audit Collin, ses heritiers & ayans
cause, ordonner qu'il sera passé outre à l'expédition
des Provisions de la Charge de Fourrier des Logis,
en faveur dudit de la Vallée, en payant néanmoins
préalablement la somme de huit mille livres, conformément audit Brevet. Vû les Edits des années 1655,
& 1678, par lesquels il est expressément statué, que
les Charges de la Maison du Roy, prix ou appointemens d'icelles, ne pourront être affectez & hypotequez à aucuns Créanciers, saisis & arrétez, sans l'expresse permission du Roy par écrit: le Brevet d'assurance de huit mille livres, accordé purement & simplement sur la Charge de Fourrier des Logis, à
Louis Collin, sa veuve, heritiers ou ayans cause,
le 8 Fevrier 1712 : SA MAJESTE' ETANT
EN SON CONSEIL, de l'avis de Monsieur le
Duc d'Orleans, Régent, sans avoir égard ausdites
oppositions des Sieurs Hubin, de Berny & Josse, des-

quelles, en tant que befoin feroit, elle a fait & donné
main-levée, a ordonné & ordonne qu'en payant par
ledit de la Vallée à Charles Collin & ladite veuve
Martin fa fœur, heritiers de Louis Collin, la fomme
de huit mille livres, contenue audit Brevet, il en
demeurera vers eux bien & valablement quitte &
déchargé ; ce faifant que les Provifions de la Charge
de Fourrier des Logis de Sa Majefté, lui feront expédiées, Fait au Confeil d'Etat du Roy, Sa Majefté
y étant, tenu à Paris le vingt-neuviéme jour de
Juin mil fept cens dix-huit. Collationné.

Signé, PHELYPEAUX.

Arreft du Confeil, qui décharge le Sieur du Rofel
Fourrier de la Grande Ecurie du Roy, de la
Place de Marguillier.
Du 11 Juillet 1718.
Extrait des Regiftres du Confeil d'Etat.

SUR la Requefte prefentée au Roy étant en fon
Confeil, par René Roffe, Sieur du Rofel Fourrier de la grande Ecurie de Sa Majefté, demeurant
en la Ville de Dreux, contenant qu'en cette qualité
il eft exempt de toutes charges publiques, conformément aux privileges accordez à tous les Commenfaux de la Maifon de Sa Majefté ; que néanmoins
quelques Particuliers de la Paroiffe de Saint Pierre
de Dreux, ont affecté en fon abfence de le nommer
Marguillier de ladite Eglife, le douziéme Juin de la
prefente année, & fur le refus fait par le Suppliant
d'accepter cette Charge, les Marguilliers de ladite
Eglife l'ont fait affigner au Bailliage de Dreux, par
Exploit du 18 du même mois de Juin, pour voir dire
qu'il feroit tenu de remplir les devoirs de ladite
Charge, c'eft-à-dire, de faire la recette & la dépenfe
des deniers de ladite Fabrique : Et comme la fonction
de Marguillier eft une Charge publique, de même
que la Collecte, à laquelle les Commenfaux n'ont
jamais été affujettis ; que d'ailleurs elle eft incompa-

tible avec le ſervice que le Suppliant doit pour ſa
Charge ; à quoi il eſt bon d'ajouter que la Paroiſſe
de Saint Pierre, dans laquelle on ne nomme qu'un
ſeul Marguillier tous les ans, eſt compoſée de plus
de 4000 Communians, parmi leſquels il ſe trouve
un nombre conſidérable de Bourgeois & Marchands
propres à remplir ladite Charge de Marguillier : que
la même queſtion a été jugée en faveur des Commenſaux par pluſieurs Arreſts du Conſeil, entr'autres par par un Arreſt contradictoire du Grand Conſeil du 26 Octobre 1706, ſervant de Reglement,
par lequel Claude Bocquet, Maître Palfrenier de la
petite Ecurie de Sa Majeſté, qui avoit été nommé
Marguillier de l'Egliſe de Saint Pierre de Mondi-
dier, en a été déchargé, & les Marguilliers condam-
nés aux dépens : par ces raiſons, le Suppliant a recours à Sa Majeſté, non-ſeulement comme étant
protecteur des privileges des Officiers Commenſaux
de ſa Maiſon ; mais encore parce que l'aſſignation
ayant été donnée au Suppliant au Bailliage de
Dreux, l'appel qui en ſeroit interjetté, ſeroit porté
au Parlement de Paris ; ce qui expoſeroit les Parties
à une contrariété d'Arreſts, ſi le Parlement jugeoit
contre l'Arreſt du Grand Conſeil dudit jour 26 Octobre 1706. Requeroit A CES CAUSES, qu'il plût
à Sa Majeſté, ſans avoir égard à l'Election qui a
été faite de ſa perſonne pour Marguillier de ladite
Fabrique de Saint Pierre de Dreux, ni à l'aſſignation
qui lui a été donnée au Bailliage de ladite Ville,
ledit jour 18 Juin dernier, ordonner conformément
audit Arreſt du Grand Conſeil du 26 Octobre 1706,
que le Suppliant ſera & demeurera déchargé de ladite place de Marguillier de l'Egliſe de Saint Pierre
de Dreux, avec défenſes aux Marguilliers de ladite
Fabrique de faire aucunes pourſuites contre le Suppliant pour raiſon de ce, à peine de mille livres d'a-
mende, & de tous dépens, dommages & intereſts.
Vû ladite Requeſte, & les pieces juſtificatives d'i-

celle. Oüi le Rapport ; tout confideré : LE ROY
ETANT EN SON CONSEIL, de l'avis
de Monfieur le Duc d'Orleans, Régent, fans s'arrêter à l'Election faite de la perfonne dudit Roffe du
Rofel pour Marguillier de ladite Fabrique de Saint
Pierre de Dreux, ni à l'affignation à lui donnée en
conféquence au Bailliage de ladite Ville le 18 Juin
dernier, qui feront comme nulles & non avenues,
a ordonné & ordonne qu'il fera & demeurera déchargé, comme Sa Majefté le décharge de ladite
place de Marguillier ; faifant à cet effet Sa Majefté
très-expreffes inhibitions & défenfes aux Marguilliers de ladite Fabrique de faire aucunes pourfuites
contre lui pour raifon de ce, à peine de nullité,
mille livres d'amende, & de tous dépens, dommages interefts. Fait au Confeil d'Etat du Roy, Sa Majefté y étant, Monfieur le Duc d'Orleans Régent,
préfent, tenu à Paris le onziéme Juillet mil fept
cens dix-huit. Collationné.

Signé, PHELYPEAUX.

Arreft du Grand Confeil, rendu en faveur des Officiers de la Maifon du Roy.

Du 4 Avril 1719.

LOUIS, par la grace de Dieu, Roy de France
& de Navarre : A tous ceux qui ces Préfentes
Lettres verront, Salut. Sçavoir faifons, comme par
Arreft ce jourd'hui donné en notre Grand Confeil,
entre notre bien amée Marie-Agathe Bachelier veuve
de Jean Bailli de la Chefnaye, ladite veuve fille de
feu Louis Bachelier, vivant Ecuyer notre Confeiller-
Secretaire, Maifon, Couronne de France & de nos
Finances, lequel étoit fils de Louis Bachelier, auffi
Ecuyer notre Confeiller-Secretaire, Maifon, Couronne de France & de nos Finances, Appellante
d'une Sentence de la Prevôté de l'Hôtel du 2 Décembre 1718 ; rendue au profit de l'Intimé, ci-après
nommé, contre Guillaume Lambert, Marguillier

de l'Eglife de Chanteloup, en ce qu'elle condamne les Marguilliers de ladite Eglife à porter le Pain-beni à l'Intimé, immédiatement après les Seigneurs & Dames de ladite Paroiffe, & avant tous les autres Habitans du lieu, fuivant la Requefte par elle prefentée à notre Confeil le 9 Mars 1719, Ordonnance dudit jour étant enfuite, & Exploit fait en confequence le 10 defdits mois & an, & requerant que ladite Sentence feroit infirmée; ce faifant, il foit dit & ordonné, que le Pain-beni fera porté par morceaux de diftinction à l'Appellante avant ledit Intimé; à quoi faire lefdits Marguilliers de l'Eglife de Chanteloup, feront contraints; & que l'Intimé foit condamné aux dépens, d'une part; & Jean Offart, Ecuyer, Gendarme de notre Garde ordinaire, Intimé, d'autre part; fans que les qualitez puiffent nuire ni préjudicier. Après que le Paige Avocat, pour ladite veuve le Bailli, affifté de Maréchal fon Procureur, a conclu en fon appel: Cochin, Avocat dudit Offart, affifté de Foify fon Procureur, a été oüi; & que Benoît de Saint-Port, pour notre Procureur Général a été oüi : ICELUI NOTREDIT GRAND CONSEIL, a mis l'appellation au néant, ordonne que ce dont eft appel fortira fon plein & entier effet; condamne ladite Partie de le Paige en douze livres d'amende, & aux dépens. Si donnons en mandement au premier des Huiffiers de notredit Confeil, ou autre notre Huiffier ou Sergent fur ce requis, qu'à la requefte dudit Offart, le prefent Arreft il mette à execution, nonobftant oppofitions ou appellations quelconques; & outre faire pour l'execution des Prefentes tous Exploits requis & néceffaires : de ce faire te donnons pouvoir. Donné en notredit Confeil à Paris le quatre Avril l'an de grace mil fept cens dix neuf, & de notre Regne le quatriéme. Collationné. Signé, Par le Roy, à la relation des Gens de fon Grand Confeil, VERDUC.

A Tous ceux qui ces Presentes Lettres verront, Louis de Bouchet, Chevalier, Comte de Monsorot, Marquis de Sourches, du Bellay, Seigneur du Fay-d'Abondant, Lieutenant Général des Armées du Roy, Conseiller d'Etat, Prevôt de la Prevôté de l'Hôtel du Roy, Grande Prevôté de France; Salut. Sçavoir faisons, qu'en la Cause mûe & pendante devant Nous, entre Jean Ossart, Ecuyer Gendarme de la Garde ordinaire du Roy, demandant, suivant ses Requeste & Exploit des 11 & 22 Novembre dernier, dûement controllez, à ce que défenses soient faites au défendeur ci-après nommé, de porter à d'autres personnes inférieures en ordre audit Ossart & à la Dame son Epouse, le Pain-beni avant eux; ordonner qu'il seroit tenu de le porter audit Demandeur, la Dame son Epouse & à sa famille, même par morceaux de distinction après le Clergé, & les Seigneurs & Dames du lieu, s'ils s'y trouvent, à peine de tous dépens, dommages & interests; & pour la contravention faite par ledit défendeur aux Arrests & Reglemens, le condamner en telle amende qu'il plairoit à Monsieur le Procureur du Roy de requerir, aux dommages & interests, & aux dépens, comparant par Maître François Berardier son Procureur, d'une part; & Guillaume Lambert, Marguillier de l'Eglise & Paroisse de Chanteloup, défendeur, comparant par Maître Gival son Procureur, d'autre, sans que les qualitez puissent nuire ni préjudicier. Nous disons, que les Arrests & Reglemens de Sa Majesté, Arrests du Grand Conseil, & Sentences de cette Cour, rendus en faveur des Officiers Commensaux de la Maison du Roy & des Princes & Princesses du Sang Royal, au sujet des Droits honorifiques, seront executez selon leur forme & teneur; & en conséquence, avons condamné la Partie de Gival & ses successeurs Marguilliers de la Paroisse de Chanteloup, de porter le Pain-beni par morceaux

de diftinction à la Partie de Berardier, fa femme &
fa famille; immédiatement après le Seigneur &
Dame de ladite Paroiffe, & leur famille, & avant
tous les autres Habitans de ladite Paroiffe; & pour
avoir contrevenu par ladite Partie de Gival aux Arrefts & Reglemens, l'avons condamné aux dépens,
pour tous dommages & interefts; ce qui fera executé
nonobftant, & fans préjudice de l'appel. Si mandons
à notre premier Huiffier, ou autre Royal fur ce requis, mettre ces Prefentes à execution, en témoin
de quoi nous les avons fait fceller du Scel Royal de
ladite Prevôté. Donné par Nous Jacques Gabriel de
Noyon, Ecuyer, Confeiller du Roy, Lieutenant
Général, Civil, Criminel & de Police de ladite
Prevôté de l'Hôtel de Sa Majefté, Grande Prevôté
de France, à Paris, le Roy y étant, le deuxiéme
Décembre mil fept cens dix-huit. Collationné.

J. P. BOBIEREDECHARS.

Edit du Roy, concernant l'Office de Tréforier des Offrandes.

Du mois d'Avril 1719.

LOUIS, par la grace de Dieu, Roy de France
& de Navarre: A tous prefens & à venir, Salut.
Par l'Article VII. de notre Edit du mois de Décembre 1716, portant fuppreffion de plufi urs Offices,
Nous avons ordonné que les deux Officiers, ancien
mi-triennal, alternatif & mi-trien al de Tréforiers
de nos Offrandes, Aumônes & Dévotions feroient
réduits à un feul Office pour être exercé par un
feul Titulaire; au moyen de quoi nous avons éteint
& fupprimé l'autre Office de Tréforier de nos Offrandes. Par l'Article X X. du meme Edit, nous nous
fommes réfervez de regler par des Edits ou par des
Déclarations particulieres, les gages & autres droits
que nous jugerions à prop s d'attribuer aux Offices
réfervez par ledit Edit. Et par l'Article XXI. nous
avons ordonné que ceux qui feroient par nous choifis

pour remplir les Officiers refervez par ledit Edit, ne feroient point tenus de prendre de nouvelles Provifions, ni de fe faire recevoir de nouveau en notre Chambre des Comptes, mais qu'ils les exerceroient en vertu de leurs anciennes Provifions & receptions, à la charge par ceux qui leur fuccederont d'en prendre à l'avenir, en conformité tant dudit Edit que des Edits ou Déclarations particulieres, qui feroient rendus en confequence. La Charge de Tréforier de nos Offrandes, Aumônes & Dévotions, étant très-ancienne dans notre Maifon, & les fonctions qui la regardent, méritant notre attention particuliere, Nous avons réfolu en fixant la finance & les attributions de cette Charge, & prefcrivant l'ordre des comptes, & la forme des acquits qui doivent être rapportez fur lefdits comptes, de regler en même temps fes fonctions ; & nous nous y fommes portez d'autant plus volontiers, qu'il eft néceffaire que toutes les dépenfes qui concernent cette Charge, foient faites fous les yeux & la direction du Grand Aumônier de France, qui par la dignité & les prérogatives de fa Charge, a droit de les ordonner ; en forte qu'il puiffe nous en rendre compte, lorfque nous le jugerons à propos. A CES CAUSES, & autres à ce nous mouvans, de l'avis de notre très-cher & très-amé Oncle le Duc d'Orleans, Petit-Fils de France, Régent, de notre très-cher & très-amé Oncle le Duc de Chartres, Premier Prince de notre Sang, de notre très-cher & très-amé Coufin le Duc de Bourbon, de notre très-cher & très-amé Coufin le Prince de Conti, Princes de notre Sang, de notre très-cher & très-amé Oncle le Comte de Touloufe, Prince Légitimé, & autres Pairs de France, Grands & Notables Perfonnages de notre Royaume ; & de notre certaine fcience, pleine puiffance & autorité Royale, nous avons dit, ftatué & ordonné, & par le prefent Edit, difons, ftatuons & ordonnons, voulons & Nous plait ce qui enfuit : •

ARTICLE PREMIER.

Que le Sieur Nicolas Sezille, qui par les services qu'il nous a précedemment rendus dans l'exercice & fonctions de sa Charge de Tréforier alternatif & mitriennal de nos Offrandes, Aumônes & Dévotions, a mérité que nous l'ayons agréé & choisi pour remplir l'Office réfervé par notredit Edit du mois de Décembre 1716, en fasse seul l'exercice & les fonctions sous le titre de Tréforier de nos Offrandes, Aumônes, Dévotions & bonnes œuvres, à commencer du premier Janvier 1717, tout ainsi & de la même maniere qu'il exerçoit ledit Office alternatif avant ledit Edit de fuppression, fans qu'il foit befoin de prendre de nouvelles Provisions, de fe faire recevoir de nouveau à notre Chambre des Comptes, ni de rapporter des Lettres Patentes fur l'Arreft de notre Conseil du 19 dudit mois de Décembre 1716, par lequel nous l'avons commis pour exercer ledit Office, dont nous le difpenfons & déchargeons.

I I. Nous avons reglé & fixé la finance dudit Office de Tréforier de nos Offrandes, Aumônes, Dévotions & bonnes œuvres, à la fomme de cinquante mille trois cens livres, & lui avons attribué & attribuons deux mille quatre cens vingt-une livres feize fols de gages, & fix den. pour livre de taxations fur toutes les dépenfes dont ledit fieur Sezille fera chargé par chacun an, qui concernent nos Dévotions, Offrandes & Aumônes, lefquelles taxations lui tiendront lieu, tant de frais de recouvrement de deniers, voyages, vacations, frais de Bureau, qu'appointemens de Commis, & tous autres frais d'exercice généralement quelconques, dont les fonds feront par Nous faits avec ceux deftinez aux dépenfes de nos Offrandes.

III. Ledit Tréforier de nos Offrandes & fes fuccesseurs poffederont ledit Office à titre de furvivance, & jouiront des mêmes honneurs, privileges, franchises & exemptions dont jouiffoient les anciens

Tréforiers de nos Offrandes, fupprimez par notredit Edit du mois de Décembre 1716, du droit de
préfenter au Prince qui nous accompagne à l'Offrande, l'argent de ladite Offrande, même du Droit de
Committimus en notre grande Chancellerie, & du
titre & qualité d'Ecuyer, tant qu'ils feront revêtus
dudit Office.

IV. Défendons audit Tréforier de nos Offrandes &
à fes fuccefleurs audit Office, d'avoir part directement ni indirectement dans aucun traité d'affaires
extraordinaires, & leur enjoignons très-expreffement
d'avoir des livres journaux dans la forme prefcrite
par notre Edit du mois de Juin 1716, dans lefquels
ils écriront jour par jour, de fuite & fans aucun blanc
ni tranfpofition, toutes les parties de recette & dépenfe qu'ils feront dans l'exercice de leurs Charges; & en confequence, Nous les avons déchargez
& déchargeons de donner caution pour raifon de
leurs maniemens; & voulons que conformément à
notre Déclaration du 17 Mars 1717, ils foient &
demeurent exempts de toutes taxes & recherches des
Chambres de Juftice, fans pouvoir être troublez ni
inquiétez pour l'exercice dudit Office, en rendant
leurs comptes un an après l'exercice expiré, conformément à l'Edit du mois d'Aouft 1669.

V. Dans les comptes qui feront rendus en notre
Chambre des Comptes par ledit Tréforier, les re-
cettes y feront admifes; fçavoir, celles qui proviendront des fonds de notre Tréfor Royal, en rapportant les ampliations des quittances qu'il aura expédiées à la décharge des Gardes d'icelui, & celles qui
proviendront des Droits de fermens de fidélité des
Archevêques & Evêques de notre Royaume, en rapportant l'état détaillé defdits droits arrêtez par le
Grand Aumônier, ou en fon abfence par le premier
Aumônier, & les ampliations des quittances qu'il
aura délivrées aufdits Sieurs Archevêques & Evêques, & les dépenfes feront paffées & allouées, fui-

vant les états qui feront pareillement arrêtez par le Grand Aumônier de France, ou notre premier Aumônier, en rapportant les quittances des Parties dénommées en iceux; & à l'égard des Offrandes & distributions manuelles d'aumônes, elles feront passées & allouées, en rapportant seulement des états de distributions arrêtez par le Grand Aumônier de France, ou notre premier Aumônier, en la maniere accoutumée. Le fonds des façons & vacations desquels comptes fera par Nous fait avec ceux des autres dépenses de ladite Charge; & quant aux épices, elles feront comme par le passé, *pro Deo.*

VI. Pour payer la finance dudit Office, ledit sieur Sezille fournira au Garde de notre Trésor Royal sa quittance de la somme de 22146 liv. 13 sols, à laquelle a été liquidé le remboursement de son Office, par Ordonnance des Commissaires de notre Conseil du 9 Février 1718, & en outre lui remettra les originaux des deux quittances du Trésorier de nos revenus casuels, non comprises en ladite liquidation; la premiere, du 18 Septembre 1711, de trois mille livres par lui payées pour jouir de cent cinquante livres d'augmentation de gages créez par Edit d'Octobre 1710; la seconde, de la somme de deux mille livres, du 15 Juin 1715, pour l'acquisition de cent livres d'autres augmentations de gages créez par Edit du mois du Décembre 1706, lesquelles augmentations de gages nous avons à cet effet supprimez, & liquidé la finance d'icelles aux sommes portées par lesdites quittances; moyennant quoi lesdites augmentations de gages feront retranchées de nos Etats, à commencer du premier Janvier 1717; & en conséquence le Garde de notre Trésor Royal lui délivrera sa quittance de ladite somme de vingt-sept mille cent quarante-six livres treize sols, à la décharge du Trésorier de nos revenus casuels, & en remettant par ledit sieur Sezille au Trésorier de nos revenus casuels, ladite quittance du Garde de notre

Tréfor Royal, avec un fupplément de la fomme de
vingt-trois mille cent cinquante-trois livres fept
fols, pour faire celle de cinquante mille trois cens
livres; le Tréforier de nos revenus cafuels expédiera
audit fieur Sezille fa Quittance de pareille fomme
de 50390 liv. à laquelle Nous avons reglé & fixé la
finance dudit Office, pour en jouir par ledit Sieur
Sezille & fes fucceffeurs audit Office; enfemble des
fonctions, gages & taxations y attribuez par le
prefent Edit; & ladite fomme de 27146 liv. 13 fols
pour le rembourfement des anciennes finances, fera
paffée & allouée dans les états & comptes du Garde
de notre Tréfor Royal, fans difficulté, en rapportant ladite Ordonnance de liquidation, les titres &
pieces mentionnées en icelle; enfemble les originaux des deux quittances ci-deffus datées, & non
comprifes en ladite Ordonnance de liquidation, avec
la quittance dudit fieur Sezille, fur ce fuffifante, &
copie de notre prefent Edit.

VII. Au moyen des gages, taxations & droits que
nous attribuons audit Tréforier par le prefent Edit,
pour en jouir, à commencer du premier Janvier
1717, il ne pourra à l'avenir prétendre aucuns droits
de voyages & vacations, ni aucun rembourfement
de frais d'exercice, fous quelque prétexte que ce foit
ou puiffe être.

VIII. Après que la quittance de la nouvelle finance dudit Office de Tréforier de nos Offrandes aura
été expédiée audit Sezille par le Tréforier de nos revenus cafuels, voulons que mention foit faite fur
fes Provifions par l'un de nos Commiffaires de notre
Confeil, qui fera commis à cet effet, tant dudit
rembourfement, que de la quittance de ladite nouvelle finance: lefquelles Provifions, acte de réception & quittances de ladite nouvelle finance, fervi-
ront audit Tréforier de nos Offrandes, de titre, pour
poffeder ledit Office, en exercer les fonctions, &
jouir des gages, taxations, droits & privileges

attribuez : Et quant aux Provisions de ses successeurs audit Office, elles seront expédiées & scellées conformément à ladite nouvelle quittance de finance, & au présent Edit.

IX. Voulons & ordonnons que ladite nouvelle quittance de finance soit registrée en notre Chambre des Comptes, & que ladite finance, ainsi que ledit Office, soient & demeurent affectez & hypotequez aux débets des comptes des exercices dudit sieur Sezille & de ceux de ses auteurs ; & que ses créanciers conservent sur ledit Office & la nouvelle finance d'icelui, les mêmes privileges & hypoteques qu'ils avoient sur ledit Office & ancienne finance d'icelui, auquel & à cet effet nous avons transféré & transférons lesdits privileges & hypoteques sur la nouvelle finance dudit Office, sans aucune novation ; & en conséquence nous avons fait & faisons pleine & entiere main-levée audit sieur Sezille des saisies & oppositions faites ou à faire par ses créanciers au Trésor Royal, sur le remboursement des anciennes finances dudit Office de Trésorier de nos Offrandes & Aumônes, & desdites augmentations de gages supprimez par le présent Edit.

X. A l'égard de la finance principale de l'Office de Trésorier ancien & mi-triennal de nos Offrandes & Aumônes, supprimé par notredit Edit du mois de Décembre 1716. Voulons & nous plaît qu'elle soit remboursée suivant la liquidation qui en a été ou sera faite ; ensemble les interests qui en seront lors dûs sur les vingt-trois mille cent cinquante-trois livres, qui seront fournies par ledit sieur Sezille, pour le supplément de la nouvelle finance de son Office, & sur les fonds que nous ordonnerons à cet effet, en observant néanmoins à cet égard les formalitez ordinaires & prescrites par les Ordonnances & par notredite Edit du mois de Décembre 1716, ausquelles le Sieur Mauriceau, qui étoit pourvû dudit Office, sera tenu de se conformer. Si donnons en mandement à nos amez & feaux Confeillers les Gens tenans notre Cour de Parlement, & Chambre des Comptes à Paris, que le prefent Edit, ils ayent à faire lire, publier & regiftrer, & le contenu en icelui garder & executer felon fa forme & teneur : Car tel eft notre plaifir. Et afin que ce foit chofe ferme & ftable à toujours, Nous y avons fait mettre notre Scel. Donné à Paris au mois d'Avril, l'an de gace mil fept cens dix-neuf, & de notre Regne le quatriéme. Signé, L O U I S. Et plus bas: Par le Roy, le Duc d'Orleans, Régent, prefent. P H E L Y P E A U X. Vifa M. R. DE V O Y E R D'A R G E N S O N. Vû au Confeil, V I L L E R O Y. Et fcellé du grand Sceau de cire verte, en lacs de foye rouge & verte.

. *Regiftrées, oïi, & ce requerant le Procureur Général du Roy, &c. A Paris en Parlement le 22 May 1719. Signé, G I L B E R T.*

Arreft du Confeil d'Etat du Roy, portant exemption des Droits de Francs-Fiefs en faveur des Gardes de la Porte du Roy, en conféquence de l'Arreft du 22 Juin 1694.

Du 21 Avril 1719.
Extrait des Regiftres du Confeil d'Etat.

S U R la Requefte prefenté au Roy en fon Confeil, par Pierre Bihoreau, Ecuyer, Sieur des Cures, Garde de la Porte du Roy, contenant qu'il lui auroit été fait un commandement à la Requefte de Frederic Sold, Sous-Fermier des Droits de Francs-Fiefs de la Province de Normandie, de payer la fomme de cinquante livres pour les Droits de Francs-Fiefs d'un Colombier qu'il poffede en ladite Province, Paroiffe de Comme ; mais d'autant que le Suppliant eft exempt du Droit de Francs-Fiefs en ladite qualité de Garde de la Porte du Roy, ainfi qu'il a été jugé par différens Arrefts du Confeil, & notamment par celui du 22 Juin 1694, rendu en pareil cas en faveur des Sieurs Nouet & le Valois, auffi

Gardes

Gardes de la Porte de Sa Majesté. A ces Causes, requeroit qu'il plût à Sa Majesté le décharger purement & simplement de la somme de cinquante livres, à laquelle il a été taxé pour Droit de Francs-Fiefs dudit Colombier : Faire défenses audit Sold & tous autres, de faire contre lui aucunes poursuites ni procedures pour raison de ce, à peine de quinze cens livres d'amende; & où le Suppliant auroit été contraint de payer ladite somme de cinquante livres ou partie d'icelle, condamner ledit Sold & ses cautions, même par corps, à la restitution d'icelle. Vû ladite Requeste & pieces justificatives d'icelle, l'Arrest du Conseil du 22 Juin 1694, ensemble la réponse dudit Sold, Fermier desdits Droits de Francs-Fiefs, par laquelle il auroit consenti à la décharge demandée par le Suppliant. Oiii le Rapport : LE ROY EN SON CONSEIL, ayant égard à ladite Requeste, a déchargé & décharge le Suppliant de la somme de cinquante livres, à laquelle il a été taxé pour Droit de Francs-Fiefs d'un Colombier qu'il possede en Normandie, Paroisse de Comme : Fait en consequence Sa Majesté défenses audit Sold, ses Procureurs, Commis & Préposez, & tous autres de le poursuivre pour raison de ce, à peine de cinq cens livres d'amande, & de tous dépens, dommages & interests; lui fait en outre pleine & entiere mainlevée des saisies qui pourroient avoir été faites, à cause de ladite taxe; & ordonne Sa Majesté, que les sommes qui pourroient avoir été exigées du Suppliant pour raison d'icelle, lui seront rendues & restituées; à ce faire ledit Sold, ses Procureurs & Commis, seront contraints; quoi faisant, déchargez. Fait au Conseil d'Etat du Roy, tenu à Paris le vingt-uniéme jour d'Avril mil sept cens dix-neuf. Collationné. Signé, DU JARDIN.

Arreft du Grand Confeil , qui maintient & garde le
Sieur Jamet , Ecuyer Garde du Corps du Roy , en la
poffeffion & jouiffance de précédet le nommé Pierre
Dupuy , Maître Fauconnier de la Chambre du Roy ,
Marguillier de la Confrérie du Saint Sacrement de
la Paroiffe de Mouy , aux Proceffions & autres Cé-
rémonies de l'Eglife , & en toutes Affemblées publi-
ques & particulieres , & d'avoir le Pain-beni
avant ledit Dupuy , & condamne ledit Dupuy aux
dépens.

Du 6 Juillet 1719.

Extrait des Regiftres du Grand Confeil.

LOUIS, par la grace de Dieu, Roi de France
& de Navarre: A tous ceux qui ces préfentes
Lettres verront; Salut. Sçavoir faifons, comme par
Arreft ce jourd'hui donné en notre Grand Confeil ,
entre notre bien amé Claude Jamet , Ecuyer nòtre
Garde du Corps, Compagnie de Villeroy, Demandeur fuivant la Commiffion & Exploit d'affignation
donné en conféquence , des 28 Février & 4 Mars
1719, controllé à Tillard le 6 dudit mois de Mars
1719, à ce que les Edits & Déclarations, Arrefts de
notre Confeil & Reglemens intervenus fur iceux,
concernans les honneurs , préféances & privileges
des Ecuyers Gardes de notre Corps foient executés
felon leur forme & teneur; ce requerant, que
conformément à iceux, il foit ordonné que le Demandeur aura rang & préféance avant le Défendeur ci après nommé , & tous autres Officiers &
Marguilliers de la Paroiffe de Mouy, aux Prédications, Proceffions & autres Cérémonies des Eglifes
& en toutes Affemblées générales & particulieres ,
& que le Pain-beni & les Cierges lui feront portés
par diftinction, ainfi qu'il eft accoutumé immédiatement après les perfonnes des Seigneur & Dame du

lieu, lorsqu'ils s'y trouveront, & que la femme du
Demandeur jouira des mêmes honneurs & prérogatives avant celles desdits Officiers & Marguilliers,
même en cas de viduité; que défenses soient faites
au Défendeur & à tous autres d'y troubler le Demandeur, & pour l'avoir fait par le Défendeur,
qu'il soit condamné en telle amende qu'il plaira à
notre Conseil, aux dommages & interests du Demandeur & aux dépens d'une part, & Pierre Dupuy
Maître Fauconnier du Vol pour les Champs de notre Chambre, & Marguillier en Charge de la Confrérie du Saint Sacrement de l'Eglise, Paroisse &
Fabrique de Mony, Défendeur & incidemment Demandeur suivant ses défenses signifiées le 26 Juin
1719, à l'effet d'être maintenu & gardé dans sa possession continue de plus d'an & jour, au vû & au sçû
dudit Jamet, des honneurs, prééminences & privileges accordés aux Officiers Commensaux de notre
Maison, dont il fait nombre, & requerant que ledit
Jamet pour l'y avoir troublé soit condamné en telle
amende qu'il plaira à notre Conseil, en ses dommages, interests & aux dépens, & en cas de dénégation
de la possession dudit Dupuy de la part dudit Jamet,
que les Parties soient appointées à en faire preuve,
suivant l'Ordonnance d'autre part, sans que les qualités puissent nuire ni préjudicier aux Parties : Après
que Michault Avocat dudit Jamet, assisté de Brunet
son Procureur, a conclu en sa Demande, Cochin
Avocat dudit Dupuy, assisté de Desenclos son Procureur a été oüi, & aussi conclu en sa Demande in-
cidente, & que Dupuy pour notre Procureur Général a été oüi : ICELÚI NOTREDIT GRAND
CONSEIL, a maintenu & gardé, maintient & garde ledit Jamet Partie de Michault en possession &
jouissance de précéder ledit Dupuy Partie de Cochin,
aux Processions & autres Cérémonies de l'Eglise &
en toutes Assemblées publiques & particulieres, &

d'avoir le Pain-beni avant ladite Partie de Cochin ; condamne ladite Partie de Cochin aux dépens : Si donnons en mandement au premier des Huiſſiers de notredit Conſeil ou autre notre Huiſſier ou Sergent ſur ce requis, qu'à la Requeſte dudit Jamet, le preſent Arreſt il mette à execution, nonobſtant oppoſitions ou appellations quelconques, & outre faire pour l'execution des Preſentes tous Exploits requis & néceſſaires, de ce faire te donnons pouvoir. Donné en notredit Conſeil à Paris, le ſixiéme Juillet, l'an de grace mil ſept cens dix neuf, & de notre Regne le quatriéme. Collationné, & ſcellé le vingt-ſix Juillet mil ſept cens dix neuf. Et au dos eſt écrit, Par le Roy, à la relation des Gens de ſon Grand Conſeil, V E R D U C, avec grille & paraphe. Signifié le premier Aouſt mil ſept cens dix-neuf.

Signé, B O D I N.

Declaration du Roy, pour faire jouir des Privileges les Officiers de feue Madame la Ducheſſe de Berry.

Donnée à Paris le 2 Septembre 1719.

LOUIS par la grace de Dieu, Roy de France & de Navarre : A tous ceux qui ces Preſentes Lettres verront ; Salut. Notre très-chere & très-amée Tante la Ducheſſe de Berry, Nous ayant été enlevée par une mort prématurée, Nous voulons faire reſſentir les Officiers qui ont eu l'honneur de la ſervir, de l'amitié que Nous avions pour elle, en leur conſervant pendant leur vie, & à leurs veuves pendant leur viduité, les Privileges que Nous avons attribués à leurs Charges. A ces CAUSES, & autres à ce Nous mouvans, de l'avis de notre très-cher & très-amé Oncle le Duc d'Orleans, Petit-Fils de France, Régent, de notre très-cher & très-amé Oncle le Duc de Chartres, Premier Prince de notre Sang, de notre très-cher & très-amé Cousin le Duc de Bourbon, de notre très-cher & très amé Cousin le Prince de Conty, Princes de notre Sang, de notre très-cher & très-amé Oncle le Comte de Touloufe, Prince Légitimé, & autres Pairs de France, Grands & Notables Perfonnages de notre Royaume, & de notre grace fpéciale, pleine puiffance & autorité Royale, Nous avons dit & déclaré, & par ces Prefentes fignées de notre main, difons, déclarons & ordonnons, voulons & Nous plaît, que les Officiers, Domeftiques & Commenfaux de la Maifon de notre très-chere & très-amée Tante la Ducheffe de Berry, qui ont reçû des gages employés & paffés dans les comptes de fon Tréforier, & qui font compris dans l'Etat ci-attaché fous le Contre fcel de notre Chancellerie, jouiffent leur vie durant, de tels & femblables Privileges, Franchifes & Exemptions, dont jouiffent nos Officiers, Domeftiques & Commenfaux, fuivant nos Edits & Ordonnances, & tout ainfi qu'ils en jouiffoient du vivant de notredite Tante; enfemble les Veuves de ceux qui font décédés & de ceux qui décéderont ci-après, tant qu'elles demeureront en viduité, nonobftant que lefdits Privileges, Franchifes & Exemptions ne foient ici déclarés & fpécifiés. Si donnons en mandement à nos amez & feaux Confeillers les Gens tenans notre Cour des Aydes à Paris, que ces Prefentes ils ayent à faire regiftrer, & du contenu en icelles, jouir & ufer lefdits Officiers, pleinement & paifiblement, ceffant & faifant ceffer tous troubles & empêchemens, nonobftant toutes Ordonnances, Reglemens & Arrefts, aufquels Nous avons dérogé & dérogeons : Car tel eft notre plaifir. En témoin de quoi Nous avons fait mettre notre Scel à cefdites Prefentes. Donnée à Paris le deuxiéme jour de Septembre, l'an de grace mil fept cens dix-neuf; & de notre

Regne le cinquiéme. Signé, LOUIS. Et plus bas,
Par le Roy, LE DUC D'ORLEANS, Régent,
présent, PHELYPEAUX. Et scellée du grand Sceau
de cire jaune.

*Regiſtrées en la Cour des Aydes. A Paris le 15 Sep-
tembre 1719. Signé,* ROBERT.

ADDITION

AU CODE DES COMMENSAUX.

Declaration du Roy, en faveur des Gardes de la Porte : Contenant, qu'ils ayent Rang & marchent ès Assemblées generales & particulieres immédiatement après les Conseillers des Bailliages, Sénéchaussées & Sieges Présidiaux, auparavant les Officiers des Elections, Greniers à Sel, Juges non Royaux, & tous autres inferieurs en ordre auſdits Conseillers.

Du 17 Juin 1659.

LOUIS par la grace de Dieu, Roy de France & de Navarre : A nos amez feaux Conseillers les Gens tehans noſtre Grand Conseil, Salut. Nos chers & bien amez les Gardes de noſtre Porte, Nous ont fait dire & remontrer, qu'à cauſe de leurs Charges, & pour l'honneur qu'ils ont de servir près de noſtre Personne, ils doivent jouir des Rangs, préséances & prééminences ès Assemblées qui se font ès Villes & lieux de leurs demeures, immédiatement après les Conseillers de nos Bailliages, Séchaussées & Sieges Présidiaux, conformément aux Lettres de Déclaration du dernier de Février 1605, données par le feu Roy Henry IV. noſtre Ayeul d'heureuſe mémoire, en faveur des Officiers de noſtre Chambre & Garderobe, & d'autres octroyées en conſéquence des ſuſdites le 27e jour de Juillet 1613, en faveur de nos Maréchaux des Logis, Fourriers du Corps & Fourriers ordinaires, par le feu Roy de glorieuſe mémoire, noſtre très-honoré Seigneur & Pere que Dieu abſolve, & encore d'autres

données en faveur des Gardes de noſtre Corps & le
20 Decembre 1617, & par Vous verifiées; Et quoique l'intention de noſdits Prédéceſſeurs & la noſtre
ait toujours été, que les Gardes de noſtre Porte,
qui ſont les plus anciens Gardes de noſtre Maiſon,
jouiſſent des mêmes Honneurs, Rangs, Préſéances
& Prééminences qui ont été concédées à tous les
ſuſ-nommez, encore qu'ils ne fuſſent pas nommé-
ment déſignez dans les ſuſdites Declarations, qui
n'eſt qu'une ōmiſſion : Néanmoins aucuns des Expoſans y ſont troublez par quelques Juges & Officiers, dont il s'eſt mû pluſieurs Procès, qui ſont de
très-grande conſequence, pour conſommer les Expoſans en frais & dépens inſupportables, pour à quoi
remedier, il Nous ont très-humblement ſupplié &
requis leur octroyer ſur ce nos Lettres de Declarations néceſſaires; NOUS POUR CES CAUSES,
déſirant conſerver aux Expoſans les Honneurs &
Prééminences attribuées à leurs Charges, en conſideration des bons ſervices qu'ils Nous y rendent
avons dit & déclaré, diſons & déclarons; voulons'&
Nous plaiſt par ces Preſentes ſignées de noſtre main,
que tous les Gardes de noſtre Porte ayent Rang &
marchent ès Aſſemblées generales & particulieres
qui ſe font & feront doreſnavant ès Villes & lieux
de leurs demeures, & autres où ils ſe trouveront,
immédiatement après les Conſeillers de nos Bailliages, Sénéchauſſées & Sieges Preſidiaux, auparavant même les Officiers de nos Elections, Greniers
à Sel, Juges non Royaux, & tous autres inferieurs
en ordre auſdits Conſeillers, & que tous les Procès
qui ſe trouveront à preſent intentez, ou qui naîtront à l'avenir à cette occaſion, ſoient par Vous
reglez ſuivant la teneur de ces Preſentes, & ainſi
qu'il eſt porté par nos ſuſdites Declarations, & vos
Arreſts de verification. Si vous mandons & ordonnons, que ceſdites Preſentes vous ayez à verifier &
faire regiſtrer, & du contenu en icelles, jouir &
uſer

uſer les Impetrans pleinement & paiſiblement, ſans permettre qu'il y ſoit contrevenu en aucune ſorte & maniere que ce ſoit : Car tel eſt noſtre plaiſir. Donné à Paris le dix-ſeptiéme jour de Juin, l'an de grace mil ſix cens cinquante-neuf, & de noſtre Regne le dix-ſeptiéme. Signé, L O U I S. Et plus bas, Par le Roy, D E G U E N E G A U D , & ſcellé du grand Sceau de cire jaune. *Et plus bas eſt écrit*, Enregiſtré ès Regiſtres du Grand Conſeil du Roy, ſuivant l'Arreſt cejourd'huy donné en iceluy, à Paris le 27 Juillet 1675. Signé, H E R B I N.

LETTRES DE SURANNATION.

L O U I S par la grace de Dieu, Roy de France & de Navarre : A nos amez & feaux Conſeil-lers les Gens tenans noſtre Grand Conſeil, Salut. Nos chers & bien amez les Gardes de noſtre Porte, Nous ont très-humblement fait remontrer, que par nos Lettres Patentes du 17 Juin 1659, Nous avons dit, déclaré & ordonné, qu'ils ayent Rang & mar-chent ès Aſſemblées generales & particulieres qui ſe font & feront doreſnavant ès Villes & lieux de leurs demeures, & autres où ils ſe trouveront, immédia-tement après les Conſeillers de nos Bailliages, Sé-néchauſſées & Sieges Préſidiaux, auparavant même les Officiers de nos Elections, Greniers à Sel, Juges non Royaux, & tous autres inferieurs en ordre auſ-dits Conſeillers ; & que tous les Procès qui ſe trou-veront intentez, & qui naiſtront cy-après à cette occaſion, ſoient par vous reglez, ainſi qu'il eſt plus au long porté par noſdites Lettres Patentes, à l'en-regiſtrement deſquelles les Expoſans craignent que ne faſſiez difficulté de proceder, à cauſe qu'elles ſont ſurannées ; ce qui les oblige d'avoir recours à Nous pour leur eſtre ſur ce pourvû de nos Lettres à ce néceſ-ſaires. A ces C A U S E S, de l'avis de noſtre Conſeil, qui a vû noſdites Lettres Patentes dudit jour 17

Y y

Juin 1659, cy-attachées fous noftre contre-fcel, voulant favorablement traiter lefdits Expofans en confideration de leurs fervices, & les faire jouir du contenu en icelles ; Nous vous mandons & enjoignons par ces Prefentes, que vous ayez à proceder à l'enregiftrement d'icelles purement & fimplement, & de leur contenu faire jouir & ufer lefdits Expofans & leurs fucceffeurs efdites Charges pleinement & paifiblement, nonobftant & fans vous arrefter à ladite Surannation, que ne voulons leur nuire ny préjudicier,& dont en tant que de befoin eft ou feroit, Nous les avons relevé & relevons par ces Prefentes : Car tel eft noftre plaifir. Donné à Verfailles le troifiéme jour de May, l'an de grace mil fix cens foixante-quinze, & de noftre Regne le trente-deuxiéme. Signé, L O U I S. Et plus bas, Par le Roy, C O L-B E R T, & fcellé du grand Sceau de cire jaune. *Et plus bas eft écrit.* Enregiftré ès Regiftres du Grand Confeil du Roy, fuivant l'Arreft cejourd'huy donné en iceluy, à Paris le 27 Juillet 1675.

Signé, H E R B I N.

Extrait des Regiftres du Grand Confeil du Roy.

V EU par le Confeil les Lettres Patentes du Roy en forme de Declaration, données en faveur des Gardes de la Porte de Sa Majefté, par lefquelles & pour les caufes y contenues, Sadite Majefté déclare & veut, que tous les Gardes de fadite Porte ayent Rang & marchent ès Affemblees generales & particulieres qui fe font & feront dorefnavant ès Villes & lieux de leurs demeures, & autres où ils fe trouveront, immediatement après les Confeillers des Bailliages, Sénéchauffées & Sieges Préfidiaux, auparavant même les Officiers des Elections, Greniers à Sel, Juges non Royaux, & tous autres inferieurs en ordre aufdits Officiers, & que tous les Procès qui fe trouveront à prefent intentez, ou qui

naîtront à l'avenir à cette occasion, soient reglez
audit Conseil, suivant la teneur desdites Lettres, &
ainsi qu'il est porté par les Declarations des dernier
Fevrier 1605 & 27 Juillet 1613, données en faveur
des Officiers de la Chambre & Garderobe, Maréchaux des Logis, Fourriers du Corps & Fourriers
ordinaires, encore que dans icelles lesdits Gardes de
la Porte n'y soient specifiquement dénommez, &
conformément aux Arrests d'enregistrement d'icelles, lesdites Lettres données à Paris le 27 jour de
Juin 1659. Signées, LOUIS. Et plus bas, Par le
Roy, DE GUENEGAUD, & scellées, adressantes
au Conseil. Autres Lettres Patentes obtenues par
lesdits Gardes de la Porte, adressantes audit Conseil,
avec injonction de proceder à l'enregistrement des
précedentes purement & simplement, nonobstant &
sans s'arrester à la Surannation d'icelles, lesdites
Lettres données à Versailles le troisiéme jour de
May mil six cens soixante-quinze. Signé, LOUIS,
Et plus bas, Par le Roy, COLBERT, & scellées.
Requeste au Conseil par lesdits Gardes de la Porte
du Roy, aux fins d'enregistrement desdites Lettres.
Conclusions du Procureur General du Roy : LE
CONSEIL A ORDONNÉ ET ORDONNE, que
lesdites Lettres seront enregistrées ès Registres du
Conseil, pour jouir par lesdits Gardes de la Porte du
Roy de l'effet contenu en icelles, selon leur forme &
teneur. Fait audit Conseil à Paris le 27 Juillet 1675.
Signé, HERBIN.

Arrest du Conseil d'Etat Privé du Roy, portant conservation de la qualité d'Ecuyer aux Gardes
de la Porte du Roy.

Du 9 *Novembre* 1668.

Et Commission sur iceluy du 3 Fevrier 1690.

Extrait des Registres du Conseil d'Etat.

SUR la Requeste presentée au Roy étant en son
Conseil, par Louis Guenot, Sieur de la Voue,
l'un des Gardes de la Porte de Sa Majesté : CON-
TENANT, qu'il lui a été fait commandement le
11 Janvier de la presente année 1668, à la Requeste
de Maître Jacques Duret, Commis à la recherche
des Usurpateurs du Titre de Noblesse de la Generalité de Châlons, de representer pardevant le sieur de
Caumartin, Commissaire départi en ladite Generalité, les Titres en vertu desquels il a pris la qualité
d'Ecuyer ; & comme Sa Majesté par Arrest de son
Conseil a déchargé ses Officiers Commensaux de la
poursuite contr'eux faite pour avoir pris ladite qualité d'Ecuyer, & que le Suppliant ne l'a prise en aucuns Actes que depuis qu'il est pourvû de ladite
Charge ; Requeroit qu'il plût à Sa Majesté le décharger de ladite poursuite ; faire défense audit
Duret de la continuer à peine de nullité, cassation,
500 livres d'amende, dépens, dommages & interests.
Veu par le Roy, en son Conseil, ladite Requeste
communiquée, suivant l'Ordonnance dudit Conseil, du 6 du present mois de Novembre audit Duret, par Exploit du même jour, l'Exploit de Commandement fait au Suppliant dudit jour 11 Janvier
dernier, Copie de Lettres de Provision de ladite
Charge de Garde de la Porte, accordées par Sa Majesté au Suppliant, du 8 Mars 1645. Plusieurs Certificats des sieurs Comte de Nogent, pere & fils,

Capitaines des Gardes de ladite Porte de Sa Majesté des services rendus par ledit Suppliant, des années 1645, 1647, 1648, 1649, 1651, 1659, 1660, 1662, 1664, 1667. Et oüi le Rapport du sieur d'Aligre, Conseiller ordinaire de Sa Majesté en ses Conseils, & Directeur de ses Finances ; Commissaire à ce député. Et tout consideré. LE ROY ESTANT EN SON CONSEIL ROYAL DES FINANCES, ayant égard à ladite Requeste, a déchargé & décharge le Suppliant de la poursuite contre lui faite pour raison de ladite qualité d'Ecuyer, pardevant ledit sieur de Caumartin, Commissaire départi en ladite Generalité de Châlons, & fait défenses audit Duret de la continuer, à peine de nullité ; cassation, 500 livres d'amende, dépens, dommages & interests, & à mêmes peines audit Suppliant de prendre ladite qualité d'Ecuyer, après qu'il ne sera plus pourvû de ladite Charge de Garde de la Porte. Fait au Conseil d'Etat Privé du Roy, Sa Majesté y étant, tenu à Paris le neuviéme jour de Novembre mil six cens soixante-huit.

Signé, PHELYPEAUX, Avec paraphe.

LOUIS par la grace de Dieu, Roy de France & de Navarre : Au premier notre Huissier ou Sergent sur ce requis ; Nous te commandons par ces Presentes, signées de notre main, que l'Arrest ci-attaché sous le contre-scel de notre Chancellerie donné en notre Conseil d'Etat nous y étant le neufviéme Novembre 1668. Tu signifies à tous ceux qu'il appartiendra à ce qu'ils n'en prétendent cause d'ignorance ; de ce faire & tous autres Exploits & Actes de Justice necessaires, te donnons pouvoir, commission & mandement special, sans demander autre permission, pourvû toutefois qu'il ne soit rien intervenu de posterieur qui y soit contraire. Car tel est notre plaisir. Donné à Versailles le troisiéme jour de

Fevrier l'an de grace mil six cens quatre-vingt-dix, & de notre Regne le quarante-septiéme. Signé, LOUIS. Et plus bas, Par le Roy, PHELYPEAUX.

Collationné aux Originaux, par Nous Ecuyer, Conseiller-Secretaire du Roy, Maison, Couronne de France & de ses Finances.

FIN.

TABLE
DES MATIERES.

A

B

C

Y y iiij

Q

R

S

Fin de la Table des Matieres.

dits particuliers ou autres n'entreprennent de faire copier ou extraire en tout ou en partie ou feuilles séparées ou autrement, & sous quelque prétexte que ce soit, même sous celui d'augmentation à l'Etat de la France, ou fassent imprimer & vendre lesdites Copies ou Extraits, ce qui causeroit un tort considérable à l'Exposante, & rendroit ses soins infructueux s'il ne lui étoit pourvû de nos Lettres de Privileges, sur ce nécessaires, qu'elle nous a très-humblement fait supplier de lui octroyer : A CES CAUSES, voulant favorablement traiter l'Exposante & reconnoître son zele, & lui donner les moyens de continuer un travail si utile au Public ; Nous lui avons permis & accordé, permettons & accordons par ces Présentes, de faire imprimer ledit *Code des Commensaux, ou Recueil Général des Edits, Déclarations, Ordonnances, Lettres Patentes, Arréts & Reglemens concernant les Privileges des Officiers de notre Maison & de nos Maisons Royales, &c.* en tels Volumes, forme, marge, caractere, conjointement ou séparément, & autant de fois que bon lui semblera, & de le vendre, faire vendre & débiter par tout notre Royaume, pendant le tems de *douze années consécutives*, à compter du jour de la datte desdites Présentes. Faisons défenses à toutes sortes de personnes de quelque qualité & condition qu'elles soient, d'en introduire d'Impression étrangere dans aucun lieu de notre obéissance ; comme aussi à tous Libraires, Imprimeurs & autres, d'imprimer, faire imprimer, vendre, faire vendre, débiter ni contrefaire ledit *Code des Commensaux, ou Recueil Général des Edits, Déclarations, Ordonnances, Lettres Patentes, Arréts & Reglemens concernant les Privileges des Officiers de notre Maison & de nos Maisons Royales, &c.* en tout ni en partie, ni d'en faire aucuns Extraits sous quelque prétexte que ce soit, d'augmentation, correction, changement de titre, feuille séparée, ni même sous celui d'augmentation à l'Etat de la France ou autrement, sans la permission expresse & par écrit

de ladite Expofante ou de ceux qui auront droit
d'elle, à peine de confifcation, tant des Exemplai-
res, Pieces & Feuilles féparées, que des uftenfiles
qui auront fervi à ladite contre-façon, que nous entendons être faifis en quelque lieu qu'ils foient trou-
vés, & de fix mille livres d'amende contre chacun
des contrevenans, dont un tiers à Nous, un tiers à
l'Hôtel-Dieu de Paris, l'autre tiers à ladite Expofante, & de tous dépens, dommages & intérêts; à la
charge que ces Prefentes feront enregiftrées tout au
long fur le Regiftre de la Communauté des Libraires
& Imprimeurs de Paris, & ce dans trois mois de la
datte d'icelles; que l'impreffion dudit *Code des Com-*
menfaux ou Recueil Général, &c. ci-deffus expliqué
fera faite dans notre Royaume & non ailleurs, en
bon papier & en beaux caracteres, conformément
aux Reglemens de la Librairie; & qu'avant de l'ex-
pofer en vente, le Manufcrit ou Imprimé qui aura
fervi de copie pour l'impreffion dudit *Code des Com-*
menfaux, ou Recueil Général, &c. ci-deffus énoncé,
fera remis dans le même état où l'Approbation y aura
été donnée, ès mains de notre très-cher & féal Chevalier Garde des Sceaux de France, le Sieur d'Argenfon; & qu'il en fera enfuite remis deux Exem-
plaires dans notre Bibliotheque publique, un dans
celle de notre Château du Louvre, un dans celle de
notre très-cher & féal Chevalier, Garde des Sceaux
de France, le Sieur d'Argenfon; le tout à peine de
nullité des Prefentes : Du contenu defquelles vous
mandons & enjoignons de faire jouir l'Expofante ou
fes ayans Caufe pleinement & paifiblement, fans
fouffrir qu'il leur foit fait aucun trouble ou empêchement. Voulons que la copie defdites Prefentes, qui
fera imprimée au commencement ou à la fin dudit
Livre ci-deffus expliqué, foit tenue pour dûement
fignifiée, & qu'aux copies collationnées par l'un de
nos amés & féaux Confeillers & Secretaires, foi foit
ajoutée comme à l'Original. Commandons au pre-

mier notre Huissier ou Sergent, de faire pour l'exécution d'icelles, tous Actes réquis & nécessaires, sans
demander autre permission, nonobstant Clameur de
Haro, Charte Normande, & Lettres à ce contraires :
CAR tel est notre plaisir. DONNE' à Paris le seiziéme
jour du mois de Juin, l'an de grace mil sept cens dix-
huit, & de notre Regne le troisiéme. Par le Roi en
son Conseil.

DE SAINT HILAIRE.

*Registré sur le Registre 4. de la Communauté des
Libraires & Imprimeurs de Paris, page 334, N° 358.
conformément aux Reglemens, & notamment à l'Arrét
du Conseil du 13 Août 1703. A Paris le 2 Juillet 1718.*
DELAULNE, Syndic.

Je soussigné, reconnois avoir cédé à Monsieur
Claude Saugrain, un quart dans le present Privile-
ges. A Paris, ce 2 Septembre 1719.
VEUVE SAUGRAIN.

*Registré sur le Registre 4. de la Communauté des
Libraires & Imprimeurs de Paris, page 512. confor-
mément aux Reglemens, & notamment à l'Arrét du
Conseil du 13 Août 1703. A Paris le 2 Septembre 1719.*
DELAULNE, Syndic.

www.ingramcontent.com/pod-product-compliance
Lightning Source LLC
Chambersburg PA
CBHW031342210326
41599CB00019B/2616